Svenska katolska klassiker i faksimil 3

OREMUS

Svensk Katolsk Bönbok

Tredje upplagan (1940)

SVENSKA KATOLSKA AKADEMIEN
— *Academia Catholica Suecana* —

© Svenska Katolska Akademien 2016

Tryck: Ingram Spark, Milton Keynes, England
ISBN: 978-91-637-7917-6

OREMUS

SVENSK KATOLSK BÖNBOK

Tredje upplagan

KATOLSKA BOKFÖRLAGET
STOCKHOLM 1940

Av hjärtat välsigna vi den nya, förbättrade upplagan av vår kära bönbok Oremus. Må den bliva en fridens och ljusets ängel som visar vägen genom tidens mörker, må den för många göra Herrens helgedom, kyrkan, till ett kärt hem och deras hem till en Guds helgedom.

Imprimatur.

Stockholm den 5 juni 1940.

† *Johannes Erik Müller,*
Epps., Vic. Apost. Sueciæ.

De ändringar och kompletteringar som ha införts i Oremus' 3:e upplaga röra i huvudsak de böner som äro avsedda för enskild andakt, det möter därför icke något hinder att vid offentliga gudstjänster använda 2:a och 3:e upplagan samtidigt. Siffra i klammer ( ) under bönens överskrift anger sidan för samma bön i 2:a upplagan. — Bildmaterialet har ställts till förfogande av *Volksliturgisches Apostolat, Klosterneuburg, Wien.* — Oremus' första upplaga utkom 1909, andra 1930.

Stockholm 1940, A.-B. Fahlcrantz' Boktryckeri

MINNESVÄRDA ORD OM BÖNEN.

Bedjen och eder skall varda givet. *(Matt. 7: 7.)*
— Vaken och bedjen att I icke råken i frestelse. *(Matt. 26: 41.)* — Om nu I, som ären onda, förstån att giva edra barn goda gåvor, huru mycket mer skall då icke eder Fader i himmelen giva den Helige Ande åt dem som bedja honom. *(Luk. 11: 13.)* — Där två eller tre äro församlade i mitt namn, där är jag mitt bland dem. *(Matt. 18: 20.)*
Mycket förmår den rättfärdiges ihärdiga bön. *(Jak. 5: 16.)* — Sjungen med tacksägelse till Guds ära i edra hjärtan, med psalmer, lovsånger och andliga visor. *(Kol. 3: 16.)*
I Fader vår bedja vi icke blott om allt vi måste bedja om, utan även i den ordning det bör ske. Således lär oss denna bön icke blott att bedja utan den är rättesnöre för själslivets hela inställning. *(S:t Tomas av Aquino.)*
Ett enda andäktigt Fader vår är mera värt än många som blott tanklöst framsägas. *(S:t Frans av Sales.)*
Genom fastan kommer andakt och tillit in i bönen. *(S:t Bernard.)*
Orsaken till att vi vid fiendens angrepp så fort och lätt förlora mod och motståndskraft är att vi för litet anstränga oss att fromt betrakta den övernaturliga världen. Genom den betraktande bönen fylles vår själ med brinnande kärlek till Gud och vederkvickes och stärkes vårt hjärta. *(Catechismus Romanus.)*
Förbönen är den kristnes särskilda företräde. Om han icke begagnar det, har han ännu icke insett sin höga särställning. *(Kard. Newman.)*
Världsalltets Skapare bidar på den ringes bön för att rädda många andra syndare. *(S:ta Teresia av Jesusbarnet.)*
Det måste finnas människor som bedja även för dem som aldrig bedja. *(Victor Hugo.)*

Om du blott beder för dig själv, står du ensam med din bön. Om du beder för alla, bedja även alla för dig. *(S:t Ambrosius.)*
Bönen är bäst, när många förrätta den, offentligt, ihärdigt, endräktigt. *(Leo XIII i en rosenkransencyklika.)*
Den katolska familjens gemensamma bön — även om det endast vore bordsbönen — ger helgd åt hela familjelivet. Tvedräkt, svartsjuka och otrohet vika, i deras ställe komma kärlek och trohet med hälsningen: 'Frid vare detta hus.' *(Kard. Faulhaber.)*
Det bästa sättet att bevista det heliga mässoffret är att andäktigt följa med i prästens bön och handling, och att själv, så mycket man kan, taga del i det stora verk som fullbordas och firas. *(Rodriguez.)*
De heliga platserna äro på jorden det som stjärnorna äro på himlafästet, en källa till ljuset, värmen och livet. *(Lacordaire.)*
Höjden av kärlekens verksamhet är bönen, varigenom hon, där hennes krafter icke mer medhinna, liksom träder ut ur sitt mänskliga område in i en högre krets, himmelen, ja, i den högsta, inför Guds tron — att hämta hjälp för alla som den åstunda och behöva. *(Bisk. Studach i Vikariatets första bönbok 1836.)*
Även dig, mitt lilla krucifix, den korsfäste Frälsarens kära bild, inför vilken jag så ofta i min ensliga kammare förrättat min bön, skall jag skåda, när på domedagens morgon min Herres kors i strålglans skall visa sig på himmelens skyar. *(Bisk. A. Bitter, Fasteherdabrevet 1901.)*
Bönen öppnar själen för himmelen och himmelen för själen. Där man icke beder, har det religiösa livet slocknat och dött eller där kommer det att snart slockna och dö. Bönen är det nödvändigaste, det nyttigaste, det heligaste i ett människoliv. *(Bisk. J. E. Müller.)*

OREMUS

Låtom oss bedja

Fader vår, som är i himmelen,
Helgat varde ditt namn,
Tillkomme ditt rike,
Ske din vilja, såsom i himmelen, så ock på jorden.
Vårt dagliga bröd giv oss i dag,
Och förlåt oss våra skulder, såsom ock vi förlåta dem oss skyldiga äro,
Och inled oss icke i frestelse,
Utan fräls oss ifrån ondo.
AMEN.

Låtom oss tillbedja.

Med dessa psalm-ord som nu under nära tretusen år haft sin plats i Guds folks liturgi inledes dagligen den kyrkliga tidebönen.

Kommen, låtom oss höja glädjerop till Herren,
Låtom oss jubla till vår frälsnings klippa!
Låtom oss med tacksägelse träda fram för hans ansikte
Och lova honom med jubelhymner!
Ty en stor Gud är Herren,
En Konung, mäktigare än alla gudar.
Han har jordens djup i sin hand,
Och bergens höjder äro hans.
Hans är havet, han har gjort det,
Hans är landet, han har danat det.
Kommen, låtom oss nedfalla och tillbedja,
Låtom oss böja knä inför Herren, vår Skapare!
Ty han är vår Gud,
Vi äro folket under hans spira och hjorden under hans vård,
Även i dag, om I viljen höra hans röst.

Allmänna böner.

Dagliga böner.

Korstecknet.

In nomine Patris et Filii et Spiritus Sancti. Amen.

I Faderns † och Sonens och den Helige Andes namn. Amen.

Herrens bön.

Pater noster, qui es in coelis, sanctificetur nomen tuum; adveniat regnum tuum; fiat voluntas tua sicut in coelo et in terra. Panem nostrum quotidianum da nobis hodie; et dimitte nobis debita nostra, sicut et nos dimittimus debitoribus nostris; et ne nos inducas in tentationem; sed libera nos a malo. Amen.

Fader vår, som är i himmelen, helgat varde ditt namn, tillkomme ditt rike, ske din vilja såsom i himmelen så ock på jorden. Vårt dagliga bröd giv oss i dag, och förlåt oss våra skulder såsom ock vi förlåta dem oss skyldiga äro, och inled oss icke i frestelse, utan fräls oss ifrån ondo. Amen.

Ängelns hälsning.

Ave Maria, gratia plena, Dominus tecum, benedicta tu in mulieribus, et benedictus fructus ventris tui, Je-

Hell dig, Maria, full av nåd; Herren är med dig; välsignad är du ibland kvinnor, och välsignad är din livs-

sus. Sancta Maria, Mater Dei, ora pro nobis peccatoribus nunc et in hora mortis nostrae. Amen.

frukt, Jesus. Heliga Maria, Guds moder, bed för oss syndare, nu och i vår dödsstund. Amen.

Lovprisningen.

Gloria Patri et Filio et Spiritui Sancto; sicut erat in principio et nunc et semper et in sæcula sæculorum. Amen.

Ära vare Fadern och Sonen och den Helige Ande; som det var i begynnelsen, så nu och alltid och i all evighet. Amen.

Den kristliga hälsningen.

Laudetur Jesus Christus! *R.* In aeternum. Amen.

Lovad vare Jesus Kristus! *Sv.* I all evighet. Amen.

Den apostoliska trosbekännelsen.

Credo in Deum Patrem omnipotentem, creatorem coeli et terrae, et in Jesum Christum, Filium ejus unicum, Dominum nostrum, qui conceptus est de Spiritu Sancto, natus ex Maria virgine, passus sub Pontio Pilato, crucifixus, mortuus, et sepultus, descendit ad inferos, tertia die resurrexit a mortuis, ascendit ad coelos, sedet ad dexteram Dei Patris omni-

Jag tror på Gud, den allsmäktige Fadern, himmelens och jordens Skapare, och på Jesus Kristus, hans ende Son, vår Herre, vilken blev avlad av den Helige Ande, född av Jungfru Maria, pinad under Pontius Pilatus, korsfäst, död och begraven; nedsteg till dödsriket, uppstod på tredje dagen igen ifrån de döda, uppfor till himmelen, sitter vid Guds, den allsmäktige Faderns, högra

Dagliga Böner.

potentis, inde venturus est judicare vivos et mortuos. Credo in Spiritum Sanctum, sanctam Ecclesiam catholicam, sanctorum communionem, remissionem peccatorum, carnis resurrectionem, vitam aeternam. Amen.

sida, därifrån han skall igenkomma till att döma de levande och de döda. Jag tror på den Helige Ande, den heliga katolska Kyrkan, de heligas samfund, syndernas förlåtelse, köttets uppståndelse och ett evigt liv. Amen.

De tre gudomliga dygderna.

Tro, hopp och kärlek äro tre övernaturliga själskrafter, som förlänas människan i samband med den heliggörande nåden. Dessa krafter böra väckas till liv och ofta övas, ty de utgöra grundförutsättningen för allt umgänge med Gud. Motsatsen till dessa tre gudomliga dygder: otro, trostvivel, förtvivlan eller förakt för Guds övernaturliga nåd, hat mot Gud, hårdhet mot nästan äro människans svåraste synder.

Min Herre och Gud, jag tror på dig! Jag tror fullt och fast av hela mitt hjärta allt, vad du har uppenbarat och genom din heliga, katolska Kyrka lär oss att tro, emedan du, den eviga sanningen, har uppenbarat det, du som varken kan bedragas eller bedraga. I denna tro vill jag leva och dö. Föröka, o Gud, min tro!

Min Herre och Gud, jag hoppas på dig! För Jesu Kristi förtjänsters skull hoppas jag av din oändliga barmhärtighet få mina synders förlåtelse, din nåd och det eviga livet. Jag hoppas allt detta med fast förtröstan, emedan du, den allsmäktige, barmhärtige och trofaste Guden, har lovat mig det. I detta hopp vill jag leva och dö. Styrk, o Gud, mitt hopp!

Min Herre och Gud, jag älskar dig! Jag vill älska dig av hela mitt hjärta och över allting, emedan du har älskat mig först och bevisat mig så mycken godhet såväl till kropp som själ; men framför allt älskar jag dig, emedan du är min bäste Fader och det högsta, fullkomligaste goda, som är all kärlek värd. Av kärlek till dig vill jag även älska min nästa, vän eller ovän, såsom mig själv. I denna kärlek vill jag leva och dö. Upptänd, o Gud, min kärlek till dig.

Bön om de fyra kardinaldygderna.

Helige, allgode Gud, lagstiftare för och domare över alla människor, vi bedja dig, undervisa oss i k l o k h e t e n s d y g d, så att vi alltid välja de rätta medlen till våra själars frälsning; skänk oss r ä t t v i s a n s d y g d, på det att vi må giva och lämna envar det honom tillkommer; giv oss m å t t l i g h e t e n s d y g d, så att vi ihärdigt kuva våra sinnliga begär; förläna oss slutligen s t å n d a k t i g h e t e n s d y g d, så att vi icke låta avskräcka oss från det goda genom besvärligheter eller förföljelser. Förläna oss detta, allsmäktige Gud, genom Kristus, vår Herre. Amen.

Den goda meningen.

Vårt livs större eller mindre värde — alltid förutsatt ärlig vilja och den heliggörande nåden — beror på, med vilken iver vi söka Gud. I vår själs andliga natur grundas möjligheten att kunna höja livets värde till trettio-, sextio-, ja, hundrafaldig frukt, utan att därför den yttre övningen alltid behöver ökas. Det avgörande är den inre *viljan, den goda meningen, graden av kärlek.* Likaledes är det sant, att avsikt utan gärning dör i längden. Din personliga bön visar, hurudan din avsikt är. Vad ber du om? Högre än timlig välfärd står själens eviga frälsning. Högre än själens rent privata behov stå gemenskapens, d. v. s. Guds rikes, hela mänsklighetens timliga och eviga välfärd. Högst av allt står den oändlige Guden, hans vilja, hans ära. Därför vare din livsgrundsats:

Allt till Guds ära!

Andra korta böneord: Ske din vilja. — Tillkomme ditt rike. — Helgat varde ditt namn. — Endast för Gud. — Min Gud och mitt allt. — Allt till Guds större ära.

Dagliga Böner.

Den andliga kommunionen.

Kyrkan anbefaller mycket den s. k. andliga kommunionen; den består däri, att man förnyar inom sig tro, hopp och kärlek samt uppväcker längtan efter att förenas med Kristus i Altarets heliga sakrament. Hela kristendomens mening ligger till sist däri, att vi äro levande grenar i den gudomliga vinstocken, Jesus Kristus. — 'Förbliven i min kärlek.'

Jesus Kristus, närvarande i Altarets heliga sakrament, jag tillbeder dig och längtar efter dig. Giv mig tillväxt i tro, hopp och kärlek. Kom till mig med din nåd, till dess du inträder i mitt hjärta genom ditt heliga Sakrament.

Ånger och föresats.

Min Herre och Gud! Jag ångrar av hela mitt hjärta alla mina synder, emedan jag därigenom gjort mig skyldig till ditt rättvisa straff både i denna och i den tillkommande världen; men framför allt ångrar jag dem, emedan jag genom mina synder har förolämpat dig, min bäste Fader och störste välgörare, det högsta, fullkomligaste goda, som är all kärlek värd. Jag avskyr alla mina synder och fattar den uppriktiga föresatsen att bättra mitt liv och icke mera synda. Giv mig, o Gud, din nåd därtill! Amen.

Angelus.

Denna bön läses enligt gammalt katolskt bruk tre gånger om dagen, vid klockringningen, till minne av Kristi mandomsanammelse.

F. Herrens ängel kom till Maria med bebådelsen. — *Sv.* Och hon har undfått av den Helige Ande. — Hell dig, Maria. *F.* Se, jag är Herrens tjänarinna. — *Sv.* Varde mig efter ditt tal. — Hell dig, Maria. *F.* Och Ordet vart kött. — *Sv.* Och bodde ibland oss. — Hell dig, Maria.

Dagliga Böner.

F. Bed för oss, heliga Guds moder!
Sv. Att vi må värdiga varda Kristi löften.
Låtom oss bedja. Vi bedja dig, o Herre, utgjut din nåd i våra hjärtan, på det att vi, som genom ängelns bebådelse fått kunskap om Kristi, din Sons, mandomsanammelse, genom hans pina och kors må komma till uppståndelsens härlighet. Genom samme Kristus, vår Herre. *Sv.* Amen.

Från och med påskafton intill Trefaldighetssöndagen läses i stället för förestående bön: 'Gläd dig, himmelens drottning' sid. 425.

Böner vid skriftläsningen.

Före läsningen.

Herre himmelske Fader, vi bedja dig, sänd oss den Helige Ande. Han må upplysa vårt sinne och leda oss in i all sanning såsom din Son har lovat. Amen.

Kom, Helige Ande, uppfyll dina troendes hjärtan och upptänd i dem din kärleks heliga eld. Amen.

Efter läsningen.

Herre himmelske Fader, vi tacka dig för din Sons heliga evangelium. Hjälp oss med din nåd att ordna och helga vårt dagliga liv i ljuset av hans ord på det att vi genom alla våra tankar, ord och gärningar må tjäna dig och prisa ditt heliga namn. Amen.

Rosenkransen.

Rosenkransen hör hos många kristna till den dagliga bönen; i många katolska familjer läses den ofta gemensamt på kvällen. Andra hava den goda vanan att dagligen i en ledig stund läsa åtminstone en hemlighet. Gör i detta avseende, vad din tid och goda vilja tillåter. Se närmare under Rosenkransfesten sid. 438.

Morgonböner.

1.

I Faderns † och Sonens och den Helige Andes namn. Amen.
Heliga Treenighet, du ende Gud i tre personer, jag tror, att du är här närvarande. Jag tillbeder dig i djupaste ödmjukhet och underkastar mig ditt gudomliga majestät med hela mitt hjärtas undergivenhet och vördnad.

Himmelske Fader, jag tackar dig för all den nåd, som du hittills bevisat mig. Din godhet har bevarat mig intill denna dag. Jag vill därför använda den till din heliga tjänst. Upptag nådigt alla mina tankar, ord och gärningar. Välsigna och helga dem, att de må lända till din ära och till min själs välfärd.

Kärleksfulle Jesus, sann Gud och sann människa, fullkomlighetens gudomliga förebild, med din nåd skall jag vinnlägga mig om att efter bästa förmåga bliva dig lik, att bliva mild, ödmjuk, kysk, måttlig, tålig, kärleksfull och undergiven, som du. Framför allt vill jag allvarligen akta mig för min skötesynd.

Gud, Helige Ande, du känner min svaghet, du vet, huru föga jag förmår utan din nåd. Förläna mig därför mod och kraft till att undfly allt ont och utöva allt det goda, som du begär av mig, samt att tåligt bära alla de prövningar, som din visa försyn i dag skall skicka mig.

Hell dig, o drottning, barmhärtighetens moder, vårt liv, vår fröjd och vårt hopp, hell dig! Till dig ropa vi, Evas landsflyktiga barn; till dig sucka vi sörjande och gråtande i denna tårarnas dal. Vänd därför, du vår förespråkerska, vänd dina ömma blickar till oss och efter denna landsflykt visa oss Jesus, din välsignade livsfrukt. O milda, o hulda, o ljuva Jungfru Maria!

Helige skyddsängel, min trogne och kärleksfulle ledsagare, utverka mig nåden att troget följa dina ingivelser, så att mina steg aldrig avvika från den väg, som Guds heliga bud anvisa mig.

Och I, Guds trogne tjänare, vilkas namn jag bär, bedjen för mig, att jag här på jorden troget må tjäna Gud för att en gång med eder evinnerligen få skåda och älska honom i himmelen. Amen.

Föresats för dagen. Föresätt dig nu allvarligen att under dagens lopp undvika all synd, i synnerhet att akta dig för ditt huvudfel. Tänk på de tillfällen, vid vilka du i dag kunde förledas därtill, och fatta det fasta beslutet att använda de nödvändiga medlen för att skydda dig mot återfall.

Tro, hopp och kärlek samt ånger och föresats sid. 9 och 11.

Fader vår. Hell dig, Maria. Jag tror på Gud.

Jesu gudomliga hjärta, förläna, jag beder dig, själarna i skärselden den eviga vilan, dem, som i dag komma att dö, nåden av en salig död, syndarna sann bot, hedningarna trons ljus, och mig och de mina din välsignelse. Åt ditt kärleksfullaste hjärta anbefaller jag alla dessa själar och uppoffrar åt dig för deras väl allt det som du gjort för oss, din heliga moders och alla helgons goda verk, alla heliga mässor, kommunioner, böner och goda gärningar, som förrättas i dag på hela jordkretsen.

2.

Kort morgonbön.

I Faderns † och Sonens och den Helige Andes namn. Amen.

Treenige Gud, jag viger åt dig denna nya dag till din ära, till min frälsning.

Faderns allmakt, bistå min svaghet och fräls

Morgonböner.

mig ur min djupa nöd. Sonens vishet, led alla mina tankar, ord och gärningar. Kärlekens Ande, genomträng alla min själs handlingar, så att de alltid motsvara ditt gudomliga välbehag. Jesus Kristus, den levande Gudens Son, världens ljus, jag tillbeder dig, för dig lever jag, för dig dör jag. Amen.
Mildaste Jesus, giv mig tillväxt i tro, hopp och kärlek, ett förkrossat och ödmjukt hjärta.
O Maria, Guds moder och barmhärtighetens moder, bed för oss och för de avlidnas själar i skärselden.
Lovad vare Jesus Kristus. I evighet. Amen.

3.

Morgonbön ur Kyrkans liturgi.

F. Gud, kom mig till hjälp.
Sv. Herre, skynda till min undsättning.
F. Ära vare Fadern.

F. O Gud, jag ödmjukt beder dig,
när dagen åter gryr,
att du från synd bevarar mig
och all min gärning styr.

Sv. Lär mig behärska tungan så,
att den ej skada gör.
Låt intet ont till själen nå,
av vad jag ser och hör.

F. Mitt hjärta, Gud, gör rent och gott
och fritt från ont begär.
Min kropp ej njute övermått
av det som du beskär.

Sv. O, gode Fader, led du mig
den väg, jag har att gå,
så att jag glad må prisa dig,
när natten faller på.

Morgonböner.

F. Dig vare ära, Fader kär,
och Sonen härlighet,
och Anden lov, som tröst beskär,
nu och i evighet. *Sv.* Amen.

(Ur Ps. 94.)

F. Kommen, låtom oss höja glädjerop till Herren, jubel till vår frälsnings klippa.
Sv. Låtom oss träda fram för hans ansikte med tacksägelse och höja jubel till honom med lovsånger.
F. Ty Herren är en stor Gud, en stor konung över alla gudar.
Sv. Han har jordens djup i sin hand, och bergens höjder äro hans;
F. hans är havet, ty han har gjort det, och hans händer hava danat det torra.
Sv. Kommen, låtom oss tillbedja och nedfalla, låtom oss knäböja inför Herren, vår Skapare.
F. Ty han är vår Gud, och vi äro det folk, som han har till sin hjord, vi äro får, som stå under hans vård. — Ära vare Fadern.

Bland de i bönboken införda psalmerna kunna såsom lämpliga vid morgonbönen utväljas en eller flera alltefter kyrkoåret.

F. Världarnas Konung, den odödlige, osynlige, den ende Guden, vare pris och ära i all evighet. *Sv.* Amen.
F. Kristus, den levande Gudens Son, förbarma dig över oss. *Sv.* Kristus, den levande Gudens Son, förbarma dig över oss.
F. Du som sitter på Faderns högra hand. *Sv.* Förbarma dig över oss.
F. Ära vare Fadern och Sonen och den Helige Ande. *Sv.* Kristus, den levande Gudens Son, förbarma dig över oss.
F. Kom, o Kristus, och hjälp oss. *Sv.* Och fräls oss för ditt namns skull.

Morgonböner.

F. Värdes, Herre, denna dag. *Sv.* Bevara oss från synd.

F. Förbarma dig över oss, Herre. *Sv.* Förbarma dig över oss.

F. Herre, låt din barmhärtighet vara över oss. *Sv.* Såsom vi hava hoppats på dig.

F. Herre, hör min bön. *Sv.* Och låt mitt rop komma till dig.

F. Låtom oss bedja. Herre, allsmäktige Gud, du som låtit oss uppleva denna dags morgon, bevara oss i dag genom din kraft, så att vi icke falla i någon synd, utan städse i våra tankar, ord och gärningar tillväxa i din rättfärdighet. Genom vår Herre Jesus Kristus, din Son, som med dig lever och regerar i den Helige Andes enhet, Gud från evighet till evighet. *Sv.* Amen.

F. Låtom oss prisa Herren. *Sv.* Gud vare tack.

(Här ihågkommas de helgon, vilkas fest firas i dag.)

F. Helige(a)......
Sv. Bed(jen) för oss.
F. Dyrbar är i Herrens ögon. *Sv.* Hans heligas död.

F. Heliga Maria och alla helgon, bedjen för oss till Herren, på det att vi må bliva värdiga att undfå hjälp och frälsning av honom, som lever och regerar i evigheternas evighet. *Sv.* Amen.

F. Gud, kom mig till hjälp. *Sv.* Herre, skynda till min undsättning.

F. Ära vare Fadern och Sonen och den Helige Ande. *Sv.* Som det var i begynnelsen, så nu och alltid och i all evighet. Amen.

F. Herre, förbarma dig över oss. *Sv.* Kristus, förbarma dig över oss. *F.* Herre, förbarma dig över oss.

F. Fader vår.

Bordsböner.

F. Herre, se till dina tjänare och till ditt verk, och led dem på den rätta vägen.
Sv. Och Herrens, vår Guds klarhet lyse över oss, och han må leda våra händers verk och styra våra händers arbete.
F. Ära vare Fadern och Sonen och den Helige Ande,
Sv. Som det var i begynnelsen, så nu och alltid och i all evighet. Amen.
F. Låtom oss bedja. Herre Gud, himmelens och jordens Konung, värdes i dag leda och helga, regera och styra våra hjärtan och våra kroppar, våra sinnen, ord och gärningar efter din lag och efter dina buds föreskrifter, på det att vi genom dig, världens Frälsare, här och i evigheten må varda hjälpta och uppnå frälsning och befrielse. Du som lever och regerar i evigheters evighet. *Sv.* Amen.
F. Må den allsmäktige Herren i sin frid råda över våra dagar och våra handlingar. *Sv.* Amen.
F. Herren styre våra hjärtan och våra kroppar i Guds kärlek och Kristi tålamod.
Sv. Gud vare tack.
F. Vår hjälp är i Herrens namn, *Sv.* Vilken gjort himmel och jord.
F. Herren välsigne oss och försvare oss mot allt ont, och före oss till det eviga livet. Och må de troendes själar genom Guds barmhärtighet vila i frid. *Sv.* Amen.
F. Herren give oss sin frid, *Sv.* Och det eviga livet. Amen.

Bordsböner.

Före måltiden.

I Faderns † och Sonens och den Helige Andes namn. Amen.

Aftonböner.

Allas ögon lita på dig, o Herre, och du giver dem mat i rättan tid; du upplåter din hand och uppfyller allt som lever, med välsignelse! Herre, förbarma dig över oss! Kristus, förbarma dig över oss! Herre, förbarma dig över oss! Fader vår. Välsigna oss, Herre, och dessa dina gåvor, som vi av din milda godhet skola mottaga, genom Kristus, vår Herre. Amen.

Efter måltiden.

I Faderns † och Sonens och den Heliga Andes namn. Amen.
Herre, himmelske Fader! Vi tacka dig för alla dina välgärningar, som vi av din milda godhet hava mottagit, du som lever och regerar, Gud från evighet till evighet. Amen.
Ära vare Fadern.
Förläna, o Herre, vi bedja dig, för ditt heliga namns skull, alla våra välgörare det eviga livet. Amen.
Må alla avlidna kristtrognas själar genom Guds barmhärtighet vila i frid. Amen.

Aftonböner.

1.

Tillbedjan, ära och pris ske dig, evighetens Konung, odödlige och osynlige, ende och treenige Gud! Huru skall jag nog kunna tacka dig, o min Gud, för din heliga försyn, som oavlåtligt vakar över oss. Du uppehåller och styr oss; du föder och kläder oss; du upplyser och styrker oss; du beskärmar och tuktar oss; du botar och helgar oss; du bor ibland oss och bistår oss i all vår nöd. Huru många välgärningar hava icke i dag genom din kärleksfulla försyn kommit mig till del!

Samvetsrannsakan och ånger.

Men har jag också visat mig tacksam emot dig för dessa otaliga välgärningar? Upplys mig, o min Gud, att jag rätt må inse och av hjärtat ångra mina synder, så att jag, om du under denna natt skulle kalla mig hädan, icke må dö i syndens tillstånd utan återlöst och helgad genom din heliga nåd. Rannsaka här en liten stund ditt samvete genom att övertänka, huru du använt den förflutna dagen, om du försyndat dig i tankar, ord, gärningar eller genom underlåtande av det goda, vartill du är förpliktad. Uppväck därpå innerlig ånger över de begångna synderna och fatta ett allvarligt beslut att bättra dig.

Utur djupet ropar jag till dig, o Herre; Herre, hör min bön.

Förbarma dig över mig, o min Gud, efter din stora barmhärtighet, förkasta mig icke ifrån ditt ansikte och tag icke din Helige Ande ifrån mig. Se, med förkrossat hjärta ångrar och avskyr jag min otacksamhet mot dig, alla synder, med vilka jag någonsin förolämpat ditt gudomliga majestät. Jag vill hädanefter med fruktan och bävan arbeta på min frälsning, men tillika med barnslig tillförsikt till din oändliga barmhärtighet. Du är ju när dem, som hava ett förkrossat hjärta, och ännu har du icke upphört att vara för mig en barmhärtig Fader, en tröstens Gud. Fader i himmelen, för din älskade Sons skull kom mig eländige syndare till hjälp och förunna min själ din Helige Andes mäktiga nådekraft. Styrk och bekräfta min allvarliga föresats att aldrig mera samtycka till synden, att omsorgsfullt undvika varje tillfälle och anledning till synd och att flitigt använda nödvändiga medel till bättring. Gud vare mig syndare nådig genom Kristus, vår Herre. Amen.

Aftonböner. 21

Var du, o Herre, under denna natt mitt och mina anhörigas skydd och beskärm, vaka över oss med din kärleksfulla försyn; låt din helige ängel stå vid vår sida, så att vi må bevaras från alla faror, sova i lugn och med ny styrka uppvakna till din heliga tjänst. Förbarma dig även, allsmäktige Gud, över alla våra medmänniskor, i synnerhet över de sjuka och nödlidande, och framför allt över dem som nattens mörker kunde förleda till synd. Även anbefaller jag dig, kärleksrike Fader, Jesu Kristi heliga Kyrka med dess synliga överhuvud, vår Helige Fader, påven, alla dess biskopar och själasörjare. Jag anropar också din barmhärtighet för alla avlidna, särskilt för N. N. Giv dem den eviga vilan, och det eviga ljuset lyse för dem. Amen.

Till ditt beskydd fly vi, heliga Guds moder. Försmå icke vår ödmjuka bön i vår nöd, utan befria oss städse från alla faror, du ärorika och välsignade Jungfru! Vår drottning, vår beskyddarinna, vår hjälp! Försona oss med din Son, anbefall oss åt din Son, för oss fram till din Son.

F. Bed för oss, heliga Guds moder.

Sv. Att vi må värdiga varda Kristi löften.

Låtom oss bedja. Bevara, o Herre, dina tjänare i frid och låt oss, som förtrösta på den heliga och alltid rena Jungfrun Marias beskydd, vara trygga för alla fiender, genom Kristus, vår Herre. *Sv.* Amen.

Bestänk dig med vigvatten i ödmjuk förtröstan på de däröver uttalade kyrkliga bönernas kraft; beteckna dig andäktigt med det helga korstecknet och sök sedan att insomna under fromma tankar.

Aftonböner.

2.
Kort aftonbön.

I Faderns † och Sonens och den Helige Andes namn. Amen.

O min Gud, jag tackar dig av hela mitt hjärta för allt gott, som du i dag bevisat mig. Jag beder om din välsignelse: Herre, bevara oss, då vi vaka, beskydda oss, då vi sova, på det att vi må med Kristus vaka och i frid sova. O min Gud, jag tror på dig som den eviga sanningen, jag hoppas på dig som den oändliga barmhärtigheten, jag älskar dig, den oändligt gode Guden. Det smärtar mig djupt, att jag så ofta förolämpat dig, min bäste Fader. Var mig nådig och låt mig icke dö i mina synder.

O Jesu heliga hjärta, som lidit dödens ångest, förbarma dig över de döende. O Maria, moder för alla, som Kristus återlöst, anbefall oss åt Guds barmhärtighet. — Må de avlidnas själar genom Guds barmhärtighet vila i frid.

Lovad vare Jesus Kristus. — I evighet. Amen.

Bön för de döende.

Mildaste Jesus, du som älskar själarna, jag besvär dig vid ditt heligaste hjärtas dödskamp och vid din obefläckade moders smärtor, rena i ditt blod alla syndare i hela världen, vilka nu ligga i dödskampen och redan i dag komma att dö. — Jesu hjärta, som lidit dödens nöd, förbarma dig över de döende.

3.
Aftonbön ur Kyrkans liturgi.

F. Herre, välsigna oss. En lugn natt och en salig dödsstund förläne oss Herren, den allsmäktige. *Sv.* Amen.

F. Bröder, varen nyktra och vaken, ty eder vedersakare, djävulen, går omkring såsom ett rytande lejon och söker, vem han må uppsluka.

Aftonböner.

Stån honom emot, starka i tron. Men du, Herre, förbarma dig över oss. *Sv.* Gud vare tack.

F. Vår hjälp är i Herrens namn. *Sv.* Som har gjort himmel och jord.

F. Fader vår.

Sv. Jag bekänner för den allsmäktige Guden, den heliga, alltid rena Jungfrun Maria, den helige ärkeängeln Mikael, den helige Johannes Döparen, de heliga apostlarna Petrus och Paulus och alla helgon, att jag mycket syndat i tankar, ord och gärningar, genom min skuld, genom min skuld, genom min alltför stora skuld. Därför beder jag den heliga, alltid rena Jungfrun Maria, den helige ärkeängeln Mikael, den helige Johannes Döparen, de heliga apostlarna Petrus och Paulus och alla helgon att bedja för mig till Herren, vår Gud.

F. Den allsmäktige Guden förbarme sig över oss, förlåte oss våra synder och före oss till det eviga livet. *Sv.* Amen.

F. Tillgift, avlösning och förlåtelse för våra synder förläne oss den allsmäktige och barmhärtige Herren. *Sv.* Amen.

F. Omvänd oss, Gud, vår frälsning, *Sv.* Och vänd din vrede från oss.

F. Gud, kom mig till hjälp, *Sv.* Herre, skynda till min undsättning. — Ära vare Fadern.

(Ps. 133.)

F. Nu prisen Herren, I alla hans tjänare, *Sv.* I som stån i Herrens hus, i gårdarna till vår Guds hus.

F. Om nätterna lyften edra händer upp mot helgedomen och välsignen Herren.

Sv. Herren välsigne dig ifrån Sion, han som har gjort himmel och jord.

F. Ära vare Fadern.

F. Dagens stjärna sänker sig,
O Skapare, vi bedja dig,
var du vår sköld, var du vår borg,
och skydda oss från synd och sorg.

Sv. I denna natt bevara oss,
och släck de onda drömmars bloss,
för fiendens bedrägeri
vår kropp, vår själ du hålle fri.

F. Hör nu vår bön, o Fader stor,
med Sonen din, som hos dig bor,
med Anden, som ger helighet,
du härskar i all evighet. *Sv.* Amen.

F. Men du är hos oss, o Herre, och ditt heliga namn är anropat oss till välsignelse, övergiv oss icke, Herre vår Gud. *Sv.* Gud vare tack.

F. I dina händer, Herre, befaller jag min ande. *Sv.* I dina händer, Herre, befaller jag min ande.

F. Du har frälst oss, o Herre, sanningens Gud. *Sv.* Jag befaller dig min ande.

F. Ära vare Fadern och Sonen och den Helige Ande. *Sv.* I dina händer, Herre, befaller jag min ande.

F. Bevara oss, Herre, som din ögonsten. *Sv.* Under dina vingars skugga beskydda oss.

Simeons lovsång.

F. Nu låter du, Herre, din tjänare fara i frid efter ditt ord, *Sv.* Ty mina ögon hava sett din frälsning,

F. Vilken du har berett inför alla folks ansikte, *Sv.* Ett ljus till hedningarnas upplysning och ditt folk Israels ära. — Ära vare Fadern.

F. Bevara oss, Herre, då vi vaka, beskydda

Aftonböner.

oss, då vi sova, på det att vi med Kristus må vaka och i frid vila. *Sv.* Amen.
F. Välsignad är du, Herre, våra fäders Gud, *Sv.* Och lovvärd och härlig i evighet.
F. Låtom oss prisa Fadern och Sonen jämte den Helige Ande. *Sv.* Låtom oss lova och upphöja honom i evighet.
F. Välsignad är du, Herre, i himmelens fäste, *Sv.* Och lovvärd och härlig och upphöjd i evighet.
F. Må den allsmäktige och barmhärtige Guden välsigna och bevara oss. *Sv.* Amen.
F. Värdes, Herre, bevara oss under denna natt för synd; *Sv.* Förbarma dig, o Herre, över oss, förbarma dig över oss.
F. Din barmhärtighet råde över oss, *Sv.* Såsom vi hava hoppats på dig.
F. Herre, hör min bön, *Sv.* Och låt mitt rop komma till dig.
F. Låtom oss bedja. Besök, Herre, vi bedja dig, vårt hus och hem och avlägsna därifrån alla fienders försåt. Låt dina heliga änglar bo hos oss, på det att de må bevara oss i frid, och låt din välsignelse alltid vila över oss. Genom vår Herre Jesus Kristus, som med dig i den Helige Andes enhet lever och regerar: Gud från evighet till evighet. *Sv.* Amen.
F. Låtom oss prisa Herren. *Sv.* Gud vare tack.
F. Välsigne och beskydde oss den allsmäktige och barmhärtige Herren: Fadern, † Sonen och den Helige Ande. *Sv.* Amen.
F. Guds hjälp förblive alltid med oss. *Sv.* Amen.

Här tillfogas den Marianska antifon som motsvarar kyrkoårets tid.

Den heliga Mässan.

1.

Mässans liturgiska text.*

Den heliga Mässan är det Nya förbundets oblodiga offer, den katolska Kyrkans förnämsta gudstjänst. Den omfattar i sin nuvarande form två delar: den förberedande gudstjänsten och offergudstjänsten.

1. Den förberedande gudstjänsten

Trappstegsbönen.

Den läses vid altarets fot och angiver det själens sinnelag, i vilket prästen och de kristtrogna böra nalkas altarets mysterium: ödmjukhet, ånger, andlig glädje och förtröstan.

Sc. In † nomine Patris et Filii et Spiritus Sancti. Amen.

Prästen. I Faderns och Sonens och den Helige Andes namn. Amen.

---

* Här återgives den latinska Mässans fullständiga text, såsom den av prästen läses vid altaret. — Mässans liturgi består dels av fasta mässböner, dels av sådana, som växla för olika dagar eller tider på året. De delar, som här framhävas genom (*), läsas endast på Trefaldighetens fest och måste alltså i alla andra mässor ersättas av de respektive böner, som på sina dagar äro angivna i mässboken.

Mässans liturgiska text.

Introibo ad altare Dei. Jag skall framträda till Guds altare.

M. Ad Deum, qui laetificat juventutem meam. *Ministranten.* Till Gud, min ungdoms glädje.

I själamässan och under passionstiden läses icke Ps. 42.

Ps. 42. *Sc.* Judica me, Deus, et discerne causam meam de gente non sancta; ab homine iniquo et doloso erue me. *Pr.* Döm mig, o Gud, och utför min sak emot oheligt folk; rädda mig från orättfärdiga och trolösa människor.

M. Quia tu es Deus, fortitudo mea: quare me repulisti, et quare tristis incedo, dum affligit me inimicus? *M.* Ty du, o Gud, är min styrka. Varför har du förskjutit mig, och varför skall jag gå sorgsen, medan min fiende plågar mig?

Sc. Emitte lucem tuam et veritatem tuam: ipsa me deduxerunt, et adduxerunt in montem sanctum tuum et in tabernacula tua. *Pr.* Sänd ut ditt ljus och din sanning; de leda och föra mig till ditt heliga berg och till dina hyddor.

M. Et introibo ad altare Dei: ad Deum, qui laetificat juventutem meam. *M.* Och jag skall framträda till Guds altare, till Gud, min ungdoms glädje.

Sc. Confitebor tibi in cithara, Deus, Deus meus: quare tristis es, anima mea, et quare conturbas me? *Pr.* Jag skall lovprisa dig med strängaspel, Gud, min Gud! Varför är du sorgsen, min själ, varför vållar du mig oro?

M. Spera in Deo, quoniam adhuc confitebor illi: salutare vultus mei et Deus meus. *M.* Förtrösta på Gud! Än skall jag prisa honom: mitt ansiktes frälsning och min Gud.

Mässans liturgiska text.

Sc. Gloria Patri et Filio et Spiritui Sancto.
M. Sicut erat in principio, et nunc et semper et in saecula saeculorum. Amen.
Sc. Introibo ad altare Dei.
M. Ad Deum, qui laetificat juventutem meam.
Sc. Adjutorium nostrum in nomine Domini.
M. Qui fecit coelum et terram.
Sc. Confiteor.
M. Misereatur tui omnipotens Deus, et dimissis peccatis tuis perducat te ad vitam aeternam.
Sc. Amen.

Pr. Ära vare Fadern och Sonen och den Helige Ande.
M. Som det var i begynnelsen, så nu och alltid och i all evighet. Amen.
P. Jag skall framträda till Guds altare.
M. Till Gud, min ungdoms glädje.
Pr. Vår hjälp är i Herrens namn.
M. Som gjort himmel och jord.
Pr. Jag bekänner...
M. Den allsmäktige Guden förbarme sig över dig, förlåte dig dina synder och före dig till det eviga livet.
P. Amen.

Confiteor är en bön om syndaförlåtelse. Renhet fordras, ty den heliga Mässan innebär tillträde till Guds Allraheligaste och de heligas samfund.

M. Confiteor Deo omnipotenti, beatae Mariae semper Virgini, beato Michaeli Archangelo, beato Joanni Baptistae, sanctis Apostolis Petro et Paulo, omnibus Sanctis, et tibi, pater: quia peccavi nimis cogitatione, verbo et opere: mea culpa, mea culpa, mea maxima

M. Jag bekänner för den allsmäktige Guden, den heliga, alltid rena Jungfrun Maria, den helige ärkeängeln Mikael, den helige Johannes Döparen, de heliga apostlarna Petrus och Paulus, alla helgon och dig, fader, att jag mycket syndat i tankar, ord och gärningar, genom min

Mässans liturgiska text.

culpa. Ideo precor beatam Mariam semper Virginem, beatum Michaelem Archangelum, beatum Joannem Baptistam, sanctos Apostolos Petrum et Paulum, omnes Sanctos, et te, pater, orare pro me ad Dominum Deum nostrum.

skuld, genom min skuld, genom min alltför stora skuld. Därför beder jag den heliga, alltid rena Jungfrun Maria, den helige ärkeängeln Mikael, den helige Johannes Döparen, de heliga apostlarna Petrus och Paulus, alla helgon och dig, fader, att bedja för mig till Herren, vår Gud.

Sc. Misereatur vestri omnipotens Deus et dimissis peccatis vestris perducat vos ad vitam aeternam.
M. Amen.

Pr. Den allsmäktige Guden förbarme sig över eder, förlåte eder edra synder och före eder till det eviga livet.
M. Amen.

Sc. Indulgentiam, absolutionem et remissionem peccatorum nostrorum tribuat nobis omnipotens et misericors Dominus.
M. Amen.

Pr. Tillgift, avlösning och förlåtelse för våra synder förläne oss den allsmäktige och barmhärtige Herren.
M. Amen.

Sc. Deus, tu conversus vivificabis nos.

Pr. Vänd dig till oss, o Gud, och vi skola leva.

M. Et plebs tua laetabitur in te.

M. Och ditt folk skall glädja sig i dig.

Sc. Ostende nobis, Domine, misericordiam tuam.

Pr. Visa oss, Herre, din barmhärtighet.

M. Et salutare tuum da nobis.

M. Och giv oss din frälsning.

Sc. Domine, exaudi orationem meam.

Pr. Herre, hör min bön.

M. Et clamor meus ad te veniat.

M. Och låt mitt rop komma till dig.

Mässans liturgiska text.

Sc. Dominus vobiscum.
M. Et cum spiritu tuo.

Pr. Herren vare med eder.
M. Och med din ande.

Prästen, under det han stiger upp till altaret:

Oremus. Aufer a nobis, quaesumus, Domine, iniquitates nostras: ut ad Sancta sanctorum puris mercamur mentibus introire. Per Christum, Dominum nostrum. Amen.

Vi bedja dig, o Herre, tag våra synder från oss, att vi må varda värdiga att med rena hjärtan ingå i det Allraheligaste, genom Kristus, vår Herre. Amen.

Prästen kysser altaret och läser:

Oramus te, Domine, per merita Sanctorum tuorum, quorum reliquiae hic sunt, et omnium Sanctorum: ut indulgere digneris omnia peccata mea. Amen.

Vi bedja dig, Herre, genom förtjänsterna hos dina helgon, vilkas kvarlevor här vila, och hos alla helgon, att du nådigt ville förlåta mig alla mina synder. Amen.

Introitus eller ingångsvers.*

(*) Benedicta sit sancta Trinitas, atque indivisa unitas: confitebimur ei, quia fecit nobiscum misericordiam suam. Ps. 8. Domine, Dominus noster: quam admirabile est nomen tuum in universa terra! Gloria Patri.

Välsignad vare den heliga Trefaldigheten i sin odelbara enhet! Låtom oss prisa den; ty den har gjort barmhärtighet med oss. Ps. Herre, vår Herre, hur underbart är icke ditt namn på hela jorden! Ära vare Fadern.

Därefter upprepas ingångsversen ända till psalmversen.

---

* I. är det första som läses ur mässboken. I forntiden sjöngs en av Davids psalmer under det att prästen, företrädd av ministranterna, tågade i procession fram till altaret. Före introitus lägger prästen i levitmässor och på större högtidsdagar under bön och välsignelse rökelse i rökelsekaret och incenserar den Korsfästes bild, relikerna, om sådana finnas ovanpå altaret, och själva altaret. Rökelsen sinnebildar de troendes till Gud uppstigande böner. Altaret är sinnebild för Kristus själv.

Mässans liturgiska text. 31

Kyrie.

K. är en kort litania till den heliga Trefaldigheten av grekiskt ursprung, såsom orden ännu i dag visa.

Sc. Kyrie eleison.	Pr. Herre, förbarma dig över oss.
M. Kyrie eleison.	M. Herre, förbarma dig över oss.
Sc. Kyrie eleison.	Pr. Herre, förbarma dig över oss.
M. Christe eleison.	M. Kristus, förbarma dig över oss.
Sc. Christe eleison.	Pr. Kristus, förbarma dig över oss.
M. Christe eleison.	M. Kristus, förbarma dig över oss.
Sc. Kyrie eleison.	Pr. Herre, förbarma dig över oss.
M. Kyrie eleison.	M. Herre, förbarma dig över oss.
Sc. Kyrie eleison.	Pr. Herre, förbarma dig över oss.

Gloria.*

Gloria in excelsis Deo. Et in terra pax hominibus bonae voluntatis. Laudamus te, benedicimus te, adoramus te, glorificamus te. Gratias agimus tibi propter magnam gloriam tuam. Domine Deus, Rex coel-

Ära vare Gud i höjden och på jorden frid åt människor, som hava hans välbehag. Dig lova vi, dig prisa vi, dig tillbedja vi, dig förhärliga vi. Vi tacka dig för din stora härlighet, Herre Gud, himmelske

---

* Begynnelseorden sjöngos av den himmelska härskaran i Betlehem. Hymnen, i övrigt av grekiskt ursprung, är ett högtidligt nämnande av Guds namn med de mest upphöjda titlar, som tillägnats honom i Skriften. Det överväldigande gudsmedvetande, som kommer till uttryck här, bör besjäla alla våra böner i Mässan. (Gloria bortfaller i några mässor, särskilt under advents- och fastetiden.)

Mässans liturgiska text.

estis, Deus Pater omnipotens. Domine Fili unigenite, Jesu Christe. Domine Deus, Agnus Dei, Filius Patris. Qui tollis peccata mundi, miserere nobis. Qui tollis peccata mundi, suscipe deprecationem nostram. Qui sedes ad dexteram Patris, miserere nobis. Quoniam tu solus Sanctus, tu solus Dominus, tu solus Altissimus, Jesu Christe. Cum Sancto Spiritu, in gloria Dei Patris. Amen.

konung, Gud allsmäktige Fader; Herre, du enfödde Son, Jesus Kristus! Herre Gud, Guds lamm, Faderns Son; du som borttager världens synder, förbarma dig över oss; du som borttager världens synder, mottag vår ödmjuka bön; du som sitter på Faderns högra hand, förbarma dig över oss; ty du allena är den Helige, du allena Herren, du allena den Allrahögste, Jesus Kristus, med den Helige Ande i Gud Faderns härlighet. Amen.

Prästen böjer sig djupt och kysser altaret, som är en sinnebild för Kristus själv. Sedan tillönskar han hela menigheten samma enhet med Kristus, i det han vänder sig till folket och säger:

Sc. Dominus vobiscum.

M. Et cum spiritu tuo.

Pr. Herren vare med eder.

M. Och med din ande.

Kyrkobön.

(*) *Sc. Oremus.* Omnipotens, sempiterne Deus, qui dedisti famulis tuis in confessione verae fidei aeternae Trinitatis gloriam agnoscere, et in potentia majestatis adorare unitatem: quaesumus, ut eiusdem fidei firmitate ab omnibus

Pr. Låtom oss bedja. Allsmäktige, evige Gud, du som förlänat dina tjänare att i den sanna trons bekännelse få kännedom om den eviga Trefaldighetens härlighet, och i Majestätets makt tillbedja dess enhet, vi bedja dig, låt oss

Mässans liturgiska text.

semper muniamur adversis. Per Dominum nostrum Jesum Christum...

M. Amen.

genom ståndaktighet i samma tro städse vara tryggade mot allt ont. Genom vår Herre Jesus Kristus...

M. Amen.

Epistel.

E. är hämtad från apostlarnas brev eller från Gamla testamentet, anpassad efter dagens fest.

(*) Lectio Epistolae beati Pauli Apostoli ad Romanos. c. 11.
O altitudo divitiarum sapientiae et scientiae Dei: quam incomprehensibilia sunt judicia eius, et investigabiles viae ejus! Quis enim cognovit sensum Domini? Aut quis consiliarius eius fuit? Aut quis prior dedit illi, et retribuetur ei? Quoniam ex ipso, et per ipsum, et in ipso sunt omnia: ipsi gloria in saecula. Amen.

M. Deo gratias.

Läsning ur den helige aposteln Pauli brev till Romarna.
O vilket djup av rikedom, vishet och vetande finnes ej hos Gud! Huru obegripliga äro ej hans domar, och huru outrannsakliga hans vägar! Ty vem har känt Herrens sinne eller vem har varit hans rådgivare? Eller vem har först givit honom något, så att han skulle återgälda honom det? Ty av honom och genom honom och i honom är allting. Honom vare ära i evighet! Amen.

M. Gud vare tack.

Graduale.*

(*) Benedictus es, Domine, qui intueris abyssos, et sedes super Cherubim. V. Benedictus es,

Välsignad är du, Herre, som skådar ned över avgrunder och tronar över keruber. Välsignad

---

* G. är den i Mässan i musikaliskt avseende rikast utvecklade koralkörsången (alleluja). Den ledsagar ingen liturgisk handling, utan är en självständig del. Redan

2 — *Oremus.*

Mässans liturgiska text.

Domine, in firmamento cœli, et laudabilis in saecula. Alleluia, alleluia. V. Benedictus es, Domine, Deus patrum nostrorum, et laudabilis in saecula. Alleluia.

är du, Herre, i himlavalvet, och prisvärd i evighet. Alleluja, alleluja. Välsignad är du, Herre, våra fäders Gud, och lovvärd i evighet. Alleluja.

Evangelium.

Munda cor meum ac labia mea, omnipotens Deus, qui labia Isaiae prophetae calculo mundasti ignito: ita me tua grata miseratione dignare mundare, ut sanctum Evangelium tuum digne valeam nuntiare. Per Christum, Dominum nostrum. Amen.

Jube Domine benedicere: Dominus sit in corde meo et in labiis meis, ut digne et competenter annuntiem Evangelium suum. Amen.

Rena mitt hjärta och mina läppar, allsmäktige Gud, du som fordom med ett glödande kol renat profeten Isaias' läppar. Värdes i din milda barmhärtighet så rena mig, att jag värdigt må förkunna ditt heliga Evangelium. Genom Kristus, vår Herre. Amen.

Värdes, Herre, välsigna mig. Herren vare i mitt hjärta och på mina läppar, att jag värdigt och tillbörligt må förkunna hans heliga evangelium. Amen.

I levitmässor och på större högtidsdagar välsignas före evangeliet rökelse, och incenseras evangelieboken. Vid början av evangeliet resa sig alla och beteckna pannan, munnen och bröstet med korstecknet.

Sc. Dominus vobiscum.

M. Et cum spiritu tuo.

Sc. Sequentia sancti Evangelii secundum Matthaeum.

M. Gloria tibi, Domine.

Pr. Herren vare med eder.

M. Och med din ande.

Pr. Det följande ur det heliga Evangeliet enligt Matteus.

M. Ära vare dig, o Herre!

Augustinus omnämner den gamla seden att efter episteln sjunga en psalm (numera är det blott några verser) ifrån en upphöjd plats (gradus). Meningen med Graduale var och är att fördjupa läsningens tankar genom psalmsången, dess konstnärliga form skall höja den andliga glädjen.

Mässans liturgiska text.

(*) In illo tempore: Dixit Jesus discipulis suis: Data est mihi omnis potestas in coelo, et in terra. Euntes ergo docete omnes gentes, baptizantes eos in nomine Patris, et Filii, et Spiritus Sancti: docentes eos servare omnia quaecumque mandavi vobis. Et ecce ego vobiscum sum omnibus diebus, usque ad consummationem saeculi.

I den tiden sade Jesus till sina lärjungar: All makt är mig given i himmelen och på jorden. Gån därför och lären alla folk och döpen dem i Faderns och Sonens och den Helige Andes namn, och lären dem hålla allt, vad jag befallt eder. Och se, jag är med eder alla dagar intill världens ände.

M. Laus tibi, Christe.

M. Lov vare dig, Kristus.

Sc. Per evangelica dicta deleantur nostra delicta.

Pr. Må genom evangeliets ord våra överträdelser utplånas.

Credo.

Credo (den niceno-konstantinopolitanska trosbekännelsen, 4:e årh.) läses på söndagarna och på andra i liturgien särskilt utmärkta dagar.

Credo in unum Deum, Patrem omnipotentem, factorem coeli et terræ, visibilium omnium et invisibilium. Et in unum Dominum Jesum Christum, Filium Dei unigenitum; et ex Patre natum ante omnia saecula. Deum de Deo, lumen de lumine, Deum verum de Deo vero; genitum, non factum, consubstantialem Patri: per

Jag tror på en Gud, den allsmäktige Fadern, himmelens och jordens, alla synliga och osynliga tings Skapare. Och på en Herre Jesus Kristus, Guds enfödde Son, som från evighet är född av Fadern; Gud av Gud, ljus av ljus, sann Gud av sann Gud, född, icke gjord, av samma väsen som Fadern; genom vilken allt

Mässans liturgiska text.

quem omnia facta sunt. Qui propter nos homines, et propter nostram salutem descendit de cœlis. Et incarnatus est de Spiritu Sancto ex Maria Virgine, et homo factus est.*. Crucifixus etiam pro nobis, sub Pontio Pilato passus et sepultus est. Et resurrexit tertia die, secundum Scripturas. Et ascendit in cœlum; sedet ad dexteram Patris. Et iterum venturus est cum gloria judicare vivos et mortuos; cujus regni non erit finis. Et in Spiritum Sanctum, Dominum et vivificantem; qui ex Patre Filioque procedit; qui cum Patre et Filio simul adoratur et conglorificatur; qui locutus est per Prophetas. Et unam, sanctam, catholicam et apostolicam Ecclesiam. Confiteor unum baptisma in remissionem peccatorum; et exspecto resurrectionem mortuorum, et vitam venturi saeculi. Amen.

är gjort; vilken för oss människor och för vår frälsnings skull nedsteg från himmelen. Och han antog kött genom den Helige Ande av Jungfru Maria och vart människa.* Han blev ock korsfäst för oss, och under Pontius Pilatus pinad och begraven. Och han uppstod på tredje dagen efter Skrifterna och uppfor till himmelen. Han sitter vid Faderns högra sida, och skall återkomma med härlighet till att döma levande och döda, och på hans rike skall icke vara något slut. Och på den Helige Ande, Herren och livgivaren, vilken utgår av Fadern och Sonen, vilken tillika med Fadern och Sonen tillbedes och förhärligas, som har talat genom profeterna. Och på den ena heliga, katolska och apostoliska Kyrkan. Jag bekänner ett dop till syndernas förlåtelse och förväntar de dödas uppståndelse och den tillkommande evighetens liv. Amen.

* Under dessa ord knäböjer församlingen.

Mässans liturgiska text.

Vare sig Credo förekommer eller ej, bör den förberedande gudstjänsten i själen hava väckt en levande tro på Gud och hans återlösningsverk i Jesus Kristus, vilket nu kommer att upprepas på altaret på oblodigt sätt. I den kristna forntiden fick ingen odöpt, ingen avfällig, ingen ovärdig kristen övervara 'de troendes Mässa' d. v. s. den heliga handlingen, som nu följer.

2. Offergudstjänsten.

Denna omfattar tre delar: Offergåvornas frambärande, Förvandlingen, Kommunionen. — Offrets inledningsakt skedde i den kristna forntiden genom de troende, som framburo till altaret bröd, vin och andra gåvor, delvis för de fattigas och prästens underhåll, delvis för den heliga handlingen. Prästen tog av bröd och vin det som behövdes för Förvandlingen och Kommunionen, samt vigde det under böner och ceremonier åt Gud som *en sista förberedelse till det egentliga offret, som försiggår först i och genom Förvandlingen och avslutas genom Kommunionen.* — Kristus är även i varje Mässa den egentliga offerprästen. I förening med hans offerakt blir prästens och de troendes offerakt värdefull inför Gud. Prästen vid altaret är Kristi ställföreträdare, men även de troendes, (Kyrkans), liturgiska representant. Även de troende frambära offret. — Kristi offer är av oändligt värde, men den frukt och välsignelse, som utgår från varje Mässa, är större allt efter de troendes större helighet och andakt. — Brödet och vinet äro offrets synliga, sakramentala tecken, men även symboler: det som försiggår i dem, bör försiggå i den offrandes själ: inre helgelse och förening med Gud. Den kristne bör enligt Apostelns ord (Rom. 12:1) skänka sig själv som offergåva åt Gud. Han gör det, i det han dör bort från synden och för ett nytt liv i den heliggörande nådens kraft. Denna nåd, som redan härnere förvandlar själen till Kristi avbild, skall en gång vid uppståndelsen även förvandla kroppen, så att slutligen hela människan, frälst genom Kristi offer, upptages i Guds härlighet. — 'Gör oss, o Herre, till en dig välbehaglig, evig offergåva.' (Mässbön ur pingstoktaven.)

Offergåvornas frambärande.

Sc. Dominus vobiscum.
M. Et cum spiritu tuo.
Sc. Oremus.

Pr. Herren vare med eder.
M. Och med din ande.
Pr. Låtom oss bedja.

Offertorium.

(*) Benedictus sit Deus Pater, unigenitusque Dei Filius, Sanctus quoque Spiritus: quia fecit nobiscum misericordiam suam.

Välsignad vare Gud Fadern och Guds enfödde Son och den Helige Ande; ty han har gjort barmhärtighet med oss.

Brödet frambäres.

Suscipe sancte Pater, omnipotens, æterne Deus, hanc immaculatam Hostiam, quam ego indignus famulus tuus offero tibi, Deo meo vivo et vero, pro innumerabilibus peccatis et offensionibus et negligentiis meis, et pro omnibus circumstantibus, sed et pro omnibus fidelibus Christianis, vivis atque defunctis; ut mihi et illis proficiat ad salutem in vitam æternam. Amen.

Mottag, helige Fader, allsmäktige, evige Gud, detta obefläckade offer, vilket jag, din ovärdige tjänare, frambär åt dig, min sanne och levande Gud, till förlåtelse för mina otaliga synder, överträdelser och försummelser, liksom ock för alla närvarande, men även för alla troende kristna, levande och döda, på det att det må lända mig och dem till frälsning för det eviga livet. Amen.

Kalken beredes.

Deus, qui humanæ substantiæ dignitatem mirabiliter condidisti et mirabilius reformasti: da nobis per hujus aquæ et vini mysterium ejus divinitatis esse consortes, qui humanitatis nostræ fieri dignatus est particeps, Jesus

O Gud, som underbart skapat den mänskliga naturen och ännu underbarare förnyat densamma, förläna oss genom hemligheten av detta vatten och vin att få del i dens gudomlighet, som nedlät sig att varda delaktig av vår

Mässans liturgiska text.

Christus, Filius tuus, Dominus noster; qui tecum vivit...

mänskliga natur, Jesus Kristus, din Son, vår Herre, som med dig lever och regerar, i den Helige Andes enhet, Gud, från evighet till evighet. Amen.

Kalken frambäres.

Offerimus tibi, Domine, calicem salutaris, tuam deprecantes clementiam; ut in conspectu divinæ majestatis tuæ, pro nostra et totius mundi salute, cum odore suavitatis ascendat. Amen.

Vi offra dig, o Herre, frälsningens kalk och åkalla din mildhet, att den med söt vällukt må uppstiga inför ditt gudomliga Majestäts ansikte för vår och hela världens frälsning. Amen.

In spiritu humilitatis et in animo contrito suscipiamur a te, Domine; et sic fiat sacrificium nostrum in conspectu tuo hodie, ut placeat tibi, Domine Deus.

I ödmjukhetens ande och med ett förkrossat hjärta må vi upptagas av dig, o Herre, och må vårt offer i dag så frambäras inför ditt ansikte, att det behagar dig, Herre, vår Gud.

Veni, Sanctificator, omnipotens æterne Deus; et benedic † hoc sacrificium tuo sancto nomini præparatum.

Kom, Heliggörare, allsmäktige, evige Gud, och välsigna detta offer, som är tillrett åt ditt heliga namn.

I levitmässor och på större högtidsdagar välsignar nu prästen rökelse och incenserar under böner, tagna ur psalmerna, kalken och altaret, varefter han själv, leviterna och församlingen incenseras till ett tecken på allas innerliga förening med altaret, med offret, med Gud.

Mässans liturgiska text.

Handtvagningen.

Denna är här en symbol. Händerna symbolisera våra handlingar, och genom deras tvagning visa vi renheten och oklanderligheten i allt vårt görande. (Cyrillus av Jerusalem † 386.)

Ps. 25. Lavabo inter innocentes manus meas, et circumdabo altare tuum, Domine. Ut audiam vocem laudis, et enarrem universa mirabilia tua. Domine, dilexi decorem domus tuæ, et locum habitationis gloriæ tuæ. Ne perdas cum impiis, Deus, animam meam, et cum viris sanguinum vitam meam: In quorum manibus iniquitates sunt; dextera eorum repleta est muneribus. Ego autem in innocentia mea ingressus sum: redime me, et miserere mei. Pes meus stetit in directo: in ecclesiis benedicam te, Domine.
Gloria Patri.

Ps. 25. Jag skall två mina händer bland de oskyldiga och så träda till ditt altare, o Herre, för att höra ditt lovkväde och förkunna alla dina underverk. Jag älskar, o Herre, ditt hus' skönhet och din härlighets boning. Låt ej, o Gud, min själ omkomma med de ogudaktiga, ej heller mitt liv med blodsmännen, i vilkas händer orättvisa är, och vilkas hand är full av mutor. Men jag vandrar i min oskuld; fräls mig och förbarma dig över mig. Min fot vandrar på den rätta vägen; i de rättfärdigas församlingar skall jag prisa dig, o Herre! Ära vare Fadern.

Böner efter offringen.

Suscipe, sancta Trinitas, hanc oblationem, quam tibi offerimus ob memoriam passionis, resurrectionis et ascensionis Jesu Christi Domini nostri, et in honorem B. Mariæ semper virginis, et B. Joannis Baptistæ et ss. Apostolorum Petri et Pauli, et istorum et omnium Sanctorum: ut illis proficiat ad honorem, nobis autem ad salutem: et illi pro nobis

Mottag, heliga Trenighet, detta offer, som vi frambära åt dig till åminnelse av vår Herres Jesu Kristi lidande, uppståndelse och himmelsfärd och till ära av den saliga, alltid rena Jungfrun Maria, den helige Johannes Döparen och de heliga apostlarna Petrus och Paulus, till ära av dessa och alla helgon, att det må lända dem till ära och oss till välfärd, och att

Mässans liturgiska text.

intercedere dignentur in cœlis, quorum memoriam agimus in terris. Per eundem Christum, Dominum nostrum. Amen.

de må vara våra förespråkare i himmelen, vilkas åminnelse vi fira på jorden, genom samme Kristus, vår Herre. Amen.

Sc. Orate, fratres: ut meum ac vestrum sacrificium acceptabile fiat apud Deum, Patrem omnipotentem.

Pr. Bedjen, bröder, att mitt och edert offer må varda behagligt inför Gud, den allsmäktige Fadern.

M. Suscipiat Dominus sacrificium de manibus tuis ad laudem et gloriam nominis sui. ad utilitatem quoque nostram, totiusque Ecclesiæ suæ sanctae.
Sc. Amen.

M. Herren mottage offret av dina händer till sitt namns lov och pris, till vår och hela sin heliga Kyrkas nytta.

Pr. Amen.

(*) Sanctifica, quæsumus, Domine Deus noster, per tui sancti nominis invocationem hujus oblationis hostiam: et per eam nosmetipsos tibi perfice munus æternum. Per Dominum...

Vi bedja dig, Herre, vår Gud, helga genom vår åkallan av ditt heliga namn denna offergåva och gör oss själva därigenom dig till ett evigt offer. Genom vår Herre Jesus Kristus, din Son, vilken med dig lever och regerar i den Helige Andes enhet...

Prefationen och Sanctus.*

Sc. Per omnia saecula saeculorum.
M. Amen.

Pr. Från evighet till evighet.
M. Amen.

---
* Enligt Herrens exempel i nattvardssalen läses en högtidlig tacksägelsebön (prefation) före Förvandlingen. Nu för tiden finnas 14 olika prefationer. Deras ur-

Mässans liturgiska text.

Sc. Dominus vobiscum.
M. Et cum spiritu tuo.
Sc. Sursum corda.
M. Habemus ad Dominum.
Sc. Gratias agamus Domino Deo nostro.
M. Dignum et justum est.
Sc. Vere dignum et justum est, aequum et salutare, nos tibi semper et ubique gratias agere, Domine sancte, Pater omnipotens, æterne Deus. Qui cum unigenito Filio tuo et Spiritu Sancto, unus es Deus, unus es Dominus: non in unius singularitate personæ, sed in unius Trinitate substantiæ. Quod enim de tua gloria, revelante te, cre-

Pr. Herren vare med eder.
M. Och med din ande.
Pr. Upplyften edra hjärtan.
M. Vi hava upplyft dem till Herren.
Pr. Låtom oss tacka Herren, vår Gud.
M. Det är tillbörligt och rätt.
Pr. Det är i sanning tillbörligt och rätt, riktigt och gagneligt, att vi alltid och allestädes tacka dig, helige Herre, allsmäktige Fader, evige Gud, som med din enfödde Son och med den Helige Ande är en Gud och en Herre, icke uti en persons enhet utan i det ena väsendets Trefaldighet. Ty vad vi på grund av din uppenbarelse tro om din här-

gamla melodier räknas bland de ädlaste, som musiken skapat. — Prefationens grundform hör till Mässans äldsta beståndsdelar. I forntiden uppräknades här i form av en lovsång alla Guds storverk alltifrån skapelsen intill den första Förvandlingen i nattvardssalen. Meningen var, och är ännu i dag, att själen skall beredas att med tacksamt sinne på altaret skåda Guds allmakts och kärleks största verk.

S a n c t u s är änglavärldens tillbedjan och lovsång till Trefaldighetens ära, tagen ur profeten Isais (kap. 6:3). Även människosläktet skall taga del i denna evinnerliga hymn. Menigheten ber därför att få instämma i denna sång, och hälsar Herren, som nu skall komma, med skarornas rop på palmsöndagen: 'Välsignad vare Han, som kommer i Herrens namn. Hosanna i höjden.' (Matt. 21:9.)

Mässans liturgiska text. 43

dimus, hoc de Filio tuo, hoc de Spiritu Sancto, sine differentia discretionis sentimus. Ut in confessione veræ sempiternaeque Deitatis et in personis proprietas, et in essentia unitas, et in majestate adoretur æqualitas. Quam laudant Angeli atque Archangeli, Cherubim quoque ac Seraphim, qui non cessant clamare quotidie una voce dicentes:
Sanctus, Sanctus, Sanctus, Dominus Deus Sabaoth. Pleni sunt coeli et terra gloria tua. Hosanna in excelsis. Benedictus qui venit in nomine Domini. Hosanna in excelsis.

lighet, det tro vi om din Son, detsamma tro vi om den Helige Ande utan någon åtskiljande olikhet; så att i bekännelsen av den sanna och eviga gudomen tillbedes i personerna skiljaktigheten, i väsendet enheten och i majestätet likheten. Denna prisas av änglar och ärkeänglar, kerubim och serafim, som icke upphöra att dagligen ropa med en röst, sägande:
Helig, helig, helig är Herren Gud Sabaoth. Himmel och jord äro fulla av din härlighet. Hosanna i höjden. Välsignad vare han, som kommer i Herrens namn. Hosanna i höjden.

Canonbönen.*
Bön för Kyrkan.

Te igitur, clementissime Pater, per Jesum

Vi bedja dig, mildaste Fader, genom

---

* Canon (= rättesnöre, fastställd oföränderlig ordning), är Mässans äldsta och heligaste del, en krans av värdefulla böner och heliga ceremonier, som omgiva Förvandlingen och tolka dess djupa innebörd. Allt präglas nu av offrets och gemenskapens tanke: gemenskap med hela Kyrkan, påven, biskoparna och alla rättrogna på jorden, i synnerhet de närvarande och de, som ihågkommas i prästens memento, helgonen i himmelen, själarna i skärselden, gemenskap med Gud själv, som genom sin enfödde Sons evinnerliga offer försonas med världen, giver nåd och frid och väcker fromma beslut till livets helgelse.

Christum, Filium tuum, Dominum nostrum, supplices rogamus ac petimus, uti accepta habeas et benedicas hæc † dona, hæc † munera, hæc † sancta sacrificia illibata, in primis quæ tibi offerimus pro Ecclesia tua sancta catholica, quam pacificare, custodire, adunare et regere digneris toto orbe terrarum, una cum famulo tuo papa nostro N. et antistite nostro N. et omnibus orthodoxis atque catholicæ et apostolicæ fidei cultoribus.

din Son, vår Herre, Jesus Kristus, och anropa dig i djupaste ödmjukhet, att du ville nådigt mottaga och välsigna dessa gåvor, dessa skänker, dessa heliga och obesmittade offer, som vi frambära åt dig, framför allt för din heliga katolska Kyrka, att du på hela jordkretsen nådeligen ville bevara den i frid och enighet, skydda och regera den tillika med din tjänare, vår påve N. och vår biskop N. samt alla rättrogna bekännare av den katolska och apostoliska tron.

Bön för särskilda personer.

Memento Domine, famulorum famularumque tuarum N. et N. — et omnium circumstantium, quorum tibi fides cognita est et nota devotio, pro quibus tibi offerimus, vel qui tibi offerunt hoc sacrificium laudis pro se suisque omnibus, pro redemptione animarum suarum, pro spe salutis et incolumitatis suæ, tibique reddunt vota sua æterno Deo, vivo et vero.

Kom ihåg, o Herre, dina tjänare och tjänarinnor N. och N. och alla närvarande, vilkas tro och andakt äro dig bekanta, för vilka vi offra, eller vilka frambära dig detta lovoffer för sig och alla de sina, för sina själars räddning och i förhoppning om sin frälsning och välfärd, och som inför dig, evige, levande och sanne Gud, frambära sina löften.

Mässans liturgiska text. 45

Åkallan av den triumferande kyrkan.

Communicantes et memoriam venerantes, in primis gloriosæ semper virginis Mariæ, genitricis Dei et Domini nostri Jesu Christi; sed et beatorum apostolorum ac martyrum tuorum, Petri et Pauli, Andreæ, Jacobi, Joannis, Thomæ, Jacobi, Philippi, Bartholomæi, Matthæi, Simonis et Thaddæi, Lini, Cleti, Clementis, Xysti, Cornelii, Cypriani, Laurentii, Chrysogoni, Joannis et Pauli, Cosmæ et Damiani, et omnium sanctorum tuorum, quorum meritis precibusque concedas, ut in omnibus protectionis tuæ muniamur auxilio. Per eundem Christum, Dominum nostrum. Amen.

Delaktiga i de heligas gemenskap, fira vi åminnelsen framför allt av den ärorika, alltid rena Jungfrun Maria, Moder till vår Gud och Herre Jesus Kristus, men också av dina heliga apostlar och martyrer, Petrus och Paulus, Andreas, Jakobus, Johannes, Tomas, Jakobus, Filippus, Bartolomeus, Matteus, Simon och Taddeus, Linus, Kletus, Klemens, Sixtus, Kornelius, Cyprianus, Laurentius, Krysogonus, Johannes och Paulus, Kosmas och Damianus och av alla dina helgon. Förunna oss genom deras förtjänster och förböner, att vi i allt måtte erfara din starka hjälp och ditt beskydd, genom samme Kristus, vår Herre. Amen.

Hanc igitur oblationem servitutis nostræ, sed et cunctæ familiæ tuæ, quæsumus, Domine, ut placatus accipias, diesque nostros in tua pace disponas, atque ab æterna damnatione nos eripi et in

Mottag nu nådigt, o Herre, vi bedja dig, detta offer av oss, dina tjänare och av hela din församling, led våra dagar i din frid, fräls oss från evig fördömelse och låt oss en gång räknas bland dina ut-

Mässans liturgiska text.

electorum tuorum jubeas grege numerari. Per Christum, Dominum nostrum. Amen.

Quam oblationem tu, Deus, in omnibus, quæsumus, † benedictam, † adscriptam, † ratam, rationabilem acceptabilemque facere digneris; ut nobis † corpus et † sanguis fiat dilectissimi Filii tui Domini nostri Jesu Christi:

valdas hjord, genom Kristus, vår Herre. Amen.

Vi bedja dig, o Gud, gör detta offer i allt välsignat, helgat, värdigt, fullkomligt och välbehagligt, att det för oss varder till din älskade Sons, vår Herres Jesu Kristi lekamen och blod:

Förvandlingen.*

Qui pridie, quam pateretur, accepit panem in sanctas ac venerabiles manus suas, et elevatis oculis in cœlum ad te, Deum Patrem suum omnipotentem, tibi gratias agens, † benedixit, fregit deditque discipulis suis, dicens: Accipite, et manducate ex hoc omnes:

H o c e s t e n i m
C o r p u s m e u m.

Vilken dagen före sitt lidande tog brödet i sina heliga och vördnadsvärda händer, upplyfte sina ögon mot himmelen till dig, sin allsmäktige Fader, tackade dig, välsignade brödet, bröt det och gav det åt sina lärjungar, sägande: Tagen och äten alla härav,

T y d e t t a ä r m i n
L e k a m e n.

* Korsoffrets oblodiga förnyelse verkställes genom brödets och vinets förvandling av Kristus själv, vår evige överstepräst. Prästen vid altaret är härvid endast Kristi synligt tjänande redskap. I kraft av sin heliga vigning efterliknar han nu i ord och handling Kristus i nattvardssalen. Världshistoriens heligaste, evigt nya skådespel! 'Mysterium fidei', Trons mysterium, ropade i forntiden diakonen till församlingen, när Förvandlingen pågick av brödet och vinet till Kristi lekamen och blod.

Mässans liturgiska text.

Prästen knäböjer inför den nu närvarande Frälsaren, höjer Hostian att tillbedjas av församlingen, och knäböjer åter.

Simili modo, postquam cœnatum est, accipiens et hunc præclarum calicem in sanctas ac venerabiles manus suas, item tibi gratias agens, † benedixit deditque discipulis suis, dicens: Accipite, et bibite ex eo omnes:
Hic est enim calix Sanguinis mei, novi et æterni testamenti: mysterium fidei; qui pro vobis et pro multis effundetur in remissionem peccatorum.
Hæc, quotiescumque feceritis, in mei memoriam facietis.

Sammalunda tog han efter nattvarden denna härliga kalk uti sina heliga och vördnadsvärda händer, tackade dig åter, och välsignade den, samt gav sina lärjungar, sägande: Tagen och dricken alla härav,
Ty detta är mitt Blods kalk, det Nya och eviga förbundets — trons mysterium —, vilket för eder och för många skall utgjutas till syndernas förlåtelse.
Så ofta I gören detta, gören det till min åminnelse.

Prästen knäböjer, höjer kalken med det heliga blodet att tillbedjas av församlingen, och knäböjer åter.

Erinran om Kristi återlösningsverk.*

Unde et memores, Domine, nos servi tui, sed et plebs tua sancta, ejusdem Christi Filii tui, Domini nostri, tam

Vi påminna oss nu, o Herre, vi, dina tjänare och ditt heliga folk, samme Kristi, din Sons, vår Herres saliga li-

---

* I alla mässliturgier, både österländska och västerländska, vidtager omedelbart efter förvandlingen *Anamnesis = Herrens åminnelse.* — Sålunda påminna vi oss här i förening med alla goda och heliga Jesu Kristi lidande,

beatæ passionis, nec non et ab inferis resurrectionis, sed et in cœlos gloriosæ ascensionis: offerimus præclaræ majestati tuæ de tuis donis ac datis hostiam † puram, hostiam † sanctam, hostiam † immaculatam: panem sanctum † vitæ æternæ et calicem † salutis perpetuæ.

dande och uppståndelse från de döda samt hans härliga himmelsfärd, och frambära åt ditt upphöjda Majestät av dina gåvor ett rent offer, ett heligt offer, ett obefläckat offer, det eviga livets bröd och den eviga frälsningens kalk.

Bön om offrets nådiga mottagande.

Supra quæ propitio ac sereno vultu respicere digneris et accepta habere, sicuti accepta habere dignatus es munera pueri tui justi Abel et sacrificium patriarchæ nostri Abrahæ, et quod tibi obtulit summus sacerdos tuus Melchisedech, sanctum sacrificium, immaculatam hostiam.

Se med nådigt och milt ansikte ned på detta offer och mottag det, såsom du fordom med välbehag mottog din rättfärdige tjänare Abels och vår patriark Abrahams offer och det heliga obefläckade offer, som din överstepräst Melkisedek frambar åt dig.

Supplices te rogamus, omnipotens Deus, jube hæc perferri per manus sancti angeli tui in sublime altare tuum, in

Allsmäktige Gud, vi bedja dig ödmjukligen, låt detta offer genom din helige ängels händer frambäras till ditt

---

uppståndelse och himmelsfärd; vi äro ett med Kristus i offret och förrätta tillbedjan i ande och sanning till Trefaldighetens ära. Vårt dop, i vilket vi för evig tid hava vigts åt Fadern, Sonen och den Helige Ande, skall genom offret krönas och fulländas. I en lovprisning av Treenigheten utklingar canonbönen.

Mässans liturgiska text. 49

conspectu divinæ majestatis tuæ; ut quotquot ex hac altaris participatione sacrosanctum Filii tui cor † pus et san† guinem sumpserimus, omni benedictione cœlesti et gratia repleamur. Per eundem Christum, Dominum nostrum. Amen.

höga altare inför ditt gudomliga Majestäts åsyn, på det att vi alla, som vid detta ditt altare deltaga i anammandet av din Sons heliga lekamen och blod, må bliva uppfyllda med all himmelsk nåd och välsignelse, genom samme Kristus, vår Herre. Amen.

Bön för själarna i skärselden.

Att bedja vid offret för de avlidna är en gammal apostolisk tradition. Den är djupt rotad i det heliga offrets väsen, som förbinder oss med alla, vilka tillhöra Kristus, den Konung, för vilken alla leva.

Memento etiam, Domine, famulorum famularumque tuarum N. et N., qui nos præcesserunt cum signo fidei et dormiunt in somno pacis. — Ipsis, Domine, et omnibus in Christo quiescentibus, locum refrigerii, lucis et pacis ut indulgeas, deprecamur. Per eundem Christum, Dominum nostrum. Amen.

Kom också ihåg, o Herre, dina tjänare och tjänarinnor N. och N., som gått hädan före oss med trons tecken och nu vila i fridens sömn. Förläna, o Herre, vi bedja dig, åt dem och åt alla, som vila i Kristus, vederkvickelsens, ljusets och fridens boning, genom samme Kristus, vår Herre. Amen.

Bön om gemenskap med himmelens helgon.

Nobis quoque peccatoribus, famulis tuis, de multitudine miserationum

Giv nådigt även oss syndare, dina tjänare, som hoppas på din stora barmhärtighet

50   Mässans liturgiska text.

tuarum sperantibus, partem aliquam et societatem donare digneris cum tuis sanctis apostolis et martyribus: cum Joanne, Stephano, Matthia, Barnaba, Ignatio, Alexandro, Marcellino, Petro, Felicitate, Perpetua, Agatha, Lucia, Agnete, Cæcilia, Anastasia et omnibus sanctis tuis, intra quorum nos consortium, non æstimator meriti, sed veniæ, quæsumus, largitor admitte. Per Christum, Dominum nostrum, per quem hæc omnia, Domine, semper bona creas, sanctificas †, vivificas †, benedicis † et præstas nobis. Per † ipsum et cum † ipso et in † ipso est tibi, Deo † Patri omnipotenti, in unitate Spiritus † Sancti, omnis honor et gloria.

någon andel och delaktighet i dina heliga apostlars och martyrers samfund: med Johannes, Stefanus, Mattias, Barnabas, Ignatius, Alexander, Marcellinus, Petrus, Felicitas, Perpetua, Agata, Lucia, Agnes, Cecilia, Anastasia och alla dina helgon; upptag oss i deras gemenskap icke för vår förtjänsts skull, utan till följd av din barmhärtighet. Genom Kristus, vår Herre, genom vilken du, o Herre, alltid skapar, helgar, upplivar, välsignar och tilldelar oss alla dessa goda ting. Genom honom och med honom och i honom tillkommer dig, Gud, den allsmäktige Fadern, i den Helige Andes enhet, all ära och härlighet,

Herrens bön.

Att läsa Fader vår vid det heliga offret kallas av Gregorius den store (604) en 'gammal apostolisk tradition'.

Sc. Per omnia sæcula sæculorum.
M. Amen.

Pr. Från evighet till evighet.
M. Amen.

Mässans liturgiska text.

Sc. Oremus. Præceptis salutaribus moniti, et divina institutione formati audemus dicere:

Pater noster, qui es in cœlis, sanctificetur nomen tuum; adveniat regnum tuum; fiat voluntas tua sicut in cœlo et in terra. Panem nostrum quotidianum da nobis hodie; et dimitte nobis debita nostra, sicut et nos dimittimus debitoribus nostris; et ne nos inducas in tentationem;
M. Sed libera nos a malo.
Sc. Amen.

Pr. Låtom oss bedja! Uppmuntrade genom hälsosamma föreskrifter och vägledda genom gudomlig undervisning våga vi säga: Fader vår, som är i himmelen, helgat varde ditt namn, tillkomme ditt rike, ske din vilja såsom i himmelen så ock på jorden. Vårt dagliga bröd giv oss i dag, och förlåt oss våra skulder såsom ock vi förlåta dem oss skyldiga äro, och inled oss icke i frestelse.
M. Utan fräls oss ifrån ondo.
Pr. Amen.

Bön om frid.

Libera nos, quæsumus, Domine, ab omnibus malis præteritis, præsentibus et futuris; et intercedente beata et gloriosa semper virgine Dei genitrice Maria, cum beatis apostolis tuis Petro et Paulo atque Andrea et omnibus sanctis, da propitius pacem in diebus nostris; ut ope misericordiæ tuæ adjuti, et a

Fräls oss, o Herre, vi bedja dig, från allt förflutet, närvarande och tillkommande ont, och genom förbönen av den saliga och ärorika, alltid rena Jungfrun, Guds moder Maria, samt av dina saliga apostlar Petrus och Paulus och Andreas och alla helgon skänk oss nådigt frid i våra dagar, på det att vi, un-

peccato simus semper
liberi et ab omni perturbatione securi. Per eundem Dominum nostrum Jesum Christum, Filium tuum, qui tecum vivit et regnat in unitate Spiritus Sancti, Deus,

derstödda av din barmhärtighets hjälp, alltid må vara fria från synd och tryggade mot alla trångmål. Genom samme vår Herre Jesus Kristus, din Son, vilken med dig lever och regerar i den Helige Andes enhet, Gud,

Hostians brytande.

Prästen bryter den heliga Hostian i tre delar, varav en del efter ett tredubbelt korstecken nedlägges i kalken. Så efterliknas Kristi exempel i nattvardssalen och erinras om den tid, då ett större bröd konsekrerades, och 'brödets brytande' var nödvändigt för prästens och menighetens Kommunion. Av den på så sätt brutna hostian skickades små delar till frånvarande, sjuka eller fängslade, ofta även till andra kyrkor. Det så ådagalagda deltagandet i ett och samma offer ansågs i forntiden såsom det förnämsta beviset för gemenskapen med Kyrkan. Kommunionen har ännu i dag denna innebörd. Motsatsen härtill är exkommunikationen. — Brödets brytande finnes i alla tiders och länders mässliturgier och behandlas som en viktig ceremoni.

Sc. Per omnia sæcula sæculorum.
M. Amen.
Sc. Pax † Domini sit † semper vobis † cum.
M. Et cum spiritu tuo.
Sc. Hæc commixtio et consecratio corporis et sanguinis Domini nostri Jesu Christi fiat accipientibus nobis in vitam æternam. Amen.

Pr. Från evighet till evighet.
M. Amen.
Pr. Herrens frid vare alltid med eder.
M. Och med din ande.
Pr. Måtte denna blandning och invigning av vår Herres Jesu Kristi lekamen och blod lända oss, som anamma dem, till evinnerligt liv. Amen.

Mässans liturgiska text. 53

Agnus Dei.*

Agnus Dei, qui tollis peccata mundi, miserere nobis.

Guds lamm, som borttager världens synder, förbarma dig över oss.

Agnus Dei, qui tollis peccata mundi, miserere nobis.

Guds lamm, som borttager världens synder, förbarma dig över oss.

Agnus Dei, qui tollis peccata mundi, dona nobis pacem.

Guds lamm, som borttager världens synder, skänk oss frid.

Bön om frid och enighet.

Domine Jesu Christe, qui dixisti apostolis tuis: pacem relinquo vobis, pacem meam do vobis; ne respicias peccata mea, sed fidem Ecclesiæ tuæ; eamque secundum voluntatem tuam pacificare et coadunare digneris; qui vivis et regnas, Deus, per omnia sæcula sæculorum. Amen.

Herre Jesus Kristus, du som sagt till dina apostlar: 'Frid lämnar jag eder, min frid giver jag eder', se icke på mina synder, utan på din Kyrkas tro och befäst den efter din vilja alltmer i frid och enighet: du som lever och regerar, Gud, från evighet till evighet. Amen.

Här gives vid högtidligare Mässor fridskyssen.

* I den kristna forntiden utdelades den heliga Kommunionen omedelbart efter canon. Småningom har det införts flera kommunionböner, bland dem framför allt i 7 årh. *Agnus Dei*. Betydelse: Offerlammet (*Agnus*), som offrats på korset, har nu genom uppståndelse och himmelsfärd ingått i Guds (*Dei*) härlighet. Gud har alltså antagit offret, och dess mångfald av nådegåvor tilldelas nu människosläktet ifrån himmelen därovan; på vårt altare tronar Lammet såsom medelpunkt i de heligas samfund (jfr Uppenb.).

Fridskyssen är ett tecken på att broderlig kärlek och enhet skall råda bland de kristna. Ceremonien härledes från apostlarnas tid, och har vid denna del av Mässan sin bästa plats: Innan de troende mottaga Her-

Bön om oskiljaktig förening med Kristus.

Domine Jesu Christe, Fili Dei vivi, qui ex voluntate Patris, cooperante Spiritu Sancto, per mortem tuam mundum vivificasti: libera me per hoc sacrosanctum corpus et sanguinem tuum ab omnibus iniquitatibus meis et universis malis, et fac me tuis semper inhærere mandatis, et a te nunquam separari permittas: qui cum eodem Deo Patre et Spiritu Sancto vivis et regnas, Deus, in sæcula sæculorum. Amen.	Herre Jesus Kristus, den levande Gudens Son, du som efter din Faders vilja, under den Helige Andes medverkan, genom din död givit världen liv, fräls mig genom din heliga lekamen och ditt blod från alla mina synder och allt ont; giv, att jag alltid följer dina bud, och tillåt icke, att jag någonsin varder skild från dig: du som med samme Gud Fadern och den Helige Ande lever och regerar, Gud, från evighet till evighet. Amen.
Perceptio corporis tui, Domine Jesu Christe, quod ego indignus sumere præsumo, non mihi proveniat in judicium et condemnationem; sed pro tua pietate prosit mihi ad tutamentum mentis et corporis, et ad medelam percipiendam: qui vivis et regnas cum Deo Patre in unitate Spiritus Sancti. Deus, per omnia sæcula sæculorum. Amen.	Herre Jesus Kristus, låt åtnjutandet av din lekamen, vilken jag ovärdige vågar anamma, icke lända mig till dom och fördömelse, utan må det efter din godhet tjäna mig till skydd och läkemedel för kropp och själ: du som lever och regerar med Gud Fadern i den Helige Andes enhet. Gud, från evighet till evighet. Amen.

rens lekamen i den heliga Kommunionen, skola de visa att de leva i frid med sina bröder. (Matteus 5: 23.)

Mässans liturgiska text.

Kommunionen.

Prästen anammar Kristi lekamen och blod under brödets och vinets gestalter. — Kan du själv nu icke mottaga den heliga Kommunionen, så längta åtminstone efter föreningen med Kristus, som nu vill draga alla till sig, och mottag honom i tro och kärlek (Andlig kommunion). Denna förening med Kristus fulländar deltagandet i offret.

Panem cœlestem accipiam et nomen Domini invocabo.

Himlabrödet vill jag anamma och åkalla Herrens namn.

Domine, non sum dignus, ut intres sub tectum meum: sed tantum dic verbo, et sanabitur anima mea. (Ter.)

Herre, jag är icke värdig, att du ingår under mitt tak men säg blott ett ord, och min själ skall varda helbrägda. (Tre gånger.)

Corpus Domini nostri Jesu Christi custodiat animam meam in vitam æternam. Amen.

Vår Herres Jesu Kristi lekamen bevare min själ till det eviga livet. Amen.

Quid retribuam Domino pro omnibus, quæ retribuit mihi? Calicem salutaris accipiam et nomen Domini invocabo. Laudans invocabo Dominum, et ab inimicis meis salvus ero.

Varmed skall jag återgälda Herren alla välgärningar, som han bevisat mig? Jag skall anamma frälsningens kalk och åkalla Herrens namn. Lovprisande skall jag åkalla Herren, och jag skall vara säker för mina fiender.

Sanguis Domini nostri Jesu Christi custodiat animam meam in vitam æternam. Amen.

Vår Herres Jesu Kristi blod bevare min själ till det eviga livet. Amen.

Quod ore sumpsimus, Domine, pura mente capiamus; et de munere temporali fiat nobis remedium sempiternum.

Låt oss, o Herre, i rent hjärta bevara, vad vi undfått med munnen, och låt denna timliga gåva varda oss till evig frälsning.

Corpus tuum, Domine, quod sumpsi, et sanguis, quem potavi, adhæreat visceribus meis et præsta, ut in me non remaneat scelerum macula, quem pura et sancta refecerunt sacramenta. Qui vivis et regnas in sæcula sæculorum. Amen.

Din lekamen, som jag anammat, o Herre, och ditt blod, som jag druckit, genomtränge mitt innersta, och giv, att ingen syndafläck kvarstannar hos mig, som du vederkvickt med det rena och heliga Sakramentet: du som lever och regerar från evighet till evighet. Amen.

Prästen torkar omsorgsfullt kalk och patén, av vördnad för det heliga Sakramentet. 'Tag vara på att ingenting går förlorat av den heliga Hostian. Tappar du en smula, så är det som om du skulle förlora en av dina lemmar.' Cyrillus av Jerusalem.

Kommunionversen.

(*) Benedicimus Deum coeli, et coram omnibus viventibus confitebimur ei: quia fecit nobiscum misericordiam suam.

Vi lovsjunga himmelens Herre och prisa hovnom inför allt levande; ty han har gjort med oss efter sin barmhärtighet.

Sc. Dominus vobiscum.

Pr. Herren vare med eder.

M. Et cum spiritu tuo.

M. Och med din ande.

Avslutningsbön.

(*) *Oremus.* Proficiat nobis ad salutem corporis et animae, Domine Deus noster, hujus sacramenti susceptio: et sempiternae sanctae Trinitatis, ejusdemque individuae unitatis confessio. Per Dominum nostrum Jesum Christum, Filium tuum, qui tecum vivit et regnat in unitate Spiritus Sancti Deus

Låtom oss bedja. Låt Herre, vår Gud, anammandet av detta Sakrament och bekännandet av den eviga och heliga Treenigheten och dess odelbara enhet lända oss till kroppens och själens välfärd. Genom vår Herre Jesus Kristus, din Son, vilken med dig lever och regerar, i den Helige Andes enhet, Gud

Sc. Per omnia sæcula sæculorum.

Pr. Från evighet till evighet.

M. Amen.

M. Amen.

Sc. Dominus vobiscum.

Pr. Herren vare med eder.

M. Et cum spiritu tuo.

M. Och med din ande.

Sc. Ite, missa est.

Pr. Gån, Mässan är fullbordad.

M. Deo gratias.

M. Gud vare tack!

Placeat tibi, sancta Trinitas, obsequium servitutis

Låt, heliga Treenighet, denna min lydiga tjänst vin-

Mässans liturgiska text. 57

meæ, et præsta, ut sacrificium, quod oculis tuæ majestatis indignus obtuli, tibi sit acceptabile, mihique et omnibus, pro quibus illud obtuli, sit, te miserante, propitiabile. Per Christum, Dominum nostrum. Amen.

na ditt välbehag, och giv, att detta offer, som jag ovärdige framburit inför ditt Majestäts ögon, måtte varda dig behagligt och, genom ditt förbarmande, till försoning för mig och alla dem, för vilka jag framburit det, genom Kristus, vår Herre. Amen.

Välsignelsen.

Sc. Benedicat vos omnipotens Deus † Pater, et Filius, et Spiritus Sanctus.
M. Amen.

Pr. Välsigne eder den allsmäktige Guden, † Fadern och Sonen och den Helige Ande.
M. Amen.

Sista evangeliet.

Mässan avslutas med Johannesevangeliets inledningsord, vilka utgöra en sammanfattning av skapelse- och återlösningsverkets stora hemligheter. — På vissa dagar ersättes denna text av andra evangelietexter.

Sc. Dominus vobiscum.
M. Et cum spiritu tuo.
Sc. Initium sancti Evangelii secundum Joannem.
M. Gloria tibi, Domine.
Sc. In principio erat Verbum, et Verbum erat apud Deum, et Deus erat Verbum. Hoc erat in principio apud Deum. Omnia per ipsum facta sunt, et sine ipso factum est nihil, quod factum est. In ipso vita erat, et vita erat lux hominum; et lux in tenebris lucet et

Pr. Herren vare med eder.
M. Och med din ande.
Pr. Början av det heliga Evangeliet enligt Johannes.
M. Ära vare dig, o Herre!
Pr. I begynnelsen var Ordet, och Ordet var hos Gud, och Ordet var Gud. Det var i begynnelsen hos Gud. Allt är gjort genom det, och det förutan är intet gjort, som är gjort. I det var livet, och livet var människornas ljus. Och ljuset lyser i mörkret,

tenebræ eam non comprehenderunt. Fuit homo missus a Deo, cui nomen erat Joannes. Hic venit in testimonium, ut testimonium perhiberet de lumine, ut omnes crederent per illum. Non erat ille lux, sed ut testimonium perhiberet de lumine. Erat lux vera, quæ illuminat omnem hominem venientem in hunc mundum. In mundo erat, et mundus per ipsum factus est, et mundus eum non cognovit. In propria venit, et sui eum non receperunt. Quotquot autem receperunt eum, dedit eis potestatem filios Dei fieri, his, qui credunt in nomine ejus, qui non ex sanguinibus, neque ex voluntate carnis, neque ex voluntate viri, sed ex Deo nati sunt. Et Verbum caro factum est, et habitavit in nobis: et vidimus gloriam eius, gloriam quasi Unigeniti a Patre, plenum gratiæ et veritatis.

men mörkret begrep det icke. En man var sänd av Gud, vilkens namn var Johannes. Denne kom till ett vittnesbörd för att vittna om ljuset, på det att alla skulle tro genom honom. Icke var han ljuset, men han skulle vittna om ljuset. Detta var det sanna ljuset, vilket upplyser varje människa, som kommer i världen. Det var i världen, och genom honom är världen gjord, men världen kände honom icke. Han kom till sitt eget, men hans egna mottogo honom icke. Men åt alla dem, som mottogo honom, gav han makt att varda Guds barn, dem som tro på hans namn, vilka äro födda icke av blod, icke heller av kötets vilja eller av mannens vilja, utan av Gud. Och Ordet vart kött och bodde ibland oss, och vi sågo hans härlighet, en härlighet, såsom den av Fadern Enfödde har, full av nåd och sanning.

M. Deo gratias.   *M.* Gud vare tack!

Bönerna efter den stilla mässan se sid 106.

Liturgisk Mässa på svenska.

2.

Liturgisk Mässa på svenska.

Denna mässandakt är avsedd att läsas högt växelvis mellan en föreläsare och hela menigheten. Texten är en å några ställen förenklad översättning av de böner, som prästen vid altaret läser under den heliga handlingen. Denna form av mässandakt införes nu mer och mer i hela den katolska världen. Den motsvarar liturgiens urgamla text, som förutsätter en levande växelverkan mellan prästen och den andäktiga menigheten; den är uttryck för den troslära, att den heliga Mässan är hela församlingens, hela Kyrkans — icke blott prästens — heliga offer.

Trappstegsbönen.

F. I Faderns † och Sonens och den Helige Andes namn. Amen. Jag vill träda fram till Guds altare.

Sv. Till Gud, som är min glädje och fröjd.

F. Ära vare Fadern och Sonen och den Helige Ande.

Sv. Som det var i begynnelsen, så nu och alltid och i all evighet. Amen.

F. Vår hjälp är i Herrens namn, som skapat himmel och jord.

Sv. Jag bekänner inför den allsmäktige Guden, / den heliga, alltid rena Jungfrun Maria / den helige ärkeängeln Mikael, / den helige Johannes Döparen, / de heliga apostlarna Petrus och Paulus, och alla helgon, / att jag mycket syndat i tankar, ord och gärningar, / genom min skuld, genom min skuld, genom min allt-

Liturgisk Mässa på svenska.

för stora skuld. / Därför beder jag den heliga, alltid rena Jungfrun Maria, / den helige ärkeängeln Mikael, / den helige Johannes Döparen, / de heliga apostlarna Petrus och Paulus och alla helgon, / att bedja för mig till Herren, vår Gud.

F. Den allsmäktige Guden förbarme sig över oss, förlåte oss våra synder och före oss till det eviga livet.

Sv. Amen.

F. Vänd ditt ansikte till oss, o Gud, och vi skola tröstas.

Sv. Och ditt folk skall leva och glädjas i dig.

F. Visa oss, Herre, din barmhärtighet.

Sv. Och skänk oss din frälsning.

F. Herre, hör min bön.

Sv. Och låt mitt rop komma till dig.

F. Låtom oss bedja.

Sv. Vi bedja dig, o Herre, tag våra synder från oss, att vi må varda värdiga att med rena hjärtan ingå i det Allraheligaste, genom Kristus, vår Herre. Amen.

Kyrie.

Pr. Kyrie eleison.

F. Herre, förbarma dig över oss.
Sv. Herre, förbarma dig över oss.
F. Herre, förbarma dig över oss.
Sv. Kristus, förbarma dig över oss.
F. Kristus, förbarma dig över oss.
Sv. Kristus, förbarma dig över oss.
F. Herre, förbarma dig över oss.
Sv. Herre, förbarma dig över oss.
F. Herre, förbarma dig över oss.

Gloria.

Pr. Gloria in excelsis Deo!

F. Ära vare Gud i höjden!

Sv. Och på jorden frid åt människor, / som hava hans välbehag.

Liturgisk Mässa på svenska. 61

F. Dig lova vi.
Sv. Dig prisa vi, / dig förhärliga vi, / vi tacka dig för din stora härlighet.
F. Herre Gud, himmelske konung, Gud, allsmäktige Fader.
Sv. Herre, du enfödde Son, Jesus Kristus! / Herre Gud, Guds lamm, Faderns Son; / du, som borttager världens synder, förbarma dig över oss;
F. du, som borttager världens synder, mottag vår ödmjuka bön;
Sv. du, som sitter på Faderns högra hand, förbarma dig över oss;
F. Ty du allena är den Helige, du allena Herren,
Sv. du allena den Allrahögste, / Jesus Kristus, / med den Helige Ande i Gud Faderns härlighet. Amen.

Pr. Dominus vobiscum! *M.* Et cum spiritu tuo.

Dagens kyrkobön.

F. Låtom oss bedja... från evighet till evighet.
Sv. Amen.
Annan Kyrkobön. Lyssna nådigt, o Herre, vi bedja dig, till din Kyrkas böner, på det att hon må övervinna allt motstånd och alla villfarelser och tjäna dig i trygghet och frihet. Genom vår Herre Jesus Kristus, din Son, vilken med dig lever och regerar i den Helige Andes enhet, Gud från evighet till evighet.
Sv. Amen.

Dagens epistel
föreläses.

Dagens evangelium.

Alla resa sig och beteckna panna, mun och bröst med det lilla korstecknet.

Liturgisk Mässa på svenska.

Pr. Dominus vobiscum. *M.* Et cum spiritu tuo.
Pr. Sequentia sancti Evangelii secundum... *M.* Gloria tibi, Domine!

Evangeliet förcläses.

Credo.

Pr. Credo in unum Deum.

F. Jag tror på Gud,
Sv. den allsmäktige Fadern, himmelens och jordens Skapare, / och på Jesus Kristus, hans ende Son, vår Herre, / vilken blev avlad av den Helige Ande, / född av Jungfru Maria, / pinad under Pontius Pilatus, korsfäst, död och begraven; / nedsteg till dödsriket, / uppstod på tredje dagen igen ifrån de döda, / uppfor till himmelen, / sitter vid Guds, den allsmäktige Faderns, högra sida, / därifrån han skall igenkomma till att döma de levande och de döda. / Jag tror på den Helige Ande, / den heliga katolska Kyrkan, / de heligas samfund, syndernas förlåtelse, / köttets uppståndelse och ett evigt liv. Amen.

Offertorium.

Pr. Dominus vobiscum. *M.* Et cum spiritu tuo.

F. Mottag, helige Fader, allsmäktige evige Gud, detta obefläckade offer, vilket vi frambära åt dig, den sanne och levande Guden.
Sv. till förlåtelse för våra synder, överträdelser och försummelser / och för alla närvarande, / men även för alla troende kristna, levande och döda, / på det att det må lända oss och dem / till frälsning för det eviga livet. Amen.
F. O Gud, som underbart skapat den mänskliga naturen och ännu underbarare förnyat densamma, förläna oss genom den hemlighet, som vinets och vattnets blandning sinnebildar, att

Liturgisk Mässa på svenska. 63

få del i hans gudomliga liv, som nedlät sig att varda delaktig av vår mänskliga natur.

Sv. Jesus Kristus, din Son, vår Herre, / som med dig lever och regerar i den Helige Andes enhet, / Gud från evighet till evighet. Amen.

F. Vi offra dig, o Herre, frälsningens kalk och åkalla din mildhet,

Sv. att den med söt vällukt må uppstiga inför ditt gudomliga majestäts ansikte / för vår och hela världens frälsning. Amen.

F. I ödmjukhetens ande och med ett förkrossat hjärta nalkas vi dig, Herre;

Sv. mottag oss nådigt, och må vårt offer i dag så frambäras inför ditt ansikte, / att det behagar dig, Herre, vår Gud!

F. Mottag, heliga Treenighet, detta offer, som vi frambära åt dig till åminnelse av vår Herres Jesu Kristi lidande, uppståndelse och himmelsfärd och till ära av den saliga, alltid rena Jungfrun Maria, den helige Johannes Döparen och de heliga apostlarna Petrus och Paulus och alla helgon,

Sv. att det må lända dem till ära och oss till välfärd, / och att de må vara våra förespråkare i himmelen, / vilkas åminnelse vi fira på jorden, / genom samme Kristus, vår Herre. Amen.

Orate, frates.

F. Låtom oss bedja, att Gud den allsmäktige måtte mottaga vårt offer.

Sv. Gud, den allsmäktige Fadern, mottage nådigt detta vårt offer ur prästens hand / till sitt namns förhärligande / och till vår och hela sin heliga Kyrkas bästa.

F. Helga, vi bedja dig Herre Gud, genom ditt heliga namns åkallan dessa offergåvor och gör oss själva till ett ständigt dig välbehagligt offer,

Liturgisk Mässa på svenska.

Sv. genom vår Herre Jesus Kristus, din Son, vilken med dig lever och regerar i den Helige Andes enhet, Gud från evighet till evighet. Amen.

Prefation.

Pr. Per omnia saecula saeculorum. *M.* Amen.
F. läser dagens prefation.

Sv. Helig, helig, helig är Herren Gud Sabaoth. / Himmel och jord äro fulla av din härlighet. / Hosanna i höjden! / Välsignad vare han, som kommer i Herrens namn. / Hosanna i höjden!

Canon.

F. Vi bedja dig mildaste Fader, genom din Son, vår Herre Jesus Kristus, och anropa dig i djupaste ödmjukhet, att du ville nådigt mottaga dessa rena och heliga offergåvor,

som vi frambära åt dig, framför allt för din heliga katolska Kyrka, att du på hela jordkretsen nådeligen ville bevara henne i frid och enighet, skydda och regera henne tillika med din tjänare, vår påve och vår biskop, samt alla rättrogne bekännare av den katolska och apostoliska tron.

Kom ihåg, o Herre, dina tjänare, för vilka detta offer frambäres, och dem, för vilka vi särskilt föresatt oss att bedja...

Delaktiga i de heligas gemenskap fira vi åminnelsen framför allt av den ärorika, alltid rena Jungfru Maria, moder till vår Gud och Herre Jesus Kristus, men också av dina heliga apostlar och martyrer och av alla dina helgon.

Förunna oss genom deras förtjänster och förböner, att vi alltid måtte erfara din starka hjälp, leva i frid, frälsas från evig fördömelse

Liturgisk Mässa på svenska.

och en gång räknas bland dina utvaldas skara, genom Kristus, vår Herre. Amen. Välsigna, helga och fullända nu, vi bedja dig, Herre, detta din församlings offer, att det för oss varder din älskade Sons, vår Herres Jesu Kristi dyrbara lekamen och blod. Amen.

Förvandlingen.

F. Låtom oss tillbedja.
Sv. Hell dig, vår Herres sanna lekamen, / offrad på korset för vår frälsnings skull. / Hell dig vår Herres sanna blod, / på korset utgjutet för oss till syndernas förlåtelse.
F. Vi påminna oss nu, o Herre, Kristi, din Sons, bittra lidande och hans segerrika uppståndelse från de döda samt hans härliga himmelsfärd, och frambära åt ditt upphöjda majestät av dina gåvor ett rent offer, ett heligt offer, ett obefläckat offer, det eviga livets bröd och den eviga frälsningens kalk.
Sv. Se med nådigt och milt ansikte ned på detta offer, som din egen Son, vår medlare, frambär inför ditt gudomliga majestäts åsyn på det vi alla må bliva uppfyllda med all himmelsk nåd och välsignelse genom samme Kristus, vår Herre. Amen.

Bön för själarna i skärselden.

F. Kom ihåg, o Herre, de avlidna kristtrogna, som vi hava i särskild åtanke, dina tjänare, som före oss gått hädan i trons tecken och somnat in i din frid... Förläna, o Herre, vi bedja dig, åt dem och åt alla, som vila i Kristus, vederkvickelse i ljusets och fridens boning, genom samme Kristus, vår Herre och Frälsare, genom vilken du, Herre, skapar, helgar, välsignar och tilldelar oss allt, som gott är och heligt.

3 — *Oremus.*

Liturgisk Mässa på svenska.

Canons avslutning.

Sv. Genom Honom och med Honom och i Honom varder dig Gud, den allsmäktige Fadern, i den Helige Andes enhet all ära och härlighet från evighet till evighet. Amen.

Pater noster.

Pr. Per omnia saecula saeculorum. *M.* Amen.

F. Låtom oss bedja! Vägledda genom vår Herres egen gudomliga undervisning våga vi bedja:

Sv. Fader vår, som är i himmelen, / helgat varde ditt namn; / tillkomme ditt rike; / ske din vilja såsom i himmelen så ock på jorden. / Vårt dagliga bröd giv oss i dag; / och förlåt oss våra skulder såsom ock vi förlåta dem oss skyldiga äro; / och inled oss icke i frestelse; utan fräls oss ifrån ondo. Amen.

F. Fräls oss, o Herre, vi bedja dig, från allt ont, både det förflutna, det närvarande och det tillkommande, och genom förbönen av den saliga, alltid rena Jungfrun, Guds moder Maria, och alla helgon skänk oss nådigt frid i våra dagar,

Sv. på det att vi, hjälpta av din barmhärtighet / städse må vara fria från all synd / och tryggade mot alla trångmål. / Genom samme vår Herre Jesus Kristus, din Son, / vilken med dig lever och regerar i den Helige Andes enhet, / Gud från evighet till evighet. Amen.

Agnus Dei.

F. Guds lamm, som borttager världens synder,
Sv. Förbarma dig över oss!
F. Guds lamm, som borttager världens synder,
Sv. Förbarma dig över oss!
F. Guds lamm, som borttager världens synder,

Liturgisk Mässa på svenska.

Sv. Skänk oss din frid!

F. Herre Jesus Kristus, den levande Gudens Son, du, som efter Faderns vilja under den Helige Andes medverkan genom din död återskänkt världen det förlorade livet. *Sv.* Fräls mig genom din heliga lekamen och ditt underbara blod / från alla mina synder och allt ont, / giv att jag alltid må följa dina bud / och tillåt icke att jag någonsin blir skild från dig, / du, som med samme Gud Fadern och den Helige Ande lever och regerar, / Gud från evighet till evighet. Amen.

Kommunionen.

F. Kristi själ helge mig.
Sv. Kristi lekamen frälse mig.
F. Kristi blod upptände mig.
Sv. Vattnet ur Kristi sida rene mig.
F. Kristi lidande styrke mig.
Sv. O gode Jesus, bönhör mig.
F. I dina sår du gömme mig.
Sv. Från dig må intet skilja mig.
F. För den onde· fienden beskydda mig.
Sv. Uti min dödsstund kalla mig
F. Och låt mig komma hem till dig,
Sv. Att jag må lova och prisa dig
med dina helgon evinnerligt. Amen.

Dagens kommunionbön.

Pr. Dominus vobiscum. *M.* Et cum spiritu tuo.
F. Låtom oss bedja. ...
... från evighet till evighet.
Sv. Amen.

Annan bön. Vi bedja dig, Herre, vår Gud, låt dem, vilka du förunnar glädjen att deltaga i de gudomliga hemligheterna, icke duka under för jordiska faror. Genom Kristus, vår Herre.
Sv. Amen.

Pr. Dominus vobiscum. *M.* Et cum spiritu tuo.
Pr. Ite missa est. *M.* Deo gratias.

Välsignelsen.

<small>När prästen giver välsignelsen, gör andäktigt korstecknet.</small>

Sista evangeliet.

F. I begynnelsen var Ordet, och Ordet var hos Gud, och Ordet var Gud. Det var i begynnelsen hos Gud. Allt är gjort genom det, och det förutan är intet gjort, som är gjort. I det var livet, och livet var människornas ljus. Och ljuset lyser i mörkret, men mörkret begrep det icke. Detta var det sanna ljuset, vilket upplyser varje människa, som kommer i världen. Han kom till sitt eget, men hans egna mottogo honom icke. Men åt alla dem som mottogo honom, gav han makt att bliva Guds barn. Och Ordet vart kött och bodde ibland oss, och vi sågo hans härlighet, en härlighet, såsom den av Fadern Enfödde har, full av nåd och sanning.

3.

Mässandakt.

Kan begagnas för enskild andakt och såsom gemenskapsmässa.

Vid trappstegsbönen.

F. Herre, himmelske Fader, vi tillbedja dig. Du har älskat oss och utgivit din enfödde Son för att frälsa människosläktet. Vi tacka dig för denna din stora kärlek. Giv oss nåden att med andakt och vördnad bevista det heliga offer som Jesus Kristus, din Son, nu genom prästens händer skall frambära på vårt altare. Vi uppoffra det åt dig för att tillbedja ditt majestät och för att erkänna ditt herravälde över oss och alla skapade varelser. Vi frambära det för att prisa och förhärliga din oändliga makt och stor-

Mässandakt. 69

het, för att tacka dig för alla välgärningar och för att sona våra synder.

Alla. Vi bönfalla dig om nåd och välsignelse för oss och alla människor. Omvänd syndarna, trösta de bedrövade, hjälp de sjuka och lidande, bistå de döende, fräls de arma själarna i skärselden. — Allt detta må du förläna oss för det heliga offers skull, som till världens frälsning har framburits av din Son, vilken med dig i den Helige Andes enhet lever och regerar i all evighet. Amen.

Vid Kyrie och Gloria.

Se mässbönerna sid 60 och 61.

Vid kyrkobönen.

F. Allsmäktige, evige Gud, Herre himmelske Fader, hör nådeligen de böner, som vi nu i gemenskap med din heliga Kyrka genom prästen frambära inför ditt majestät. Förläna oss allt som länder till din ära och till vår timliga och eviga välfärd. Föröka vår tro, styrk vårt hopp, upptänd i oss din kärleks heliga eld.

Alla. Hjälp oss genom din nåd att föra en kristlig levnadsvandel, på det att vi må bliva värdiga att en gång upptagas i ditt eviga rike. Genom Kristus, vår Herre. Amen.

Vid episteln och evangeliet.

F. Helige Herre, allsmäktige Fader, du har aldrig lämnat människorna, dina barn, utan upplysning och hjälp. Fordom har du talat till dem, styrkt och tröstat dem genom dina patriarker och profeter, och i tidernas fullbordan har du sänt din enfödde Son på det att han skulle vara folkens lärare.

Gudomlige Frälsare, eviga Vishet. Du har kommit från himmelen för att kungöra Faderns

70 Mässandakt.

vilja och visa oss vägen som för till livet. Huru heliga äro icke dina bud, huru stora och trösterika dina löften! Huru underbara äro icke alla dina gärningar, vilken förebild är icke hela din levnadsvandel! Dina ord i den Heliga skrift giva oss ljus och kraft och evigt liv, din lära gör alla dem saliga som tro och leva efter densamma.

Alla. Aldrig vilja vi blygas för ditt evangelium, o Jesus, giv oss din nåd att vi städse i ord och gärning må bekänna det. Hjälp oss att leva och dö i vår heliga katolska tro. Amen.

(I stället för denna bön kan även någon av de bibeltexter läsas som stå i sista delen av bönboken.)

Vid C r e d o.

Här läses den apostoliska trosbekännelsen sid. 62.

Vid offergåvornas frambärande.

(Den heliga mässans första huvuddel.)

F. Allsmäktige evige Gud, se i nåd ned på vår synliga offergåva, bröd och vin. De äro en sinnebild av oss själva, av vår egen person, av vårt liv och av allt som tillhör oss. Med dessa gåvor i handen träda vi fram inför ditt ansikte och bedja dig, att du måtte helga vad vi frambära och förvandla oss själva till en dig välbehaglig offergåva. Såsom vattendroppen, vilken på altaret blandas i kalken, helt förenas med vinet, så låt oss nådeligen bliva förenade med Jesus Kristus. Gör oss genom honom till din egendom, på det att vi med kropp och själ, med allt vad vi äro och äga, må tjäna och förhärliga dig.

Alla. I förening med din Sons heliga offer frambära vi nu och anbefalla åt dig alla våra arbeten och förchavanden, all vår lycka och

Mässandakt.

välfärd, våra försakelser och umbäranden, vårt kors och lidande. Låt oss frälsta och styrkta genom din nåd i motgång och medgång finna vägen till dig: genom Jesus Kristus, din Son, vår Herre. Amen.

Vid prefationen.

F. Till dig, o Herre, upplyfta vi våra hjärtan för att tacka ditt huldrika majestät för alla de nådegåvor och välgärningar, som vi av din milda hand mottagit och alltjämt mottaga. Huru ofta glömma vi icke, att du allena är alla goda gåvors givare. Må allt, som lever genom dig, även prisa ditt stora heliga namn. Tillåt, o Herre, att vi få blanda vårt svaga lov med de lovsånger, som dina änglar och helgon oavlåtligen sjunga inför din härlighets tron i himmelen.

Alla. Helig, helig, helig är du Herre, härskarornas Gud. Himmel och jord äro fulla av din härlighet. Hosanna i höjden! Välsignad vare han som kommer i Herrens namn. Hosanna i höjden!

Före förvandlingen.

F. Herre, himmelske Fader, vi bedja dig genom Jesus Kristus, din Son och vår Herre, att du nådigt ville mottaga och förvandla våra offergåvor. Välsigna genom vårt altares hemlighet framför allt din heliga Kyrka. Utbred henne alltmer, bevara henne i fred och endräkt, beskydda och regera henne tillika med din tjänare, vår Helige fader N., Kyrkans biskopar och präster jämte alla rättrogna bekännare av den katolska och apostoliska tron.

Vi anbefalla dig även, o Herre, alla dem för vilka vi efter din vilja skola bedja, våra föräldrar, släktingar, välgörare och vänner, särskilt..., jämte alla dem, som äro närvarande

vid detta heliga offer. Förbarma dig över hela ditt folk, i synnerhet över de styrande, över de sjuka, fattiga och förtryckta, över alla som äro stadda i trångmål. På det att vår bön må vara dig mer välbehaglig, förena vi den med den heliga Jungfruns, de heliga apostlarnas och martyrernas och alla helgons böner.
Alla. Kom, Herre Jesus Kristus, och fullborda nu altarets stora hemlighet. Värdes åt prästen, din synliga ställföreträdare, giva den nåden, att han i ditt namn och till världens frälsning på värdigt sätt må förvalta sitt kall. Du är kraften i allt vad han gör, du fullbordar osynligt det som han i ditt namn och i ditt ställe företager. Såsom du gjort i nattvardssalen, förvandlar du nu på vårt altare bröd och vin till din heliga lekamen och ditt dyrbara blod.

Vid förvandlingen.

(Den heliga mässans andra huvuddel.)

F. Hell dig, vår Herres sanna lekamen, offrad på korset för vår frälsnings skull. Jag tillbeder dig i djupaste ödmjukhet. Jesus, för dig lever jag; Jesus, för dig dör jag; Jesus, dig vill jag tillhöra i livet och i döden. *Sv.* Amen.
F. Hell dig, vår Herres sanna blod, på korset utgjutet till syndernas förlåtelse. Jesus, var mig nådig; Jesus, var mig barmhärtig; förlåt mig mina synder. *Sv.* Amen.

Efter förvandlingen.

F. Himmelske Fader, se vårt offer ligger på altaret. Det är din enfödde Son, Jesus Kristus, som på korset har frälst världen och efter uppståndelsen från de döda ingått i din härlighet. Värdes nu se med milt och nådigt ansikte på detta rena och heliga offer, och låt det lända oss till evig frälsning. Uppfyll våra hjärtan med all himmelsk nåd och välsignelse. *Sv.* Amen.

Mässandakt.

F. Vår Herre och Frälsare Jesus Kristus, du står nu som vår evige överstepräst inför den Allrahögstes tron, du träder sonande fram inför Faderns åsyn och frambär åt honom allt, vad vi äro skyldiga i tillbedjan, lovprisning, tacksägelse och tillfyllestgörelse. Tag på dina läppar vårt rop ur djupet, gör det till en gudomlig försoningsbön och frambär den åt Fadern, i vårt och hela människosläktets namn. Var du vår och hela världens frälsning. *Sv.* Amen.

F. Vänd även, o Herre, barmhärtigt dina ögon till de hädangångnas själar, som ännu ha att lida i reningsorten. Vi bedja särskilt för... Upptag dem och alla andra snart i fridens och ljusets rike. *Sv.* Amen.

Herrens bön.

F. Vår Herre Jesus Kristus, då vi alla äro församlade här såsom en familj omkring sitt överhuvud, så bed nu i vårt namn den familjebön du själv har lärt oss. Tillsammans med dig säga vi: *Alla.* Fader vår...

Vid Agnus Dei.

F. Guds lamm, som borttager världens synder, *Sv.* förbarma dig över oss.
F. Guds lamm, som borttager världens synder, *Sv.* förbarma dig över oss.
F. Guds lamm, som borttager världens synder, *Sv.* skänk oss din frid.

Vid kommunionen.

(Den heliga mässans tredje huvuddel.)

F. Mildaste Herre Jesus Kristus, huru stor är icke din kärlek till oss människor. Du har offrat dig för oss åt din himmelske Fader, du har i vårt ställe givit honom den tillbedjan och den tacksägelse vi äro skyldiga honom. Du har gjort ännu mer: i Altarets heliga sakrament är du icke blott vårt offer utan även vår själs näring. I egen person vill du taga vårt hjärta i besittning och själv där genom den heliga kommunionen nedlägga frukterna av ditt offer. Vi tro fast, att du, vår Frälsare, nu i sanning är närvarande här på altaret under sakramentets slöja. Vi längta efter din heliga närvaro i vårt hjärta och bedja dig, låt oss i anden bliva förenade med dig. Du är vår lärare och mästare, vår medlare och frälsare, vårt offer, vår föda, vårt ljus, vårt liv. Befäst oss i din kärlek och låt oss aldrig bliva skilda från dig. *Sv.* Amen.

F. Kristi själ helge mig. (Sid. 67.)

Vid slutbönen och välsignelsen.

F. Fullbordat är nu det heliga offret. Vi tacka dig, himmelske Fader, att vi fått närvara vid detsamma. Förlåt nådeligen de brister, som vi gjort oss skyldiga till, låt hela vår bön och tjänst vara dig välbehaglig genom föreningen med Jesus Kristus. Såsom han på korset har dött för hela världens synder och förtjänat nåd för alla, så låt nu här ifrån altaret din rikaste välsignelse utgå över alla människor. Bistå oss med din hjälpande nåd att vi troget må utföra våra goda föresatser och uthärda i din tjänst, tills du en gång kallar oss i vår sista stund.

Alla. Milde Jesus, vår Frälsare och Herre, mottag vårt ödmjuka tack för det bittra lidande genom vilket du har återlöst oss. Låt oss dö bort från synden och leva ett nytt liv med dig. Led våra steg på dina buds vägar, och styrk oss att vara verksamma för dig och ditt rike så länge dagen varar. Din nåd, din frid och din rika välsignelse må för alltid förbliva med

Mässandakt för hemmet. 75

oss, på det att vi en gång med dina utvalda må församlas i det rike, där du med Fadern i den Helige Andes enhet lever och regerar en Gud i evighet. Amen.

4.

Mässandakt för hemmet.

Tillämpad för dem som äro förhindrade att bevista den heliga mässan i kyrkan.

Mässoffret är i sanning ett så stort och heligt mysterium, att det är tillbörligt att åtminstone på sön- och helgdagar under någon stund med fromt sinne begrunda detsamma, även om man är förhindrad att närvara i kyrkan, när mässoffret frambäres. Om du uttrycker din längtan att få närvara vid mässan i en andäktig bön, under vilken du betänker vilket stort kärlekens under, som dagligen sker i alla katolska kyrkor, skall denna din fromma längtan förvisso vara välbehaglig inför Gud. Och Frälsaren, som i mässan nedstiger på altaret för att såsom Guds lamm tacka och lova, bedja och sona, skall innesluta även dig i sitt hjärta.

Förberedelsebön.

I anden vill jag i dag närvara i min församlingskyrka, där det heliga mässoffret frambäres och tillbedja dig, min Frälsare Jesus Kristus. Fastän jag nu icke har förmånen att få knäböja vid ditt altare, beder jag dig innerligt, att du likväl icke låter mig gå miste om din nåd och kärlek. Du som ser och vet allt, du känner mitt hjärtas längtan och du vet, huru gärna jag ville besöka dig i ditt tempel. Då jag i dag icke kan närvara vid den heliga mässan, beder jag dig, att du i stället ville komma till mig, när jag nu med andakt och vördnad begrundar altarets hemligheter.

Mässandakt för hemmet.

Trappstegsbönen.

I Faderns och Sonens och den Helige Andes namn. Amen.

F. Jag lyfter mina ögon upp till dig, du som bor i himmelen. *Sv.* Till Gud, som är min glädje och fröjd.

F. Sänd ut ditt ljus och din sanning; de leda och föra mig till ditt heliga berg och till dina hyddor. Befria mig, o Herre, från alla världsliga och fåfängliga tankar. Låt ditt ljus och din sanning uppfylla mitt hjärta och sinne, att jag värdigt må kunna tacka och lova och prisa dig, min Gud. Med mitt hjärta och med mina tankar vill jag vara bland dina trogna, som församlas i din kyrka för att frambära ett heligt offer åt dig. Med dem ville jag framträda till Guds altare. *Sv.* Till Gud, som är min glädje och fröjd.

F. Ära vare Fadern och Sonen och den Helige Ande. *Sv.* Som det var i begynnelsen, så nu och alltid och i all evighet. Amen.

F. Jag lyfter mina ögon upp till dig, du som bor i himmelen. *Sv.* Till Gud, som är min glädje och fröjd.

F. Vår hjälp är i Herrens namn. *Sv.* Som har skapat himmel och jord.

Alla. Jag bekänner inför den allsmäktige Guden, den heliga, alltid rena Jungfrun Maria, den helige ärkeängeln Mikael, den helige Johannes Döparen, de heliga apostlarna Petrus och Paulus och alla helgon, att jag mycket syndat i tankar, ord och gärningar, genom min skuld, genom min skuld, genom min alltför stora skuld. Därför beder jag den heliga, alltid rena Jungfrun Maria, den helige ärkeängeln Mikael, den helige Johannes Döparen, de heliga apostlarna Petrus och Paulus och alla helgon, att bedja för mig till Herren, vår Gud.

Mässandakt för hemmet.

F. Gud, var mig nådig efter din godhet, utplåna mina överträdelser efter din stora barmhärtighet. Två mig väl från min missgärning och rena mig från min synd. Ty jag känner mina överträdelser och min synd är alltid inför mig. Mot dig allena har jag syndat och gjort vad ont är i dina ögon. *Sv.* Var du mig nådig efter din godhet. Amen.

F. Herre, förbarma dig över oss.
Sv. Kristus, förbarma dig över oss.
F. Herre, förbarma dig över oss.

Gloria.

F. Ära vare Gud i höjden!
Sv. Och på jorden frid åt människor, som hava hans välbehag.
F. Dig lova vi.
Sv. Dig prisa vi, dig förhärliga vi, vi tacka dig för din stora härlighet.
F. Herre vår Gud, himmelske konung, Gud, allsmäktige Fader.
Sv. Herre, du enfödde Son, Jesus Kristus! Herre vår Gud, Guds lamm, Faderns Son; du som borttager världens synder, förbarma dig över oss.
F. Du som borttager världens synder, mottag vår ödmjuka bön.
Sv. Du som sitter på Faderns högra hand, förbarma dig över oss.
F. Ty du allena är den Helige, du allena Herren,
Sv. du allena den Allrahögste, Jesus Kristus, med den Helige Ande i Gud Faderns härlighet. Amen.

Kyrkobönen.

F. Herre, hör min bön. *Sv.* Och låt mitt rop komma till dig.
F. O Gud, för dig är varje hjärta uppenbart

och varje viljas mening klar, och intet hemligt är dolt för dig, rena våra hjärtan genom den Helige Andes ingjutelse, på det att vi fullkomligt må älska och värdigt prisa dig, genom Kristus, vår Herre. Sv. Amen.

F. O Gud, vilkens försyn i sina anordningar icke kan misstaga sig, vi bedja dig ödmjukt, avvänd från oss allt som kan skada oss till kropp eller själ, och förläna oss allt som främjar vår timliga och eviga välfärd, genom Kristus, vår Herre. Sv. Amen.

Episteln och evangeliet.

På sön- och högtidsdagar läsas den beträffande dagens epistel- och evangelietexter, som återfinnas i slutet av boken. På vardagar kan man själv utvälja de texter man vill läsa, exempelvis sistförflutna söndagens epistel och evangelium.

F. Gudomlige Frälsare, du har kommit i världen för att förkunna det glada budskapet om himmelriket. Du har anförtrott din himmelska lära åt din heliga Kyrka och givit henne i uppdrag att förkunna densamma för alla folk, på det att alla må komma till sanningens kunskap och varda saliga.

Sv. Vi tacka dig, o Herre, av allt vårt hjärta, att du har kallat oss till din heliga, katolska och apostoliska Kyrka. Hon är sanningens pelare och grundval, hon förkunnar för oss ditt ord. Befäst oss i den heliga katolska tron. Upplys oss i alla frestelser och tvivel med din sannings ljus och lär oss att leva efter ditt heliga evangelium. Du allena har det eviga livets ord och visar oss vägen till den eviga saligheten. Amen.

Trosbekännelsen.

F. Jag tror på Gud, den allsmäktige Fadern, *Sv.* himmelens och jordens Skapare, och på

Mässandakt för hemmet.

Jesus Kristus, hans ende Son, vår Herre, vilken blev avlad av den Helige Ande, född av Jungfru Maria, pinad under Pontius Pilatus, korsfäst, död och begraven; nedsteg till dödsriket, uppstod på tredje dagen igen ifrån de döda, uppfor till himmelen, sitter på Guds, den allsmäktige Faderns, högra hand, därifrån han skall igenkomma till att döma de levande och de döda. Jag tror på den Helige Ande, den heliga katolska kyrkan, de heligas samfund, syndernas förlåtelse, köttets uppståndelse och ett evigt liv. Amen.

Offringen.

F. Då jag betänker, o Herre, huru prästen under mässan offrar bröd och vin, medan han ödmjukt beder, att du för din mildhets skull ville mottaga dessa offergåvor och att även vi själva måtte upptagas av dig, vill jag nu offra åt dig det bästa jag äger: mitt eget hjärta. Du har givit mig kropp och själ, du har skänkt mig livets gåva. På intet annat sätt kan jag värdigt tacka dig och erkänna, att allt är en gåva av dig, än genom att vilja tillhöra dig för tid och evighet och ställa mitt liv och mina krafter i din tjänst. Jag offrar åt dig kropp och själ, alla mina böner och arbeten, försakelser och lidanden. Jag återskänker mig själv åt dig och beder, att du värdigas taga emot min offergåva.

Sv. Herre, vi äro dina. Vårt liv och allt vad vi äro och äga, skall tillhöra dig nu och i all evighet. Amen.

Prefationen.

F. Låtom oss upplyfta våra hjärtan till Gud och tacka och lova honom. *Sv.* Det är tillbörligt och rätt.

Mässandakt för hemmet.

F. Det är i sanning tillbörligt och rätt, riktigt och gagneligt, att vi alltid och allestädes tacka dig, helige Herre, allsmäktige Fader, evige Gud: genom Kristus, vår Herre; genom vilken ditt majestät lovas av änglarna, tillbedes av herradömena, fruktas av makterna, i gemensam fröjd firas av himlarna och himlarnas krafter och av de saliga serafim. Låt med deras röster, vi bedja dig, även våra komma till dig, då vi i ödmjuk lovsång säga:

Sv. Helig, helig, helig är Herren, härskarornas Gud. Himmel och jord äro fulla av din härlighet. Hosanna i höjden. Välsignad vare han som kommer i Herrens namn. Hosanna i höjden.

Bön för hela kristenheten.

F. I djupaste ödmjukhet anropa vi dig, mildaste Fader, att du ville nådigt mottaga Jesu Kristi din Sons heliga offer, som denna dag frambäres åt dig av din Kyrkas präst. Må detta heliga och obesmittade offer utverka din nåd och ditt förbarmande över oss alla.

Sv. Vi bedja framför allt, att du ville i frid och enighet bevara, skydda och regera din heliga katolska Kyrka över hela jordkretsen. Välsigna vår helige Fader, vår biskop och alla rättrogna bekännare av den katolska kristna tron. I synnerhet innesluter jag i mina böner dem som stå mig närmast, mina anhöriga, vänner och välgörare. Förbarma dig över alla sjuka och döende, alla fattiga och nödlidande, alla som hava något tungt kors att bära. Omvänd de vilseförda, att de må förena sig med dig och med din hjord och följa den herde, som du har anförtrott att vakta dina lamm.

F. När vi tänka på den heliga mässans hemligheter och hava våra hjärtan upplyfta till dig, vår himmelske Fader, besinna vi även, att

Mässandakt för hemmet. 81

vi redan här på jorden stå i gemenskap med din triumferande Kyrka i himmelen. Framför allt minnas vi vår Herre Jesu Kristi moder, den alltid rena Jungfrun Maria, men även dina heliga apostlar och martyrer och alla dina helgon. Må dessa med sin mäktiga förbön understödja vår svaga bön och utverka din hjälp och ditt beskydd, genom Kristus, vår Herre. Sv. Amen.

Tillbedjan.

Erinran om Kristi återlösningsverk.

F. Herre Jesus Kristus, även om det icke blev oss förunnat att i dag närvara vid den heliga mässan, måste likväl våra hjärtan uppfyllas av en innerlig tacksamhet och glädje vid tanken på att du även denna dag besöker jorden och tager din boning bland oss. Även denna morgon nedstiger du på altaret i tusentals kyrkor och kapell runt hela jorden, för att frambära dig själv till ett heligt offer åt din Fader i himmelen. Välsignad vare du, Guds lamm, för din stora nåd och kärlek till oss människor. Ehuru jag icke kan se dig i brödets och vinets gestalt, beder jag dig likväl taga emot min ringa hyllning, min ödmjuka tillbedjan och min uppriktiga kärlek. För dig är ju varje avstånd ringa, ja ett intet. Därför kan jag även nu tacka och tillbedja dig i Altarets heliga sakrament.

Sv. Jesus, för dig lever jag; Jesus, för dig dör jag; Jesus, din är jag i livet och i döden. O Jesus, förbarma dig över mig och förlåt mig mina synder för den stora kärleks skull, som förmådde dig att dö för mig på korset och som förmår dig att varje dag offra dig själv på altaret.

Mässandakt för hemmet.

F. Gudomlige Frälsare, i anden äro vi nu närvarande på Golgata. Vi falla ned vid korsets fot och betrakta dina heliga fem sår. Av oändlig kärlek har du, Guds lamm, offrat dig för världens frälsning. *Sv.* Vi prisa din kärlek och barmhärtighet.

F. På Kyrkans altaren firas minnet av ditt heliga lidande. Under brödets och vinets gestalt frambär du dig själv från solens uppgång till dess nedgång som ett rent och välbehagligt offer åt din himmelske Fader. Genom din uppståndelse och din himmelsfärd beseglas ditt återlösningsverk och tilldelas oss nu dess dyrbara frukter. *Sv.* Vi prisa din kärlek och barmhärtighet.

F. Herre, himmelske Fader, se med nådigt och milt ansikte på vår offergåva: Jesus Kristus, vår medlare och överstepräst. Må hans heliga död och ärorika uppståndelse frälsa oss från allt ont, på det att vi och alla som hoppas på dig, må uppnå den eviga saligheten. *Sv.* Amen.

Bön för de avlidna.

F. Kom även ihåg, o Herre, själarna i skärselden. Särskilt bedja vi dig om förbarmande för dem som stått oss nära i livet, våra anhöriga, vänner och välgörare. Låt alla avlidna kristtrogna snart få skåda den himmelska saligheten. Herre, giv dem den eviga vilan. *Sv.* Och låt det eviga ljuset lysa för dem.
F. Må de vila i frid. *Sv.* Amen.

Herrens bön.

F. Såsom din gudomlige Son har lärt oss, våga vi nu förtröstansfullt säga:
Sv. Fader vår, som är i himmelen, helgat varde ditt namn, tillkomme ditt rike, ske din vilja, såsom i himmelen, så ock på jorden.

Mässandakt för hemmet. 83

Vårt dagliga bröd giv oss i dag, och förlåt oss våra skulder, såsom ock vi förlåta dem oss skyldiga äro, och inled oss icke i frestelse, utan fräls oss ifrån ondo. Amen.

Agnus Dei.

F. Guds lamm, som borttager världens synder. *Sv.* Förbarma dig över oss.
F. Guds lamm, som borttager världens synder. *Sv.* Förbarma dig över oss.
F. Guds lamm, som borttager världens synder. *Sv.* Skänk oss din frid.

Andlig kommunion.

F. Herre Jesus Kristus, vi tro fullt och fast på din närvaro i Altarets allraheligaste sakrament. Vi tro att du i den heliga kommunionen giver oss din lekamen och ditt blod för att bevara våra själar till det eviga livet och för att sluta oss i en helig gemenskap med dig. Vi tillbedja dig och tacka dig för denna outgrundliga nåd och kärlek. Våra hjärtan längta och hungra efter dig; vi behöva din hjälp och tröst. Men då vi nu icke kunna mottaga dig i Sakramentet, bedja vi dig, att du andligen kommer till våra hjärtan. Kom till oss med din nåd, din frid och din kraft. Tag oss helt i besittning och förbliv hos oss, tills vi få skåda, älska och tillbedja dig i ditt himmelska rike. *Sv.* Amen.
F. Kristi själ helge mig. (Sid. 67.)

Bön om välsignelsen.

F. Välsigne oss den allsmäktige Guden, Fadern, Sonen och den Helige Ande. *Sv.* Amen.

84 Själamässan.

Slutbön.

F. O Jesus Kristus, du som i den heliga mässan dagligen frambär dig själv till ett värdigt tackoffer och lovoffer, bönoffer och försoningsoffer åt din Fader i himmelen och som innesluter hela din Kyrka i din översteprästerliga förbön, låt även oss, som äro lemmar av din mystiska lekamen, få del av de nådegåvor, som det heliga mässoffret denna dag utverkat, ehuru vi icke voro tillstädes i din helgedom. Föröka i oss trons ljus. Uppfyll oss med det kristliga hoppets tillförsikt. Upptänd i oss den Helige Andes kärlek. Giv oss kraft till ett liv i enlighet med vår heliga katolska kristna tro. Styrk oss genom ditt heliga kors, på det att vi må kunna verka, strida och lida för ditt rike, dag efter dag, år efter år, tills du en gång kallar oss till dig i vår dödsstund. Och giv oss till sist andel i de heligas arvelott i ljuset, där du lever och regerar med Fadern i den Helige Andes enhet, Gud från evighet till evighet. *Sv.* Amen.

F. Lovad vare Jesus Kristus. *Sv.* Nu och i all evighet. Amen.

5.

Själamässan.

Requiem-mässan.

Inledningsbön.

O Gud, alla goda gåvors givare och hugsvalare i alla lidanden, jag fattig syndare nalkas ditt heliga altare, på vilket vår frälsnings offer på oblodigt sätt nu kommer att frambäras. Jag framträder till din nådetron för att åkalla din barmhärtighet icke blott för mig, utan även för dem, som gått hädan ur detta jordiska liv. O Gud, jag erkänner och bekänner inför dig, att jag för mina synders skull ej

Själamässan.

förtjänar att bönhöras. Men din enfödde Sons bön och det heliga blod, som han på detta altare frambär för oss, skall du, o Gud, icke försmå. Jag beder dig därför, se nådigt ned på oss, och för Jesu Kristi förtjänsters skull förbarma dig över själarna i skärselden. Fräls dem ur pinan och upptag dem i den eviga fridens boningar, genom Kristus, vår Herre. Amen.

Ingångsversen.

Herre, giv dem den eviga vilan, och låt det eviga ljuset lysa för dem.
O Gud, dig tillkommer lov i Sion, och åt dig skall man frambära löften i Jerusalem. Herre, hör min bön! Till dig kommer varje människa. Herre, giv dem den eviga vilan, och låt det eviga ljuset lysa för dem.

Kyrie.

Herre, förbarma dig över oss.
Kristus, förbarma dig över oss.
Herre, förbarma dig över oss.

Olika kyrkoböner.

På begravningsdagen. O Gud, vars egenskap det är att alltid förbarma dig och skona, vi anropa dig ödmjukt för din tjänare (tjänarinna) N:s själ, som du har kallat från denna värld, att du icke överlämnar den i fiendens händer, ej heller för alltid glömmer den, utan att du låter mottaga och föra den av dina heliga änglar till paradisets fädernesland; på det att han (hon) som hoppats och trott på dig, icke längre må utstå syndens straff, utan njuta den eviga glädjen, genom Kristus, vår Herre. Amen.

För föräldrar. O Gud, du som befallt oss att

hedra fader och moder, förbarma dig nådigt över min faders (moders) själ, förlåt hans (hennes) synder och låt mig en gång få se honom (henne) i det eviga ljusets glädje, genom Kristus, vår Herre. Amen.

För släktingar och välgörare. O Gud, nådens givare och upphov till vår frälsning, vi anropa din misskundsamhet, att du på den heliga, alltid rena Jungfrun Marias och alla heligas förbön ville låta våra bröder, släktingar och välgörare, som hava lämnat denna värld, uppnå den eviga saligheten, genom Kristus, vår Herre. Amen.

För en påve. O Gud, du har i din outgrundliga försyn utkorat din tjänare N. till det apostoliska biskopsämbetets högsta värdighet, förläna nådeligen, att han som härnere varit stadd i din enfödde Sons ställe, i himmelen må räknas bland dina översteprästers ärekrönta kör, genom samme Kristus, vår Herre. Amen.

För en biskop eller präst. O Gud, du har utkorat din tjänare N. till det apostoliska biskopsämbetets (prästadömets) höga värdighet, förläna nådeligen, att han i himmelen må räknas bland dina biskopars (prästers) ärekrönta kör, genom Kristus, vår Herre. Amen.

För alla avlidna. O Gud, alla troendes Skapare och Återlösare, förunna alla dina tjänares och tjänarinnors själar förlåtelse för alla deras synder, på det att de genom fromma förböner må vinna den tillgift de alltid åstundat; du som lever och regerar från evighet till evighet. Amen.

På årsdagen. O Gud, förbarmandets Herre, då vi i dag fira årsdagen av din tjänares (tjänarinnas) hädanfärd, bedja vi dig, skänk hans (hennes) själ vederkvickelsens boning, den eviga vilans salighet och det eviga ljusets klarhet, genom Kristus, vår Herre. Amen.

Själamässan.

Episteln.
(Upp. 14:13.)

I den tiden hörde jag en röst från himmelen säga till mig: Skriv: Saliga äro de döda, som dö i Herren. Ja, säger Anden, de skola vila sig från sina arbeten, ty deras gärningar följa dem efter.

Bönen 'Absolve'.

Befria, o Herre, alla de avlidna kristtrognas själar från deras synders band och låt dem med din nåds bistånd undgå din vredes stränghet och glädjas i den eviga salighetens ljus.

Ur 'Dies irae'.

Döm mig ej att från dig fara, Kalla mig av nåd att vara Bland de evigt frälstas skara.
Gud, för dig jag faller neder, Och med krossat hjärta beder, Att du mig till målet leder.
Vredens dag, då allt förstöres, Människan till domen föres! Vem skall rädda då oss arma!
Gud allsmäktig, dig förbarma.
Milde Herre Jesus, giv åt de döda evig frid.
Amen.

Evangeliet.
(Joh. 6:51—55.)

I den tiden sade Jesus till judarnas skaror: Jag är det levande brödet, som har kommit ned ifrån himmelen. Den som äter av detta bröd, skall leva evinnerligen, och det bröd, som jag skall giva, är mitt kött för världens liv. Då tvistade judarna sinsemellan och sade: Hur kan denne giva oss sitt kött att äta? Men Jesus sade till dem: Sannerligen, sannerligen säger jag eder: Utan att I äten Människosonens kött och dricken hans blod, skolen I icke

88 Själamässan.

hava livet i eder. Den som äter mitt kött och dricker mitt blod, han har det eviga livet, och jag skall uppväcka honom på den yttersta dagen.

Vid offringen.

Herre Jesus Kristus, ärans konung, befria alla avlidna kristtrognas själar från rättvisans pina. Låt din banérförare, den helige Mikael, föra dem till ditt heliga ljus, som du fordom har utlovat Abraham och hans efterkommande. Offer och lovböner frambära vi åt dig, o Herre. Mottag dem för de själar, som vi i dag ihågkomma. Låt dem gå över från döden till det liv, som du fordom har utlovat Abraham och hans efterkommande.

Herre, giv dem den eviga vilan, och låt det eviga ljuset lysa för dem.

Böner vid brödets och vinets frambärande, se sid. 38.

Kyrkoböner efter offringen.

På döds- eller begravningsdagen. Vi bedja dig, Herre, var din tjänare (tjänarinna) N:s själ nådig, för vilken vi frambära dig detta lovoffer, i det vi ödmjukt anropa ditt majestät, att den genom detta fromma försoningsoffer må bliva värdig att komma till den eviga vilan, genom Kristus, vår Herre. Amen.

För föräldrar. O Herre, mottag nådigt det offer, som jag frambär dig för min faders (moders) själ; giv honom (henne) den eviga glädjen i de levandes land och förena mig med honom (henne) i den eviga saligheten, genom Kristus, vår Herre. Amen.

För släktingar och välgörare. O Gud, vilkens barmhärtighet är utan gräns, mottag nådigt vår ödmjuka bön och förunna, genom dessa

Själamässan.

vår frälsnings hemligheter, våra bröders, släktingars och välgörares själar, vilka du har givit nåden att bekänna ditt namn, förlåtelse för alla deras synder, genom Kristus, vår Herre. Amen.

För en påve, biskop eller präst. O Herre, mottag nådigt de offergåvor, som vi frambära dig för din tjänare, vår påve (biskop, präst) N:s själ, på det att han, som du i denna värld förlänat den översteprästerliga (biskopliga, prästerliga) värdigheten, i det himmelska riket må upptagas i dina heligas gemenskap, genom Kristus, vår Herre. Amen.

För alla avlidna. O Herre, se nådigt ned på detta offer, som vi frambära dig för dina tjänares och tjänarinnors själar, på det att du måtte giva den kristna trons belöning åt dem, vilka du förlänat dess förtjänst, genom Kristus, vår Herre. Amen.

På årsdagen. Hör, o Herre, i din barmhärtighet våra böner för din tjänares (tjänarinnas) själ, vars årliga åminnelse vi i dag begå och för vilken vi frambära dig detta lovoffer, på det att du måtte låta den komma till de heligas gemenskap, genom Kristus, vår Herre. Amen.

Prefationen.

Det är i sanning tillbörligt och rätt, riktigt och gagneligt, att vi alltid och allestädes tacka dig, helige Herre, allsmäktige Fader, evige Gud, genom Kristus, vår Herre. I honom har hoppet om en salig uppståndelse uppgått för oss, på det att vi, som bedrövas genom dödens ofrånkomlighet, må tröstas genom löftet om tillkommande odödlighet. Ty för dina trogna, Herre, bliver livet icke förintat, blott förvandlat, och då denna vår jordiska vistelses hydda nedbrytes, uppbygges i himmelen den eviga boningen. Därför sjunga vi med änglar och ärkeänglar, med troner och herradömen, med hela den himmelska härskaran din härlighets lovsång, i det vi oavlåtligt säga: Helig, helig, helig är Herren, härskarornas Gud. Himmel och jord äro fulla av din härlighet. Välsignad vare han som kommer i Herrens namn. Hosanna i höjden.

De liturgiska bönerna från Sanctus intill Kommunionen med Memento för de avlidna, se sid. 43. I stället kan man även läsa någon av förbönerna sid. 512 ff.

Agnus Dei.

Guds lamm, som borttager världens synder, skänk dem den eviga vilan.
Guds lamm, som borttager världens synder, skänk dem den eviga vilan.
Guds lamm, som borttager världens synder, skänk dem den eviga vilan.

Kommunionversen.

Herre, låt det eviga ljuset lysa för dem i förening med dina heliga i evighet, ty du är nådig.
Herre, giv dem den eviga vilan, och låt det eviga ljuset lysa för dem i förening med dina heliga i evighet, ty du är nådig.

Slutbönerna.

På döds- eller begravningsdagen. Allsmäktige Gud, vi bedja dig, giv, att din tjänare (tjänarinna) N:s själ, som har lämnat denna värld, må genom dessa offergåvor renas och befrias från sina synder och ernå förlåtelse och den eviga vilan genom Kristus, vår Herre. Amen.

Själamässan.

För föräldrar. Vi bedja dig, Herre, må delaktigheten i denna heliga hemlighet skänka min faders (moders) själ den eviga vilan och det eviga ljuset, och må jag tillsammans med honom (henne) evigt krönas med din nåd, genom Kristus, vår Herre. Amen.

För släktingar och välgörare. Allsmäktige och barmhärtige Gud, vi bedja dig, att våra bröders, släktingars och välgörares själar, för vilka vi hava framburit åt ditt majestät detta lovoffer, i kraft av detta heliga Sakrament må renas från alla synder och genom din barmhärtighet uppnå det eviga ljusets salighet, genom Kristus, vår Herre. Amen.

För en påve, biskop eller präst. Vi anropa dig, o Herre, hör nådeligen vår bön och låt din tjänare, påve (biskop, präst) N. i evigheten erfara din milda barmhärtighet, på det att han må uppnå evig gemenskap med honom, till vilken han i tron har satt allt sitt hopp, genom Kristus, vår Herre. Amen.

För alla avlidna. Vi bedja dig, o Herre, låt vår ödmjuka bön komma dina tjänares och tjänarinnors själar till godo, så att du befriar dem från alla synder och gör dem delaktiga av din återlösning, du som lever och regerar från evighet till evighet. Amen.

På årsdagen. Giv, o Herre, då vi i dag fira årsdagen av din tjänares (tjänarinnas) hädanfärd, att hans (hennes) själ, renad genom detta heliga offer, må vinna förlåtelse och den eviga vilan, genom Kristus, vår Herre. Amen.

Herre, giv alla avlidna kristtrogna den eviga vilan, och låt det eviga ljuset lysa för dem.

Requiéscant in pace. Må de vila i frid.

Amen.

6.
Sångmässa.

1.

Jesus Kristus, dig vi prisa, * Ty allena du är god; * Att din nåd oss alla visa, * Offrar du ditt helga blod.
Jesus Kristus, dig vi lova, * Ty vår frälsnings hopp du är; * Du oss ger den bästa gåva; * Ger dig själv, o Herre kär!
Jesus Kristus, du som blivit * Korsfäst för vår syndaskuld, * Dig vi älska, du oss givit * Nåd och frid, o Herre huld!

2.

Gud prise varje tunga; * Hans makt och majestät. * Må jord och himmel sjunga * I tid och evighet! * Lov, pris och tack och ära * För din barmhärtighet. * Må hela världen bära * Åt dig, Treenighet, * Åt dig, Treenighet!

3.

Tag mot, o Gud, de gåvor, * Som prästen frambär här. * Vi våra bästa håvor * Dig offra, Herre kär! * Din nåd åt oss skall giva, * Att detta vin och bröd * Må oss ett offer bliva, * Som frälsar oss från död.
O Herre, hör oss arma; * Du Gud och Fader god, * Dig över oss förbarma * För Jesu helga blod! * Må det en källa bliva, * Som tvager av vår skuld; * Må det oss återgiva Din nåd, * o Fader huld!

4.

Sjung: helig, helig, helig * Är Herren, världens Gud. * Med änglasången blande * Sig våra böners ljud! * De stora verk bevisa * Din makt

och härlighet; * Dig jord och himmel prisa * I tid och evighet.
Högtlovad han som kommer * I Herrens helga namn. * Han kommer oss att föra * Till salighetens hamn. * I höjden pris och ära! * I helighetens skrud, * Som hon skall evigt bära, * Sig smycke Herrens brud!

5.

Vid sista nattvardsbordet, * Då Jesus brödet bröt, * Betänken helga ordet, * Som från hans läppar flöt.
'O tagen, dricken, äten * Utav mitt blod, mitt kött, * Så att I ej förgäten, * Att jag för er har dött.'
Se'n gick han hän att strida * Med himmelskt tålamod, * För oss på korset lida * Och offra liv och blod.
O må vi Jesus giva * Ett hjärta oskuldsrent, * Att det må städse bliva * Med honom fast förent.

6.

O du Guds lamm, vår synd du bar, * För oss ditt blod har flutit. * Du Faderns vrede blidkat har, * Försonat vad vi brutit. * Du bar för oss, Guds rena lamm, * Ett välbehagligt offer fram. * Din nåd oss alla du give * Och städse när oss du blive!

7.

O Jesu! * Livets källa är du, utan dig blott död. * Livets manna är du, utan dig blott nöd. * Livets trygghet är du, utan dig ej frid. * Evig sällhet är du efter lyktad strid. * O Jesu!

8.

Morgonstjärna underbar, * Strålande i natten klar, * Jesu kär, Var mig när, * Du mitt hjärtas sällhet är.

Kom till mig med salig tröst, * Tag din boning i mitt bröst! * Jag dig ber, Dröj ej mer, *Kom, o Herre, till mig ner! För din klara strålekrans * Bleknar även solens glans. * Livets nöd, Sorg och död * Vika för din kärleks glöd. Kom, o Jesus, världens ljus, * Stråla in i varje hus! * Herre kär, Var mig när, * Du mitt hjärtas sällhet är.

7.
Jesu hjärtamässan.

Denna mässa läses på Jesu hjärtafesten och varje månad på Jesu hjärtafredagen. De här icke utsatta delarna såsom trappstegsbönen, Gloria, Credo, o. s. v. tagas ur Mässans liturgiska text sid. 26 ff.

Ingångsversen.

Hans hjärtas tankar sträckte sig från släkte till släkte, på det att han må befria deras själar ur dödens makt och föda dem i hungerns tid. — I rättfärdiga, jublen i Herren, de rättfärdiga må uppstämma fröjderop. — Ära vare Fadern...

Kyrkobönen.

O Gud, som i din Sons hjärta, sårat för våra synders skull, värdigats barmhärtigt skänka oss kärlekens oändliga rikedom, giv, vi bedja dig, att vi som ägna det vår andakts fromma tjänst, även må erbjuda offret av en värdig tillfyllestgörelse. Genom samme Kristus, vår Herre. Amen.

Episteln sid. 56*.

Jesu hjärtamässan. 95

Graduale.

God och rättfärdig är Herren, därför undervisar han syndarna om den rätta vägen. Han leder de saktmodiga visligen och lär de ödmjuka sina vägar. — Alleluja, alleluja. Tagen mitt ok på eder och lären av mig, ty jag är saktmodig och ödmjuk av hjärtat, och I skolen finna ro för edra själar. Alleluja.
Evangeliet sid. 57*.

Offertorium.

Smälek såg jag komma över mitt hjärta och vanmakt, och jag längtade efter någon som kunde sörja med mig, men det fanns ingen, jag sökte efter någon som kunde trösta mig, men jag fann ingen.

Vi bedja dig, o Herre, se på din älskade Sons hjärtas outsägliga kärlek, så att vad vi frambära, må vara en dig välbehaglig offergåva till försoning för våra synder. Genom samme Kristus, vår Herre. Amen.

Prefationen.

Det är i sanning tillbörligt och rätt, riktigt och gagneligt att vi alltid och allestädes tacka dig, helige Herre, allsmäktige Fader, evige Gud. Du har velat att din enfödde Son på korsets trä skulle genomborras av soldatens spjut på det att hans öppnade hjärta, den gudomliga givmildhetens skattkammare, skulle utgjuta över oss barmhärtighetens och nådens strömmar, och, alltjämt brinnande av kärlek till oss, vara för de fromma frid och vederkvickelse och för de botfärdiga en frälsningens öppna port. Varför vi med änglar och ärkeänglar, med troner och herradömen och med hela den himmelska härskaran sjunga din härlighets lov i det vi oavlåtligen säga: Helig, helig, helig är du, Herre, härskarornas Gud. Himmel och jord äro fulla av din härlighet. Hosanna i höjden. Välsignad vare han som kommer i Herrens namn. Hosanna i höjden.

Kommunionversen.

En av soldaterna öppnade hans sida med ett spjut och strax flöt blod och vatten därur.

Kommunionbönen.

Må dessa hemligheter, Herre Jesus, uppväcka i oss en helig iver, på det att vi, sedan vi ha lärt känna ditt milda hjärtas ljuvlighet, må lära oss att förakta det jordiska och älska det himmelska. Du som lever och regerar från evighet till evighet. Amen.

8.
Mässan på Prästadömets dag.
Torsdagen efter första fredagen i månaden.

Ingångsversen.

Herren har svurit och skall icke ångra sig: Du är präst till evig tid efter Melkisedeks ordning. — Herren sade till min Herre: Sätt dig på min högra sida. — Ära vare Fadern...

Kyrkobönen.

O Gud, som till ditt majestäts förhärligande och människosläktets frälsning insatt din enfödde Son till evig överstepräst, giv att de, vilka han utvalt till sina tjänare och sina nådegåvors förvaltare, måtte befinnas trogna i fullgörandet av det värv de mottagit. Genom samme Kristus, vår Herre. Amen.

Mässan på Prästadömets dag.

Episteln.

(Hebr. 5:1—11.)

Bröder! Varje överstepräst, uttagen bland människor, är tillsatt att för människorna stå inför Gud och där frambära gåvor och offer för deras synder. Han bör kunna ömma för okunniga och vilsefarande, eftersom han själv är behäftad med svaghet. Därför måste han frambära offer för sina egna synder likaväl som för folkets. Och ingen får taga sig själv denna värdighet, utan man måste kallas av Gud därtill såsom Aron. Så gav sig icke heller Kristus själv äran att vara överstepräst utan den som sade till honom: Du är min Son, i dag har jag fött dig. Likaså säger han på ett annat ställe: Du är präst till evig tid efter Melkisedeks ordning. Under sitt jordelivs dagar har han med starkt rop och med tårar framburit bön och åkallan till den som kunde rädda honom från döden, och hans rop blev hört för hans vördnads skull. Så lärde han, fastän han var Guds Son, lydnad genom sitt lidande. Sålunda fulländad, har han för alla dem som hörsamma honom blivit upphov till evig frälsning, han som av Gud har ärats med ordet: överstepräst efter Melkisedeks ordning. Därom ha vi en förkunnelse, som är stor och outsäglig för mänskliga ord.

Graduale.

Herrens Ande är över mig; därför har han smort mig. Han har sänt mig att förkunna för de fattiga det glada budskapet, att läka de i hjärtat förkrossade. Alleluja, Alleluja. — Jesus har ett oförgängligt prästadöme, eftersom han förbliver till evig tid. Alleluja.

4 — *Oremus.*

Mässan på Prästadömets dag.

Evangeliet.
(Luk. 22:14—20.)

I den tiden satte sig Jesus till bords och de tolv apostlarna med honom. Och han sade till dem: Högeligen har jag åstundat att äta detta påskalamm med eder, förrän mitt lidande begynner, ty jag säger eder: Jag skall icke mer äta därav, förrän det fått sin fullbordan i Guds rike. Och han tog en kalk, tackade Gud och sade: Tagen och delen eder emellan, ty jag säger eder, att jag icke mer skall dricka av vinträdets frukt, förrän Guds rike kommer. Sedan tog han bröd, tackade Gud, bröt det och gav åt dem och sade: Detta är min lekamen, som varder utgiven för eder. Gören detta till min åminnelse. Sammalunda tog han ock kalken efter måltiden och sade: Denna kalk är det Nya förbundet i mitt blod, som varder utgjutet för eder.

Offertorium.

Sedan Kristus har framburit ett enda offer för synderna, sitter han till evig tid på Guds högra sida. Med ett enda offer har han för beständigt fullkomnat dem som blivit helgade.

O Herre, må dessa håvor genom vår medlare Jesus Kristus finna nåd inför dig. Och må han göra oss, förenade med honom, till en dig välbehaglig offergåva. Genom samme Kristus, vår Herre. Amen.

Prefationen.

Det är sannerligen tillbörligt och rätt, riktigt och gagneligt att vi alltid och allestädes tacka dig, helige Herre, allsmäktige Fader, evige Gud. Du har velat att människans frälsning skulle ske på korsets träd på det att livet åter måtte växa fram där, varifrån döden kommit, och att den, som segrat på kunskapens träd, måtte besegras på korsets träd genom Kristus, vår Herre. Genom honom lovas ditt majestät av änglarna, tillbedes av herradömena, fruktas av makterna, firas i gemensam fröjd av himlarna och av himlarnas krafter och av de saliga serafim. Låt med deras röster, vi bedja dig, även våra komma till dig, då vi i ödmjuk lovsång säga: Helig, helig, helig är Herren, härskarornas Gud, himmel och jord äro fulla av din härlighet. Hosanna i höjden. Välsignad vare han som kommer i Herrens namn. Hosanna i höjden.

Kommunionversen.

Så säger Herren: Detta är min lekamen, som varder utgiven för eder. Gören detta till min åminnelse. Denna kalk är det Nya förbundet i mitt blod. Så ofta I dricken den, gören det till min åminnelse.

Kommunionbönen.

Vi bedja dig, Herre, låt den gudomliga offergåva, som vi nu hava framburit och mottagit, giva oss andligt liv, på det att vi, i oförgänglig kärlek förenade med dig, må bära den frukt som förbliver i evighet. Genom Kristus, vår Herre. Amen.

9.

Österländska Mässböner.

Förberedelsebön.

O Gud, evighetens Konung, världens Skapare, mänsklighetens Fader och välgörare! Mottag nådigt din församling, som nalkas dig genom din Son Jesus Kristus. Förläna i rikt mått åt envar det honom gagneligt är. Förakta mig icke, o Gud, min Herre, ehuru min själ är fläckad genom mångahanda synder. Se, ovärdig nalkas jag denna din gudomliga och himmelska hemlighet. Men med blicken fästad på din godhet ropar jag till dig: Gud, var mig syndare nådig. Jag har syndat inför himmelen och inför dig, och jag är icke värdig att skåda detta ditt heliga altare, där din enfödde Son, vår Herre Jesus Kristus, på ett hemlighetsfullt sätt offrar sig för mig, syndiga människa. Uppfylld av tacksamhet beder jag därför, att du ville sända mig din Helige Ande, Hugsvalaren, på det att han vid detta offer må upplysa och förnya mig. Genom vår Herre Jesus Kristus, vilken med dig vare lovad jämte din helige, allgode och livgivande Ande, nu och alltid och i all evighet. Amen.

Vid offringen.

Allsmäktige Gud! Genom din enfödde Son, vår Herre och Frälsare Jesus Kristus, har du givit oss tillträde till det Allraheligaste. Men då vi nu skola inställa oss inför ditt heliga altare, gripas vi av fruktan och bävan. Därför anropa vi dig och bönfalla din godhet, skänk oss din ynnest och välvilja, helga våra själar och kroppar, vänd vårt sinne från det jordiska till det eviga, så att vi med rent samvete må frambära åt dig dessa gåvor och offer för att utplåna all vår egen skuld och utverka försoning för hela ditt folk. Genom din Sons nåd, barmhärtighet och kärlek till oss människor, han som med dig vare prisad i all evighet. Amen.

Gud, vår Gud, du som för världens liv har sänt det himmelska brödet, Jesus Kristus, vår

Herre och Frälsare, för att genom honom återlösa, välsigna och heliggöra oss, välsigna dessa offergåvor och upptag dem till ditt höga, himmelska altare. Vi bedja dig, som är oändligt god och kärleksfull, se i nåd till dem som frambära dessa offergåvor. Se även till dem för vilka de frambäras, och bevara oss alla för dom och fördömelse. Prisat och förhärligat vare ditt tillbedjansvärda och ärorika heliga namn, Faderns och Sonens och den Helige Andes namn, nu och alltid och i all evighet. Amen.

Vid prefationen och förvandlingen.

Det är i sanning tillbörligt och rätt, värdigt och gagneligt, att lova dig, att prisa dig, att förhärliga dig, att tacka dig, du den synliga och osynliga världens Skapare, du alla sanna och eviga värdens upphov, du livets och odödlighetens källa, världsalltets Herre, Härskare och Gud! Dig prisa himlarnas himlar och all deras makt, solen, månen och stjärnornas här, jorden, havet och allt som i dem är. Dig prisar det himmelska Jerusalems saliga församling, alla rättfärdigas andar, profeters och blodsvittnens heliga körer.

Ja, det är tillbörligt och rätt, att vi lova, prisa och förhärliga dig, du evige, oskapade Fader till den enfödde Sonen, Jesus Kristus. Vi lova dig, den evige och oskapade, för varje skapad varelse obegriplige, outgrundlige, outsägbare Guden. Vi lova dig som blott den enfödde Sonen skådar och känner, dig som han uppenbarar och förkunnar för hela Skapelsen. Vi lova dig, du som skådar och känner Sonen och uppenbarar hans härlighet för de heliga. Vi lova dig som skådas och erkännes av ditt eviga Ord, han som uppenbarar och förhärligar dig inför alla dina helgon. Vi lova dig, osynlige Gud, odödlighetens givare, du livets källa, du ljusets källa, du all nåds och sannings källa. Vi lova dig, du dina fattiga barns kärleksfulle Fader och beskyddare, dig som gärna försonar dig med alla, och som drager alla till dig genom din älskade Son i hans milda mänsklighet. Och vi bedja dig, giv oss sanningens liv, giv oss ljusets ande, så att vi rätt må lära känna dig, den sanne Guden, och den du sänt, Jesus Kristus. Ja, sänd oss din Helige Ande, så att vi må kunna fatta något av dina outsägbara hemligheter. Må Herren Jesus Kristus tala i oss, må den Helige Ande prisa dig genom oss, ty du är över alla makter och krafter, över varje välde och herradöme, liksom ditt namn är över varje namn både i denna världen och i den tillkommande.

Vi tacka dig, o Gud, genom din älskade Son, Jesus Kristus, vilken du sänt till oss såsom din viljas budbärare och vår Frälsare. Han är ditt eviga Ord som är oupplösligen förenat med dig, genom vilket du har gjort allting; i honom har du ditt välbehag. Du har sänt honom från himmelen till Jungfruns modersköte. Såsom hennes livsfrukt antog han vårt kött och uppenbarade sig som din Son, född av Jungfrun genom den Helige Ande. Han kom för att uppfylla din vilja och förvärva åt dig ett heligt släkte, och han utsträckte sina händer på korset för att genom sitt lidande befria dem som tro på dig. Frivilligt led han marter och död för att övervinna döden, sönderspränga den ondes fjättrar, trampa dödsriket under sina fötter, befria de fångna rättfärdiga och föra dem till ljuset, och så uppenbara för oss uppståndelsens liv. Och än mer, han tog bröd, tackade och sade: Tagen och äten, detta är min lekamen, som för eder brytes. Likaså tog han kalken och sade: Detta är mitt blod som för eder varder utgjutet. Så ofta I detta gören, firen min åminnelse.

Efter förvandlingen.

Till åminnelse av din Sons lidande och död, hans uppståndelse och himmelsfärd, och i väntan på hans återkomst i makt och härlighet, då han skall döma levande och döda och vedergälla var och en efter hans gärningar, frambära vi åt dig, vår Herre och Gud, denna hostia och denna kalk. Vi tacka dig genom honom, att du, vår Gud, som ingenting behöver, i nåd värdigats se till dessa gåvor och med välbehag mottagit dem till ära för Kristus, din Smorde.

Vi bedja dig, o Herre, för din heliga Kyrka, som du har köpt med din Sons kostbara blod, och som är utbredd över hela jordens krets, att du till tidernas fullbordan ville bevara henne från alla farliga stormar och obotliga skador.

Vi bedja dig för alla biskopar och präster, att de må rätt förvalta sanningens ord.

Vi offra och bedja för hela ditt folk, att du till din Sons Jesu Kristi lov må göra det till ett heligt folk, till ett konungsligt prästadöme. Vi bedja dig för dem som leva i jungfrulig renhet och kysk återhållsamhet, för dem som leva i ett helgat äktenskap och i ärbara familjeband, för alla omyndiga bland ditt folk. Vi bedja dig, att du icke må förkasta någon av oss.

Vi bedja dig för denna stad och dess invånare, för de sjuka, fattiga och förtryckta. Vi bedja dig för de landsflyktiga och för alla som icke äga hus eller hem, för alla som äro stadda i trångmål och sorg, att du ville vara allas beskyddare, hjälpare och försvarare.

Vi anropa dig även för dem som hata och förfölja oss för ditt namns skull, och för dem som äro utanför din Kyrka och gå vilse i mörkret, att du ville leda dem till ditt underbara ljus.

Vid detta offer bedja vi dig även, att du ville giva god och tjänlig väderlek och välsigna åkrar och marker med riklig skörd, så att vi alltid få glädja oss åt dina gåvor och oavlåtligen prisa dig som giver föda åt allt levande.

Vi anropa dig också för dem som av rättmätiga skäl äro hindrade att närvara vid detta offer, att du måtte bevara dem och oss alla på den rätta vägen och sålunda en gång församla oss, oförvitliga och skuldfria, till salig förening i din Sons rike; han som är varje kännande hjärtas och tänkande andes Gud, Jesus Kristus, vår Konung och Herre.

Låtom oss alla bedja för varandra. Upprätta och trösta oss med din nåd, o Gud!

Kommunionbön.

Gud, vår Gud, frälsningens Gud, lär oss att värdigt tacka dig för de välgärningar som du har visat och ständigt visar oss. Vi bedja dig, vår Gud, som värdigats mottaga dessa gåvor, rena och helga oss till kropp och själ. Lär oss att i din fruktan öva helighet, så att vi med ett rent samvetes vittnesbörd kunna deltaga i ditt Sakrament och bliva förenade med Kristi, din Smordes, heliga lekamen och blod. Giv att vi, efter ett värdigt mottagande av Sakramentet, hava Kristus boende i våra hjärtan, och så bliva den Helige Andes tempel. Ja, Gud, vår Gud, giv att ingen må draga skuld över sig genom att ovärdigt nalkas denna din vördnadsbjudande och himmelska hemlighet och så, till följd av dess ovärdiga mottagande, bliva sjuk till själ eller kropp. Styrk oss fastmer i det säkra hoppet, och förläna oss den nåden, att vi i vår sista stund värdigt må kunna mottaga dina heliga sakrament såsom vägkost till det eviga livet och till ett verksamt försvar inför din Sons fruktansvärda domstol. Förläna så nådeligen att vi med alla heliga som från begynnelsen hava behagat dig, må varda delaktiga i det eviga goda, som du, o Herre, har berett åt dem som älska dig. Amen.

Välsignelsen.

Gud allsmäktig, du sanne och oförliknelige Gud! Du som, allestädes närvarande, genom rymder icke begränsas, — du som, vittne till årtusendens gång, aldrig med tiderna åldras, — du som utan upprinnelse icke fått tillvaro och liv av någon och, oberoende av allt och alla, icke genom ord och lovtal förföres, hör vår ödmjuka bön. Du som, höjd över all förgänglighet, icke behöver någons skydd och huld, — du som, ehuru av naturen osynlig, dock är känd av alla som uppriktigt söka dig, och förstådd av dem som med öppet sinne forska efter ditt väsen, du det i sanning upplysta och på Kristus troende folkets Gud, — vi tillbedja dig.

Hör oss för ditt namns skull och välsigna dem som här böja sitt huvud inför dig. Bevilja oss allt det vi till vårt sanna väl bedja dig om. Förläna att ingen av oss utestänges ur ditt rike, utan helga och skydda oss alla. Befria oss från fienden, vår vedersakare, och från alla som vilja oss ont. Bevara våra hus och hem och värna om allas vårt väl i liv och död.

Dig vare ära och pris, dyrkan och tillbedjan, såsom ock din Son Jesus Kristus, vår Herre och Konung, jämte den Helige Ande, vår Gud och Hugsvalare, nu och alltid och i all evighet. Amen.

Böner efter den stilla mässan.

Hell dig, Maria. *(Tre gånger.)*

F. Hell dig, o drottning,
Sv. Barmhärtighetens moder, vårt liv, vår fröjd och vårt hopp, hell dig! Till dig ropa vi, Evas landsflyktiga barn; till dig sucka vi sörjande och gråtande i denna tårarnas dal. Vänd därför, du vår förespråkerska, vänd dina ömma blickar till oss och efter denna landsflykt visa oss Jesus, din välsignade livsfrukt. O milda, o hulda, o ljuva Jungfru Maria!
F. Bed för oss, heliga Guds moder,
Sv. Att vi må värdiga varda Kristi löften.
Låtom oss bedja. O Gud, vår tillflykt och styrka, se nådeligen till ditt folk som ropar till dig och genom förbönen av den ärorika och obefläckade Jungfrun, Guds moder Maria, samt hennes brudgum, den helige Josef, och av de heliga apostlarna Petrus och Paulus och alla helgon, hör barmhärtigt och huldrikt de böner som vi frambära för syndarnas omvändelse och för vår heliga moder Kyrkans frihet och upphöjelse, genom Kristus, vår Herre. *Sv.* Amen.

Helige ärkeängel Mikaël, försvara oss i striden, var oss ett värn mot djävulens ondska och försåt! 'Må Gud befalla honom', så bedja vi ödmjukeligen, och du, furste över de himmelska härskarorna, med Guds kraft nedstöt till helvetet djävulen och de övriga onda andar som till själarnas fördärv vandra omkring i världen. *Sv.* Amen.

F. Jesu allra heligaste hjärta,
Sv. Förbarma dig över oss! *(Tre gånger.)*

Korta veckoandakter.

Här följa korta böner, avsedda för de olika dagarna i veckan, särskilt lämpade som tillägg till morgon- eller aftonbönen. De flesta av dem äro försedda med avlat.

Söndagen.

'*Helig, helig, helig är Herren, härskarornas Gud. Hela jorden är full av hans härlighet.*' (Es. 6:3.)

Till den heliga Trefaldigheten.

Trefaldige och ende Gud, du prisas före tidernas början, nu och i evighet. Av dig, genom dig och i dig är allt till, dig vare pris i evighet. Evige Fader, enfödde Son, helige Hugsvalare, dig vare pris i evighet. Helige, Odelbare, Trefaldige, dig bekänna vi, dig lova och prisa vi med hjärta och mun i evighet. Amen.

Gud Fader Allsmäktig, bistå mig i min svaghet, och fräls mig ur min djupa nöd. Guds Son, eviga Vishet, led alla mina tankar, ord och gärningar. Gud Helige Ande, eviga Kärlek, var livet i min vandel, så att den städse må vara dig välbehaglig. Amen.

För Kyrkan.

Vi bedja dig, barmhärtige Gud, giv nådeligen att din Kyrka, som står församlad i den Helige Ande, ej må förvirras genom fientliga angrepp. Amen.

Allsmäktige, evige Gud, genom din Ande helgas och regeras hela Kyrkans kropp, hör på den bön som vi förrätta för alla kyrkliga stånd, på det att alla i kraft av din nåd, envar enligt sin gåva och uppgift, troget må tjäna dig. Amen.

För trons utbredande.

O Gud och Herre, sänd ut din Helige Ande på det alla de som du skapat till din avbild och återlöst genom din Sons dyrbara blod, må upplysas genom Evangeliets ljus, församlas i din Kyrka och vinna det eviga livet. Amen.

Bön till Guds försyn.

'Sen på himmelens fåglar, de så icke, ej heller skörda de, ej heller samla de in i lador; och likväl föder eder himmelske Fader dem. Ären I icke mycket mer än de?" (Matt. 6:26.)

Förbarmandets Fader och all hugsvalelsens Gud, på dig hoppas vi, på dig sätta vi all vår förtröstan. Du vet allt, du känner alla våra behov. Huru stor vår nöd än må vara, du kan alltid rädda oss och vända vår sorg till glädje; ty du är allsmäktig. Du vill hjälpa oss; ty du älskar oss, såsom en fader älskar sina barn. Vilken gåva kunde du neka oss, du som för oss utgivit din enfödde Son? Vi veta att du med synnerlig kärlek vakar över dem som uppriktigt anförtro sig åt dig; vi äro vissa om att ingenting skall fattas dem som arbeta i sitt anletes svett och ändock förvänta allt ifrån din faderliga hand. Vi skola därför hädanefter ej ängsligt sörja för morgondagen, utan helt och hållet överlämna oss åt din heliga försyn. Du, o Herre, har stadfäst hoppet i oss, förtröstan på dig, o Gud, skall aldrig lämna oss; ty du har lovat oss ditt beskydd, du som är oändligt mäktig, barmhärtig och trofast. På dig, o Herre, har jag hoppats, i evighet skall jag icke komma på skam. Amen.

Låt mig, o Jesus, alltid önska och vilja det som är dig mest välbehagligt och kärt. Din vilja vare min, och måtte min alltid få följa din och stämma väl överens med den. Må jag vara ett med dig i att vilja och att icke vilja, så att jag ej kan vilja eller icke vilja annorledes än du. Amen.

(Om Kristi Efterföljelse, 3:15.)

Måndagen.

'I ären ett Guds tempel, och den Helige Ande bor i eder.' (1 Kor. 3: 16.)

Böner till den Helige Ande.

Kom Helige Ande, uppfyll dina troendes hjärtan och upptänd i dem din kärleks heliga eld.

Helige Ande, sanningens Ande, kom till våra hjärtan; upplys folken med din klarhets ljus, att de må behaga dig i trons enhet.

Helige Ande, ljusets och kärlekens gudomlige Ande, jag viger åt dig mitt förstånd, mitt hjärta och min vilja, allt vad jag är och äger, för tid och evighet. Må mitt förstånd alltid höra på dina himmelska ingivelser och på allt, vad du förkunnar mig genom din heliga katolska Kyrka, vars ofelbare ledare du är. Gör mitt hjärta alltid brinnande av kärlek till Gud och nästan, och min vilja städse ense med din gudomliga vilja, på det att hela mitt liv må vara en trogen efterföljelse av vår Herres och Frälsares liv och dygder. Honom vare med Fadern och med dig all ära och härlighet i evighet. Amen.

O Skapare, Helige Ande, bistå nådeligen, vi bedja dig, din heliga katolska Kyrka, styrk och bekräfta henne genom din himmelska makt mot hennes fienders angrepp. Förnya även genom din kärlek och nåd dina utvalda tjänare, att de i dig må förhärliga Fadern och hans enfödde Son, vår Herre Jesus Kristus. Amen.

För själarna i skärselden.

'Det är en helig och hälsosam tanke, att bedja för de avlidna, att de må befrias från sina synder.'
(2 Makk. 12:46.)

Oändligt barmhärtige Gud, förbarma dig över alla avlidna kristtrogna, som för sina synders skull ännu måste dröja kvar i skärselden. Låt deras suckan och brinnande åtrå efter att bliva befriade från sina kval och upptagna i ditt eviga rike nå fram till din nådetron. Till ersättning för vad de ännu sakna i rättfärdighet, offra vi allt, vad din Son har gjort och lidit på jorden. Mottag, barmhärtige Fader, hans förtjänsters överflöd till ersättning för deras fel och uraktlåtelser. Mottag det lidande han utstått, som tillfyllestgörelse för deras synder. Förbarma dig i synnerhet över våra avlidna släktingars, vänners och välgörares själar. Förläna åt dem och åt alla som vila i Kristus, vederkvickelse i ljusets och fridens boning. Genom samme Kristus, vår Herre. Amen.

Requiem aeternam dona eis, Domine,
Et lux perpetua luceat eis.
Requiescant in pace. Amen.

Herre, giv dem den eviga vilan,
Och låt det eviga ljuset lysa för dem.
Må de vila i frid. Amen.

Tisdagen.

'För din skull har Herren befallt sina änglar, att de skola beskydda dig på alla dina vägar.'
(Ps. 90:11.)

Veckoandakter. 111

Till de heliga änglarna.

O Gud, huru god och barmhärtig är du icke mot oss! Du utsänder himmelens furstar, dina heliga änglar, att beskydda och leda oss på vår jordiska pilgrimsfärd. Glada ila de att fullborda dina befallningar. De älska oss för din skull som bröder och framtida medborgare i himmelens rike; de beskydda oss, att vi icke måtte taga skada; de glädjas, då vi bliva heliga och saliga såsom de själva. Lovad vare du, treenige Gud, för dina heliga änglar; evig tack vare dig för deras kärleksfulla ledning. Efter deras föredöme skall det vara vår glädje att göra din heliga vilja, att älska det goda och avsky allt ont. Giv att liksom dina heliga änglar i himmelen, så även vi på jorden må vara förenade genom kärlekens och endräktens band, och under deras ledning och beskydd en gång må vinna det eviga livet. Amen.

Till skyddsängeln.

Guds ängel, min beskyddare, upplys, försvara, styr och vägled mig, som av Guds Faders kärlek har blivit anbefalld åt dig. Amen.

Bön till en väns skyddsängel.

Helige ängel, du som Gud har givit till beskyddare åt den, för vilken jag nu beder, ledsaga, beskydda och styr honom. Gör hans strävanden förtjänstfulla, hans arbeten fruktbärande. Torka hans tårar, helga hans glädje och styrk hans mod. Återgiv honom lugnet, när han är orolig och förtroendet, när han misströstar. Led honom, när han är rådvill och upplys honom, när det blir mörkt i hans själ, stöd honom, när hans fot snavar och uppres honom, när han faller. Gode ängel, ingiv honom goda tankar, rena känslor, iver för det goda. Bevara honom i Guds nåd och i Herrens frid. I förening med min egen skyddsängel led oss båda på trons och kärlekens, på sanningens och dygdens väg hem till vår himmelske Fader, som belönar oskulden och förlåter ångern. Amen.

Onsdagen.

'Gån till Josef.' (*1 Mos. 41:55.*)

Böner till den helige Josef.

Helige Josef, Jesu fosterfader och Jungfru Marias renaste brudgum, var städse vår förespråkare hos Jesus, Guds Son, på det att vi, tryggade genom makten av hans nåd, segerrikt må kämpa i livet, och efter döden krönas av honom. Amen.

Helgat arbete.

Ärorike helige Josef, förebild för alla, vilkas lott härnere är arbetet, förvärva mig nåden att arbeta samvetsgrant, i det jag sätter plikternas uppfyllelse före mina naturliga böjelser. Lär mig arbeta med tacksamhet och glädje, i det jag sätter min ära i att genom arbetet begagna och föröka de av Gud mottagna punden. Lär mig arbeta med ordning, lugn, måttfullhet och tålamod utan att rygga tillbaka för trötthet eller svårigheter. Men framför allt förvärva mig nåden, att jag ägnar mig åt arbetet i ren avsikt och osjälviskhet, och städse har för ögonen den räkenskap jag måste avlägga för den förlorade tiden, för de obegagnade punden, för det försummade goda och för allt syndigt övermod i framgången, som jag till skada för Guds ära gjort mig skyldig till. Hjälp mig även att arbeta i botens ande, för att sona för mina synder. — Allt för Jesus efter ditt föredöme, helige Josef. Detta skall vara min lösen i livet och i döden. Amen.

Salig hädangång.

Helige Josef, vår Herres Jesu Kristi fosterfader och den heliga Jungfrun Marias brudgum, efter att städse ha levat ett heligt och rättfärdigt liv, oroades du ej vid din hädangång av någon ängslan i din stora längtan till himmelen. Värdes därför, helige Josef, du de döendes särskilda skyddshelgon, antaga dig vår sista levnadstimma. När vår själ skall skiljas från denna värld, utbed oss då i förening med vår moder Maria, din heliga brud, din gudomlige Sons nåd, att vi i fast tro, i orubbligt hopp och i innerlig kärlek må övervinna den onde fiendens frestelser och efter värdigt mottagande av de sjukas heliga sakrament med lugn och tillförsikt må kunna anbefalla vår själ i din gudomlige Sons händer. Amen.

Torsdagen.

'Jag är livets bröd.' (Joh. 6: 48.)

Heliga gästabud.

Heliga gästabud, vid vilket Kristus anammas, minnet av hans lidande förnyas, själen uppfylles med nåd, och en underpant lämnas på vår tillkommande härlighet.

Huru älsklig är icke din ande, o Herre! För att visa din ömma kärlek mot dina barn, gav du dem bröd från himmelen, fyllt med ditt eget livs ljuva kraft. Så mättar du alla hungrande själar med din heliga nåd, medan de kallsinniga rika få gå tomhänta bort.

Ave verum.

Ave verum corpus, natum
Ex Maria virgine.
Vere passum, immolatum
In cruce pro homine.
Cujus latus perforatum
Fluxit unda et sanguine.
Esto nobis præguStatum
Mortis in examine.
O clemens, o pie, o Jesu,
Fili Dei et Mariæ!

Hell dig, Heliga Lekamen, av Maria, Jungfrun, född,
Och på korset, sargad, dödad, offrad helt för människan.
Ur din genomstungna sida blod och vatten för oss flöt.
Låt oss dig som vägkost njuta uti dödens prövostund.
Du milde, du gode Jesus, Guds Son och Marie!

F. Du har givit dem bröd ifrån himmelen.
Sv. Som innehåller all ljuvlighet.

Låtom oss bedja. O Gud, som i detta underbara Sakrament lämnat oss ett minne av ditt lidande, vi bedja dig, giv oss nåden att så ära din lekamens och ditt blods heliga hemligheter, att vi alltid inom oss må känna din återlösnings frukter, du som lever och regerar från evighet till evighet. Amen.

Bön för den Helige fadern.

Allsmäktige, evige Gud, förbarma dig över din tjänare, vår påve N.; led honom efter din barmhärtighet på den eviga salighetens väg, så att han med din hjälp må begära det som

Veckoandakter. 115

är dig välbehagligt, och med all kraft utföra detsamma. Genom Kristus, vår Herre. Amen.

Bön för biskopen.

O Gud, alla troendes ledare och herde, var nådig mot din tjänare N., vilken du har tillsatt att styra Kyrkan i vårt land. Vi bedja dig, giv att han genom ord och föredöme må gagna dem han förestår, på det att han tillsammans med den honom anförtrodda hjorden må uppnå det eviga livet. Genom Kristus, vår Herre. Amen.

Bön för prästerna.

(Särskilt lämpad som gemensam bön på prästadömets dag, torsdagen efter första fredagen i månaden.)

F. Låtom oss bedja:

Alla: Herre Jesus Kristus, — själarnas evige herde! — Vi ropa till dig om verksam nåd — för din Kyrkas präster. — Gör dem genom din Ande — till präster efter ditt hjärta. — Må den eld du bragt till jorden, — ständigt ånyo tändas genom dem. — Må den vigning de mottagit, — varda en kraft till frälsning för ditt folk: — må genom dem de hungrande mättas, — de små beskyddas, — de rådvilla upplysas, — de frestade styrkas, — de ljumma väckas, — de trogna fullkomnas.

Allsmäktige Fader, — skördens Herre, — se till tidens nöd, — sänd arbetare i din vingård. — Låt dem bliva jordens salt och världens ljus — hela mänskligheten till gagn — och dig till evig pris och ära — genom din Son, vår Herre, — i den Helige Andes enhet. — Amen.

Veckoandakter.

Fredagen.

'Så har Gud älskat världen att han utgav sin enfödde Son, på det att var och en som tror på honom, icke må förgås utan hava det eviga livet.' (Joh. 3:16.)

Av vördnad för Kristi lidande håll troget Kyrkans bud om abstinens på fredagen. Detta bud härledes från den första kristna tiden, då denna dag, den sjätte veckodagen, var helgad åt minnet av Kristi död på korset och hölls som fastedag.

Bön till den lidande Kristus.

Herre, du har sagt: Den som vill vara min lärjunge, han tage dagligen sitt kors på sig och följe mig efter. Jag vill med din nåd hörsamma denna kallelse. Dina apostlar hade lovat att följa dig in i döden, men när fienderna i Getsemanis örtagård lade handen på dig, flydde alla såsom agnar för vinden. Herre, jag är icke bättre än dina utvalda apostlar. Utdriv du själv all feghet ur mitt hjärta och lär mig att vara trogen och storsint, ty med mindre är jag dig icke värd. Du har lidit så mycket: på Oljeberget, inför orättvisa domare, på lidandes väg, på korset, där du hängde med genomborrade händer och fötter. För dina inre lidanden ha vi inga mått; ingen människa vet, vilka oändliga kval din själ genomgått, när du slutligen utropade: Gud, min Gud, varför har du övergivit mig? Och allt detta har du lidit för mig!

— Lär mig, o Herre, att intaga den inre ställning gentemot ditt kors, som höves den som bekänner sig till dig. Giv mig en djup aktning och vördnad för ditt heliga lidande, så att jag ståndaktigt kämpar mot synden, för vars skull du dött, troget bär mitt kors och genom allvarlig självförsakelse lär mig att bliva din lärjunge. Du har genom ditt offer på Golgata borttagit världens synder, drag mig till dig och prägla uti min själ och i mitt hjärta korsets heliga tecken. Lär mig att i din efterföljelse vara trogen intill döden och uppväck mig en gång med dina utvalda på den yttersta dagen i förklaringens härlighet. Jesus Kristus, världens Frälsare, förbarma dig över mig och över alla som du återlöst med ditt dyrbara blod. Amen.

Vi tillbedja dig, Herre Jesus Kristus, och prisa dig, ty genom ditt heliga kors har du återlöst världen.

Personlig invigning till Jesu heliga hjärta.

(Enligt den heliga Margareta Maria Alacoque.)

Jag N. N. skänker och viger åt dig, vår Herres Jesu Kristi heliga hjärta, min person, mitt liv, mina gärningar, mina svårigheter och lidanden för att allt framgent med allt vad jag är och äger endast ära, älska och förhärliga dig. Det är mitt fasta orubbliga beslut att helt tillhöra dig, att göra allt av kärlek till dig och att av hela mitt hjärta avhålla mig från allt som kunde misshaga dig. Jag väljer dig därför till målet för min kärlek, till mitt livs beskyddare, till underpant på min salighet, till hjälp mot min svaghet och obeständighet, till gottgörelse för alla mitt livs synder och till en säker tillflyktsort i min sista timma. O hjärta, fullt av godhet och mildhet, var mitt försvar hos Gud, den himmelske Fadern, och avvänd från mig hans vredes rättvisa straff. O hjärta, fullt av kärlek, till dig sätter jag all min tillit, jag fruktar allt av min svaga och syndiga vilja men hoppas även allt av din godhet. Utplåna därför hos mig allt som kunde misshaga dig eller stå dig emot. Må din rena kärlek så genomtränga mitt hjärta, att jag aldrig kan glömma dig och aldrig kan skiljas från dig. Vid din oändliga godhet besvär jag dig, att du ville skriva mitt namn i ditt hjärta, ty jag vill att hela min lycka och all min ära skall bestå däri att leva och dö i din tjänst. Amen.

Korta böner till Jesu heliga hjärta.

Lovat vare Jesu hjärta i Altarets heliga sakrament. — Jesus, saktmodig och ödmjuk av hjärtat, dana mitt hjärta efter ditt hjärta. — Jesu gudomliga hjärta, omvänd syndarna, bistå de döende och fräls de arma själarna i skärselden. — Allt för dig, Jesu heligaste hjärta. — Jesu heliga hjärta, beskydda våra familjer. — Jesu mildaste hjärta, förbarma dig över oss och våra vilsegångna bröder. — Jesu heliga hjärta, jag förtröstar på dig. — Jesu hjärta, brinnande av kärlek till oss, upptänd våra hjärtan med kärlek till dig.

Bön om välsignelse.

Jesu allraheligaste hjärta, utgjut i rikaste fullhet din välsignelse över Kyrkan, den Helige fadern och hela det andliga ståndet. Giv att de rättfärdiga framhärda i det goda, omvänd syndarna, upplys de otrogna. Välsigna våra anhöriga, vänner och välgörare; styrk de sjuka och lidande; bistå de döende, befria själarna i skärselden och utbred över alla hjärtan din kärleks milda herradöme. Amen.

Lördagen.

'Se härefter skola alla släkten prisa mig salig.'

Jungfru Marias lovsång.

Magnifikat. (Luk. 1: 46—55).

Magnificat anima mea Dominum, et exultavit spiritus meus in Deo, salutari meo.

Högt prisar min själ Herren, och min ande jublar i Gud, min Frälsare,

Quia respexit humilitatem ancillae suae, ecce enim ex hoc beatam me dicent omnes generationes.

Ty han har sett till sin tjänarinnas ringhet: Se, härefter skola alla släkten prisa mig salig:

Quia fecit mihi magna, qui potens est, et sanctum nomen eius.

Stora ting har han gjort med mig, han, den Mäktige, vars namn är heligt,

Et misericordia eius a progenie in progenies timentibus eum.

och hans barmhärtighet varar från släkte till släkte över dem som frukta honom.

Fecit potentiam in brachio suo, dispersit superbos mente cordis sui.

Storverk övar han med sin arm, han förskingrar dem som högmodas i sina hjärtan.

Deposuit potentes de sede, et exaltavit humiles.

Härskare störtar han från tronen och ringa upphöjer han.

Esurientes implevit bonis, et divites dimisit inanes.

Hungriga mättar han med goda ting och rika avvisar han med tomma händer.

Suscepit Israel puerum suum, recordatus misericordiae suae;

Han antager sig sin tjänare Israel och ihågkommer sin barmhärtighet;

Sicut locutus est ad

Såsom han har talat

patres nostros, Abraham et semini eius in saecula.	till våra fäder, till Abraham och hans efterkommande evinnerligen.
Gloria Patri.	Ära vare Fadern.

Tillägnan.

O min drottning, o min moder, jag överlämnar mig helt och hållet åt dig, och till bevis på min hängivenhet viger jag åt dig i dag mina ögon, mina öron, min mun, mitt hjärta, helt och hållet mig själv. Då jag nu tillhör dig, o goda moder, så bevara och försvara mig som ditt barn och din egendom.

Påminn dig.

Påminn dig, mildaste Jungfru Maria, att det ännu aldrig blivit hört, det någon som tagit sin tillflykt till dig, anropat din hjälp och åstundat din förbön, har blivit övergiven. Livad av denna förtröstan, skyndar jag till dig och tager min tillflykt till dig, jungfrurnas Jungfru, moder! Försmå icke, du det eviga Ordets moder, mina ord, utan hör mig nådeligen och bönhör mig. Amen.

Hälsning.

(S:t Franciskus av Assisi.)

Hell dig, Maria, höga heliga drottning, Guds moder och alltid rena Jungfru, utvald av Fadern i himmelen och helgad av honom tillika med hans älskade Son och Hugsvalaren, den Helige Ande, du, i vilken var och är nådens hela fullhet och allt gott! Hell dig, i vilken Herren har tagit sin boning. Hell hans tabernakel. Hell hans hem. Hell hans nakenhets klädnad. Hell Herrens tjänarinna. Dig hälsar jag, o Frälsarens moder. Amen.

Biktandakt.

Bikten är fridens sakrament. Herren har instiftat det på påskdagens afton i det han sade till sina apostlar: Frid vare med eder! Mottagen den Helige Ande. Vilka I förlåten synderna, dem äro de förlåtna, och vilka I behållen dem, dem äro de behållna. (Joh. 20:22, 23.)
Gå och visa dig för prästen. (Matt. 8:4.) Jag vill stå upp och gå till min fader och säga till honom: Fader, jag har syndat mot himmelen och inför dig, jag är icke längre värd att kallas ditt barn. (Luk. 15:18.)
Kom ihåg Kyrkans bud: Du skall åtminstone en gång om året bikta dina synder.

Förberedelseböner.

O min Gud, för dig är ingenting fördolt. Du rannsakar människornas hjärtan. Du vet, huru ofta jag har syndat, huru mångfaldigt jag har överträtt dina bud, till huru stort straff jag gjort mig skyldig. Men du är icke blott en helig och rättvis Gud, du är också en mild och barmhärtig Fader. Du vill icke syndarens död, utan att han omvänder sig och lever; du är alltid villig att för Jesu Kristi skull förlåta syndaren, om han vänder tillbaka från sina onda vägar. Du fordrar endast att han erkänner sina missgärningar och bekänner dem för dig och din Kyrkas tjänare; att han hjärtligt ångrar dem och fattar den fasta föresatsen, att icke mera synda. Himmelske Fader, jag vill genom en uppriktig omvändelse återvända till dig, men jag erkänner min oförmåga; utan din hjälp förmår jag intet. Bistå mig därför med din allsmäktiga nåd att jag värdigt må mottaga botens heliga sakrament. Amen.

Kom, Helige Ande, och upplys mitt förstånd att jag rätt må inse och erkänna mina synder. Rör mitt hjärta att jag allvarligt ångrar och uppriktigt bekänner dem. Styrk min vilja att jag må bättra mitt liv. Amen.

Heliga Maria, Guds moder, bed för mig syndare. Du som i kraft av din Sons allsmäktiga nåd söndertrampat ormens huvud, hjälp mig att befrias från synden, så att jag härefter må föra ett liv i oskuld och helighet och prisa Gud för hans barmhärtighet.

Helige skyddsängel, min trogne beskyddare, du har sett alla mina fel, bed nu för mig om ljus och kraft att jag må ihågkomma, innerligt ångra och uppriktigt bekänna dem. Håll fjärran från min själ den onde fiendens angrepp.

Alla Guds helgon, bedjen för mig hos den allsmäktige Guden, att jag åter må upptagas i hans barns gemenskap och leva i de heligas samfund. Amen.

Biktandakt.

Samvetsrannsakning.

För att komma till klarhet över ditt samvetes tillstånd, bör du noga skilja mellan mindre och svåra synder (dödssynder). Till en svår synd höra tre omständigheter: att det rört sig om något av vikt, att synden begåtts i klart medvetande om det onda, och slutligen med fullt samtycke från viljans sida. Man är förpliktad att bekänna alla dödssynder, deras antal och försvårande omständigheter. En s. k. *generalbikt* — ett upprepande av en eller flera föregående bikter — är *nödvändig*, så ofta en bikt har varit ogiltig — är *rådlig* före särskilda bemärkelsedagar. Många trogna kristna ha den goda vanan att varje år avlägga en generalbikt.

Även om man endast har gjort sig skyldig till mindre fel och försummelser, är det ändå av stort värde att gå till bikt. I synnerhet vid strävandet efter den kristna fullkomligheten är botens sakrament till stor hjälp. Redan i rent naturligt avseende är rannsakning och självkontroll ofrånkomlig för karaktärens bildande; bikten verkar såsom sakrament i den vägen djupare än varje rent mänskligt försök. Den giver större renhet, och förökar själens övernaturliga kraft till livets helgelse. — Vid mindre fel, bemöda dig icke att bestämma deras antal, bekänn de viktigaste. Nämn ditt huvudfel — säg om du använt alla medel mot detsamma, i synnerhet den dagliga samvetsrannsakningen; inneslut i bekännelsen endast i allmänna ord något av ditt förflutna livs synder. Angiv kort med dina ord din själs tillstånd, så har prästen möjlighet att giva dig råd och hjälp till andligt framsteg. Så bevaras du på den rätta vägen och biktens sakrament blir för dig en källa till glädje och frid.

Fråga dig först: När har jag senast biktat? Har jag därvid avsiktligt förtegat en svår synd? och till följd därav ovärdigt anammat andra sakrament? Har jag förrättat den ålagda boten? gottgjort tillfogad skada? återkallat förtal? övergivit syndigt umgänge? undvikit närmaste tillfälle till synd? Genomgå därefter Guds och Kyrkans bud.

Första budet: Du skall tillbedja Herren din Gud allena!

Har jag fört eller gärna åhört tal mot tron, läst skrifter mot tron, försummat min undervisning, frivilligt tvivlat på uppenbarade sanningar? har jag blygts för att bekänna min tro, då det var min plikt att göra det? har jag bedrivit vidskepelse? tvivlat på Guds barmhärtighet? knotat mot Gud och hans skickelser?

Har jag under en längre tid försummat all *bön?* läst de dagliga bönerna utan tillbörlig andakt, oregelbundet?

Andra budet: Du skall icke missbruka Herrens, din Guds namn!

Har jag missbrukat Guds eller andra *heliga namn?* uttalat svordomar? förbannat mig själv eller andra? hädat Gud? drivit gäck med heliga ting? svurit utan skäl? svurit falskt? brutit *löften* till Gud eller människor?

Tredje budet: Du skall helga söndagen!

Har jag av egen skuld *försummat den heliga mässan (helt eller delvis)?* — Har jag syndat genom förbjudna arbeten, genom nöjeslystnad, försummelse av den privata andakten, då bevistandet av mässan var omöjligt? har jag av liknöjdhet försummat höra Guds ord?

Fjärde budet: Du skall hedra din fader och din moder.

Har jag föraktat eller bedrövat mina *föräldrar?* lärare eller förmän? — vägrat dem skyldig lydnad, vördnad? — önskat eller gjort dem något ont? Mitt förhållande emot gamla föräldrar?

Har jag (som fader eller moder) sörjt för barnens religiösa *uppfostran,* i synnerhet för deras

Biktandakt.

regelbundna undervisning i kristendom? har jag tillräckligt övervakat dem? har jag tillhållit dem att uppfylla religionens plikter (daglig bön, regelbundna gudstjänstbesök, sakramentens flitiga anammande)? — Har jag givit dem tillfälle till synd? har jag givit dem ett dåligt föredöme?

Har jag varit rättvis och vänlig mot *tjänstefolket*? har jag icke av dem fordrat oskäligt arbete? har jag givit dem tillbörlig kost och lön? tillfälle att uppfylla sina religiösa plikter? har jag varit rättvis och vänlig mot personer av lägre rang? mot de ringaste? Hur har jag uppfyllt mitt stånds plikter?

Femte budet: Du skall icke dräpa!

Har jag *skadat* någon till kropp eller själ? genom misshandel, hat, fientligt sinnelag, vrede, smädelse? Har jag förlett andra till synd genom dåligt föredöme? genom att råda eller uppmana till synd?

Har jag skänkt alla den *kärlek,* som jag borde ha skänkt? av hjärtat förlåtit dem som gjort mig ont? efter råd och möjlighet hjälpt behövande? utövat de lekamliga och andliga barmhärtighetsverken?

Kärleken till nästan i tankar, ord och gärningar är Kristi huvudbud, och intar därför en särdeles viktig plats vid samvetsrannsakningen.

Sjätte och nionde budet: Du skall icke bedriva okyskhet. Du skall icke begära din nästas hustru.

Har jag syndat mot *hjärtats renhet*? — i tankar, begär, ord, gärningar, blickar, skämt, bilder, böcker, klädsel? — Ensam? — med andra?

Har jag syndat mot *äktenskapets helighet*?

Skilj noga mellan frestelse och fullt frivillig synd!

Sjunde och tionde buden: Du skall icke stjäla.

Du skall icke begära din nästas *egendom.* Har jag tillgripit eller skadat andras egendom? Har jag genom bedrägeri, försnillning eller på annat orättvist sätt skadat min nästa? Har jag genom slösaktigt levnadssätt förstört de minas egendom?

Åttonde budet: Du skall icke bära falskt vittnesbörd.

Har jag sagt *osanning*? även i viktiga ting? Har jag skadat andras *goda namn* genom ogrundad misstanke? genom förmätet omdöme? genom att yppa deras fel? genom förtal? Har jag orättvist anklagat någon? Har jag vittnat falskt?

Kyrkans bud: Har jag helighållit de påbjudna helgdagarna? Hur har jag firat kyrkoårets huvudfester?

Har jag ätit kött på fredagen? har jag hållit fastedagarna? bett om dispens, om så behövdes? har jag vid påsktiden värdigt anammat de heliga sakramenten?

De sju huvudsynderna. Har jag varit fåfäng, inbilsk, högmodig, föraktat andra? har jag varit hård och hjärtlös mot fattiga? avundsjuk? skadeglad? omåttlig i mat och dryck? häftig, uppbrusande och vredgad? trög? har jag förspillt tiden med omåttlig sömn, onyttig läsning? Har jag ordentligt utfört åtagna arbeten? hur har jag skött min syssla, min tjänst? Har jag kämpat mot min huvudlidelse? min skötesynd?

Skulle du ha begått en svår synd, som här icke är nämnd, måste du ändå bekänna den.

Ånger och föresats.

Kristen, kom ihåg, att inre ärlighet och hjärtats omvändelse från synden genom en övernaturlig ånger och en fast föresats, är det allra nödvändigaste från din sida, när du vill träda fram till Kristi domstol i bikten. Läs din ångers bön icke blott med munnen, utan med hjärtat; icke känslan är här det avgörande, utan din av Guds nåd upplysta vilja att bryta med synden.

Biktandakt.

Bevekelsegrunder till ånger.

Gud är oändligt rättvis, han straffar i sin rättvisa även de minsta synder. Tänk på hur han straffat de högmodiga änglarna och våra stamföräldrar. 'Det är fruktansvärt att falla i den levande Gudens händer.' (Hebr. 10:31.) Gud har förskonat dig. — Ångra dina synder av fruktan för Guds straff. Fråga dig: 'Varför har Gud icke straffat mig?' Av kärlek till dig, för att lämna dig tid till bot och bättring. 'Gud vill icke syndarens död, utan att han omvänder sig och lever.' (Ez. 33:11.) Tacka Gud av hjärtat och ångra dina synder av kärlek till den oändligt gode Guden, som du så svårt har förolämpat genom dina synder. — Tänk på Kristi lidande, se på korset med bilden av Guds lamm, som borttager världens synder — även dina. Se på Kristi heliga fem sår, hans törnekrönta huvud. Det är syndens verk. 'Han blev sårad för våra missgärningars skull.' (Es. 53:5.) Din under korset dignande Frälsare säger till dig: Gör man så med det gröna trädet, vad skall då icke ske med det torra? (Luk. 23:31.) — Kristus lider och dör av kärlek till dig. Med den helige Paulus kan du säga: Han har älskat mig och utgivit sig själv för mig. (Gal. 2:20.) Var är din genkärlek? din gengåva? din botgöring? 'Bären botens värdiga frukter.'

Kom även ihåg de många stora välgärningar, allmänna och personliga, varmed Gud överhopat och överhopar dig. Var är din tacksamhet?

Tänk också på att synden icke är någon privatsak. Genom varje synd skadar du gemenskapen, förhindrar du det godas tillväxt i Guds Kyrka, främjar du det ondas inflytande i världen. Ditt kall var att 'samla med Kristus', har du gjort det? — En fullkomlig ånger kan gottgöra många förlorade år.

Den svåra synden berövar dig den heliggörande nåden, Guds barnaskap, den förstör Kristi verk i

Biktandakt.

din själ, skiljer dig från den gemenskap, som alla goda och heliga genom den heliggörande nåden hava i Jesus Kristus, den gudomliga vinstocken. Synden gör dig till en förtorkad gren, berövar ditt liv dess värde och mening. Uppväck avsky över synden! En uppriktig botgöring giver dig åter tillträde till det Allraheligaste, till den gudsgemenskap, som har skänkts dig i dopet, och som hålles vid liv och krönes genom deltagandet i det heliga mässoffret och den heliga kommunionen. Utestäng dig icke från denna gemenskap!

Skulle föresatsen att undvika den svåra synden, att undvika faran och det närmaste tillfället till synd vara svår, tänk på Kristi ord: Ingen kan tjäna två herrar. (Matt. 6:24.) Vad gagnade det människan, om hon vunne hela världen, men toge skada till sin själ. (Matt. 16:26.) Ve världen för förargelsernas skull; om din hand eller din fot är dig till förargelse, så hugg den av och kasta den ifrån dig. Det är dig bättre att ingå i livet lytt eller halt, än att hava två händer eller två fötter och kastas i den eviga elden. (Matt. 18:8.) Där synden överflödar, där överflödar nåden ännu mer. (Rom. 5:20.) Bedjen och I skolen få. (Luk. 11:9.) Jag förmår allt i honom, som styrker mig. (Fil. 4: 13).

Samla nu dina tankar i följande böner:

Ånger.

Min Gud och Herre, jag ångrar av hela mitt hjärta alla synder jag någonsin begått, emedan jag därigenom gjort mig skyldig till ditt rättvisa straff både i denna och i den tillkommande världen...

Men framför allt ångrar jag dem, emedan jag genom mina synder har förolämpat dig, min Skapare och Herre, min bäste Fader och störste välgörare, det högsta fullkomligaste goda, som är all kärlek värd...

Biktandakt.

Jag avskyr alla mina synder och fattar den uppriktiga föresatsen att bättra mitt liv och icke mera synda. Giv mig, o Gud, din nåd därtill. Amen. O Jesus, var mig nådig; o Jesus, var mig barmhärtig; o Jesus, förlåt mig mina synder. — Min Jesus, barmhärtighet. — Herre, var mig syndare nådig. — Jesus, kom ihåg mig i ditt rike. — Mot dig allena har jag syndat och gjort vad ont är i dina ögon. — Förkasta mig icke från ditt ansikte och tag icke din Helige Ande ifrån mig. — Ett ångerfullt och förkrossat hjärta skall du, o Gud, icke försmå. — På dig, o Herre, har jag hoppats, i evighet skall jag icke komma på skam.

Föresats.

Min Gud och Herre, jag lovar dig allvarligt och uppriktigt, att jag vill förbliva ditt lydiga och tillgivna barn. Här i din åsyn avsäger jag mig alla synder utan undantag. Din vilja och dina bud skola för framtiden vara heliga för mig. Jag lovar dig att, så mycket som står i min makt, undvika alla faror och i synnerhet varje närmaste tillfälle till synd (dåligt sällskap, böcker...) samt att använda alla medel till mitt livs bättring. I synnerhet vill jag troget förrätta mina dagliga böner, regelbundet besöka gudstjänsten och gärna mottaga dina sakrament. Särskilt vill jag bekämpa den onda böjelse, som hittills så ofta förlett mig till synd. Jag lovar dig, himmelske Fader, att gottgöra den förargelse jag givit, och ersätta den skada jag tillfogat. O Gud, välsigna dessa mina goda föresatser och giv mig riklig nåd att troget utföra dem. Amen.

5. — *Oremus.*

Biktandakt.

O Jesu heliga hjärta, jag ber och besvär dig för din kärleks skull, ersätt i mig, vad som ännu fattas mig i min föreberedelse. Väck du själv i mitt hjärta den ånger och det botens sinnelag, som du önskar att finna hos mig, så att jag giltigt må kunna få avlösning av din Kyrkas präst. Amen.

Annan botbön.

Ånger och föresats.

Fader, jag har syndat mot himmelen och inför dig; jag är icke mer värd att kallas ditt barn. Du är min Herre och Skapare, du har rätt att befalla över mig; och jag vågade att vägra dig lydnad och att överträda din lag. Jag visste att du är allestädes närvarande, att du ser och hör allt; och jag blygdes ej att göra orätt i din åsyn, att inför dina ögon förnärma dig. Jag visste, att du är en helig Gud, att du älskar det goda och avskyr allt ont; och likväl bemödade jag mig så föga att genom ett heligt liv behaga dig. Jag visste, att du är en rättfärdig Gud, att du belönar det goda och straffar det onda; och dock handlade jag efter mitt hjärtas onda lust, som om det icke funnes någon himmel att förlora, som om det icke funnes något helvete att frukta. Jag trodde mig kunna finna lyckan fjärran från dig och din kärlek; men skenet har bedragit mig. Hur hade det gått mig, om jag hade dött i synden, om du i detta tillstånd hade tagit mig bort från världen och fordrat räkenskap av mig! Jag skulle nu vara olycklig för hela evigheten. Jag ångrar djupt mina synder, emedan jag därigenom gjort mig skyldig till ditt rättvisa straff i evigheten. Men du har haft tålamod med mig och förunnat mig tid att göra bot. Lov och pris

Biktandakt. 131

och tack vare dig för denna din förbarmande godhet!

Huru god och frikostig har du ej städse varit mot mig! Från evighet har du tänkt på mig; med evig kärlek har du älskat mig, du har skapat mig för att göra mig lycklig. Min kropp, min själ, allt vad jag är och äger, är en gåva från dig. Och jag missbrukar alla dessa gåvor, mina sinnen, mitt förstånd, min vilja, till att förolämpa dig, min störste välgörare, min bäste Fader! Huru otacksam har jag icke varit, huru ovärdig är jag icke att kallas ditt barn!

O min Gud, du är det högsta, fullkomligaste goda; du är oändligt stor, vis och mäktig; du är oändligt god och värd allas kärlek. Se, jag älskar dig nu av allt mitt hjärta. Av kärlek till dig ångrar jag alla mina synder av hjärtats grund; jag hatar och avskyr dem såsom det största onda i världen. Jag önskar, att jag aldrig hade begått dem, och att jag kunde göra dem ogjorda. Förlåt mig, barmhärtighetens Fader, förlåt mig mina synder för Jesu Kristi, din Sons skull, som har dött på korset, på det att alla botfärdiga syndare måtte uppnå det eviga livet. Amen.

I biktstolen.

Gå aldrig in i biktstolen, utan att först ha förrättat en akt av ånger, åtföljd av den goda föresatsen. Din bekännelse bör vara klar, kort och fullständig. Vid svåra synder nämn själv antalet, så att prästen icke behöver fråga.

Prästen, som bär den violetta stolan, botens sinnebild och tecknet på hans andliga domaremakt, säger:

Dominus sit in corde Herren vare i ditt tuo et in labiis tuis, ut hjärta och på dina läprite confitearis omnia par, på det att du upppeccata tua. In nomine riktigt må bekänna alla

Biktandakt.

Patris † et Filii et Spiritus Sancti. Amen.

dina synder. I Faderns†* och Sonens och den Helige Andes namn. Amen.

Säg därefter:

Jag fattig syndig människa bekänner inför Gud, den allsmäktige, och inför eder, min fader, i Guds ställe, att jag sedan min senaste bikt har begått följande synder: Min senaste bikt skedde för... sedan.

Omedelbart efter syndabekännelsen säg: Dessa och alla synder jag någonsin begått, ångrar jag av hela mitt hjärta; jag beder om en hälsosam bot och om den prästerliga avlösningen.

Prästens böner före absolutionen:

Misereatur tui omnipotens Deus et dimissis peccatis tuis perducat te ad vitam aeternam. Amen. Indulgentiam, absolutionem et remissionem peccatorum tuorum tribuat tibi omnipotens et misericors Dominus. Amen.

Den allsmäktige Guden förbarme sig över dig, förlåte dina synder och före dig till det eviga livet. Amen. Eftergift, avlösning och förlåtelse för dina synder förläne dig den allsmäktige och barmhärtige Herren. Amen.

Dominus noster Jesus Christus te absolvat et ego auctoritate ipsius te absolvo ab omni vinculo excommunicationis, interdicti inquantum possum et tu indiges.

. Vår Herre Jesus Kristus frikänne dig, och jag löser dig enligt hans fullmakt från bannlysningens och interdiktets alla bojor så mycket jag kan och du behöver det.

Den sakramentala absolutionen.

Ego te absolvo a peccatis tuis in nomine Patris † et Filii et Spiritus sancti. Amen.

Jag avlöser dig från dina synder i Faderns †* och Sonens och den Helige Andes namn. Amen.

---

* Biktbarnet gör korstecknet.

Biktandakt.

Prästen tillägger:

Passio Domini nostri Jesu Christi, merita beatae Mariae Virginis et omnium sanctorum, quidquid boni feceris et mali sustinueris, sint tibi in remissionem peccatorum, augmentum gratiae et praemium vitae aeternae. Amen.	Vår Herres Jesu Kristi lidande, den heliga Jungfrun Marias, och alla helgons förtjänster, det goda som du gjort och det onda som du lidit, må lända dig till synders förlåtelse, tillväxt i nåden och till lön i det eviga livet. Amen.

På prästens ord: Lovad vare Jesus Kristus, svarar du: I evighet. Amen och lämnar biktstolen.

Tacksägelse och tillfyllestgörelse.

Lovsång till Guds oändliga barmhärtighet.

(Ps. 102.)

Prisa Herren, min själ, och allt det i mig är prise hans heliga namn.

Prisa Herren, min själ, och förgät icke någon av hans välgärningar.

Han förlåter dig alla dina missgärningar, och helar alla dina svagheter.

Han förlossar ditt liv från graven, han kröner dig med nåd och barmhärtighet.

Han mättar ditt begär med sitt goda, så att din ungdom förnyas såsom örnens.

Herren över barmhärtighet och skaffar rätt åt alla som lida förtryck.

Han har gjort sina vägar kända för sina profeter, sin vilja för sitt utvalda folk.

Barmhärtig och nådig är Herren, långmodig och stor i mildhet.

Han vredgas icke alltid och hotar icke evinnerligen.

Han handlade icke med oss efter våra synder och vedergällde oss icke efter våra missgärningar.

Ty så hög som himmelen är över jorden, så väldig är hans barmhärtighet över dem som frukta honom.

Så långt som öster är ifrån väster, avlägsnar han våra synder från oss.

Såsom en fader förbarmar sig över sina barn, så förbarmar sig Herren över dem som frukta honom.

Ty han vet, vad för ett verk vi äro; han kommer ihåg, att vi äro stoft.

Människans dagar äro såsom gräset, hon blomstrar såsom ett blomster på marken.

När vinden går däröver, är det icke mer, och man vet icke mer var det stått.

Men Herrens barmhärtighet varar från evighet till evighet över dem som frukta honom, och hans rättfärdighet intill barnbarn,

När man håller hans förbund och tänker på hans bud för att leva efter dem.

Herren har rest sin tron i himmelen, och hans konungavälde råder över alla.

Prisen Herren, I alla hans änglar, I starka hjältar, som uträtten hans befallning, som hörsammen rösten av hans ord.

Prisen Herren, alla hans härskaror, I hans tjänare, som uträtten hans vilja.

Prisen Herren, alla hans verk; varhelst hans herradöme är, prisa, min själ, Herren.

Ära vare Fadern och Sonen och den Helige Ande,

Som det var i begynnelsen, så nu och alltid och i all evighet. Amen.

Tacksägelsebön till den treenige
Guden.

Lov och tack vare dig, Herre, himmelske Fader, att du har förbarmat dig över mig. Du

Biktandakt. 135

har tagit syndens tunga börda från mina skuldror, du har lossat de ondskans band, i vilka jag varit insnärjd. Må himmelens änglar, som glädja sig över en syndares omvändelse, förena sig med mig för att lova och prisa dig. Du är i sanning nådig och barmhärtig, långmodig och full av godhet och förbarmande.

Lovad vare du, Jesus Kristus, som genom din tjänares mun sagt till mig: Gå i frid; dina synder äro dig förlåtna. Du har tvagit min själ i ditt blod, du har åter iklätt mig rättfärdighetens dräkt. Lov och tack vare dig för din stora barmhärtighet!

Lov och tack vare även dig, kärlekens Ande! Genom sakramentets nåd har du helgat min själ och gjort mig syndare ånyo till ditt levande tempel. Styrk mig med din allsmäktiga nåd, att jag må utföra mina goda föresatser och vandra på den smala vägen, som leder till livet. Amen.

Förrätta nu, om möjligt, den dig ålagda boten.

Bön om ståndaktighet i det goda.

O Gud, du vill icke syndarens död, utan att han omvänder sig från sina onda vägar och lever. Uppfyll mitt hjärta med den Helige Andes kraft på det att jag av kärlek till dig må hålla dina bud och undvika all synd. Giv att jag hädanefter vakar över mina sinnen och undviker alla tillfällen till synd. Hjälp mig att troget uppfylla mitt stånds plikter. Styrk mig att vara ihärdig i bön och självförsakelse, trogen i anammandet av dina heliga sakrament, så att jag må förbliva i din nåd och kärlek.

Du känner mitt hjärta, o Herre; du känner min goda vilja; du vet att jag uppriktigt längtar att bättra mitt liv och helga min vandel. Men du känner även min svaghet. Kom mig därför till hjälp och stöd mig i kampen mot det onda. Styrk mig att jag må göra våld på mig för att rycka himmelriket till mig. Alla goda gåvors givare, välsigna mina goda föresatser och skänk mig ståndaktighet i det goda. Giv att jag ända till slutet må förbliva dig trogen, dö i din nåd och så vinna det eviga livets segerkrona. Amen.

Andra botböner.

Bön till den lidande Kristus sid. 116. Botpsalmer sid. 240 och 511.

Botens förebilder i Evangeliet.

(Ägnade att föra oss till en uppriktig ånger.)

Herre, himmelske Fader, jag kommer till dig såsom den *förlorade sonen* och säger såsom han: Jag vill stå upp och gå till min fader och säga till honom: Fader, jag har syndat mot himmelen och mot dig; jag är icke längre värd att kallas din son. Ty liksom denne olycklige traktade jag efter jordisk vällust, och glömde dig, det levande vattnets källa. Misskundsamme Fader, giv mig åter din vänskap, din nåds klädnad och din kärleks ring, och låt mig ödmjuk och ångerfull komma till din heliga måltid.

Jag kommer till dig, min Herre och Frälsare, liksom *tullnären i Jeriko*. Jag bekänner min orättfärdighet och är fast besluten att hädanefter gottgöra varje kränkning, som jag tillfogat din ära och min nästa. Ty vad skulle det gagna mig, om jag vunne hela världen, men toge skada till min själ? Upptag mig åter i din nåd; ty du är kommen att söka och frälsa det som var förlorat.

Jag faller till dina fötter, min Frälsare, och önskar såsom *Maria Magdalena* kunna begråta mitt livs överträdelser. Låt mig icke vika från

Biktandakt. 137

dina fötter, förrän jag hört de trösterika orden: Dina synder äro dig förlåtna.

Jag kommer åter till dig, min gudomlige Mästare, och bönfaller hos dig, att du måtte hugna mig med din kärleks nådeblick, med vilken du fordom förde *din fallne lärjunge Petrus* till ångerfull omvändelse. O Jesus, förskjut mig icke från din åsyn.

Jag upplyfter mitt hjärta till dig, korsfäste Frälsare, och hoppas i fast förtröstan på din oändliga godhet, att du värdigas bevisa mig samma nåd, som du förunnade *missdådaren,* vilken på din högra sida hängde på korset. Herre, kom ihåg mig i ditt rike.

Jag kommer till dig, o Jesus, du gode herde; ty jag liknar *lammet, som gått vilse i öknen.* Tag mig ovärdige på dina skuldror och bär mig tillbaka till dina utvaldas hjord, på det att jag där må kunna prisa dig i all evighet.

Jag ropar till dig, o Jesus, du den barmhärtige samariten, ty se jag är den *olycklige som på vägen från Jerusalem till Jeriko,* från den sanne Faderns hem till världen och dess lust, föll för min själs fiender. Se nådigt på mig; ty min själ är berövad din nåds klädnad och betäckt med många sår. Kom och hela den med barmhärtighetens olja, och för den tillbaka till den säkra tillflyktsorten, till ditt gudomliga hjärta. Amen.

Böner om andlig förnyelse.

(Lämpade att läsas efter bikten.)

1. *Tag samvetet på allvar!*

Gud, väck mitt samvete, så att det allt tydligare kan förnimma din vilja och fatta fullkomligheten i din heliga lag. Tröghet och olust, självviskhet och onda begärelser vilja bedraga mig och föra mig till synd, även mina bästa uppsåt äro behäftade med själviskhet. Sänd därför ditt ljus i mitt samvete, så att jag kommer till kunskap om dina bud och blir medveten om mina synder! Gör mig även känslig för mina medmänniskors önskningar och behov, så att jag ser vad kärleken kallar mig att göra för dem. Lär mig att icke förväxla samvetets röst med den egna själviskhetens önskningar, utan låt mig innerligen lyssna till dina bud, för att i allt kunna uppfylla din heliga vilja. Amen.

2. *Var stark i frestelsen!*

Min Herre och Gud, när jag ser tillbaka på mitt liv, träda mörka minnen fram. Jag minnes stunder, då jag givit vika för det ondas lockelser och mina låga begärelsers krav. De blevo mig övermäktiga, därför att jag icke redligt sökte din hjälp och icke rätt brukade den kraft som du i ditt Evangelium och i din Kyrkas sakrament har givit mig. Jag glömde dig och förlorade dig ur sikte. Då blev jag svag och såg ej snaran, förrän den redan hade fällt mig. Där jag trodde mig som säkrast, var jag minst på min vakt. Där jag menade mig vara i min fulla rätt, bedrog mig mitt eget hjärta. Allt sådant kan jag nu blott erkänna och bedja dig förlåta. Men jag vet att gamla frestelser skola återkomma och nya möta mig. Mitt hjärta skall söka intala mig, att det förkastliga är tillåtet och det rätta obehövligt. Herre, kom då till min räddning! Bistå mig i prövningen. Ställ din vilja fram för min blick, klar och befallande! Håll mig vaken så att jag märker fienden, även då han nalkas mig i skyddande förklädnad. Gör mig stark och oförskräckt genom kraften av din allsmäktiga nåd. Beväpna mig med tro och uthållighet, så att jag ej tröttnar i kampen, utan reser mig igen, om jag faller.

Biktandakt. 139

Hjälp mig att i tro se på Jesus, som varit frestad i allting likasom vi, dock utan synd, och giv mig seger i hans namn. Amen.

3. Avsky synden!

Herre Jesus Kristus, öppna mina ögon, så att jag må se synden sådan den är: farlig, förrädisk, grym och förslavande, och tager mig i akt för dess lögner och lockelser! Lär mig en sund varsamhet, så att jag icke leker med faran! Driv ut min tanklöshet och slapphet, så att jag klart och oförvillat ser allt det som hotar mitt liv och ditt verk i mig med förstörelse, och värjer mig däremot! Gör mig rädd för små eftergifter åt det onda och små steg på dess väg, den som leder till fördärvet. Hjälp mig att, kosta vad det kosta vill, i tid bryta med synd, som fått insteg och makt i mitt liv, så att den ej får överhand och gör mig till sin värnlösa slav. Förnya den rätta anden i mitt inre och låt din frälsnings allsmäktiga nåd omdana mig. Skapa av mig en människa, genom vilken synden icke binder släktet och världen än hårdare och i än djupare förnedring, utan låt det ske, att mitt liv bildar en fördämning, där det ondas anlopp hejdas och din tanke förverkligas — till någon hjälp och välsignelse för Guds rike i världen. Amen.

4. Kom ihåg ditt höga mål!

Herre himmelske Fader, det är dina egna drag och tillika din skaparetanke om människan, som jag skådar i Jesus Kristus, din enfödde Son, vår Frälsare. Du har bestämt mig till att bliva hans avbild, så långt det är möjligt för den skapade att likna sin Skapare. Endast så kan jag bliva en människa efter ditt sinne. Bevara mig ifrån att förfela denna min bestämmelse och till intet gagn förspilla mitt liv. Gör mig så till sinnes som Jesus Kristus var! Inrista genom den Helige Ande hans rena bild i min själ, så att jag kan bliva ren och helig såsom han. Gör det till min fasta föresats att följa honom efter i tro och kärlek och allt som hör till ett liv i hans gemenskap. Tag bort ifrån mig all tvekan och all rädsla! Avhåll mig ifrån att se tillbaka, sedan jag en gång lagt min hand vid plogen! Och om du kräver storsint självförsakelse av mig, och om jag får ett kors att bära i Jesu spår, så beder jag dig, att jag även däri måtte kunna se ett uppdrag ifrån dig och ett bevis på din gudomliga kärlek till mig. Amen.

Vredens dag.
(Dies iræ.)

Betraktelse över människans sista ting. 'Vid alla dina gärningar tänk på de yttersta tingen, och du skall i evighet icke synda.' (Syr. 7:40.)

Vredens dag, då du är nära, * Skall du jordens krets förtära, * Såsom siarna oss lära.

Vem skall icke skräckbetagen * Skåda Domaren den dagen, * Då han hämnar kränkta lagen!

Domsbasuner mäktigt skalla * Och ur jordens gravar alla * Mänskor fram för tronen kalla.

Döden själv skall häpen vara, * När, att inför domen svara, * Sig de döda uppenbara.

Boken öppnas: där står skrivet * Vad av alla är bedrivet * I det flydda jordelivet.

Uppenbart blir allt som gömdes, * Åter framlagt allt som glömdes, * Avdömt allt som förr ej dömdes.

Biktandakt.

Vad skall då jag arme svara? * Vem skall där min själ försvara? * Knappt den rene trygg kan vara.

Konung, som kan alla fälla, * Nåd för rätt du låter gälla, * Fräls mig, du all godhets källa.

Milde Jesus, minns: för mina * Synder gick du till din pina; * Skjut ej bort mig från de dina.

Fåfängt ej ditt blod har flutit; * Nej, du sonat vad jag brutit, * Då för mig du döden ljutit.

Du, vars dom är rätt allena, * Låt ditt blod från skuld mig rena, * Nåd och tillgift mig förläna.

Skuldbetyngd jag faller neder, * Rodnad på min kind sig breder: * Fräls den ångrande som beder.

När du synderskan benådar * Och till rövarn huldrikt skådar, * Tröst och hopp du mig ock bådar.

Ej min bön är värd att höras, * Låt ditt hjärta ändock röras, * Ej i lågor mig förgöras.

Låt bland dina får mig bida, * Ej de ondas öde lida, * Ställ mig på din högra sida.

Döm mig ej att från dig fara, * Kalla mig av nåd att vara * Bland de evigt frälstas skara.

Djupt i stoftet böjd jag vänder * Mig till dig med knäppta händer, * Att ett saligt slut du sänder.

Vredens dag, då allt förstöres, * Människan till domen föres. * Vem skall rädda då oss arma? * Gud allsmäktig, dig förbarma!

Milde Herre Jesus, giv * Åt de döda evig frid. Amen.

Har jag gjort något godt?

Ur 'Bönbok för Catholska Församlingen i Stockholm, 1836', Vikariatets första bönbok.

Har jag denna dag warit en förebild i det goda? Ett exempel i Christi kärlek, och i beredwillighet till allt godt?

Har jag denna dag genom bön förskaffat mig mod, lust och kraft till det godas utöfning?

Har jag ofta och lifligt föreställt mig Guds närwaro? Wandrade jag inför Guds ansigte? Gick jag ofta i mig sjelf? Underhöll jag mig med Gud som om jag såg Honom för mina ögon?

Har jag efter de heliga föreskrifterne rättat mina tankar, önskningar, tal och handlingar, såsom en Christen, den der tror på Gud, Jesus Christus, och ett ewigt lif? Det will säga: har jag gjort allt i Jesu Christi namn? Har jag i allt följt den helige Andes ledning?

Har jag emot oförrätter wisat Christligt tålamod och saktmod?

Älskar jag uppriktigt den som förolämpat mig? Har jag bedt Gud för honom? War mitt arbete en sann Gudstjenst? Genom tankan på Gud, och genom förnyade föresatser att göra Hans wilja?

Är jag i dag bättre än i går?

Jesu tålamod.

(Kardinal Newman.)

Jag tillbeder dig, o min Herre, i ditt underbara tålamod. Finns det en egensinnighet eller halsstarrighet som vore för stor för att din kärlek skulle kunna förlåta den? Kan den otaliga mängden av fall och återfall i synden övervinna ditt lidandes tålamodighet och långmodighet? Du tillgiver inte bara sju gånger, utan sju gånger sjuttio gånger. Vattnens allra högsta flodvåg skulle ej förmå att utsläcka en kärlek sådan

Jesu tålamod. 143

som din kärlek. Och sådan är du överallt på hela jordkretsen ända till tidernas slut, förlåtande, skonsam, fördragsam, tålmodig, om syndarna ställa sig aldrig så utmanande mot dig. Du ursäktar av medlidande deras ovetenhet, och skänker åt alla, även åt dina fiender, dag för dag, år efter år ända till den sista levnadstimman den ljuva uppmuntran av din nåd, ty du känner vårt innersta och du vet, att vi äro stoft och aska. Vad allt har du icke gjort för mig! Människorna kalla dina domslut stränga och dina straff hårda, men detta kan icke jag för min del säga. Andra må tala för egen räkning, och du skall på domens dag till deras skam öppna deras ögon och visa dem deras misstag; med dem har jag ingenting att skaffa. Huru ofta har jag varit upprorisk mot dig, och alltjämt har du åter förlåtit mig och gjort mig delaktig av din hjälp! Jag faller, och du lyfter ständigt åter upp mig. Oaktat mina synder älskar du mig oavvänt, tröstar mig, överhopar mig med välgärningar, leder och beskyddar mig på hårda stigar. Jag syndar mot din nåd, och du giver mig den åter och åter i förökad grad. Jag förolämpar och sårar dig, men du gör mig allenast gott, alldeles som om jag ingenting hade att ångra, att sona och åter gottgöra. Hav fördragsamhet med mig och tålamod trots min otacksamhet och otrohet. Jag gör så oändligt långsamma framsteg, men jag försöker åtminstone att gå framåt. Giv du, o Herre, också kraft åt min vilja. Jag vill lägga bort denna tröghet och ljumhet, denna sorgmodighet och försagdhet, jag vill vakna upp och fröjdas, ty jag vandrar i ditt ljus. På dig vill jag hoppas och i dig glädjas. Giv mig din nåd, och i den skall jag fullborda allt som du fordrar av mig. Fullända, o Herre, vad du har börjat i mig. Amen.

Kommunionböner.

Kristi ord.
Att begrundas vid den heliga kommunionen.

Tagen och äten: Detta är min lekamen. Jag är det levande brödet som har kommit ned ifrån himmelen. Den som äter av detta bröd, skall leva evinnerligen; och det bröd som jag skall giva eder, är mitt kött för världens liv.

Sannerligen, sannerligen säger jag eder: Utan att I äten Människosonens kött och dricken hans blod, skolen I icke hava livet i eder. Den som äter mitt kött och dricker mitt blod, han har det eviga livet och jag skall uppväcka honom på den yttersta dagen. Ty mitt kött är sannskyldig föda och mitt blod är sannskyldig dryck. Den som äter mitt kött och dricker mitt blod, han förbliver i mig och jag i honom. Såsom den levande Fadern har sänt mig och jag lever genom Fadern, så skall ock den som äter mig, leva genom mig. (Joh. 6.)

Kommunionböner.

Den egentliga förberedelsen till den heliga kommunionen är dopets nåd. Dopets sakrament förlänar den inre rätten att taga del i altarets hemligheter och skänker den övernaturliga heligheten som är nödvändig för desamma. Om den heliggörande nåden gått förlorad till följd av svår synd, bör den återställas genom botens sakrament. Utan nådens bröllopsdräkt får ingen taga del i det himmelska gästabudet. Även i de fall, där samvetets tillstånd icke just fordrar det, är det ändå i allmänhet rådligt att före kommunionen gå till bikt. Detta gäller givetvis icke för dem som ofta kommunicera, de må härvidlag inhämta prästens råd. Redan kvällen före kommuniondagen bör man inställa sina tankar på Altarets heliga sakrament, i synnerhet vid aftonbönen; läs om möjligt ett kapitel ur Thomas av Kempis' fjärde bok. Under själva kommuniongudstjänsten kan man antingen läsa dagens liturgiska mässböner eller de böner som bäst hjälpa en till en andäktig kommunion, i alla fall bör man vid den heliga mässans tre huvuddelar: offringen, förvandlingen och kommunionen följa den heliga handlingen vid altaret. Ägna god tid även åt tacksägelsen, man skall icke omedelbart efter mässan lämna kyrkan med mindre tvingande skäl därtill föreligga. — Fastän Kyrkans bud förpliktar de troende till kommunionen blott en gång om året, vid påsktiden, är det ändå Kyrkans innerliga önskan att man ofta, ja dagligen, må närma sig Herrens heliga bord. Förutsättningen för den dagliga kommunionen är ett rent samvete och den goda avsikten, varken mer eller mindre än det. Mycket utbredd bland goda katoliker är sedvänjan att kommunicera en gång i månaden, t. ex. på Jesu hjärta-fredagen, eller utöver påsk, vid kyrkoårets förnämsta högtider, t. ex. jul- eller nyårsdagen, pingst eller Kristi lekamens fest, Kristkonungens fest eller allhelgonadagen.

Kommunionböner.

De liturgiska bönerna vid den heliga kommunionen.

Confiteor, Misereatur och *Indulgentiam* som i trappstegsbönen sid. 28. Prästen vänder sig till församlingen, höjer den heliga hostian över kalken och säger:

Ecce agnus Dei, ecce qui tollit peccata mundi!

Domine, non sum dignus, ut intres sub tectum meum, sed tantum dic verbo et sanabitur anima mea.

Sen Guds lamm, sen den som borttager världens synder!

Herre, jag är icke värd, att du ingår under mitt tak, men säg blott ett ord, så blir min själ helbrägda. (Tre gånger.)

Vid kommunionens utdelande säger prästen:

Corpus Domini nostri Jesu Christi custodiat animam tuam in vitam aeternam. Amen.

Vår Herres Jesu Kristi lekamen bevare din själ till det eviga livet. Amen.

Efter kommunionen.

(Om kommunionen utdelas utanför den heliga mässan.)

O sacrum convivium, in quo Christus sumitur: recolitur memoria passionis ejus, mens impletur gratia et futurae gloriae nobis pignus datur.

V. Panem de coelo praestitisti eis.

R. Omne delectamentum in se habentem.

Oremus. Deus, qui nobis sub sacramento mirabili passionis tuae memoriam reliquisti; tribue,

Heliga gästabud, vid vilket Kristus anammas, minnet av hans lidande förnyas, själen uppfylles med nåd, och en underpant lämnas på vår tillkommande härlighet.

Du har givit dem bröd ifrån himmelen.

Som innehåller all ljuvlighet.

Låtom oss bedja. O Gud, som i detta underbara Sakrament lämnat oss ett minne av ditt lidande, giv oss nåden, att

Kommunionböner. 147

quaesumus, ita nos corporis et sanguinis tui sacra mysteria venerari, ut redemptionis tuae fructum in nobis jugiter sentiamus. Qui vivis et regnas in saecula saeculorum. R. Amen.

så ära din lekamens och ditt blods heliga hemligheter, att vi alltid inom oss må känna din återlösnings frukter, du som lever och regerar från evighet till evighet. Amen.

Prästen giver välsignelsen.

Benedictio Dei omnipotentis † Patris et Filii et Spiritus Sancti descendat super vos et maneat semper. R. Amen.

Den allsmäktige Gudens † Faderns och Sonens och den Helige Andes välsignelse komme över eder och förblive alltid. Amen.

Första kommunionandakten.

Före kommunionen.

Tro.

F. Nu är den heliga stunden inne, då jag får gå till Herrens heliga bord för att njuta det levande himlabrödet, min Frälsares heliga lekamen och blod. Med levande tro påminner jag mig, o Jesus, den oändliga kärlek, varmed du aftonen före ditt lidande instiftade Altarets heliga sakrament. Jag ser dig sittande till bords ibland dina lärjungar för att med dem hålla den sista nattvarden. Då tog du bröd i dina heliga händer, tackade och välsignade det, gav det åt dina lärjungar och sade: Tagen och äten; detta är min lekamen. Så gjorde du ock med kalken, sägande: Detta är mitt blod. Du befallde dina apostlar att göra detta till din åminnelse; du gav dem makten att göra detsamma som du gjort, att förvandla bröd och vin till din heliga lekamen och ditt dyrbara blod. Du själv, gudomlige Frälsare, har sagt allt detta. Huru skulle jag kunna tvivla därpå?

Sv. Jag tror, o Jesus; föröka min tro.

F. Jag tror, att du med kött och blod, med kropp och själ, med mandom och gudom är närvarande i detta heliga Sakrament.

Sv. Jag tror, o Jesus; föröka min tro.

F. Jag tror, att du är det sanna himlabrödet, att din lekamen är sannskyldig föda och ditt blod sannskyldig dryck.

Sv. Jag tror, o Jesus; föröka min tro.

F. Jag tror, att jag vid ditt heliga bord på det innerligaste skall bliva förenad med dig.

Sv. Jag tror, o Jesus; föröka min tro.

F. Allt detta tror jag, emedan du har sagt det; ty du har det eviga livets ord.

Sv. Jag tror, o Jesus; föröka min tro.

Hopp.

F. Med fast förtröstan på din oändliga godhet vill jag nu nalkas ditt heliga bord.

Sv. Jag hoppas på dig, o Jesus; styrk mitt hopp.

F. Du har sagt: Den som äter mitt kött och dricker mitt blod, han förbliver i mig och jag i honom.

Sv. Jag hoppas på dig, o Jesus; styrk mitt hopp.

F. Du har sagt: Den som äter mig, han skall leva för min skull.

Sv. Jag hoppas på dig, o Jesus; styrk mitt hopp.

F. Du har sagt: Den som äter mitt kött och dricker mitt blod, honom skall jag uppväcka på den yttersta dagen.

Sv. Jag hoppas på dig, o Jesus; styrk mitt hopp.

Kommunionböner.

F. Du har sagt: Den som äter detta bröd, han skall leva evinnerligen.
Sv. Jag hoppas på dig, o Jesus; styrk mitt hopp.
F. Allt detta hoppas jag av dig, emedan du är oändligt mäktig, barmhärtig och trofast i dina löften.
Sv. Jag hoppas på dig, o Jesus; styrk mitt hopp.

Ånger.

F. Av kärlek till dig, min Herre, ångrar jag alla mina synder. Det smärtar mig djupt att jag så ofta bedrövat och förolämpat dig, ty du är min bäste Fader och det högsta goda. Att jag aldrig hade begått någon synd! Låt mig ännu en gång få höra det trösterika ordet: Var vid gott mod; dina synder äro dig förlåtna.
Sv. Två mig mer och mer från min missgärning. Skapa i mig, o Gud, ett rent hjärta och förnya i mig den rätta anden.

Kärlek.

F. O min Jesus! Av kärlek till mig nedsteg du från himmelen; av kärlek till mig dog du på korset för att rädda mig från timligt och evigt elände; av kärlek till mig vill du nu ingå i mitt hjärta för att bliva min själs föda; av kärlek till mig vill du en gång i himmelen bliva min saliga lön. Huru skulle jag då ej älska dig, som först älskat mig, som alltjämt så innerligt och oegennyttigt älskar mig? Huru skulle jag icke älska dig, som är min Herre och min Gud, dig som är det högsta, fullkomligaste goda?
Sv. O min Jesus, jag älskar dig av allt mitt hjärta mer än mig själv, mer än allt annat i himmelen och på jorden.

F. Jag älskar dig, emedan du av kärlek till oss människor utgivit dig i döden.
Sv. Jag älskar dig, o Jesus; upptänd min kärlek till dig.
F. Jag älskar dig, emedan du lämnat dig själv till min själs föda.
Sv. Jag älskar dig, o Jesus; upptänd min kärlek till dig.
F. Jag älskar dig, emedan du alltid vill bo hos oss i kärlekens heliga Sakrament.
Sv. Jag älskar dig, o Jesus; upptänd min kärlek till dig.
F. Jag älskar dig, emedan du i detta heliga Sakrament givit mig en underpant på det eviga livet.
Sv. Jag älskar dig, o Jesus; upptänd min kärlek till dig.
F. Jag älskar dig, emedan du först älskat mig.
Sv. Jag älskar dig, o Jesus; upptänd min kärlek till dig.
F. Jag älskar dig, emedan du är det högsta, fullkomligaste goda.
Sv. Jag älskar dig, o Jesus; upptänd min kärlek till dig.

Längtan och ödmjukhet.

F. Liksom hjorten längtar efter vattukällan, så längtar min själ efter dig, o min Gud! O Jesus, min Frälsare och saliggörare! Du vill nu ingå i mitt hjärta, liksom du fordom i tjänarens skepnad ingick i de fattigas, de sjukas och nödställdas hus. Du vill bringa min törstande själ vederkvickelse och nåd. Se, jag längtar efter dig och ditt besök. Ty har jag dig, så har jag allt; men förutan dig, vad har jag väl i himmelen och på jorden? Kom då, min Herre och min Gud; kom och dröj icke!
Sv. Kom, o Jesus, och vederkvick mitt törstande hjärta: kom, o Jesus, och bota mitt sjuka

Kommunionböner. 151

hjärta; kom, o Jesus, och styrk mitt svaga hjärta!

F. Huru kan jag väl våga att framträda till dig och ditt heliga altare, min Herre och min Gud! Din förelöpare ansåg sig icke vara värdig att upplösa dina skoremmar; själva änglarna dölja sitt ansikte inför dig, och jag skall våga mottaga dig i mitt hjärta?

Sv. O Herre, jag är icke värdig, att du ingår under mitt tak, men säg blott ett ord, och min själ skall vara helbrägda.

Efter kommunionen.

Efter den heliga kommunionens anammande säg i tysthet:

Jesus, för dig lever jag; Jesus, för dig dör jag; Jesus, dig tillhör jag i livet och i döden.

O Jesus, jag tror på dig, ty du är den eviga sanningen; o Jesus, jag hoppas på dig, ty du är den eviga barmhärtigheten; o Jesus, jag älskar dig, ty du är den oändliga kärleken.

F. Kristi själ helge mig.
Sv. Kristi lekamen frälse mig.
F. Kristi blod upptände mig.
Sv. Vattnet ur Kristi sida rene mig.
F. Kristi lidande styrke mig.
Sv. O gode Jesus, bönhör mig.
F. I dina sår du gömme mig.
Sv. Från dig må intet skilja mig.
F. För den onde fienden beskydda mig.
Sv. Uti min dödsstund kalla mig
F. Och låt mig komma hem till dig,
Sv. Att jag må lova och prisa dig
med dina helgon evinnerligt. Amen.

Tillbedjan och tacksägelse.

F. O Jesus, sann Gud och sann människa, min Frälsare och tillkommande domare! Du har nu ingått i mitt hjärta; du bor hos mig, ditt ovärdiga barn. Med djupaste vördnad tillbeder jag dig såsom min Skapare och Herre; med alla dina heliga och utvalda tillbeder jag dig såsom min Frälsare och saliggörare; med alla dina heliga änglar tillbeder jag dig såsom min Gud och mitt allt.

Sv. Lovad, prisad, älskad och förhärligad vare Jesus Kristus i Altarets heliga sakrament.

F. Huru skall jag kunna tacka dig nog för ditt nåderika besök, o Herre? Huru skall jag kunna vedergälla dig allt vad du gjort för mig? Loven Herren, alla släkten; loven honom, alla folk. Lova Herren, min själ, och allt det i mig är, love hans heliga namn! Högt prisar min själ Herren, och min ande fröjdar sig i Gud, min Frälsare; ty den Mäktige har gjort stora ting med mig.

Sv. Lov och pris och tack vare Jesus i Altarets heliga sakrament.

F. Han har kallat mig till sin heliga Kyrka och inbjudit mig till sitt himmelska gästabud.

Sv. Lov och pris och tack vare Jesus i Altarets heliga sakrament.

F. Han har vid sitt bord givit mig sig själv till näring för min själ.

Sv. Lov och pris och tack vare Jesus i Altarets heliga sakrament.

F. Han har genom sitt nådefulla besök låtit min själ vederfaras fröjd och sällhet.

Sv. Lov och pris och tack vare Jesus i Altarets heliga sakrament.

F. Han har givit mig sin heliga lekamen till underpant på en salig uppståndelse och på det eviga livet.

Kommunionböner.

Sv. Lov och pris och tack vare Jesus i Altarets heliga sakrament.

Uppoffring.

F. Herre Jesus Kristus, du har i dag givit mig det bästa, du kunde giva mig, dig själv. Vad skall jag erbjuda dig i gengäld för all din kärlek? Se, jag skänker dig mitt hjärta, mig själv. Tag, o Herre, och mottag hela min frihet och mitt minne, mitt förstånd och hela min vilja, allt vad jag har och allt vad jag äger. Du har givit mig detta, dig, o Herre, giver jag det igen. Allt är ditt, förfoga helt däröver enligt din vilja. Giv mig endast din kärlek och din nåd, ty detta är mig nog. Amen.

(S:t Ignatius av Loyola.)

Åkallan.

F. Barmhärtige Frälsare, du är mig nära, du bor i mitt hjärta. Du känner mina behov, ty du är allvetande; du kan hjälpa mig, ty du är allsmäktig; du vill hjälpa mig, ty du är oändligt god. Du har sagt: Den som äter mitt kött och dricker mit blod, han förbliver i mig och jag i honom.

Sv. O Jesus, förbliv i mig och låt mig aldrig skiljas från dig.

F. Du har sagt: Den som äter mig, han skall leva för min skull.

Sv. O Jesus, giv, att jag icke må leva för världen och dess fåfänglighet, utan för dig och din kärlek.

F. Du har sagt: Den som förbliver i mig, han bär mycken frukt.

Sv. O Jesus, giv, att jag hädanefter liksom ett gott träd bär god frukt.

F. Föröka min tro, styrk mitt hopp, upptänd i mig kärlekens heliga eld.
Sv. Bönhör och välsigna mig, o Jesus.
F. Låt mig hellre dö än avfalla från dig och förneka min heliga tro.
Sv. Bönhör och välsigna mig, o Jesus.
F. Låt mig hellre lida och förlora allt än förlora min oskuld och din nåd.
F. Bönhör och välsigna mig, o Jesus.
Sv. Giv, att jag aldrig försjunker i liknöjdhet och håller mig fjärran ifrån ditt hus och det bord, som du dukat för mig.
Sv. Bönhör och välsigna mig, o Jesus.
F. Giv att jag aldrig ovärdigt nalkas ditt heliga bord och anammar din heliga lekamen och ditt dyrbara blod mig till dom och fördömelse.
Sv. Bönhör och välsigna mig, o Jesus.
F. Låt mig icke skiljas hädan utan att ha fått anamma din heliga lekamen till styrka för min själ på resan till evigheten och såsom underpant på det eviga livet.
Sv. Bönhör och välsigna mig, o Jesus.
F. Välsigna även mina föräldrar, mina släktingar och vänner; välsigna alla mina välgörare, mina själasörjare och lärare; välsigna alla närvarande, alla medlemmar i denna församling och hela din heliga katolska Kyrka.
Sv. Välsigna oss alla, o Jesus, och bönhör oss. Din nåderika välsignelse komme över oss och förblive hos oss nu och i all evighet. Amen.

Andra kommunionandakten.

Före kommunionen.

Herre Jesus Kristus, i förtröstan på din godhet kommer jag till dig såsom en fattig till sin välgörare, såsom en sjuk till sin läkare, såsom en törstig vandrare till livets källa. Jag kommer till dig såsom en undersåte till sin nådige konung, såsom ett barn till sin gode fader. Se, jag är icke värd att upplyfta mina ögon till dig, ty jag är en syndare; jag är icke värd, att du ingår under mitt tak, ty jag har ofta förolämpat dig. Men det är du själv, min gode Frälsare, som inbjuder mig till ditt heliga bord, ja, du säger, att jag ej skall hava livet i mig, med mindre jag äter av detta himmelska bröd. Så kommer jag nu till dig, o Herre, ty min själ hungrar efter dig. Fordom då du predikade för folket i öknen, sade du: Jag vill icke låta dem gå ifrån mig fastande, att de icke må försmäkta på vägen. Handla nu med mig på samma sätt; ty du är min själs ljuva vederkvickelse. Kom och styrk mig med änglarnas bröd, att jag icke försmäktar på vägen, utan liksom fordom profeten Elias i kraft av denna himmelska föda må vandra ända till ditt heliga berg, det himmelska Jerusalem. Amen.

Tro och förtröstan.

Herre Jesus Kristus! Väl döljer Sakramentets slöja för mig ditt ansikte, vars åsyn skänker glädje åt änglarna. Väl kan jag icke som Tomas se dina heliga fem sår, dessa källor med levande vatten till evigt liv; men jag är lika fullt säker i min tro, att jag här knäböjer inför dig själv. Då fordom din tvivlande apostel kastade sig till dina fötter och utropade: Min Herre och min Gud, sade du till honom: Emedan du har sett, Tomas, har du trott; saliga äro de som icke se och likväl tro. Mina ögon kunna icke se dig, Herre; men jag tror orubbligt på ditt ord; jag tror och bekänner, att du är närvarande i detta heliga Sakrament. Här är din förklarade lekamen; här är ditt heliga blod, som du för vår frälsning utgjutit på korsets stam. Här är din heliga själ med alla skatter av nåd och vishet och helighet. Här döljer sig din gudom, som är oupplösligt förenad med din mänskliga natur. Detta tror och bekänner jag. I denna tro och bekännelse vill jag leva och dö. Herre, jag tror: bevara och styrk min tro.

På dig, o Herre, sätter jag allt mitt hopp. Du är min tillflykt och min styrka, min Frälsare och min räddare ur varje nöd och fara. Huru kunde jag våga att nalkas dig, att mottaga dig i mitt hjärta, om du icke genom ditt blod återlöst mig och utplånat mina synder? Om de än äro talrika och stora, är värdet av ditt blod oändligt större. På ditt heliga blod, o Jesus, sätter jag all min förtröstan. Det renar min själ från synden; det tager bort ur hjärtat begäret efter syndiga nöjen och jordiska skatter; det förlänar mig offervillighet att efterfölja dig på korsets konungsliga väg. På dig, o Jesus, hoppas jag; för ditt bittra lidandes skull hoppas jag att få förlåtelse för mina synder, din nåd och det eviga livet. Förbarma dig över mig och låt mitt hopp icke komma på skam. Amen.

Ånger och kärlek.

Det smärtar mig djupt, o min Gud, att jag så föga älskat dig. För att tillfredsställa mina onda böjelser har jag överträtt din heliga lag. Jag missbrukade därvid själva dina gåvor, min kropps sinnen och min själs krafter. Jag ringaktade din vänskap, jag övergav dig, min Herre och Frälsare, för att söka min lycka i synden. Vänd bort ditt ansikte från mina synder och utplåna alla mina missgärningar. Två mig mer och mer från min orättfärdighet och rena mig från min synd. Ty se, jag ångrar av hjärtats grund alla mina synder; jag hatar och avskyr dem,

Kommunionböner. 157

både stora och små. Av kärlek till dig vill jag för ingenting i världen åter begå dem. O Jesus, du vill nu snart ingå i min själ. Rentvå den i ditt blod, på det att mitt hjärta må varda en värdig bostad åt ditt gudomliga majestät.

Herre Jesus Kristus, vilken brinnande kärlek har icke genomträngt ditt hjärta, då du före ditt lidande tillredde oss denna himmelska måltid, som innehåller all ljuvlighet. Din mest älskade lärjunge talar om denna din översvinnliga kärlek till oss. Eftersom du hade älskat de dina, som voro i världen, säger han, älskade du dem intill det yttersta. Kärlek fordrar genkärlek. Se, jag älskar dig av allt mitt hjärta, av all min själ, av alla mina krafter. Jag älskar dig icke blott därför, att det är gott för mig att hålla mig till dig; jag älskar dig för din egen skull, emedan du är min Herre och min Gud.

Längtan och ödmjukhet.

Gudomlige Frälsare, du Faderns eviga vishet, har sagt: Min lust är att bo hos människorna. Kom därför till mitt hjärta; ty liksom hjorten längtar efter vattukällan, så längtar mitt hjärta efter dig, min Herre och Gud! På korset voro dina armar utsträckta för att omfamna hela världen. Kom nu, slut mig i din famn. Kom och tag in i det härbärge, som jag tillrett åt dig; kom och håll måltid med mig i mitt hjärtas kammare. Jag vet, jag är icke värdig att mottaga dig; men ditt förbarmande är utan gräns, och du försmår icke dina händers verk. Jag vet, att jag är icke värd, att du ingår under mitt tak; men ett förkrossat och ödmjukt hjärta försmår du icke, o Gud! Kom därför och dröj icke; ty min själ längtar efter dig, min Gud, mitt liv och mitt allt!

Efter kommunionen.

Tacksägelse.

Hosanna Davids son; välsignad vare han, som kommer i Herrens namn! Mottag, o Herre, mitt ödmjuka tack, att du lämnar mig tillträde till ditt heliga gästabud. Det är icke öknens manna, varmed du mättat min hungriga själ; det är änglarnas bröd, varmed du föder mig. Himlarna kunna icke rymma dig, änglarna äro icke rena inför ditt ansikte, och du har valt mitt arma, trånga hjärta till din bostad! Där tronar du nu, härlighetens konung! Mottag min ödmjuka hyllning. Jag hälsar och hyllar dig såsom min Herre och konung. Jag erkänner ditt oinskränkta herravälde över mig och allt som mig tillhör. Du har skapat mig, jag är dina händers verk. Du är min Herre, jag är din tjänare; du har att befalla, jag att lyda. Du har köpt mig med ditt dyrbara blod; jag är din egendom, varöver du kan förfoga efter din heliga vilja. Du har ingått i mitt hjärta, du har blivit liksom ett med mig, så att jag får säga med aposteln: Icke jag lever, utan Kristus lever i mig.

Ära, lov och tack vare dig, min Herre och Gud, för denna stora, oförlikneliga nåd. Må alla jordens folk, må alla dina utvalda, må himmelens saliga andar förena sig med mig för att lova och prisa dig; ty du har uppenbarat din barmhärtighet på mig, och ditt förbarmande övergår alla dina verk. Prisa Herren, min själ, och glöm ingen av hans välgärningar. Dig, o Herre, love, dig tacke min själ med alla sina krafter, dig love, dig tacke min mun, dig förhärlige min kropp och alla dess sinnen; ty lovvärd och härlig och upphöjd är du i evighet. Amen.

Uppoffring och åkallan.

Herre, jag är din tjänare. Dig vill jag offra ett lovoffer, och Herrens namn vill jag åkalla. Vilket bättre offer kunde jag frambära åt dig, Herre, himmelske Fader, än din enfödde Son, som vistas i mitt hjärta? Han är nu ett med mig, och jag är ett med honom. Honom frambär jag därför åt dig till ditt namns förhärligande, till tacksägelse för alla dina nådebevis, till försoning för mina och hela världens synder. Honom frambär jag åt dig för att erhålla av din barmhärtighet lekamlig och andlig hjälp för mig och de mina, för vänner och ovänner, för levande och döda. Mottag, Herre, med detta heliga offer mig själv till ett välbehagligt offer åt ditt majestät. Jag skänker dig min kropp och min själ; jag tillägnar dig alla mina sinnen, mina ögon, mina öron, min mun och mitt hjärta; jag inviger åt dig och din heliga tjänst min själs alla krafter, min fantasi, mitt minne, mitt förstånd, hela min vilja. Låt ditt ljus lysa för mig, att jag må lära mig känna din vilja; styrk mig med himmelsk kraft, att jag troget och ståndaktigt må utföra allt som är dig välbehagligt. Jag överlämnar mig helt och hållet åt dig. Förfoga över mig efter ditt välbehag. Vad helst du må tillskicka mig, skall jag mottaga med undergivenhet såsom kommande från din faderliga hand. Ske i allt din heliga vilja i mig och genom mig!

Och nu, min gudomlige Frälsare, vågar jag säga till dig, vad fordom patriarken Jakob sagt: Jag släpper dig icke, med mindre du välsignar mig. Du har givit dig själv åt mig. Vad kunde du förvägra mig? Välsigna mig därför till kropp och själ. Giv mig mitt dagliga bröd, giv mig allt vad jag behöver på min jordiska pilgrimsfärd; men framför allt stadfäst mig i din nåd och kärlek, och låt mig aldrig mer skiljas ifrån dig. Förbarma dig även över alla dina tjänare, som anbefallt sig i min bön eller för vilka jag efter din vilja skall bedja. Omvänd syndarne, återför dem som gått vilse till Kyrkans enhet, upplys de otrogna med en stråle av ditt ljus, att de må lära känna och älska dig. Bistå de nödställda, trösta de bedrövade. Var mina släktingar och välgörare nådig. Skänk de levande nåd och förlåtelse och de avlidna kristtrogna den eviga vilan.

Den allsmäktige Gudens välsignelse, Faderns och Sonens och den Helige Andes komme över oss och förblive alltid över oss! Amen.

Böner vid föreningars gemensamma kommunion.

Här stå blott de böner som lämpligen läsas gemensamt.

Före kommunionen.

Den liturgiska syndabekännelsen.

Confíteor Deo omnipoténti, beátae Maríae semper vírgini, beáto Michaéli archángelo, beato Joanni Baptístae, sanctis apóstolis Petro et Paulo, ómnibus sanctis et tibi, pater, quia peccávi nimis cogitatióne, verbo et ópere, mea culpa, mea culpa, mea máxima culpa. Ideo precor beátam Mariam semper vírginem, beátum Michaélem archángelum, beatum Joánnem Baptístam, sanctos apóstolos Petrum et Paulum, omnes sanctos et te, pater, oráre pro me ad Dóminum Deum nostrum.

Prästen: Misereatur... *Sv.* Amen. *Pr.* Indulgentiam... *Sv.* Amen.

Alla: Dómine, non sum dignus, ut intres sub tectum meum, sed tantum dic verbo et sanábitur ánima mea. (Tre gånger.)

Kommunionböner.

Efter kommunionen.

F. Huru älsklig är icke din ande, o Herre! För att visa din ömma kärlek mot dina barn, gav du dem bröd från himmelen, fyllt med ditt eget livs ljuva kraft! Så mättar du alla hungrande själar med din heliga nåd, medan de kallsinniga rika få gå tomhänta bort.

Sv. Heliga gästabud, vid vilket Kristus anammas, minnet av hans lidande förnyas, själen uppfylles med nåd och en underpant lämnas på vår tillkommande härlighet.

F. Du har givit dem bröd ifrån himmelen,

Sv. Som innehåller all ljuvlighet.

Låtom oss bedja: O Gud, som i detta underbara Sakrament lämnat oss ett minne av ditt lidande, vi bedja dig, giv oss nåden att så ära din lekamens och ditt blods heliga hemligheter, att vi alltid inom oss må känna din återlösnings frukter, du som lever och regerar från evighet till evighet.

Sv. Amen.

F. Kristi själ helge mig.
Sv. Kristi lekamen frälse mig.
F. Kristi blod upptände mig.
Sv. Vattnet ur Kristi sida rene mig.
F. Kristi lidande styrke mig.
Sv. O gode Jesus, bönhör mig.
F. I dina sår du gömme mig.
Sv. Från dig må intet skilja mig.
F. För den onde fienden beskydda mig.
Sv. Uti min dödsstund kalla mig
F. Och låt mig komma hem till dig,
Sv. Att jag må lova och prisa dig
 med dina helgon evinnerligt. Amen.

Kommunionböner.

Tacksägelsebön.
(S:t Thomas av Aquino.)

F. Jag tackar dig, evige, allsmäktige Gud, helige Fader, att du utan all min förskyllan av idel godhet värdigats mätta mig syndare, din ovärdige tjänare, med din Sons, vår Herres Jesu Kristi, dyrbara lekamen och blod. Jag beder dig, att mottagandet av denna heliga kommunion icke på något sätt må lända mig till fördärv utan i fullaste mått skänka mig delaktighet av din nåd och frälsning. Må den bliva mig en trons rustning och den goda viljans sköld! Må den rena mig från mina fel, utrota mina onda begär och öka i mig godhet och tålamod, ödmjukhet, undergivenhet och all annan kristlig dygd! Må den vara mig ett försvar mot alla mina fienders, både synligas och osynligas, angrepp, och må den dämpa min andes och min kropps lidelser! Må den göra min hängivenhet för dig, den ende och sanne Guden, fast och fullkomlig och förhjälpa mig till mitt livs lyckliga fulländning, så att jag en gång får komma till det eviga gästabudet, där du med din Son och den Helige Ande för alla dina heliga är det sanna ljuset, det högsta goda, den eviga glädjen, den fullkomliga lyckan och den oändliga saligheten! Genom samme Kristus, vår Herre.
Sv. Amen.

F. Till ditt beskydd *Sv.* fly vi, heliga Guds moder. Försmå icke vår ödmjuka bön i vår nöd, utan befria oss städse från alla faror, du ärorika och välsignade Jungfru! Vår drottning, vår beskyddarinna, vår hjälp! Försona oss med din Son, anbefall oss åt din Son, för oss fram till din Son.

F. Ära vare Fadern.

F. Lovad vare Jesus Kristus. *Sv.* I evighet. Amen.

Kommunionböner.

Andra kommunionböner.

Ur de böner som här följa, må du själv sammanställa den kommunionandakt du önskar. Vill du tala med din Frälsare utan att begagna bönboken, bör du ändå i din andakt följa de *korta dygdeakter*, som angivas här före och efter kommunionen.

Böner före kommunionen.

Korta dygdeakter.

Herre, jag *tror* allt vad du har uppenbarat; i synnerhet tror jag, att du i Altarets heliga sakrament är närvarande med kropp och själ, med kött och blod, med mandom och gudom; ty du har själv sagt det, du som är den eviga och ofelbara sanningen.

Jag *tillbeder* dig i djupaste ödmjukhet som min Herre och Gud, som min Frälsare och saliggörare.

Herre, jag *hoppas* på dig. Du har sagt: Den som äter mitt kött och dricker mitt blod, han har det eviga livet, och jag skall uppväcka honom på den yttersta dagen. I kraft av detta heliga Sakrament hoppas jag att få det eviga livet, ty du, allsmäktige, barmhärtige och trofaste Gud, har själv givit mig detta löfte.

Herre, jag *älskar* dig av allt mitt hjärta och över allting, emedan du är det högsta, fullkomligaste goda.

Herre, jag *ångrar* och avskyr alla mina synder, emedan jag därigenom förolämpat dig, min bäste Fader, min Herre och min Gud, som jag nu älskar mer än allt annat i himmelen och på jorden.

O Jesus, mitt hjärta *längtar* efter dig. Kom och hela min själs sår och styrk min svaghet; kom och giv mig underpanten på uppståndelsen till livet.

Herre, jag är icke värd, att du ingår under mitt tak; men säg endast ett ord, och min själ skall varda helbrägda. Amen.

Längtan efter Gud.
(Ur Davids psalmer.)

Gud, min Gud, bittida söker jag dig; min själ törstar efter dig i ett torrt land, som försmäktar utan vatten. Såsom jag en gång sökte dig, så skådar jag nu efter dig i helgedomen, för att få se din makt och ära. Ty din nåd är bättre än liv; mina läppar skola prisa dig. Så skall jag då lova dig, så länge jag lever; i ditt namn skall jag upplyfta mina händer. Min själ varder mättad såsom av dina gåvors fullhet; och med jublande läppar lovsjunger min mun, när jag kommer ihåg dig, ty du är min hjälp, och under dina vingars skugga jublar jag. Min själ håller sig intill dig; din högra hand uppehåller mig.

Såsom hjorten trängtar till vattukällan, så trängtar min själ efter dig, o Gud. Min själ törstar efter Gud, efter den levande Guden. När skall jag få träda fram inför Guds ansikte? Mina tårar äro min spis både dag och natt, ty ständigt säger man till mig: Var är nu din Gud? Varför är du så bedrövad, min själ, hoppas på honom, som är din frälsning och din Gud.

Längtan efter Frälsaren.

Duggen, I himlar, från ovan, och, I skyar, regnen ned den Rättfärdige; jord, öppna dig och låt Frälsaren spira upp! Med dessa ord uttryckte profeten och det Gamla förbundets heliga sin längtan efter Messias' ankomst. Jag upprepar dessa ord. Ty även jag längtar efter din ankomst, min Herre och Frälsare; jag läng-

Kommunionböner. 165

tar efter den lyckliga stund, då du kommer till mig för att helga min arma själ och uppfylla den med dina gåvor. Fröjda dig då, min själ; snart skall din Frälsare komma. Gärna ville jag mottaga dig, o Herre, med samma vördnad och glädje, med vilken dina heliga hälsade din ankomst. Men vem giver mig vingar, att jag lyfter mig från jorden ända till ditt heliga berg? Sönderslit, o Herre, de band som hålla mig fängslad vid jorden och dess dårskaper; sönderslit de länkar, som hålla mitt sinne och mitt hjärta fjättrade vid jorden och dess fåfängliga ting. Tänd i mitt hjärta en gnista av din kärlek, och låt den växa till en väldig eld, som förtär i mig allt som kan vara dig misshagligt. Skapa i mig ett rent hjärta och förnya i mig den rätte anden. Rena den bröllopsdräkt, som din huldhet iklätt mig, från alla fläckar, på det att jag med helig glädje kan deltaga i ditt himmelska gästabud. Låt mig finna vid ditt heliga bord frid och fröjd, och låt ditt heliga Sakrament varda för mig underpanten på en lycksalig uppståndelse. Amen.

Kristus densamme i går, i dag och i evighet.

(163.)

Gudomlige Frälsare, Jesus Kristus, av kärlek till oss har du blivit människa, har du deltagit i vårt liv och våra arbeten, har du burit jordens vedermödor och slutligen ljutit en bitter död. Vi skatta dem lyckliga, som fingo se dig med sina ögon och lyssna till dina ord, och som hade tillfälle att taga lärdom av ditt exempel. Men icke endast för dem har du kommit till världen, också vi höra till skaran av dina frälsta, också vi äro barn av ditt rike. Du ville icke lämna oss faderlösa. Jag skall återkomma. Då skolen I se mig, och jag skall leva, och I skolen ock leva. Aftonen före ditt lidande har du talat dessa ord och uppfyllt dem. Du har meddelat oss en hemlighet, som endast en gudomlig vishet mäktat uttänka, en gudomlig kärlek kunnat förverkliga. Nu lever du mitt ibland oss. Vi veta stället, där du bor, den ort, på vilken du beder om vår frälsning. Vi se ånyo ibland oss din ödmjukhet och tillbakadragenhet, din kärlek och trofasthet. På oss själva går ditt ord i uppfyllelse: Den som kommer till mig, skall icke hungra, och den som tror på mig, skall icke törsta. Också för mig har du instiftat detta Sakrament. Därför kommer jag till dig med förtröstan och tillförsikt, med längtan efter ett nytt, bättre liv. Jag kommer till dig i samma anda och avsikt, som besjälade alla de otaliga sjuka och betungade människor, som togo sin tillflykt till dig, då du ännu dvaldes mitt ibland dem. Här i Altarets sakrament hyser du samma deltagande för oss, här finns alltjämt din kropp, ifrån vilken den kraft utgick, som helade alla. Du känner mig, du vet mina behov, du skall också hjälpa mig. Låt mig med glädje ösa ur denna heliga källa, vars vatten flyter till det eviga livet. Amen.

De som med andakt anamma Herrens lekamen, ernå mycken nåd.

(Thomas av Kempis.)

Min Herre och Gud, förekom din tjänare med din kärleks välsignelse, så att jag värdigt och andäktigt kan gå fram till ditt heliga Sakrament. Uppväck mitt hjärta till dig och befria mig från den tröghet, som tynger mig. Hemsök mig med din saliggörande nåd, på det att jag i anden måtte få smaka din ljuvlighet, som

Kommunionböner. 167

rikligen vilar här i Sakramentet liksom i en källa. Upplys mina ögon, att de kunna skåda en så stor hemlighet, och styrk mig, att jag må tro därpå utan att tvivla. Ty detta är ett verk av din, icke av människors makt. Det är din heliga stiftelse, icke människopåfund. Ej heller finnes någon, som förmår fatta eller förstå allt detta, som till och med övergår änglarnas förstånd. Huru skulle då jag, ovärdige syndare, som är stoft och aska, kunna utforska eller fatta en så djup och helig hemlighet?

Herre, i mitt hjärtas enfald, i en redlig och fast tro och på din befallning träder jag inför dig med ödmjuk tillförsikt. Jag tror, att du med gudom och mandom är närvarande i detta Sakrament. Du har velat, att jag skall mottaga dig och i kärlek förena mig med dig. Därför flyr jag till din mildhet och utbeder mig, att du ville skänka mig en särskild nåd, så att jag helt får gå upp i dig och upplösas i kärlek och aldrig mera bekymra mig om någon jordisk tröst. Ty detta upphöjda och prisvärda Sakrament är kroppens och själens lycka, ett läkemedel för alla andens skröpligheter. Det botar mina fel, tämjer lidelserna, övervinner eller minskar frestelserna. Genom detta erhåller själen större nåd, växer i dygden och befästes i tron. Genom detta styrkes hoppet, och kärleken upptändes och flammar upp.

Ty mycket gott har du i Sakramentet skänkt och skänker alltjämt dem du älskar, och som ofta anamma dig, du min Gud, du som upptager min själ och helar all mänsklig bräcklighet, du som giver all inre tröst. Ty du ingjuter mycken hugsvalelse mot skilda plågor, och lyfter dem från deras egen vanmakt till förtröstan på ditt beskydd. Du återuppväcker inom dem en ny nåd, så att de som innan de gingo till Herrens bord, ängslades och kände sig utan tröst, efteråt funno sig vederkvickta med himmelsk spis och dryck och förvandlade till bättre människor.

Enhet med Kristus, Kyrkans huvud.

(S:t Anselm av Canterbury. † 1109.)

Jag bekänner, o Herre, att jag är en syndig människa och ovärdig att träda fram till dina hemligheter, men full av förtröstan till din mildhet, vilken var orsak till att du uppoffrade dig själv åt den himmelske Fadern för att helga människorna, vågar jag framträda för att vinna min egen frälsning. Låt mig, o Herre, mottaga dig med mun och hjärta, och med tron och känslan leva i dina hemligheter så, att jag genom deras kraft förtjänar att bliva dig lik i din död och i din uppståndelse genom den gamla människans bortdöende och ett nytt liv i rättfärdighet och helighet. På så sätt må jag bliva värdig att införlivas med din kropp, som är Kyrkan. Jag blir då en lem i din lekamen, där du är huvudet. Må jag förbliva i dig och du i mig. På uppståndelsens dag skall du förvandla vår förnedrings kropp genom din lekamens stora härlighet. Och i evighet skall jag glädja mig åt din härlighet, som du äger med Fadern och den Helige Ande. Amen.

Längtan efter fullkomlig frälsning.

(S:t Thomas av Aquino.)

Allsmäktige, evige Gud! Se, jag nalkas ditt heliga Sakrament, som din enfödde Son, vår Herre, har instiftat. Jag kommer såsom en sjuk till sin läkare, en oren till barmhärtighetens källa, en blind till den eviga klarhetens ljus, såsom en fattig och hjälpbehövande till him-

Kommunionböner. 169

melens och jordens Herre. Jag beder dig vid din överflödande givmildhet: bota alla mina sjukdomar, upplys min blindhet, borttag mitt armod och skyl min nakenhet, på det att jag må kunna mottaga änglabrödet, konungarnas Konung, härskarornas Herre, med så stor vördnad och ödmjukhet, med så andaktsfullt, förkrossat, rent och troende hjärta, i en sådan anda och avsikt, att det länder till min själs frälsning. Giv, o Herre, att jag icke endast med munnen mottager Jesu lekamen och blod, utan att också mitt hjärta bliver delaktigt av detta Sakraments kraft. O kärlekens och mildhetens Gud, förläna mig nåden, att jag så anammar din enfödde Sons lekamen, som han antagit av Jungfru Maria, att jag förtjänar bliva införlivad i hans mystiska lekamen och räknad till hans lemmar.

Kärleksrike Fader, giv att jag en gång ansikte mot ansikte, utan slöja, evinnerligen får skåda honom, som jag nu på denna mitt jordelivs pilgrimsfärd fått mottaga dold under brödets gestalt, Jesus Kristus, som med dig och den Helige Ande lever och regerar från evighet till evighet. Amen.

Böner efter kommunionen.

Korta dygdeakter.

Vår Herres Jesu Kristi lekamen bevare min själ till det eviga livet.

Jag *tackar* dig, Herre Jesus Kristus, att du har ingått i mitt hjärta för att giva mig en säker underpant på det eviga livet. Jag *tillbeder* dig med himmelens änglar såsom min Herre och min Gud. Jag *lovar och prisar* dig med alla dina utvalda såsom min Frälsare och saliggörare. Jag älskar dig såsom det högsta goda.

Jag *skänker* dig min kropp och min själ. Allt vad jag är och har, skall vara helgat åt din tjänst och ditt förhärligande. Förfoga över mig efter ditt välbehag. Giv mig endast din nåd och kärlek, och jag är nöjd.

Jesus, för dig lever jag; Jesus, för dig dör jag; Jesus, dig tillhör jag i livet och i döden. Välsigna mig till kropp och själ; välsigna mig, mina anhöriga och alla människor för tid och evighet. Amen.

Huru älsklig är icke din ande, o Herre! För att visa din ömma kärlek mot dina barn, gav du dem bröd från himmelen, fyllt med ditt eget livs ljuva kraft! Så mättar du alla hungrande själar med din heliga nåd, medan de kallsinniga rika få gå tomhänta bort.

Heliga gästabud, vid vilket Kristus anammas, minnet av hans lidande förnyas, själen uppfylles med nåd och en underpant lämnas på vår tillkommande härlighet!

Tacksägelseböner.

(Ur Davids psalmer.)

Lova Herren, min själ, och allt det i mig är, prise hans heliga namn. Lova Herren, min själ och förgät icke, vad gott han har gjort, han som förlåter alla dina missgärningar och helar alla dina brister, han som kröner dig med nåd och barmhärtighet. Loven Herren, I alla hans änglar, loven Herren, I alla hans härskaror, loven Herren, I alla hans verk, varhelst hans herradöme är. Min själ, lova Herren.

Vem har jag i himmelen utom dig! Och när jag har dig, frågar jag efter intet på jorden. Om än min kropp och min själ försmäkta, så är dock Gud mitt hjärtas klippa och min andel evinnerligen.

Kommunionböner.

Psalmen 'Herren är min herde'.
(169.)

Herren är min herde, mig skall intet fattas. Han låter mig vila på betesmarker, han för mig till vatten, där jag finner ro.

Han vederkvicker min själ och han leder mig på rättfärdighetens vägar för sitt namns skull.

Om jag än vandrar mitt igenom dödsskuggan, fruktar jag intet ont,
ty du är med mig, din käpp och din stav trösta mig.

Du dukar för mig ett bord i mina ovänners åsyn;
du smörjer mitt huvud med olja, och min bräddfulla bägare, huru härlig är ej den!

Din nåd följer mig i alla mina livsdagar, och jag får bo i Herrens hus evinnerligen.
Ära vare Fadern.

Tillbedjan och tacksägelse.

Prisa, min själ, Herren, och min ande fröjde sig i Gud, min Frälsare! Den som himmel och jord icke kunna rymma, är nu i mitt hjärta. Jesus Kristus, den evige Faderns evige Son, som av kärlek till mig blivit människa, har i kärlek förenat sig med mig arma människobarn. Du, min själs kärlek, är hos mig. Jag tillbeder dig såsom min Herre och Skapare; jag hyllar dig såsom min konung; jag lovar och prisar dig såsom min Frälsare; jag älskar dig såsom min störste välgörare, såsom mitt högsta goda. Lov och pris och tack vare dig för den oändliga kärlek, som förmått dig att ikläda dig vår natur och ingå i mitt hjärta.

Bön till Jesu heliga hjärta.

O Jesus, låt mig i allt bevara ett barns hjärta, klart och genomskinligt som en källa. Giv mig ett hjärta som är enkelt icke tungsint och grubblande; ett hjärta som frikostigt ger sig och innerligt deltager i andras lidanden; ett hjärta, trofast och högsint, som icke glömmer något gott ej heller hyser agg för liden oförrätt. Gör mitt hjärta milt och ödmjukt att det älskar utan att vänta genkärlek, och i andras hjärtan gärna träder tillbaka för din gudomliga kärlek. Giv mig ett storsint hjärta, starkt och fast, som icke blir bittert, när det möter otack, icke hårt när det möter likgiltighet. Gör mitt hjärta brinnande för din ära och låt det av din kärlek bära ett sår som först i himmelen läkes. Amen.

Personlig invigning till Jesu heliga hjärta. Sid. 117.

Bön om storsinthet.
(S:t Ignatius av Loyola.)

Eviga Ord, Guds enfödde Son, lär mig sann storsinthet, lär mig att tjäna dig på ett dig värdigt sätt, så att jag giver utan att räkna, kämpar utan att akta på sår, arbetar utan att söka vila, offrar mig utan att vänta annan lön än medvetandet att ha uppfyllt din allraheligaste vilja.

Tillägnan.
(S:t Augustinus.)

För sent har jag börjat älska dig, oändliga Skönhet, uråldrig som evigheten och evigt ung! För sent har jag börjat älska dig. I dag, då jag fått skåda en skymt av dig, tillägnar jag dig min kropp och min själ, mitt hjärta och mitt liv; den tid som är, den tid som gått, den tid som skall komma. Allt är ditt, nu och för evigt.

Korta böner efter kommunionen.
(Ur mässliturgien.)

Vi bedja dig, o Herre, låt kraften av din himmelska gåva taga våra själar och kroppar i besittning, så att dess nådeverkan, och icke vårt eget sinne, ständigt må vara i oss förhärskande.

O Gud, som genom deltagandet i dessa tillbedjansvärda hemligheter har gjort oss delaktiga av din ena, odelbara gudoms härlighet, förläna, vi bedja dig, att vi som lärt känna din sanning, också må följa densamma i en värdig vandel.

Herre, låt mildeligen din helande nådeverkan både befria oss från våra onda böjelser och komma oss att alltid hålla fast vid dina bud.

Förunna oss, vi bedja dig, o Herre, att värdigt och ofta samlas kring dessa hemligheter, ty varje gång som de firas, förnyas vår återlösnings verk.

Vi bedja dig, allsmäktige Gud, att du icke må tillstädja, att de, åt vilka du förunnar glädjen att deltaga i det gudomliga, duka under för det mänskliga livets faror.

Låt, o Herre, genom detta Sakraments verkan våra synder utplånas och våra rättfärdiga önskningar uppfyllas.

Ingjut hos oss, o Herre, din kärleks ande, på det att vi som du mättat med ditt heliga Sakrament, genom din mildhet må i endräkt förenas.

Låt dina sakrament, o Gud, alltid rena och styrka oss och föra oss till den eviga frälsningens fullbordan.

Efter att hava mottagit dina gåvor bedja vi dig, o Herre, att det flitiga deltagandet i dina hemligheter allt kraftigare må verka vår frälsning.

Bönfallande bedja vi dig, allsmäktige Gud, förläna dem som du vederkvicker med dina

174 Kommunionböner.

sakrament, att även värdigt tjäna dig med en välbehaglig vandel.

Vi bedja dig, allsmäktige Gud, att vi, som hava mottagit denna himmelska näring, därigenom måtte beskärmas mot alla våra fiender.

Må dessa hemligheter, Herre Jesus, i oss uppväcka en helig iver, på det att vi, sedan vi hava lärt känna ditt milda hjärtas ljuvlighet, må lära oss att förakta det jordiska och älska det himmelska.

Vi hava mottagit odödlighetens spis och bedja, o Herre, att vi som berömma oss av att strida under Kristi, Konungens banér, med honom måtte få härska i himmelens rike.

Herre, vår Gud, låt det Sakrament som vi mottagit, hela hos oss såren av den skuld, från vilken du genom en enastående nåd bevarat Jungfru Maria fri och obefläckad.

Genom Kristus, vår Herre.
Amen.

Korta kyrkoböner till den Helige Ande sid. 568.

Bön om kärlekens underbara kraft.
(Thomas av Kempis.)

Barmhärtighetens Fader, all hugsvalelses Gud! Jag prisar dig alltid och förhärligar dig med din Enfödde Son och den Helige Ande, Hugsvalaren, i evigheters evighet. Min Herre och Gud! Du älskar mig med helig kärlek. Då du går in i mitt hjärta, jublar allt mitt inre. Du är min ära, mitt hjärtas fröjd. Du är mitt hopp, min tillflykt på hemsökelsens dag. Men emedan jag ännu är svag i kärleken och ofullkomlig i dygden, behöver jag styrka och tröst av dig. Besök mig därför ofta och undervisa mig med heliga lärdomar. Befria mig från onda lidelser, rena mitt hjärta från alla oordnade böjelser.

Kommunionböner. 175

Är jag i mitt inre helbrägda och luttrad, då är jag också skicklig att älska, stark att lida, ståndaktig att härda ut. Föröka i mig kärleken, så att jag med hjärtats mun lär smaka, huru ljuvt det är att älska, att upplösas i kärlek. Bind mig fast med kärleken, så att jag lyftes upp över mig själv av idel iver och beundran. Då vill jag sjunga kärlekens höga visa och följa dig, min älskade, upp i rymden. Låt mig gå upp i en lovsång till dig, jublande av kärlek. Låt mig älska dig mera än mig själv, blott för din skull. Låt mig i dig älska alla dem som i sanning älska dig. Så bjuder kärlekens lag, vilken liksom ett ljus utgår från dig.

Bön till Jungfru Maria efter kommunionen.

(Gammalsvensk.)

O, fagraste blomster, Jungfru Maria, Guds moder, som ur ditt jungfruliga sköte födde den värdigaste frukt, Guds helgaste lekamen, vilken jag, ovärdige syndare, nu haver mottagit, utverka mig av densamme, din käraste Son, alla mina synders förlåtelse och nådens förökande. Emedan du är alla människors hopp och tröst och den bästa hjälp hos Gud, värdigas du bedja för oss, ty vi alla åstunda och tarva din hjälp. Bed för dem som i andlig och i världslig myndighet äro och för deras underlydande, att de må få i sig gudelig rättrådighet och räddhåga, åt klerkerna utverka ett gudligt leverne, åt renlevnadsfolket tillbörlig återhållsamhet, åt hjonelagen Guds budords iakttagande, åt jungfrurna och änkorna kyskhet, åt alla stånd kärlek och hängivenhet till Gud enligt den levnadsställning, som en var är kallad till. Förskaffa åt våra vänner dygdernas förkovran, åt våra ovänner en snar omvändelse, åt de sjuka deras hälsa eller att de enligt Guds vilja må med tålamod lida, åt dem som i fängelse äro, hjälp och förlossning, åt vägfarande att den rätta vägen finna, åt de bedrövade och i nöd stadda hjälp och hugsvalelse, åt de svårt frestade hjälp och lisa, åt de hårdhjärtade gråt och ånger över sina synder, åt dem, som sig bättra vilja den Helige Andes tillväxt, åt hedningarna utverka omvändelse till den rätta tron, och åt alla beständighet i det goda. O Maria, himmelrikets kejsarinna, utverka oss sämja, frid och hälsa, och av behovet påkallad väderlek, bevara oss från dem som förmodas åstunda att tillfoga skada, andligen eller lekamligen; att vi må få en god och gudfruktig ändalykt, och de saliga själar som äro i skärselden måtte få ro och lisa i sin pina; det vi alla må lova din Son och dig i himmelrikets glädje evinnerligen, därom bedja vi. Amen.

Fullkomlig avlat kan vinnas enligt de sedvanliga villkoren, om man efter kommunionen förrättar bönen 'Se, o gode och mildaste Jesus' inför den Korsfästes bild.
Allmän regel för vinnande av fullkomlig avlat är: Utom den för varje särskilt fall föreskrivna andliga övningen fordras *bikt, kommunion och bön enligt den Helige faderns mening* t. ex. 5 Fader vår, Hell dig, Maria, och Ära vare Fadern. Vad bikten beträffar, bör den förrättas inom 8 dagar före kommunionen. Men för den som brukar bikta 2 gånger i månaden, är detta tillräckligt och för den som så gott som dagligen kommunicerar, är icke något särskilt föreskrivet om bikt.
— Den Helige faderns mening omfattar Kyrkans upphöjelse, trons utbredande, irrlärornas utrotande, kristenhetens återförenande, kristna furstars endräkt och frid och andra sådana viktiga angelägenheter.

Se, o gode och mildaste Jesus, inför ditt ansikte faller jag ödmjukt på knä. Jag beder och bönfaller dig med brinnande andakt att du ville i mitt hjärta inprägla en levande känsla av tron, hoppet och kärleken, sann ånger över mina synder och en fast besluten vilja att göra bot och bättring, i det jag med djup innerlighet och smärta i anden skådar och betraktar dina fem sår och därvid har för ögonen det som redan av profeten David blivit sagt om dig, gode Jesus: De hava genomborrat mina händer och fötter, de hava räknat alla mina ben.

Årliga andakter.
Herrens fester.

Det kyrkliga året består av heliga årstider: jul-, påsk- och pingsttiden. Kyrkoårets lysande sol är Jesus Kristus. Såsom varje helig mässa är ett minne och en förnyelse av Kristi återlösning, så vill även det heliga året gradvis för våra ögon framställa de enskilda händelserna ur Kristi liv. Höjdpunkten i dessa fester och tider är och förblir det heliga mässoffret, där Kristus är med oss alla dagar såsom vår evige överstepräst. I ständig anslutning till kyrkoåret böra vi flitigt betrakta hans liv, hans lidande och hans härlighet, i anden ånyo uppleva desamma för att därigenom bliva delaktiga av hans nådegåvor.

Adventstiden.
Trösta dig, mitt folk.

F. Duggen, I himlar, från ovan, och I skyar, regnen ned den Rättfärdige.

Vredgas icke, o Herre, och kom ej längre ihåg vår orättfärdighet. Se, din Heliges stad är ödelagd, Sion är ödelagt; Jerusalem är öde, öde är din helgedom och din härlighets hus, där våra fäder lovsjungit ditt heliga namn. *Sv.* Duggen, I himlar...

F. Vi ha syndat och blivit såsom en spetälsk; såsom trädens torra löv ha vi alla fallit av; lik en stormvind ha våra missgärningar ryckt oss bort. Du har vänt ditt ansikte ifrån oss, du har slagit oss för våra synders skull. *Sv.* Duggen, I himlar...

F. Se, Herre, till ditt folks betryck och sänd den, du sända skall. Sänd ut Lammet, sänd

Adventstiden. 179

ut från öknens klippa jordens härskare, att han må avlyfta från oss fångenskapens ok.
Sv. Duggen, i himlar...
F. Trösta dig, trösta dig, mitt folk; snart skall din Frälsare komma. Varför förtäres du av sorg? Varför har smärtan vanställt ditt ansikte? Frukta ej, jag skall frälsa dig; ty jag är Herren, din Gud, Israels Helige, din Frälsare.
Sv. Duggen, I himlar...
Låtom oss bedja. Vi bedja dig, o Herre, rör våra hjärtan med din nåd, att vi må bereda vägen för din enfödde Son. Förläna oss även, att vi som med glädje mottaga honom såsom vår Frälsare, en gång förtröstansfullt må få se honom komma som vår domare. Genom samme Kristus, vår Herre. *Sv.* Amen.

Längtan efter världens Frälsare.

De s. k. O-antifonerna ur adventsliturgin.

O V i s h e t, som framgått ur den Allrahögstes mun, du som räcker från världens ena ände till den andra och ordnar allt med kraft och mildhet, kom och lär oss vishetens väg.
F. Se, o Herre, till ditt folks betryck,
Sv. Och sänd den du sända skall.

O A d o n a i, starke Gud och härskare över Israels hus, du som syntes för Moses i den brinnande törnbuskens låga och givit lagen på Sinais berg, kom och fräls oss med din starka hand.
F. Kom och rädda oss, Herre, härskarornas Gud,
Sv. Visa oss ditt ansikte, och vi skola frälsas.

O J e s s e t e l n i n g, samlingstecknet för jordens folk, inför vilken konungar förstummas och nationerna tillbedja, dröj ej längre, kom och fräls oss.
F. Över dig, Jerusalem, skall uppgå Herren,

180 Adventstiden.

Sv. Och hans härlighet skall uppenbaras över dig.

O du som har Davids nyckel och bär Israels spira, du öppnar, och ingen stänger, du stänger och ingen öppnar, kom och befria de fångna som sitta i mörker och dödens skugga.

F. En stjärna skall framträda ur Jakob,
Sv. En spira skall höja sig ur Israel.

O du som uppgår som det eviga ljusets återsken, rättfärdighetens sol, kom och upplys dem som sitta i mörker och dödens skugga.

F. Se, Herren skall komma och alla hans heliga med honom,
Sv. Och på den dagen skall vara ett stort ljus.

O Konung, folkens efterlängtade, du hörnsten, som förenar det som varit åtskilt, kom och fräls människan som du danat av jordens stoft.

F. Se, Jungfrun skall undfå och föda en son,
Sv. Och hans namn skall vara Emmanuel.

O Emmanuel, vår konung och lagstiftare, nationernas åtrå och folkens räddning, kom att återlösa oss, Herre, vår Gud.

F. Kom, o kom, Emmanuel,
Sv. Och fräls ditt arma Israel.

Låtom oss bedja. Uppväck, o Herre, våra hjärtan till att bereda vägen för din enfödde Son, på det att vi genom hans ankomst må varda värdiga att tjäna dig med luttrat sinne. Genom samme Kristus, vår Herre. *Sv.* Amen.

Adventsbön.

Herre Jesus Kristus, Gud av Gud, ljus av ljus, sann Gud av sann Gud! Född av Fadern före morgonstjärnan, lever och regerar du med honom och den Helige Ande i himmelens härlighet. Vad förmådde dig att nedstiga från him-

Adventstiden.

melen för att i Marias jungfruliga sköte antaga vår mänskliga natur? Vad förmådde dig att bliva lik stoftets barn? Icke behövde du oss; du var oändligt salig oss förutan. Men din kärlek till oss var så stor, att du hellre valde ringhet och armod än att se oss försmäkta i andlig nöd. Ja, det var kärleken till oss, som förmådde dig att utblotta dig själv och antaga tjänarens skepnad för att kunna arbeta, lida och dö för oss, för att från oss borttaga syndens skuld och straff. Tack och lov och pris vare dig för din oändliga kärlek. Varmed kan jag vedergälla den? Jag har icke något annat, som jag kan skänka dig, än mitt hjärta. Mottag det som din egendom och dana det efter ditt heliga hjärta.

Såsom fordom det Gamla förbundets fäder längtade efter din ankomst, så längtar även mitt hjärta efter din nåderika födelse. Väl vet jag, att du för länge sedan har kommit i världen; men jag vet även, att du intill världens ände nedstiger från himmelen för att på andligt sätt födas i de frommas hjärtan. Jag längtar efter din ankomst och ropar med profeten: Duggen I himlar, från ovan, och I skyar, regnen ned den Rättfärdige; öppna, jord, ditt sköte, låt snart Frälsaren spira upp. Himmelska dagg, fall ned på mitt förtorkade hjärta; himmelska regn, vederkvick min törstiga själ. Gör mitt hjärtas jordmån fruktbar, så att den bär en ymnig skörd av goda föresatser, heliga beslut och dig behagliga gärningar. Kom, o Jeus, och besök mitt hjärta. Kom med din barmhärtighet och rena mitt syndiga hjärta; kom med din nåd och gör mitt arma hjärta rikt; kom med din frid och lugna mitt oroliga hjärta; kom med din kärlek och värm mitt kalla hjärta, att jag må älska dig i liv och död och i all evighet. *Sv.* Amen.

Korta adventsböner.

F. Herren kommer på himlens skyar; på hans gördel står skrivet: Konungarnas konung och härskarornas Herre.
Sv. Om han dröjer, så vänta på honom, ty han kommer säkert och bedrager icke.
F. Ila, o Herre, till vår frälsning. Kom, och dröj icke längre; utplåna ditt folks synder.
Sv. Kom, som du har lovat och befria oss.
F. Se, Herren kommer, i härlighet stiger han ned, och hans härskaror omgiva honom.
Sv. I hans dagar skall rättfärdighet uppstå och fridens fullhet.
F. Himlen skall fröjda sig, och jorden uppgiva glädjerop. Högljutt skolen I jubla: Herren kommer och förbarmar sig över sina fattiga.
Sv. Herre, härskarornas Gud, låt ditt ljus lysa oss, att vi få frälsning.
F. Stig upp på berget, bringa Sions glada budskap, upphäv med all kraft din stämma och förkunna Juda städer:
Sv. Sen, vår Gud, som vi vänta, han kommer.
F. Stöten i basun på Sion, kalla på hedningarna, förkunna det högt för folket:
Sv. Sen, Gud, vår Frälsare, kommer.
F. Jungfru Maria, mottag det ord som av Herren blev dig sagt genom ängelns mun: Den Helige Ande skall komma över dig, och den Högstes kraft skall överskygga dig. Därför skall det Heliga som skall födas av dig, kallas Guds Son.
Sv. Välsignad skall du vara bland alla kvinnor.
F. Herre, hör min bön;
Sv. Och låt mitt rop komma till dig!

Låtom oss bedja. Res dig, o Herre, i ditt välde och skynda med mäktig kraft till vår hjälp på det att din skonsamma barmhärtighet genom din nåds bistånd måtte påskynda, vad våra synder förhindra. Därom bedja vi dig genom Kristus, vår Herre. *Sv.* Amen.

Beredelse till Frälsarens andliga ankomst.

1. Jesus Kristus, vår Gud och Frälsare, med andakt ihågkomma vi i denna heliga tid den fromma längtan, varmed det Gamla förbundets heliga bönföllo om din nåderika ankomst. Du har uppfyllt det löfte, som redan i paradiset gavs våra stamföräldrar. Du, den evige Faderns evige Son, har nedstigit från himmelen och blivit människa. Du har krossat mörkrets välde, brutit syndens bojor och stiftat frid och försoning mellan oss och din himmelske Fader. Må himmelen och jorden förena sig med oss och tacka dig för din återlösning.
F. Vi tro, o Herre, att du är den utlovade Messias, kvinnans ättling som kommit att söndertrampa ormens huvud.
Sv. Vi tro, att i ditt namn jordens alla folk skola välsignas.
F. Vi tro, att du är vägen, sanningen och livet.
Sv. Vi tro, att du är det sanna ljuset, som upplyser var människa som kommer i världen.
Låtom oss bedja. Fulla av förtröstan bedja vi dig, Herre Jesus Kristus, lär oss rätt känna dig och värdet av dina himmelska skatter, på det att våra hjärtan må upptändas av innerlig kärlek till dig och uppriktig längtan efter dina gåvor. Huru längtade icke det Gamla förbundets patriarker och profeter efter dig och din ankomst! De skådade dig i anden och hälsade dig såsom den starke Guden, såsom fridens furste och världens frälsning, såsom Emmanuel. I sanning, du är vår Emmanuel, ty

i dig är Gud med oss; du är Guds lamm, som borttager världens synder; du är vår evige överstepräst, som med sitt blod har ingått i det Allraheligaste och öppnat för oss himmelens lyckta portar. Lov och tack ske dig därför nu och i evighet. *Sv.* Amen.

F. Herre, efter dig längta vi.
Sv. Låt ditt ljus lysa över oss.
F. Till dig, o Herre, står vårt hopp.
Sv. Kom och rädda oss ur syndens nöd.

2. Himmelen och jorden skola förgås, men dina ord, o Herre, skola icke förgås. Du är trofast i alla dina ord och helig i alla dina verk. Den dag skall komma, då ditt ord går i fullbordan och du med stor makt och majestät skall återkomma till att döma levande och döda. Alla skola vi då inställas inför din domstol för att avlägga räkenskap för våra gärningar, ja, för våra hemligaste tankar. Med ditt gudomliga ljus skall du på den dagen lysa in i våra hjärtans djup för att bringa i dagen, vad i mörker är fördolt, och uppenbara hjärtans tankar.

F. Res dig, o Herre, och skynda till vår hjälp.
Sv. Kom och visa oss ditt ansikte.
F. Kom, o Herre, och dröj icke.
Sv. Kom och fräls ditt folk från dess synder.

Låtom oss bedja. Uppväck oss, o Herre, ur vår liknöjdhet. Giv oss ett ångerfullt och förkrossat hjärta, att vi må avsky synden och älska rättfärdigheten. Lär oss behjärta, att stunden är inne att uppstå från sömnen, att avlägga mörkrets gärningar och ikläda oss ljusets vapen, på det att vi en gång med glädje må kunna möta dig, när du kommer på himmelens skyar till att döma levande och döda. *Sv.* Amen.

F. Ur djupen ropar jag till dig, o Herre; Herre, hör min bön.

Adventstiden.

Sv. Om du vill ihågkomma missgärningar, Herre, o Herre, vem kan då bestå?
F. Hos Herren är barmhärtighet och riklig återlösning.
Sv. Och han skall återlösa sitt folk från alla dess synder.

3. Herre Jesus Kristus, när du ville ikläda dig den mänskliga naturen, utgöt den himmelske Fadern sin nåds fullhet över den allra saligaste Jungfrun Maria för att bereda dig en värdig boning. Han uppväckte åt dig en förelöpare, som genom sitt ord och liv skulle mana till bot och bereda världen till din ankomst. Snart skall du komma även till oss och göra oss delaktiga av din heliga mandomsanammelses nådegåvor, på det att vi såsom Guds barn efter ditt föredöme må tillväxa i vishet och nåd inför Gud och människor.

F. En ropandes röst i öknen: Bereden Herrens väg,
Sv. Gören hans stigar räta.
F. Låtom oss leva rättfärdigt och gudaktigt i denna värld,
Sv. Väntande det saliga hoppet och vår Herres Jesu Kristi ankomst.

Låtom oss bedja. Barmhärtige Frälsare, du som kommit att söka och frälsa det som var förlorat, låt ditt ansikte lysa över oss och led våra fötter på fridens väg, på det att vi genom uppriktig bot och innerlig längtan efter din ankomst må bereda dig en värdig boning i våra hjärtan, du som lever och regerar från evighet till evighet. *Sv.* Amen.

Kvatemberfastedagarna.

De fyra årstidernas fasta, d. v. s. onsdagen, fredagen och lördagen i tredje decemberveckan, första fasteveckan, pingstveckan och tredje septemberveckan infördes i Rom i de första århundradena. Enligt Kyrkans mening skola dessa dagar hållas som särskilda bön- och fastedagar. Sedan påven Gelasius (496) gälla särskilt kvatemberdagarna såsom en tid, då den heliga prästvigningen meddelas. Därför är det bruk i många länder, att på dessa dagar bedja om goda präster. 'Skörden är stor, men arbetarna äro få. Bedjen därför skördens Herre, att han sänder arbetare till sin skörd.'

Adventslitania.

Herre, förbarma dig över oss.
Kristus, förbarma dig över oss.
Herre, förbarma dig över oss.
Kristus, hör oss.
Kristus, bönhör oss.
Gud Fader i himmelen: *Förbarma dig över oss.*
Gud Son, världens Frälsare,
Gud Helige Ande,
Helige Trefaldighet, en ende Gud,
Helige Gud, som skapat människan till din avbild 'i rättfärdighet och helighet,
Rättfärdige Gud, som fällt straffdomen över den fallna människan,
Barmhärtige Gud, som givit våra stamföräldrar löfte om en återlösare,
Jesus, förutsagd av profeterna,
Jesus, förebildad i Gamla förbundet,
Jesus, efterlängtad av fäderna,
Jesus, du som kommit att frälsa ditt folk från dess synder,
Jesus, du som kommit att söka och saliggöra det som var förlorat,
Jesus, du som med stor makt och härlighet skall återkomma att döma levande och döda,
Jesus, du som giver rättfärdighetens krona åt dem som älska din ankomst,
Var oss nådig: *Förskona oss, o Herre.*
Var oss nådig: *Bönhör oss, o Herre.*

Adventstiden.

Från allt ont: *Fräls oss, o Herre.*
Från otro och vantro,
Från ljumhet och liknöjdhet i din heliga tjänst,
Från mörkrets gärningar,
Från farlig syndasömn,
Från den eviga döden,
Genom din eviga födelse av Fadern,
Genom din mänskliga födelse av Jungfru Maria,
Genom din andliga födelse i våra hjärtan,
På domedagen,
Vi arme syndare: *Vi bedja dig, bönhör oss.*
Att du vilje föra oss från mörkret till ditt underbara ljus,
Att du ville väcka oss till ett rättfärdigt liv,
Att du ville giva oss nåden att bära botens värdiga frukter,
Att du icke ville låta våra hjärtan betungas av köttets lustar och livets bekymmer,
Att du ville väcka hos oss en hjärtlig längtan efter din ankomst,
Att du ville reda dig en värdig boning i våra hjärtan,
Att du ville giva oss nåden att städse vara beredda på din ankomst till domen,
Att du på domedagen ville döma oss med barmhärtighetens dom,
Att du ville göra oss till medarvingar av din härlighet,
Guds Son,
Guds lamm, som borttager världens synder: *Förskona oss, o Herre.*
Guds lamm... *Bönhör oss, o Herre.*
Guds lamm... *Förbarma dig över oss, o Herre.*
F. Vår själ väntar på Herren,
Sv. Ty han är vår hjälpare och beskyddare.
Låtom oss bedja. Allsmäktige, evige Gud, uppväck våra hjärtan, att vi genom sann botfärdighet må bereda vägen för din enfödde Son, på det att vi, renade och helgade till kropp och

själ, med glädje må motse hans nåderika ankomst. Genom samme Kristus, vår Herre. Sv. Amen.

Julpräfationen.

Det är i sanning tillbörligt och rätt, riktigt och gagneligt, att vi alltid och allestädes tacka dig, helige Herre, allsmäktige Fader, evige Gud! Ty genom hemligheten i Ordets mandomsanammelse har din härlighet i ett nytt ljus strålande gått upp för våra själars ögon, så att vi — skådande Gud i synlig gestalt — dragas till att älska det Osynliga. Därför sjunga vi med änglar och ärkeänglar, med troner och herradömen och med hela den himmelska härskaran din härlighets lovsång, i det vi oavlåtligen säga:

Helig — Helig — Helig.

Stilla natt.

Stilla natt, heliga natt! * Vaket vid krubban satt * Tyst i fröjd det heliga par. * Himlabarn, som lovat oss var, * Slumra i ljuvaste ro, * Slumra i ljuvaste ro!

Stilla natt, heliga natt! Änglars här sjunger glatt. * Sången bringar herdarna bud, * Född är Kristus, vilken är Gud. * Frälsaren, Kristus är född, * Frälsaren, Kristus är född.

Stilla natt, heliga natt! * Himlens barn, jordens skatt, * Saligt ler din heliga mund. * Slagen är befrielsens stund. * Frälsare, pris vare dig! * Frälsare, pris vare dig!

Sen konungarnas konung, som utgår av Fadern.
— Såsom solen uppgår, kommer världsalltets Frälsare; liksom daggen faller på gräset, stiger han ned i Jungfruns sköte. — Dagarna uppfylldes för Maria, och hon födde sin son. — Fridsfursten är kommen i härlighet, hela jorden längtar efter att få se hans anlete. — Upplyften edra huvuden, ty eder frälsning är nära. — Jordens orättfärdighet tages bort, och världsalltets Frälsare skall härska över oss.

(Antifoner ur Breviarium Romanum.)

Julhögtiden.

Julbön.

1. I djupaste ödmjukhet nalkas jag dig, nyfödde Frälsare, för att frambära åt dig min hyllning. Du ligger i ett stall, i en krubba, ett svagt, hjälplöst barn; men jag tror fast och bekänner högt att du är den levande Gudens Son, sann Gud, född av Fadern från evighet. Du är återskenet av hans härlighet, hans väsens fullkomliga avbild. Du är Ordet, som i begynnelsen var hos Gud, genom vilket Fadern har skapat allt som är i himmelen och på jorden. I dig var livet för alla varelser som skulle leva; i dig var ljuset för alla andar som skulle skapas.

Med de heliga änglar som osynligt omgåvo din krubba, utropar jag: Helig, helig, helig är Herren Gud, som var och som är och som komma skall. Värdig är du, o Herre, att äga pris och ära och makt; ty du har skapat allt, och för din viljas skull blev det till.

F. Och Ordet vart kött

Sv. Och bodde ibland oss.

F. Och vi hava sett hans härlighet,

Sv. En härlighet, som Faderns Enfödde har, full av nåd och sanning.

Låtom oss bedja. Hur omätlig, o gudomlige Frälsare, är icke din förbarmande kärlek! Vi voro ett förtappat släkte, vredens barn, hemfallna åt den andra, den eviga döden. Från himmelens höjder såg du vårt elände, såg du ditt folks betryck. Du hade kunnat sända en ängel, en av himmelens yppersta furstar, för att med himmelen försona vårt släkte. Men detta var icke nog för din kärlek. Du ville själv komma och återlösa oss. Du nedsteg från din eviga tron och iklädde dig vår dödlighets dräkt; du blev lik en av oss, ett fattigt människobarn, för att göra oss till Guds barn och arvingar till himmelens rike.

F. Ett barn är oss fött, en son är oss given.

Sv. Herraväldet vilar på hans skuldror, och hans namn skall vara: den starke Guden, fridens furste, världens Frälsare.

F. Han skall härska i Jakobs hus till evig tid,

Sv. Och på hans rike skall icke vara någon ände.

2. I största ödmjukhet tillber jag dig, gudomlige Frälsare; av hjärtats grund tackar jag dig att du har kommit i världen, för att bliva försoningsoffret för oss syndiga människor och genom ditt ord och föredöme visa oss frälsningens väg. Genast vid din födelse börjar du

Julhögtiden.

ditt stora värv; ty med ditt liv begynner ditt lidande, och din krubba är din lärostol. Varför valde du ett stall i stället för ett palats? varför en hård krubba i stället för ett mjukt läger? varför lindor i stället för purpur? Du gjorde så, emedan du redan vid din födelse ville lära mig kärlek till fattigdom, försakelse och ödmjukhet. När därför kärlek till världen och dess förgängliga ägodelar vill snärja mitt hjärta, vill jag tänka på att du, himmelens konung, har gjort dig själv fattig, för att jordens förgängliga ägodelar ej må komma mig att glömma de skatter som mal och rost ej förtära; när sinnliga njutningar vilja fresta mig, vill jag erinra mig de umbäranden och försakelser du påtog dig i krubban; när livets högfärd rör sig i mitt inre, vill jag komma ihåg den djupa förödmjukelse, med vilken du måste försona min äregirighet och mitt högmod.

F. Guds, vår Frälsares, nåd har blivit uppenbarad.

Sv. Han lär oss att avsäga oss ogudaktighet och världsliga lustar.

F. Han har utblottat sig själv och antagit en tjänares skepnad.

Sv. Därför har Gud upphöjt honom och givit honom ett namn som är över alla namn.

F. I Jesu namn skola allas knän böja sig, deras som äro i himmelen, på jorden och under jorden,

Sv. Och alla tungor skola bekänna att Herren Jesus Kristus är i Gud Faderns härlighet.

Låtom oss bedja. O Gud, som genom din enfödde Sons födelse upplyst den heliga natten, vi bedja dig, giv att vi, som på jorden lärt känna hans hemlighetsfulla ljus, i himmelen måtte få åtnjuta hans fröjder. Genom samme Kristus, vår Herre. *Sv.* Amen.

Julhögtiden.

Och Ordet vart kött.

Julbetraktelse.

'Och Ordet vart kött och bodde ibland oss'. Prisa Herren, min själ, och allt som är i mig, love hans heliga namn! Den evige Faderns Son har antagit en tjänares skepnad och blivit världens Frälsare. Återglansen av Faderns härlighet, hans väsens trogna avbild, har nedstigit från himmelen och blivit världens Återlösare. Hell dig, heliga natt, vars mörker upplystes av himmelskt ljus, vars tystnad avbröts av änglars jubelkörer; hell dig, heliga natt, i vilken den evige Faderns evige Son i barnets älskliga gestalt trädde in i världen!

Vem kan fatta den barmhärtighet som förmått dig, evige Fader, att offra din enfödde Son för oss syndiga människor! Vem förmår fatta den kärlek som fört dig, Guds Son, från himmelen ned till jorden, från de saligas land till jämmerns och dödens dal! Visserligen kunna vi icke begripa denna outsägliga kärlek, denna oändliga barmhärtighet; men tro, älska, tacka och instämma i de himmelska härskarornas jubel, det kunna vi, det vilja vi. Ära vare Gud i höjden! Ja, ära vare dig, himmelske Fader! Du har givit oss din Son och med honom allt som kan bereda oss sann lycka. Genom honom ha vi blivit försonade med dig, genom honom ha vi vunnit tillträde till din nådetron, genom honom ha vi fått makt att bliva dina barn.

Ära vare dig, du Faderns eviga Ord! Såsom ett svagt, hjälplöst barn träder du in i den värld som är dina händers verk. Som befriare från allt mänskligt elände börjar du redan vid din födelse att bära de olyckligas bördor. Du upplever själv livets bitterhet för att hugsvala de lidande, trösta de bedrövade, upplyfta de nedböjda, hjälpa de betryckta och bringa åt

Julhögtiden. 193

oss alla ro för våra själar. Du döljer ditt gudomliga majestät under den mänskliga naturens slöja, så att vi utan fruktan kunna nalkas dig. Vilken dödlig kunde väl annars med sina ögon se dig utan att bländas av din härlighet! Du den Allrahögste, vilkens storhet ingen tanke kan fatta, du kallar dig vår broder, och vi få kalla dig med samma ljuva namn. Vilken ära, vilken upphöjelse för oss, fattiga människobarn! Vi äro lemmar av en lekamen, vars huvud du är; vi äro förenade med dig såsom vinrankan är förenad med vinstocken. Denna förening utgör vårt liv och vår sällhet; ty utanför dig finns blott mörker, död och fördärv. Blott i tron på dig och i troget uppfyllande av din vilja vinna vi frid och evigt liv.

Gudomliga Jesusbarn, du den eviga kärlekens underverk, giv oss nåd, att vi med Maria och Josef, med de fromma herdarna och de vise männen, med de heliga änglar som vakade kring din krubba, värdigt må tillbedja, ära och lova dig. Du de frommas längtan, de nödlidandes hopp, alla människors vän, uppväck i oss en stark glädje över din födelse. Lär oss högt akta den värdighet varmed du hedrat oss genom att antaga vår mänskliga natur. Låt oss bliva ett med dig genom kärlekens band. Förbliv i oss, låt din nåd verka i oss och skapa i oss en ny ande, på det att vi alltmer må älska dig och med allt större trohet tjäna dig för att efter detta korta, förgängliga liv för evigt förenas med dig i din härlighets rike. *Sv.* Amen.

Bön till Gud Fader.

O Fader i himmelen, du som är stor i nåd och barmhärtighet, du som gör under, vi tacka dig av allt hjärta för att du har låtit din enfödde Son födas av den heliga, alltid rena Jungfrun

7 — *Oremus.*

på denna syndens och förgängelsens jord på det att han för oss människor skulle förkunna frälsning och frid. Vi bedja dig att, såsom du en gång lät din Son komma i världen, du också ville låta honom födas i våra ovärdiga hjärtan, så att han i sanning blir vår levande Frälsare, vår egen; värdes låta Kristus, den högtlovade, taga gestalt i vårt inre. Giv att han må tillväxa i oss, så att hans kraft allt mer fullkomnar vår svaga, ofullkomliga dygd. Förläna oss, o Fader, att Kristuslivet, det fördolda, må sätta sin prägel på allt vad vi äro och på allt vad vi göra, dig till evigt lov och pris, du vår Fader, som av din blotta nåd har givit oss och ständigt giver oss den outsägligt stora gåvan, Jesus Kristus, din Son, vår Herre, som med dig i den Helige Andes enhet lever och regerar, en Gud i evighet. Sv. Amen.

Bön till Jesusbarnet.

Jesus, den himmelske Faderns evige Son, i anden närma vi oss det fattiga stall dit världen förvisat dig. Du underbare Gud, du har dolt din gudoms glans under barnets ödmjuka gestalt, på det att vi med kärlek och förtröstan må kunna komma till dig. Invig våra själar till from andakt. Lär oss rätt uppskatta din stora kärlek; lär oss med Maria och Josef tillbedja dig i renhet och helighet. Lär oss lova och prisa dig med himmelens änglar och med de fromma herdarna tjäna dig i hjärtats enfald; lär oss såsom de vise männen frambära åt dig gåvor, som äro dig behagliga. Rena våra hjärtan, att vi må födas pånytt till ett himmelskt liv. Lär oss att vara ödmjuka liksom du, den ödmjuke, fattiga i anden liksom du, den fattige, saktmodiga och tåliga såsom du. Giv, att vi efter ditt föredöme må tilltaga i vishet och nåd inför Gud och människor samt bliva delaktiga av din mandomsanammelses frukter, du som lever och regerar från evighet till evighet. *Sv.* Amen.

Hälsning till Maria och Josef.

Heliga moder Maria, jag hälsar dig och gläder mig över den stora lycka som i den heliga natten genom Guds Sons födelse kommit dig till del. Upptag mig till ditt barn och anbefall mig åt din älskade Son. Helige Josef, Jesu fosterfader, jag hälsar dig och gläder mig över den stora utmärkelse till vilken den nyfödde Frälsaren upphöjt dig. Utverka åt mig hos din gudomlige fosterson sann kärlek till honom, att jag en gång med dig och din jungfruliga brud må bliva förenad med honom i himmelens rike. *Sv.* Amen.

Bön om Jesusbarnets välsignelse.

Gudomliga barn, som blev avlat av den Helige Ande och fött av Jungfru Maria, jag faller ned och tillbeder dig med Maria och Josef och de heliga änglar som hålla vakt vid din krubba. Lov och pris vare dig, den evige Faderns Son, Jungfruns Son! Innerligt tack ske dig för din förbarmande kärlek! Jag är icke värd att nalkas dig, ty jag är en syndig människa. Men se, jag ångrar alla mina synder och önskar uppriktigt att aldrig ha begått dem. Hädanefter vill jag älska dig av allt mitt hjärta och mer än allt annat i himmelen och på jorden. Till bevis på min kärlek vill jag tjäna dig med helig iver och troget hålla dina bud.

Gudomliga barn, jag beder dig vid din himmelske Faders kärlek och vid din heliga moders ljuva namn, välsigna mig och denna min föresats. Giv nu din välsignelse åt hela världen, åt alla människor och folk, såsom du genom de fromma herdarna gav den åt Israels barn och genom Österlandets furstar åt hednavärldens folk. Välsigna i synnerhet alla barn och all ungdom, att de må uppväxa i oskuld och renhet. Sänd dina heliga änglar och håll med din starka hand förföraren fjärran. För ditt heliga namns skull hör min bön och låt mitt rop komma till dig. Giv dem som sitta i mörker, trons ljus; återför till din hjord dem som försmäkta i villolärans ödemark. Giv syndarna omvändelsens nåd, de rättfärdiga tillväxt i din kärlek, de avlidna den eviga vilan och oss alla en salig död och himmelens härlighet. Sv. Amen.

Andakt till Jungfru Maria se sid. 412.

Jullitania.

Herre, förbarma dig över oss.
Kristus, förbarma dig över oss.
Herre, förbarma dig över oss.
Kristus, hör oss.
Kristus, bönhör oss.
Gud Fader i himmelen: *Förbarma dig över oss.*
Gud Son, världens Frälsare,
Gud Helige Ande,
Heliga Trefaldighet, en ende Gud,
Jesus, Guds ende Son, född av Fadern från evighet,
Jesus, Faderns eviga Ord, genom vilket allt är gjort som är gjort,
Jesus, änglars och människors liv och ljus,
Jesus, Guds Son, som vart kött och bodde ibland oss,
Jesus, född av Maria, den rena Jungfrun,
Jesus, född i ett stall som ett fattigt barn,
Jesus, svept i lindor och lagd i en krubba,
Jesus, vilkens inträde i världen himmelens änglar förkunnat,

Jullitania. 197

Jesus, som herdarna funnit i krubban och ödmjukt tillbett,
Jesus, som för hedningarna uppenbarats genom en stjärna,
Jesus, åt vilken österlandets furstar offrat guld, rökelse och myrra,
Jesus, du som blivit fattig för att göra oss rika,
Jesus, du som tog på dig tjänarens skepnad för att upphöja oss till himmelens furstar,
Jesus, du som blivit ett människobarn för att göra oss till Guds barn,
Jesus, du som vill att alla människor skola komma till sanningens kunskap och bliva saliga,
Jesus, du som skänker frid åt människor vilka äga Guds välbehag,
Jesus, vår kärleksfulle Frälsare och tillkommande domare,
Var oss nådig: *Förskona oss, o Herre.*
Var oss nådig: *Bönhör oss, o Herre.*
Från all synd: *Fräls oss, o Herre.*
Från livets högfärd,
Från onda begär,
Från all syndig bundenhet vid jordiska ägodelar,
Från all ond vilja,
Från vantro och otro,
Genom din ankomst,
Genom din underbara födelse,
Genom din heliga barndom,
Genom din stora fattigdom,
Genom din djupa ödmjukhet,
Genom din kärlek till oss människor,
Vi arma syndare: *Vi bedja dig, bönhör oss,*
Att vi med helig glädje må fira minnet av din nåderika födelse,
Att vi med tacksamhet må mottaga dig i våra hjärtan,

Att vi, liksom de fromma herdarna, i hjärtats enfald må söka dig,
Att vi må ära Gud i höjden,
Att vi på jorden må åtnjuta din frid,
Att vi i nöd och bedrövelse må ihågkomma ditt armod och dina lidanden,
Att vi må avlägga högmod, veklighet och alla syndiga lustar,
Att vi må värdiga varda din mandomsanammelses frukter,
Jesus, Guds Son,
Guds lamm, som borttager världens synder: *Förskona oss, o Herre.*
Guds lamm... *Bönhör oss, o Herre.*
Guds lamm... *Förbarma dig över oss, o Herre.*
F. Därav hava vi lärt känna Guds kärlek,
Sv. Att han sänt sin enfödde Son i världen.
Låtom oss bedja. Vi bedja dig, Herre, himmelske Fader, förläna oss riklig nåd att vi, som med glädje fira minnet av din enfödde Sons födelse av Jungfru Maria, genom hennes förbön må pånyttfödas i rättfärdighet och helighet, genom samme Kristus, vår Herre. *Sv.* Amen.

Nyårsafton.

Tacksägelse och åkallan.

F. Allsmäktige, evige Gud, alla goda gåvors givare, vi tacka dig av hela vårt hjärta för alla de timliga och andliga välgärningar som du bevisat oss varje dag av vårt liv (och särskilt under det förflutna året).
Från evighet har du med kärlek tänkt på oss och i tiden skapat oss.
Sv. Därför tacka vi dig, o Herre.
F. Med faderlig huldhet har du genom din heliga försyn styrt och beskyddat oss.

Nyårsafton. 199

Sv. Därför tacka vi dig, o Herre.
F. Utan vår förtjänst har du upptagit oss i ditt rike, den heliga katolska Kyrkan.
Sv. Därför tacka vi dig, o Herre.
F. Genom Kyrkans heliga sakrament har du ofta välsignat oss med den Helige Andes gåvor.
Sv. Därför tacka vi dig, o Herre.
F. För de särskilda gåvor som du (under årets lopp) nådeligen förlänat var och en av oss,
Sv. Tacka vi dig, o Herre.
F. För avvändande av alla faror och olyckor som hotat oss, samt för alla lidanden med vilka du till vårt bästa hemsökt oss,
Sv. Tacka vi dig, o Herre.
F. Ty av dig, o Herre, kommer allt gott, och ingenting är gott utom dig. Därför vare dig evigt tack och lov, genom Kristus, vår Herre,
Sv. Amen. — Ära vare Fadern.
F. Rättvise och barmhärtige Gud, inför ditt heliga ansikte ödmjuka vi oss i stoftet; vi ångra av hjärtats grund alla synder med vilka vi från barndomen (och i synnerhet under detta år) förolämpat ditt oändliga majestät. Vi ångra och avsky alla synder som vi någonsin begått i tankar, ord och gärningar eller genom underlåtande av det goda vartill vi voro förpliktade.
Sv. Förbarma dig över oss, o Herre.
F. Vi ångra de otaliga fel och försummelser varmed vi bedrövat ditt kärleksfulla hjärta.
Sv. Förbarma dig över oss, o Herre.
F. Vi ångra all den lättja och ljumhet varmed vi missbrukat din nåd och omintetgjort dina kärleksfulla avsikter.
Sv. Förbarma dig över oss, o Herre.
F. Gå icke till doms med oss, o Gud, och straffa oss icke för våra missgärningars skull, utan förskona oss och förbarma dig över oss

Nyårsafton.

efter din stora barmhärtighet, genom Kristus, vår Herre. *Sv.* Amen. — Ära vare Fadern.

F. Kärleksrike Gud och Fader, vi bedja dig, att du, i kraft av Jesu Kristi, din Sons, förtjänster och beaktande hans heliga moder Marias samt alla änglars och helgons förböner, måtte vara oss nådig och barmhärtig nu och i synnerhet i vår sista stund.

Att du ville bevara och styrka oss i den sanna tron, i det kristliga hoppet och i din heliga kärlek,

Sv. Vi bedja dig, bönhör oss.

F. Att du ville giva oss hjärtats frid och endräkt,

Sv. Vi bedja dig, bönhör oss.

F. Att du ville bevara oss från andliga och kroppsliga olyckor och faror,

Sv. Vi bedja dig, bönhör oss.

F. Att du ville upplysa de otrogna och vantrogna, omvända syndarna, fullkomna de rättfärdiga, beskydda de oskyldiga, trösta de bedrövade och giva de döende försoning och nåd,

Sv. Vi bedja dig, bönhör oss.

F. Låtom oss bedja för deras själar, som under det gångna året kallats hädan ur denna värld.

Sv. Herre, giv dem den eviga vilan och låt det eviga ljuset lysa för dem.

F. Låtom oss bedja för dem bland oss, som under det kommande året skola inställas inför Guds domstol.

Sv. O Gud, giv dem riklig nåd, att de må hava sina länder omgjordade och sina ljus brinnande och så vara redo, när Människosonen kommer.

F. Låtom oss bedja, att vi själva må framhärda i det goda och få en lycksalig dödsstund.

Nyårsafton.

Sv. Herre, visa oss din barmhärtighet och förläna oss evigt liv.

Låtom oss bedja. Herre Jesus Kristus, vi överlämna oss nu med allt vad vi äro och äga i dina heliga händer. Vi anbefalla åt ditt heliga hjärta kropp och själ, timlig lycka och evig välfärd, våra anhöriga och släktingar, vänner och ovänner, vår församling, hela den heliga Kyrkan och hennes överhuvud, vår Helige fader. Mottag därför, o Herre, hela vår frihet, vårt minne, vårt förstånd, vår vilja, allt vad vi äro och äga. *Sv.* Du har givit oss allt; åt dig återställa vi allt. Allt tillhör dig; gör därmed efter ditt välbehag. Giv oss blott din kärlek och din nåd; mer begära vi icke. *Sv.* Amen. — Ära vare Fadern.

Te Deum se sid. 237.

En annan bön vid årets slut.

Allsmäktige, evige Gud, hör nådigt den bön som jag i dag med tacksamt hjärta frambär åt dig. Hela mitt liv är en oavbruten kedja av välgärningar från din milda hand. Du har skapat mig till din avbild och antagit mig till ditt barn; du har upptagit mig i din Kyrkas sköte och gjort mig delaktig i Jesu Kristi oändliga förtjänster. Under det förflutna året har du bevarat mig för många olyckor och faror och givit mig allt vad jag behövde för kropp och själ. När jag syndade, fördrog du mig med tålamod; när jag återvände till dig, mottog du mig med öppna armar. Prisa därför, min själ, Herren, och allt som är i mig, love hans heliga namn! Ja, lov och tack vare dig, o Herre, för all den godhet och kärlek du bevisat mig under årets lopp.

Nyårsafton.

Du är oändligt god och barmhärtig, o Gud, men du är lika rättvis. Skulle jag väl i detta ögonblick utan fruktan kunna framträda inför din domstol? Hur kunde jag bestå inför ditt ansikte, om du nu ville gå till rätta med mig! Hur försumlig har jag icke under detta år varit i din heliga tjänst, hur ofta lät jag mig icke bortryckas av mina onda böjelser, hur jäktade jag icke efter jordens förgängliga goda, hur litet bekymrade jag mig icke om min odödliga själs räddning, hur högmodig och kärlekslös har jag icke varit mot min nästa, hur kallsinnig och liknöjd mot dig, min bäste Fader, mitt högsta goda! Se, jag erkänner och bekänner min orätt; jag ångrar och avskyr min otacksamhet; ödmjukt upplyfter jag mina händer till dig och beder dig om nåd och tillgift. Inför din åsyn fattar jag den fasta föresatsen att hädanefter bättre vaka över mina sinnen och mitt hjärta och att allvarligen bekämpa mina onda böjelser.

Upptag mig åter till ditt barn. Tag icke din hand ifrån mig, utan giv mig mitt dagliga bröd, allt vad jag behöver för kropp och själ. Bevara mig för all fara, styrk mig i varje frestelse, giv mig riklig nåd att förverkliga mina föresatser och att aldrig mera avvika från dina buds vägar. Ty i framtiden vill jag hålla mig till dig och leva för dig; den tid som du i din godhet ännu vill beskära mig, vill jag använda till din tjänst och ditt förhärligande, Lever jag, så lever jag för dig; dör jag, så dör jag för dig; vare sig jag lever eller dör, vill jag tillhöra dig, o Herre. Amen.

Tacksägelse för Herrens välgärningar.

Ps. 110.

Halleluja! Jag vill prisa Herren av allt hjärta i de rättsinnigas råd och församling.

Nyårsafton. 203

Stora äro Herrens verk, värda att begrundas av alla, som hava sin lust i dem.
Majestät och härlighet är vad han gör, och hans rättfärdighet förbliver evinnerligen.
Han har så gjort, att hans under äro i åminnelse; nådig och barmhärtig är Herren.
Han giver föda åt dem som frukta honom, han tänker evinnerligen på sitt förbund.
Sina gärningars kraft har han kungjort för sitt folk, i det han givit dem hedningarnas arvedel.
Hans händers verk äro trofasthet och rätt, oryggliga äro alla hans anordningar.
De stå fast för alltid och för evigt, de fullbordas med trofasthet och rättvisa.
Han har sänt sitt folk förlossning, han har stadgat sitt förbund för evig tid; heligt och fruktansvärt är hans namn.
Herrens fruktan är vishetens begynnelse, ett gott förstånd hava alla de, som därav ledas. Hans lov förbliver evinnerligen. Ära vare Fadern.

Store Gud.

Store Gud, vi lova dig, * Dina verk, din makt vi prisa. * Jord och himmel böja sig * Dig, o Gud, att vördnad visa, * Dig som allting skapat har, * Dig som är och blir och var.

Kerubimers helga kör, * Sig med Serafim förenar; * Högt man jublet skalla hör. * Varje ängel, som dig tjänar, * Ropar med all himlens här: * Helig, helig Herren är!

Helig, helig, Herre Gud, * Stor i makt och stor i ära! * Tusen skilda tungors ljud * Ödmjukt dig sin hyllning bära. * Hela världen i sin prakt * Vittnar om din stora makt.

Faderns makt oss skapat har, * Sonens blod från synd oss renar, * Andens kärlek, helig, klar, jordens folk i Kyrkan enar. * Pris ske dig, Treenighet, * Nu och i all evighet!

I JESU NAMN.

Nyårsdagen.

Bön till Gud, den Evige och Oföränderlige.

Min Herre och Gud, du är densamme i går, i dag och i evighet. Du är evigheternas Konung, upphöjd över tidernas växlande lopp. Hela vår framtid ligger öppen för dina ögon. Du vet vad som skall hända oss varje år, varje dag, ända till vår sista stund. Vi veta det icke, men vi veta, att du ser en oavbruten förändring i vårt liv. Intet år skall lämna oss såsom det fann oss, varken i inre eller i yttre avseende. Allting förändras, blott du förbliver. 'Himlarna och jordens grund skola förgås, du skall förvandla dem såsom man byter om sin dräkt, och de fara hän; men du är densamme, och dina år skola icke hava någon ände.' Ditt ord, o Gud, förbliver i himmelen och på jorden, dina rådslut stå orubbliga och oåterkalleliga, din natur och dina egenskaper äro städse desamma. Vi tillbedja dig i din oföränderlighets lugna frid, i din oförgängliga himmel, som är du själv. Du är fullkomlig från begynnelsen, du kunde intet vinna och intet förlora, ingenting kunde nå upp till dig eller skada dig, ty intet är till som icke du har skapat. Min Herre, min ende Gud och mitt allt, intet beständigt gives utom dig, alla stödja sig på dig såsom på sitt upphov och känna sig skyddade, när de överlämna sig i din hand. Låt oss icke längre jaga efter det som förgås. O, att vi icke måtte förlora vårt hjärta åt någonting på denna jord, att intet måtte vända oss från dig. Omfatta du oss därför och genomträng oss helt och hållet, tag vårt lättrörda

Nyårsdagen

hjärta och vår svaga ande i ditt gudomliga beskydd. Drag oss till dig, så att vi i dig finna vår tröst morgon, middag och kväll. Låt oss finna inre fasthet i dig, medelpunkten och upprätthållaren av allt som är skapat. Var du det strålande ljus i vilket vi finna friden och riktningen för vår levnadsväg. Led oss rätt genom årens växlande lopp och jordens förgänglighet. Låt oss finna och erfara dig som själens sanna, enda, eviga fröjd, såsom vår kraft, vår tröst, vårt hopp, vår sista tillflykt och vår allt omfattande kärlek. Amen.

Uppoffring.

Lov och tack ske dig, oändlige Gud, att du låtit mig uppleva detta nya år. Hur många människor hava ej under det förflutna året blivit bortryckta från detta jordeliv; hur många bland dem hava ej dött en olycksalig död, ehuru de kanske icke syndat så mycket som jag. Men mig, Herre, har du skonat; med mig har du haft fördrag. För mig har ännu ej den natt kommit, då ingen mer kan verka; för mig har du förlängt den nådens tid, då människan ännu kan arbeta på sin frälsning.

Hur kan jag nog prisa din förbarmande kärlek till mig? Hur kan jag nog tacka dig för din godhet? Själv förmår jag det icke. Men mottag, o Gud, som ett välbehagligt tacksägelseoffer det blod som din älskade Son, min Frälsare, utgjutit för mig, och se på det heliga namn som han fått i dag. I Jesu namn börjar jag detta nya år; i Jesu namn vill jag under dess lopp börja och fullända alla mina arbeten och företag. I Jesu namn vill jag bedja och vaka, strida och försaka; i Jesu namn vill jag tåligt bära alla prövningar och lidanden som din heliga försyn behagar ålägga mig.

Mottag nådigt, o Herre, denna min föresats; mottag tillika mitt hjärta såsom en ringa offergåva. Se icke på min ovärdighet, utan på den nyfödde Frälsarens oändliga förtjänst. För hans skull välsigna mig och mina anhöriga under årets alla dagar, giv att det nya året måtte för oss bli ett välsignat år, helgat åt ditt förhärligande och fruktbart för det eviga livet. *Sv.* Amen.

Jesu heliga namns Fest.

Bön till Jesu heliga namn.

Prisat vare Jesu namn! Ditt heliga namn, o Herre, erinrar oss om att du är den levande Gudens Son, född av Fadern från evighet; ty himmelens ängel sade till Jungfrun i Nasaret: 'Det heliga som skall födas av dig, skall kallas den Allrahögstes Son.' Men namnet Jesus säger oss framför allt att du är Människosonen, världens Frälsare. 'Du skall giva honom namnet Jesus', sade himmelens sändebud till din heliga moders brudgum; 'ty han skall frälsa sitt folk från dess synder.'

F. Herrens namn vare välsignat
Sv. Nu och alltid och i all evighet.

Prisat vare Jesu namn! Ditt heliga namn, o Herre, erinrar oss om att du är människosläktets lärare och världens ljus, vilket upplyser var människa som kommer i världen. Den som tror på dig och följer dig efter, han vandrar icke i mörker, utan skall äga evinnerligt liv. Sänd ut ditt ljus, att det må leda oss på livets dunkla stig ända upp till ditt heliga berg, och giv att vi en gång i ditt ljus må skåda det eviga ljuset.

F. Herrens namn vare välsignat
Sv. Nu och alltid och i all evighet.

Jesu heliga namns Fest.

Prisat vare Jesu namn! Ditt heliga namn, o Herre, erinrar oss om att du är vår överstepräst som frambar sig själv åt den himmelske Fadern till ett försoningsoffer för våra synder. Det var icke med förgängligt silver och guld du lösköpte oss från evigt fördärv; det var genom ditt dyrbara blod som du skaffade oss försoning; det är genom dina sår vi blivit helbrägda. Uppväck hos oss botfärdighetens ande, så att vi låta försona oss med Gud och finna barmhärtighet vid nådens tron.

F. Herrens namn vare välsignat
Sv. Nu och alltid och i all evighet.

Prisat vare Jesu namn! Ditt heliga namn, o Herre, erinrar oss om att du är den gode herden, som kärleksfullt vaktar sina får, uppsöker de vilsegångna och återför dem till fårahuset. För ditt namns skull upptag oss i din hjord, led oss på sanningens och nådens bete och försvara oss mot frälsningens fiender; ty det är icke något annat namn under himmelen givet oss människor, i vilket vi skola varda saliga.

F. Herrens namn vare välsignat
Sv. Nu och alltid och i all evighet.

Prisat vare Jesu namn! Ditt heliga namn, o Herre, erinrar oss om att du som segrare över döden uppfarit till himmelen och sitter på Guds, den allsmäktige Faderns, högra hand, varifrån du skall återkomma till att döma levande och döda. För ditt namns skull bedja vi dig, var oss en gång en nådig domare och uppväck oss till det eviga livet.

F. I Jesu namn skola alla knän böja sig: deras, som äro i himmelen, på jorden och under jorden,
Sv. Och alla tungor skola bekänna, att Herren Jesus Kristus är i Gud Faderns härlighet.
F. Loven Herren med mig.
Sv. Låtom oss upphöja hans heliga namn.

Jesu heliga namns Fest.

F. Herrens namn vare välsignat
Sv. Nu och alltid och i all evighet.
F. Vår hjälp är i Herrens namn,
Sv. Vilken har skapat himmel och jord.
Låtom oss bedja. O Gud, som givit din enfödde Son, vår Frälsare, namnet Jesus, förläna oss nådigt att innerligt älska och andäktigt vörda detta heliga namn, på det att vi genom dess kraft må frälsas från allt ont och vinna himmelens eviga salighet, genom samme Kristus, vår Herre. *Sv.* Amen.

Litania till Jesu heliga namn.

Herre, förbarma dig över oss.
Kristus, förbarma dig över oss.
Herre, förbarma dig över oss.
Jesus, hör oss
Jesus, bönhör oss.
Gud Fader i himmelen,[1]
Gud Son, världens Frälsare,
Gud Helige Ande,
Heliga Trefaldighet, en ende Gud.
Jesus, du den levande Gudens Son,
Jesus, du återsken av Faderns härlighet,
Jesus, du det eviga ljusets glans,
Jesus, du härlighetens konung,
Jesus, du rättfärdighetens sol,
Jesus, Jungfru Marias son,
Jesus, värd allas kärlek,
Underbare Jesus,
Jesus, du starke Gud,
Jesus, du den tillkommande världens fader,
Jesus, det stora rådslagets förkunnare,
Jesus, du starke hjälte,
Jesus, tålamodets mönster,
Jesus, lydnadens förebild,

---
[1] Förbarma dig över oss.

Jesu heliga namns Fest.

Jesus, saktmodig och ödmjuk av hjärtat,
Jesus, de kyska själarnas vän,
Jesus, vår vän,
Jesus, fridens Gud,
Jesus, livets upphovsman,
Jesus, alla dygders mönster,
Jesus, du ivrare för själarna,
Jesus, vår Gud,
Jesus, vår tillflykt,
Jesus, de fattigas fader,
Jesus, de troendes skatt,
Jesus, du gode herde,
Jesus, du sanna ljus,
Jesus, du eviga vishet,
Jesus, du oändliga godhet,
Jesus, du vår väg och vårt liv,
Jesus, änglarnas glädje,
Jesus, patriarkernas konung,
Jesus, apostlarnas mästare,
Jesus, evangelisternas lärare,
Jesus, martyrernas styrka,
Jesus, bekännarnas ljus,
Jesus, jungfrurnas renhet,
Jesus, alla heligas krona,
Var oss nådig: *Förskona oss, o Jesus.*
Var oss nådig: *Bönhör oss, o Jesus.*
Från allt ont,[1]
Från all synd,
Från din vrede,
Från djävulens försåt,
Från orenhetens ande,
Från den eviga döden,
Från ringaktning för dina ingivelser,
Genom din heliga mandomsanammelses hemlighet,
Genom din födelse,
Genom din barndom,

---

[1] Fräls oss, o Jesus.

Jesu heliga namns Fest.

Genom ditt gudomliga liv,
Genom dina vedermödor,
Genom din dödsångest och ditt lidande,
Genom ditt kors och din övergivenhet,
Genom dina kvalfulla lidanden,
Genom din död och din begravning,
Genom din uppståndelse,
Genom din himmelsfärd,
Genom dina fröjder,
Genom din härlighet,
Guds lamm, som borttager världens synder:
Förskona oss, o Jesus.
Guds lamm... *Bönhör oss, o Jesus.*
Guds lamm... *Förbarma dig över oss, o Jesus.*
Jesus, hör oss.
Jesus, bönhör oss.
F. Herrens namn vare välsignat.
Sv. Nu och i evighet.
Låtom oss bedja. Vår Herre Jesus Kristus, du som har sagt: Bedjen och I skolen få; söken och I skolen finna; klappen och eder skall varda upplåtet: vi bedja dig, skänk oss din gudomliga kärleks heliga eld, så att vi älska dig av hela vårt hjärta, i ord och gärning, och aldrig upphöra att prisa dig.

Förunna oss, o Herre, att alltid frukta och älska ditt heliga namn, eftersom ditt beskydd aldrig fattas dem som du befäst i din kärlek, du som lever och regerar i all evighet. *Sv.* Amen.

F. Guds hjälp förblive alltid med oss. *Sv.* Amen.

Herre, visa mig vägen och gör mig villig att vandra den.

S:ta Birgitta.

Förtröstan på Frälsaren.

(529)

O Jesus, min Herre och min Gud, ehuru osynlig för mina lekamliga ögon talar du dock till mitt hjärta och tillropar mig från ditt altare: Kommen till mig I alla som arbeten och ären betungade, och jag skall vederkvicka eder. Genom dig, barmhärtige Frälsare, har jag fått barnaskapets ande så att jag med helig förtröstan får träda fram till den Högstes tron. Om känslan av min svaghet och medvetandet om min synd uppfylla mig med fruktan, om tanken på dina stränga domar, o Herre, vill skrämma mig, så känner jag mig trygg och full av förtröstan genom tron på din oändliga kärlek.

Herre, du har skapat mig till ditt förhärligande, du har skapat mig för att jag i dig skall finna evig lycka och salighet. Du uppehåller mitt liv och drager försorg om mig som en fader om sina barn. Du kläder liljorna på fältet och giver föda åt himmelens fåglar. Huru kunde du då förgäta mig! Utan din vilja faller icke ett hårstrå från mitt huvud, ty du styr alla mina öden. Allas ögon vänta på dig, o Herre, och du giver dem föda i rättan tid, du upplåter din milda hand och uppfyller allt som andas med välsignelse. Ditt öga vakar över mig, din arm beskyddar mig, din vishet leder mig, din kärlek låter allt lända till mitt bästa.

Icke alltid, o Herre, är du med din hjälp på synligt sätt oss när. Ofta dröjer du att med din välsignelse kröna våra arbeten och ansträngningar. Men om du än dröjer med din hjälp, skall jag ej tvivla på din vishet och faderliga godhet. Om du icke finner för gott att giva mig det som jag åstundar, skall jag med villig undergivenhet säga: Herre, ske icke min vilja, utan din! Hemsöker du mig med prövningar,

Förtröstan på Frälsaren.

skall jag icke misströsta, ty jag vet, att den som Herren älskar, honom agar han. Genom kors och lidanden vill du öva mig i tålamod och undergivenhet, i ödmjukhet och uthållighet, på det att jag härnere alltmer må varda värdig dina gåvor och en gång bliva delaktig av dina eviga fröjder. Dina tankar, o Herre, äro icke våra tankar, dina vägar äro icke våra vägar.

Därför, gudomlige Frälsare, skall jag sätta all min lit till dig i medgång och motgång, i glädje och sorg. Du känner alla mina behov, ty du är allvetande. Du kan hjälpa mig, ty du är allsmäktig. Du vill hjälpa mig, ty du är oändligt god och kärleksfull. Väl känner jag mig ovärdig att röna bevis på din kärlek, ty jag är en syndig människa och icke värd att kallas ditt barn. Men i Altarets heliga sakrament är du i sanning den barmhärtige samariten som gjuter olja och vin i mina sår. Här flyter ditt heliga blod som renar mig från min synd. Här är din heliga lekamen, det himmelska manna som styrker mig på jordelivets mödosamma vandring. Du är villigare att meddela mig dina gåvor än jag kan vara angelägen om att mottaga desamma. På dig, Herre, hoppas jag, i evighet skall jag icke komma på skam. Ty du själv har sagt: Han har hoppats på mig, därför skall jag befria honom, han åkallar mig, och jag skall bönhöra honom. Jag är med honom i nöden, jag skall rädda honom och låta honom komma till ära. Amen.

O min Gud, giv att jag älskar dig, och den enda lönen för min kärlek vare att jag får älska dig mer och mer.

Kristi Uppenbarelses Fest.

Trettondagen.

Betraktelse.

Genom en underbar stjärna har du, nyfödde Frälsare, kallat Österlandets furstar, såsom de första bland hednafolken, till din krubba och till trons saliga ljus. Styrkta av detta ljus, som du tänt i deras hjärtan, följde de stjärnans lopp för att hälsa och hylla dig såsom världens Frälsare, konungarnas Konung, sin Herre och Gud.

F. Vi hava sett hans stjärna i Österlandet
Sv. Och hava kommit för att tillbedja honom.

Låtom oss bedja. Herre Jesus Kristus, tacksamma för trons ljus, som likt en klar stjärna upplyser vår jordiska pilgrimsfärd, förena vi oss i dag med de vise männen och bekänna att du är Kristus, den levande Gudens Son, Gud av Gud, ljus av ljus, sann Gud av sann Gud, det sanna ljuset, som kommit i världen för att lysa alla människor och leda dem på frälsningens väg. Bevara oss, o Herre, för otrons mörker och irrlärans villovägar; låt trons ljus alltjämt lysa och växa i våra hjärtan, på det att vi en gång få skåda dig i din härlighets ljus, du som lever och regerar från evighet till evighet. *Sv.* Amen.

Vi beundra, o Herre, de vise männens mod och ihärdighet. Ingen fruktan, intet omak, intet offer avhåller dem att efterkomma din kallelse att följa din stjärna. Det jordiska Jerusalems prakt och härlighet hämmar icke deras steg, judarnas otro minskar icke deras nit, de skriftlärdas liknöjdhet kväver icke deras längtan att söka dig för att frambära dig sin hyllning.

F. Stå upp, Jerusalem, var ljus,
Sv. Ty ditt ljus har kommit, och Herrens härlighet har gått upp över dig.

Låtom oss bedja. Fulla av blygsel bekänna vi inför dig, o Herre, att vi ofta och mycket syndat mot dig genom människofruktan, köld, liknöjdhet och jordiskt sinnelag. Vi ångra all denna lågsinthet och fatta den fasta föresatsen att i framtiden med helig iver tjäna dig, vår Herre och Gud. Feg människofruktan, snöd vinning, ögonblickets njutning eller andlig tröghet skola icke mer avhålla oss från att uppfylla din heliga lag och din Kyrkas bud. Bevara och styrk oss i din heliga tjänst, du som lever och regerar från evighet till evighet. *Sv.* Amen.

Med glädje ihågkomma vi, gudomlige Frälsare, den högtidliga hyllning som de vise männen ägnade ditt gudomliga majestät. De föllo ned inför dig och tillbådo dig; de togo fram sina skatter och gåvo dig skänker: guld,

Trettondagen. 215

rökelse och myrra. Med guldet erkände de din konungsliga värdighet, med rökelsen ditt gudomliga majestät, med myrran din mänskliga natur.
F. Alla skola de komma från Saba.
Sv. Guld och rökelse skola de frambära.
Låtom oss bedja. Förläna oss nådigt, o Herre, att vi efter de vise männens föredöme alltid må uppträda inför dig i din helgedom med levande tro, djup vördnad och oskrymtad andakt. Giv oss särskilt nåden att aldrig framträda till dig med vanbördigt sinne och kyla i hjärtat, då vi skola mottaga dig i den heliga kommunionen. Upplåt då för oss din himmelska skattkammare och giv oss kärlekens guld, andaktens rökelse och botens myrra, att vi må bliva delaktiga av detta Sakraments dyrbara frukter, du som lever och regerar från evighet till evighet. *Sv.* Amen.

Hyllningsbön.

O Jesus, konungarnas Konung, inför vilken jordens konungar nedlägga sina kronor, vi tillbedja dig med Österlandets furstar och hylla dig såsom himmelens och jordens Konung, såsom sann Gud, född från evighet av Fadern, och såsom sann människa, född i tiden av Jungfru Maria. Vi förena vårt hyllningsoffer med de tre vise männens gåvor och frambära åt dig i stället för guld vårt hjärta för att evigt älska dig; i stället för rökelse vår bön för att i evighet dyrka och tillbedja dig; i stället för myrra vår föresats att i botens anda följa efter dig på korsets konungsliga väg. Upptag nådigt detta offer, liksom du med välbehag mottagit de vise männens gåvor, och giv oss nåden att fullborda detsamma. *Sv.* Amen.

F. Konungarna från Tarsis och öarna skola giva skänker,

Sv. Konungarna av Saba och Arabien skola frambära gåvor.

Låtom oss bedja. O Gud, som (på denna dag) genom en stjärna lett hedningarna fram till din enfödde Son, giv oss nådigt att vi, som redan känna dig genom tron, må komma till den saliga åskådningen av din gudomliga härlighet, genom samme Kristus, vår Herre. *Sv.* Amen.

Den heliga Familjens Fest.

Invigningsbön.

O Jesus, vår älskade Frälsare, som sändes från himmelen för att genom din lära och förebild upplysa världen, du ville tillbringa största delen av ditt jordiska liv i det ringa huset i Nasaret, underdånig Maria och Josef, för att helga den familj som skulle vara förebild för alla kristliga familjer; mottag nådigt även vår familj, som helt och hållet helgar sig åt dig. Beskydda och bevara den och befäst i den helig fruktan, frid och den kristliga kärlekens endräkt, på det att den må bliva lik din familjs upphöjda förebild, och alla dess medlemmar må uppnå den eviga saligheten.

O Maria, Jesu Kristi kärleksfulla moder, du som även är vår moder, utverka åt oss genom din godhet och mildhet att Jesus nådigt mottager denna vår invigning och meddelar oss sina välgärningar och välsignelser.

Helige Josef, Jesu och Marie beskyddare, kom oss med dina böner till hjälp i själens och kroppens alla trångmål, på det att vi med dig och den heliga Jungfrun Maria få frambära den gudomlige Frälsaren Jesus Kristus evigt lov och tack.

F. Och Jesus for ned med Maria och Josef och kom till Nasaret.

Den heliga Familjens Fest.

Sv. Och han var dem underdånig.

Låtom oss bedja. Herre Jesus Kristus, du som varit Maria och Josef underdånig och med outsägliga dygder helgat familjelivet, giv att vi alla med deras hjälp taga lärdom av din heliga familjs föredöme och så uppnå deras eviga gemenskap med dig, du som lever och regerar från evighet till evighet. *Sv.* Amen.

Bön till den heliga Familjen.

Kärleksrike Jesus, du som med dina outsägliga dygder och med ditt fördolda livs exempel helgat den familj som du här på jorden utsett till att bliva din, se huldrikt ned till denna vår familj, som faller ned inför dig och bönfaller om din nåd. Kom ihåg att den är din; ty vi hava särskilt helgat och invigt oss åt dig. Beskydda oss nådigt, fräls oss från faror, kom oss till hjälp i all nöd och giv oss nåd att förbliva ståndaktiga i vår efterföljelse av din familjs heliga föredöme, på det att vi, efter att troget hava tjänat och älskat dig på jorden, en gång må evigt få lovprisa dig i himmelen.

O Maria, mildaste moder, vi bönfalla hos dig om ditt beskydd, fast övertygade om att din gudomlige Son skall höra dina böner.

Skynda även du, ärorike patriark, helige Josef, genom din mäktiga förbön till vår hjälp och frambär genom Marias händer våra böner åt Jesus.

Jesus, Maria, Josef! Eder skänker jag mitt hjärta och min själ.

Jesus, Maria, Josef! Bistån mig i den sista striden.

Jesus, Maria, Josef! Må min själ med eder skiljas hädan i frid.

Böneoktav
för kristenhetens återförenande i tron.

18 januari (S:t Petrus, biskop i Rom) —25 januari (S:t Pauli omvändelse).

I den splittrade kristenheten har längtan efter alla kristnas enhet blivit mycket levande, icke minst till följd av de gudlösas angrepp på allt vad kristendom heter. På olika sätt arbetar man nu för allas återförenande. Huru denna enhet skall gestaltas, kan emellertid ingen mänsklig överläggning eller makt bestämma, det är enbart Guds sak, och han har i evangeliet uppenbarat att allas enhet skall byggas på den rätta lärans (Matt. 28: 20, Mark. 16: 17, Joh. 16: 13) och på den enhetliga ledningens grund (Matt. 16: 18—19, Joh. 21: 15—17). Katolska kyrkan känner sig absolut bunden vid denna Herrens vilja och har i trogen lydnad mot den under alla århundraden arbetat för att alla folk må upplysas genom evangeliet och samlas i en kyrka. Vid sina altaren offrar och beder hon dagligen för alla människors frälsning i Guds rike.

F. Vid sista nattvardsbordet upplyfte Jesus sina händer och ögon och bad till sin himmelske Fader: 'Må alla vara ett såsom du, Fader, i mig och jag i dig. Även de skola vara ett i oss, för att världen må tro att du har sänt mig.'

F. 'Jag säger dig: Du är Petrus,

Sv. Och på denna klippa skall jag bygga min Kyrka.'

Låtom oss bedja. Herre Jesus Kristus, du som sagt till dina apostlar: frid lämnar jag eder, min frid giver jag eder, se icke till våra synder, utan till din Kyrkas tro, och värdigas förläna henne efter din vilja enhet och frid: Du som lever och regerar från evighet till evighet.

Sv. Amen.

Kort bön om de kristnas enhet.

Herre Jesus Kristus, den levande Gudens Son, du som aftonen före ditt lidande bad din himmelske Fader att alla de dina måtte vara ett, såsom du och Fadern äro ett, välsigna oss som här äro församlade i ditt namn; låt oss och alla kristna vara förenade genom trons och kärlekens heliga band. Förena och bevara oss i ditt rike och giv att vi en dag få skåda dig ansikte mot ansikte för att evigt älska och prisa dig i din härlighets rike. Sv. Amen.

Heliga Maria,*
Helige Josef, Jesu fosterfader,
Heliga apostlafurstar Petrus och Paulus,
Helige Ansgarius, Sveriges apostel,
Heliga Birgitta, Sveriges skyddshelgon,
Helige Erik, konung av Sverige,
Alla Sveriges heliga män och kvinnor.

Bön om kristenhetens återförenande.

Allgode Jesus, människosläktets Frälsare, vi nedfalla inför dina fötter och bedja dig ödmjukt vid dina vördnadsvärda sår och det dyrbara blod du utgjutit för hela världens frälsning, vänd din barmhärtighets ögon till oss och våra vilsegångna bröder. Se i nåd ned på de många tusen kristna som i dopet mottaga trons insegel men sedan uppväxa och leva skilda ifrån Kyrkan, berövade så många nådemedel, så mycken tröst och välsignelse. Århundraden ha gått sedan skilsmässan, och de leva ännu i främmande land. Längtan efter den förlorade enheten har nu gripit dem, ty de ha blivit utfattiga och känna djupt söndringens förbannelse. O Jesus, du gode herde, kom ihåg dem och låt dem icke förgås i hunger och elände. Se,

* Sv. Bed (bedjen) för oss.

hur många av kärlek till dig i hela världen arbeta och bemöda sig, offra och bedja för alla kristnas återförenande. Välsigna dem! Låt det sanna Evangeliet lysa överallt. Förbarma dig över de vilsegångna. Upplys de sökande, fullända vad du börjat i deras hjärtan. Giv alla hörsamhet mot din heliga nåd, lydnad mot din visa lag. Låt alla dina barn finna vägen hem till den Kyrka som är ett banér för folken, ett tempel, där alla släkten och tungomål enhälligt skola förkunna ditt lov och verka för din ära. Giv att söndringens sår snart må läkas, att splittringens dimmor snart må skingras för sanningens sol, på det att alla, som kallas kristna och bekänna den treenige Guden, må vara ett i dig. Så har du själv bett i högtidlig stund: 'Helige Fader! Jag beder att de alla skola vara ett såsom vi äro ett, för att världen skall tro att du har sänt mig.' Evige Fader! Hör denna din Sons bön; den har framgått ur hans hjärta, den förstummas aldrig i hans Kyrka. Sänd din Helige Ande, enhetens och kärlekens Ande, på det att han må församla all världens folk till trons enhet och de, vägledda av en herde, samlade omkring ett altare få njuta Kristi oförminskade välsignelse och således uppnå ditt eviga rike, där du med Sonen och den Helige Ande lever och regerar, en Gud i evighet. Amen.

Jag är vägen, sanningen och livet.

Den kristna fullkomligheten.

Den kristna fullkomligheten, till vilken Gud kallar alla, om också icke alla i samma grad, kan icke uppnås med människans rent naturliga krafter, den kan endast förvärvas med hjälp av Guds övernaturliga nåd. Människans övernaturliga fullkomlighet ligger i den fullkomliga kärleken till Gud. Denna framväxer ur barnaskapets nåd, visar sig icke så mycket i känslan som i den sanna redobogenheten att uppfylla alla sedliga förpliktelser, i synnerhet kärleken till nästan, och bör, liksom allt som lever, växa och gradvis utvecklas. Väl sätter döden en gräns för den jordiska utvecklingen, men blott för att inleda fullkomlighetens eviga fulländning. Strävandet efter fullkomlighet är allas plikt. 'Varen fullkomliga såsom eder Fader i himmelen är fullkomlig.' Medlen för andligt framsteg äro lydnad mot den Helige Andes ingivelser, bön, självförsakelse, kuvandet av oordnade begär och nyttjandet av själens alla goda krafter. Motiven och kraften därtill hämtas ur Kristi exempel i Evangeliet och ur föreningen med honom genom deltagandet i Kyrkans liturgiska liv, framför allt den heliga mässan och sakramenten. — De tre s. k. evangeliska råden: *armod, kyskhet, lydnad*, utövade under en andlig föreståndares ledning, bilda grundvalen för ett särskilt stånd i Kyrkan, *fullkomlighetens stånd*.

Bön om nåd till Kristi efterföljelse.

O mildaste Jesus, vår ledare, vårt ljus på färden mot det himmelska fäderneslandet, prägla din levnads upphöjda föredöme djupt in i mitt hjärta och tänd i min själ din gudomliga kärleks eld, på det att jag alltid må tänka på dig och med iver vinnlägga mig om att följa dig. Alla dem som älska dig, låter du liksom i en spegel skåda din heliga levnad. Däri ser jag hur du övade ett hjältemodigt tålamod i kors och lidande och i djup ödmjukhet fördrog de grövsta förolämpningar. Din mildhet kände inga gränser gent emot dem som vedergällde dina välgärningar med otack. Mot syndare och hycklare ser jag dig utöva den mest rörande godhet. Hur öm och saktmodig var du icke i umgänget med dina lärjungar, som likväl så ofta missförstodo dina heliga ord och som övergåvo dig i farans stund, ja, av vilka en förrådde och en annan förnekade dig! Här på jorden var du i din heliga fattigdom fattigare än himmelens fåglar och skogens djur, och i oegennyttig kärlek gav du slutligen ditt liv för att frälsa oss alla, i det du i trofast lydnad mot din himmelske Fader härdade ut intill döden på korset. I sanning, i ditt gudomliga liv förenas alla dygder, de stråla liksom ett ljus, som upplyser vägen under vår pilgrimsfärd.

Milde, kärleksfulle Frälsare, lär mig att städse vandra i detta gudomliga ljus och att ihärdigt undvika syndens mörker. Hjälp mig att dagligen betrakta din heliga levnadsvandel för att så kunna följa dig till den eviga glädjen i himmelen, där jag med alla änglar och helgon skall få älska dig, som med Gud Fader och den Helige Ande lever och regerar i evighet. Amen.

Jesu fördolda liv i Nasaret.

1. O Jesus, i djupaste ödmjukhet tillbeder jag ditt hemlighetsfulla majestät. Du kom för att fullborda det största verk som någonsin ålagts en människa. Jordens folk väntade sedan årtusenden tillbaka längtansfullt på din ankomst. Profeter siade härom, lovsjungande änglar hälsade din födelse och konungar kommo från fjärran land för att tillbedja dig. Din gudomliga vishet gav sig tillkänna genom ditt framträdande såsom tolvårig gosse i templet. Vad hade du icke att förkunna för en lyssnande mänsklighet! Skulle väl en människoålder räcka till för att dela ut alla dina skatter? Men i stället drar du dig tillbaka till en obemärkt by i det ringa Galileen och lever där ända till ditt trettionde år ett liv i stillhet, upptagen av vardagens enahanda. Hur skild är icke din uppfattning från människoförnuftets om vad som är riktigt och nödvändigt. Hur olikt oss dömer du icke i din vishet om tingen.

F. O djup av Guds rikedom och vishet och kunskap!

Sv. Huru obegripliga äro icke hans domar och huru outrannsakliga hans vägar!

F. Likväl utblottade han sig själv och tog på sig en tjänares gestalt,

Sv. Vart lik människor och till det yttre funnen såsom en människa.

Låtom oss bedja. O Gud, giv oss nåden att fatta att dina vägar icke äro våra vägar, och att dina tankar äro lika upphöjda över våra tankar som himmelen över jorden. Må vi i ödmjukhet böja oss inför outgrundligheten i dina rådslut. Förläna oss klarhet att betrakta allt det som händer oss, med trons ögon. Giv oss kraft att mottaga allt med ett barns förtröstan, att skyndsamt gömma oss i din oändliga kärlek och outgrundliga vishet. Vi bedja dig därom för din Sons skull, som dolde sig undan i Nasaret, Jesus Kristus, som med dig och den Helige Ande lever och regerar från evighet till evighet. *Sv.* Amen.

2. O Jesus, med vördnadsfull kärlek betraktar jag ditt liv i Nasaret. Det förflyter under utövandet av vanligt, enformigt arbete i kampen för det dagliga brödet. Icke endast en dag, icke för nöjes skull ville du arbeta, nej, kroppsligt arbete i ditt anletes svett ville du underkasta dig under större delen av ditt jordiska liv. Du ville ständigt på nytt känna mödans tyngd på dina skuldror. Du, den renaste, ville själv smaka den bitterhet till vilken arvsynden förvandlat själva arbetet. Du gjorde detta av kärlek till de miljoner och åter miljoner bröder och systrar som sucka under arbetsokets tyngd, för att kunna trösta och styrka dem. Som människosläktets Frälsare ville du genom ditt eget arbete helga själva arbetet, och den förbannelse som vilade över arbetet, ville du förvandla till välsignelse.

F. Därför måste han i allt göras lik bröderna,

Sv. På det han skulle bliva barmhärtig och en trogen översatepräst hos Gud.

F. Kommen till mig I alla som arbeten och ären betungade,

Sv. Och jag skall vederkvicka eder.

Jesu liv i Nasaret. 225

Låtom oss bedja. Vi bedja dig, Gud, välsigna vårt arbete för det tunga arbetes skull som din enfödde Son fullbordat. Giv oss tålamod och uthållighet i uppfyllandet av våra plikter. Låt oss uppfatta vårt arbete som ett deltagande i din skapargärning och i din Sons återlösningsverk och som en väntjänst mot våra bröder och systrar. Hjälp oss att med tålamod bära livets bitterhet, och förläna oss kraft att med saktmod och glädje dagligen lägga arbetets och mödans börda på oss själva, genom förtjänsten av din Son i Nasaret, Jesus Kristus, som med dig och den Helige Ande lever och regerar från evighet till evighet. *Sv.* Amen.

3. O Jesus, ditt liv i Nasaret var ett liv i lydnad. Du, den Oändlige, fogade dig utan förbehåll i din tids och ditt lands alla förhållanden. Du blev medlem av en mänsklig familj, hade ditt hemvist i en obetydlig by, blev undersåte i en jordisk stat. Driven av kärlek ville du icke undandraga dig den mänskliga tillvarons inskränkningar och betingelser. Du kom för att omgestalta världen, och du gjorde det genom fullkomlig underkastelse. Du ville uppställa en helt ny levnadsordning, i första rummet genom ditt exempel och genom ditt ord. Du visste att varje förnyelse av mänskligheten måste utgå från en förbättring i det inre. Du visste att endast anden gör levande, underordnandets och det trofasta tjänandets ande.

F. Han drog med dem till Nasaret,
Sv. Och blev dem underdånig.
F. Vinnläggen eder om att leva stilla,
Sv. Att sköta edra egna angelägenheter och arbeta med edra egna händer.

Låtom oss bedja. O Gud, förläna oss nåden att förstå, att det framför allt är viktigt att vi väl utföra just det vi äro satta till att utföra. Giv att vi så lyda våra förmän, som om det gällde att behaga, icke människor, utan Kristus själv. Lär oss så behandla våra underlydande, att vi aldrig glömma vårt gemensamma tjänarskap hos dig. Låt oss genom vårt liv bidraga till att förhållandet mellan olika klasser och stånd genomsyras av Kristi ande, att alla sociala spörsmål dryftas och lösas icke i hatets utan i kärlekens och fridens ande, så att ur hela vårt liv den välsignelse utlöses som han genom sitt arbete och sin lydnad i Nasaret förtjänat, din Son Jesus Kristus, som med dig och den Helige Ande lever och regerar från evighet till evighet. *Sv.* Amen.

4. O Jesus, ditt liv i Nasaret var framför allt präglat av vördnad för och tillbedjan av din himmelske Faders vilja. Även i Nasaret var din spis att uppfylla hans vilja, som sänt dig. Från detta underordnande under Fadern hämtade du kraft och uthållighet samt inre frihet och värdighet gentemot allt jordiskt. Du blev aldrig slav under själva arbetet, under det yttre eller de jordiska ägodelarna. Då timmen slog för ditt offentliga framträdande, kunde du utan tvekan följa din nya kallelse. Då ingen fåfänga kunnat förleda dig att i otid uppenbara din vishet och makt, så kunde nu ingen hänsyn, ingen rädsla, hålla dig tillbaka, då din Fader kallade dig. Vördnaden för Fadern gjorde dig fri gentemot människorna och världen.

F. Min spis är det
Sv. Att göra hans vilja, som har sänt mig.
F. Sörjen alltså icke ängsligt för morgondagen,
Sv. Ty morgondagen skall sörja för sig själv.

Låtom oss bedja. O Gud, förläna oss den frihet som endast dina barn kunna äga. Giv att

Jesu liv i Nasaret. 227

vi i allt endast utföra din heliga vilja. Befria våra hjärtan från varje träldom, ovärdig ett Guds barn. Ju mer vårt yttre liv uppgår i jordisk omsorg och arbetsmöda, desto fastare skall vår själ knytas till dig, den verkliga lyckans källa och ursprung. Må intet i världen hålla oss tillbaka, när du kallar. Därom bedja vi genom förtjänsten hos honom, som levde i det fördolda i Nasaret, din Son Jesus Kristus, som med dig och den Helige Ande lever och regerar från evighet till evighet. Sv. Amen.

Jesus Kristus, vår väg och vårt liv.

Sänd oss, o Herre, din Helige Ande, så att vi med andakt må betrakta ditt heliga liv och de välgärningar som vi och hela människosläktet mottagit av din godhet. Av kärlek till oss lämnade du himmelens härlighet och kom ned till denna jord; av kärlek till oss blev du människa och tog på dig ett barns ödmjuka skepnad, på det att vi skulle kunna bliva Guds barn. För vår skull bar du fattigdomens försakelser och en gudlös furstes förföljelser; för vår skull tillbragte du dina första levnadsår i landsflykt hos ett främmande, hedniskt folk. För vår skull var du dina föräldrar underdånig och arbetade till ditt trettionde levnadsår i en timmermans verkstad, fastän gudomens fullhet bodde i dig. För att visa oss vägen till himmelen genomvandrade du under tusen mödor och försakelser Palestinas trakter, lärde och predikade under många förföljelser. Under alla dessa lidanden gav du oss det mest upphöjda exempel på alla dygder, på saktmod och ödmjukhet, på kärlek till Gud och människor, på barnslig lydnad för din himmelske Faders vilja och på outtröttligt nit för hans förhärligande. För vår skull överlämnade du dig slutligen i dina fienders händer, uthärdade omänsklig misshandel och dog en kvalfull och neslig död liksom en förbrytare. Men allt detta var icke nog för din kärlek till oss. Du ville även efter döden förbliva hos oss alla dagar intill världens slut. I Altarets heliga sakrament bor du mitt ibland oss, såsom en fader bland sina barn. Här tröstar och uppmuntrar du oss, när vi äro sorgsna och modfällda; här styrker och hjälper du oss i nöd och fara; här vederkvicker du oss med din kärleks dyrbaraste gåva. Vem blev icke vederkvickt, då han kom till dig? vem fann icke tröst och hjälp, då han ödmjukt anropade dig? Se, vi komma till din nådetron utan fruktan och misstro; ty du tröttnar aldrig att lyssna till våra böner och att förbarma dig över oss, liksom en fader förbarmar sig över sina barn.

O min himmelske vän och välgörare, barmhärtige Frälsare! Jag lovar dig nu högtidligt att aldrig giva mitt hjärta åt världens bedrägliga fröjder och njutningar. Ty vad äro väl sinnliga njutningar annat än själens död? Vad äro väl rikedomar och äreställen annat än trolösa vänner, vilka övergiva mig i nödens stund? Vad vore väl hela jorden, om jag hängåve mig åt dess förföriska fröjder, annat än fåfänglighet, som icke kan släcka mitt hjärtas törst och som icke är min kärlek värd? Nej, dig allena vill jag älska, min Herre och min Gud. Denna kärlek skall helga mig, skall göra min tro levande och min tillit till dig stark och orubblig. Den skall giva mig mod i faror, kraft i frestelser, måttlighet i njutandet av det som jag behöver till mitt livs uppehälle; den skall skänka mig frimodighet att troget uppfylla min heliga religions plikter, trösta mig i lidanden och motgångar och uppfylla mig med det

De 8 saligheterna. 229

saliga hoppet om det eviga livet. O min Frälsare, du förtjänar att älskas av mig över allting; upptänd och föröka din heliga kärlek i mitt hjärta och låt den för evigt förbliva i mig. *Sv.* Amen.

Jesu Kristi Evangelium — vår levnadsregel.

De Åtta saligheterna.

Efter att hava tillbragt en natt i bön, framlade Kristus i bergspredikan sitt rikes nya sedliga lag. Som början och fulländning av allt nämner han först *de åtta saligheterna*. I dessa tecknar Människosonen sin egen bild och kallar alla, höga och låga, till efterföljelse. De gyllene levnadsregler som här av Kristus själv formulerats, förtjäna att ofta begrundas och dagligen tillämpas, för att hela livet skall bliva genomträngt av det glada budskapets anda.

1. **Saliga äro de i anden fattiga, ty dem hör himmelriket till.**

Stor är, o Herre, motsatsen mellan ditt Evangelium och denna världens anda. Världen prisar alla dem lyckliga som få njuta livet i rikedom och överflöd, men du giver dina löften åt de fattiga och ödmjuka, som försaka världen för att vara fria inför dig. Ingångsporten till ditt rike är fattigdom i anden. Du motstår dem som högmodas i sitt hjärta, men uppenbarar dig för de små för att göra dem stora i ditt rike.

F. Det föraktade och svaga i världen utvalde Gud för att låta det visa och starka komma på skam,

Sv. På det att ingen människa skulle berömma sig inför Gud.

F. I kännen vår Herres Jesu Kristi nåd, att han, ehuru rik, vart fattig för vår skull, *Sv.* På det att vi genom hans fattigdom skulle bliva rika.
F. Begagnen denna värld som om I icke begagnade den, *Sv.* Ty denna världens väsende förgås.
F. För livets högfärd och allt oordnat begär, *Sv.* Bevara oss, o Herre.
F. Att du så ville leda oss genom det jordiska att vi icke förlora det eviga, *Sv.* Vi bedja dig, bönhör oss.

Låtom oss bedja. Allsmäktige, evige Gud, himmelens och jordens Skapare, du har i din kärlek och vishet kallat oss till liv och ställt oss in i denna värld, för att vi skola begagna den till vårt sanna väl och till din eviga ära. Giv oss redan i tiden evighetens sinnelag. Välsigna våra företag, men lär oss att framför allt annat i hjärtats enfald söka ditt rike och dess rättfärdighet, ty du allena kan vara oss nog. Bryt ned allt självbehag, all självtillräcklighet hos oss, som i dina ögon dock intet äro och intet hava. Uppfyll våra hjärtan med din himmelska nåd och fäst oss vid dig genom din kärleks oändliga ljuvhet. Genom Kristus, vår Herre. *Sv.* Amen.

2. **Saliga äro de sörjande, ty de skola tröstas.**

Kom ihåg, o Herre, det löfte du givit på berget, och skänk din tröst åt alla människor som lida och äro betungade. Upplys deras hjärtan genom ditt gudomliga ljus. Låt dem förstå att dina utvalda äro kallade att följa dig och lida i denna världen, och att korset är utkorelsens tecken och vägen till uppståndelsens härlighet. Må vi alla inse att vår enda

De 8 saligheterna.

olycka är att leva fjärran från dig, och att vi icke böra sörja över något så mycket som över synden, som skilt oss från dig, den oändligt gode Guden.

F. De som skiljas ifrån Herren, skola komma på skam,

Sv. Och de som vika ifrån honom, skola skrivas i sanden.

F. Denna tidens lidanden äro icke jämförliga med den tillkommande härligheten,

Sv. Som skall uppenbaras för oss.

F. Du skall själv vara hos dem som deras Gud och avtorka alla deras tårar,

Sv. Och döden skall icke mer vara till, och ingen sorg eller klagan eller smärta skall vara mer.

F. Från all synd och allt ont

Sv. Fräls oss, o Herre.

F. Att du ville vederkvicka alla betungade med din himmelska tröst,

Sv. Vi bedja dig, bönhör oss.

Låtom oss bedja. Förbarmandets Fader och all hugsvalelses Gud, var oss när med din starka tröst, när du räcker oss lidandets kalk och låter oss smaka korsets bitterhet. Lär oss att i all vår nöd och övergivenhet lyfta vår blick upp till din Sons heliga kors. Lär oss med den lidande Kristus sörja över vår och hela världens skuld; ty se, ditt namn vanäras, din kärlek föraktas och stora förargelser hota att fördärva seder och tro. Visa ditt ansikte, o Herre, och trösta dina trogna, som bida din mäktiga hjälp. Bevara oss från ondo i denna värld och församla oss alla i det rike där du själv är dina utvaldas eviga glädje och sällhet. Genom Kristus vår Herre. *Sv.* Amen.

3. **Saliga äro de saktmodiga, ty de skola ärva jorden.**

Vi betrakta dessa ord, o Herre, och se i anden hur du gick omkring i det heliga landet, du som i dig själv var uppenbarelsen av all godhet och människovänlighet. Genom denna din himmelska godhet har du dragit barnen till dig, bragt dina fiender på skam och vunnit allas hjärtan. Må ditt heliga föredöme hjälpa oss att i livets alla lägen vara milda och saktmodiga. Ditt rike främjas icke genom självförhävelse och våld, utan genom tålamod och lidande för sanning och rätt.

F. Herren leder de saktmodiga rätt,
Sv. Och lär de milda sina vägar.
F. Lären av mig, ty jag är saktmodig och ödmjuk av hjärtat,
Sv. Och I skolen finna ro för edra själar.
F. Min är hämnden, säger Herren, jag skall vedergälla i rättan tid,
Sv. Herren skall skaffa rätt åt sitt folk.
F. För otålighet och vredesmod
Sv. Bevara oss, o Herre.
F. Att du ville giva oss ett saktmodigt och ödmjukt sinne.
Sv. Vi bedja dig, bönhör oss.

Låtom oss bedja. O Gud och Herre, sänd oss från himmelen mildhetens och ödmjukhetens ande, på det att vi såsom barn av ditt rike icke må vedergälla ont med ont, utan genom det goda besegra det onda i världen. Giv oss tålamod, lär oss undergivenhet och saktmod. När hårda öden drabba oss och korsets väg blir lång, befäst oss då, vi bedja dig, i en orubblig tro på din godhet, styrk oss i förtröstan på din visa försyn, och giv oss del i din kärleks rike, där alla ödmjukt tillbedja ditt majestät och uppfyllas av dig, den oändligt gode Guden. Genom Kristus, vår Herre. *Sv.* Amen.

De 8 saligheterna.

4. Saliga äro de som hungra och törsta efter rättfärdighet, ty de skola mättas.

Ditt rike, o Herre, lider våld, och endast de som begagna våld, skola rycka det till sig. Du vill att vi skola söka, bedja och klappa för att få del i dina nådegåvors rikedom. Ditt exempel i öknen, där du, innan du gick att förkunna det glada budskapet, fastade i fyrtio dagar och fyrtio nätter, visar oss att vår längtan efter ditt rikes uppenbarelse måste genomtränga både kropp och själ. I din efterföljelse bör även kroppen lida och försaka, för att i själen må vakna en outsäglig längtan efter dig, den oändlige Guden, vår tillvaros enda mål.

F. Vem har jag i himmelen utom dig, och när jag har dig, frågar jag efter intet på jorden.

Sv. Mitt hjärtas Gud är du och min arvedel i evigheten.

F. Förgätande det som ligger bakom, och sträckande mig mot det som ligger framför, ilar jag mot målet efter segerpriset i Jesus Kristus.

Sv. Vår vandel är i himmelen, varifrån vi ock vänta Frälsaren, vår Herre Jesus Kristus.

F. Vad intet öga har sett och intet öra har hört och i ingen människas hjärta har uppstigit,

Sv. Det har Gud berett åt dem som älska honom.

F. För ringaktning för ditt frälsningsverk och ljumhet i din tjänst

Sv. Bevara oss, o Herre,

F. Att du ville väcka i oss en uppriktig längtan efter din återlösning,

Sv. Vi bedja dig, bönhör oss.

Kristi efterföljelse.

Låtom oss bedja. Vår Gud och Herre, du har skapat oss för dig, och vårt hjärta finner ingen ro förrän det vilar i dig. Ännu fängslar jorden våra sinnen, men en gång skall stunden komma då vi längta efter dig såsom hjorten efter vattukällan: låt oss finna dig; giv oss hunger och törst efter din rättfärdighet, upptänd i oss en helig längtan efter den evangeliska fullkomligheten och ditt rikes ankomst i våra själar. Giv att vi, saliga genom hoppet, med glädje må vandra på den smala vägen och för oss genom den trånga porten in i vårt eviga hemland, där varje önskan uppfylles och all vår längtan blir verklighet i dig, den sanne och levande Guden. Genom Kristus, vår Herre. *Sv.* Amen.

5. **Saliga äro de barmhärtiga, ty dem skall vederfaras barmhärtighet.**

Ditt liv, o Herre, var ett enda barmhärtighetsverk, du gjorde gott mot alla och du bjuder oss att göra sammaledes. Vi behöva det för att själva bliva värdiga din eftergift och barmhärtighet. Vi hava mångfaldigt brutit mot din lag och försummat så många av ditt Evangeliums heliga bud och råd. Om du vill tillräkna oss våra missgärningar, Herre, vem kan då bestå? Men du har visat oss barmhärtighetens väg och givit löfte om en nådig dom åt alla dem vilkas hjärtan äro fyllda av förbarmande mot andlig och lekamlig nöd.

F. Framför allt bevaren ständigt i eder kärleken till varandra,

Sv. Ty kärleken överskyler en myckenhet av synder.

F. Låt oss därför vara barmhärtiga och förlåtande mot varandra,

De 8 saligheterna. 235

Sv. Såsom ock Gud i Kristus har förlåtit oss.
F. Ikläden eder, mina älskade, såsom Guds utkorade,
Sv. Välvilja, ödmjukhet och ett hjärta fullt av förbarmande.
F. För all hårdhet och hjärtlöshet,
Sv. Bevara oss, o Herre.
F. Att du en gång ville döma oss med barmhärtighetens dom,
Sv. Vi bedja dig, bönhör oss.

Låtom oss bedja. Vår Gud och Herre, din nåd är barmhärtighetens outgrundliga hemlighet. Förrän världens grund blev lagd var det ditt rådslut att genom ett verk, fullt av oändligt förbarmande, återlösa alla och draga dem till dig genom den helig- och saliggörande nåden: Värdes, o Herre, bereda oss till din frälsning, giv oss ett milt och förbarmande hjärta, så att vi må bliva värdiga att finna hos dig den nåd som helar alla våra sår och omdanar oss till din härlighets avbild. Genom Kristus, vår Herre. *Sv.* Amen.

6. Saliga äro de renhjärtade, ty de skola se Gud.

Vem är värdig, o Herre, att skåda den härlighet som äges av dig, Faderns enfödde Son, full av nåd och sanning! Du är den eviga skönheten, du är återskenet av Faderns härlighet och det eviga ljusets glans. I din närhet kan intet annat bestå än oskuld och renhet, och endast de som vinnlägga sig därom, få nalkas dig. En renhet utan like, ljus och skär, omstrålade alltid din jungfruliga moder; så var hon värdig din allraheligaste närvaro. Med sina rena ögon fick hon, som ingen annan, se ditt jordiska livs djupa mysterier och din gudoms härlighet, efter vilken änglarna längta.

F. Vem får gå upp på Herrens berg, och vem får träda in i hans helgedom?
Sv. Den som har oskyldiga händer och ett rent hjärta.
F. Kristus utgav sig själv för oss för att återlösa oss från all orättfärdighet
Sv. Och bereda åt sig ett rent och välbehagligt folk.
F. Skapa i mig, o Gud, ett rent hjärta
Sv. Och förnya i mitt inre den rätta anden.
F. Från orenhetens ande
Sv. Fräls oss, o Herre.
F. Att vi städse må vandra rena inför ditt heliga anlete,
Sv. Vi bedja dig, bönhör oss.

Låtom oss bedja. Vår Gud och Herre, sänd oss från himmelen renhetens och helighetens ande, på det att vi med kysk kropp och rent hjärta må behaga dig. Befäst i oss hatet mot all synd; beskydda oskulden, uppväck syndarna och giv oss kraft att gå botens och luttringens väg, på det att vi i ett rent samvete må bevara trons hemlighet. O du vår Gud, som är oss underbart nära i den omgivande naturen, och än underbarare i din Kyrkas hemligheter, giv oss nåden att träda fram inför dig, så att vi, skådande din härlighet, alltmer må förvandlas till din bild, från klarhet till klarhet, till dess vi evigt få glädjas åt din salighet i himmelen. Genom Kristus, vår Herre.
Sv. Amen.

7. **Saliga äro de fridstiftande, ty de skola kallas Guds barn.**

Herre, du bör prisas salig framför alla andra, ty dina vägar här på jorden voro fridens vägar, och genom ditt livsverk har du försonat himmel och jord. Vid din födelse i

De 8 saligheterna. 237

Betlehem förkunnade änglarna frid på jorden, och sedan allt var fullbordat, hälsade du de dina på påskdagen: 'Frid vare med eder.' Denna din fridshälsning, o Herre, gäller för alla tider och är verksam från släkte till släkte. Ditt heliga föredöme må lära oss att i din efterföljelse tänka fridens tankar och fullborda fridens verk.

F. Hans namn skall vara Väldig Gud, Fridsfurste.
Sv. Hans herradöme skall varda stort, och frid skall råda utan ände.
F. Varen ens till sinnes och haven frid inbördes,
Sv. Så skall fridens och kärlekens Gud vara med eder.
F. Ära vare Gud i höjden
Sv. Och på jorden frid åt människor som hava hans välbehag.
F. För tvedräkt och hämndlystnad
Sv. Bevara oss, o Herre.
F. Att du ville låta din frid råda i ditt rike,
Sv. Vi bedja dig, bönhör oss.

Låtom oss bedja. Vår Gud och Herre, skänk oss din frid i våra dagar, denna frid som världen icke kan giva. Uppfyll våra hjärtan med din kärleks eld, och gör oss till din frids förkunnare i en värld, så fylld av strid och hat. Hjälp oss att i ord och gärning främja enhet och sämja, styrk oss, att vi i det dagliga livet må undvika allt som sår split och tvedräkt och skiljer hjärtan. För oss in i ditt rike, där barnaskapets nåd förenar oss till en evig gemenskap i dig, den sanne och levande Guden. Genom Kristus, vår Herre. *Sv.* Amen.

Kristi efterföljelse.

8. Saliga äro de som lida förföljelse för rättfärdighetens skull, ty dem hör himmelriket till.

Herre, vem kan fatta dessa ord! Du kallar oss till ljuset och manar oss att kämpa mot mörkrets makter utan att akta på sår. Du fordrar här martyrers mod och förespår dina vänner som jordisk lön förakt, hat och förföljelse. Sannerligen, dina tankar äro icke våra tankar! Men du är Sanningen, du allena lär oss sann storhet, vägen som för till livet. Du är Mästaren, vår salighet och vårt livs värde består däri att vi gå i dina fotspår och leva efter ditt Evangelium för att bliva nya människor, som icke längre äro av denna värld. Och om världen skulle hata oss för ditt namns skull, saliga äro vi, ty vårt livsöde har blivit likt ditt. Säll är den som bekänner dig och ditt Evangelium inför människorna, ty du skall bekänna honom inför Fadern och hans änglar, när du kommer på himmelens skyar.

F. Lärjungen är icke förmer än mästaren,
Sv. Och tjänaren är icke över sin herre.

F. Saliga ären I, när människorna hata eder, och när de smäda eder för Människosonens skull.

Sv. Glädjen och fröjden eder på den dagen; ty se. eder lön är stor i himmelen.

F. Var trogen intill döden,
Sv. Så skall jag giva dig livets krona.

F. För feghet i din tjänst och all blygsel för ditt Kors och Evangelium
Sv. Bevara oss, o Herre.

F. Att du ville göra oss trogna i din efterföljelse,
Sv. Vi bedja dig, bönhör oss.

F. Att du ville göra oss saliga i ditt rike,
Sv. Vi bedja dig, bönhör oss.

De 8 saligheterna.

Låtom oss bedja. Allsmäktige, evige Gud, hör nådeligen våra böner och fullända det verk som du börjat i oss: Sänd från himmelen din Helige Ande, ty han allena kan förvandla vår ringa dygd till fullkomlighet och förhärliga den Korsfäste i våra själar. Giv oss trons mod och kärlekens eld, att vi må älska varandra och i vårt dagliga liv visa oss som sanna kristna, som jordens salt och världens ljus. Gör oss till vittnen för din Kyrkas sanning och helighet. Styrk oss, att vi må bliva värdiga denna världens hat och den oändliga kärlek som du uppenbarar i din Son. — Vår Gud och Herre och allas Fader, fullända ditt verk i Jesus Kristus, som du har sänt; upplys genom hans ord och exempel de människor s n du skapat; omdana dem genom hans nåd til lina barn och till arvingar av det rike, där (utan början och utan slut med samme din Son i den Helige Andes enhet lever och regerar, en Gud i evighet. *Sv.* Amen.

Bön om nåd till Jesu Kristi efterföljd.

(S:t Franciskus av Assisi.)

Allsmäktige, evige, rättfärdige och nåderike Gud, giv oss arma syndare nåd att kunna rätt fatta det som är din vilja, och att städse vilja det som behagar dig, på det att vi, i våra hjärtan renade och upplysta, brinnande av den Helige Andes eld, må kunna efterfölja din Son, vår Herre Jesus Kristus, och sålunda komma till dig, o Allrahögste, allsmäktige Gud, som i fullkomlig Trefald och odelad Enhet lever och regerar i härlighet ifrån evighet till evighet. Amen.

Faste- och Passionstiden.

Fastetiden är den egentliga förberedelsen till påsk. Av vördnad för Kristi fastande i öknen och i lydnad mot Kyrkans bud skola de kristna under fyrtio dagar genom försakelse, stillhet och bön, genom ivrigt bevistande av Kyrkans gudstjänster och andra goda gärningar anropa Guds barmhärtighet om riklig nåd för sin egen själs helgelse och för hela Guds Kyrka. Fastetiden fordrar framför allt inre, övernaturlig ånger och bot, men även kroppen, som ofta är syndens verktyg, måste fasta — allt detta med tanke på Kristi bittra lidande och död. Enligt liturgien skall denna heliga tid bli till en förnyelse av dopets nåd, en förnyelse som når sin fulländning vid mottagandet av botens och Altarets heliga sakrament under påsktiden.

Botpsalmen Miserere.

Miserere mei, Deus, secundum magnam misericordiam tuam.

Förbarma dig över mig, o Gud, efter din stora barmhärtighet.

Et secundum multitudinem miserationum tuarum dele iniquitatem meam.

Och utplåna min missgärning efter din misskundsamhets rikedom.

Amplius lava me ab iniquitate mea: et a peccato meo munda me.

Två mig mer och mer från min orättfärdighet, och rena mig från min synd.

Quoniam iniquitatem meam ego cognosco: et peccatum meum contra me est semper.

Ty jag känner min missgärning, och min synd är alltid inför mig.

Tibi soli peccavi et malum coram te feci: ut justificeris in sermo-

Mot dig allena har jag syndat och gjort, vad ont är inför dig, på

Botpsalmen Miserere.

nibus tuis, et vincas, cum judicaris.	det att du må finnas rättfärdig i din dom och vinna seger, när man bedömer dig.
Ecce enim in iniquitatibus conceptus sum: et in peccatis concepit me mater mea.	Ty se, i orättfärdighet är jag avlad, och i synd har min moder avlat mig.
Ecce enim veritatem dilexisti: incerta et occulta sapientiae tuae manifestasi mihi.	Se, du älskar sanning; din vishets hemliga och fördolda ting har du uppenbarat för mig.
Asperges me hyssopo, et mundabor: lavabis me, et super nivem dealbabor.	Bestänk mig med isop, så skall jag varda ren; två mig, så skall jag varda vitare än snö.
Auditui meo dabis gaudium et laetitiam: et exultabunt ossa humiliata.	Låt mig förnimma glädje och fröjd, så skola de ben som du krossat fröjda sig.
Averte faciem tuam a peccatis meis: et omnes iniquitates meas dele.	Vänd bort ditt ansikte från mina synder och utplåna alla mina missgärningar.
Cor mundum crea in me Deus: et spiritum rectum innova in visceribus meis.	Skapa i mig ett rent hjärta, o Gud, och förnya i mitt inre den rätta anden.
Ne projicias me a facie tua: et spiritum sanctum tuum ne auferas a me.	Förkasta mig icke från ditt ansikte och tag icke din helige ande från mig.
Redde mihi laetitiam salutaris tui: et spiritu principali confirma me.	Giv mig åter fröjd över din frälsning och gör mig stark med en fullkomlig ande.

Docebo iniquos vias tuas: et impii ad te convertentur.

Då skall jag lära de orättfärdiga dina vägar, och de ogudaktiga skola omvända sig till dig.

Libera me de sanguinibus, Deus, Deus salutis meae: et exultabit lingua mea justitiam tuam.

Fräls mig från blodskuld, Gud, min frälsnings Gud, så skall min tunga med glädje prisa din rättfärdighet.

Domine, labia mea aperies: et os meum annuntiabit laudem tuam.

Öppna, Herre, mina läppar, så skall min tunga förkunna ditt lov.

Quoniam si voluisses sacrificium, dedissem utique: holocaustis non delectaberis.

Ty om du ville hava offer, skulle jag gärna frambära sådana; i brännoffer har du icke behag.

Sacrificum Deo spiritus contribulatus: cor contritum et humiliatum, Deus, non despicies.

Ett offer för Gud är en förkrossad ande; ett ångerfullt och ödmjukt hjärta skall du, Gud, icke försmå.

Benigne fac, Domine, in bona voluntate tua Sion: ut aedificentur muri Jerusalem.

Gör väl Herre, mot Sion i din godhet, att Jerusalems murar må varda uppbyggda.

Tunc acceptabis sacrificium justitiae, oblationes et holocausta: tunc imponent super altare tuum vitulos.

Då skall du undfå rätta offer, gåvor och brännoffer; då skall man frambära offer på ditt altare.

Gloria Patri.

Ära vare Fadern.

Askonsdagen.

Den vigda askan utdelas med orden:

Memento, homo, quia pulvis es et in pulverem reverteris.

Askonsdagen. 243

Kom ihåg, människa, att du är av stoft och åter skall varda till stoft.

Botböner.

1.

O Gud, du har ingen lust till syndarens död, utan vill att han vänder om från sin väg och lever. Du har sagt genom din profet: I behaglig tid skall jag bönhöra dig; på frälsningens dag skall jag hjälpa dig. Herre, nu är en välbehaglig tid, då vi med botfärdigt sinne och förkrossat hjärta komma till dig. Nu är frälsningens tid, då vi (beströ våra huvud med aska och) ödmjukt bekänna, att vi äro av stoft och åter skola varda till stoft.

Vi bekänna inför dig, helige Gud, att vi hava syndat. Vi erkänna att vi gjort oss skyldiga till dina straffdomar. Det smärtar oss, att vi med otack lönat dig, vår störste välgörare, att vi så ofta och så mycket förolämpat dig, vår Herre och Gud. Vi äro icke värdiga att lyfta våra ögon till dig, men du, o Herre, förbarmar dig över alla och hatar intet av det som du skapat. Du har överseende med människornas synder för botens skull. Skona, o Herre, skona ditt folk; vänd dig till oss, och vi skola omvändas. Bönhör oss, o Herre, och förbarma dig över oss efter din stora barmhärtighet.

Förläna oss, o Herre, botfärdighetens ande. Giv att vi efter Kyrkans bud i denna nådens tid genom återhållsamhet i mat och dryck, i njutningar och förströelser, må bringa vår till synden böjda natur under andens herravälde. Giv att vi i tillbakadragenhet genom inre samling, ivrig bön och andäktig betraktelse av Frälsarens lidande och död må bereda våra själar till att vinna försoning och nåd. Vi bedja dig därom, himmelske Fader, genom hans förtjänster, som själv fastade fyrtio dagar i öknen och så lämnade oss ett föredöme, att vi måtte vandra i hans fotspår: Jesus Kristus, som med dig i Andens enhet lever och regerar från evighet till evighet. Amen.

2.

F. Herre, vi ha syndat. Vi visste att du är vår Herre och vi dina tjänare. Vi kände dina bud, och ändock ha vi överträtt dem. Vi blygas, när vi tänka på, hur ovärdigt vi ha handlat gentemot dig, och hur usla och straffvärda vi därigenom ha blivit i dina heliga ögon. Vad annat kunna vi nu göra än att anropa din godhet och övermåttan stora barmhärtighet.

Gud Fader, du som har skapat oss till din avbild, förbarma dig över dina händers verk, och låt oss icke gå förlorade för evigt!

Sv. Herre, förbarma dig över oss!

F. Gud Son, du som har frälst oss genom ditt dyrbara blod, befria oss ur fiendens våld, på det att ditt lidande icke må vara förspillt på oss!

Sv. Kristus, förbarma dig över oss!

F. Gud Helige Ande, du som har heliggjort oss genom din nåd, kom och besök ditt tempel och rena det från varje orenhet.

Sv. Herre, förbarma dig över oss!

F. Herre, hör min bön,

Sv. Och låt mitt rop komma till dig.

Låtom oss bedja. Gud, du som icke förskjuter någon, utan tager även den störste syndare till nåder, när han gör bot, hör vår ödmjuka bön och omvänd våra hjärtan till dig. Tillgiv oss våra synder, och tag barmhärtigt emot oss, dina ångerfulla barn, genom Jesus Kristus, vår Herre. *Sv.* Amen.

F. Gudomlige Frälsare, Jesus Kristus, du har stigit ned från himmelen för att söka och saliggöra det som var förlorat; du har stigit ned från höjden och har här på jorden gått dina fötter trötta under sökandet efter de vilsegångna fåren. Du säger själv, att du icke har kommit för att kalla de rättfärdiga, utan för att frälsa syndarna. Du är den barmhärtige samariten, som gjuter olja och vin i själens sår och ingiver mod åt försagda och sargade hjärtan, så att de åter leva och känna glädje. På dig lita vi, din barmhärtighet anropa vi som ha förtörnat din helighet och rättfärdighet. Gode herde, våra själars Frälsare, gör med oss, vad din egen misskund uppmanar dig att göra, fria oss ur syndens snår och stickande törnen, för oss tillbaka till din hjord, och låt oss höra orden: Dina synder äro dig förlåtna. Vi vilja aldrig mer övergiva dig, utan hädanefter vandra inför dig i rättskaffenhet och helig förtröstan och i hoppet, att vi må bliva värdiga att lovprisa din barmhärtighet i all evighet. Sv. Amen.

Andakt till Jesu heliga lidande.

Korsfäste Frälsare, jag arma syndare faller på knä för dig för att andäktigt betrakta och tacksamt vörda din bittra pina och död. Låt mig med ångerfullt hjärta och medlidsamt sinne i anden ledsaga dig på ditt bittra lidandes väg från Oljeberget ända till Golgata. Giv mig nåden, att jag genom att betrakta din oändliga kärlek så må befästas i kärlek till dig, att ingenting mer kan skilja dig ifrån mig. Sv. Amen.

1. Jesus på Oljeberget.

F. Vi tillbedja dig, Herre Jesus Kristus, och prisa dig,

Sv. Ty genom ditt heliga kors har du återlöst världen.

F. Fruktan och bävan har kommit över mig.

Sv. Min själ är bedrövad intill döden.

Låtom oss bedja. Herre Jesus Kristus, genom din blodiga ångestsvett på Oljeberget och genom all den skymf och misshandling, som du led i den natten, då du förråddes av Judas, fängslades av judarna och släpades till Jerusalem, bedja vi dig, giv oss ångerns tårar, att vi må begråta orsaken till ditt lidande. Befria oss från syndens bojor och fäst oss vid dig med kärlekens starka band, du som lever och regerar från evighet till evighet. *Sv.* Amen.

F. Jag erkänner min missgärning.
Sv. Och min synd är alltid inför mig.

2. Jesus inför Pilatus.

F. Vi tillbedja dig...
F. De uppläto sin mun emot mig.
Sv. De hädade mig och gladde sig över min nöd.

Låtom oss bedja. Herre Jesus Kristus, domare över levande och döda, bunden som en förbrytare blev du förd inför Pilati domstol och falskt anklagad av gudlösa präster, medan folket ropade sitt 'korsfäst'. Vid denna orättvisa anklagelse bedja vi dig, var oss nådig, när du kommer för att hålla dom över människosläktet, på det att vi ej med de gudlösa må fördömas, utan med dina trogna tjänare må upptagas i ditt rike, du som lever och regerar från evighet till evighet. *Sv.* Amen.

F. Gå icke till doms med din tjänare, o Herre.
Sv. Ty inför ditt ansikte skall ingen människa bestå.

3. Jesus hudflänges och krönes med törnen.

F. Vi tillbedja dig...
F. Herren har lagt på honom allas våra missgärningar.

Passionsandakt. 247

Sv. Han har blivit sargad för våra synders skull och slagen för våra missgärningars skull.
Låtom oss bedja. Herre Jesus Kristus, du oskyldiga Guds lamm, för våra synders skull blev du bunden vid en pelare, gisslad till blods och krönt med törnen, hånad och begabbad och av en orättrådig domare dömd till korsets nesliga död. Vid dessa dina bittra lidanden bedja vi dig, förläna oss nåden att döda kroppens lustar och tåligt bära livets vedermödor för att så varda värdiga lemmar i dig som är vårt törnekrönta huvud, du som lever och regerar från evighet till evighet. *Sv.* Amen.
F. Veten I icke, att I ären den Helige Andes tempel?
Sv. Den som vanärar detta tempel, honom skall Gud fördärva.

4. Jesus korsfästes.

F. Vi tillbedja dig...
F. Lik ett får fördes han bort att offras.
Sv. Och han teg lik ett lamm inför den som klipper det.
Låtom oss bedja. Herre Jesus Kristus, dina händer och fötter blevo grymt utsträckta, genomborrade med grova spikar och fästade vid korsets skymfliga träd. Upphöjd mellan himmel och jord hänger du korsfäst mellan tvenne missgärningsmän, ett föremål för allas hån och förakt. Vi bedja dig, för dessa grymma kvals skull sönderriv våra synders skuldebrev, rena våra hjärtan från syndens fläckar och giv, att vi städse må tacksamt minnas och andäktigt vörda dina heliga sår såsom tecken och underpant på vår frälsning, du som lever och regerar från evighet till evighet. *Sv.* Amen.
F. Fjärran vare det från mig att berömma mig av något annat än av vår Herres Jesu Kristi kors.

Sv. Genom honom är världen korsfäst för mig och jag för världen.

5. Jesus dör.

F. Vi tillbedja dig...
F. I dina händer, o Herre, anbefaller jag min ande.
Sv. Du har återlöst oss, Herre, sanningens Gud.
Låtom oss bedja. Herre Jesus Kristus, evige, odödlige Gud, du har blivit lydig intill döden, ja intill döden på korset. Sedan allt var fullbordat, anbefallde du din ande i din himmelske Faders händer, nedböjde huvudet och dog. Vi bedja dig genom denna din heliga död, giv oss det sanna livet och förläna oss nåden att dö bort från världen och all egenkärlek. Låt oss hädanefter leva för dig och din heliga tjänst, ända till dess vi i vår dödsstund med heligt förtroende få anbefalla våra själar i dina heliga händer, du som lever och regerar från evighet till evighet. *Sv.* Amen.
F. Kristus är mitt liv,
Sv. Och döden är min vinning.

6. Jesus nedtages från korset.

F. Vi tillbedja dig...
F. Ett svärd skall genomborra din själ.
Sv. Stor som havet är din smärta.
Låtom oss bedja. Herre Jesus Kristus, världens ljus och liv, efter din död ville du nedtagas från korset och läggas i din heliga moders sköte. Vi bedja dig, låt städse din nåd och kärlek härska i våra hjärtan. Giv oss, att vi aldrig må avlägsna oss från ditt heliga kors, ända till dess vi, befriade från kroppens band och syndens faror, genom din kärleksfulla moder framställas inför dig i ditt himmelska rike, du som

Första korsvägsandakten.

lever och regerar från evighet till evighet. *Sv.* Amen.
F. Vi berömma oss av vår Herres Jesu Kristi kors.
Sv. Ty i korset är frälsning, uppståndelse och liv.

7. Jesus nedlägges i graven.
F. Vi tillbedja dig...
F. Mitt kött skall vila i förhoppning.
Sv. Ty du skall icke låta din Helige se förgängelsen.
Låtom oss bedja. Herre Jesus Kristus, den levande Gudens Son, du ville att din livlösa kropp tillreddes till begravning och nedlades i en ny grav. Förläna oss nåden att genom samvetets renhet, ödmjukhet och sann fromhet bereda dig en värdig boning i våra hjärtan. Låt oss i liv och död genom kärlekens band vara förenade med dig, och uppväck oss på yttersta dagen till evigt liv, du som lever och regerar från evighet till evighet. *Sv.* Amen.
F. För alla har Kristus dött,
Sv. På det att de vilka leva icke mer må leva för sig, utan för honom som för dem har dött och uppstått från de döda.
Ära vare Fadern.

Första korsvägsandakten.

Förberedelsebön.

Såsom fordom Isak på sin rygg bar offerveden upp till berget Moria, så ville du, gudomlige Frälsare, bära det tunga korset från Pilati domstol upp till Kalvarieberget. Huru många smädelser och kval har du icke utstått på denna långa, tunga vandring! Du led även för mina synder; de tyngde som en svår börda på dig.

Se, jag ångrar och avskyr dem av hjärtat, emedan de voro orsaken till ditt lidande. Du gick för mig i döden; även jag vill hellre dö än åter genom synden skilja mig från dig. Var mig därför nådig och låt mig få höra det trösterika ordet: Var vid gott mod; dina synder äro dig förlåtna. Till din ära och min själs fromma vill jag nu i anden följa dig på din smärtsamma väg till Golgata. Jag förenar mig med din heliga moder och offrar dig de grymma smärtor, som söndersleto hennes själ, när hon mötte dig på vägen och såg dig dö på korset. Jag begär genom denna andakt för mig fullkomlig ånger över mina synder och en lycksalig död, för syndarna omvändelsens nåd, för de liknöjda iver i din tjänst, för själarna i skärselden eftergift av deras straff. I denna avsikt ber jag, att du tilldelar dem all den avlat, som jag genom denna fromma andaktsövning kan vinna.

1. stationen. Jesus dömes till döden.

F. Vi tillbedja dig, Herre Jesus Kristus, och prisa dig,

Sv. Ty genom ditt heliga kors har du återlöst världen.

<small>Med denna växelbön inledes betraktelsen vid varje station.</small>

Den oskyldige Jesus dömes av Pilatus till korsets nesliga död. För att gälla för kejsarens vän, utlämnar Pilatus Jesus i hans fienders händer. Vilken orättvisa att döma oskulden till döden för att icke misshaga människor!

Låtom oss bedja. Oskyldige Jesus, icke du, utan jag har förtjänat döden, ty jag har syndat. Men för att rädda mitt liv, underkastar du dig villigt dödsdomen. För vem skall jag då

Första korsvägsandakten. 251

hädanefter leva, om icke för dig och din heliga tjänst? Så länge jag söker att behaga människor, kan jag icke vara din tjänare. Jag vill därför hellre förlora människors gunst än din nåd och vänskap. — Fader vår.
F. Korsfäste Herre Jesus Kristus.
Sv. Förbarma dig över oss och fräls de arma själarna i skärselden.

Med denna växelbön avslutas betraktelsen vid varje station.

2. st. Jesus tager korset på sig.

Då Jesus varseblev korset, utsträckte han sina blodiga armar efter det. Han omfamnade dödens redskap och lade det villigt på sina sargade skuldror.
Låtom oss bedja. Skulle jag väl vara en vän till Kristus, om jag vore en fiende till hans kors? O ljuva kors, jag omfamnar, jag kysser dig: jag mottager dig med glädje från min Frälsares hand. Fjärran vare det från mig att berömma mig av något annat än av min Herres Jesu Kristi kors, genom vilket världen är korsfäst för mig och jag för världen.

3. st. Jesus faller första gången under korset.

Då Jesus bar korset genom Jerusalems gator, föll han under den tunga bördan till marken. Det var våra synder, som gjorde korset så tungt för honom.
Låtom oss bedja. Herre Jesus Kristus, du har burit mina synders tunga börda. Varför skulle jag vägra att taga på mig dina buds ok, på det att vi må bära varandras börda? Din börda är lätt, och ditt ok är ljuvt. Villigt, ja, med glädje tager jag ditt ok på mig för att bära det, så länge jag lever.

4. st. Jesus möter sin heliga moder.

Vilken sorglig syn var det icke för Maria, när hon mötte sin älskade Son! Hon såg honom, betäckt med sår och blod, nedtyngd av det tunga korset, obarmhärtigt pådrivas av den grymma bödelshopen. Vilka kval har hon då icke utstått i sitt modershjärta! *Låtom oss bedja.* O Jesus, o Maria, även jag är skuld till dessa kval, som sönderslita edra älskade hjärtan! O, att även jag finge del i edra lidanden! Smärtuppfyllda moder, jag beder dig innerligt, anbefall mig åt din gudomlige Son och kom med honom mig till mötes,· när jag skall anträda den svåra färden till evigheten.

5. st. Simon från Cyrene hjälper Jesus att bära korset.

Simon från Cyrene nödgas av soldaterna att hjälpa Jesus att bära korset. Ehuru han gör det blott motsträvigt, antager dock Jesus hans hjälp. Även dig skulle Frälsaren gärna antaga till följeslagare på sin korsväg. Han inbjuder dig, då han säger: Den som vill vara min lärjunge, han tage sitt kors på sig och följe mig efter. Men kanske vägrar du liksom Simon och bär blott nödtvungen korset! *Låtom oss bedja.* O Herre, du har sagt: Den som icke tager sitt kors på sig och följer mig efter, han är mig icke värd. Se, för att bliva dig värdig, vill jag nu av fri vilja taga mitt kors på mig och troget följa dig på korsets konungsliga väg ända till mitt livs slut.

6. st. Veronika räcker Jesus svetteduken.

Full av medlidande räcker Veronika Jesus sin svetteduk till att avtorka sitt av spott och

Första korsvägsandakten. 253

blod vanställda ansikte. Då Frälsaren återlämnar duken, är därpå avtryckt hans bild. En stor belöning för en så ringa tjänst! Och du, min själ, vilka tjänster gör du din Frälsare? Ångra din otacksamhet och överlägg, vad du kan göra för Frälsaren och de odödliga själar, för vilka han utgjutit sitt heliga blod.

Låtom oss bedja. O Jesus, huru kan jag visa mig tacksam för allt, vad du gjort och lidit för mig? Se, jag skänker dig mitt hjärta. Sätt ditt insegel därpå och tryck din bild däri, så att jag alltid med kärlek må tänka på dig och du i evighet ej må glömma dina händers verk.

7. st. **Jesus faller andra gången under korset.**

Under korsets tyngd faller Frälsaren för andra gången till marken. De grymma bödelsknektarna unna honom icke ett ögonblicks vila. Ryckande i de rep varmed han är bunden, tvinga de honom med hugg och slag att resa sig och fortsätta sin vandring. Orsaken till Frälsarens lidande äro våra synder; orsaken till hans förnyade fall äro våra återfall i synden. Och jag kunde ännu ha lust att synda?

Låtom oss bedja. O Jesus, förbarma dig över mig, räck mig en hjälpsam hand och stöd mig med din nåd, att jag icke mera återfaller i mina gamla synder. Jag ångrar och avskyr dem; hellre dö än åter begå dem! Styrk mig, o Herre, med din nåd; ty utan dig förmår jag intet.

8. st. **Jesus talar till de gråtande kvinnorna.**

Fromma kvinnor gråta vid anblicken av den lidande Frälsaren. Han vänder sig till dem och säger: I Jerusalems döttrar, gråten icke över

mig, gråten hellre över eder och edra barn; ty om detta sker med det gröna trädet, vad skall då icke ske med det torra? — Gråt även du över dig och dina synder. Det gives intet nyttigare för dig än ångerns tårar.
Låtom oss bedja. O att mina ögon vore en tårekälla, så att jag kunde gråta dag och natt över ditt bittra lidande och mina synder. Vid de tårar, som Jerusalems döttrar utgjutit av medlidande med dig, beder jag dig, gudomlige Frälsare, lär mig känna mina synder; giv mig riklig nåd att hjärtligt ångra och uppriktigt bekänna dem; hjälp mig att genom ivrig botgöring avvända dina rättvisa straffdomar.

9. st. Jesus faller tredje gången under korset.

Då Jesus, smärtornas man, anlände till Kalvariebergets fot, störtade han för tredje gången till marken. Vilken tung börda är icke synden, som så ofta störtar Frälsaren till jorden och som för länge sedan skulle störtat många i helvetets avgrund, om icke Herrens långmodighet haft fördrag med dem.
Låtom oss bedja. Barmhärtige Frälsare, jag hembär dig oändlig tack, att du icke låtit mig dö i mina synder, utan lämnat mig tid till att göra bot. Låt mig icke mera förlora din nåd eller än en gång återfalla i synd. Styrk mig i allt gott, att jag troget må tjäna dig i detta liv och efter min död får tillträde till din härlighets rike.

10. st. Jesus berövas sina kläder.

Vilken blygsel, vilka smärtor känner icke Frälsaren, då kläderna som hade fastnat vid hans blodiga sår, våldsamt slitas från honom. Han berövas sina kläder för att naken dö på

Första korsvägsandakten. 255

sitt hårda kors. Huru lugnt skulle jag icke dö, om jag före min död hade avklätt mig den gamla människan med hennes lustar och begär. *Låtom oss bedja.* Må det så ske, o Herre! Jag skall avkläda mig den gamla syndiga människan och ikläda mig en ny, som är skapad i rättfärdighet och helighet. Vad det än må kosta mig, skall jag icke skona min natur, ty jag åstundar ingenting högre än att dö bort från synden för att leva för dig och din kärlek.

11. st. Jesus fästes vid korset.

Sedan Jesus blivit berövad sina kläder lades han ned på korset. Hans händer och fötter utsträcktes, genomborrades med stora spikar och fästes vid korsets bjälkar. Vilka smärtor, vilka kval känner icke Frälsaren! Men han lider tyst och undergiven, ty han lider för mig för att frälsa mig från eviga kval. *Låtom oss bedja.* Evig tack vare dig, korsfäste Frälsare, för de gruvliga marter, du lidit för mig. Korsfäst nu mitt kött med dess lustar och onda begär. Låt mig nu genom kors och lidanden gottgöra för mina synder. Jag underkastar mig helt och hållet din heliga vilja. Skona mig blott i evigheten.

12. st. Jesus dör på korset.

Tre långa timmar hänger Frälsaren under grymma kval på korset, till dess han böjer huvudet och uppgiver anden. Han dör en skymflig och plågsam död, på det att jag skall leva och undgå den eviga döden. Huru stor är icke hans kärlek till oss syndiga människor; men huru illa blir den icke ofta besvarad! *Låtom oss bedja.* Älskade Frälsare, då jag icke kan dö för dig, giv mig åtminstone nåden att av kärlek till dig dö bort från synd och värld för att uteslutande leva för dig. Upptag mig i den tillflyktsort du berett mig efter din död, i ditt heliga hjärta, och låt mig aldrig mer skiljas ifrån dig.

13. st. Jesus nedtages från korset.

Jesus ville icke nedstiga från korset, utan härda ut därpå ända till slutet. När hans livlösa kropp blivit nedtagen, ville han vila i sin jungfruliga moders sköte. Framhärda även du vid Jesu kors, ty den som uthärdar ända till slutet, han skall varda salig.
Låtom oss bedja. O Jesus, jag ber dig ödmjukt, låt mig icke ryckas bort från ditt heliga kors. Vid korset önskar jag att få leva och dö, ty korset är Guds vishet och kraft, och genom korset skola vi varda saliga.

14. st. Jesus lägges i graven.

Kristi kropp lägges i en främmande grav. Den som under sitt liv icke ägt ett ställe, där han kunde vila sitt trötta huvud, har i döden icke ens en egen grav, ty han var icke av denna värld. Men du som hänger fast vid världen, hennes ägodelar och njutningar, är du icke av denna värld? Lösslit ditt hjärta från världen, att du icke med henne må förgås.
Låtom oss bedja. Herre, du har skapat mig för himmelen. Varför skall jag då fästa mitt hjärta vid jorden? Vik därför bort från mig, o värld, vik bort med alla dina lockelser. Utan att tröttna vill jag vandra vidare på korsets konungsliga väg och rikta mina steg mot det himmelska fäderneslandet, där jag i förening med min Frälsare skall bo i evighet. Amen.

Slutbön sid. 268.

Andra korsvägsandakten.

Inledningsbön.

Herre Jesus Kristus, vår Gud och Frälsare, vid tillbedja dig. Du har återlöst oss genom ditt dyrbara blod. Med det tunga korset bar du alla våra synder upp på Kalvarieberget och utplånade all vår skuld, då du på detta heliga kors dog den bittra döden.

Och allt detta har du gjort av fri vilja, driven av en ofattbar kärlek till oss syndiga människor. Aldrig kunna vi nog tacka dig för denna din kärlek. För att i någon mån visa vår tacksamhet, och fast beslutna att göra bot för våra synder, vilja vi nu i anden följa dig på din korsväg. Gör denna din sista smärtfyllda vandring så levande för oss, och inprägla bilden av ditt bittra lidande så djupt i våra hjärtan, att vi rätt må kunna fatta, huru förfärligt syndens elände är, och huru mäktig och stark din gudomliga kärlek.

Genom denna andakt utbeder jag för mig själv en fullkomlig ånger över mina synder och en salig död och för syndarna omvändelsens nåd, för de liknöjda förnyad iver i din tjänst och för själarna i skärselden eftergift av deras straff. I denna avsikt ber jag, att du ville tilldela dem all den avlat som jag genom denna fromma andaktsövning kan vinna.

Upprätta oss genom din djupa förnedring, styrk vår svaga vilja genom ditt heliga och hjältemodiga föredöme, och giv oss del i den gudomliga kärlek, som drev dig att för oss lida så bitter pina och död. Du som lever och regerar med Fadern och den Helige Ande, en Gud i evighet. *Sv.* Amen.

1. st. Jesus dömes till döden.

F. Vi tillbedja dig, Herre Jesus Kristus, och prisa dig.

9 — *Oremus.*

Sv. Ty genom ditt heliga kors har du återlöst världen.

Med denna växelbön inledes betraktelsen vid varje station.

F. Jesus, vår Frälsare, står inför den hedniske landshövdingens domstol. Han har helt överlämnat sig i sina fienders våld. De ha gripit och bundit honom och på allt sätt hånat och misshandlat honom, men icke ens den förfärliga hudflängningen och den skymfliga törnekröningen ha mildrat deras hat. De kräva nu att Jesus skall korsfästas. Pilatus förstår och erkänner, att Jesus är oskyldig, men av feg människofruktan och för att icke löpa fara att förlora kejsarens gunst, dömer han Jesus till döden på korset. — Jesus, rättfärdigheten och heligheten själv, dömes till döden, för att vi skulle kunna vinna det eviga livet. För ett så högt pris ha våra själar blivit friköpta.

F. Herren har icke skonat sin enfödde Son.

Sv. Han har utgivit honom för oss alla.

Låtom oss bedja. Herre Jesus Kristus, det är våra synder, som hava dömt dig till döden. För att vi, de skyldiga, icke skulle dömas till den eviga döden, har du villigt tagit emot den grymma och orättfärdiga dödsdomen. För denna din stora kärleks skull bedja vi dig, förbarma dig över oss och giv oss nåden att ångerfullt och botfärdigt döma oss själva för våra synder, så att vi en gång må finna nåd inför din domstol. Sv. Amen.

F. Korsfäste Herre Jesus Kristus.

Sv. Förbarma dig över oss, och fräls de arma själarna i skärselden.

Med denna växelbön avslutas betraktelsen vid varje station.

2. st. Jesus tager korset på sig.

Pilatus har avkunnat den orättfärdiga dödsdomen över Jesus och överlämnat honom åt

Andra korsvägsandakten. 259

bödlarna, för att de skulle korsfästa honom. De föra honom till den plats, där korset ligger redo: Han skall själv bära sitt lidandes redskap upp till Golgata. Med bävande hjärta men utan tvekan inför sin fruktansvärda uppgift träder Jesus fram till korset, sträcker ut sina händer mot detsamma som mot ett efterlängtat mål och lägger det beredvilligt på sina sargade skuldror. — Med korset tager Herren på sig våra synder och de straff, som vi genom synden förtjänat.

F. Herren har lagt alla våra missgärningar på honom.

Sv. För våra synders skull har han blivit straffad.

Låtom oss bedja. Herre Jesus, du har offrat dig av kärlek till oss, och du har på dina heliga skuldror lagt det tunga kors, som vi med våra synder berett dig. Vi tacka dig för denna din ofattbara kärlek och bedja dig, hjälp oss, att även vi beredvilligt taga emot varje kors och varje lidande, som den himmelske Fadern i sin vishet behagar pålägga oss. *Sv.* Amen.

3. st. Jesus faller första gången under korset.

Jesus har börjat sin korsväg. Som en förbrytare föres han genom Jerusalems gator. Korset är tungt, och Herren är utmattad av de svåra lidanden han redan utstått. Så har då vår korsbärande Frälsare icke hunnit långt på sin smärtfyllda vandring, förrän han faller till marken under sin börda. — Även denna smälek har han tagit på sig för vår skull. Mänskligheten hade genom sin synd sjunkit ned i timligt och evigt elände. För att upprätta den ur dess djupa fall ligger Jesus i stoftet under sitt kors.

Faste- och Passionstiden.

F. Han blev slagen för våra missgärningars skull.

Sv. På sina skuldror har han burit våra synder.

Låtom oss bedja. O Jesus, det var våra synder, som tyngde dig till jorden, när du föll under korsets börda. Hur ångra vi icke nu, att vi ha begått dem! Förlåt oss för din kärleks skull, och hjälp oss att icke mer återfalla i synd. Må den förödmjukande kraftlöshet, som du i din oändliga godhet har lidit för oss, bliva oss en källa till andlig starkhet och ståndaktighet mot det onda. *Sv.* Amen.

4. st. Jesus möter sin heliga moder.

Maria har hört, att hennes Son blivit fängslad och dömd till döden. Hon vet, att nu skall fullbordas allt, som blivit förutsagt om Människosonen. Som den goda moder hon är, vill hon vara hos sin Son i hans svåraste timmar. Med aposteln Johannes står hon vid vägen till Golgata. Då ser hon sin Son komma dignande under korset. Vem kan fatta smärtan i Marias själ i detta ögonblick? Den välsignade bland kvinnor ser sitt gudomliga barn föras liksom en förbrytare till avrättsplatsen. Så uppfylles den gamle Simeons profetia:

F. Denne är satt till fall och upprättelse för många i Israel.

Sv. Och din egen själ skall genomborras av ett svärd.

Låtom oss bedja. O Jesus, o Maria, jag är skuld till de kval, som sönderslita edra heliga hjärtan. O, att jag aldrig hade syndat. Maria, Jesu moder, jag beder dig vid det smärtans svärd, som genomborrade ditt modershjärta, utverka mig nåden, att mitt hårda hjärta må röras till sann ånger över mina synder. Hjälp,

Andra korsvägsandakten. 261

att jag icke sviker, när Kristus fordrar offer och självförnekelse av mig. *Sv.* Amen.

5. st. Simon från Cyrene hjälper Jesus att bära korset.

Även Jesu fiender följa med på vägen till Golgata. De vilja tillfredsställa sin hämndlystnad genom att se Herren dö på korset. Då de nu märka, att Jesu kraftlöshet blir allt större, börja de frukta, att han skall dö på vägen. Därför tvinga de en främmande man, Simon från Cyrene, som just kommer förbi, att bära korset åt Jesus. — Det, som för Simon i första ögonblicket ter sig som en förödmjukelse, blir sedan till hans livs största lycka, ty vem kan tänka sig större nåd än att få taga korset från Jesu skuldra. — För oss alla gälla Herrens ord: Den som vill vara min lärjunge, han tage sitt kors på sig och följe mig.

F. Vi vilja icke berömma oss av annat än av Kristi kors.

Sv. Ty det är vår frälsning, vårt liv och vår uppståndelse.

Låtom oss bedja. Gudomlige Frälsare, huru ofta inbjuder du icke oss att bära korset efter dig! Varje motgång, varje lidande är ett kors, som du ger oss att bära. Vi borde vara lyckliga att liksom Simon från Cyrene få vandra lidandets väg med dig, men vi knota och klaga över varje kors, som du lägger på våra skuldror. Hjälp oss att bära vårt kors med samma glädje, som om det vore ditt. Giv oss din nåd därtill, Herre Jesus. *Sv.* Amen.

6. st. Veronika räcker Jesus svetteduken.

Jesus går vidare på sitt lidandes väg, beklagansvärd i sin stora nöd. Då gripes en from kvinna av ett djupt medlidande med honom. Utan att bry sig om den fientliga hop, som omgiver Jesus, tränger hon sig fram för att giva Herren någon liten lindring i hans kval. Hon räcker honom en linneduk, så att han kan torka svett och blod från sitt ansikte. Det är en ringa tjänst, men den göres med mod och av kärlek. Med en tacksam blick lämnar Jesus tillbaka svetteduken, och då är hans bild avtryckt på den. Så belönar vår Herre med oanad välsignelse den ringaste tjänst, framsprungen ur ett uppriktigt och gott hjärta.

F. Vänd icke dina blickar från oss, o Herre.

Sv. Och dölj icke ditt anlete för dina barn.

Låtom oss bedja. Jesus, vår Frälsare, vi bedja dig, inprägla bilden av ditt smärtfyllda ansikte och din bittra pina så djupt i våra hjärtan, att vi aldrig kunna glömma, vad du lidit för oss. Låt oss i varje lidande medmänniska se din avbild och, obekymrade om världens dom, trösta och hjälpa för din skull. Låt den gripande bilden av dig som den lidande Frälsaren särskilt då framträda för min själs öga, när världens lust och syndiga begär vilja locka mig att överträda något av dina bud. *Sv.* Amen.

7. st. Jesus faller andra gången under korset.

Jesus är Gud även i sitt lidande; men gudomens härlighet är nu dold. Den lindrar icke smärtorna, den minskar icke kraftlösheten. Trots den lättnad och vederkvickelse, som kommit Jesus till del, faller han åter till jorden under korset. Vilken tung börda äro icke världens synder, som komma den Allsmäktige att digna. Ju mindre vi bry oss om Guds vilja, och ju lättare vi taga Guds vrede över våra synder,

Andra korsvägsandakten. 263

desto hårdare tynger korset på vår Frälsares skuldror.
F. Jag förtrampas i stoftet såsom en mask.
Sv. Mitt folk föraktar mig, och de ondas hop hånler över mig.
Låtom oss bedja. Herre, huru måste vi icke blygas, när vi åter se dig ligga i stoftet under korsets alltför tunga börda. Vi falla så ofta i synd, emedan vi först i lättsinnig förmätenhet utsätta oss för faror och sedan nedtyngas av modlöshet och den onda vanans makt. Du faller under korset för att upprätta oss. Vi bedja dig, låt oss icke bli alltför modfällda, när vi fallit. Räck oss din starka hand, att vi åter kunna resa oss. Hjälp oss i våra ansträngningar att bryta syndens vana. Din svaghet blive vår styrka. *Sv.* Amen.

8. st. Jesus talar till de gråtande kvinnorna.

En skara kvinnor stå med sina barn vid vägen, där Jesus kommer förbi. Då de få se honom i hans stora elände, gripas de av medlidande, klaga och gråta. Men Jesus säger till dem: I Jerusalems döttrar, gråten icke över mig, gråten hellre över eder och edra barn; ty om detta sker med det gröna trädet, vad skall då icke ske med det torra? — Om vårt medlidande med den korsbärande Frälsaren är sant och uppriktigt, så måste det driva oss till sann bot och i vår själ väcka en djup avsky för våra synder, som äro skuld till Jesu bittra pina. Ett sådant medlidande, som är verksamt i allvarlig omvändelse och livets omdaning, vill Frälsarens gripande ord uppmana oss till.
F. Vi vilja vända oss bort från de ogudaktigas vägar,
Sv. Då skall Herren förbarma sig över oss och förlåta oss våra överträdelser.

Låtom oss bedja. Gudomlige Frälsare, vid de manande ord, som du riktat till Jerusalems döttrar, bedja vi dig, giv att vi genom anblicken av ditt bittra lidande måtte förstå, vilken stor olycka synden är; giv oss ett förkrossat hjärta och en djup, helig ånger, så att vi må vinna din nåd och förmildra de straff, som synden drager ned över världen. *Sv.* Amen.

9. st. Jesus faller tredje gången under korset.

Vid foten av Kalvarieberget, där vägen begynner stiga brantare uppåt, störtar Jesus för tredje gången till jorden. Hans kropp skälver av utmattning, kraftlöshet präglar hela hans gestalt. Vilken gripande syn! Guds Son, genom vilken allting är skapat, och i vilken allt har bestånd, ligger hjälplös på marken i sina grymma fienders åsyn. — Med dessa upprepade fall gör Jesus bot för den viljelöshet, som kommer oss att gång på gång falla tillbaka i samma synder.

F. Vi se honom som Smärtornas man, förödmjukad och föraktad.

Sv. Liksom en, som känner svaghet, och av blygsel döljer sitt anlete.

Låtom oss bedja. O Jesus, våra upprepade synder äro skuld till, att du gång på gång faller under korset. Vi hava så ofta lovat att bättra oss men återfalla ständigt i synd. Men du har haft fördrag med oss, ännu leva vi och kunna göra bot. Vi tacka dig, o Herre, för din långmodighet och barmhärtighet. Vi vilja icke missbruka din nåd och kärlek. Därför bedja vi dig, hjälp oss att nu med allvar begagna alla medel, som kunna hindra oss att återfalla i synd. Befäst oss i denna heliga föresats. *Sv.* Amen.

Andra korsvägsandakten. 265

10. st. Jesus berövas sina kläder.

Det sorgliga tåget har nu kommit fram till avrättsplatsen. Bödelsknektarna göra de sista förberedelserna för korsfästelsen. De gripa Jesus som nu låter dem göra med sig vad de vilja. Grymt och hänsynslöst riva de kläderna av honom, och alla hans sår bryta upp på nytt. Vilken smärta, vilken skam, vilka själskval vållar icke allt detta den renaste Jungfruns Son! — Sedan giva de honom myrrhavin, men han vill icke dricka därav. — Det är sinnlighetens, oblyghetens och övermodets synder, som här blivit sonade av Guds människovordne Son.
F. Han föres till slaktbänken lik ett lamm.
Sv. Som icke upplåter sin mun.
Låtom oss bedja. Jesus, härlighetens konung, du som kläder liljorna på marken, vi se dig här i den djupaste fattigdom och förnedring. Vi tillbedja dig för din fullkomliga undergivenhet och din gudomliga kärlek. Vi bedja dig, befria oss ur den onde fiendens snaror som äro ögonens lust, köttets lust och livets högfärd. Hjälp oss att bryta alla band, som fasthålla oss i synden och hindra oss att utföra din vilja och bliva fullkomliga. Giv, att vi må avlägga den gamla människan, vinna Guds barns inre frihet och mer och mer bliva värdiga att bära den heliggörande nådens klädnad. *Sv.* Amen.

11. st. Jesus fästes vid korset.

Bödlarna gripa Jesus och lägga honom på korset. Han sträcker ut sina armar, och de fästa honom vid korsets trä med stora spikar genom händer och fötter. En outsäglig smärta går genom Herrens lekamen, en smärta, som oavlåtligt stegras, ända tills döden kommer. Offerlammet hänger på korset; det stora för-

soningsoffret fullbordas. — När vi hemsökas av ett kortvarigt lidande, klaga vi och knota; men vad har Jesus Kristus icke måst lida för att frälsa oss!
F. De hava genomborrat mina händer och fötter.
Sv. De hava räknat alla mina ben.
Låtom oss bedja. Herre Jesus Kristus, av kärlek till oss har du låtit dig spikas fast vid korsets träd. Vid dina grymma kval bedja vi dig, uppfyll våra hjärtan med helig fruktan och kärlek, så att vi korsfästa vårt kött med dess onda lustar och begär och sålunda bliva förenade med dig, vår korsfäste Frälsare. *Sv.* Amen.

12. st. Jesus dör på korset.

Tre långa timmar hänger Jesus på korset vid de spikar, som slagits genom hans händer och fötter. Han känner sig övergiven av sin himmelske Fader. Hans fiender håna honom intill det sista. I gengäld höra vi honom tala ord, som äro fulla av ömhet och kärlek. Efter tre timmars namnlösa kval ropar han med hög röst: Det är fullbordat. — Fader, i dina händer befaller jag min ande. Så böjer han ned huvudet och dör. Guds ende Son, som är det eviga livet, dör som ett offerlamm för våra synder. Vår evige överstepräst har framburit sitt offer och återlöst världen.
F. Kristus har blivit lydig intill döden.
Sv. Intill döden på korset.
Låtom oss bedja. Var hälsad, du vår Frälsare Jesus Kristus, på korsets heliga altare, där du lider det straff, som vi hade förtjänat, och med din offerdöd borttager världens synder. Du är upphöjd på korset för att draga alla till dig, ditt huvud är nedböjt under döden för att giva oss evigt liv, din sida är öppnad

Andra korsvägsandakten. 267

för att blotta ditt heliga hjärta, som brustit i döden av kärlek till oss. Så komma vi till ditt kors och skänka dig i gengäld vårt hjärta, för att vi helt må höra dig till. För dig vilja vi leva och dö; ty för oss har du levat, och för oss har du dött. *Sv.* Amen.

13. st. Jesus nedtages från korset.

Blek och blodig hänger Jesu livlösa lekamen på korset. De skräckinjagande tecken, som åtföljde Jesu död, hava skingrat folkhopen. Det har blivit stilla på Golgata. En soldat har genomborrat Jesu sida med sin lans och öppnat hans heliga hjärta; blod och vatten strömmade ut. Josef av Arimatea och Nikodemus taga vördnadsfullt Jesu lekamen från korset och lägga den i Marias sköte. Jesu lidande är slut; men hans moders hjärta blöder, då hon riktigt ser de förskräckliga såren på sin älskade Sons kropp, och ingen finnes, som tröstar henne. Så blev hon utan blodsutgjutelse martyrernas upphöjda drottning.

F. Vem skall jag likna dig vid, du Sions dotter?

Sv. Stor som havet är din smärta.

Låtom oss bedja. Maria, smärtuppfyllda moder, du måste se din älskade Son dö, utan att kunna komma honom till hjälp i hans lidande. Nu håller du hans döda lekamen i dina armar; den är vanställd och berövad all skönhet. Detta ha människornas synder bragt över din älskade Son. Vid all den nöd och bittra sorg, som du för vår skull utstått under Jesu kors, bedja vi dig, martyrernas drottning, lär oss att älska din Son av hela vårt hjärta med en osviklig trohet, som giver allt, liksom du har givit allt. *Sv.* Amen.

Faste- och Passionstiden.

14. st. Jesus lägges i graven.

Den lilla skaran av Jesu trofasta vänner bereda hans kropp till begravningen. De smörja den med välluktande smörjelse, svepa den i fint linne och lägga den i en ny klippgrav i Josefs trädgård. Till sist vältra de en stor sten för ingången till graven. Där vilar nu Herren, sedan han fullbordat sitt verk för människosläktets frälsning. Han vilar från sitt arbete och sitt lidande. — Även vår livsväg slutar vid en grav. Var och när vet Gud allena; blott ett är säkert, vid graven kommer all jordisk glädje och sorg, hopp och fruktan att upphöra. Måtte vi förtröstansfullt kunna säga med vår gudomlige Frälsare:

F. Min kropp skall vila i frid,
Sv. Och min grav skall bliva härlig.

Låtom oss bedja. Fulla av tacksamhet knäböja vi, Herre Jesus, vid din heliga grav, där du nu vilar ut efter ditt mödosamma liv och efter ditt svåra och bittra lidande. Ur denna din grav skall du snart uppstå i härlighet. Förunna oss för ditt livs och din döds skull den nåden, att vi må troget vandra i dina fotspår på korsets heliga och konungsliga väg, till dess vi, när vårt liv är slut, få läggas till vila under det kors, som skall smycka vår grav. Låt vårt sista vilorum bliva härligt därigenom, att du en gång kallar oss fram ur jordens sköte i förklarad gestalt, så att vi få skåda dig i din härlighet. *Sv.* Amen.

Slutbön.

Herre Jesus Kristus! I din stora kärlek har du velat lida korsets skymfliga död för att sona våra många synder. Mottag, vi bedja dig, den andakt vi nu ha förrättat, hur ofullkomlig den än är, som en tacksägelse för din barmhärtig-

Andra korsvägsandakten.

het och som en lovprisning av din kärlek, som en bot för våra synder och till lindring för de arma själarna i skärselden. Du har gått korsets väg för att frälsa oss. Må vi därför frimodigt vandra genom livet såsom dina sanna lärjungar och dagligen bära vårt kors, liksom du har burit ditt. Och när vårt liv en gång lider mot sitt slut, förunna oss då, att vi förtröstansfullt kunna anbefalla vår själ i dina händer, vilka ännu i din härlighet bära märkena efter den kvalfulla död, du lidit för oss. Du som lever och regerar med Fadern och den Helige Ande, en Gud i evighet. Sv. Amen.

O helga kors.

O helga kors, var hälsat, * Från döden du oss frälsat; * På dig, för vad vi brutit, * Guds Son sitt blod har gjutit.

Du helga träd, är givet * Åt oss till tröst i livet; * Till dig, till dig vi ila * Att vid din fot få vila.

O kors, högtheligt är du * Och livets frukter bär du. * Led oss på pilgrimsfärden * Igenom denna världen.

Du skall det tecken vara, * Som skyddar oss från fara. * Krist skall i dig allena * Oss segerns palm förläna.

Då han en gång oss alla * Till slutlig dom skall kalla, * O kors, oss då försvara * Mot domens skräck och fara!

Faste- och Passionstiden.

Betraktelse över Jesu sju ord på korset.

1. Korsfäste Herre Jesus Kristus, medan du under förfärliga kval hängde på korset, bad du för dina mördare, som hånade och begabbade dig, till din himmelske Fader och sade: F a d e r, f ö r l å t d e m; t y d e v e t a i c k e v a d d e g ö r a. Giv oss nåden, att vi av kärlek till dig förlåta våra fiender och bedja för dem som hata och förfölja oss, på det att din himmelske Fader må förlåta oss våra skulder, såsom ock vi förlåta dem oss skyldiga äro.

F. Vi tillbedja dig, Herre Jesus Kristus, och prisa dig.

Sv. Ty genom ditt heliga kors har du återlöst världen. — Ära vare Fadern.

Dessa växelböner upprepas efter varje bön.

2. Korsfäste Herre Jesus Kristus, när den botfärdige rövaren, som hängde på korset vid din högra sida, anropade dig om nåd, sade du till honom: S a n n e r l i g e n s ä g e r j a g d i g: i d a g s k a l l d u v a r a m e d m i g i p a r a d i s e t. Förbarma dig även över oss; kom ihåg oss, då du kommit i ditt rike; skänk oss riklig nåd att begråta våra synder och föra ett fromt, botfärdigt liv, på det att även vi i vår sista stund må höra de trösterika orden: I dag skolen I vara med mig i paradiset.

3. Korsfäste Herre Jesus Kristus, då du såg din älskade moder stå under korset, sade du till henne: K v i n n a, s e d i n s o n! Och därefter sade du till din sörjande apostel Johannes: S e, d i n m o d e r! Giv, att vi må ära och älska din heliga moder såsom vår egen moder för att alltid bliva delaktiga av hennes moderliga beskydd.

4. Korsfäste Herre Jesus Kristus, övergiven av Gud och människor, utropade du: M i n G u d, m i n G u d, v a r f ö r h a r d u ö v e r-

Jesu heliga fem sår. 271

givit mig? Giv oss ett uppriktigt förtroende till din himmelske Fader, så att vi i farans och nödens stund förtröstansfullt må utropa: Fader, förbarma dig över oss; övergiv oss icke i denna stund; i synnerhet övergiv oss icke i livets sista strid, i vår dödsstund.

5. Korsfäste Herre Jesus Kristus, för att försona vår omåttlighet och för att visa din brinnande längtan efter vår frälsning, led du på korset törstens bittra kval, så att du i din pina ropade: Jag törstar. Giv, att vi aldrig förnedra oss genom omåttlighet, och upptänd i våra hjärtan en helig längtan efter din återlösnings dyrbara frukter.

6. Korsfäste Herre Jesus Kristus, sedan du fullgjort din himmelske Faders vilja och fulländat återlösningsverket, ropade du: Det är fullbordat. Giv, att även vi i allt må fullgöra din himmelske Faders vilja och fullborda vårt levnadslopp i din nåd och kärlek.

7. Fader, i dina händer befaller jag min ande, så ropade du, korsfäste Frälsare, med hög röst, böjde ned huvudet och gav upp andan. Vid detta ditt sista ord bedja vi dig om nåden att få sluta vårt liv med samma ord och få höra dig säga, när du återkommer till domen: Kommen, I min Faders välsignade, och tagen i besittning det rike, som är eder tillrett från världens grundläggning. *Sv.* Amen.

Andakt till Jesu heliga fem sår.

Korsfäste Frälsare, i djupaste ödmjukhet faller jag ned inför ditt heliga kors. Såsom Maria Magdalena omfamnar jag förbannelsens träd, som genom dig förvandlats till livets träd. Jag kysser i anden de heliga sår, som kärleken till oss syndiga människor tillfogat dig. Huru mycket borde jag icke älska dig, o Herre! För att icke glömma dina händers verk har du skrivit mitt namn i dina händer och fötter och i din heliga sida. Du själv har ju sagt: Om än en moder kunde förgäta sitt barn, så skall dock jag icke förgäta dig; ty se, jag har skrivit dig i mina händer. Måtte även jag aldrig förgäta dig och din kärlek! Låt dina heliga sår bliva för mig en outtömlig källa till kärlek och liv. *Sv.* Amen.

1. *F.* Var hälsat, du välsignade sår i Frälsarens högra hand. Vid detta heliga sår beder jag dig, o Jesus, giv mig riklig nåd mot mina synliga och osynliga fienders angrepp. Ställ mig på den yttersta dagen på din högra sida, och låt mig med dina utvalda få höra de glädjerika orden: Kommen till mig, I min Faders välsignade, och tagen i besittning det rike som är eder tillrett från världens grundläggning.

Sv. I detta heliga sår nedlägger jag alla goda gärningar, som jag genom din nåd under mitt liv någonsin förrättat. Förena dem, o Herre, med dina heliga verk, ersätt genom dina förtjänster allt som fattas hos dem, och frambär dem åt din himmelske Fader. — Ära vare Fadern.

2. *F.* Var hälsat, du välsignade sår i Frälsarens vänstra hand! Vid detta heliga sår beder jag, o Jesus, förbarma dig över min svaghet och obeständighet. Styrk mig i mina goda föresatser och låt mig så åtnjuta din kärlek, att jag förtröstansfullt kan säga: Hans högra hand stöder mig, och hans vänstra skall omfamna mig.

Sv. Här vid detta heliga sår nedlägger jag alla mina synder, kända och okända. Utplåna dem, o Jesus, med ditt dyrbara blod, att de icke må anklaga mig inför din domstol och ådraga mig den eviga fördömelsens straff. — Ära vare Fadern.

3. *F.* Var hälsat, du välsignade sår i Fräl-

Jesu heliga fem sår

sarens högra fot! Vid detta heliga sår beder jag dig, o Jesus, lär mina fötter vandra på dina buds vägar, så att jag må framskrida från dygd till dygd, till dess jag får skåda dig, min Herre och Gud, i de saligas rike.

Sv. I detta heliga sår nedlägger jag all den välgång och lycka, varav din heliga försyn gjort mig delaktig. Bevara mig, att jag icke må förhäva mig över lyckans gåvor och förtörna dig, mitt högsta goda. — Ära vare Fadern.

4. *F.* Var hälsat, du välsignade sår i Frälsarens vänstra fot! Vid detta heliga sår beder jag dig, o Jesus, fräls mina fötter från de snaror som mina fiender utlagt för mig, och bevara mig från återfall i synd. Låt mig icke vandra på högfärdens stigar, utan i ödmjukhetens ande följa dig på korsets törnbeströdda väg.

Sv. I detta heliga sår nedlägger jag, o Herre, alla mina kors och lidanden och förenar dem med din bittra pina och död. Giv mig riklig nåd att av kärlek till dig villigt bära mitt kors och i allt underkasta mig din heliga vilja. — Ära vare Fadern.

5. *F.* Var hälsat, du välsignade sår i Frälsarens sida! Hell dig, kärlekens levande källa, alla nådegåvors skattkammare, tillflyktsort och viloplats för min själ, hell dig! Träd fram, min själ, till Jesu heliga hjärta, och gå in i den helgedom som Frälsarens kärlek öppnat för dig. Nedlägg där alla dina sorger och bekymmer; vila ut där ifrån dina mödor och hämta vederkvickelse i dina lidanden. Barmhärtige Frälsare, förlåt mitt hjärtas köld och trolöshet. Rena det med ditt hjärtas blod från syndens fläckar och upptänd i detsamma din kärleks heliga eld, att jag må älska dig över allting och allt annat endast enligt din heliga vilja.

Faste- och Passionstiden.

Sv. I detta heliga sår, o Jesus, nedlägger jag mitt hjärtas alla önskningar och begär. Förena mitt hjärta så med ditt heliga hjärta, att det aldrig skiljes därifrån, och jag i sanning kan säga med aposteln: Vem skall skilja oss från Kristi kärlek? Betryck eller trångmål, hunger eller nakenhet, fara, förföljelse eller svärd? Ingenting kan skilja oss från Guds kärlek, som är i Kristus Jesus, vår Herre.

F. Han blev sårad för våra synders skull.
Sv. Han blev slagen för våra missgärningars skull.

Låtom oss bedja. O Gud, du som återupprättat det fallna människosläktet genom det blod, som flutit från din enfödde Sons sår, giv oss, att vi som här på jorden tacksamt ära dessa heliga sår, en gång i himmelen få åtnjuta frukten av det dyrbara blod, som flutit ur dem, genom samme Kristus, vår Herre. *Sv.* Amen.

Bön till det heliga korsets ära.

F. Var hälsat, heliga kors, som burit världens Frälsare, och var hälsat, ädla träd, som blivit bestänkt med påskalammets blod. Var hälsat, höga altare, på vilket vår överstepräst framburit försoningsoffret för världens synder. Vi hälsa dig, välsignade stam, på vilken det nya förbundets medlare fastnaglat den handskrift, som vittnade emot oss. Vi hälsa dig, du Frälsarens härskarestav, som krossat den ondes välde och besegrat dödens makt. Vi hälsa dig, du höga tron, från vilken världens konung skall härska. Hell dig, heliga standar, som bådar seger åt alla som kämpa under din skugga, och hell dig, kristenhetens banér, fordom smälekens, nu ärans sinnebild. Hell dig, människosonens tecken, som skall synas på himmelen, när han för andra gången kommer med makt och majestät.

Till det heliga korset. 275

Med hela kristenheten vörda vi dig, heliga kors, som vår ädlaste klenod, som vår dyrbaraste skatt; ty du är vårt hopp i livet, vår tillflykt i döden, en säker underpant på vår uppståndelse till härlighet. Vi skola därför av intet annat berömma oss än av vår Herres Jesu Kristi kors. *Sv.* Amen.

F. Fräls oss, o Herre, genom korsets kraft.
Sv. I korsets tecken, rädda oss från våra fiender.

F. Herre Jesus Kristus, du är vår överstepräst, som på korset framburit dig själv såsom ett obesmittat offer åt din himmelske Fader för att rena oss ifrån onda gärningar, på det att vi med rena hjärtan måtte tjäna den levande Guden. Från ett träd i paradiset kom genom satans list synd och fördärv över oss alla; på korsets heliga träd har du besegrat satan, synd och död, och återförvärvat oss evigt liv och himmelens salighet. Jag hälsar ditt heliga kors, det nya förbundets altare, på vilket du offrat dig till världens försoning.

Såsom fordom Isak burit offerveden upp till berget Moria, så bar du själv det tunga korset upp till Kalvarieberget. Vilka plågor har du icke känt, när man genomborrade och vid korset fastnaglade dina heliga händer och fötter. Vilka marter har du ej lidit, när dina heliga lemmar våldsamt utsträcktes och vredos ur lederna! Jag är lik vatten, som utgjutes, klagar du själv genom psalmistens mun; alla mina ben hava skilts åt; mina händer och fötter hava de genomborrat, alla mina ben hava de räknat. Du har lidit alla dessa grymma plågor för att i ditt blod utplåna den handskrift, som vittnade mot oss. Du röjde den ur vägen genom att fastspika den på korset.

Det var för mig och mina synder, du led korsets bittra pina. För ditt heliga kors' skull beder jag dig, korsfäste Frälsare, gör mig delaktig av ditt lidandes förtjänster, och låt dem komma över min själ, att jag må renas från mina synder. Upplåt för mig dina heliga sår, att jag må få en tillflyktsort mot frälsningens fiender. Till dig, o Herre, står ju allt mitt hopp; dig älskar jag mer än allt annat i himmelen och på jorden; av kärlek till dig ångrar och avskyr jag alla mina synder. Korsfäst därför mitt kött och alla dess lustar, döda mitt högmod och min egenkärlek och tillintetgör i mitt hjärta varje böjelse, som misshagar dig. Skapa i mig ett nytt hjärta och den rätta anden. Giv mig mod och kraft att bruka våld på mig för att förneka mig själv och tåligt bära mitt kors. Framför allt giv mig nåden att älska dig och ditt heliga kors och i denna kärlek framhärda intill min död. *Sv.* Amen.

F. Vi tillbedja dig, Herre Jesus Kristus, och prisa dig.

Sv. Ty genom ditt heliga kors har du återlöst världen.

Låtom oss bedja. O Gud, som genom din enfödde Sons död på korset blivit försonad med världen, giv oss på vår ödmjuka bön, att vi som på jorden lärt oss känna korsets hemlighet, i himmelen må åtnjuta dess hälsosamma frukter, genom samme Kristus, vår Herre. *Sv.* Amen.

Litania till den lidande Kristus.

Herre, förbarma dig över oss.
Kristus, förbarma dig över oss.
Herre, förbarma dig över oss.
Kristus, hör oss.
Kristus, bönhör oss.
Gud Fader i himmelen: *Förbarma dig över oss.*
Gud Son, världens Frälsare,

Passionslitania. 277

Gud Helige Ande,
Heliga Treenighet, en ende Gud.
Jesus, du som för våra synders skull svettades blod,
Jesus, du som i dödskampen framhärdade i bön,
Jesus, du som styrktes av en ängel,
Jesus, du som såldes för trettio silverpenningar,
Jesus, du som av Judas förråddes genom en kyss,
Jesus, du som övergavs av alla dina lärjungar,
Jesus, du som släpades inför dina fienders, översteprästernas domstol,
Jesus, du som falskt anklagades och grymt misshandlades,
Jesus, du som begabbades inför Herodes,
Jesus, du som på det grymmaste hudflängdes,
Jesus, du som kröntes med törnen och hånades av folket,
Jesus, du som aktades ringare än Barabbas,
Jesus, du som för våra synders skull dömdes till döden,
Jesus, du som bar det tunga korset till avrättsplatsen,
Jesus, du som korsfästes mellan två rövare,
Jesus, du som på korset hånades och hädades,
Jesus, du som bad för dina fiender om nåd och förskoning,
Jesus, du som lovade paradiset åt den botfärdige rövaren,
Jesus, du som från korset anbefallde din moder åt Johannes och Johannes åt din moder,
Jesus, du som befallde din ande i din Faders händer,
Jesus, du som led för våra synders skull,
Jesus, genom vars sår vi äro helbrägda,
Jesus, vars död är vårt liv,
Var oss nådig: *Förskona oss, o Herre.*
Var oss nådig: *Bönhör oss, o Herre.*

Faste- och Passionstiden.

Från allt ont: *Fräls oss, o Herre.*
Från all synd,
Från otålighet i lidanden,
Från fiendskap mot nästan,
Från allt för stor fruktan för lidande och död,
Från obotfärdighet och förhärdelse,
Från den eviga döden,
Genom din bittra pina och död,
Vi arma syndare: *Vi bedja dig, bönhör oss.*
Att vi med ödmjuk undergivenhet må underkasta oss din heliga vilja,
Att ditt lidande och din död må hjälpa oss till ståndaktighet och tålamod,
Att vi genom ödmjukhet och självförsakelse må taga del i dina lidanden,
Att vi icke genom ett syndigt liv må förnya ditt lidande,
Att ditt lidande och din död må förvärva oss det eviga livet,
Guds lamm, som borttager världens synder: *Förskona oss, o Herre.*
Guds lamm... *Bönhör oss, o Herre.*
Guds lamm... *Förbarma dig över oss, o Herre.*
F. Kristus har för oss blivit lydig intill döden,
Sv. Intill döden på korset.
Låtom oss bedja. Herre Jesus Kristus, du har genom ditt lidande och din död frälst världen och givit oss det yppersta exempel, huru vi skola förhålla oss i våra lidanden och i vår dödsstund; förläna oss nåd att alltid ha din lära och föresyn för ögonen, städse följa densamma, och sålunda bliva delaktiga i återlösningens saliggörande frukter, du som lever och regerar från evighet till evighet. Sv. Amen.

Bön om korsets vishet.
(Kardinal Newman.)

Herre Jesus, jag tror och vill med din nåd alltid tro och bekänna, — jag vet, att det är sant och ända till världens ände alltid skall förbliva sant, — att intet stort sker i världen utan lidande och förödmjukelse, och att genom dessa medel allt är möjligt. Jag tror, o min Gud, att fattigdom är bättre än rikedom, smärta bättre än nöje, förakt bättre än ära, en låg och oansenlig ställning bättre än glans och rykte. Herre, jag ber dig icke att lägga dessa prövningar på mig, ty jag vet icke, om jag skulle kunna uthärda dem; men jag vill åtminstone tro, att det är sant, må sedan lycka eller olycka vara mig beskärd. Jag vill icke sätta min förtröstan till rikedom, ära, anseende eller makt. Jag vill icke fästa mitt hjärta vid framgångar och fördelar i denna värld. Icke heller vill jag önska mig det som människorna pläga kalla livets goda. Med din nåd vill jag snarare värdera dem som man ser över axeln och föraktar, respektera de fattiga, ära de lidande, beundra dina bekännare och helgon, och söka min andel bland dem och i världens förakt. O Gud och Herre, om jag också är så svag, att jag icke kan utbedja mig lidandet såsom en nåd, och icke skulle ha kraft att bära det, så ber jag dig åtminstone om den nåden, att jag må på rätt sätt mottaga lidandet, om du i din vishet och kärlek vill skicka mig sådant. Må jag fördraga smärta, hån, förakt, smälek, ångest och ovisshet så som du, min Jesus, väntar av mig, och så, som du har lärt mig genom ditt eget lidande. Jag lovar dig att jag, med din nåd, aldrig mer skall framhålla mig själv, att jag icke skall söka någon särskild ställning och icke heller förvärva någon höghet i världens ögon, utan jag vill stå tillbaka för andra och förbliva obemärkt. Jag önskar att ödmjukt fördraga orättvisor och förolämpningar och att vedergälla ont med gott. I allt skulle jag vilja förödmjuka mig, endast med stillatigande svara på elaka ord, och bevara tålamod i bekymren, om lidandet blir långvarigt; allt detta av kärlek till dig och ditt heliga kors, och i medvetandet, att jag på detta sätt skall vara värdig löftena om evigt liv. Amen.

Epistlar och evangelier för dymmelveckan.

Veckan före påsk kallas i liturgien den Stora veckan. På *palmsöndagen* firas Kristi intåg i Jerusalem. Vid palmvigningen läses 2 Mos. 15:27, 16: 1—7; Matt. 21:1—9, i högm. Fil. 2:5—11, passionshistorien Matt. 26 och 27. De vigda kvistar som utdelas i kyrkan, anbringas i hemmen över krucifixet som en ständig påminnelse om Kristi seger på korset. *Måndagen:* Jesaja 50:5—10; Joh. 12:1—9. *Tisdagen:* Jeremias 11:18—20; passionshistorien Mark. 14 och 15. *Onsdagen:* Jesaja 62:11, 63:1—7; Jesaja 53:1—12; passionshistorien Luk. 22 och 23. — På *skärtorsdagen* firas instiftelsen av Altarets heliga sakrament. I högm. 1 Kor. 11:20—32; Joh. 13:1—15. Efter gudstjänsten förvaras Sakramentet i ett särskilt tabernakel (den heliga graven), högaltarets tabernakel står tomt, altaren berövas sina linnedukar och alla prydnader. — *Långfredagen* är ingen högtids- utan Kyrkans största bot- och sorgedag. Korsbilden som giver dagens gudstjänst dess särprägel, skall hela dagen draga de troendes blickar och hjärtan till sig. Gudstjänstens särskilda ordning se sid. 291. Osee 6:1—6, 2 Mos. 12:1—11; passionshistorien Joh. 18 och 19. — *Påskaftonens* gudstjänst är en påsk-otta. Den nya elden och påskljuset välsignas, påskens lovsång *Exultet* sjunges, dopvattnet inviges. I högm. Kol. 3:1—4, Matt. 28:1—7.

Gör dymmelveckan till en stor vecka för din själ. Deltag i Kyrkans gudstjänster, ägna även hemma tid åt enskild andakt. Fira uppståndelsen med Kristus genom en ångerfull bikt och värdig påskkommunion.

Fröjda dig, du dotter Sion, se, din konung kommer.

Den Stilla veckan.

Palmsöndagen.

Hyllningsbön.

Herre Jesus Kristus, himmelens och jordens konung, vi hälsa dig med glädje på denna dag, då du i triumf intågat i Jerusalems stad. Folkskarorna, som gingo framför dig, lade sina kläder och strödde blommor och grönskande kvistar på din väg. Hela folket hyllade dig, höga och låga, gamla och unga och barnens glada skaror. Med palmer i händerna följde de dig och ropade: Hosanna, Davids Son; välsignad vare han, som kommer i Herrens namn. Välsignat vare vår fader Davids rike! Hosanna i höjden!

Se, Herre, vi förena våra röster med Jerusalems troende. Vi hälsa och hylla dig såsom Israels konung, som sitter på din fader Davids tron för att härska i Jakobs hus till evig tid. Vi hälsa och hylla dig såsom vår Messias, vår konung och vår Gud. Vi glädja oss, att ditt rike, nådens och sanningens rike, kommit till oss; vi glädja oss, att vi äro barn i det världsomfattande samfund, som du stiftat på jorden. Beskydda, styrk och utvidga detsamma och för

Palmsöndagen.

oss efter en salig död in i din härlighets rike. Amen.

F. Frukta icke, Sions dotter.

Sv. Se, din konung kommer till dig saktmodig, sittande på en åsninnas fåle.

Herre Jesus Kristus, i förening med Israels troende, som vid ditt högtidliga intåg i Jerusalem hyllade dig med glädjerop, i förening med din heliga Kyrka, som på denna dag uppstämmer jubelsånger till din ära, lova, prisa och tacka vi dig, i det vi med henne säga:

Lov och ära och pris * vi bringa dig, Kristus, vår konung, * dig som av Israels barn * hälsats med jubel och sång. — Du är Israels konung * och Davids frejdade ättling, * du som i Herrens namn * nådigt kommer till oss. — Himmelens saliga kör * och jordens dödliga släkte, * allt som har ande och liv, * prisar ditt heliga namn. — Israels utvalda folk * med palmer i handen dig mötte; * se, med bön och med lov * glada vi komma till dig. — Skarorna hyllade dig, * när du gick döden att möta. * Högre vi sjunga ditt lov, * då du besegrat dess makt. Nådigt du hörde på Israels lov; * hör nådigt vår lovbön, * gode, barmhärtige drott, * som i allt gott har behag.

F. Välsignad vare han, som kommer i Herrens namn.

Sv. Hosanna i höjden!

Låtom oss bedja. Herre Jesus Kristus, vid ditt intåg i den heliga staden beredde ditt folk vägen framför dig genom att lägga sina kläder på den och beströ den med blommor och kvistar; giv genom din nåd, att även vi må bereda vägen för din ankomst genom att avlägsna syndens stötestenar och smycka våra hjärtan med dygdens doftande blommor, du som lever och regerar från evighet till evighet. Amen.

Den Stilla veckan.

Profeten Jeremias' klagovisor.

(Urval.)

Dessa klagovisor — lamentationes — äro en karakteristisk del i dymmelveckans liturgiska officium; de sjungas mot aftonen onsdag, torsdag och fredag före påsk. De skildra det utvalda folkets brott och straff, Jerusalems och templets förstöring. — Kristi lekamen, Guds heligaste tempel, har för världens synders skull blivit nedbrutet och förstört. (Jfr Joh. 2:19, 21.)

Aleph. Huru övergiven sitter hon icke, den folkrika staden! Hon har blivit lik en änka. Hon som var så mäktig bland folken, en furstinna bland länderna, hon måste nu göra trältjänst. — *Beth.* Bittert gråter hon i natten, och tårar rinna utför hennes kinder. Ingen finnes, som tröstar henne, bland alla hennes vänner. Alla hennes närmaste hava varit trolösa mot henne; de hava blivit hennes fiender. — *Ghimel.* Juda har måst gå i landsflykt efter att hava utstått elände och svåra vedermödor; hon bor nu bland hedningarna och finner ingen ro. Alla hennes förföljare hava fallit över henne mitt i hennes trångmål. — *Daleth.* Vägarna till Sion ligga sörjande, då nu ingen kommer till högtiderna. Alla hennes portar äro öde, hennes präster sucka. Hennes jungfrur äro bedrövade, och själv sörjer hon bittert. — *He.* Hennes ovänner hava fått övermakten, för hennes fiender går allt väl. Ty Herren har sänt henne bedrövelse för hennes många överträdelsers skull. Hennes barn hava måst gå i fångenskap, bortdrivna av ovännen. — *Lamed.* Går detta eder ej till sinnes, I alla, som dragen vägen fram? Akten härpå och sen till: Kan någon plåga vara lik den, varmed jag har blivit hemsökt, den varmed Herren har bedrövat mig på sin glödande vredes dag?

Jerusalem, Jerusalem, omvänd dig till Herren, din Gud.

Jod. Sions äldste sitta där stumma på marken, de hava strött stoft på sina huvuden och höljt sig i sorgdräkt; Jerusalems jungfrur sänka sina huvuden mot jorden. — *Caph*. Mina ögon äro förtärda av gråt, mitt innersta är upprört, min lever är såsom utgjuten på marken för dotterns, mitt folks skada; ty barn och spenabarn försmäkta på gatorna i staden. — *Mem*. Vad jämförligt skall jag framlägga för dig, du dotter Jerusalem? Vilket liknande öde kan jag draga fram till din tröst, du jungfru, dotter Sion? Din skada är ju stor såsom ett hav; vem kan hela dig? — *Nun*. Dina profeters syner voro falskhet och flärd, de blottade icke för dig din missgärning, så att du kunde bliva upprättad; de utsagor, de förkunnade för dig, voro falskhet och förförelse. — *Samech*. Alla vägfarande slå ihop händerna, dig till hån; de vissla och skaka huvudet åt dottern Jerusalem: Är detta den stad som man kallade 'skönhetens fullhet', 'hela jordens fröjd'?

Jerusalem, Jerusalem, omvänd dig till Herren, din Gud.

Tänk, Herre, på vad som har vederfarits oss; skåda ned och se till vår smälek. Vår arvedel har kommit i främlingars ägo, våra hus i utlänningars. Vi hava blivit värnlösa, vi hava ingen fader; våra mödrar äro såsom änkor. Vattnet, som tillhör oss, få vi dricka allenast för penningar; vår egen ved måste vi betala. Våra förföljare äro oss på halsen; huru trötta vi än äro, unnas oss dock ingen vila. Vi hava måst giva oss under Egypten, under Assyrien, för att få bröd till att mätta oss med. Våra fäder hava syndat, de äro icke mer, vi måste bära deras missgärningar. Trälar få råda över oss; ingen finnes, som rycker oss ur deras våld. Med fara för vårt liv hämta vi vårt bröd, bärga det undan svärdet i öknen. Vår hud är glödande såsom en ugn, för brännande hungers skull. Kvinnorna kränkte man i Sion, jungfrurna i Juda städer.

Jerusalem, Jerusalem, omvänd dig till Herren, din Gud.

Skärtorsdagen.

Kristus tvager sina lärjungars fötter.

Välsignade vare de sista timmar, som du, o Jesus, tillbragte i dina apostlars krets. Du visste, att din stund var kommen att gå från denna värld. Du hade alltid älskat de dina som voro i världen; du älskar dem nu intill det yttersta. Du har alltid lärt dem ödmjukhet och kärlek; du giver dem nu ett oförgätligt föredöme i dessa dygder; du, deras Herre och Mästare, tvår dina lärjungars fötter; du, Guds Son, faller på knä framför stoftets barn, ja, framför fördärvets son, som redan var besluten att förråda dig, och förrättar slavens förnedrande tjänst. O ödmjukhet, o kärlek utan like! Du ville lämna åt oss ett föredöme; därpå skulle man igenkänna dina lärjungar, att de älska varandra, såsom du älskat dem. Kärleksfulle, ödmjuke Mästare, huru mycket sakna vi icke kännemärket på att vara dina sanna lärjungar; huru måste vi icke blygas, när vi betrakta ditt föredöme! Se, vi avsäga oss nu all kärlekslöshet och allt högmod; såsom du skola vi härefter vara kärleksfulla och ödmjuka av hjärtat.

F. Jag, eder Herre och Mästare, har givit eder ett föredöme,

Sv. På det att även I skolen göra, såsom jag gjort eder.

Låtom oss bedja. Allsmäktige, evige Gud, du ville, att din enfödde Son skulle antaga den mänskliga naturen och lida döden på korset, på det att vi måtte efterfölja det föredöme av ödmjukhet han givit oss; förläna oss även nåden att taga hans tålamod till förebild för att få del i hans ärorika uppståndelse, genom samme Kristus, vår Herre. *Sv.* Amen.

Den Stilla veckan.

Kristus instiftar Altarets heliga sakrament.

Aftonen före sitt lidande tog Jesus brödet i sina heliga och vördnadsvärda händer, upplyfte sina ögon till dig, o Gud, sin allsmäktige Fader, välsignade, bröt och gav det åt sina lärjungar, sägande: Tagen och äten alla härav; ty detta är min lekamen, som utgivits för eder. Sammalunda tog han kalken i sina heliga och vördnadsvärda händer, välsignade och gav den åt sina lärjungar, sägande: Tagen och dricken alla härav; ty detta är kalken med mitt blod, vilket för eder och för många varder utgjutet till syndernas förlåtelse. Gören detta till min åminnelse.

F. Herren har stiftat ett minne av sina underverk,

Sv. Han har givit föda åt dem som frukta honom.

Lovad och prisad vare du, vår Herre och Frälsare, för den outsägliga kärlek, med vilken du instiftat detta heliga Sakrament för att ständigt framhålla för oss din återlösnings underverk. Lovad och prisad vare du, att du i detta heliga Sakrament givit oss dig själv till själens näring, på det att vi här och i evighet måtte vara förenade med dig.

F. Bröd ifrån himmelen har du givit dem,

Sv. Som innehåller all ljuvlighet.

Lovad och prisad vare du, vår Herre och Frälsare, vår överstepräst enligt Melkisedeks ordning, att du i och med detta heliga Sakrament anordnat det Nya förbundets oblodiga offer, stiftat din trohets eviga förbund och efterlämnat ett bevis på din faderliga omsorg om oss, dina barn.

F. Så ofta I äten av detta bröd och dricken av denna kalk,

Sv. Skolen I förkunna Herrens död, till dess han återkommer. *Låtom oss bedja.* O Gud, som i detta underbara Sakrament lämnat oss ett minne av ditt lidande, vi bedja dig, giv oss nåden att så ära din lekamens och ditt blods heliga hemligheter, att vi alltid inom oss må känna din återlösnings frukter, du som lever och regerar från evighet till evighet. Sv. Amen.

Jesu Kristi översteprästerliga bön.

Joh. 17.

Därpå upplyfte Jesus sina ögon mot himmelen och sade: Fader, stunden har kommit. Förhärliga din Son, på det att ock din Son må förhärliga dig; såsom du har givit honom makt över allt kött, på det att han må giva det eviga livet åt alla dem, som du har givit honom. Och detta är det eviga livet, att de känna dig, den ende sanne Guden, och den, som du har sänt, Jesus Kristus. Jag har förhärligat dig på jorden, jag har fullbordat det verk, som du har givit mig att utföra. Och nu förhärliga mig du, Fader, hos dig själv med den härlighet, som jag hade hos dig, förrän världen var. Jag har uppenbarat ditt namn för de människor, vilka du har givit mig från världen. De voro dina, och du har givit dem åt mig, och de hava hållit ditt ord. Nu förstå de, att allt vad du har givit mig, är ifrån dig. Ty de ord, som du har givit mig, har jag givit dem; och de hava mottagit dem och i sanning förstått, att jag har utgått från dig, och de hava trott, att du har sänt mig. Jag beder för dem; för världen beder jag icke,* utan för

---

* I denna stund gäller Jesu bön icke världen, utan apostlarna.

dem, som du har givit mig; ty de äro dina. Och allt mitt är ditt, och ditt är mitt, och jag är förhärligad i dem. Jag är icke mer i världen, men de äro i världen, och jag kommer till dig. Helige Fader, bevara dem, vilka du har givit mig, i ditt namn, på det att de må vara ett, såsom ock vi. När jag var hos dem, bevarade jag dem i ditt namn; jag vaktade dem, som du har givit mig, och ingen av dem har gått förlorad, utom fördärvets son, på det att skriften skulle uppfyllas. Men nu kommer jag till dig och talar detta i världen, på det att de tillfullo må hava min glädje i sig. Jag har givit dem ditt ord, och världen har hatat dem, emedan de icke äro av världen. Icke beder jag, att du skall taga dem bort ifrån världen, utan att du må bevara dem från det onda. De äro icke av världen, såsom ock jag icke är av världen. Helga dem i sanning; ditt ord är sanning. Såsom du har sänt mig i världen, så har även jag sänt dem i världen; och jag helgar mig själv för dem, på det att även de må helgas i sanning. Men jag beder icke allenast för dessa, utan ock för dem, som genom deras ord komma att tro på mig: att de alla må vara ett, såsom du, Fader, är i mig och jag i dig, på det att även de må vara ett i oss, för att världen må tro, att du har sänt mig. Och jag har givit dem den härlighet, som du har givit mig, på det att de må vara ett, såsom ock vi äro ett: jag i dem och du i mig, på det att de må vara fulländade till ett, och världen må förstå, att du har sänt mig och älskat dem, såsom du har älskat mig. Fader, jag vill, att där jag är, där skola ock de vara med mig, vilka du har givit mig, på det att de må se den härlighet, som du har givit mig; ty du har älskat mig före världens grundläggning. Rättfärdige Fader, världen har icke känt dig, men jag har känt dig; och dessa hava känt, att du har sänt mig. Och jag har kungjort för dem ditt namn, och jag skall kungöra det på det att den kärlek, varmed du har älskat mig, skall vara i dem, och jag i dem.

Kristus lider dödsångest på Oljeberget.

Vår Herre och Mästare, sedan du i din översteprästerliga avskedsbön anbefallt dina lärjungar åt din himmelske Fader, gick du med dem över bäcken Cedron till oljeberget för att börja ditt blodiga lidande. O Jesus, min kärlek, i vilket tillstånd ser jag dig icke i Getsemanes trädgård! Dödstystnad råder runt omkring, och med rysning förnimmer jag dina klagoord: Min själ är bedrövad intill döden. Jag ser ditt ansikte blekna, dina händer darra, dina fötter vackla; du faller på ditt ansikte till marken. Outsäglig bedrövelse, förfärlig ängslan sammanpressa ditt hjärta; dödsångest kommer över dig, blodig svett rinner ned över ditt ansikte och fuktar jorden. Jag hör dig bedja: Fader, om det är möjligt, låt denna kalk gå ifrån mig; men ske dock icke min vilja, utan din!

Huru stora måste icke de fasor hava varit, som stormade mot dig, o Herre! Det judiska folkets förblindelse och den hårda straffdom, som skulle drabba det, svävade för dina ögon; de fasansfulla kval, som förestodo dig, voro i alla sina enskildheter närvarande för din ande; du såg dig belastad med hela världens synder, missgärningar och brott, för vilka du skulle tillfyllestgöra; du såg, huru gagnlöst ditt lidande skulle vara för så många människor; du såg alla de missgärningar, med vilka människorna i sin stora otacksamhet skulle på nytt korsfästa dig. Allt detta gjorde, att ditt hjärta

försänktes i ett hav av bedrövelse. O Jesus, din bittra dödsångest skall från denna stund förljuva för mig mitt eget lidandes kalk; den skall styrka mig i min egen dödskamp.
F. Kristus har lidit för oss och lämnat oss ett föredöme,
Sv. Att vi skola träda i hans fotspår och följa honom efter.
Låtom oss bedja. Herre Jesus Kristus, den levande Gudens Son, ställ ditt lidande, ditt kors och din död mellan din dom och våra själar, nu och i vår dödsstund. Förläna din Kyrka frid och endräkt, de avlidna den eviga vilan och oss syndare himmelens salighet och härlighet, du som lever och regerar från evighet till evighet. *Sv.* Amen.

O heliga Kors,
härliga tecken på nådens himmel,
som sänder strålar, mäktigare än solens,
över en skuldmedveten jord;
Människosläktets hopp och förtröstan,
världsalltets höga altare,
utvalt att bära
försoningsoffret för världens synd!

O ljuva träd, som på grymma spikar
bar så kostelig börda,
välsigna de kristnas trogna skara,
som samlas här till ditt lov!
Amen.

Fornkristen korshymn.

Långfredagen.

Långfredagens gudstjänst har en särskild ordning: 1. Läsningarna inkl. passionshistorien enligt Johannes. 2. De Stora förbönerna. 3. Korsets avtäckande och hyllning. 4.· Missa präsanctificatorum = de förut förvandlade offergåvornas mässa.

De Stora förbönerna.

De börja med orden: *Oremus, dilectissimi* — *låtom oss bedja, högtälskade.* Vid varje bön faller man på knä vid orden *Flectamus genua.*

Låtom oss bedja, högtälskade, för Guds heliga Kyrka, att vår Gud och Herre måtte nådigt bevara henne i fred och enighet över hela världen, underlägga henne alla furstendömen och makter och förunna oss att i ett stilla och fridfullt liv prisa Gud, den allsmäktige Fadern.

Allsmäktige, evige Gud, du som i Kristus har uppenbarat din härlighet för alla folk, beskydda din barmhärtighets verk, på det att din över hela jorden utbredda Kyrka med orubblig tro må fasthålla vid bekännelsen av ditt namn. Genom Kristus, vår Herre. Amen.

Låtom oss också bedja för vår Helige fader, påven N., att vår Gud och Herre, som utvalt honom till överherdeämbetet, må hålla sin hand över honom och bevara honom åt sin heliga Kyrka till att styra Guds heliga folk.

Allsmäktige, evige Gud, genom vilkens rådslut allt består, se nådigt ned till våra böner och bevara i din mildhet vår utvalde överherde, på det att det kristna folket, som efter din vilja är anförtrott åt hans ledning, under en så upphöjd överstepräst alltmer må tillväxa i trons förtjänster. Genom Kristus, vår Herre. Amen.

Låtom oss också bedja för alla biskopar, präster, diakoner, subdiakoner, akolyter, exorcister, lektorer, ostiarier,* bekännare, jungfrur, änkor och för hela Guds heliga folk.

Allsmäktige, evige Gud, genom vilkens ande Kyrkans hela kropp helgas och styres, hör våra ödmjuka böner för alla Kyrkans stånd, att de alla, var i sin ställning, med din nåds bistånd troget må tjäna dig. Genom Kristus, vår Herre. Amen.

Låtom oss även bedja för våra katekumener**, att vår Gud och Herre må öppna deras hjärtans öron och sin barmhärtighets dörr, så att de genom återfödelsens bad må undfå förlåtelse för alla sina synder och varda förenade med Kristus Jesus, vår Herre.

Allsmäktige, evige Gud, du som alltid skänker din Kyrka ny tillväxt, föröka våra katekumeners tro och insikt, så att de, återfödda genom dopets bad, må upptagas i dina utvalda barns gemenskap. Genom Kristus, vår Herre. Amen.

Låtom oss bedja, högtälskade, till Gud, den allsmäktige Fadern, att han må rensa världen från alla villfarelser, avvända sjukdomar, avvärja hungersnöd, öppna fängelserna, lossa bojorna, förunna de resande hemkomst, de sjuka hälsa, de sjöfarande en säker hamn.

Allsmäktige, evige Gud, de bedrövades tröst och de betrycktas styrka, låt komma till dig alla deras böner, som i sin nöd ropa till dig, på det att de alla må glädja sig över att din barmhärtighet bistått dem i deras trångmål. Genom Kristus, vår Herre. Amen.

Låtom oss även bedja för alla som lämnat Kyrkans tro och enhet, att vår Gud och Herre må befria dem från alla deras villfarelser, och

---

* Akolyter, exorcister, lektorer och ostiarier förrättade i forntiden lägre kyrkotjänster.

** De som förberedas till det heliga dopet.

Långfredagen.

att han värdes kalla dem tillbaka till deras heliga moder, den katolska och apostoliska Kyrkan.

Allsmäktige, evige Gud, du som frälsar alla och icke vill, att någon skall förgås, se i nåd ned till de genom djävulens list bedragna själarna, så att de vilsefarandes hjärtan må avlägga all kättersk förvändhet, komma till den rätta insikten och återvända till din sannings enhet. Genom Kristus, vår Herre. Amen.

Låtom oss även bedja för de trolösa judarna, på det att vår Gud och Herre må borttaga täckelset ifrån deras hjärtan, att även de må erkänna Jesus Kristus, vår Herre.

Allsmäktige, evige Gud, du som icke utesluter de trolösa judarna från din barmhärtighet, hör de böner, som vi frambära för detta förblindade folk, att de må erkänna din sannings ljus, som är Kristus, och befrias från sitt mörker. Genom samme Kristus, vår Herre. Amen.

Låtom oss också bedja för hedningarna, på det att den allsmäktige Guden må borttaga orättfärdigheten från deras hjärtan, att de må övergiva sina avgudar och vända sig till den sanne och levande Guden och till hans ende Son, Jesus Kristus, vår Gud och Herre.

Allsmäktige, evige Gud som icke vill syndarnas död, utan alltid söker deras liv, upptag nådigt vår bön, befria dem från deras avgudadyrkan och förena dem med din heliga Kyrka till ditt namns pris och ära. Genom Kristus, vår Herre. Amen.

Korsets hyllning.

Ecce lignum Crucis, in quo salus mundi pependit.
R. Veníte adorémus.

Skåden korsets träd, som världens frälsning burit.
R. Kommen, låtom oss tillbedja.

Improperierna eller **Frälsarens klagan över hans otacksamma folk.**
(291.)

F. Mitt folk, vad har jag gjort dig? eller varmed har jag bedrövat dig? Svara mig! Jag förde dig ut ur Egyptens land; och du har berett korset åt din Frälsare. — Jag ledde dig genom öknen i fyrtio år, närde dig med manna och förde dig in i ett mycket gott land; och du har berett korset åt din Frälsare. — Vad mera skulle jag hava gjort för dig, som jag icke har gjort? Jag planterade dig såsom en härlig vingård åt mig; och du har givit mig sura druvor; ty du släckte min törst med ättika och genomborrade med ett spjut din Frälsares sida.

Sv. Helige Gud, helige starke Gud, helige odödlige Gud, förbarma dig över oss.

F. Mitt folk, vad har jag gjort dig? eller varmed har jag bedrövat dig? Svara mig! Jag slog för din skull Egypten och dess förstfödde; och du har hudflängt mig och överlämnat mig åt döden. Jag befriade dig ur Egypten och nedstörtade Farao i Röda havet; och du tog mig tillfånga och överlämnade mig åt översteprästerna. Jag öppnade för dig en väg genom havet; och du öppnade med ett spjut min sida.

Sv. Helige Gud, helige starke Gud, helige odödlige Gud, förbarma dig över oss.

F. Mitt folk, vad har jag gjort dig? eller varmed har jag bedrövat dig? Svara mig! Jag gick framför dig i molnstoden; och du drog mig inför Pilati domstol. Jag gav dig manna att äta i öknen; och du gav mig kindpustar och gisselslag. Jag gav dig ur klippan livets vatten att dricka; och du gav mig i min törst galla och ättika.

Sv. Helige Gud, helige starke Gud, helige odödlige Gud, förbarma dig över oss.

F. Mitt folk, vad har jag gjort dig? eller var-

Långfredagen.

med har jag bedrövat dig? Svara mig! Jag slog för din skull Kanaans konungar; och du slog mig med ett rör på huvudet. Jag gav dig en konungaspira; och du satte på mitt huvud en törnekrona. Jag gjorde dig stor och upphöjde dig; och du betäckte mig med smälek och hängde mig på korsets träd.
Sv. Helige Gud, helige starke Gud, helige odödlige Gud, förbarma dig över oss.
F. Vi hylla ditt kors, o Herre,
Sv. Ty genom korset har kommit frälsning över hela världen.
Låtom oss bedja. O Gud, av vilken Judas fick straff för sitt brott och rövaren lön för sin bekännelse, låt oss komma i åtnjutande av återlösningens frukt, på det att vår Herre Jesus Kristus, som under sitt lidande gav bäggedera deras olika förtjänta vedergällning, må taga bort från oss den gamla förvillelsen och skänka oss sin uppståndelses nåd, han som med dig lever och regerar i den Helige Andes enhet, Gud från evighet till evighet. *Sv.* Amen.

Bön vid Jesu kors.

Herre, himmelske Fader, se på din älskade Son, som du utgivit i döden för att rädda oss syndiga människor från den andra, den eviga döden. Under namnlösa kval, under de kringståendes hån och hädelser hänger han tre långa timmar på korset. Hans händer och fötter äro genomborrade, hans huvud sårat med spetsiga törnen, alla hans lemmar våldsamt utsträckta; hela hans kropp är söndersliten; ifrån hjässan till fotabjället finnes intet helt hos honom; allt är sår och blod. Se på det blod, som flyter ur dessa sår; se huru hans rena händer, som endast voro upplyfta till bön och välsignelse, se huru hans heliga fötter, som ständigt vandrade på fridens väg, drypa av hans oskyldiga blod. Låt detta blod komma över oss och över våra själar, på det att vi må rentvås från våra synder och varda delaktiga av hans bittra döds frukt. Ty du, o Gud, vill icke syndarens död; du vill, att han omvänder sig från sina onda vägar och lever.

F. Gud har icke sänt sin Son i världen för att döma världen utan för att frälsa den,

Sv. På det att var och en som tror på honom, icke skall förgås utan hava evigt liv.

Korsfäste Frälsare, din heliga Kyrka är i dag försänkt i sorg; ty hon begår minnesdagen av din blodiga död. Det var kärlek till oss, som förmådde dig att gå i döden för oss. Huru kallsinniga äro vi ofta icke mot din kärlek, huru känslolösa mot din godhet, huru otacksamma för ditt lidande! Du har burit våra synders börda; och vi upphöra icke att synda. Du har ödmjukat dig för vår skull och dött en förbrytares skymfliga död; och vi förhäva oss, fulla av högfärd. Du har blivit lydig intill döden, ja, intill korsets död; och vi vägra att böja oss under dina buds ok och under din heliga lag. Du har smakat galla och i din törst fått ättika att dricka; och vi synda genom omåttlighet i mat och dryck, du hänger utsträckt mellan himmel och jord och lider grymma marter; och vi söka nöjen och njutningar. Korsfäste Frälsare, var oss nådig; var oss barmhärtig, förlåt oss våra synder. Lär oss att förneka oss själva, att korsfästa våra onda begär, att böja vårt huvud för korsets ödmjukhet och underkasta vår vilja Evangeliets heliga lag, på det att vi icke med denna värld må varda fördömda.

F. Vare det fjärran från mig att berömma mig av något annat än av min Herres Jesu Kristi kors,

Sv. Genom vilket världen är korsfäst för mig och jag för världen.

Långfredagen.

Bön vid Jesu grav.

Med djupaste vördnad, o Jesus, böjer jag knä inför dig och din heliga lekamen, som ligger i graven. För oss och vår återlösning har du dött; för oss och vår uppståndelse har du nedstigit i graven. Den bittra kalken är nu tömd; allt lidande är slut med den sista våndan, som skilde din själ från din kropp. Slutet av din djupaste förnedring är början till din upphöjelse. Den sista hädelsen mot dig har icke förstummats, förrän hela naturen erkänner dig såsom sin Skapare och Herre. Solen förmörkas, jorden skälver, klippor rämna, gravar öppna sig, döda stå upp och hövitsmannen bekänner: Sannerligen, denne man var Guds Son! Även vi, o Jesus, falla ned framför din grav, bekänna vår tro på dig, den levande Gudens Son, och tillbedja dig såsom vår Herre och Gud.

F. Hans grav skall vara härlig,

Sv. Och kring hans standar skola folken fylkas.

Din heliga själ, o Herre, uppenbarar sig i dödsriket för att bringa de rättfärdigas själar det glada budskapet, att återlösningen är fullbordad. Vilken sällhet genomströmmar icke dessa själar vid din åsyn! De skåda dig, sin Frälsare. De hälsa dig, sin befriare; de tacka dig, som inom kort öppnar för dem himmelens så länge lyckta portar; de prisa och tillbedja dig, sin Herre och sin Gud. Så böja sig för dig även deras knän, som äro under jorden. Vid denna kärlek, som förde din heliga själ till de rättfärdigas själar, beder jag dig, o Herre, låt min själ, när den skall skiljas från kroppen, då finna nåd inför ditt ansikte. Du uppstår ur graven i förklarad gestalt. Låt på yttersta dagen även min kropp uppstå i härlighet.

F. Mitt kött skall vila i förhoppning,

Sv. Ty du skall icke lämna min själ i dödsriket och icke låta din Helige se förgängelsen.
Låtom oss bedja. Vi bedja dig, o Herre, se i nåd ned till denna din familj, för vilken vår Herre Jesus Kristus icke drog i betänkande att överlämna sig i syndarnas händer och lida korsets kval, han som lever och regerar från evighet till evighet. *Sv.* Amen.

Lidandets psalm.
(Förkortad.)

Den förutsäger den lidande Kristus' bön. Vår Herre började bedja den högt, när han hängde på korset.

Min Gud, min Gud, varför har du övergivit mig?
Jag brister ut och klagar, men min frälsning är fjärran.
Min Gud, jag ropar om dagen, men du svarar icke, så ock om natten, men jag får ingen ro.
Och dock är du den Helige, den som tronar på Israels lovsånger.
På dig förtröstade våra fäder, de förtröstade och du räddade dem.
Till dig ropade de och blevo hulpna, på dig förtröstade de och kommo icke på skam.
Men jag är en mask och icke en människa, till smälek bland män, föraktad av folket.
Alla som se mig bespotta mig, de spärra upp munnen, de skaka på huvudet:
'Han hade litat på Herren, han befrie honom, han rädde honom, ty han har ju behag i honom.'
Ja, det var du som hämtade mig ur moderlivet och lät mig vila trygg vid min moders bröst.
Var icke långt ifrån mig, ty nöd är nära, och det finnes ingen hjälpare.
Jag är lik vatten som utgjutes, alla mina

Långfredagen.

leder hava skilts åt, mitt hjärta är såsom vax, det smälter i mitt liv.

Min kraft är förtorkad och lik en lerskärva, min tunga låder vid min gom, och du lägger mig i dödens stoft. —

Mina händer och fötter hava de genomborrat. Jag kan räkna alla mina ben, de skåda därpå, de se med lust på mig.

De dela mina kläder mellan sig och kasta lott om min klädnad.

Men du, Herre, var icke fjärran, du min starkhet, skynda till min hjälp.

I som frukten Herren, loven honom; ären honom, alla Jakobs barn, och bäven för honom.

Ty han föraktade icke den betrycktes elände och höll det icke för en styggelse. Han fördolde icke sitt ansikte för honom och när han ropade till honom om hjälp, lyssnade han till honom.

Genom dig skall min lovsång ljuda i den stora församlingen, mina löften får jag infria inför dem som frukta honom.

De ödmjuka skola äta och bliva mätta, de som söka Herren, skola få lova honom, ja, edra hjärtan skola leva evinnerligen.

Alla jordens ändar skola betänka det och omvända sig till Herren. Folkens alla släkten skola tillbedja inför dig.

Ty riket är Herrens, och han råder över folken.

Ja, alla mäktiga på jorden skola äta och tillbedja. Inför honom skola knäböja alla de som måste fara ned i graven, de som icke kunna behålla sin själ vid liv.

Kommande ättled skola tjäna honom, man skall förtälja om Herren för ett annat släkte.

Man skall träda upp och förkunna hans rättfärdighet, ja, bland folk som skola födas, att han har gjort det.

Påskhögtiden.
Påskdagens morgon sänder.
(Efter den liturgiska hymnen 'Aurora coelum purpurat'.)

Påskdagens morgon sänder * Strålar mot rodnande sky, * Världsalltet brusar i jubel, * Avgrundens makter fly.

Graven, av stenen förseglad, * Brytes med ljungeldens makt. * Strålande framstiger Herren, * Stum ligger gravens vakt.

Konungen, stark och mäktig, * Bryter nu dödsrikets band, * Löser de fångnas fjättrar, * För dem till livets land.

Sorgen till glädje förvandlas, * Smärtan förbytes i fröjd. * Undret av änglar förkunnas * Mäktigt från himmelens höjd.

Jesus, du döden besegrat, * Uppstått i evighetsliv! * Styrk oss till trohet i striden, * Segrarens krona oss giv.

Jesus Krist, vårt påskalamm.

Jesus Krist, vårt påskalamm, * Offrat för oss på korsets stam! * Villigt den grymmaste döden du ljöt, * Blodet, det dyra, för syndarna flöt. * Hell dig, som segrat på Golgata, * Konung på korset, Alleluja! Jesus Krist, vår påskafröjd! * Jublet nu stiger till stjärnors höjd; * Härligt du uppstod från korsdöd och grav, * Evighetslivet oss dödliga gav. * Hell dig, i påskdagens gloria, * Himmelens konung, Alleluja! Jesus Krist, vårt himlabröd, * Hugnad i all vår sorg och nöd! * Här från din tron som i härlighet står, * Mäktig en livsström till själarna går. * Hell dig, du frälsningens hostia, * Altarets konung, Alleluja!

Lovbön på påskdagen.

1. Loven Herren, alla släkten, loven honom alla folk! Ty Kristus är uppstånden. Hell dig, Israels hjälte; hell dig, dödens väldige besegrare! Liv och död kämpa en underbar kamp. Livets furste dör, och döende tillintetgör han döden. Du död, var är din udd? du död, var är din seger? Döden är förintad i Herrens seger.

F. Detta är den dag som Herren har gjort. Alleluja.

Sv. Låtom oss glädjas och fröjdas. Alleluja.

Låtom oss bedja. Herre Jesus Kristus, du har i dag övervunnit döden och krossat dess välde. Vi prisa dig för din seger, vi glädja oss över din uppståndelse, vi lova din makt, vi beundra din härlighet. Vid den sällhet som din själ erfor i det ögonblick, då den förenade sig med din förklarade lekamen, bedja vi dig, bevara nådens liv i våra själar, på det att vi en gång få del i din uppståndelses härlighet, du som

lever och regerar från evighet till evighet.
Sv. Amen.

2. Loven Herren, alla släkten, loven honom, alla folk. Ty Kristus är uppstånden. Han har i dag övervunnit synden och besegrat dess makt. Han har utplånat den handskrift som vittnade mot oss, han har röjt den ur vägen genom att fastnagla den på korsets träd. Vi voro döda i våra överträdelser, men han har uppväckt oss från syndens död till nytt liv i tro och kärlek, i rättfärdighet och helighet. Hell dig, segerherre över synden; hell dig, som brutit dess makt! Ära och lov och tack vare dig; ty du är i sanning Guds lamm som borttager världens synder.

F. Han har dött för våra synders skull. Alleluja.

Sv. Han har uppstått för vår rättfärdiggörelses skull. Alleluja.

Låtom oss bedja. Herre Jesus Kristus, du har på korsets altare tillfyllestgjort för Adams skuld och för alla hans efterkommandes synder. Du har dött för våra synder, på det att även vi skulle dö från synden, du har uppstått från de döda, på det att även vi skulle uppstå från syndens död och leva ett nytt och heligt liv. Hjälp oss därför att uppstå ur syndens grav och att troget vandra på dina buds vägar, du som lever och regerar från evighet till evighet.
Sv. Amen.

3. Loven Herren, alla släkten, loven honom alla folk! Ty Kristus är uppstånden. Han har i dag besegrat djävulen och hans rike. Han är den starke hjälten som kom över denna världens furste, övervann honom, tog bort alla hans vapen och skiftade hans byte. Hell dig, lejonet av Juda stam, som vunnit seger över djävulen och hans anhang. Du har avväpnat de fientliga makterna, du har lagt alla dina fiender dig till

Påskhögtiden. 303

en fotapall. Denna världens furste är nu dömd, hans rike krossas och mitt bland folken reser sig ditt rike, ljusets, fridens och rättfärdighetens rike. Herre Jesus Kristus, segerherre över synden och döden, dig lova vi, dig prisa vi, dig förhärliga vi med himmelens änglar och helgon. Lov och pris och ära och tack vare dig nu och i evighet!
F. Herren är sannerligen uppstånden, alleluja.
Sv. Såsom han förutsagt, alleluja.
Låtom oss bedja. Gudomlige Frälsare, som övervunnit djävulen och störtat hans rike, vi prisa dig för din härliga seger och bedja dig: låt ditt heliga namn vara för oss en sköld mot den onde fiendens angrepp och försåt, på det att vi, döda för synden, må leva för dig och en gång få uppstå till det eviga livets härlighet, du som lever och regerar från evighet till evighet. *Sv.* Amen.

Påskbetraktelse.

1. Kristus är uppstånden! Alleluja. Han som ödmjukat sig och blivit lydig intill korsets död, han lever och härskar i evighet. Efter outsägliga lidanden har han nu ingått i härlighetens rike, segrare över död och helvete. Återuppbyggt är, som han förutsagt, gudomens levande tempel, och på hans förklarade lekamen lysa, i underbar glans såsom segertecken, de sår som hans fienders grymhet tillfogat honom. All makt är honom nu given i himmelen och på jorden, och korset, fordom smälekens redskap, är vordet den konungsliga spira, med vilken han regerar en nyskapad värld.

Segerrike Frälsare, med innerlig glädje minnas vi din ärorika uppståndelse. Vi prisa dig i din härlighet, vi hälsa dig som vår konung, vi frambära åt dig vår ödmjuka hyllning. O att det hade blivit oss förunnat att se dig i din förklarade gestalt! Med dina älskade lärjungar och med de fromma kvinnorna skulle vi ha fallit ned inför dig, omfattat dina fötter och i ödmjukhet tillbett dig, vår Herre och Gud.

F. Tusen sinom tusen ropade i himmelen: Lammet som är offrat är värdigt att taga makt och visdom och starkhet, pris och ära och härlighet. Alleluja.

Sv. Och allt skapat på jorden och under jorden sade: Honom som sitter på tronen, och Lammet vare pris och ära och härlighet och makt i evigheters evighet. Alleluja.

2. Kristus är uppstånden! Alleluja. Med Herrens död syntes hans verk tillintetgjort. Hans fiender triumferade, hans vänner misströstade, till och med hans lärjungar började vackla i tron, ty hoppet om Israels räddning syntes försvunnet. Men Kristus har segrat. Den döde uppstår levande ur sin grav. Fienderna råka i förvirring; lärjungarna skåda den Uppståndne i hans makt och härlighet, träda frimodigt fram för världen och förkunna överallt den Uppståndne. Uppståndelsens underverk blir till trons grundfäste och till återlösningens insegel. Hade Kristus icke uppstått, så vore vår tro fåfäng; vi vore ännu i våra synder, och förlorade vore även de som gått hädan. Men nu har du, o Herre, med stark hand brutit dödens bojor och segerrikt gått fram ur gravens natt.

Vi nedfalla inför dig, vår Herre och Gud, och tacka dig; ty genom din uppståndelse, till vilken du före din död vädjat såsom till bevis på din himmelska sändning, har du fört världen till tron på dig och ditt heliga evangelium och uppfyllt den med glädje över återlösningens fullbordan. Vi lova dig att troget bevara vår heliga tro, att frimodigt bekänna och modigt försvara den inför människor, och om så skulle krävas, att giva vårt liv för den. Styrk oss därtill, o Herre, med din allsmäktiga nåd; ty utan dig förmå vi intet.

F. Kristus är uppstånden från de döda. Alleluja.

Sv. Han som är förstlingen bland de avsomnade. Alleluja.

3. Kristus är uppstånden! Alleluja. Han, människosläktets huvud, vilkens lemmar vi äro, har uppstått; han som själv är uppståndelsen och livet, som har dödsrikets nycklar i sin hand, är uppstånden. Han vill en gång föra även oss ur gravens mörker till livets ljus och från förgängelsens fasor till salig odödlighet. Ja, uppståndelsens dag skall även komma för oss, den dag som öppnar gravarna och ur förgängelsens stoft skapar nytt liv. Alla skola vi då framgå ur grifterna, och de bland oss som ha gjort gott, till livets uppståndelse. Vilken glädje, vilket jubel, när vi i förklarad gestalt vakna till nytt liv, till kropp och själ genomströmmade av oanad salighet! Då skall du mätta oss av ditt hus' överflöd och giva oss att dricka av din sällhets ström. Då skola vi även återfinna dem som döden ryckt ifrån oss, och ingen fruktan skall grumla vår lycka. Såsom solen skola vi glänsa i vår Faders rike, och i oändlig salighet härska med Kristus i evigheters evighet.

Må detta saliga hopp städse följa oss under vår jordiska pilgrimsfärd, förljuva Evangeliets ok och lätta det dagliga korsets börda; måtte den tanken trösta oss vid våra käras frånfälle och styrka oss på vår egen dödsbädd!

F. Kristus är uppstånden som förstling bland de avsomnade. Alleluja.

Sv. Om vi dö med honom, skola vi uppstå med honom; om vi lida med honom, skola vi förhärligas med honom. Alleluja.

Låtom oss bedja. O Gud, du som genom Jesu Kristi uppståndelse från de döda ingivit oss en levande förhoppning om vår egen uppståndelse och ett saligt liv i himmelen, förläna oss nådigt den största av alla dina välgärningar, att få dö i din nåd och kärlek och så varda delaktiga av himmelens oförgängliga arv. Genom samme Kristus, vår Herre. *Sv.* Amen.

Påskljuset — Kristi symbol.

Vid påskaftonens gudstjänst viges påskljuset. Det tändes mellan påsk- och Kristi himmelsfärdsdag vid högtidliga liturgiska gudstjänster till erinran om de fyrtio dagar som Kristus efter uppståndelsen förblev kvar på jorden. — Här följa de böner som på påskafton användas vid eldens och ljusets vigning samt påskens lovsång *Exultet*.

O Gud, du som genom din Son, den fasta hörnstenen, har givit dina trogna din klarhets ljus, vi bedja dig, att du måtte helga denna nya eld som till vårt bruk frambragts ur flintan; och förläna oss, att vi genom denna påskhögtid måtte så upptändas av himmelsk längtan, att vi med rena själar kunna uppnå det eviga ljusets högtid. Genom samme Kristus, vår Herre. Amen.

Herre Gud, allsmäktige Fader, du oförgängliga ljus som är allt det skapade ljusets upphov, välsigna denna dig helgade och vigda låga, du som har upplyst hela världen, på det att vi må upptändas av trons låga och upplysas av din klarhets ljus. Och liksom du upplyste Moses vid uttåget ur Egypten, må du så upplysa våra hjärtan och sinnen, att vi bliva värdiga att uppnå det eviga livet och ljuset. Genom Kristus, vår Herre. Amen.

Helige Herre, allsmäktige Fader, evige Gud, värdigas samverka med oss, då vi lysa väl-

Påskhögtiden. 307

signelsen över denna eld i ditt och din enfödde Sons, vår Guds och Herres Jesu Kristi, och den Helige Andes namn. Var vår hjälp mot fiendens glödande pilar och upplys oss med din himmelska nåd, du som lever och regerar med samme din enfödde Son och den Helige Ande, Gud från evighet till evighet. Amen.

De fem rökelsekorn som skola intryckas i påskljuset välsignas med följande bön:

Vi bedja dig, allsmäktige Gud, låt din välsignelse rikligt utgjutas över denna rökelse, och tänd, du osynlige Nyskapare, en stråle i natten, att icke blott det offer som denna natt frambäres, må stråla genom din klarhets hemlighetsfulla utgjutelse, utan att överallt, dit något av denna välsignade och helgade eld föres, all djävulens svekfulla ondska må fördrivas och din härlighets kraft bistå oss. Genom Kristus, vår Herre. Amen.

Därefter bäres det nya ljuset in i kyrkan. Därvid sjunges tre gånger *Lumen Christi, Deo gratias. Kristi ljus — Gud vare tack.* Sedan sjunger diakonen

Påskens lovsång.

Nu juble himlarnas änglaskara, nu juble de gudomliga hemligheterna och frälsningens basunljud förkunne den store Konungens seger. Må även jorden fröjdas, bestrålad av sådana ljungeldar och, belyst av den evige Konungens glans, förnimma, att mörkret som vilade över hela världen, är förgånget. Fröjdas må även vår moder Kyrkan som smyckats med en sådan ljusglans; och må detta tempel genljuda av folkskarans samfällda röst. Därför beder jag eder, högtälskade bröder, som ären församlade här omkring detta heliga ljus' underbara glans, åkallen tillsammans med mig den allsmäktige Guds barmhärtighet; på det att han som utan min förtjänst har värdigats upptaga mig bland leviternas antal, må utgjuta över mig sitt ljus' klarhet och låta mig fullända lovsången över detta påskljus. Genom vår Herre, Jesus Kristus, hans Son som med honom lever och regerar i den Helige Andes enhet, Gud från evighet till evighet. Amen.

Det är i sanning tillbörligt och rätt att av hela vårt hjärta och all vår själ och med hög och ljudlig röst prisa den osynlige Gud Fadern allsmäktig och hans enfödde Son, vår Herre Jesus Kristus, som har betalat Adams skuld till den evige Fadern och med sitt oskyldiga blod utplånat den gamla syndens skuldebrev. Ty detta är den påskens högtid, då det sanna lammet slaktas, med vars blod de troendes dörrposter helgas. Detta är den natt, i vilken du fordom förde våra fäder, Israels barn, ur Egypten och lät dem torrskodda vandra genom Röda havet. Ja, detta är den natt i vilken eldstodens glans skingrade syndernas mörker. Detta är den natt, som nu över hela jorden skiljer dem som tro på Kristus, från denna världens laster och syndernas mörker, återgiver dem nåden och förenar dem med de heligas samfund. Detta är den natt, då Kristus bröt dödens fjättrar och som segrare uppstod ur dödsriket. Till intet gagn hade det varit oss att födas, om icke återlösningen kommit oss till del. Huru underbart har du icke visat din barmhärtighet mot oss! Huru omätlig är icke din kärleks godhet: för att återlösa tjänaren offrade du Sonen! Sannerligen, nödvändig var Adams synd som genom Kristi död har utplånats! O lycksaliga skuld, som förtjänade få en sådan, en så stor Återlösare! O du i sanning lycksaliga natt, som allena har fått veta tiden och stunden, då

Påskens lovsång.

Kristus uppstod från de döda! Detta är den natt, om vilken står skrivet: Och natten skall bliva ljus som dagen, och natten är ljuset i min glädje. Denna natts helighet fördriver brotten och rentvår från synderna, den återgiver oskulden åt de fallna och glädjen åt de bedrövade. Den fördriver hatet, bereder endräkten och böjer världens makter.

Mottag i denna nådens natt, helige Fader, denna rökelses aftonoffer som den heliga Kyrkan bringar dig, i det att hon genom sina tjänares händer högtidligt överlämnar detta vaxljus som bien hava frambragt. Men redan hava vi hört lovsången över den ljusstod som upptändes till Guds ära av den glimmande elden, vilken eld, även om den delas, likväl icke genom att meddela sig lider någon förminskning av sitt ljus. Ty den näres av det smältvax som biets fruktbärande id har sammanbragt som ämne till detta kosteliga ljus.

O du i sanning saliga natt, som förödde egypterna men gjorde ebreerna rika; den natt, i vilken det himmelska förenas med det jordiska, det gudomliga med det mänskliga! Vi bedja dig då, Herre, att detta vaxljus, som invigts till ditt namns ära, måtte fortfara att oförsvagat brinna, för att förjaga denna natts mörker. Må det av dig mottagas som en ljuv doft och blanda sina strålar med de himmelska ljusen. Låt morgonstjärnan finna dess låga, den morgonstjärna som icke vet av någon nedgång; som, återvänd från dödsriket, med sitt sken upplyst människosläktet. Därför bedja vi dig, Herre, att du måtte förläna oss, dina tjänare och alla prästerna och ditt troende folk samt vår Helige fader N. och vår Biskop N. fredliga tider, och att du måtte i denna påskens glädje leda, styra och bevara oss med ditt ständiga beskärm. Genom samme vår Herre, Jesus

Kristus, din Son, som med dig lever och regerar i den Helige Andes enhet, Gud från evighet till evighet. Amen.

Påsklitania.

Herre, förbarma dig över oss.
Kristus, förbarma dig över oss.
Herre, förbarma dig över oss.
Kristus, hör oss.
Kristus, bönhör oss.
Gud Fader i himmelen: *Förbarma dig över oss.*
Gud Son, världens Frälsare,
Gud Helige Ande,
Heliga Trefaldighet, en ende Gud,
Jesus, du som på tre dagar återuppbyggt din kropps tempel,
Jesus, du som efter ditt ord på tredje dagen uppstått ifrån de döda,
Jesus, du som genom änglar förkunnat din uppståndelse för fromma kvinnor,
Jesus, du som vid graven visade dig för Maria Magdalena,
Jesus, du som uppenbarade dig för din sörjande apostel Petrus,
Jesus, du som följde med lärjungarna, som gingo till Emmaus,
Jesus, du som på uppståndelsekvällen uppenbarade dig för dina apostlar,
Jesus, du som på ett berg i Galileen lät se dig av mer än femhundra bröder,
Jesus, du som efter din uppståndelse tröstade dina trogna och uppfyllde dem med himmelsk glädje,
Jesus, du som efter din uppståndelse fyrtio dagar vandrade bland dina lärjungar,
Jesus, vilkens uppståndelse är styrkt med tallösa vittnesbörd,
Jesus, vilkens uppståndelse apostlarna predikat och beseglat med sitt blod,

Påsklitania.

Jesus, vilkens uppståndelse är en fast grundval för vår tro,
Jesus, vilkens uppståndelse är en säker underpant på vår egen uppståndelse,
Jesus, du som uppfarit till himmelen för att bereda oss boningar i din Faders hus,
Jesus, du som vid tidernas slut skall återkomma till att döma levande och döda,
Vi arma syndare: *Vi bedja dig, bönhör oss.*
Att vi må uppstå ur syndens grav,
Att vi värdigt må hålla påsk med dig,
Att vi mer och mer må lära känna din heliga lära och troget efterfölja den i vårt liv,
Att vi i alla våra livsdagar må tjäna dig i rättfärdighet och helighet,
Att vi må trakta efter det som är ovantill, där du tronar i Faderns härlighet,
Att våra lidanden liksom dina en gång må förbytas till eviga fröjder,
Att du en gång ville uppväcka oss till livets uppståndelse,
Att du efter den allmänna. uppståndelsen ville giva även våra kroppar del i din härlighet,
Guds Son,
Guds lamm, som borttager världens synder: *Förskona oss, o Herre.*
Guds lamm... *Bönhör oss, o Herre.*
Guds lamm... *Förbarma dig över oss, o Herre.*
F. Det är den dag, som Herren har gjort. Alleluja.
Sv. Låtom oss glädjas och fröjdas. Alleluja.
Låtom oss bedja. O Gud, som genom din enfödde Sons seger över döden öppnat för oss evighetens portar, vi bedja dig, ledsaga med ditt bistånd de fromma beslut, som du genom din förekommande nåd givit oss att fatta, genom samme Kristus, vår Herre. *Sv.* Amen.

Böneveckan.

Herrens bön.

1. Herre Jesus Kristus, ende medlare mellan Gud och människor, du manar ständigt gott för oss och inlägger alltjämt förbön hos din himmelske Fader. Men du vill, att även vi skola bedja, ty du har sagt till dina lärjungar: Så skolen I bedja: F a d e r v å r, s o m ä r i h i m m e l e n. Vi tacka dig, att du har givit oss makt att bliva dina barn; vi tacka dig, att vi icke ha fått träldomens ande till räddhåga, utan barnaskapets ande, i vilken vi ropa: Abba, Fader!

F. Prisad vare Gud, vår Herres Jesu Kristi Fader,

Sv. Barmhärtighetens Fader och all hugsvalelses Gud.

F. Herre, hör min bön,

Sv. Och låt mitt rop komma till dig.

Låtom oss bedja. Herre, himmelske Fader, du som har skapat och uppehåller allt som är till, du som styr allas öden, vänd ditt faderliga ansikte till oss, hör nådigt vår bön och förnim i den din älskade Sons röst, på det att din barmhärtighets rikedom må varda uppenbar på oss, genom samme Kristus, vår Herre. *Sv.* Amen.

2. Fader vår, som är i himmelen, h e l g a t v a r d e d i t t n a m n. Genom profeten Malakias' mun har du förutsagt: Så säger härskarornas Herre: Från solens uppgång ända till dess nedgång skall mitt namn varda stort bland folken, och på alla orter skall offras åt mitt namn, och ett rent offer frambäras.

F. Loven Herren, I hans tjänare, loven Herrens namn.

Sv. Herrens namn vare välsignat nu och i evighet.

F. Herre, hör min bön,

Böneveckan. 313

Sv. Och låt mitt rop komma till dig.
Låtom oss bedja. O Gud, du som ifrån världens skapelse genom det som är skapat har uppenbarat ditt osynliga väsen, din eviga makt och oförgängliga härlighet, du som i var människas hjärta har tecknat ditt namn och skrivit din lag, tillåt aldrig, att vi vanhelga ditt heliga namn, utan förläna nådigt, att vi alltmer må lära känna dig, den ende sanne Guden, och den du sänt, Jesus Kristus. Bistå oss att vi i ande och sanning må tillbedja och av allt vårt hjärta älska dig, på det att våra namn må vara skrivna i livets bok, genom samme Kristus, vår Herre. *Sv.* Amen.

3. T i l l k o m m e d i t t r i k e. Ditt rike, o Gud, är icke mat och dryck, utan rättfärdighet och frid och glädje i den Helige Ande.

F. Glädjens i Herren och fröjden eder, I rättfärdiga.
Sv. Och jublen I alla, som ären uppriktiga av hjärtat.
F. Herre, hör min bön,
Sv. Och låt mitt rop komma till dig.
Låtom oss bedja. Vi bedja dig, o Herre, utbred och värna med stark arm det rike som din älskade Son grundat på jorden till ditt namns förhärligande och till världens frälsning. Giv, att nådens rike alltmer må befästas i våra hjärtan, på det att vi, efter att ha tjänat och älskat dig på jorden, må bliva delaktiga av det himmelska rikets härlighet, genom samme Kristus, vår Herre. *Sv.* Amen.

4. S k e d i n v i l j a s å s o m i h i m m e l e n, s å o c k p å j o r d e n. Herre, himmelske Fader, din enfödde Son har nedstigit från himmelen för att för oss förkunna din heliga vilja. Genom sin bön och sin gärning har han givit oss ett föredöme av trogen undergivenhet och helig lydnad intill döden.

Böneveckan.

F. Herre, sänd oss ditt ljus och styrk oss med din nåd,
Sv. Att vi må troget uppfylla din heliga vilja.
F. Herre, hör min bön,
Sv. Och låt mitt rop komma till dig.

Låtom oss bedja. O Gud, din vilja är rättvis och helig, och din försyn full av vishet och godhet. Böj därför vår vilja efter din heliga vilja, på det att vi med glädje må hålla dina bud och med undergivenhet foga oss i försynens skickelser, genom Kristus, vår Herre. *Sv.* Amen.

5. **Vårt dagliga bröd giv oss i dag.**
Herre, himmelske Fader, för att bevara oss för orolig omsorg om det dagliga brödet, har din älskade Son sagt till oss: Sörjen icke ängsligt för edert liv, vad I skolen äta. Betrakten himmelens fåglar, de så icke, de skörda icke, och eder himmelske Fader föder dem. Ären I icke mycket mer än de?
F. Herren har stiftat ett minne av sina underverk.
Sv. Han ger föda åt dem som frukta honom.
F. Herre, hör min bön,
Sv. Och låt mitt rop komma till dig.

Låtom oss bedja. Allsmäktige, barmhärtige Gud, du som uppehåller och styr hela världen, giv oss i din godhet med själens föda allt vad vi behöva för kroppen, på det att vi, fria från jordiska bekymmer, med så mycket större iver må åstunda och söka himmelens ägodelar, genom Kristus, vår Herre. *Sv.* Amen.

6. **Förlåt oss våra skulder, såsom ock vi förlåta dem oss skyldiga äro.** Herre, du har sagt genom profeten: Så sant jag lever, jag har icke lust till den gudlöses död, utan jag vill, att han omvänder sig och lever. Och din apostel försäkrar oss: Om vi bekänna våra synder, är Gud trofast och

rättvis. Han förlåter oss synderna och renar oss från all orättfärdighet.

F. Förbarma dig över mig, o Gud, efter din stora barmhärtighet.

Sv. Och utplåna min missgärning efter din mildhets rikedom.

F. Herre, hör min bön,

Sv. Och låt mitt rop komma till dig.

Låtom oss bedja. O Gud, du som icke försmår ett förkrossat och ödmjukt hjärta, se nådigt till oss som med ångerfullt sinne bekänna våra synder. Skänk oss i din milda barmhärtighet med syndernas förlåtelse även eftergift av de rättvisa straff, åt vilka vi hemfallit, såsom ock vi av hjärtat förlåta allt vad våra medmänniskor må ha brutit mot oss. Genom Kristus, vår Herre. *Sv.* Amen.

7. **Och inled oss icke i frestelse.**
Herre, din apostel säger: Bröder, varen nyktra och vaken! Ty eder vedersakare, djävulen, går omkring såsom ett rytande lejon och söker, vem han må uppsluka; stån honom emot, ståndaktiga i tron. — Vi hava att kämpa mot denna världens furste och mörkrets makter.

F. Från den onde fienden,

Sv. Rädda oss, o Herre.

F. Herre, hör min bön,

Sv. Och låt mitt rop komma till dig.

Låtom oss bedja. Herre Jesus Kristus, själarnas herde, du som sagt: Vaken och bedjen, att I icke fallen i frestelse, kom ihåg vår svaghet och utsträck din starka arm över oss, så att vi, styrkta av din mäktiga nåd, segerrikt kunna bestå världens och den onde fiendens anfäktelser, till ditt namns förhärligande och våra själars räddning, du som lever och regerar från evighet till evighet. *Sv.* Amen.

8. **Utan fräls oss ifrån ondo.** I din godhet tillropar du, o Gud, var och en av oss:

Åkalla mig på nödens dag, så vill jag rädda dig, och du skall prisa mig. Om än bergen vika bort och höjderna vackla, så skall min nåd icke vika ifrån dig och mitt förbund icke vackla.
F. Vår hjälp är i Herrens namn,
Sv. Som har skapat himmel och jord.
F. Herre, hör min bön,
Sv. Och låt mitt rop komma till dig.
Låtom oss bedja. Fräls oss, Herre, himmelske Fader, från allt som kan skada oss till kropp och själ. Bevara oss för sjukdomar, nöd och all olycka; skydda oss för den onde fiendens försåt; bevara oss för andlig tröghet och orenhetens ande; fräls oss från högmod, vrede och all ond vilja. Förskona oss från en plötslig och oförutsedd död, men framför allt från den eviga döden. Hjälp oss, att vi i livets alla skiften vandra på rättfärdighetens väg, på det att vi må uppnå himmelens eviga salighet, genom Kristus, vår Herre. *Sv.* Amen.

Litania till Alla helgon.

Helga Herrens dag — var du än är!

Vistas du om söndagen på en plats, där ingen katolsk kyrka finns, är du sjuk eller är du på annat sätt förhindrad att närvara vid det heliga mässoffret, håll då en särskild andaktsstund, om möjligt med hela familjen.

Förena dig i anden med församlingen i din kyrka och med Kristi offer på altaret; läs en mässandakt t. ex. Mässandakt för hemmet sid. 75. Överväg Kristi liv och lära med ledning av betraktelsen över de åtta saligheterna sid. 229. Vid en gemensam andaktsstund kan även Sångmässan sid. 92 begagnas.

✠VADO·PARARE VOBIS·LOCVM

Jag går bort för att bereda eder rum.

Kristi Himmelsfärd.

Psalm 23.

Jorden är Herrens och allt vad därpå är, jordens krets och alla som bo därpå. Ty han är den som lagt hennes grund på haven och på strömmarna berett henne fäste.

Vem får gå upp på Herrens berg? eller vem får träda in i hans helgedom?

Den som har oskyldiga händer och ett rent hjärta; den som icke fäster sitt hjärta vid fåfängliga ting och icke svär falskt mot sin nästa.

Han skall undfå välsignelse av Herren och barmhärtighet av sin frälsnings Gud.

Sådant är deras släkte som söka honom, som söka Jakobs Guds ansikte.

Höjen, I portar, edra huvuden, välven eder högt, I eviga dörrar, och härlighetens konung skall draga därin.

Vem är denne härlighetens konung? Herren, den starke och väldige, Herren, mäktig i strid. Höjen, I portar, edra huvuden, välven eder högt, I eviga dörrar, och härlighetens konung skall draga därin.
Vem är denne härlighetens konung? Det är härskarornas Herre, han är härlighetens konung.
Ära vare Fadern.

Andakt till härlighetens Konung.

1. *F.* Låtom oss lova och tillbedja härlighetens konung, Jesus Kristus, som uppfarit till himmelen och sitter i höjden på Faderns högra sida.
Sv. Lovad, välsignad och dyrkad vare den ärekrönte Frälsaren; ty Gud har upphöjt honom och givit honom ett namn, som är över alla namn, så att i Jesu namn allas knän böja sig, deras som äro i himmelen, på jorden och under jorden, och alla tungor bekänna, att Herren Jesus Kristus är i Gud Faderns härlighet.
F. Herre Jesus Kristus, härlighetens konung, nu är din bön uppfylld: Fader, förhärliga mig med den härlighet som jag hade hos dig, förrän världen var. Nu är du krönt med ära och härlighet. Vi glädja oss med himmelens änglar och lyckönska dig till den ära och salighet, vilken din mänskliga natur nu åtnjuter i din Faders rike; vi tillbedja dig med himmelens furstar, som stå inför din tron, och säga med dem: Honom, som sitter på tronen, och Lammet vare pris och ära och härlighet och makt i evigheters evighet. *Sv.* Amen.

2. *F.* Låtom oss lova och tillbedja härlighetens konung, Jesus Kristus; ty honom är all makt given i himmelen och på jorden.
Sv. Lovad, välsignad och dyrkad vare den

Kristi himmelsfärd. 319

ärekrönte Frälsaren; ty Herren har sagt till honom: Sätt dig på min högra sida, till dess jag lägger dina fiender dig till en fotapall.

F. Herre Jesus Kristus, härlighetens konung, du innehar nu all makt i himmelen och på jorden, är konungarnas konung och härskarnas herre. Ditt kors är nu förvandlat till en tron, det rör varmed man slog dig, till en spira, den törnekrans man tryckte på ditt huvud, till en konungakrona. Sträck då ut från det himmelska Sion ditt väldes spira och härska mitt ibland dina fiender. Led och regera med stark hand din Kyrka och skydda henne i alla faror och förföljelser. Du är vårt förklarade huvud, vi äro lemmarna på din heliga lekamen; lyft oss upp från jorden till dig och för oss till ditt rike, att vi med dig må härska i evighet. *Sv.* Amen.

3. *F.* Låtom oss lova och tillbedja härlighetens konung, Jesus Kristus, vår medlare och förespråkare hos Fadern; ty han har icke ingått i en helgedom, som är gjord av människohänder, utan i själva himmelen för att där framställa sig i Guds åsyn oss till godo.

Sv. Lovad, välsignad och dyrkad vare den ärekrönte Frälsaren; ty Herren har svurit och han skall icke ångra sig: Du är präst evinnerligen enligt Melkisedeks ordning.

F. Herre Jesus Kristus, härlighetens konung, du vår överstepräst till evig tid, som ständigt manar gott för oss hos Gud, visa din himmelske Fader märkena efter dina heliga sår, framställ oss för honom såsom dem du friköpt med priset av ditt blod, och nedlägg inför hans gudomliga majestät dina förtjänsters hela rikedom, på det att han må förlåta oss vår syndaskuld, höra våra böner och nådigt mottaga våra gåvor och offer. *Sv.* Amen.

4. *F.* Låtom oss lova och tillbedja härlighetens konung, Jesus Kristus, som vid tidernas

slut skall återkomma med sina helgon för att hålla dom över jordekretsen i rätt och rättfärdighet.

Sv. Lovad, välsignad och dyrkad vare den ärekrönte Frälsaren, världens domare, som skall återkomma såsom han sågs uppfara till himmelen; ty Fadern dömer ingen, utan han har överlämnat all dom åt Sonen, på det att alla skola ära Sonen, så som de ära Fadern.

F. Herre Jesus Kristus, härlighetens konung, inför vilkens domstol vi alla måste inställa oss, uppfyll oss med helig fruktan för den dom som väntar oss, och giv att vi må vinnlägga oss om en ostrafflig vandel, så att vi med glädje kunna motse din tillkommelse och på den stora dagen må räknas bland dina helgon. *Sv.* Amen.

5. *F.* Låtom oss lova och tillbedja härlighetens konung, Jesus Kristus, som uppfarit till himmelen för att bereda oss boningar i sin Faders hus och skall återkomma för att förvandla vår förnedrings kropp, så att den bliver lik hans härlighets kropp.

Sv. Lovad, välsignad och dyrkad vare den ärekrönte Frälsaren, som har bett: Fader, jag vill, att där jag är, skola även de vara som du givit mig på det att de må skåda den härlighet, vilken du givit mig.

F. Herre Jesus Kristus, härlighetens konung! Du har öppnat för oss himmelens port; ty din himmelsfärd är underpanten på vår egen tillkommande himmelsfärd. Du är vårt huvud. Med dig ha vi enligt apostelns ord blivit levande, med dig uppväckta, med dig upptagna i himmelen. Med dig har den mänskliga naturen blivit upphöjd ända till Guds tron. Förläna oss därför, vi bedja dig, att vi framdeles söka det som är ovantill, där du sitter på Faderns högra sida; förläna oss nådigt, att vår vandel må

Kristi himmelsfärd. **321**

vara i himmelen, där du en gång själv vill vara vår stora lön i all evighet. *Sv.* Amen.

Litanian till Jesu heliga namn sid. 208.

Pingstnovenan.

Som förberedelse till pingst hålles, enligt Guds moders och apostlarnas föredöme i Jerusalem, den s. k. pingstnovenan, en nio-dagars-andakt om den Helige Andes ankomst. Såsom bön vid denna andakt lämpar sig en av de följande hymnerna till den Helige Ande.

Några ord om bönen.

Bed alltid i Jesu namn, 'genom Kristus, vår Herre'.
Du har tid för bönen, om du blott vill taga dig tid.
Du skall naturligtvis bedja om, vad du behöver för kropp och själ, men glöm icke tacksägelsen, lovprisningen och tillbedjan: 'Vi lova dig, vi prisa dig, vi tillbedja dig, vi tacka dig för din stora härlighet'.

(Ur den hel. mässans Gloria.)

Tänk i bönen icke blott på dig själv; dina böneintentioner böra vara lika allomfattande som Guds rike.

Bönen är icke en stämningssak utan en plikt. Du måste bedja åtminstone så mycket, att du får andlig kraft att tjäna Gud och undvika svår synd.

Under bönen spelar den yttre hållningen en stor roll för den inre andakten.

Pingsthögtiden.

Hymner ur pingstveckans liturgi.

Veni Creator Spiritus.

(S:t Rabanus Maurus † 856.)

Veni, Creator Spiritus. Mentes tuorum visita, Imple superna gratia, Quae tu creasti pectora.

Qui diceris Paraclitus, Altissimi donum Dei, Fons vivus, ignis, caritas Et spiritalis unctio.

Tu septiformis munere Digitus paternae dexterae, Tu rite promissum Patris, Sermone ditans guttura.

Accende lumen sensibus, Infunde amorem cordibus. Infirma nostri corporis. Virtute firmans perpeti.

Hostem repellas longius, Pacemque dones protinus. Ductore sic te praevio Vitemus omne noxium.

Per te sciamus da Patrem, Noscamus atque Filium, Teque utriusque Spiritum Credamus omni tempore.

Deo Patri sit gloria Et Filio, qui a mortuis

Surrexit, ac Paraclito, In saeculorum saecula. Amen.
V. Emitte Spiritum tuum, et creabuntur.
R. Et renovabis faciem terrae.
Oremus. Deus, qui corda fidelium Sancti Spiritus illustratione docuisti, da nobis in eodem Spiritu recta sapere, et de ejus semper consolatione gaudere. Per Christum Dominum nostrum. R. Amen.

Kom, Helge Ande, med din tröst, * din boning tag uti vårt bröst. * Sänd riklig nåd från höjden ned, * och oss för himmelen bered.
Du Tröstarn är och ordets tolk, * Guds nådeskänk till jordens folk, * du själens balsam underbar, * du kärleks källa evigt klar.
Med dina dyra gåvor sju * Guds nådeverk fullbordar du. * Du lär med skilda tungors ljud * all världens folk att prisa Gud.
Ditt ljus i våra hjärtan tänd, * från jorden dem till himlen vänd. * De trogna stärk till helig strid, * och giv dem seger, giv dem frid.
Vår fiende ifrån oss driv, * med fridens gåva hos oss bliv. * Gör du med oss ett fast förbund, * och hjälp oss i vår prövningsstund.
Gud Fadern du oss känna lär, * du vittnesbörd om Sonen bär. * Du som av Far och Son går ut, * o stärk vår tro till livets slut.
Pris Fadern ske i alla land, * pris Sonen som bröt dödens band, * pris Anden uti härlighet * från evighet till evighet. Amen.

F. Sänd ut din Ande och allt bliver omskapat,
Sv. Och du skall förnya jordens anlete.

Låtom oss bedja. O Gud, som genom den Helige Andes upplysning undervisat de troendes hjärtan, giv oss att vi i samme Ande må förstå vad är rätt och alltid glädjas åt hans hugsvalelse, genom Kristus, vår Herre. *Sv.* Amen.

Veni Sancte Spiritus.

(Påve Innocentius III † 1216.)

Veni Sancte Spiritus, et emitte coelitus lucis tuae radium. Veni pater pauperum, veni dator munerum, veni lumen cordium.

Consolator optime, dulcis hospes animae, dulce refrigerium. In labore requies, in aestu temperies, in fletu solatium.

O lux beatissima, reple cordis intima tuorum fidelium. Sine tuo numine nihil est in homine, nihil est innoxium.

Lava quod est sordidum, riga quod est aridum, sana quod est saucium. Flecte quod est rigidum, fove quod est frigidum, rege quod est devium.

Da tuis fidelibus, in te confidentibus, sacrum septenarium. Da virtutis meritum, da salutis exitum, da perenne gaudium. Amen.

Helge Ande, sänd av Gud, * lyss till våra böners ljud, * kom till oss från himlen ner. * I ditt hägn du alla tar, * du vårt värn och vårt försvar, * du oss goda gåvor ger.

O du tröstekälla klar, * varmt till oss välkommen var * med din nåd och helga tröst. * Du den trötte ro beskär, * lindring åt den sjuke bär, * gjuter frid i varje bröst.

O du härlighetens sken, * med din strålglans klar och ren * led oss till rättfärdighet. * Lyste ej din helga glans, * allting som hos mänskan fanns, * vore synd och skröplighet.

Rentvå oss från ont begär, * vattna vad förtorkat är, * läk de djupa syndasår. * Du det hårda göre mjukt, * friskt och sunt vad som är sjukt, * rädda den som vilse går.

Dem som trygga sig till dig, * giv din nåd sjufaldelig, * städse dina trogna hör. * Kläd oss i din bröllopsskrud, * då vi träda fram för Gud, * oss till saligheten för. Amen.

Andakt till den Helige Ande.

1. Låtom oss lovprisa och förhärliga Gud, den Helige Ande; låtom oss ödmjukt tillbedja honom i Treenighetens outgrundliga hemlighet! Vi prisa och tillbedja dig, Helige Ande, du den tredje personen i gudomen. I andakt höja vi våra blickar mot det otillgängliga ljus i vilket ditt väsen är höljt. Du utgår av Fadern och Sonen såsom deras eviga inbördes kärlek. I makt och härlighet är du lika med Fadern och Sonen. Du är lika evig, lika stor, lika fullkomlig. Fastän ingen jordisk bild och ingen mänsklig tanke förmår värdigt framställa din gudoms härlighet, våga vi dock prisa dig såsom det heliga band som förenar Fadern och Sonen, såsom den oändliga kärlek som evigt är mellan Fadern och Sonen, såsom den heliga Treenighetens lycka och sällhet.

F. Välsignad vare den Helige Ande tillika med Fadern och Sonen,

Sv. Lovprisad och upphöjd i evighet!

Låtom oss bedja. Allsmäktige, evige Gud, som har förunnat dina tjänare att tillbedja den Helige Andes gudom och härlighet i Treenighetens djupa hemlighet, vi bedja dig: giv att vi genom samme den Helige Andes nåd må förenas med dig i oupplöslig kärlek både här och i ditt eviga rike. *Sv.* Amen.

2. Låtom oss lovprisa och förhärliga Gud i den Helige Ande; låtom oss ödmjukt tillbedja honom såsom den Skapande Anden, som fulländar Guds verk!

F. Genom Herrens ord är himlavalvet skapat,

Sv. Och all dess prakt genom hans Ande.

Vi prisa dig, Helige Ande, och tacka dig för dina välgärningar mot hela skapelsen. Då den allsmäktige Fadern genom sin Son skapade världen, svävade du över jorden som ännu var

öde och tom; genom din underbara kraft bragte du ordning och harmoni mellan den skapade världens olika delar och smyckade himmel och jord med tusenfaldig skönhet. Därför kallar Kyrkan dig Guds finger; med mildhet och visdom har du utformat och fulländat det som frambragtes av Guds allmakt.
F. Sänd ut din Ande och allt bliver omskapat.
Sv. Och du skall förnya jordens anlete.
Låtom oss bedja. Helige Ande, skapande Ande, du som har smyckat himmelen och uppfyllt jorden med liv och fruktbarhet, du som har givit hela världen ordning och skönhet, förunna oss genom din oändliga godhet att våra hjärtan må bliva fyllda av helig frid och andlig skönhet: driv ut allt mörker ur våra själar och dämpa det onda begäret, så att intet annat än Guds vilja må härska i oss och vi må fyllas av din gudoms ljus. *Sv.* Amen.
3. Låtom oss lovprisa och förhärliga Gud i den Helige Ande; låtom oss ödmjukt tillbedja honom såsom Hugsvalaren, som Jesus Kristus har sänt oss.
F. Alla blevo uppfyllda av den Helige Ande,
Sv. Och de begynte prisa Guds storverk.
Vi tillbedja dig, Helige Ande, och tacka dig för dina nådegåvor. Fordom talade du till de troende genom profeterna, och i det Nya förbundet är du själv den gåva som Frälsaren lovade sin Kyrka. Det löfte som Herren gav sina apostlar, att efter sin himmelsfärd sända dem en annan tröstare, blev uppfyllt när du kom. Under en väldig stormvinds brus nedsteg du i eldtungor över de församlade apostlarna och uppfyllde dem med visdom, mod och kraft från höjden. Så blevo de svaga apostlarna till oförfärade vittnen om Kristus och hans gudom. Så kunde de predika Jesu lära i hela världen. Alltsedan denna första pingstdag är du Kyrkans

inre livskraft, hennes ljus och tröst; genom dig har Kyrkan blivit sanningens pelare och grundval, ty du värnar den skatt av sanningar som Faderns enfödde Son har bragt oss från himmelen; genom dig har Kyrkan blivit den fruktbara moder som frambragt den stora skaran av Guds helgon; du har smyckat Kyrkan med martyrernas purpur och med heliga jungfrurs rena liljekrans.

F. Stadfäst ifrån ditt heliga tempel vad du har verkat i oss,

Sv. Och din helgedom skall fyllas av furstliga gåvor.

Låtom oss bedja. Gud, Helige Ande, du Kyrkans liv och ljus, vi bönfalla dig om att bevara och förhärliga den heliga, katolska Kyrkan. Upplys och styrk vår överste herde, led alla biskopar och präster i ditt ljus och giv dem riklig nåd i deras ansvarsfulla kall till själarnas frälsning och till ära för honom, som är Kyrkans huvud och Herre, Jesus Kristus. *Sv.* Amen.

4. Låtom oss lovprisa och förhärliga Gud i den Helige Ande; låtom oss ödmjukt tillbedja honom som våra själars Heliggörare!

F. Kristi kärlek är utgjuten i våra hjärtan

Sv. Genom den Helige Ande som bor i oss.

I djup tacksamhet minnas vi, Gud Helige Ande, de välgärningar som envar av oss har mottagit av dig, särskilt genom de heliga sakramenten. I dopet upptog du oss i Kyrkans gemenskap och gjorde oss till levande stenar i Guds heliga stad, det himmelska Jerusalem. I bekräftelsens sakrament kommer du ned över de döpta, uppfyller dem med nåd och tager din boning i dem, så att de bliva dina levande tempel. Du som är ljusets och styrkans Ande, kommer för att hjälpa oss i kampen mot otro och vantro, för att värna dopets nåd i oss mot fiendens alla angrepp, för att fullkomna och kröna det frälsningens verk du begyn't i vår själ. Du manar oss till bot och kallar oss till helighet. Du bistår vår svaghet och lär oss att bedja i ande och sanning till Fadern i himmelen. Allt gott verkar du i oss. Utan dig förmå vi intet.

F. Kom, Helige Ande, uppfyll dina troendes hjärtan.

Sv. Och upptänd i dem din kärleks heliga eld!

Låtom oss bedja. Gud Helige Ande, du som har tagit din boning i de troendes hjärtan, vi tacka dig för all din godhet och för alla de nådegåvor som du förlänat oss. Låt oss aldrig glömma att du invigt våra själar till ditt tempel. Förbliv hos oss med ditt ljus och din nåd, även om vi äro ovärdiga din kärlek. Giv oss mod och kraft när vi frestas, och vederkvick oss med din milda tröst när vi börja tröttna i kampen för det goda. Bevara oss i din frid och led oss genom dina nådegåvor till den helighet du kallat oss till. Därom bedja vi dig vid den kärlek som förenar dig med Fadern och Sonen. *Sv.* Amen.

Bön till den Helige Ande.

1. Gud Helige Ande, som utgår av Fadern och Sonen, i djupaste ödmjukhet tillbedja vi dig med alla änglar och helgon. Du är sanningens Ande, som Fadern sänt i världen för att skingra nattens mörker; du är helighetens Ande, som renar våra själar från synd och inviger dem till den heliga Treenighetens levande tempel; du är kärlekens Ande, som utgjuter Guds kärlek i våra hjärtan; du är hugsvalelsens Ande, som Frälsaren lovat att sända oss i denna tårarnas dal. Det var på pingstdagen som du i gestalt av eldtungor kom ned över Herrens apostlar, vilka voro endräktigt församlade och med helig längtan väntade på din ankomst.

Pingsthögtiden. 329

Elden var en sinnebild av den renande, lysande och värmande kraft med vilken du helgade dem; tungorna antydde att apostlarna på alla tungomål skulle tala om Guds storverk och föra evangeliets budskap till jordens alla folk. Innerligt tack vare dig, Helige Ande, som kom över apostlarna för att inleda dem i all sanning; lov och tack vare dig att du förbliver·hos dem och deras efterträdare alla dagar intill världens ände, att du städse med dina sjufaldiga gåvor helgar Kristi Kyrka och i alla stormar och förföljelser tröstar och upprätthåller henne. Kom då också till oss, kom, sanningens Ande, och lys i vår själ, så att allt dunkel försvinner; lys över oss, så att vi lära känna oss och dig, vår ringhet och hjälplöshet och din storhet och makt. Upplys oss så att vi inse alla jordiska tings förgänglighet och nödvändigheten av att rädda vår odödliga själ.

F. Kom, Helige Ande, uppfyll dina troendes hjärtan

Sv. Och upptänd i dem din kärleks heliga eld.

Låtom oss bedja. Vi bedja dig, Herre, himmelske Fader, att Hugsvalaren, som utgår av dig och din gudomlige Son, må upplysa våra själar och inleda oss i all sanning, genom samme Kristus, vår Herre. *Sv.* Amen.

2. Kom, helighetens och helgelsens Ande, kom med din allsmäktiga nåd. Utplåna hos oss icke blott all synd, utan även all frivillig böjelse till synd; utplåna all ljumhet och halvhet i Herrens tjänst, så att vi icke längre halta mellan Kristus och världen. Upptänd i våra hjärtan brinnande iver för Guds ära och för våra själars räddning. Kom och skapa i oss ett nytt hjärta, fritt från högmod och egenkärlek; kom och omskapa våra hjärtan efter Jesu heliga hjärta, dig till en värdig och välbehaglig boning.

Bön om den Helige Andes gåvor.

F. Kom, Helige Ande, uppfyll dina troendes hjärtan

Sv. Och upptänd i dem din kärleks heliga eld.

Låtom oss bedja. Upptänd, o Herre, i våra hjärtan den Helige Andes eld, så att vi må tjäna dig med kysk kropp och med rent hjärta behaga dig genom Kristus, vår Herre. *Sv.* Amen.

3. Herre, himmelske Fader, din älskade Son sade före sin bortgång från världen till sina lärjungar: Jag skall bedja Fadern, och han skall sända eder en annan hugsvalare, på det att han bliver hos eder evinnerligen. I förtröstan på din Sons löfte bedja vi dig: sänd oss denne himmelske tröstare. Ja kom till oss, gudomlige Ande, du som är både en gåva och alla goda gåvors givare. Kom till våra hjärtan och dröj icke. Väl veta vi, att vi icke äro värdiga ditt besök. Men du bereder själv genom din förekommande nåd deras hjärtan som längta efter dig. Kom därför till oss, himmelske hugsvalare, själens ljuva gäst. Läska vandraren som försmäktar i jordelivets öken; vederkvick stridsmannen som dignar i stridens hetta; lindra den bedrövades sorg, torka den gråtandes tårar, gjut frid och fröjd i våra hjärtan. *Sv.* Amen.

Bön om den Helige Andes sju gåvor.

Kom, *vishetens* Ande, och lär mig uppskatta och älska himmelens ägodelar. Visa mig den väg på vilken jag med ditt bistånd kan vinna och evigt äga dem.

Kom, *förståndets* Ande, och upplys min själ, så att jag rätt förstår och med troende sinne omfattar frälsningens hemligheter.

Kom, *rådets* Ande, och bistå mig i detta skiftesrika livs alla angelägenheter. Upplys mig när jag är rådvill, och giv mig att välja det som jag skulle önska hava valt på min dödsbädd.

Bön om den Helige Andes gåvor.

Kom, *styrkans* Ande, giv mitt hjärta kraft mot den onde fiendens angrepp; låt mig aldrig av fruktan för människor avvika från pliktens väg; styrk mig i jordelivets faror och lidanden, så att jag modigt vandrar på den smala väg som leder till livet.

Kom, *kunskapens* Ande, lär mig inse alla de skapade tingens förgänglighet, på det att jag må göra bruk därav endast så till vida som de lända till ditt förhärligande och till fromma för min odödliga själ.

Kom, *gudaktighetens* Ande, giv mig sund, oskrymtad fromhet, förläna mig bönens och betraktelsens anda, att jag må vandra inför Gud och bliva fullkomlig.

Kom *gudsfruktans* Ande, genomträng mitt hjärta med helig fruktan för Guds allseende öga och hans stränga dom; låt mig icke frukta dem som endast kunna dräpa kroppen, utan honom som kan störta kropp och själ i den eviga elden, på det att jag hellre må dö än synda och falla i den levande Gudens händer. — Ära vare Fadern.

Olika kyrkoböner till den Helige Ande se sid. 568.

Ingen välsignelse kan vara fullkomlig med mindre den sker genom den Helige Andes utgjutelse över själen. *(S:t Ambrosius.)*

Genom den Helige Ande förlänas oss att vi äro i välsignelsens hela fullhet såväl i den nuvarande som i den tillkommande världen. *(S:t Basilius.)*

Tacksägelse för bekräftelsen.

Tacksägelsebön.

Den Helige Ande är heliggöraren. Han helgar själen i synnerhet genom dopets och bekräftelsens heliga sakrament.

Tacksägelse för dopets nåd.

F. Gud Helige Ande, nådens och helgelsens Ande, i pånyttfödelsens bad har du genom vatten och sakramentets ord renat mig från arvsynden, iklätt mig nådens vita klädnad och helgat min själ till den heliga Treenighetens levande tempel.

Sv. Lov och pris och tack vare dig därför, Helige Ande, nådens och helgelsens Ande!

F. Gud Helige Ande, i dopets heliga sakrament har du gjort mig till en levande lem på Jesu Kristi hemlighetsfulla lekamen. Jag är nu förenad med honom, såsom vinrankan är förenad med vinstocken, så att jag kan bära frukt för det eviga livet.

Sv. Lov och pris och tack vare dig därför, Helige Ande, nådens och helgelsens Ande!

F. Gud Helige Ande, i dopets heliga sakrament har du upptagit mig i Jesu Kristi ena, heliga, katolska och apostoliska Kyrka. Nu är jag medlem av Guds rike på jorden för att en gång i den eviga härligheten varda Guds arvinge, Jesu Kristi medarvinge.

Sv. Lov och pris och tack vare dig därför, Helige Ande, nådens och helgelsens Ande!

Tacksägelse för bekräftelsens nåd.

F. Gud Helige Ande, Faderns och Sonens Ande, du kom enligt Frälsarens löfte på pingstdagen ned över apostlarna. Genom deras handpåläggning och bön kom du även över den unga Kyrkans bekännare, helgade deras hjärtan och tilldelade dem underbara gåvor. På samma sätt

Tacksägelse för bekräftelsen. 333

kommer du genom apostlarnas efterträdare, Kyrkans biskopar, till de troendes hjärtan, giver dem kraft att kämpa den goda kampen och att framhärda i tro och kärlek ända till dess en salig död kröner ett heligt liv.

Sv. Lov och pris och tack vare dig därför, Helige Ande, nådens och helgelsens Ande!

F. Du sanningens och helgelsens Ande har kommit ned även över mig. Även på mitt huvud har en av apostlarnas efterträdare under bön lagt sina helgade händer; även min panna har blivit smord med helig krisma och märkt med korsets tecken.

Sv. Lov och pris och tack vare dig därför, Helige Ande, nådens och helgelsens Ande!

F. Du har valt mitt hjärta till ditt levande tempel och med din nåd styrkt mig till strid mot det onda. Du har införlivat mig med den heliga Kyrkans stridande här, tryckt på min själ en Kristi stridsmans outplånliga särmärke.

Sv. Lov och pris och tack vare dig därför, Helige Ande, nådens och helgelsens Ande!

F. Gud Helige Ande, jag är ditt tempel och du bor i mig. Tillåt icke att jag någonsin genom synd vanärar din helgedom. I bekräftelsens heliga sakrament har du givit mig en särskild nåd att frimodigt inför världen bekänna min heliga katolska tro. Det är utan min förtjänst, det är genom din nåd som jag är ett barn av den heliga katolska Kyrkan. Giv att jag aldrig blyges för min tro, städse fritt och öppet bekänner den inför människorna, på det att även Kristus en gång må bekänna mig inför sin Fader och giva mig det eviga livets segerkrona. *Sv.* Amen.

Litania till den Helige Ande.

Denna litania innehåller en kortfattad sammanställning av det som den Heliga skrift säger om den Helige Ande, om hans natur, om hans gåvor (Es. 11: 2), om hans frukter (Gal. 5: 22, 23), om hans verksamhet både i den enskildes själ och i Guds Kyrka.

Herre, förbarma dig över oss.
Kristus, förbarma dig över oss.
Herre, förbarma dig över oss.
Kristus, hör oss.
Kristus, bönhör oss.
Gud Fader i himmelen: *Förbarma dig över oss.*
Gud Son, världens Frälsare,
Gud Helige Ande,
Heliga Trefaldighet, en ende Gud,
Helige Ande, kärleken mellan Fadern och det eviga Ordet,

Du vishetens och förståndets Ande,
Du rådets och styrkans Ande,
Du kunskapens och gudaktighetens Ande,
Du gudsfruktans Ande,
Du trons, hoppets och kärlekens Ande,
Du glädjens och fridens Ande,
Du mildhetens och tålamodets Ande,
Du godhetens och trofasthetens Ande,
Du saktmodets och återhållsamhetens Ande,
Du barnaskapets Ande,
Du som rannsakar människohjärtats djup,
Du som upplyser samvetet om synd, rättfärdighet och dom,
Du som börjar och fulländar människans frälsning,
Du som förhärligar Jesus Kristus i de rättfärdigas själar,
Du som bor i de rättfärdiga såsom i ett tempel,
Du sanningens Ande,
Du Kyrkans lärare och försvar,

Litania till den Helige Ande. 335

Du Kyrkans enhet och helighet,
Du bönens läromästare,
Du bistånd i all nöd,
Du eviga ljus,
Du heliga glöd,
Du livets källa,
Du andens hugsvalelse,
Du gåva över alla gåvor,
Var oss nådig: *Förskona oss, Helige Ande.*
Var oss nådig: *Bönhör oss, Helige Ande.*
Från otro och vantro: *Fräls oss, Helige Ande.*
Från all motsträvighet mot sanningen,
Från förmäten förtröstan på Guds barmhärtighet,
Från misströstan och förtvivlan,
Från all kärlekslöshet,
Från förblindelse och obotfärdighet,
Från ljumhet och andlig tröghet,
Från orena tankar och begär,
Från en plötslig och olycksalig död,
Från den eviga fördömelsen.
Vi arma syndare: *Vi bedja dig, bönhör oss.*
Att du ville upphöja den heliga, katolska Kyrkan, upplysa hennes herdar och helga hennes barn,
Att du ville leda oss in i all sanning,
Att du ville påminna oss om allt vad Herren har sagt,
Att du i oss ville styrka alla kristna dygder,
Att du ville bevara vår kropp och vår själ såsom ditt heliga tempel,
Att du ville styrka oss till att vittna för Kristus,
Att du ville utrusta oss till Guds rikes försvar,
Att du ville befästa oss i din nåd,
Att du ville återföra de vilsegångna till Kyrkans enhet,
Att du ville föra alla människor till evangeliets ljus,

336 O Gud, dig vill jag städse lova.

Att du ville förödmjuka Guds rikes fiender,
Att du med ditt ljus ville leda folkens furstar och styresmän,
Att du ville låta rättvisan och kärleken råda i människornas samliv,
Att du ville bevara oss alla från evighetens straffdomar,
Att du ville upptaga oss i dina utvaldas skara,
Guds lamm som borttager världens synder: *Förskona oss, o Herre.*
Guds lamm: *Bönhör oss, o Herre.*
Guds lamm: *Förbarma dig över oss, o Herre.*
F. Kom, Helige Ande, uppfyll dina troendes hjärtan,
Sv. Och upptänd i dem din kärleks heliga eld.
Låtom oss bedja. O Gud, för dig är varje hjärta uppenbart och varje viljas mening klar, och intet hemligt är förborgat för dig; rena genom den Helige Andes ankomst vårt hjärtas tankar på det att vi må fullkomligt älska dig och förtjäna att värdigt prisa dig, genom Kristus, vår Herre. *Sv.* Amen.

O Gud, dig vill jag städse lova.

O Gud, dig vill jag städse lova, * Ty du det högsta goda är. * Jag tackar dig för livets gåva, * För varje dag du mig beskär.
Du Herre, mig din nåd bevisar * Och ger mig allt i rättan tid. * För dagens solsken jag dig prisar, * För mörka nattens stilla frid.
Jag prisar dig i fröjd och lycka, * Då glädjen jublar i mitt bröst, * Och då mig tunga sorger trycka, * Jag tackar dig, som giver tröst.
Dig prisar jag intill det sista * För all den nåd du giver mig. * Då mina ögon en gång brista, * Jag än i döden lovar dig.

Trefaldighetsfesten.

Te Deum.

Te Deum laudamus, te Dominum confitemur.
Te aeternum Patrem, omnis terra veneratur.
Tibi omnes angeli, tibi coeli et universae potestates;
Tibi cherubim et seraphim, incessabili voce proclamant:
Sanctus, sanctus, sanctus Dominus Deus Sabaoth.
Pleni sunt coeli et terra majestatis gloriae tuae.
Te gloriosus apostolorum chorus;
Te prophetarum laudabilis numerus;
Te martyrum candidatus laudat exercitus;
Te per orbem terrarum sancta confitetur Ecclesia:
Patrem immensae majestatis,
Venerandum tuum verum et unicum Filium,
Sanctum quoque Paraclitum Spiritum.
Tu Rex gloriae, Christe;
Tu Patris sempiternus es Filius.
Tu ad liberandum suscepturus hominem non horruisti Virginis uterum.

Tu devicto mortis aculeo aperuisti credentibus regna coelorum.

Tu ad dexteram Dei sedes, in gloria Patris.

Judex crederis esse venturus.*

Te ergo quaesumus, tuis famulis subveni, quos pretioso sanguine redemisti.

Aeterna fac cum sanctis tuis in gloria numerari.

Salvum fac populum tuum, Domine, et benedic haereditati tuae,

Et rege eos et extolle illos usque in aeternum.

Per singulos dies benedicimus te,

Et laudamus nomen tuum in saeculum et in saeculum saeculi.

Dignare, Domine, die isto sine peccato nos custodire.

Miserere nostri, Domine, miserere nostri.

Fiat misericordia tua, Domine, super nos, quemadmodum speravimus in te.

In te, Domine, speravi, non confundar in aeternum.

V. Benedicamus Patrem et Filium cum Sancto Spiritu,

R. Laudemus et superexaltemus eum in saecula.

V. Benedictus es, Domine, in firmamento coeli.

R. Et laudabilis et gloriosus et superexaltatus in saecula.

V. Domine, exaudi orationem meam.

R. Et clamor meus ad te veniat.

V. Dominus vobiscum,

R. Et cum spiritu tuo.

Oremus. Deus, cujus misericordiae non est numerus et bonitatis infinitus est thesaurus, piissimae majestati tuae pro collatis donis gratias agimus, tuam semper clementiam exoran-

---

* Under följande vers ligger man på knä.

tes, ut, qui petentibus postulata concedis, eosdem non deserens ad praemia futura disponas. Per Christum Dominum nostrum. Amen.

Dig, Gud, lova vi; dig, Herren, bekänna vi.
Dig, den evige Fadern, tillbeder hela jorden.
Dig lovsjunga alla änglar, dig himlarna och alla makter.
Dig prisa kerubim och serafim, oupphörligt sägande:
Helig, helig, helig är Herren, härskarornas Gud.
Fulla äro himlarna och jorden av ditt majestäts härlighet.
Dig prisar apostlarnas ärekrönta kör.
Dig lovar profeternas prisvärda skara.
Dig prisar martyrernas lysande här.
Dig bekänner över jordens rund den heliga Kyrkan:
Dig, Fader, i oändligt majestät,
Din tillbedjansvärde, sanne och enfödde Son,
Och den Helige Ande, Hugsvalaren. —
Du härlighetens Konung, Kristus!
Du är Faderns evige Son.
Du har för att frälsa människan ej försmått Jungfruns sköte.
Du har besegrat dödens udd och öppnat för de troende himlarnas rike.
Du sitter vid Guds högra sida, i Faderns härlighet.
Du skall, så lär oss tron, återkomma som domare.*
Därför bedja vi dig, bistå dina tjänare som du har återlöst med ditt dyrbara blod.
Giv att vi må räknas bland dina heliga i den eviga härligheten.
Rädda ditt folk, o Herre, och välsigna din arvedel,

---
* Under följande vers ligger man på knä.

Och styr dem och upphöj dem i evighet.
Alla dagar prisa vi dig,
Och lova ditt namn, i evighet och i evigheters evighet.
Värdes, Herre, bevara oss denna dag för synd.
Förbarma dig över oss, Herre, förbarma dig över oss.
Din barmhärtighet råde över oss, Herre, såsom vi hava hoppats på dig.
På dig, Herre, har jag hoppats, i evighet skall jag icke komma på skam.
F. Låtom oss prisa Fadern och Sonen och den Helige Ande,
Sv. Låtom oss lova och upphöja honom i evighet.
F. Välsignad är du, Herre, i himmelens fäste,
Sv. Och lovvärd och härlig och upphöjd i evighet.
F. Herre, hör min bön,
Sv. Och låt mitt rop komma till dig.
F. Herren vare med eder,
Sv. Och med din ande.
Låtom oss bedja. O Gud, vilkens barmhärtighet är utan mått och vilkens godhet är en outtömlig skatt, vi tacka ditt huldrika majestät för alla dina gåvor, och bönfalla ständigt din mildhet, att du som på vår bön förlänar oss vad vi begära, icke ville övergiva oss, utan göra oss värdiga det tillkommande livets belöningar, genom Kristus, vår Herre. *Sv.* Amen.

Andakt till den heliga Trefaldigheten.

F. Låtom oss prisa och förhärliga den heliga och odelbara Trefaldigheten,
Sv. Låtom oss lovprisa och upphöja den i evighet!
Allsmäktige, evige Gud, himmelens och jordens Skapare och Herre, vi tillbedja dig! Vi

Trefaldighetsfesten. 341

tro på dig, Gud Fader, Son och Helige Ande, trefaldig till personen, en till väsendet, du den ende, sanne och levande Guden, från vilken allt kommer och genom vilken allt är till. Du är evig, utan början och utan slut. Du är allestädes närvarande och dock upphöjd över hela världen. Din storhet är oändlig och din kraft allsmäktig, din vishet ofattbar, dina domar rättfärdiga. Din godhet är djup såsom havet, och din barmhärtighet känner icke någon gräns. Från evighet är du densamme, en treenig Ande som härskar över allt och alla i makt och härlighet.

F. Helig, helig, helig är du, härskarornas Gud,

Sv. Himmel och jord äro fulla av din härlighet.

I ödmjukhet knäböja vi inför ditt gudomliga majestät och av hela vårt hjärta underkasta vi oss din heliga vilja. Vi bedja dig, utrota ur våra hjärtan allt som misshagar dig. Församla alla människor i Kyrkans enhet, så att de må lära känna, ära och älska dig, den treenige Guden, och finna frid för sina själar. *Sv.* Amen.

---

1. *F.* Låtom oss prisa den treenige Guden, Fadern och Sonen och den Helige Ande,

Sv. Låtom oss lovprisa och förhärliga honom i all evighet.

F. Lovad och prisad vare du, Gud himmelske Fader,

Sv. Du som har skapat oss och hela världen av intet genom din allmakts ord.

F. Gud Fader i himmelen,

Sv. Förbarma dig över oss.

Förbarmandets Fader och all hugsvalelses Gud, se i nåd till oss fattiga människor som för våra många och svåra synders skull icke äro värdiga att kallas dina barn. Med förtröstan på din enfödde Sons förtjänster och med hopp om den Helige Andes hjälpande nåd våga vi nalkas ditt gudomliga majestät. Kropp och själ och allt vad vi äga är din egendom, allt är en gåva från dig. Åt dig giva vi det åter, åt dig uppoffra vi det, helt och utan förbehåll. Mottag detta offer i förening med din Sons offer på korset. Giv att vi härnere på jorden städse må leva så, att vi kunna bestå inför ditt allseende öga. O Gud, du är vår kärlek och vår ära i tid och evighet. *Sv.* Amen.

2. *F.* Låtom oss prisa den treenige Guden, Fadern och Sonen och den Helige Ande,
Sv. Låtom oss lovprisa och förhärliga honom i all evighet.
F. Lovad och prisad vare du, Guds Son, Jesus Kristus,
Sv. Ty du har återlöst oss med ditt dyrbara blod.
F. Gud Son, världens Frälsare,
Sv. Förbarma dig över oss.

Jesus Kristus, Guds enfödde Son, världens Frälsare, du är Faderns eviga Ord, och från dig och Fadern utgår den Helige Ande av evighet. Du som är Gud av evighet, har förnedrat dig till att bliva människa, och du blev lydig intill döden på korset för att frälsa oss från syndens välde och från evig fördömelse. Kärleksfulle Frälsare, varmed kunna vi gengälda allt vad du har gjort för oss! Mottag oss såsom din egendom, bevara oss nådigt från all synd, så att vi kunna tjäna dig i ödmjuk kärlek och förbliva dig trogna till vår sista stund. Vi vilja inviga hela vårt liv till din tjänst, för att ditt blods oskattbara offer icke må vara förspillt på oss. *Sv.* Amen.

3. *F.* Låtom oss prisa den treenige Guden, Fadern och Sonen och den Helige Ande.
Sv. Låtom oss lovprisa och förhärliga honom i all evighet.

F. Lovad och prisad vare du, Gud Helige Ande,
Sv. Ty du har helgat oss och styrker oss med din sjufaldiga nåd.
F. Gud Helige Ande, vår Hugsvalare,
Sv. Förbarma dig över oss.
Gud Helige Ande, som utgår av Fadern och Sonen, och som är ett med Fadern och Sonen i evighet och härlighet, du är vår själs liv och vårt hjärtas tröst. Genom din nåds kraft äro vi heliggjorda och pånyttfödda som Guds barn. När vi lyssna till din röst och följa din ledning, gå vi framåt i det goda och kunna hoppas att en gång uppnå vårt eviga mål. Därför vilja vi överlämna oss åt din nåd som ständigt drager oss uppåt. Du, den eviga kärlekens band, förena oss innerligt med dig och därigenom även med vår himmelske Fader och hans Son, vår Frälsare. Bevara oss i din heliga kärlek, låt oss leva och dö i den, så att vi en gång få tillbedja, ära och lovprisa dig tillika med Fadern och Sonen i all evighet. *Sv.* Amen.
F. Ära vare Fadern som har skapat oss.
Sv. Ära vare Sonen som har återlöst oss.
F. Ära vare den Helige Ande som har helgat oss.
Sv. Lovad vare den heliga och odelbara Treenigheten, nu och i all evighet.
F. Den allsmäktige Gudens välsignelse, Faderns och Sonens och den Helige Andes, komme över oss och förblive alltid med oss.
Sv. Amen.

Andra böner till den heliga Trefaldigheten.

Tacksägelse för trons nåd.

Heliga Treenighet, du ende Gud, jag tackar dig av hela mitt hjärta, att du genom din enfödde Son uppenbarat Evangeliets sanningar, och genom din heliga katolska Kyrka förkunnar dem för oss. Lov och pris och tack vare dig, att du framför så många andra människor kallat mig till den sanna tron, till din enda, heliga, katolska och apostoliska Kyrka. Det var icke min förtjänst, det var din förbarmande nåd som kallade mig till sanningens kunskap och till livets källa. Säker och trygg kan jag nu i sanningens ljus vandra på dygdens väg och med glad förtröstan ösa ur de rika nådekällor som framkvälla i din heliga Kyrka. Jag känner mitt mål och jag känner den väg som leder dit. Med mod och styrka kan jag nu bära livets prövningar och full av hopp och förtröstan emotse evigheten.

Evig tack vare dig, heliga Treenighet, för trons ovärderliga skatt. Jag tror på dig. Jag tror att du är en ende Gud i tre personer, Fader, Son och Helig Ande. Herre, himmelske Fader, jag tror att du har skapat himmel och jord, att du uppehåller och styr allt, och att du skall vedergälla var och en efter hans gärningar. Herre Jesus Kristus, jag tror att du är Guds enfödde Son, Gud av Gud, sann Gud av sann Gud. Jag tror att du av kärlek till oss syndiga människor antog vår natur, och för att frälsa oss från evigt fördärv, led och dog på korset. Jag tror att du en dag skall återkomma i makt och härlighet för att döma levande och döda. Helige Ande, livgivare och hugsvalare, jag tror att du utgår av Fadern och Sonen, och tillika med dem bör dyrkas och tillbedjas. Jag tror att du är sanningens och kärlekens Ande som alltjämt vistas hos den heliga Kyrkan för att helga henne och skydda henne mot all villfarelse. Heliga Treenighet, jag tror fullt och fast allt vad du genom den heliga katolska Kyrkan föreskriver mig att tro, emedan du,

Böner till Trefaldigheten. 345

den eviga och ofelbara sanningen, har uppenbarat allt. Lov och pris och tack vare dig för denna heliga tro. Bevara, styrk och föröka i mig trons nåd. Giv, att jag fritt och öppet bekänner min tro, och trofast följer densamma i livet, för att en gång få skåda, älska och äga dig i salighetens rike. Amen.

Uppoffring och tacksägelse.

Treenige Gud, Fader, Son och Helige Ande, mitt ursprung och ändamål, jag tror på dig, styrk min tro; jag hoppas på dig, uppliva mitt hopp; jag älskar dig av allt mitt hjärta och mer än mig själv, föröka min kärlek. Jag tillbeder dig med himmelens härskaror och med alla människor på jorden som känna ditt heliga namn. Jag överlämnar mig helt och hållet åt dig och din milda försyns ledning. Befall, såsom du finner för gott, över mig, mitt liv och allt som mig tillhör. Gör med mig vad du vill, men giv mig din nåd och din kärlek, och jag skall vara nöjd.

Jag tackar dig, heliga Treenighet, för de otaliga välgärningar som du bevisat mig från mitt livs första ögonblick ända till den närvarande stunden. Gud Fader, jag tackar dig för att du från evighet tänkte på mig och för att du skapade mig efter din avbild och upptog mig till ditt barn. Jag tackar dig för att du hittills bevarat mitt liv och alltjämt med faderlig omsorg vakar över mig. Gud Son, jag tackar dig för att du av kärlek till mig antog tjänarens skepnad, utgöt ditt blod och led den bittraste död för att frälsa mig från den eviga döden. Jag tackar dig för att du dagligen offrar dig på altaret för att tilldela mig din återlösnings frukter; jag tackar dig, för att du så ofta givit mig dig själv till själens näring och lämnat mig en underpant på en salig uppståndelse. Gud Helige Ande, jag tackar dig för att du i det heliga dopet invigt min själ till ditt tempel, och gjort mig till himmelrikets arvtagare; du har i de heliga sakramenten så ofta renat mig från synd och helgat mig med din nåd.

Heliga Treenighet, huru skall jag väl värdigt kunna tacka dig för alla dessa välgärningar? I himmelska andar, I Guds utvalda, och framför allt du som prisas salig av alla släkten, jungfruliga moder Maria, hembären i mitt ställe den treenige Guden lov och tack och ära.

Sv. Helig, helig, helig är du Herre, härskarornas Gud, fulla äro himlarna och jorden av ditt majestäts härlighet. Ära vare Fadern, ära vare Sonen, ära vare den Helige Ande nu och i evighet. Amen.

Den athanasianska trosbekännelsen sid. 558.

Lovprisnings-litania till den treenige Guden.

Herre, förbarma dig över oss.
Kristus, förbarma dig över oss.
Herre, förbarma dig över oss.
Kristus, hör oss.
Kristus, bönhör oss.
Heliga Trefaldighet, en ende Gud, *Sv. Vi tillbedja och prisa dig.*
Gud, du evige Fader,
Gud Son, du eviga Vishet,
Gud Helige Ande, du eviga Kärlek,
Gud, en till väsendet, trefaldig till personerna,
Gud, ditt allmaktsord har skapat allting av intet,
Din oändliga fullkomlighet är värd allas eviga tillbedjan och kärlek,
Din underbara vishet och godhet lysa alltjämt för oss i skapelsen och återlösningen,

Lovprisnings-litania. 347

Din allestädes-närvaro genomtränger allt som
är till,
Gud, din sannfärdighet giver oss ofelbar ledning
på livets väg,
Din trofasthet är vårt enda stöd,
Din allvetenhet är vittne till våra hemliga tankar och uppsåt,
Din barmhärtighet är utan gräns,
Gud, din allseende dom är en evigt rättvis dom,
Din helighet skiljer för evigt de goda från de
onda,
Dina rådsslut äro oföränderliga,
Dina vägar äro outrannsakliga,
Gud, ditt väsens oändlighet är evigt outsäglig,
Du är den oändliga kärleken,
Gud, du har danat människan till din avbild,
Du förnyar alltjämt denna avbild genom återlösningen,
Du gör oss av nåd till dina barn,
Du döljer barnaskapets härlighet under korsets
smälek,
Gud, du är vår högsta förebild,
Du upplyser varje människa,
Du har rikedomar åt alla som åkalla ditt namn,
Du vill icke att någon går förlorad,
Gud, du motstår de stolta och hör de ödmjukas
bön,
Du vänder det onda till det goda,
Du leder de enskildas och folkens öden,
Du är Herren över jordens konungar och folk,
Du prövar folken i stora vedermödors eld,
Vårt samvetes Gud,
Vår frälsnings Gud,
Vår odödlighets Gud,
Alla hädangångnas Gud,
De himmelska härskarornas Gud,
Alla goda gåvors givare,
Hela skapelsens enda, eviga mål,
Alla rättfärdigas oändliga salighet,

Vi arma syndare: *Vi bedja dig, bönhör oss.*
Att du värdes giva oss en levande tro på ditt ord,
Att du värdes styrka vårt hopp på dina löften,
Att du värdes skänka oss den fullkomliga kärleken,
Att du värdes bevara oss i din heliga nåd,
Att du värdes uppfylla oss med djup vördnad för ditt oändliga väsen,
Att du värdes fullkomna vår tillbedjan,
Att du värdes giva oss en helig längtan efter dina altaren,
Att du värdes ingiva oss fruktan för dina straffdomar,
Att du värdes giva oss en fast tillit till din oändliga godhet,
Att du värdes vaka över oss med din försyn,
Att du värdes styrka oss till ditt rikes försvar,
Att du värdes lära oss att vid alla företag söka din ära,
Att du värdes lära oss att i lycka och motgång prisa ditt namn,
Att du värdes möta alla som ärligt söka dig,
Att du värdes föra alla till din heliga Kyrka,
Att du värdes bistå alla som äro i trångmål eller frestelse,
Att du värdes omvända alla som glömma, förakta eller hata dig,
Att du värdes leda alla folk på rättvisans och kärlekens väg,
Att du värdes göra oss saliga i ditt eviga liv,
Treenige Gud, Fader, Son och Helige Ande,
Guds lamm som borttager världens synder:
Förskona oss, o Herre.
Guds lamm: *Bönhör oss, o Herre.*
Guds lamm: *Förbarma dig över oss, o Herre.*
F. Låtom oss prisa Fadern och Sonen och den Helige Ande,

Böner till Trefaldigheten.

Sv. Låtom oss lova och upphöja honom i evighet,
F. Välsignad är du, Herre, i himmelens fäste,
Sv. Och lovvärd och härlig och upphöjd i evighet.
F. Herre, hör min bön,
Sv. Och låt mitt rop komma till dig.

Låtom oss bedja. Allsmäktige, evige Gud, du som förlänat dina tjänare att i bekännelsen av den sanna tron få kännedom om den eviga Trefaldighetens härlighet och i ditt majestäts makt tillbedja dess enhet, vi bedja dig, låt oss genom ståndaktighet i samma tro städse vara tryggade mot allt ont. Genom Kristus, vår Herre. Amen.

'Kände du Guds gåva!" Joh. 4: 10.

Betraktelse över den heliggörande nådens härlighet.

F. Förbarmandets Fader och all hugsvalelses Gud, stora äro dina verk och outgrundliga de under, som du gör i din Son, Jesus Kristus. I tidernas fullbordan har du sänt honom, att han genom sin offerdöd på Golgata skulle förnya och fullända allt och göra oss till ett heligt folk, ett konungsligt prästadöme, ett utvalt släkte, som följer korsets banér och vandrar i ljuset.

Sv. Evig tack vare dig, o Herre, för ditt verk i Jesus Kristus.

F. Gudomlige Frälsare, ditt verk är fullbordat och allt är uppfyllt som stod skrivet om Människosonen. I dig välsignas nu alla släkten och uppfyllas med din övernaturliga nåds underbara kraft, genom vilken du på hemlighetsfullt sätt kommer oss nära och omdanar vår själs inre, så att vi pånyttfödas för en högre värld och få tillträde till Fadern. Så uppstå vi till ett liv som är en avbild av ditt gudomliga liv. Din nåd är det dyrbaraste vi äga, grundvalen för hela det övernaturliga livet i oss. Genom den äro vi rättfärdiggjorda och dig välbehagliga, ett återsken av din gudomliga godhet och skönhet. Din nåd tecknar oss såsom Guds barn och är oss en underpant på och en första början till vår uppståndelses härlighet.

Sv. Evig tack vare dig, världens Frälsare, Jesus Kristus.

F. Genom nåden leva vi i den gudomliga vinstocken som är du själv. Så förenas vi till en gemenskap med dig och alla dina heliga, vi bliva lemmar i din mystiska lekamen och äro ett Guds heliga tempel. Din nåd är det som utgör vårt livs värde och högsta adelsmärke, den gör oss till arvtagare av frälsningens utlovade gåvor och himmelens eviga salighet.

Sv. Evig tack vare dig, världens Frälsare, Jesus Kristus.

F. Vad giva icke människorna, vad underkasta de sig icke allt av mödor och arbete för att förbättra sin samhällsställning, för att uppnå en högre rang, för att vinna rikedom, skönhet, utmärkelser! Var finnes sann rikedom, sann skönhet, verklig höghet, om icke i den heliggörande nåden som du giver oss ifrån korset. En grad högre i denna nåd betyder höjandet av vår salighet i himmelen. Hela evigheten igenom skola vi stå närmare dig i himmelen, mera känna och älska dig.

Sv. Evig tack vare dig, världens Frälsare, Jesus Kristus.

F. Underbar är din godhet, att du ställer så många nådemedel till vårt förfogande, framför allt dina heliga sakrament, på det att vi må växa i nåden och bliva dig alltmer välbehagliga. Varje bön och varje god handling som vi förrätta i nådens kraft, förökar även nåden i oss. Vid varje gott verk vinner den i djup, fasthet och styrka, så att vårt övernaturliga livs inre byggnad blir allt fastare grundlagd.

Sv. Evig tack vare dig, världens Frälsare, Jesus Kristus.

Böner till Gud Skaparen.

F. Ja, evig tack vare dig, gudomlige Återlösare, för din frälsnings gåva. Förläna oss ett tacksamt och ädelt sinne, så att vi, styrkta genom ditt heliga lidande, offervilligt kämpa för att bevara vad du förvärvat åt oss, och aldrig genom synd lättsinnigt förstöra vad du genom din död har fullbordat.
Sv. Amen.

F. Gud Helige Ande, du är den oskapade kärleken, bandet mellan Fadern och Sonen, gåvan över alla gåvor. Genom nåden bor du själv i våra hjärtan. I dig skall en gång den återlösta mänskligheten vara ett med Fadern och Sonen. Bekräfta det som du har verkat i oss. Vi bära den kostbara skatten i ett bräckligt käril, ty vår mänskliga svaghet är övermåttan stor. Stå oss därför bi, att vi aldrig genom synd vanära ditt tempel, låt oss växa såsom palmträdet som är planterat vid vattenbäckar, och fortskrida på helighetens väg. Fullända den enhet du ville skapa i människosläktet, kalla jordens folk och nationer till ditt ljus, förnya genom din nåd jordens anlete, på det att alla må prisa frälsningens härlighet och en gång med obeslöjat ansikte skåda och älska Fadern och Sonen i din enhet.
Sv. Amen.

Bön till Gud, Skaparen.

Jag vet, o Herre, att du icke är i behov av mina gåvor och lovsånger. Men om de dödligas tungor skulle tiga, skulle stenarna ropa och allt som skapat är högt förkunna din ära och uppmana varandra att prisa dig. Änglarna prisa oavlåtligen ditt namn och sjunga ditt lov. Och den synliga skapelsen, hela naturen i sin skiftande mångfald, allt vittnar om dig, att du allena är den levande Guden, du allena, den allsmäktige, den allvise, den allgode, den barmhärtige, du allena den rättfärdige och sannfärdige Guden, värd allt lov, all kärlek och tillbedjan. Bland allt som skapat är, skall den odödliga människan upphöja och helga ditt namn. Vi som äro skapade till din avbild, skola föra skapelsen till dess mål, till dig. Store Gud, jag tackar dig av all min själ, att du icke låtit dig vara utan vittnesbörd i världen. Öppna min själs ögon, så att jag icke nöjer mig med att se på det jordiska, utan i själens stillhet höjer mig till det eviga, som icke med ögonen skådas, till betraktandet av dig, den osynlige, allestädes närvarande Guden, vilken vare ära i evighet. Amen.

Litania till Guds försyn.

Herre, förbarma dig över oss.
Kristus, förbarma dig över oss.
Herre, förbarma dig över oss.
Kristus, hör oss.
Kristus, bönhör oss.
Gud Fader i himmelen: *Förbarma dig över oss.*
Gud Son, världens Frälsare,
Gud Helige Ande,
Heliga Treenighet, en ende Gud,
Gud, vår Skapare och Herre,
Gud, vår kärleksrikaste Fader,
Du som uppehåller och styr allt som är till,
Du som bär faderlig omsorg även om de ringaste av dina varelser,
Du som med välsignelse uppfyller allt som andas,
Du som förbarmar dig över oss, liksom en fader förbarmar sig över sina barn,
Du som kläder liljorna på fälten och giver föda åt himmelens fåglar,
Du som räknat alla hår på våra huvud,
Du som känner alla våra behov,
Du som styr allt till vårt bästa,
Allvetande och visaste Gud,
Oändligt gode och barmhärtige Gud,

Litania till Guds försyn. 353

Du som ofta underbart kommer dem till hjälp som hoppas på dig,
Du som i öknen födde profeten Elias genom korpar och israeliterna med manna från himmelen,
Du, utan vilkens hjälp all människornas makt är fåfäng,
Du räddare i varje nöd och fara,
Starke och allsmäktige Gud,
Du som för våra synders skull ofta hemsöker oss med vedermödor,
Du som genom timliga lidanden manar syndarna till bättring och prövar de rättfärdiga,
Oändligt helige och rättvise Gud,
Du som lovat bönhöra dem som med förtroende åkalla dig.
Du som alltid uppfyller dina löften,
Sannfärdige och trofaste Gud,
Gud, vårt hopp och vår tillflykt,
Gud, vår Fader, vår Återlösare och Saliggörare,
Var oss nådig: *Förskona oss, o Herre.*
Var oss nådig: *Bönhör oss, o Herre.*
Från allt ont: *Fräls oss, o Herre.*
Från misströstan till din gudomliga försyn,
Från missbelåtenhet med dina heliga anordningar,
Från otålighet och klenmodighet i lidanden,
Från omåttlig omsorg om jordiska ting,
Från all människofruktan,
Från all tillit till människornas ynnest,
Från allt missbruk av dina gåvor,
Vi arma syndare: *Vi bedja dig, bönhör oss.*
Att du i oss ville väcka ett heligt förtroende till din gudomliga försyn,
Att vi alltid beredvilligt må underkasta oss din heliga vilja,
Att vi med tacksamhet må mottaga dina gåvor och njuta dem med måttlighet,

Att vi må bära vårt kors med tålamod och ståndaktighet,
Att vi i medgång icke må högmodas och i motgång icke modfällas,
Guds lamm som borttager världens synder: *Förskona oss, o Herre.*
Guds lamm: *Bönhör oss, o Herre.*
Guds lamm: *Förbarma dig över oss, o Herre.*
F. Allas ögon vänta på dig, o Herre, och du giver dem föda i rättan tid,
Sv. Du upplåter din hand och uppfyller med välsignelse allt som andas.
Låtom oss bedja. O Gud, vilkens försyn i sina anordningar icke kan misstaga sig, vi bedja dig ödmjukt, avvänd från oss allt som kan skada oss till kropp eller själ, och förläna oss allt som främjar vår timliga och eviga välfärd, genom Kristus, vår Herre. *Sv.* Amen.

Bön till Gud, Skaparen.

Allsmäktige Herre och Gud, du har skapat oss för dig, du allena är vårt eviga mål. Du omfattar alla dina verk med gudomlig kärlek och hatar intet av det du skapat, — låt oss alla tillsammans hitta hem till dig, här på jorden och i evigheten. Din Ande uppfyller jordens krets, han som omfattar allt förnimmer varje ljud, — förnim i hela skapelsens suckan allas vårt rop efter dig! Vidga mer och mer vårt väsens trånga gränser, att vi må bliva din avbild, du som omfamnar allt! Låt ditt glada budskap förkunnas överallt, där människor bygga och bo, på det att hela skapelsen må erfara din frälsning och i dig finna sin uppståndelse och eviga fulländning. Så skall du bliva den Gud som är allt i allo — här på jorden och i evigheten. Amen.

'Jag är vinstocken, I ären rankorna.'

Kristi Lekamens Högtid.
Den sakramentala välsignelsen.

Tantum ergo.

Tantum ergo sacramentum * Veneremur cernui, * Et antiquum documentuum * Novo cedat ritui. * Praestet fides supplementum * Sensuum defectui. Genitori, Genitoque * Laus et jubilatio, * Salus, honor, virtus quoque * Sit et benedictio, * Procedenti ab utroque * Compar sit laudatio. Amen.

V. Panem de coelo praestitisti eis (Alleluia),
R. Omne delectamentum in se habentem (Alleluia).

Oremus. Deus, qui nobis sub sacramento mirabili passionis tuae memoriam reliquisti, tribue, quaesumus, ita nos corporis et sanguinis tui sacra mysteria venerari, ut redemptionis tuae fructum in nobis jugiter sentiamus. Qui vivis et regnas in saecula saeculorum. *R.* Amen.

Må i ödmjukhet vi ära * detta helga Sakrament! * Högre än de gamlas lära * står det nya testament. * Att oss Herren själv är nära, * hjärtat genom tron har känt.

Kristi lekamens fest.

Fadern som i höjden tronar, * lov och tack i evighet, * Sonen som vår synd försonar, * Anden pris och härlighet. * Högt så jubelsången tonar * upp till dig, Treenighet. Amen.

F. Du har givit dem bröd från himmelen (Alleluja),
Sv. Som innehåller all ljuvlighet (Alleluja).

Låtom oss bedja. O Gud, som i detta underbara Sakrament lämnat oss ett minne av ditt lidande, vi bedja, giv oss nåden att så ära din lekamens och ditt blods heliga hemligheter, att vi alltid inom oss må känna din återlösnings frukter, du som lever och regerar från evighet till evighet. *Sv.* Amen.

VÄLSIGNELSEN.

Lovprisningar efter välsignelsen.

1. Prisad vare Jesus Kristus i Altarets heliga sakrament.
Och prisad vare Gud Fader i honom och Gud den Helige Ande.
I tre personer en ende Gud, välsignad i evighet. Amen.

2. *F.* Herre, jag tror på dig, ty du är den eviga sanningen.
Sv. Föröka min tro.
F. Herre, jag hoppas på dig, ty du är den oändliga godheten.
Sv. Styrk mitt hopp.
F. Herre, jag älskar dig, ty du är min Gud och mitt allt.
Sv. Bevara mig i din kärlek i livet och i döden.
F. Lovad vare Jesus Kristus i altarets allraheligaste Sakrament.
Sv. Nu och i all evighet. Amen.

3. Prisad vare Gud.
Prisat vare hans heliga namn.

Hyllningsbön. 357

Prisad vare Jesus Kristus, sann Gud och sann människa.
Prisat vare Jesu namn.
Prisad vare Jesus i altarets allraheligaste Sakrament.
Prisad vare Guds moder, den obefläckade, alltid rena Jungfrun Maria.
Prisad vare Gud i sina änglar och helgon.

Hyllningsbön till Kristus i Altarets heliga sakrament.

F. Låtom oss tillbedja Kristus i Altarets heliga sakrament.
Sv. Kommen, låtom oss tillbedja honom.
F. Stor är han, vår Gud. Genom honom äro jordens grundvalar lagda, genom honom äro himlarna skapade. Han är den evige Faderns eviga avbild och hans härlighets återsken. Han är begynnelsen och änden, den som är och som var och som komma skall. Honom tillkommer ära och härlighet i evigheters evighet.
Sv. Kommen, låtom oss tillbedja honom.
F. Låtom oss tillbedja Kristus i Altarets heliga sakrament.
Sv. Kommen, låtom oss tillbedja honom. Han är präst evinnerligen enligt Melkisedeks ordning.
F. Sedan han friköpt oss med sitt heliga blod, for han upp till himmelen och satte sig på Faderns högra sida i höjden, medlare mellan Gud och människor.
Sv. Kommen, låtom oss tillbedja honom. Han är präst evinnerligen enligt Melkisedeks ordning.
F. Han har försonat oss genom sitt blod och stiftat fred mellan oss och Gud.
Sv. Kommen, låtom oss tillbedja honom. Han är präst evinnerligen enligt Melkisedeks ordning.

Kristi lekamens fest.

F. Han har frälst oss från mörkrets rike och kallat oss till sitt underbara ljus.
Sv. Kommen, låtom oss tillbedja honom. Han är präst evinnerligen enligt Melkisedeks ordning.
F. Han stiftade ett minne av sina under, han som är nådig och barmhärtig. Han ger föda åt dem som frukta honom.
Sv. Kommen, låtom oss tillbedja honom. Han är präst evinnerligen enligt Melkisedeks ordning.
F. Han välsignade aftonen före sitt lidande bröd och vin i det han sade: Detta är min lekamen som utgives för eder; detta är kalken med mitt blod som utgjutes för eder och för många till syndernas förlåtelse.
Sv. Kommen, låtom oss tillbedja honom. Han är präst evinnerligen enligt Melkisedeks ordning.

1. I djupaste ödmjukhet tillbedja vi dig, kärleksfulle Frälsare, under brödets gestalt som vår Herre och Gud. Med hela kristenheten lova och prisa och tacka vi dig för all den kärlek som du bevisat oss genom instiftelsen av Altarets heliga sakrament. Huru omätlig är icke din kärlek! Trettiotre år gick du omkring bland oss och gjorde väl, och när tiden var inne, dog du för oss på korset. Men du ville göra ännu mer. Du ville efterlämna oss ett evigt minne av din kärlek. Därför gjorde du denna underbara stiftelse, medan dina fiender tänkte på att döda dig. Du vill för alltid bo hos oss för att draga våra hjärtan till dig och uppfylla dem med din välsignelse. Herre, giv oss denna din välsignelse. Hör från ditt altare våra önskningar och böner, var vår hjälp i all nöd, vår tillflykt i alla faror, vår tröst i alla bekymmer.
Sv. Amen.

2. Herre Jesus Kristus, vår medlare och

Hyllningsbön. 359

överstepräst, när hela människosläktet avvikit från Gud och nedsjunkit i synd och elände, kom du som räddare för att på korsets altare frambära dig själv såsom försoningsoffer åt din himmelske Fader. Det var det offer som verkade en evig försoning. Men för att alltid erinra oss om ditt blodiga offer och göra oss delaktiga av dess himmelska frukter, träffade du aftonen före ditt lidande den underbara anordningen, att det ända till tidernas slut på oblodigt sätt skulle förnyas på Kyrkans altaren. Då offrade du, evige överstepräst enligt Melkisedeks ordning, under brödets och vinets skilda gestalter, din heliga lekamen och ditt heliga blod åt din himmelske Fader och befallde dina apostlar och deras efterträdare i prästämbetet att göra detsamma till din åminnelse. Så har blivit uppfyllt vad profeten förutsagt: Från solens uppgång ända till dess nedgång är mitt namn stort bland folken, och överallt offras åt mitt namn och frambäres ett rent offer. — Herre, himmelske Fader, vi äga nu ett offer som är värdigt ditt gudomliga majestät. Med detta offer framträda vi inför dig för att frambära dig vår tillbedjan och tacksägelse. Vid detta offer bedja vi dig om förlåtelse för våra synder och om allt gott, varav vi äro i behov. Själva äro vi icke värdiga att framträda för ditt majestäts ögon, men vi komma med ett rent, oändligt värdefullt offer. För detta offers skull skänker du oss förlåtelse och nåd. Ty det är din älskade Sons offer, vilkens blod ropar till dig, icke om hämnd, utan om förbarmande och nåd. Förläna oss, o Gud, att vi alltid med djup vördnad, med ångerfullt sinne och helig förtröstan må övervara din Sons oblodiga offer, och i rikt mått varda delaktiga av dess himmelska frukter. *Sv.* Amen.

3. Gudomlige Frälsare, för dig var det icke

nog att dagligen offra dig åt din himmelske Fader och att dag och natt bo hos oss i tabernaklet. Du ville ingå ett innerligt förbund med oss och vara vår föda för att styrka och helga våra själar. Du giver oss allt vad din allmakt kan giva, det största som himmel och jord äga, dig själv med mandom och gudom, med kropp och själ, med kött och blod. Detta är den underbara föda som tröstar den bedrövade, vederkvicker den trötte och stärker den svage. Detta är den himmelska föda som kuvar våra onda begär, bevarar oss från synden och leder oss till allt större renhet och helighet. Detta är det himlabröd som underhåller själens liv och giver oss en underpant på salig odödlighet. Närda med detta bröd vandrade skaror av heliga jungfrur rena genom en syndig värld. Styrkta med detta bröd stodo trons hjältar oförskräckta inför sina förföljare. Det var denna föda som gav uthållighet åt de heliga bekännarna, som förlänade kraft åt alla heliga att vandra på den smala väg som leder till livet.

Var i evighet lovad och välsignad, kärleksfulle Frälsare, som tillrett oss detta himmelska gästabud. Kommen, heliga änglar, kommen Guds förklarade vänner, och förenen edra jubelsånger med vårt svaga lov. Hjälpen oss att tacka och prisa Herren, ty omätlig är hans godhet och hans nåd varar i evighet. Förläna oss, Herre Jesus Kristus, att vi ofta och värdigt, iklädda nådens bröllopsdräkt och smyckade med dig behagliga dygder, infinna oss vid ditt heliga bord. Styrk oss vid livets slut med denna himmelska föda, på det att vi utan fruktan må anträda resan till evighetens land. Låt oss härnere genom ditt underbara Sakrament vara förenade med dig, att vi må bliva värdiga att evigt förenas med dig i himmelens rike. *Sv.* Amen. — Ära vare Fadern.

Hyllningsbön.

Psalm 116.

F. Loven Herren, alla släkten; loven honom, alla folk.
Sv. Ty hans barmhärtighet emot oss är orubblig, och Herrens sanning varar i evighet. — Ära vare Fadern.
F. Prisad vare Jesus Kristus i Altarets heliga sakrament.
Sv. Nu och i all evighet. Amen.
Låtom oss bedja. Herre Jesus Kristus, genom att instifta Altarets heliga sakrament har du älskat oss ända till övermått, ty du har icke blott utgivit dig själv till ett offer för oss, utan även till våra själars näring. Vi bedja dig, giv oss riklig nåd, att vi älska dig av allt vårt hjärta, mer än allt annat i världen, och i denna kärlek för evigt bliva förenade med dig, du som lever och regerar från evighet till evighet. *Sv.* Amen.

Vi dyrka dig.

Vi dyrka dig, du sanna himlabröd, * Vår Frälsare, vår Gud, i liv och död. * Helig, helig, helig, * Du är evigt helig. * Lovad vare du alltjämt * I ditt helga Sakrament.
Förbarma dig och var de svagas stöd, * Välsigna oss och hjälp oss i all nöd. * Helig, helig, helig, * Du är evigt helig. * Lovad vare du alltjämt * I ditt helga Sakrament.

Helig, helig tusenfalt.

Helig, helig tusenfalt, * Helig, helig över allt * Är Jesus som till oss sig vänt, * Dold i sitt heliga Sakrament.
Lov ske dig, o Herre god, * Lov din kropp och lov ditt blod! * I nåd du har till oss dig vänt, * Dold i ditt heliga Sakrament.

Andakter till Altarets heliga sakrament.

Tacksägelse och lovprisning.

1. Lov, pris och tack vare dig, Herre Jesus Kristus, att du under brödets gestalt ständigt bor hos oss syndiga människor för att mottaga våra hyllningar och höra våra böner.

F. Låtom oss lova och prisa Altarets heliga sakrament.

Sv. Lovat och prisat vare Altarets allra heligaste sakrament, ty här är Jesus Kristus, vår Gud och Frälsare som älskat oss intill döden, och genom sin närvaro lämnat oss en levande underpant på sin oändliga kärlek.

Låtom oss bedja. Herre Jesus Kristus, all hugsvalelses Gud, du har icke velat lämna oss övergivna, när du ur denna värld skulle gå till Fadern. I Altarets heliga sakrament förbliver du hos oss alla dagar intill världens ände. Vi tacka dig av allt vårt hjärta för detta bevis på din ömma kärlek. Hör våra böner, när vi ropa till dig och skynda till vår hjälp, när vi frestas. Trösta oss, när vi äro bedrövade och styrk oss, när vi hemsökas av bekymmer och nöd. Lär oss att med dig bära korset, på det att vi i himmelen må förhärligas med dig. *Sv.* Amen.

2. Lov, pris och tack vare dig, Herre Jesus Kristus, att du under brödets och vinets gestalter överallt från solens uppgång ända till dess nedgång frambär åt din himmelske Fader ett rent spisoffer, det Nya förbundets oblodiga offer, för att tilldela oss frukterna av ditt blodiga offer på korset.

F. Låtom oss lova och prisa Altarets heliga sakrament.

Sv. Lovat och prisat vare Altarets allra heligaste sakrament, ty här är Jesus Kristus, om

Kärlek. 363

vilken psalmisten säger: Herren har svurit och han skall icke ångra sig. Du är präst evinnerligen enligt Melkisedeks ordning.

Låtom oss bedja. Herre Jesus Kristus, vi tacka dig av allt vårt hjärta, att du instiftat det Nya förbundets oblodiga offer för att alltjämt frambära för oss ett värdigt lov-, tacksägelse- och försoningsoffer. Vi tacka dig av allt vårt hjärta, att du i detta heliga offer såsom medlare mellan Gud och människor ständigt beder för oss. Se, vi förena oss med detta heliga offer och bedja dig om nåd och välsignelse. *Sv.* Amen.

3. Lov, pris och tack vare dig, Herre Jesus Kristus, att du i den heliga komunionen så ofta givit mig dig själv till själens näring, för att uppehålla mitt andliga liv och lämna mig en underpant på det eviga livet.

F. Låtom oss lova och prisa Altarets heliga sakrament.

Sv. Lovat och prisat vare Altarets allra heligaste sakrament, ty här är det heliga gästabud, i vilket Kristus njutes, minnet av hans lidande förnyas, själen uppfylles med nåd, och en underpant lämnas på vår tillkommande härlighet.

Låtom oss bedja. Herre Jesus Kristus, vi tacka dig av allt vårt hjärta för det himmelska manna som du giver oss i kärlekens heliga Sakrament. Låt oss städse med helig längtan och med rena hjärtan framträda till det bord du dukat för oss. Förbarma dig över oss, när tiden för vår hädanfärd kommer. Vederkvick då våra själar med ditt heliga Sakrament, på det att vi må avsomna i frid och på yttersta dagen uppstå till evigt liv. *Sv.* Amen.

Kärlek.

F. Herre Jesus Kristus, den evige Faderns evige Son, huru stor är icke din kärlek till oss människobarn! Kärleken till oss förmådde dig att antaga vår mänskliga natur och att bära jordelivets mödor och umbäranden. Vi hade syndat, vi voro de skyldiga, och du, den oskyldige, tog på dig straffet: korset och döden. För att frälsa oss från synd och evigt fördärv, för att försona oss med din himmelske Fader och göra oss evigt saliga, dog du under namnlösa kval korsets skymfliga död. Men detta var icke nog för din kärlek. Aftonen före ditt lidande, instiftade du Altarets heliga sakrament. Däruti lämnade du oss en levande underpant på din kärlek och ett påtagligt bevis, att det är din glädje att bo hos oss människor. Huru mycket har du icke gjort och lidit för oss, o Herre! Vilket hjärta skulle vara så otacksamt, att det vid anblicken av så stor kärlek icke skulle älska dig tillbaka?

Sv. Herre, du vet allting, du vet, att jag älskar dig. Ja, jag älskar dig, min Herre och min Gud, min återlösare och min saliggörare. Jag vill älska dig mer än allt annat i himmelen och på jorden. Jag vill älska dig av allt mitt hjärta, av all min själ, av all min håg och av alla mina krafter, ty du har älskat mig först och älskat mig intill döden.

F. Kärleksrike Frälsare, du har enligt din apostels ord älskat oss ända till övermått. I Altarets heliga sakrament har du givit oss dig själv icke blott till offer utan även till våra själars föda. Vi bedja dig, skänk oss din nåds rikedomar, att vi må älska dig av allt vårt hjärta, troget hålla dina bud och för evigt förbliva i din kärlek.

Sv. Jag älskar dig, o Jesus, föröka min kärlek. Jag skänker dig mitt hjärta, omskapa det efter ditt heliga hjärta, att det må brinna av kärlek till dig och din himmelske Fader.

F. Min Gud och mitt allt, jag älskar dig icke endast därför, att du har skapat, återlöst och helgat mig. Jag älskar dig icke endast därför, att du hittills har uppehållit mitt liv och bevisat mig tallösa välgärningar. Jag älskar dig icke endast därför, att du en gång i himmelen vill giva mig evig salighet. Framför allt älskar jag dig, o min Gud, därför, att du är det högsta, fullkomligaste goda, den allsmäktige, oändligt gode, vise och helige Guden. Jag älskar dig för din egen skull, därför att du är oändligt värd att älskas av alla änglar och människor.

O Gud, min Gud, jag älskar dig.

Sv. O Gud, min Gud, jag älskar dig, * ej blott för att du frälsar mig, * ej därför att du mäktig är, * att straffa den dig ej har kär. * Nej, att för mig på korsets stam * du offrar dig, Guds rena lamm, * som törnekronan tåligt bär, * det grunden till min kärlek är.

F. För mig du lidit ångest och kval * och smädelser förutan tal. * Ja, för min syndaskuld, min nöd, * du lidit korsets bittra död.

Sv. Ja, därför jag dig älska vill * och höra dig för evigt till, * ej tanken på mitt ve och väl * för dig, o Jesus, vann min själ. * Nej, såsom du har älskat mig, * jag älskar och skall älska dig, * emedan du min konung är, * min Gud, mitt allt, o Herre kär. Amen.

Förböner.

F. Jesus Kristus, vår gudomlige Frälsare, du har sagt: Bedjen, och eder skall varda givet, söken, och I skolen finna, klappen, och eder skall varda upplåtet; du har lovat: Allt vad I bedjen Fadern om i mitt namn, det skall varda eder givet, där två och tre äro församlade i mitt namn, där är jag mitt bland eder. — Här i Sakramentet är du själv hos oss, mitt ibland oss. Här är din heliga lekamen som du utgivit för oss, och här är ditt dyra blod som flutit för oss till våra synders förlåtelse. Så låt oss då hoppas på Gud och utgjuta våra hjärtan inför honom, ty han, Herren, är vår hjälpare.

Sv. Kommen, låtom oss gå fram till nådens tron — att vi må undfå barmhärtighet.

F. Förbarmandets Fader och all hugsvalelses Gud, du har sänt oss din Son, Jesus Kristus, inför vilken vi här i andakt knäböja. Se i nåd ned till din församling som du älskat ifrån evighet. Ty för den har din enfödde Son frivilligt överlämnat sig i syndarnes händer och på korset utgjutit sitt dyrbara blod.

Sv. Fräls ditt folk, o Gud — och välsigna din arvedel.

F. För din älskade Sons skull som i himmelen och här från altaret ropar till dig om nåd och förbarmande för oss, avvänd från oss välförtjänta straff och alla närvarande och tillkommande faror. Framför allt befria oss med mäktig hand från all ondska och orättfärdighet på det icke synden må bliva oss övermäktig, utan vi alltmer må tillväxa i nåd och rättfärdighet inför dig.

Sv. Herre, handla icke med oss efter våra synder — och vedergäll oss icke efter våra missgärningar.

F. All godhets Gud, se på din enfödde och älskade Son, Jesus Kristus! Du har skänkt honom åt oss och allt gott med honom. Genom honom skola alla folk på jorden bliva välsignade. Må du öppna dina rika nådeskatter och låta frukterna av hans återlösning bliva alla Kyrkans stånd till välsignelse.

Sv. Evige Fader, vi offra dig vår Herres Jesu Kristi dyrbara blod — för vår heliga Kyrkas alla angelägenheter.

F. Du konungarnas Konung, välsigna alla dem som sitta såsom konungar och styresmän, upplys och styrk dem på det att de må befrämja

Förböner. 367

allt som länder till din ära och till den heliga Kyrkans välfärd. Välsigna alla jordens folk, uppfyll dem med den rätta kärleken och med vördnad för såväl världslig som andlig överhet.

Sv. Evige Fader, vi offra dig vår Herres Jesu Kristi dyrbara blod — för vår heliga Kyrkas alla angelägenheter.

F. Se i särskild nåd ned på din heliga Kyrkas styresman, vår Helige Fader. Giv honom din välsignelses fullhet, att han i vishet och kraft må fylla sin höga sändning.

Sv. Herren bevare honom, välsigne hans liv och överlämne honom icke i hans fienders händer.

F. Välsigna, o Herre, vår biskop. Uppfyll honom med din vishet, på det han genom ord och föredöme må gagna dem han styr, och med den honom anförtrodda hjorden uppnå det eviga livet. Välsigna alla Kyrkans präster. Förläna dem sann, apostolisk iver och en helig, ostrafflig vandel till ditt namns förhärligande och till dina troendes bästa.

Sv. Fräls dina tjänare, o Gud, — och välsigna dem från ditt altare.

F. Välsigna, o Herre, alla kristliga äktenskap. Bevara dem i ömsesidig kärlek och trohet, och förläna dem nåd och kraft att fostra heliga barn åt din Kyrka och värdiga arvingar till himmelens härlighet. Håll din välsignande hand över barnen och den uppväxande ungdomen. Håll fjärran från dem alla dåliga grundsatser, bevara deras oskuld och skydda dem mot allt ont, att de med kysk kropp och rent hjärta må vara dig välbehagliga. Välsigna alla våra anhöriga, våra vänner och välgörare. Tag dem i ditt hägn, avvänd ifrån dem allt ont och led dem alla på sanningens och fridens väg.

Sv. Se i nåd till dina tjänare — som du återlöst med ditt heliga blod.

F. O Gud, du som vill att alla människor skola komma till kunskap om saningen och bliva saliga, se i nåd ned till dem som äro skilda från din heliga Kyrka och berövade din lekamens och ditt blods tillbedjansvärda Sakrament. Utgjut din välsignelses ljus i deras själar, att de må övergiva sin vantro och återvända till din Kyrkas enhet, på det att vi må varda en hjord och en herde.

Sv. Se i nåd till dina tjänare — som du återlöst med ditt heliga blod.

F. Välsigna, o Gud, hela mänskligheten, omvänd syndarna, styrk de stridande, trösta de bedrövade, hjälp de fattiga, rädda de betryckta. Giv de levande din nåd, de sjuka läkedom, de döende barmhärtighet och de avlidnas själar den eviga vilan. Genom Kristus, vår Herre.

Sv. Amen.

Litania till Altarets heliga sakrament.

Herre, förbarma dig över oss.
Kristus, förbarma dig över oss.
Herre, förbarma dig över oss.
Kristus, hör oss.
Kristus, bönhör oss.
Gud Fader i himmelen: *Förbarma dig över oss.*
Gud Son, världens Frälsare,
Gud Helige Ande,
Heliga Treenighet, en ende Gud,
Jesus som i Altarets heliga sakrament är närvarande såsom Gud och människa,
Jesus, du levande bröd som kommit ned från himmelen,
Jesus, du fördolde Gud och Frälsare,
Jesus, du det Nya förbundets eviga offer,
Jesus, du upphöjda lov- och tacksägelseoffer,
Jesus, du sanna försoningsoffer för levande och döda,

Litania till det heliga Sakramentet. 369

Jesus, du lydiga Guds lamm,
Jesus, du änglarnas bröd,
Jesus, du heliga själaspis,
Jesus, du kärlekens och fridens band,
Jesus, du de rena själarnas kraft och glädje,
Jesus, du all nåds upphovsman,
Jesus, du de bedrövades tröst,
Jesus, du syndarnas tillflykt,
Jesus, du de svagas styrka,
Jesus, du de sjukas läkedom,
Jesus, du de döendes bröd för resan till evighetens land,
Jesus, du de utvaldas eviga sällhet,
Jesus, du underpant på vår uppståndelse i härlighet,
Var oss nådig: *Förskona oss, o Herre.*
Var oss nådig: *Bönhör oss, o Herre.*
Från ovärdigt åtnjutande av din lekamen och ditt blod: *Fräls oss, o Herre.*
Från köttets begärelse,
Från ögonens begärelse,
Från livets högfärd,
Från orena tankar och begär,
Från kärlekslöshet mot nästan,
Från all synd,
Från den eviga döden,
Genom din heliga mandomsanammelse,
Genom ditt bittra lidande och din kvalfulla död,
Genom din innerliga längtan att giva oss din lekamen och ditt blod till själens näring,
Genom den oändliga kärlek, varmed du givit oss dig själv i detta heliga Sakrament,
Genom den djupa ödmjukhet, varmed du tvagit dina lärjungars fötter,
Genom de heliga fem sår som du för vår skull mottagit,
Genom ditt dyrbara blod som du efterlämnat oss på altaret,
Vi arme syndare: *Vi bedja dig, bönhör oss,*

Litania till det heliga Sakramentet.

Att du städse i oss ville bevara och föröka tron, andakten och vördnaden för detta heliga Sakrament,
Att du i oss ville utrota allt som är synd och dig misshagligt,
Att du ville bevara och styrka oss i din nåd,
Att du ville skydda oss för den onde fiendens alla försåt,
Att du genom din nåd ville rena och helga våra hjärtan,
Att du ville rikligt meddela oss detta heliga Sakraments dyrbara frukter,
Att du genom detta kärlekens Sakrament ville förena oss allt mer inbördes i helig kärlek,
Att du i oss ville uppväcka ett heligt begär att ofta mottaga dig i den heliga kommunionen,
Att du ville förläna oss nåd att genom sann bot värdigt bereda oss till denna heliga måltid,
Att du på vår dödsbädd ville styrka oss med detta himmelska bröd,
Att du i vår dödskamp ej ville övergiva oss,
Att du ville förläna oss en salig dödsstund,
Att du ville uppväcka oss till det eviga livets härlighet,
Guds Son,
Guds lamm som borttager världens synder: *Förskona oss, o Herre.*
Guds lamm... *Bönhör oss, o Herre.*
Guds lamm... *Förbarma dig över oss, o Herre.*

F. Herre, du har givit oss bröd ifrån himmelen,
Sv. Som innehåller all ljuvlighet.

Låtom oss bedja. O Gud, som i detta underbara Sakrament lämnat oss ett minne av ditt lidande, vi bedja dig, giv oss nåden att så ära din lekamens och ditt blods heliga hemligheter, att vi alltid inom oss må känna din återlösnings frukter, du som lever och regerar från evighet till evighet. *Sv.* Amen.

Bön till Jesus Kristus.

Herre Jesus Kristus, vi nalkas dig med levande tro. Du som är Gud ifrån evighet, har i tiden blivit Jungfru Marias son och bott på vår jord. Du har levat ett liv i fattigdom och försakelse, och genom ditt evangelium visat oss vägen till Fadern i himmelen. Du har dött för oss på korset, du har legat i graven, du har uppstått igen ifrån de döda och sedan ingått i den härlighet, vilken du hade hos Fadern före världens grundläggning. Vi tillbedja dig och tacka dig för allt vad du oavlåtligen gör för oss. Du är den sanna vinstocken, förutom vilken ingen frälsning finnes. Låt oss alltid vara levande lemmar i din Kyrkas gemenskap och troget följa den Helige Andes ledning. Du är konungarnas Konung, ditt rike består för evig tid. Giv fred bland folken, låt enheten växa och rättvisan segra. Må alla frukta din dom, tillbedja ditt namn och prisa din gudomshärlighet. Du är vägen, sanningen och livet. Var du vår väg i jordens mörker, gör oss genom din sanning fria för dig, ståndaktiga i striden, uthålliga i frestelse och fara på det att vi, när himmel och jord förgås, och du återkommer som världsalltets domare, måtte befinnas värdiga att med dina änglar och helgon förenas i det eviga livets härlighet. Det give du, som med Fadern i den Helige Andes enhet lever och regerar, en Gud i evighet. Amen.

Bed aldrig utan fast förtröstan på Gud. Gud är din Fader, Gud är god, Gud är kärleken. Åt honom kan du med tillförsikt överlåta, huru och när han vill bönhöra dig.

Även barnen böra bedja, gärna kort men regelbundet.

Det finns även bön utan ord. 'Anden själv beder för oss med outsägliga suckar'.

På bönens träd växa härliga frukter.

Böner för aftongudstjänsten.

Korta böner till Altarets heliga sakrament.

Tro.

O Jesus, den levande Gudens Son, jag tror fullt och fast och bekänner med hjärta och mun, att du är närvarande i Altarets heliga sakrament. I krubban dolde du din gudom under barnets älskliga gestalt. Här döljer du även din mandom under Sakramentets slöja. Mina ögon kunna icke se dig, men jag tror och bekänner, att du här är närvarande med kött och blod, med kropp och själ, med mandom och gudom så, som du tronar vid din Faders sida i himmelen. Du själv har sagt: Detta är min lekamen. Huru kunde jag tvivla därpå! Du har försäkrat: Detta är mitt blod. Huru kunde jag hysa betänklighet och förmena, att det icke är ditt blod! Du har förvandlat vatten till vin, och jag skulle tvivla på att du förvandlat vinet till ditt blod!

Se, jag håller orubbligen fast vid denna tro, som din heliga Kyrka i alla tider har bekänt och förkunnat. Det är av dig och dina apostlar som Kyrkan mottagit den. Det är under den Helige Andes ledning som Kyrkan bevarat den. I denna tro vill jag leva och dö.

F. Jag tror, o Herre,
Sv. Ty du har det eviga livets ord.
F. Jag tror, o Herre,
Sv. Ty du är den eviga, ofelbara sanningen.
F. Jag tror, o Herre,
Sv. Bevara och föröka min tro.
F. Herre, du har givit dem bröd ifrån himmelen,
Sv. Som innehåller all ljuvlighet.

Låtom oss bedja. Gud, som i detta underbara Sakrament lämnat oss ett minne av ditt lidande, vi bedja dig, giv oss nåden att så ära din leka-

Tillbedjan. 373

mens och ditt blods heliga hemligheter, att vi alltid inom oss må känna din återlösnings frukter, du som lever och regerar från evighet till evighet. Amen.

Tillbedjan.

Herre Jesus Kristus, den evige Faderns eviga Ord, du som genom den Helige Ande antagit kött av Jungfru Maria och blivit människa, jag nedfaller vid dina fötter och bekänner med aposteln Tomas: Min Herre och min Gud! I djupaste ödmjukhet tillbeder jag dig med alla troende på jorden, med alla änglar och utvalda i himmelen. Jag erkänner och tillbeder dig såsom den eviga sanningen. Därför underkastar jag mitt förstånd och mina sinnen ditt osvikliga ord, och bekänner med hjärta och mun, att du under brödets gestalt är närvarande såsom Gud och människa. Jag erkänner och tillbeder dig såsom min Skapare och Herre som äger att efter din vishet förfoga över mig. Jag erkänner och tillbeder dig såsom min återlösare som genom ditt blod har köpt mig till din egendom. Jag erkänner och tillbeder dig såsom min tillkommande domare som för hela evigheten skall avgöra mitt öde. Jag erkänner och tillbeder dig såsom mitt sista ändamål, i vilket jag skall finna min salighet.

Jag tillbeder dig såsom himmelens och jordens konung, i vilkens hand mitt liv och min död, min tid och min evighet vila. Mottag nådeligen, o Herre, min ödmjuka hyllning. Kropp och själ, allt vad jag är och har, är en gåva av din oändliga godhet. Se, jag tillägnar dig allt som du har givit mig, och jag vill använda allt, mina sinnen och mina själskrafter till din tjänst och ditt förhärligande. Härska helt och hållet över mig och befall över mig efter din heliga vilja, ty du är min Herre och min Gud. Amen.

Åkallan.

Min Herre och Frälsare, med fast förtröstan faller jag ned inför din nådetron. Du känner mina behov, du vet mina bekymmer, du ser mitt hjärtas önskningar. Du kan hjälpa mig, ty du är oändligt mäktig och rik. Du vill hjälpa mig, ty du är oändligt god och barmhärtig. Hör då min bön och giv mig allt som jag åstundar till min timliga välfärd och till fromma för min själ. Du som dog på korset för mig, låt ej min själ gå förlorad. Giv mig ett ångerfullt och förkrossat hjärta, förlåt mig mina synder och två min själ mer och mer från all orättfärdighet. Bevara mig från allt ont, styrk mig i uppfyllandet av mitt kalls plikter, och giv mig riklig nåd att dagligen göra framsteg i ödmjukhet, självförsakelse och kärlek till nästan. Men framför allt fäst mig vid dig genom kärlekens starka band, så att intet må skilja mig från dig, varken i livet eller i döden. Amen.

Förtroende.

Gudomlige Frälsare, du har sagt, medan du ännu vandrade på jorden: Kommen till mig I alla som arbeten och ären betungade, och jag skall vederkvicka eder. Samma ord upprepar du nu från tabernaklet. Se, med fast förtroende kommer jag till dig, ty jag litar på ditt ord, jag litar på din oändliga makt och godhet. Väl borde min ovärdighet, väl borde mina synder skrämma mig från att nalkas din tron, men ditt dyrbara blod har flutit för mig på korset och ropar nu för mig från altaret om förbarmande och nåd.

Väl vet jag att himmelriket skall lida våld,

och väl skola blott de som göra våld på sig, rycka det till sig. Men jag förmår allt i dig som styrker mig. Du själv har sakt: Äten min lekamen och dricken mitt blod, och I skolen hava livet i eder. Min Frälsare, evig tack vare dig, att du ville vara min själs föda. Skulle det då väl finnas något som jag icke förtröstansfullt kunde förvänta av dig! På dig, o Herre, har jag hoppats, i evighet skall skall jag icke komma på skam. Du är mitt stöd, mitt hopp, min tillflykt. Skynda till min undsättning och stå mig bi i striden mot mina fiender. Var mitt ljus i livet, min tillflykt i döden, min salighet i evigheten, där jag uppfylld av tacksamhet skall prisa dig, och där ingen mer skall taga min glädje ifrån mig. Amen.

Avbön.

Med djupaste vördnad tillbeder, lovar och prisar jag dig, o Jesus, i Altarets heliga sakrament. Genom denna hyllning önskar jag gottgöra så många kristnas köld, vilka så sällan besöka och tillbedja dig i dina heliga tempel, där du dag och natt vistas för att mottaga våra hyllningar och höra våra böner.

F. Lov och pris må ske alltjämt
Sv. Kristus i Altarets sakrament!

Med djupaste vördnad tillbeder, lovar och prisar jag dig, o Jesus, i Altarets heliga sakrament. Genom denna hyllning önskar jag gottgöra all den vanvördnad, till vilken så många kristna göra sig skyldiga vid bevistandet av den heliga mässan, i vilken du på oblodigt sätt förnyar det offer som du på Golgata framburit till vår frälsning.

F. Lov och pris må ske alltjämt
Sv. Kristus i Altarets sakrament!

Med djupaste vördnad tillbeder, lovar och pri-

sar jag dig, o Jesus, i Altarets heliga sakrament. Genom denna hyllning önskar jag gottgöra all den kallsinnighet och liknöjdhet, med vilken så många otacksamma kristna mottaga dig i den heliga kommunionen, och framför allt för de bittra sår som tillfogas ditt kärleksfulla hjärta av kristna, vilka i dödssyndens tillstånd våga framträda till ditt heliga bord.
F. Lov och pris må ske alltjämt
Sv. Kristus i Altarets sakrament!
Låtom oss bedja. Herre Jesus Kristus, du som instiftat Altarets heliga sakrament för att alltjämt bo hos oss, offra dig för oss och giva dig till föda för våra själar, vi tacka dig för detta övermått av kärlek. Vi ångra av allt vårt hjärta, att vi så illa lönat din kärlek. Glöm vår otacksamhet och förlåt vår liknöjdhet. Giv oss riklig nåd att så ära och mottaga dig i detta heliga Sakrament, att vi efter vårt jordeliv med alla dina helgon må få skåda dig i din härlighets rike. Amen.

Bön vid ett kyrkobesök.

S:t Alfons av Liguori.

Min Herre Jesus Kristus, av kärlek till oss människor vistas du dag och natt i Altarets heliga sakrament och väntar och välkomnar kärleksfullt alla dem som komma att besöka dig. Jag tror, att du här är närvarande; jag tillbeder dig ödmjukt i känslan av min ringhet; jag tackar dig för alla dina nådebevisningar, framför allt för att du har skänkt mig dig själv i detta heliga Sakrament, och att du har givit mig din heliga moder Maria till förespråkerska, och kallat mig att besöka dig i denna kyrka. Jag hälsar och hyllar ditt heliga hjärta, först för att tacka dig för det heliga Sakramentets instiftande; men även för att

Tillbedjan och åkallan.

gottgöra för alla förolämpningar, som dina fiender tillfogat dig i detta Sakrament; och slutligen för att tillbedja dig på alla de orter, där du i detta Sakrament är minst ärad och mest försummad. O Jesus, jag älskar dig av allt mitt hjärta. Det smärtar mig, att jag så ofta kränkt din oändliga godhet; med din nåd föresätter jag mig att hädanefter icke mer förolämpa dig. I förtröstan på din kärlek skänker jag mig helt åt dig, med kropp och själ. Jag helgar åt dig min vilja, mina känslor, mina önskningar, allt vad jag äger. Förfoga över mig och allt som tillhör mig, efter ditt välbehag. Allt vad jag önskar och begär, är din heliga kärlek och nåden att fullkomligt uppfylla din vilja och framhärda i din nåd intill livets slut. Jag anbefaller dig själarna i skärselden, särskilt dem som haft den största andakten till det heliga Sakramentet och till din heliga moder Maria. Likaså anbefaller jag dig alla arma syndare. Jag förenar alla mina önskningar med ditt hjärtas önskningar och uppoffrar dem åt din evige Fader, bedjande honom att han i ditt namn och för din skull ville mottaga och uppfylla dem. Amen.

Tillbedjan och åkallan.

Gudomlige Frälsare Jesus Kristus, vid den sista nattvarden välsignade du brödet och kalken och sade: Detta är min lekamen — detta är mitt blod. Vi tillbedja dig ödmjukt och tacksamt i din kärleks sakrament som vår Herre och Gud, som vår Frälsare och eviga mål. Föröka i oss trons ljus. Uppfyll oss med det kristna hoppets tillförsikt. Upptänd i oss den Helige Andes kärlek. Giv oss kraft till ett liv i enlighet med ditt heliga evangelium. Styrk oss genom ditt heliga kors på det att vi må kunna verka, strida och lida för ditt rike, dag efter dag, år efter år, tills du en gång kallar oss hädan i vår sista timma. Giv oss till sist andel i de heligas arvslott i ljuset, där du lever och regerar med Fadern i den Helige Andes enhet, Gud från evighet till evighet. Amen.

Sacris solemniis.

Heliga sånger må jublande skalla, * lovande, prisande världarnas Gud. * Allt det föråldrade bort nu må falla, * Nytt vare hjärtat, nytt lovsångens ljud.

Heliga måltiden firad här bliver, * såsom för fäderna bjudet det var. * Kristus åt bröderna påsklammet giver, * osyrat bröd han ock räcker envar.

Sedan den måltiden slutad är vorden, * det som i bild den betecknat, nu sker: * han som vårt påskalamm blivit på jorden, * själv sin lekamen apostlarna ger.

Döden, den fruktade, makt ej mer äger, * himmelens konung har slagit den ner. * Heliga kalken han räcker och säger: * dricken, mitt blod jag här giver åt er.

Stiftat det heliga offret så blivit, * prästerna bjudits förvalta det så, * att se'n de tagit vad Herren dem givit, * må genom dem hans församling det få.

Heliga undret ej äger sin like, * ty såsom Herrens barmhärtighet bjöd, * mättas de fattiga liksom de rike * av hans lekamen, det himmelska bröd.

Nådigt till oss må ditt anlet' du vända, * lyssna till lovsångens jublande ljud. * Ljus uti själen din Ande må tända. * Hör oss, du milde, trenige Gud. Amen.

Jesu heliga Hjärtas Fest.
Högtidlig invigningsbön till Jesu hjärta.
(464.)

Mildaste Jesus, människosläktets Frälsare, i djupaste ödmjukhet falla vi på knä och tillbedja dig som på ett så underbart sätt vill bo ibland oss i Altarets heliga sakrament. Vi tro orubbligen, att du är sannerligen, verkligen och väsentligen närvarande här på altaret både som Gud och som människa. Vi tillbedja dig således nu som vår Herre, på vilken vi tro, som vår Frälsare, på vilken vi hoppas, som det högsta goda, vilket vi älska över allt annat. Vi hylla dig som vår härskare som vi alltid vilja åtlyda, som den gudomlige lärare, vars evangelium vi bekänna, som världens ljus, vilket vi ha att tacka för den sanna trons kostbara nådegåva.

Herre, kärleksfulle Gud, vänd nu dina huldrika blickar till oss, Sveriges katoliker, och mottag oss nådefullt, då vi i dag vilja nalkas ditt majestät med en särskild undersåtlig hyllning. Vi vilja samfällt ära och prisa dig. Med vår tacksamhet och hängivenhet vilja vi trösta dig i din ensamhet och övergivenhet. Vi vilja göra allt för att uppfylla din brinnande önskan att äga våra hjärtan.

Se, därför vilja vi alla med tacksamhet och innerlig glädje ställa oss under ditt eukaristiska hjärtas herravälde. Vi äro och vi vilja vara din egendom. Vi vilja tillhöra dig allena nu och i all evighet. Av fri vilja och fritt val helga vi oss nu, var och en för sig, åt ditt tillbedjansvärda hjärta. Du skall vara konung över våra hjärtan och över våra hem. Högtidligt lova vi dig i denna stund: Hädanefter vilja vi helt och odelat leva av dig, för dig och i dig och trofast lyda alla dina bud. Vi vilja uppbygga våra hem på dina heliga grundsatser och din välsignelse, undvika all synd och fly all världslighet och allt som kunde bedröva ditt kärleksfulla hjärta. Härska över vårt förstånd genom en orubblig och levande tro. Härska över våra hjärtan genom en allt förtärande kärlek till dig. Härska över vårt minne genom en tacksam och outplånlig hågkomst av din bittra pina och död. Härska slutligen över våra själar genom din heliggörande nåd ända till vårt sista andedrag. Var och förbliv oss genom din nåd och ditt Sakrament en underpant på en härlig uppståndelse och salig odödlighet.

Åt ditt heliga hjärta inviga vi nu hela den katolska Kyrkan i Norden och bedja dig innerligt: Utsträck dina händer, o Herre, och välsigna oss. Bevara dina troende i ditt namn, i din lära, i din bekännelse i din kärlek. Lov och ära och pris och makt och härlighet vare dig, o Jesus, och ditt heliga hjärta i Altarets heliga sakrament nu och i all evighet.

Men det är icke blott v å r invigning som du åstundar, vår Herre och vår Gud. Det finnes ju tusenden och miljoner som aldrig ha känt dig, så många som ha överträtt dina bud och försmått din kärlek. Vi bedja dig, mildaste Jesus, hav förbarmande med dessa olyckliga och för dem alla med mäktig hand till ditt gudomliga hjärta. Skänk dem alla riklig nåd, att de må finna vägen från mörkret till ljuset och till Guds rike, till dig, den gode herden, att de icke måtte förgås av elände och hunger.

Härska som konung också över dem som vantro och irrlöror avlägsnat från din Kyrka. Herre, du vet, att dessa måste sakna din närvaro i sina tempel, att de måste undvara ditt heliga offer vid sin gudstjänst, livets bröd och sanningens fasta stöd i livets kamp och nöd.

Ja, Herre, var konung också över dessa våra vilsefarna bröder och för dem med förbarmande kärlek tillbaka till sanningens hamn, till trons enhet och kärlekens frid, så att det snart måtte varda en hjord och en herde.
Ja, härska som konung, o Herre, över oss alla. Bliv hos oss och välsigna oss. Välsigna Sveriges land och folk. Vi släppa dig icke med mindre du välsignar oss.
Förläna din Kyrka frihet, trygghet och helighet. Förläna alla folk lugn och ordning, förläna din frid åt varje själ. Giv att från världens ena ände till den andra snart denna enda röst må återljuda:
Alleluja! Herren vår Gud har tagit sitt rike i besittning! Låtom oss jubla och fröjdas och giva honom äran. Prisat och lovat vare det gudomliga hjärtat som har bragt oss frälsning. Det vare lov och ära i all evighet. Amen.

Tillbedjan.

F. Herre Jesus Kristus, den levande Gudens Son, du har älskat oss från evighet och utgivit dig själv till vår frälsning, vi tillbedja dig, vi lovprisa dig, vi tacka dig, för att du uppenbarat ditt heliga hjärtas härlighet för oss.
Sv. Lovat, prisat och förhärligat — vare Jesu allra heligaste hjärta.
F. Vem skulle väl våga närma sig ditt heliga hjärta, om du icke själv öppnat denna din kärleks helgedom för oss? Gudomlige Frälsare, efter din död på korset lät du din sida genomborras av soldatens lans, så att vägen till ditt heliga hjärta blev öppnad. Ur din Kyrkas mun lyder nu städse din kärleksrika inbjudan att komma och ösa ur denna nådens källa. Det är din, den gode herdens stämma, som talar till oss. Vi dragas av din kärlek och följa din in-

bjudan. Vi komma och hälsa med vördnad och tillbedjan ditt allra heligaste hjärta.

Sv. Lovat, prisat och förhärligat — vare Jesu allra heligaste hjärta.

F. Jesus, vi tillbedja ditt hjärta, danat i den jungfruliga moderns sköte. Vi glädjas över ditt hjärta som är det största undret av gudomlig allmakt och kärlek. Ty din heliga lekamen, o Herre, är sannerligen det Nya förbundets härliga tempel, i vilket gudomens hela fullhet bor. Och dess innersta helgedom är icke längre dold för våra blickar genom en ogenomtränglig förlåt. Nej denna har rämnat, och alla ha vi tillträde dit. Framför oss skåda vi ditt heliga hjärta, det gyllene altaret i templets mitt, från vilket oavlåtligen frambäres åt Gud, den Allrahögste, fullkomlig tillbedjan och tillfyllestgörelse. Vi tillbedja dig, du frälsningens sol, varifrån nådens ljus och barmhärtighetens värme stråla ut över alla till upplysning och vederkvickelse. Vi tillbedja dig, du alla hjärtans medelpunkt, du alla gångna seklers åtrå och längtan.

Sv. Lovat, prisat och förhärligat — vare Jesu allra heligaste hjärta.

F. Vi hylla ditt tillbedjansvärda hjärta, o Jesus! Hur underbar och mänskligt mild är du icke i din kärlek. Du drog omkring i det Heliga landet, du den gode mästaren, och gjorde väl. Du lade din hand på de sjuka och botade dem. Du antog dig barnen och välsignade dem. Du förbarmade dig över folket som följde dig ut i öknen, och gav dem undrets bröd att äta. Du grät vid vännens grav och över den obotfärdiga staden. En kärlekens blick från dig omvände Petrus, och ett ömt ord från din mun uppfyllde Maria Magdalena med jubel.

Sv. Lovat, prisat och förhärligat — vare Jesu allra heligaste hjärta.

F. Gode och milde Jesus, du som blivit oss

lik i allt, synden undantagen, vi prisa oss lyckliga över att äga en Frälsare som har medlidande med vår svaghet och som ömkar sig över vårt elände. Med helig förtröstan sätta vi vår tillit till ditt milda och heliga hjärta, som är vår konungs hjärta, en väns och en broders hjärta.

Sv. Lovat, prisat och förhärligat — vare Jesu allra heligaste hjärta.

F. En av soldaterna öppnade hans sida med ett spjut,

Sv. Och se, blod och vatten strömmade ut därifrån.

F. Låtom oss bedja. Herre Jesus Kristus, du som för din Kyrka värdigats uppenbara ditt underbara hjärtas överströmmande rikedom, förunna oss, dina tjänare, att oavlåtligen få hämta styrka och vederkvickelse ur denna nådekälla. Du som lever och regerar i all evighet. *Sv.* Amen.

Bön om Jesu hjärtas förnämsta dygder.

F. Jesus Kristus, vår Frälsare och Återlösare, du som gjort ditt heliga hjärta till en dygdens förebild för oss, förläna oss nåden, att så efterlikna dig i all gudomlig dygd, att vårt hjärta i allt fogar sig efter ditt hjärta.

Sv. Jesus, dana vårt hjärta efter ditt hjärta.

F. Kärleksfulle Jesus, du som från evighet älskat oss, du som av kärlek till oss utgjutit ditt dyrbara blod och städse vill bo hos oss i Altarets heliga sakrament, upptänd i oss din kärleks eld, på det att vi helt och hållet må tillhöra dig, såsom du vill tillhöra oss.

Sv. Kärleksfulle Jesus, dana vårt hjärta efter ditt hjärta.

F. O Jesus, från vilken all hjärtats renhet återspeglas och leder sitt ursprung, du som aldrig känt den minsta dragning till synd, för-

Böner till Jesu heliga hjärta.

låna oss den stora nåden att förbliva rena och kyska till kropp och själ, för att sålunda helt och hållet undgå okyskhetens fördärv.

Sv. Jesus, du renhetens mest upphöjda förebild, dana vårt hjärta efter ditt hjärta.

F. Lydigaste Jesus, du som från första ögonblicket av din gudamänskliga tillvaro ända tills ditt hjärta vid din korsdöd upphörde att slå, endast åstundade att uppfylla den himmelske Faderns vilja, särskilt i Nasaret, där du i ödmjuk lydnad underkastade dig även människors vilja, lär oss vara underdåniga till sinnes, så att vi städse lyda dem det tillkommer oss att lyda.

Sv. Lydigaste Jesus, dana vårt hjärta efter ditt hjärta.

F. Ödmjukaste Jesus, du som aldrig sökte din ära, utan i stället städse med glädje fördrog ringaktning, skymf, otack och förödmjukelse, gör oss ödmjuka till hjärtat, så att vi alltid giva Gud äran och ej förhäva oss i stolthet och egenkärlek, i det vi visa förakt för våra medmänniskor. Giv, att vi i stället äro hovsamma och förekommande mot envar.

Sv. Jesus, ödmjuk av hjärtat, dana vårt hjärta efter ditt hjärta.

F. Mildaste Jesus, du som tålmodigt och med kärlek alltid fördrog förolämpningar, skymf, spe och hån, skänk oss ett försonligt hjärta, så att vi tygla vår vrede och vår hämndlystnad, förlåta våra fiender och städse äro tålmodiga och fridsamma.

Sv. Jesus, saktmodig av hjärtat, dana vårt hjärta efter ditt hjärta.

F. Låtom oss bedja. Vår Herre, Jesus Kristus, vi bedja dig, smycka oss med ditt heligaste hjärtas dygder, och ingjut i oss ditt sinnelag, så att vi må efterlikna dig, du förebild för all fullkomlighet. Du som lever och regerar från evighet till evighet. *Sv.* Amen.

Kärlek.

F. O Jesus, människosläktets Frälsare, du har uppenbarat ditt hjärtas kärlek för oss och sagt: Se, detta hjärta som älskar människorna så högt, men får så ringa kärlek i gengäld. Du vår Herre och Gud, står inför oss och uppmanar oss till genkärlek. Giv oss då, o Herre, att vi allt mer och mer må lära känna ditt heliga hjärta, så att vi fatta både vidden och höjden och djupet av denna kärlek. Må ej heller vi, efter att så hava lärt känna ditt heliga hjärtas outtömliga kärlek, sätta någon gräns för vår kärlek till dig.

Sv. Jesu hjärta, brinnande av kärlek till oss — upptänd våra hjärtan med kärlek till dig.

F. När vi tänka på ditt heliga hjärta, o Herre, då är det din kärlek vi betrakta. När vi tillbedja ditt hjärta, då tillbedja vi den eviga, oändliga kärlek som bor i gudomens djup och uppflammar i den Helige Ande. Han, den outgrundliga kärleken, har sänkt sig ned till jorden i förbarmande över människornas elände, och har för vår frälsnings skull danat ditt hjärta till att vara en uppenbarelse av den gudomliga kärleken. Vi lovprisa ditt heliga hjärta, vi lovsjunga din kärlek som ingen dödlig mäktar nog beundra, ty den är den oändligt helige Gudens kärlek till sina ovärdiga, syndiga, skapade varelser. Sannerligen, din barmhärtighet övergår alla dina gärningar!

Sv. Jesu hjärta, brinnande av kärlek till oss — upptänd våra hjärtan med kärlek till dig.

F. Jesu hjärta, du är den kärleks källa, ur vilken det heliga blod flutit som bragt oss frälsning. Vad har det icke kostat dig att återlösa oss! Vi minnas din bittra sorg i Getsemane. Vi minnas dina kval i denna ensamma natt, då dödsångesten pressade fram blod på din panna, så att det föll som droppar ned till jorden. Vi minnas den skam och vanära som tillfogades dig av orättfärdiga domare, och den förödmjukelse du fick utstå hos översteprästen, då en tjänare slog dig i ansiktet. Vi tänka på den bittra smärta du kände under gisselslagen och törnekröningen. Vi betrakta den övergivenhet och tröstlöshet som fyllde ditt heliga hjärta, då du utkämpade din sista strid på korset. Med stilla sorg, men även med innerlig tröst, se vi blod och vatten strömma ut från ditt heliga hjärtas sår till tecken på att du offrat allt av kärlek till oss.

Sv. Jesu hjärta, brinnande av kärlek till oss — upptänd våra hjärtan med kärlek till dig.

F. Kunde du väl, o Herre, ha gjort mera för oss än att giva ditt liv! Men du har gjort än mer. Under hela ditt jordeliv gömde du på en hemlighet som din kärlek och vishet hade uttänkt, en hemlighet som ingen människa skulle kunnat ana: Altarets heliga sakrament, avskedsgåvan till de dina här på jorden. Vid din bortgång ville du icke lämna oss ensamma som övergivna barn. Du har lämnat jorden och dock förblivit hos oss. I din kärleks Sakrament bor du hos oss, dina barn, dold i hostians ringa gestalt. Där slår ditt heliga hjärta för oss alla. På Kyrkans altaren förnyas dagligen korsets heliga offer och framväller på nytt från ditt heliga hjärta den frälsningens källa som renar oss från synd och styrker våra själar till att kämpa den goda kampen. Till ditt altare komma vi och mottaga dig, änglarnas bröd, och förenas med dig, så att vi kunna tala till dig, hjärta till hjärta, till dig, vår Gud, vår milde Frälsare.

Sv. Jesu hjärta, brinnande av kärlek till oss — upptänd våra hjärtan med kärlek till dig.

F. Måtte vi aldrig, kärleksrike Frälsare, glömma din oändliga kärlek till oss. Inpränta i djupet

av vår själ bilden av ditt hjärta som brinner av gudomlig kärlek, som krönes av korset, det största beviset för din kärlek, och som omgives av törnekransen, tecknet på människornas otacksamhet. Låt denna heliga bild aldrig utplånas ur vår själ, utan städse förebrå oss vår synd och mana oss till genkärlek. Måtte ditt heliga hjärta vara vår tillflykt i varje fara och frestelse, vårt säkra värn i dödens sista stund och vår eviga lycka i himmelens härlighet.
Sv. Jesu hjärta, brinnande av kärlek till oss
— upptänd våra hjärtan med kärlek till dig.
F. Förunna oss, o Gud, att Kristus genom tron må leva i våra hjärtan,
Sv. Att vi må känna djupet av hans kärlek
— som övergår all vår kunskap och vishet.
F. Låtom oss bedja. Allsmäktige Gud, vi tillbedja din älskade Sons heliga hjärta och betrakta de stora välgärningar som han i sin kärlek bevisat oss. Förläna oss nådeligen att vi som glädjas över denna hans kärleks fullbordan, även må njuta dess frukter. Genom samme Kristus, vår Herre. *Sv.* Amen.

Helga gåva.

Allgode Gud, du är mig när / I brödsgestalt.
/ I ringa tjäll du rymmes här, / Som skapat allt.
O värdes komma, snart hos mig / Din boning tag. / Jag hoppas och jag tror på dig, / Dig älskar jag.
Jag syndig är, du frälsar mig / I dina sår. / Ditt kors ger frid. Blir tung min stig, / Du med mig går.
Till Fadern hem mig en gång led, / O herde min. / Då skall i Andens salighet / Jag vara din.

Helga gåva, offerhåva, dig vi lova. / De starkas bröd, vårt värn, vårt stöd i liv och död.

Böner till Jesu heliga hjärta.

Avbön.

F. Vår Gud och Frälsare, Jesus Kristus, du är av evighet hela skapelsens härskare, människosläktets Konung och Herre. Du har även velat förvärva dig våra själars kärlek, då du gav ditt heliga hjärtas sista blodsdroppe för att frälsa oss, och då du stiftade din Kyrka att vara ett sanningens och nådens rike på jorden. Men i trots av allt detta leva dock miljoner människor, vilka icke känna ditt namn, icke erkänna din makt och icke älska ditt heliga hjärta. Se, gode Frälsare, vi vilja tillbedja dig även i deras ställe och vi bedja dig mottaga denna vår hyllning.

Sv. Se i nåd till dem, Herre, — och sänd dem hjälp från ditt heliga altare!

F. Hur mycken synd, hur mycken egenkärlek och olydnad finnes icke även bland dem som bära ditt namn och kalla sig kristna. Kyrkan, din mystiska lekamen, har med sorg och smärta måst se, huru många av hennes lemmar genom villfarelser och irriga läror blivit bortslitna från hennes enhet. Vilken vanära beredes icke ditt namn genom kristenhetens ödesdigra splittring, genom kristna som motarbeta din önskan om de troendes enhet i dig.

Sv. Förlåt dem, Herre, ty de veta icke vad de göra.

F. Gudomlige Frälsare, hur mycken synd måste du icke se även inom din heliga Kyrka. Huru många Kyrkans barn framleva, trots all din stora nåd, sitt liv i dödssyndens tillstånd! Och hur ofta missbrukas icke din största kärleksgåva till oss människor! Från din nådetron i Altarets heliga sakrament får du se ut över så mycken liknöjdhet och kallsinnighet, över så många hjärtan, vilka icke ha en uppriktig vilja att omvända sig till dig.

Sv. Förbarma dig över oss, Herre, — och vedergäll oss icke efter våra missgärningar.
F. Till vår sorg måste vi bekänna, att också vi i mångt och mycket misskänt din godhet och med otack besvarat din kärlek, att vi ofta försummat dig i din kärleks Sakrament och kränkt ditt heliga hjärta. Men se, Herre, upplysta av din nåd och rörda av din gränslösa kärlek, ligga vi nu på knä inför dig för att göra avbön för alla de förödmjukelser som vi själva och andra människor tillfogat dig, i synnerhet i denna din kärleks hemlighet.
Sv. Förbarma dig över oss, Herre, — och vedergäll oss icke efter våra missgärningar.
F. Till försoning för allt som vi och alla andra hava syndat emot dig, lova vi att för framtiden med din nåd göra allt för att tjäna dig och ära ditt heliga hjärta. Ju mer vi se dig föraktad och misskänd,
Sv. desto mer vilja vi ivra för din ära.
F. Ju mer du försummas och kränkes i din kärleks Sakrament,
Sv. desto innerligare vilja vi älska ditt heliga hjärta — och omgiva din sakramentala nådetron.
F. Ju mer evangeliets sanningar förnekas,
Sv. desto fastare skola vi tro på dem, Jesu gudomliga hjärta.
F. Ju mer otron söker att beröva oss hoppet om ett tillkommande liv,
Sv. desto ivrigare skola vi längta efter himmelen, Jesu heliga hjärta.
F. Ju mer kärleken kallnat i människornas hjärtan,
Sv. desto mer skola vi älska dig, Jesu heliga hjärta.
F. Ju mer gudlösheten angriper din gudom, Herre,

Böner till Jesu heliga hjärta.

Sv. desto ivrigare skola vi dyrka dig, Jesu gudomliga hjärta.

F. Ju mer dina och din Kyrkas heliga bud glömmas och överträdas,

Sv. desto trognare skola vi hålla dem, Jesu heliga hjärta.

F. Ju mer dina heliga sakrament ringaktas och försummas,

Sv. desto oftare skola vi med vördnad och tacksamhet mottaga dem, Jesu heliga hjärta.

F. Ju mer ditt hjärtas dygder glömmas,

Sv. desto ivrigare vilja vi öva dem, Jesu hjärta, alla dygders förebild.

F. Ju mer mörkrets makter arbeta på själarnas fördärv,

Sv. desto mer vilja vi uppbjuda all vår kraft att rädda dem, Jesu hjärta, ivrare för själarnas frälsning.

F. Ju mer högmod och njutningslystnad hota att förstöra känslan för plikt och självförsakelse,

Sv. desto trognare skola vi uppfylla våra plikter och förneka oss själva, Jesu offervilliga hjärta.

F. Ju våldsammare Guds fiender söka att förstöra din heliga Kyrka,

Sv. desto trognare skola vi fasthålla vid henne och hennes lära.

F. Ju mer människorna genom egenkärlek och självhiskhet söndra sig från varandra,

Sv. desto mer skola vi såsom barn av den stora gudsfamiljen älska varandra i dig, Jesu heliga hjärta.

F. Låtom oss bedja. Allsmäktige, evige Gud, se på din älskade Sons hjärta och på den lovprisning och tillfyllestgörelse som det i syndarnas namn frambär åt dig, och förläna nådigt åt dem som anropa din barmhärtighet, förlåtelse i samme din Sons, Jesu Kristi, namn,

En familjs invigning. 391

vilken med dig lever och regerar i den Helige Andes enhet, Gud från evighet till evighet. Sv. Amen.

En familjs invigning till Jesu hjärta.

Jesu heliga hjärta, vi komma i dag till dig, för att högtidligt erkänna och öppet bekänna ditt oinskränkta herravälde över oss och alla medlemmar av vår familj. Du, o Jesus, är vår Skapare, vi äro dina händers verk, du är vår Herre, vi äro dina tjänare. Du har köpt oss med ditt hjärtas blod, vi äro din egendom. Handla därför med oss efter ditt välbehag, förfoga över oss efter din heliga vilja. Fjärran vare från oss allt världsligt sinnelag som endast söker sitt och icke det som tillhör dig. Vi vilja hädanefter leva för dig och ditt förhärligande. Troget vilja vi efterfölja dig och ditt hjärtas dygder för att ära dig och finna ro för våra själar.
Härska därför över oss och hela vår familj. Mottag vårt förstånd som vi böja under trons lydnad. Mottag vår vilja som vi böja under din heliga lag. Mottag vårt hjärta som vi skänka dig utan förbehåll. Tänd i det kärlekens eld och håll den brinnande genom att ofta komma till oss i din kärleks Sakrament. Vid ditt hjärtas kärlek bedja vi dig, o Jesus, välsigna vår familj. Välsigna våra andaktsövningar, välsigna våra arbeten, välsigna alla våra företag. Trösta oss i våra lidanden, lätta våra bekymmer, skingra våra sorger, helga våra fröjder.
Kom och tag in hos oss såsom du fordom tog in i Sakei hus, på det att frälsning må vederfaras även vårt hus. Var mitt ibland oss, när vi äro tillsammans, och stanna för alltid hos oss. Skulle någon av oss genom synd förolämpa dig, erinra honom då, att ditt hjärta är fullt av förbarmande mot en ångerfull syndare. Giv

honom riklig nåd att han snart må försona sig med dig, på det att vi alla må vara förenade i ditt heliga hjärta. Kommer då den timme, då döden sprider sorg bland oss, så skola vi finna tröst i den tanken, att det kommer också en dag, då vi åter skola förenas hos dig i din härlighets rike för att aldrig mera skiljas.

Heliga Maria, vår himmelska moder, och du, helige Josef, de kristliga familjernas skyddshelgon, må ni se huldrikt till vår familj och frambära till Frälsarens tron vår invigning till hans heliga hjärta. Bedjen honom med oss, att han värdes mottaga denna vår hyllning och välsigna vår familj och alla dess medlemmar för tid och evighet. Amen.

Avbön.

Föreskriven för Jesu hjärtas fest.

Mildaste Jesus, vars kärlek till oss människor blivit vedergälld med så mycken likgiltighet, förakt och otacksamhet, vi knäböja här inför ditt altare. Genom en särskild hyllning vilja vi gottgöra den syndiga kallsinnighet och de förolämpningar, som människor från alla håll tillfoga ditt kärleksfulla hjärta.

Vi äro medvetna om att även vi gjort oss skyldiga till sådana förolämpningar. Vi ångra det uppriktigt och djupt och bönfalla dig framförallt om barmhärtighet för oss själva. Vi äro redo att genom frivillig bot och genom denna offentliga försoningsakt göra avbön för våra egna synder. Men vi göra det även för dem som avvikit från frälsningens väg, antingen de framhärda i sin otro och vägra att erkänna dig som sin herde och ledare, eller de missakta sina doplöften och neka att taga på sig dina buds milda ok.

Se, vi föresätta oss i dag att söka sona alla

Avbön. 393

dessa synder. Vi äro fast beslutna att göra allt för att gottgöra dem, i synnerhet för all den lättsinnighet och tygellöshet i leverne och sedvänjor som dragit så många oskyldiga själar i fördärvet, — för allt missbrukande av dina sön- och helgdagar, — för alla smädelser mot dig och dina helgon, — för alla förnärmelser mot din ståthållare på jorden och mot det prästerliga ståndet, — för allt vanhelgande av den gudomliga kärlekens Sakrament genom vanvördnad eller fruktansvärda helgerån, — och slutligen för alla uppenbara förbrytelser av de folk som motsätta sig din Kyrkas rättigheter och läromyndighet.

Vi önska, att vi med vårt eget blod kunde sona alla dessa förolämpningar. Men därtill oförmögna, frambära vi åt dig, till försoning för alla kränkningar av din gudomliga ära, det tillfyllestgörelsens offer som du en gång på korset framburit åt din himmelske Fader och alltjämt dagligen frambär på våra altaren. Med detta offer förena vi även din jungfruliga moders, alla helgons och alla kristtrognas avbön och bot. Vi lova av hela vårt hjärta att till gottgörelse för de synder som vi och andra begått samt för all likgiltighet mot din stora kärlek, ära dig genom orubblig tro, genom renhet i handel och vandel och genom fullkomlig trohet mot Evangeliets lag, främst mot budet om kärleken, allt i den mån vi förmå genom din nåd. Sammaledes lova vi att framgent efter våra krafter göra allt för att förhindra förolämpningar mot dig, samt att söka föra så många människor som möjligt till att följa dig.

Vi bedja dig, mildaste Jesus, att du genom den heliga Jungfru Marias förbön, tillika med hennes gottgörelse värdes mottaga även denna vår avbön och uppriktiga vilja att tillfyllestgöra som vi av hjärtats djup bjuda dig. Förläna oss nåden att med trohet och hängivenhet uthärda i din tjänst, till dess vi alla en gång få komma hem till ljusets boning, där du med Fadern och den Helige Ande lever och regerar, Gud från evighet till evighet. Amen.

Personlig invigning till Jesu heliga hjärta sid. 117.

Litania till Jesu heliga hjärta.

Herre, förbarma dig över oss.
Kristus, förbarma dig över oss.
Herre, förbarma dig över oss.
Kristus, hör oss.
Kristus, bönhör oss.
Gud Fader i himmelen,*
Gud Son, världens Frälsare,
Gud Helige Ande,
Heliga Trefaldighet, en ende Gud,
Jesu hjärta, Guds Sons tillbedjansvärda hjärta,
Jesu hjärta, av den Helige Ande danat i den jungfruliga moderns sköte,
Jesu hjärta, förenat med det gudomliga Ordet,
Jesu hjärta, det oändliga Majestätets hjärta,
Jesu hjärta, Guds heliga tempel,
Jesu hjärta, den Allrahögstes tabernakel,
Jesu hjärta, Guds hus och himmelens port,
Jesu hjärta, kärlekens glödande härd,
Jesu hjärta, rättfärdighetens och kärlekens hemvist,
Jesu hjärta, fullt av godhet och kärlek,
Jesu hjärta, alla dygders omätliga djup,
Jesu hjärta, högst värdigt alla lov,
Jesu hjärta, alla hjärtans konung och medelpunkt,
Jesu hjärta, i vilket vishetens och kunskapens alla skatter finnas,
Jesu hjärta, i vilket gudomens hela fullhet bor,

---

* *Förbarma dig över oss.*

Litania till Jesu heliga hjärta. 395

Jesu hjärta, i vilket Fadern har sitt välbehag,
Jesu hjärta, av vars fullhet vi alla hava mottagit,
Jesu hjärta, de eviga höjdernas åtrå,
Jesu hjärta, tålmodigt och fullt av förbarmande,
Jesu hjärta, rikt för alla som åkalla dig,
Jesu hjärta, källa till liv och helighet,
Jesu hjärta, försoningsoffer för våra synder,
Jesu hjärta, mättat med smälek,
Jesu hjärta, sårat för våra missgärningars skull,
Jesu hjärta, som blivit lydigt intill döden,
Jesu hjärta, genomborrat med ett spjut,
Jesu hjärta, källa till all hugsvalelse,
Jesu hjärta, vårt liv och vår uppståndelse,
Jesu hjärta, vår frid och vår försoning,
Jesu hjärta, försoningsoffer för syndarna,
Jesu hjärta, deras räddning som hoppas på dig,
Jesu hjärta, deras hopp som dö i dig,
Jesu hjärta, alla heligas sällhet,
Guds lamm som borttager världens synder:
Förskona oss, o Herre.
Guds lamm... *Bönhör oss, o Herre.*
Guds lamm... *Förbarma dig över oss, o Herre.*
F. Jesus, saktmodig och ödmjuk av hjärtat,
Sv. Dana våra hjärtan efter ditt hjärta.

Låtom oss bedja. Allsmäktige, evige Gud, se på din älskade Sons hjärta och på den lovprisning och tillfyllestgörelse som det i syndarnas namn frambär åt dig, och förläna nådigt åt dem som anropa din barmhärtighet, förlåtelse i samme din Sons Jesu Kristi namn, vilken med dig lever och regerar i den Helige Andes enhet, Gud från evighet till evighet. Amen.

Längtan efter Herrens hus.
(404.)

Huru ljuvliga äro icke dina boningar, härskarornas Herre!

Min själ längtar och trängtar efter Herrens gårdar, min själ och min kropp jubla mot den levande Guden.

Ty sparven finner ett hus och svalan ett bo åt sig, där hon kan lägga sina ungar: jag har dina altaren, härskarornas Herre, min konung och min Gud!

Saliga äro de som bo i ditt hus, de lova dig beständigt.

Saliga äro alla de som i dig hava sin starkhet, de vilkas håg står till dina vägar.

När de vandra genom öknens dal, göra de den rik på källor, och vårregnet höljer dem med välsignelser.

De gå från kraft till kraft, tills de träda fram inför Gud i Sion.

Herre, härskarornas Gud, hör min bön, lyssna du Jakobs Gud.

Gud, vår sköld, hör mig och akta på din smordes ansikte.

Ty en dag i dina gårdar är bättre än eljest tusen. Jag vill hellre vänta vid dörren i min Guds hus än dväljas i syndarnas hyddor.

Ty Gud, Herren, är värn och sköld, Herren giver nåd och barmhärtighet.

Han vägrar icke något gott åt dem som vandra ostraffligt. Herre, härskarornas Gud, salig är den människa som förtröstar på dig.

F. Se här Guds hus och kraftens boning, grundad fast på klippans fäste.

Sv. Helighet höves ditt hus, o Herre, för alla dagar.

F. Herre, jag älskar ditt hus' skönhet och den plats, där din härlighet bor.

Sv. Jag vill tillbedja dig i ditt heliga tempel, jag vill lova ditt namn evinnerligen. Amen.

Präfationen
för Kristkonungens fest.

Det är i sanning tillbörligt och rätt, riktigt och gagneligt, att vi alltid och allestädes tacka dig, helige Herre, allsmäktige Fader, evige Gud. Ty du har smort din enfödde Son, vår Herre Jesus Kristus, den evige prästen och världsalltets konung med glädjens olja, för att han på korsets altare skulle frambära sig själv såsom ett obefläckat och fridbringande offer och därigenom fullborda vår återlösnings heliga hemlighet. En gång, när hela skapelsen blivit underkastad hans herradöme, skall han överlämna åt ditt oändliga majestät det eviga och alltomfattande riket: sanningens och livets rike, helgelsens och nådens rike, rättvisans, kärlekens och fridens rike. Därför sjunga vi med änglar och ärkeänglar, med troner och herradömen och med hela den himmelska härskaran din härlighets lov, i det vi oavlåtligt säga: Helig — Helig — Helig.

Kristkonungens Fest.
Vår Gud och Konung.

Vår Gud och Konung, Jesus Krist, * Du drott för alla tider, * All syndens trots, all ondskans list * Mot dig förgäves strider. * Om allt förgår, * Ditt rike står, * Din makt ej skiftning lider.

Fast står din tron i gudoms glans, * Dit inga skuggor hunnit, * Dock här på jord i törnens krans * Du kungakronan funnit. * På korsets stam * Har du, Guds lamm, * Dig alla hjärtan vunnit.

Nu frälsta själar utan tal * Ditt namn och märke bära, * Och änglakör från jordens dal * Ett jubelrop få höra: * Från pol till pol, * Från sol till sol: * Vår Konung Krist i ära!

Kristkonungens fest.

Andakt till Jesus Kristus, Konungen.

F. Jesus Kristus, vår konung, vi tillbedja dig. Du är härskaren, vilken skall framgå ur Jakobs hus. Du är av Fadern satt över Sion, hans heliga berg och mottager folken såsom din arvedel och jordens gränser till egendom. Din tron, o Gud, består evinnerligen och en rättvis spira är ditt rikes spira.

Sv. Jesus Kristus, vår konung, vi tillbedja dig.

F. Jesus Kristus, vår konung, du är vägen, sanningen och livet. Ingen kommer till Fadern, utom genom dig. Därför tro vi fast och orubbligt, vad du har uppenbarat och genom din heliga Kyrka lär oss att tro. Varje förstånd måste böja sig för dig och med aposteln bekänna: Du har det eviga livets ord, och vi hava trott och insett att du är Kristus, den levande Gudens Son. — Ju mer en högfärdig och olydig värld ropar: Vi vilja icke att denne härskar över oss! — desto högre bekänna vi:

Sv. Jesus Kristus, vår konung, du allena skall härska över oss!

F. Jesus Kristus, vår konung, din mänskliga vilja var på fullkomligaste vis underkastad den gudomliga viljan. Gör också vår fria vilja som är så svag och obeständig, genom din allsmäktiga ledning och nåd dig underdånig. Stärk och befäst den till ett heligt liv. — Ju mer en ohörsam och gudlös värld vänder sig bort från dig och dina heliga bud, desto högre vilja vi lova:

Sv. Jesus Kristus, vår konung, du allena skall härska över vår vilja!

F. Jesus Kristus, vår konung, du sade: När jag blir upphöjd från jorden, skall jag draga allt till mig. Se, ingen har såsom du hittills blivit så högt älskad av människorna, och ingen skall någonsin älskas såsom du. Du är

Kristkonungens fest.

våra hjärtans konung genom din kärlek som övergår alla begrepp, genom ditt saktmod och din mildhet, varigenom du drager alla hjärtan till dig. — Ju mer en kall och hjärtlös värld försmår din kärlek och trampar den under fötterna, desto högre ropa vi:

Sv. Jesus Kristus, vår konung, du allena skall härska över alla hjärtan!

F. Jesus Kristus, vår konung, du sade: Jag är en konung, men mitt rike är icke av denna världen. Förgör den ondes rike och mörkrets makt. Lär oss avstå från denna världens syndiga grundsatser och giv att vi älska varandra såsom du har älskat oss. Hjälp oss att vi hungra och törsta efter din övernaturliga nåd, att vi förneka oss själva och villigt bära vårt kors, tecknet på ditt konungsliga följe.

Sv. Jesus Kristus, vår konung, dig efterfölja vi!

F. Värdigt är Lammet som blivit offrat att mottaga makt och gudom

Sv. och visdom och styrka och ära.

F. Honom tillkommer härligheten och herradömet

Sv. i evigheternas evighet.

F. Gud, giv åt Konungen din domaremakt

Sv. och din rättfärdighet åt Konungasonen.

F. Han skall härska från hav till hav

Sv. och från floden ända till jordens yttersta gräns.

F. Alla jordens konungar skola tillbedja honom,

Sv. alla folk skola tjäna honom.

F. Hans makt är evig makt som icke skall fråntagas honom,

Sv. och hans rike skall icke sönderfalla.

F. Han skall kallas: konungarnas Konung och härskarnas Herre.

Sv. Komme hans rike. Amen.

Hyllningsbön. **401**

Låtom oss bedja. Allsmäktige, evige Gud, som i din älskade Son, världsalltets konung, velat förnya allt, giv nådeligen att alla folk och nationer, vilka genom syndens elände blivit splittrade, måtte underkasta sig dens mildaste herradöme, vilken med dig lever och regerar i den Helige Andes enhet, Gud från evighet till evighet. *Sv.* Amen.

Bön av den heliga Birgitta.

O min Herre Jesus Kristus, du är sannerligen alla änglars och människors överhuvud och en värdig konungarnas Konung och alla herrars Herre, eftersom du förrättar alla dina verk av sann och outsäglig kärlek. Emedan du har låtit kröna ditt välsignade huvud med en törnekrona, därför vare ditt huvud prisat, och skall kosteligen smyckas med det kejserliga diademet. Och himmel och jord, havet och allt som skapat är, måtte i evighet vara ditt herravälde och din makt underdånigt och lydaktigt. Amen.

Hyllningsbön.

Jämte litanian till Jesu heliga hjärta föreskriven för Kristkonungens fest.

Mildaste Jesus, / människosläktets Frälsare, / vänd dina nåderika blickar till oss / som här i all ödmjukhet knäböja inför ditt altare. Dina äro vi / och dina vilja vi vara. För att allt fastare knyta det band / som förenar oss med dig, / helga vi oss i dag var för sig / av fri vilja åt ditt heliga hjärta. Huru många människor hava aldrig känt dig, / huru många hava överträtt dina bud och försmått dig! Hav förbarmande med dem, milde Jesus, / och för dem alla med mäktig hand till ditt heliga hjärta. Härska, o Herre, såsom konung, / icke blott över de troende / som aldrig avlägsnat sig från dig, /

utan även över de förlorade barn som övergivit dig. Giv att de snart må återvända till fädernehuset / för att icke gå under av elände och hunger. Härska såsom konung även över dem / som följa falska läror / eller genom tvister skilt sig från din Kyrka. Återför dem till sanningens hamn och till trons enhet, / att det snart må vara en hjord och en herde. Härska såsom konung även över dem / som framhärda i muhammedanismens och hedendomens mörker, / och för dem nådigt från mörkret till ljuset och till Guds rike. Vänd slutligen dina ögon i misskund till det släkte / som en gång varit ditt utvalda folk, / och giv att det blod som de nedkallat över sig, / måtte i stället varda dem ett pånyttfödelsens bad till liv och frälsning. Förläna, o Herre, frihet, trygghet och helighet åt din Kyrka, / lugn och ordning åt alla folk. / Giv att från världens ena ände till dess andra / denna enda röst må återljuda: Lovat vare det gudomliga hjärtat / som bragt oss frälsning. Det vare pris och ära i all evighet. Amen.

Bön för hednamissionen.

F. Herre Jesus Kristus, vi tillbedja dig i Altarets heliga sakrament. Vi tro fullt och fast att du här under brödets gestalt är närvarande såsom du tronar i himmelen.

Sv. Föröka i oss, o Herre, denna heliga tro.

F. Gudomlige Frälsare! Din fröjd är det att bo ibland människobarnen. Därför har du instiftat detta heliga Sakrament, i vilket du städse bliver mitt ibland oss, alltjämt frambär dig såsom offer för oss, och i den heliga kommunionen blir vår själs föda.

Sv. Innerligt tack vare dig för denna ditt gudomliga hjärtas kärlek!

F. Men, Herre, så många människor i den vida världen känna ännu icke ditt heliga

Bön för hednamissionen. 403

Sakrament, visa det ingen ära och få icke del av dess oändliga välsignelse och nåd. Vi vilja i dag anbefalla även dessa åt din barmhärtighet, och vi uppoffra denna vår tillbedjan särskilt för hedningarnas omvändelse.

Sv. O Frälsare, hör nådigt våra böner, och välsigna din heliga Kyrkas missionsarbete.

F. Jesus, du ljus till hedningarnas upplysning, låt ditt heliga hjärtas sol sända sina strålar in i hedningarnas natt och mörker.

Sv. Hela jorden må tillbedja dig och lovsjunga ditt heliga namn.

F. Jesus, du evighetens konung! Du har lovat genom profeten Malakias: Från solens uppgång intill dess nedgång skall mitt namn vara stort bland folken, och på alla orter skall offras åt mitt namn och ett rent spisoffer frambäras; ty stort skall mitt namn vara bland folken, säger härskarornas Herre. Vi bedja dig, låt detta löfte snart gå i uppfyllelse. Låt hednafolken övergiva sina avgudaaltaren för att samlas omkring dina altaren. Låt dem med oss få del i din nåderika närvaro i det heliga Sakramentet, i det heliga mässoffrets och den heliga kommunionens välsignelse.

Sv. Loven Herren, alla släkten, prisen honom alla folk!

F. Gudomlige Frälsare, du vår Skapare och Återlösare! Förbarma dig över de arma hednafolken, och lyft deras blickar upp till de eviga boningarna, för vilka du har skapat dem. Låt dem icke så försjunka i det jordiska, att de gå förlustiga den eviga glädjen. Välsigna Kyrkans missionsarbete och våra missionärers alla mödor och offer. Låt alla folk församlas i din heliga Kyrka för att stärka sig vid hennes nådekällor på resan till evighetens land.

Sv. Saliga äro de som äro bjudna till Lammets bröllopsmåltid! Gud själv skall vara deras övermåttan stora lön.

F. Gudomlige Frälsare! När du lämnade denna värld, lovade du dina apostlar, dina första sändebud till hednavärlden: Jag skall bedja Fadern, att han skall sända eder en annan tröstare, sanningens Ande, på det han må bliva hos eder i evighet. Vi bedja dig enträget, sänd denna gudomlige Ande ned över din Kyrkas missionsverksamhet, så att han uppfyller alla missionärer med samma kärlek till själarna som brinner i ditt gudomliga hjärta.

F. Sänd ut din Ande, och allt bliver omskapat,

Sv. Och du skall förnya jordens ansikte.

Låtom oss bedja. O Gud och Herre, sänd ut din Helige Ande, på det att alla de som du skapat och återlöst, må upplysas genom Evangeliets ljus, och vinna det eviga livet. Genom Kristus, vår Herre. *Sv.* Amen.

Kyrkoinvigningsfesten.

Bön.

F. Kommen, låtom oss prisa Gud, då vi fira den helige(a)... fest!

Sv. Kommen, låtom oss tillbedja honom och anropa hans heliga namn!

F. Gud Fader i himmelen, *Sv.* förbarma dig över oss.

F. Gud Son, världens Frälsare, *Sv.* förbarma dig över oss.

F. Gud Helige Ande, *Sv.* förbarma dig över oss.

F. Heliga Trefaldighet, en ende Gud, *Sv.* förbarma dig över oss.

F. Heliga Maria, *Sv.* bed för oss.

F. Alla Guds helgon, *Sv.* bedjen för oss.

Kyrkoinvigningsfesten. 405

F. Helige(a)..., vår kyrkas skyddshelgon,
Sv. bed vid Guds tron för vår församling.
F. Helige(a)..., vår kyrkas skyddshelgon,
Sv. bed vid Guds tron för Kyrkan i Sverige.
Låtom oss bedja.

(Här läses dagens kyrkobön.)

F. Huru ljuvliga äro icke dina boningar, o Herre, härskarornas Gud!
Sv. Min själ längtar och trängtar efter Herrens gårdar.
F. Mitt hjärta och min kropp jubla mot den levande Guden,
Sv. mot dina altaren, min Konung och min Gud.
Låtom oss bedja. O Gud, du låter oss varje år fira minnet av denna kyrkas invigning och församlar oss här omkring ditt altare: vi bedja dig, välsigna detta tempel, där din härlighet bor, och församla dem som här anropa ditt namn, en gång med de utvalda i ditt eviga rike. Genom Kristus, vår Herre. *Sv.* Amen.

Lovsången.

F. Loven Herren, alla släkten, loven honom, alla folk,
Sv. ty mäktigt råder hans godhet över oss, och Herrens sanning varar i evighet.
F. Äre vare Fadern och Sonen och den Helige Ande,
Sv. såsom det var i begynnelsen, så nu och alltid och i alla evighet. Amen.
F. Låtom oss bedja för våra avlidna församlingsmedlemmar. — Herre, giv dem den eviga vilan, *Sv.* Och låt det eviga ljuset lysa för dem.
F. Må de vila i frid, *Sv.* Amen.

Psalmen 'Huru ljuvliga äro icke dina boningar' sid. 396.

Helgonens fester.

MARIA GUDS MODER.

V I R G O

M A T E R

Nos cum prole pia — Benedicat virgo Maria.

*Med barnet du på armen bär,
Välsigna oss, o moder kär.*

Lauretanska litanian.

Kyrie eleison.	Herre, förbarma dig över oss.
Christe eleison.	Kristus, förbarma dig över oss.
Kyrie eleison.	Herre, förbarma dig över oss.
Christe, audi nos.	Kristus, hör oss.
Christe, exaudi nos.	Kristus, bönhör oss.
Pater de coelis Deus: Miserere nobis.	Gud Fader i himmelen: *Förbarma dig över oss.*

Lauretanska litanian.

Fili Redemptor mundi Deus,	Gud Son, världens Frälsare,
Spiritus Sancte Deus,	Gud Helige Ande,
Sancta Trinitas, unus Deus,	Heliga Trefaldighet, en ende Gud,
Sancta Maria: Ora pro nobis.	Heliga Maria: *Bed för oss.*
Sancta Dei Genitrix,	Heliga Guds Moder,
Sancta Virgo Virginum,	Heliga Jungfru över alla jungfrur,
Mater Christi,	Kristi Moder,
Mater divinae gratiae,	Den gudomliga nådens Moder,
Mater purissima,	Du renaste Moder,
Mater castissima,	Du kyskaste Moder,
Mater inviolata,	Du oförsvagade Moder,
Mater intemerata,	Du obefläckade Moder,
Mater amabilis,	Du älskvärda Moder,
Mater admirabilis,	Du underbara Moder,
Mater boni consilii,	Du det goda rådets Moder,
Mater Creatoris,	Du Skaparens Moder,
Mater Salvatoris,	Du Återlösarens Moder,
Virgo prudentissima,	Du visaste Jungfru,
Virgo veneranda,	Du ärevördiga Jungfru,
Virgo praedicanda,	Du prisvärda Jungfru,
Virgo potens,	Du mäktiga Jungfru,
Virgo clemens,	Du milda Jungfru,
Virgo fidelis,	Du trogna Jungfru,
Speculum justitiae,	Du rättfärdighetens spegel,
Sedes sapientiae,	Du vishetens säte,
Causa nostrae laetitiae,	Du vår fröjds upphov,
Vas spirituale,	Du andliga käril,
Vas honorabile,	Du ärorika käril,
Vas insigne devotionis,	Du andaktens utmärkta käril,
Rosa mystica,	Du hemlighetsfulla ros,
Turris Davidica,	Du Davids torn,

Lauretanska litanian.

Turris eburnea,	Du elfenbenstorn,
Domus aurea,	Du gyllene hus,
Foederis arca,	Du förbundets ark,
Janua coeli,	Du himmelens port,
Stella matutina,	Du morgonstjärna,
Salus infirmorum,	Du de sjukas räddning,
Refugium peccatorum,	Du syndarnas tillflykt,
Consolatrix afflictorum,	Du de bedrövades tröstarinna,
Auxilium Christianorum,	Du de kristnas hjälp,
Regina Angelorum,	Du änglarnas drottning,
Regina Patriarcharum,	Du patriarkernas drottning,
Regina Prophetarum,	Du profeternas drottning,
Regina Apostolorum,	Du apostlarnas drottning,
Regina Martyrum,	Du martyrernas drottning,
Regina Confessorum,	Du bekännarnas drottning,
Regina Virginum,	Du jungfrurnas drottning,
Regina Sanctorum omnium,	Du alla heligas drottning,
Regina sine labe originali concepta,	Du drottning, avlad utan arvsyndens fläck,
Regina sacratissimi rosarii,	Du drottning av den heliga rosenkransen,
Regina pacis,	Du fridens drottning,
Agnus Dei, qui tollis peccata mundi: Parce nobis, Domine.	Guds lamm ... *Förskona oss, o Herre,*
Agnus Dei etc: Exaudi nos, Domine.	Guds lamm... *Bönhör oss, o Herre.*
Agnus Dei, etc: Miserere nobis.	Guds lamm... *Förbarma dig över oss, o Herre.*

Antifonen 'Alma Redemptoris mater'.

F. Bed för oss, heliga Guds moder.
Sv. Att vi må värdiga varda Kristi löften.
Låtom oss bedja. Låt oss, dina tjänare, vi bedja dig Herre, vår Gud, beständigt glädjas åt både själens och kroppens hälsa, och giv på den heliga alltid rena Jungfrun Marias förbön, att vi måtte befrias ifrån närvarande bedrövelse och få njuta den eviga glädjen. Genom Kristus, vår Herre. *Sv.* Amen.

Adventstiden.

Antifonen 'Alma Redemptoris mater'.

(Från första söndagen i advent till och med kyndelsmässan.)

Alma Redemptoris mater, quae pervia coeli Porta manes et stella maris, succurre cadenti, Surgere qui curat populo: tu quae genuisti, Natura mirante, tuum sanctum Genitorem. Virgo prius ac posterius: Gabrielis ab ore Sumens illud Ave, peccatorum miserere.

Frälsarens moder, du ljuva, som är och städse förbliver Himmelens härliga port och havets strålande stjärna, Uppres de arma som fallit, från svaghet led oss till seger! Du, som till skapelsens häpnad på jorden din Skapare födde, Renaste jungfru dock var och förblev, medan undret dig skedde, Såsom dig Gabriel sagt med sitt frälsningsbådande Ave, Heliga Jungfru och Moder, o, bed för oss syndare. Amen.

V. Angelus Domini nuntiavit Mariae.

R. Et concepit de Spiritu Sancto.

F. Herrens ängel kom till Maria med bebådelsen,

Sv. Och hon har undfått av den Helige Ande.

Bön till den obefläckade Jungfrun.

Oremus. Gratiam tuam, quaesumus Domine, mentibus nostris infunde: ut qui angelo nuntiante Christi Filii tui incarnationem cognovimus, per passionem ejus et crucem ad resurrectionis gloriam perducamur. Per eundem Christum Dominum nostrum. *R.* Amen.

Låtom oss bedja. Vi bedja dig, o Herre, utgjut din nåd i våra hjärtan, på det att vi som genom ängelns bebådelse fått kunskap om Kristi, din Sons, mandomsanammelse, genom hans pina och kors må komma till uppståndelsens härlighet. Genom samme Kristus, vår Herre. *Sv.* Amen.

(Från julafton till och med 2 februari.)

V. Post partum, virgo, inviolata permansisti.
R. Dei Genitrix, intercede pro nobis.
Oremus. Deus, qui salutis aeternae beatae Mariae virginitate foecunda humano generi praemia praestitisti: tribue quaesumus, ut ipsam pro nobis intercedere sentiamus, per quam meruimus auctorem vitae suscipere, Dominum nostrum Jesum Christum, Filium tuum. *R.* Amen.

F. Efter din Sons födelse förblev du, o Jungfru, obefläckad.
Sv. Guds moder, bed för oss.
Låtom oss bedja. O Gud, som genom den heliga Jungfrun Marias fruktsamhet förlänat människosläktet den eviga salighetens gåva, vi bedja dig, giv att vi må erfara hennes förbön, genom vilken vi blivit värdiga att undfå livets upphovsman vår Herre Jesus Kristus, din Son. *Sv.* Amen.

Maria Immaculata festen.

Bön till den obefläckade Jungfrun.

Hell dig, Maria, full av nåd; välsignad är du ibland alla människor. Du allena har icke syndat

Bön till den obefläckade Jungfrun. 411

i Adam; du allena har aldrig varit under djävulens välde. När han hade överlistat den första kvinnan, sade Herren Gud till honom: 'Jag skall sätta fiendskap mellan dig och kvinnan, mellan din säd och hennes säd, och hon skall söndertrampa ditt huvud.' Från evighet har Gud utkorat dig till sin enfödde Sons moder. Och han bevarade dig från arvsyndens förbannelse, på det att icke ens en skugga av synd skulle vidröra dig, för din Sons skull. Jag tror och bekänner, att du aldrig varit ett vredens barn, att du aldrig suckat under syndens ok och satans välde; jag tror och bekänner med hela Guds Kyrka, att Herren Gud har smyckat din själ ända från första ögonblicket av din tillvaro, med nådens dyrbara gåva. Liksom den första Eva har du obefläckad framgått ur den Allsmäktiges hand. Därför hälsar jag dig, liljan bland törnen, och säger till dig med Höga Visans ord: 'Alltigenom skön är du, hos dig finnes ingen fläck. Du stiger upp lik en morgonrodnad, skön som månen, strålande som solen.'

Hell dig, undfången utan synd! Jag lyckönskar dig till denna oförlikneliga nåd, som kommit dig till del för din Sons skull. Jag prisar dig salig med alla jordens släkten. Jag tillropar dig med den heliga Kyrkan: Alltigenom skön är du, Maria, icke ens arvsyndens fläck finnes i dig; Du Jerusalems ära, du Israels fröjd, du vårt folks heder och stolthet. I sanning, den Mäktige har gjort stora ting med dig: han har störtat de mäktiga från tronen och upphöjt de ringa.

Undfången utan syndens fläck och prydd med nådens himmelska gåva, har du, ärorika Jungfru, städse troget samverkat med Herrens nåd. Så vandrade du oavlåtligen på rättfärdighetens och helighetens väg, till dess du lyckligt uppnått Sions heliga berg, det himmelska Jerusalem. Nu är du krönt med ära och härlighet, upphöjd över kerubim och serafim, stående närmast din gudomlige Sons tron. Hell dig, Jungfru, avlad utan arvsyndens fläck; hell dig, du andra Eva, som förvandlat den första Evas förbannelse till välsignelse.

Sv. Till dig ropa vi, Evas landsflyktiga barn; till dig sucka vi sörjande och gråtande i denna tårarnas dal. Vänd därföre, du vår förespråkerska, vänd dina ömma blickar till oss, och efter denna landsflykt visa oss Jesus, din välsignade livsfrukt. O milda, o hulda, o ljuva Jungfru Maria!

F. I din avlelse har du förblivit obefläckad.

Sv. Guds moder, bed för oss.

Kyrkobön. O Gud, som i den obefläckat undfångna Jungfrun berett din Son en värdig boning, vi bedja dig, att du, som genom samme din Sons förutsedda död bevarat henne fri från all fläck, genom hennes förbön ville låta även oss komma rena till dig. Genom samme Kristus, vår Herre. *Sv.* Amen.

Jultiden.

Hälsning till Maria.

Hell dig, Maria, renaste bland jungfrur; hell dig, Maria, lyckligaste bland mödrar; hell dig, Maria, jungfru och moder på en gång! Vi hälsa dig, välsignade Jungfru, som i ditt liv undfått den Allrahögstes Son; vi hälsa dig, underbara moder, som fött oss världens Frälsare; vi hälsa dig, Jungfru-moder, som på dina armar burit himmelens och jordens Herre. Heliga Maria, Guds moder, var även vår moder, och anbefall oss åt din gudomlige Son, du som är syndarnes tillflykt, de bedrövades tröstarinna och de betrycktas hjälp. — Hell dig, Maria...

Hell dig, Maria! Vi hälsa och älska dig i för-

Julböner till Maria. 413

ening med den kärlek, varmed den himmelske Fadern älskat dig, så att han utvalt dig till att föda hans Son på jorden; vi hälsa och älska dig i förening med den kärlek, varmed Guds Son älskat och i all evighet skall älska dig såsom sin moder; vi hälsa och älska dig i förening med den kärlek, varmed den Helige Ande har utkorat och helgat dig till sin brud. Utverka åt oss, goda moder, hos kärlekens Ande nåden att älska den treenige Guden av allt vårt hjärta, av all vår själ, av alla våra krafter, och att i denna kärlek söka och finna vår lycka för tid och evighet. — Hell dig, Maria...

Hell dig, Maria! Vi hälsa dig och prisa dig salig med alla släkten på jorden; vi hälsa och ära dig med alla änglar och helgon i himmelen; vi hälsa och välsigna dig med den treenige Guden, som utvalt dig till att bliva det eviga Ordets moder. Hell dig, ty du har funnit nåd inför Gud, ja du är full av nåd, du har fött världens Frälsare. Bed för oss syndare, att även vi må finna nåd hos förbarmandets Fader och all hugsvalelses Gud, hos din älskade Son, vår Herre och Frälsare, och hos den Helige Ande, vilken med Fadern och Sonen vare lov, pris och ära i all evighet. Amen. — Hell dig, Maria...

Den glädjerika rosenkransen.

Betraktelse över 'Ave Maria'.

Hell dig, Maria, full av nåd, Herren är med dig. Med himmelens ängel hälsa vid dig, heliga Jungfru, och säga till dig: Ave Maria, hell dig, Maria! Med denna hälsning bringa vi dig en gärd av vördnad och kärlek; med denna hälsning vilja vi ära dig, såsom den himmelske Fadern har ärat dig. *Ty du är full av nåd.* Från början av din tillvaro var din själ smyckad med nådens ljusa dräkt; genom din trogna samverkan med nåden har du uppnått nådens fullhet, så att du, ensam bland alla Evas döttrar, har funnit nåd inför Gud. *Herren är med dig,* icke blott med sin närvaro och sin allmakt, såsom han är hos alla sina skapade varelser; Herren är med dig, icke blott med sin nåd, såsom han är i alla rättfärdigas hjärtan; Herren är med dig på ett enastående sätt. Ty om den himmelske Fadern säger om sin enfödde Son: Du är min Son, av evighet har jag fött dig; så kan du säga om samme Son: Du är min Son, i tiden har jag fött dig. Det är därför vi hälsa dig, o himmelska Jungfru, och säga: Hell dig, Maria...

Hell dig, Maria! *Välsignad är du ibland kvinnor, och välsignad är din livsfrukt, Jesus.* Ja, välsignad är du bland alla jordens kvinnor. Ty du har undfått i ditt liv, du har fött den Allrahögstes Son, världens Frälsare. Uppfylld av den Helige Ande, har du själv sagt: Se, hädanefter skola alla släkten prisa mig salig. Vi, Kyrkans barn, uppfylla denna profetia och prisa dig salig. Vi prisa dig salig för din egen skull; vi prisa dig salig, emedan vi saligprisa din livsfrukt Jesus, för vilken allas knän måste böja sig, deras som äro i himmelen, på jorden och under jorden. Det är därför vi hälsa dig, o himmelska Jungfru, och säga: Hell dig, Maria...

Heliga Maria, Guds moder, bed för oss syndare nu och i vår dödsstund. Hell dig, Guds moder! Denna din titel är en säker grund för vårt förtroende till dig. Du har en moders rättigheter över din gudomlige Son. Vad skulle han kunna vägra dig? Du är vår moder. Vad skulle du kunna vägra oss? Bed därför, bed för oss syndare. Ja, vi äro syndare. Att vara syndare är en stor nöd, är den största nöd, som måste röra ditt kärleksfulla hjärta. Därför, bed

Kyndelsmässodagen. 415

för oss nu under vår jordevandring, denna prövningens, stridens och farans tid; men bed för oss framför allt i vår dödsstund, denna viktiga stund, som avgör vårt eviga öde, på det att vi i Herrens nåd må skiljas hädan i dina och din gudomlige Sons armar. Det är därför vi ropa till dig, o himmelska Jungfru, och säga: Hell dig, Maria...
Hell dig, o drottning.
Lauretanska litanian.

Marie trolovning.

(23 januari.)

Kyrkobön. Vi bedja dig, o Herre, förläna dina tjänare den himmelska nådens gåva, så att vi, för vilka den heliga Jungfruns födelse betyder frälsningens början, på hennes trolovningsdags fest må tillväxa i frid. Genom Kristus, vår Herre. Amen.

Kyndelsmässodagen.

(2 februari.)

Bön till Guds moder.

Heliga Guds moder, du har (på denna dag) i templet i Jerusalem framburit din ende Son åt den himmelske Fadern till ett välbehagligt offer. Du visste, vad detta offer betydde; ty enligt profeternas förutsägelser skulle Messias genom en kvalfull död frälsa vårt släkte från synd och evigt fördärv. Därför sade den åldrige Simeon till dig, att din Son skulle varda till fall eller till upprättelse för många, och att ett smärtans svärd skulle genomborra ditt hjärta. Icke dess mindre frambar du din Son till offer för vår frälsning. Goda moder, då du gjort så mycket för våra själars räddning, höves det mig, att jag sätter mitt hopp till dig. Jag kommer där-

Kyndelsmässodagen.

för med full förtröstan till dig, barmhärtighetens moder. Tag mig under ditt moderliga beskydd, och anbefall min själ åt din gudomlige Son, på det att hans bittra lidande och död må lända mig till frälsning. Du har (på denna dag) framburit det käraste du ägde, din ende Son. Se, även jag vill lägga ett offer på Herrens altare, det bästa jag äger, mitt hjärta. Men jag fruktar, att Gud icke finner behag i detta offer, ty det är icke rent och obefläckat. Men han tager förvisso emot det, som dina rena händer erbjuda honom. Frambär därför du mitt hjärta åt den himmelske Fadern, och bed honom, att han värdes mottaga det för din gudomlige Sons förtjänster och för den kärlek han hyser till dig. Må han själv rena och helga mitt hjärta, att det varder honom till en välbehaglig offergåva.

Du framställde (i dag) efter Mose lag din förstfödde och ende Son inför Herren och friköpte honom från tempeltjänsten med de fattigas offergåva. Goda moder, framställ även mig inför Gud. Jag vill helga hela mitt liv åt Herren i det stånd, vartill hans försyn har kallat mig. Nedkalla över mig himmelens välsignelse, att hela mitt liv genom syndfri vandel, ren avsikt och helig kärlek må varda till en oavbruten gudstjänst till Herrens förhärligande och min själs räddning. *Sv.* Amen.

F. Efter din Sons födelse förblev du, o Jungfru, obefläckad.

Sv. Guds moder, bed för oss.

Kyrkobön. Allsmäktige, evige Gud, vi bönfalla ödmjukt hos ditt majestät, att liksom (på denna dag) din enfödde Son i vår mänskliga natur blivit framställd i templet, även vi med renade hjärtan må framställas inför dig. Genom samme Kristus, vår Herre. *Sv.* Amen.

Antifonen 'Ave Regina coelorum'.

(Från kyndelsmässodagen till skärtorsdagen.)

Ave Regina coelorum, Ave Domina Angelorum, Salve radix, salve porta, Ex qua mundo lux est orta. Gaude, Virgo gloriosa, Super omnes speciosa; Vale, o valde decora Et pro nobis Christum exora.

Hell dig, drottning, underbara, över himlens änglahär! Du, vår morgonrodnad klara, Världens Ljus till jorden bär. Hell dig, moder, jungfrurs ära, ibland törnen lilja skön! Vi dig bedja: Värdes bära inför Kristus fram vår bön!

V. Dignare me laudare te, Virgo sacrata.

F. Värdes mottaga mitt lov, heliga Jungfru!

R. Da mihi virtutem contra hostes tuos.

Sv. Giv mig kraft mot dina fiender.

Oremus. Concede, misericors Deus, fragilitati nostrae praesidium: ut, qui sanctae Dei Genitricis memoriam agimus, intercessionis ejus auxilio a nostris iniquitatibus resurgamus. Per eundem Christum Dominum nostrum. *R.* Amen.

Låtom oss bedja. Förläna oss, barmhärtige Gud, hjälp i vår svaghet, och låt oss, som fira minnet av Guds heliga moder, genom hennes förbön få kraft att resa oss ur våra synder. Genom samme Kristus, vår Herre. *Sv.* Amen.

Den heliga Jungfruns uppenbarelse i Lourdes.

(11 februari.)

Kyrkobön. O Gud, som i den obefläckat undfångna Jungfrun berett din Son en värdig boning, förläna oss, vi bedja dig, att vi, som fira hennes uppenbarelse, må ernå kroppens och själens hälsa. Genom Kristus, vår Herre. Amen.

Fastetiden.
Andakt till Marie sju smärtor.

1. *F.* Heliga Maria, smärtornas moder, med uppriktigt deltagande minnas vi den bittra sorg ditt ömma hjärta kände, då du vid ditt gudomliga barns frambärande i templet ur den vördnadsvärde Simeons mun fick höra orden: Denne är satt till fall eller till upprättelse för många i Israel och till ett tecken, som skall motsägas, och även din själ skall genomborras av ett svärd.

Sv. Vid detta ditt lidande bedja vi dig, o moder, tag oss i livets alla skiften, i synnerhet när vi hemsökas av sorg eller nöd, i ditt moderliga beskydd, på det att vi liksom du alltid må förbliva Gud hängivna och ståndaktigt framhärda i hans heliga tjänst. Amen.

Efter varje avdelning, Hell dig Maria, Ära vare Fadern.

2. *F.* Heliga Maria, smärtornas moder, med uppriktigt deltagande minnas vi den bedrövelse och ångest ditt hjärta kände, när en ängel förkunnade för din helige brudgum, att Herodes traktade efter det gudomliga barnets liv, och bjöd honom att med dig och barnet fly till Egypten.

Sv. Vid den stora bedrövelse och all den oro och nöd, som du utstod på den långa resan och under vistelsen i det främmande, hedniska landet, bedja vi dig, älskade moder: utbed oss hos din gudomlige Son nåden, att vi städse må betrakta oss såsom främlingar i denna värld och, oberörda av dess lockelser och dårskap, må sträva efter himmelen, som är vårt sanna fädernesland. Amen.

3. *F.* Heliga Maria, smärtornas moder, med uppriktigt deltagande minnas vi den stora ångest och bedrövelse, som ditt ömma modershjärta kände, när du i Jerusalem förlorade din gudom-

Andakt till Marie sju smärtor. 419

lige Son och under tre dagar med ängslan sökte honom.

Sv. Vid denna din stora bedrövelse bedja vi dig, barmhärtighetens moder, utverka oss hos din gudomlige Son nåden att aldrig genom en svår synd förlora honom, eller om vi skulle hava förlorat honom, genom uppriktig ånger snart återfinna honom och hans nåd. Amen.

4. *F.* Heliga Maria, Guds moder, med uppriktigt deltagande minnas vi de bittra kval, som söndersleto ditt ömma modershjärta, när du såg, huru din älskade Son såsom en förbrytare blev tillfångatagen och bunden, obarmhärtigt hudflängd och krönt med törnen, dömd till döden och belastad med det tunga korset förd till avrättsplatsen.

Sv. Vid denna din Sons bittra pina och de kval, som brände din egen själ, bedja vi dig, syndarnas tillflykt, avvänd ifrån oss genom din mäktiga förbön de straff, som vi förtjänat för våra synder, och utverka oss nåden att taga vårt kors på oss och följa din Son efter, på det att vi med förtröstan kunna möta honom, när han kommer för att döma världen. Amen.

5. *F.* Heliga Maria, Guds moder, med uppriktigt deltagande minnas vi, att enligt Simeons profetia ett smärtans svärd genomborrade ditt hjärta, när du såg din Son i outsäglig vånda hänga på korset och under folkets spe och hån uppgiva andan.

Sv. Vid det hav av smärta, i vilket du då blev försänkt, och vid din oövervinneliga själsstyrka bedja vi dig, de döendes tröstarinna, förvärva oss nåden att genom ett äkta kristligt liv göra oss värdiga att under ditt och din gudomlige Sons bistånd lugnt och stilla avsomna i Herrens frid. Amen.

6. *F.* Heliga Maria, Guds moder, med uppriktigt deltagande minnas vi den bittra pina, ditt

ömma modershjärta kände, när du efter att din älskade Son nedtagits från korset tog hans livlösa kropp i ditt sköte och vid betraktandet av hans heliga sår fuktade honom med tårar av ömmaste kärlek.

Sv. Vid detta ditt lidande och din oförlikneliga undergivenhet under Guds vilja bedja vi dig, kärleksfulla förespråkerska vid Guds tron, utverka oss nåden, att vi i allo underkasta oss Guds goda och visa försyn och aldrig vackla i övertygelsen, att Gud låter allt lända till vårt bästa. Amen.

7. *F.* Heliga Maria, Guds moder, med uppriktigt deltagande minnas vi den stora övergivenhet, som ditt ömma modershjärta kände, när din älskade Sons döda lekamen lades i graven, och dina ögon för sista gången sågo föremålet för din innerliga kärlek.

Sv. Vid denna hjärtesorg bedja vi dig, barmhärtighetens moder, låt vårt hjärta, i vilket din älskade Sons levande lekamen så ofta i den heliga kommunionen nedlägges, städse vara honom en värdig boning, och giv, att vi i denna himmelska föda finna kraft och styrka att liksom du genom fast förtröstan på Gud övervinna all tröstlöshet och klenmodighet. Amen.

Litania till den smärtorika Guds moder.

Herre, förbarma dig över oss.
Kristus, förbarma dig över oss.
Herre, förbarma dig över oss.
Kristus, hör oss.
Kristus, bönhör oss.
Gud Fader i himmelen: *Förbarma dig över oss.*
Gud Son, världens Frälsare,
Gud Helige Ande.
Heliga Trefaldighet, en ende Gud,
Heliga Maria, smärtorika moder: *Bed för oss.*
Du de bekymrades och betrycktas föredöme,

Litania till den smärtorika Guds moder.

Du de bedrövades tröstarinna,
Du de klenmodigas styrka,
Du syndarnes tillflykt,
Du de sjukas räddning,
Du de döendes förhoppning,
Vid din smärta vid Simeons profetia,
Vid dina lidanden under flykten till Egypten,
Vid ditt ängsliga sökande efter ditt barn,
Vid din djupa smärta vid mötet på korsvägen,
Vid ditt hjärtas vånda vid Jesu korsfästelse,
Vid det smärtans svärd, som vid Jesu död genomborrade ditt hjärta,
Vid din övergivenhet vid Jesu grav,
Vid din fullkomliga undergivenhet under Guds heliga vilja,
Vid din underbara ståndaktighet i alla lidanden,
Du martyrernas drottning,
I all vår nöd,
I sjukdom och smärta,
I elände och övergivenhet,
I klenmodighet och försagdhet,
I vår dödsstund,
På domedagen,
Guds lamm, som borttager världens synder:
Förskona oss, o Herre.
Guds lamm... *Bönhör oss, o Herre.*
Guds lamm... *Förbarma dig över oss, o Herre.*
F. Bed för oss, smärtorika moder Maria.
Sv. Att vi må värdiga varda Kristi löften.

Låtom oss bedja. O Gud, vid vilkens lidande enligt Simeons profetia den ärorika jungfrun och modern Marias älskliga själ genomborrades av smärtans svärd, förläna oss nådigt, att vi, som vördnadsfullt minnas hennes smärtor, må skörda salig frukt av ditt lidande, du som lever och regerar från evighet till evighet. *Sv.* Amen.

Den smärtorika rosenkransen. — Stabat mater sid 449.

Marie bebådelse.

Under den katolska medeltiden Sveriges särskilda skyddsfest.

Hyllningsbön.

Allsmäktige Gud, Herre himmelske Fader, vi tillbedja och prisa dig; vi tacka dig av allt vårt hjärta, att du i tidens fullbordan uppfyllt det löfte, som du i paradiset givit våra stamföräldrar, det löfte, som du så ofta förnyat för patriarkerna och slutligen genom profeten förkunnat med orden: Se, en jungfru skall undfå och föda en son, och han skall kallas Emmanuel. Du sände din helige ängel till Jungfrun i Nasaret med det glada budskapet, att hon skulle bliva den så länge efterlängtade Frälsarens moder. Lov och pris och tack vare dig för detta nåderika budskap! Lov och pris och tack vare dig för den oändliga kärlek, som förmått dig att sända din enfödde Son i värl-

Marie bebådelse. Hyllningsbön. 423

den för att frälsa oss från synd och evigt fördärv.

F. Så älskade Gud världen, att han utgav sin enfödde son,

Sv. På det att var och en, som tror på honom, icke må förgås, utan hava evigt liv.

Vi tillbedja och tacka dig, Herre Jesus Kristus, den evige Faderns eviga Ord. Vi tacka dig av allt vårt hjärta, att du för oss människor och för vår frälsnings skull nedsteg från himmelen, antog kött av Jungfru Maria och vart människa. Du var i Guds gestalt och ansåg icke för rov att vara jämlik med Gud; men du utblottade dig själv, antog tjänarens gestalt och vart lik människor och till det yttre funnen såsom en människa. Du, Guds Son, antager en mänsklig kropp och en mänsklig själ för att i denna dödliga natur genom ditt bittra lidande och din blodiga död försona oss med Gud och för oss öppna himmelens stängda portar. Det var av kärlek till oss, som du nedsteg från himmelens tron för att bliva människa i Jungfruns rena sköte. Lov och pris och tack vare dig för denna oändliga kärlek!

F. Och Ordet vart kött och bodde bland oss.

Sv. Och vi hava sett hans härlighet, en härlighet som Faderns Enfödde har, full av nåd och sanning.

Helige Ande, kärlekens, nådens och helighetens Ande! Vi tillbedja, prisa och tacka dig av allt vårt hjärta, att du medverkat till Guds Sons mandomsanammelse. I tidernas begynnelse svävade du såsom livgivande kraft över vattnen för att utveckla och fullända skapelsens verk. Du, den Allrahögstes kraft, överskyggade Jungfrun i Nasaret, på det att hon skulle undfå i sitt liv och föda en son, som skulle kallas Guds Son och frälsa världen från dess synder. Det var kärlek till oss, stoftets barn, vilka du genom

Marie bebådelse. Hyllningsbön.

honom ville rättfärdiggöra, helga och saliggöra. Lov och pris och tack vare dig för denna din frälsningsbringande kärlek!

F. Den Helige Ande skall komma över dig, och den Högstes kraft skall överskygga dig.

Sv. Därför skall ock det heliga, som skall födas av dig, kallas Guds Son.

Heliga Jungfru Maria, vi hälsa dig och lyckönska dig till den stora nåd, som den treenige Guden bevisat dig; vi glädja oss, att du blivit upphöjd till den högsta värdighet, till vilken en skapad varelse kan upphöjas. Vilken glädje kände du icke i ditt hjärta, när ängeln Gabriel i synlig gestalt trädde inför dig, hälsade dig vördnadsfullt och förkunnade för dig, att du genom den Helige Andes överskyggande, utan kränkning av din jungfruliga renhet, skulle undfå Guds Son och varda moder till världens Frälsare. Vi påminna oss, med vilken glädje och ödmjukhet du sade till ängeln: Se, jag är Herrens tjänarinna, varde mig efter ditt ord! Vilken ära, vilken lycka att bland alla Evas döttrar utkoras till Guds Sons moder! Med rätta hälsade dig ängeln: Full av nåd, välsignad bland alla kvinnor. Med rätta utropar du själv: Högt prisar min själ Herren, och min ande jublar i Gud, min Frälsare; ty den Mäktige har gjort stora ting med mig; se, hädanefter skola alla släkten prisa mig salig. — Hela kristenheten, jord och himmel, uppfyller detta profetiska ord. Även vi, dina barn, förena oss med den heliga Kyrkan, med himmelens änglar och helgon och instämma i ditt lov, i det vi säga: Hell dig, Maria...

Bön till Maria under påsktiden.

Påsktiden.

Antifonen 'Regina coeli'.

(Från påskaftonen till aftonen före trefaldighetssöndagen.)

Regina coeli, laetare, alleluia. Quia quem meruisti portare, alleluia, Resurrexit, sicut dixit, alleluia. Ora pro nobis Deum, alleluia.

V. Gaude et laetare, Virgo Maria, alleluia.

R. Quia surrexit Dominus vere, alleluia.

Oremus. Deus, qui per resurrectionem Filii tui Domini nostri Jesu Christi mundum laetificare dignatus es: praesta, quaesumus, ut per ejus Genitricem Virginem Mariam perpetuae capiamus gaudia vitae. Per eundem Christum Dominum nostrum. *R.* Amen.

Gläd dig, du himmelens drottning, alleluja. Ty den du värdig var att bära, alleluja, har uppstått, som han sagt, alleluja. Bed Gud för oss, alleluja.

F. Fröjda dig och jubla, Jungfru Maria, alleluja.

Sv. Ty Herren är sannerligen uppstånden, alleluja.

Låtom oss bedja. O Gud, du som genom din Sons, vår Herres Jesu Kristi, uppståndelse nådeligen fröjdat världen, vi bedja dig, giv att vi genom hans moders, Jungfru Marias förbön, må uppnå det eviga livets fröjder. Genom samme Kristus, vår Herre. *Sv.* Amen.

Bön till Maria.

Gläd dig himmelens drottning! — O Maria, främst av alla människor erfor du påskens jublande fröjd. Det härliga, glädjerika Frid vare med eder, varmed den Uppståndne hälsade sina apostlar, ljöd i påskdagens arla morgonstund först i din stilla kammare och i ditt hjärta. När jag hade mycket bekymmer i mitt hjärta, har din tröst fröjdat min själ. (Ps. 93, 19.) Efter dina smärtors mångfald och storlek kunna vi mäta den fröjd och lycksalighet, som nu uppfyller dig. Din omätliga smärta har efter din Sons uppståndelse vänts i en övermåttan djup tröst och frid. När därför vår heliga Kyrka vid påskhögtiden anslår glädjens jubelackord, sjunger hon dagligen ånyo: Gläd dig, du himmelens drottning, alleluja. Orubblig i tron, stark i hoppet, brinnande i kärleken som aldrig tillförne, stod du under korset på Golgata. I sanning, efter storleken av din tro, ditt hopp och din kärlek har Frälsaren på påskmorgonen glatt ditt hjärta. Genom Kristi, den Uppståndnes, nåd fick du skåda och förstå hans hjärtas hemligheter. Du var medveten om, att din Sons påskglädje aldrig skulle taga slut, att den skulle komma alla dem till del, som trott på honom, i det rike han grundade för evig tid. — Himmelens drottning, för den glädjes skull som du erfarit på påskmorgonen, bedja vi dig, trösta även oss. Utverka åt oss hos din förklarade Son tillväxt i tron, hoppet och kärleken, och var vår förespråkerska hos den Uppståndne, på det att även vi en gång på den yttersta dagen må uppstå i förklaringens härlighet. Sv. Amen.

Den ärorika rosenkransen.

Majandakter.
Hälsning till Maria.

Hell dig, o Jungfru! Vi hälsa dig med den heliga Kyrkan såsom morgonstjärnan, vår fröjds upphov och himmelens port. Du är *morgonstjärnan* på den nya skapelsens himmel, ty du har föregått och bebådat uppgången av rättfärdighetens Sol, Kristus, vår Herre. Lys oss med ditt milda ljus på livets stormiga

Majandakter. 427

hav, på det att vår bräckliga farkost ej må stranda på världens farliga klippor. Du är *vår fröjds upphov,* ty du har fött oss världens Frälsare, vår fröjd i liv och död och i all evighet. Bed för oss, att vi genom ett gott samvete alltid må få glädja oss i Herren. Du är *himmelens port.* Genom Eva har himmelen blivit stängd; genom dig och din gudomlige Son har den åter blivit öppnad. Utverka åt oss riklig nåd, att vi må vandra på den smala vägen och genom den trånga porten ingå i det eviga livet. Hell dig, Maria...

Hell dig, o Jungfru! Vi hälsa dig med den heliga Kyrkan såsom syndarnas tillflykt, såsom vishetens säte och rättfärdighetens spegel. Du är *syndarnas tillflykt,* ty du är barmhärtighetens moder. Hav medlidande med oss, arma syndare, och utverka åt oss hos din gudomlige Son förlåtelse för våra synder och riklig nåd att aldrig mer återfalla i dem. Du är *vishetens säte,* ty i ditt sköte har den eviga Visheten vilat, och på dina armar har du burit honom, den Allrahögstes Son. Må vi genom din förbön få sann, himmelsk vishet, som skingrar mörkret i våra själar och lär oss att föredraga Gud och himmelens ägodelar framför alla skatter på jorden. Du är *rättfärdighetens spegel,* ty i ditt liv skåda vi såsom i en spegel glansen av alla de dygder, som utgöra rättfärdighet och helighet. Bed för oss, att vi må hungra och törsta efter rättfärdighet och alltjämt vandra på rättfärdighetens väg. Hell dig, Maria...

Hell dig, o Jungfru! Vi hälsa dig med den Heliga Kyrkan såsom *de sjukas räddning, de bedrövades tröstarinna och de kristnas hjälp.* Du är vår moder och vi äro dina barn. Hur kunde en moder vara känslolös för sina barns lidande till kropp och själ? Hjälp oss genom din mäktiga förbön vid Guds tron att vi må befrias från vårt elände, eller om det icke är Guds vilja, att med tålamod och undergivenhet bära vårt kors. Såsom Kristi moder är du hans bröders, de kristnas, moder, deras förespråkerska i himmelen, deras beskyddarinna på jorden. Vänd därföre, du vår förespråkerska, vänd dina ömma blickar till oss, dina landsflyktiga barn, och trösta oss i denna tårarnas dal. Försmå icke våra böner i vår nöd, utan fräls oss från alla faror, du ärorika och välsignade Jungfru! Hell dig, Maria...

Anbefallning i Marias beskydd.

Heliga Maria, barmhärtighetens moder, vänd ej dina ögon från mig, ditt ovärdiga barn. Jag är en syndig människa och fruktar att framträda till den oändligt rättvise Guden, som jag så ofta förolämpat. Därför kommer jag till dig och anbefaller min själ åt din moderliga godhet, på det att jag på din mäktiga förbön må få uppriktig ånger över och full förlåtelse för alla mina synder. I ditt moderliga beskydd anbefaller jag mitt förstånd, mitt minne, min vilja och mitt hjärta, på det att hädanefter mina tankar och avsikter, mina önskningar och begär, mina ord och gärningar icke må åsyfta något annat än din gudomlige Sons förhärligande och min odödliga själs räddning. — Hell dig, Maria...

Heliga Maria, barmhärtighetens moder! Åt din moderliga godhet anbefaller jag min kropp med alla dess sinnen. Du vet, att jag är utsatt för många faror och frestelser, för världens lockelser och mitt eget hjärtas onda begär. Bed för mig, att jag alltid må besinna, att min kropp är Guds tempel, och att den Helige Ande bor i mig. Bed för mig om styrka och uthållighet, att jag aldrig må vanära Guds tempel utan

Majandakter.

hålla min kropp i tukt och ära. Bed för mig att jag må begagna alla mina sinnen, mina ögon, mina öron, min mun, mina händer och fötter till Guds förhärligande och min själs välfärd. — Hell dig, Maria...
Heliga Maria, barmhärtighetens moder! Åt din moderliga godhet anbefaller jag slutet av mitt liv. Förskaffa mig genom din mäktiga förbön den största bland alla nådegåvor, en salig död i Guds nåd och kärlek. Bed för mig, goda moder, nu och i min dödsstund, så att jag med glädje kan emotse din Sons tillkommelse och med förtröstan på hans barmhärtighet kan förvänta en nådig dom och en salig uppståndelse till evigt liv. *Sv.* Amen. — Hell dig, Maria...

Invigningsbön.

Heliga Maria, renaste Jungfru, den himmelske Faderns dotter, Guds enfödde Sons moder, den Helige Andes välsignade brud, alla troendes drottning, alla syndares tillflykt och alla rättfärdigas förebild, ehuru ovärdiga att framträda inför dig, våga vi dock att välja dig till vår moder och beskyddarinna. Åt dig överlämna vi oss helt och hållet, åt dig viga vi kropp och själ med allt vårt görande och låtande. Du de troendes goda Moder, värdes upptaga oss som dina barn; försona oss med din Son och bevara oss i hans kärlek. Heliga Jungfru Maria, förskjut oss icke från ditt ansikte, och vänd ej dina blickar, så fulla av moderlig omsorg, ifrån oss. Övergiv oss icke, på det att vi aldrig må övergiva din Son, vår Herre och Frälsare, utan med dig uthärda vid hans heliga kors i barnslig kärlek ända till våra dagars slut. *Sv.* Amen.

(S:t Frans av Sales.)

Korta betraktelser.

Hell dig, ärorika Jungfru, vår frälsnings morgonrodnad, Guds enfödde Sons moder, full av nåd och sanning! Vi glädja oss över din stora härlighet, till vilken själva himmelens änglar med helig undran och salig hänryckning blicka upp; vi älska och ära ditt ljuva namn, vilket likt ett nytt ljus lyser i mörkret och gläder alla Kyrkans barn, vilka prisa dig som Guds höga Moder. Se därför, du välsignade Jungfru, med din milda barmhärtighet till oss, dina barn, och mottag nådigt vår lovprisning och våra böner. — Hell dig, Maria...

1. Maria, den renaste Jungfrun.

Ren från all synd och all ond begärelse framgick din själ, välsignade Jungfru, ur Skaparens hand. Rent och obefläckat såsom en ängels var ditt liv, och ingen skugga av synd fördunklade din själs skönhet. Därför har den Mäktige, vars namn är heligt, gjort stora ting med dig.
F. Huru skön är en kysk släkt i härlighetens glans!
Sv. Odödlig är dess åminnelse och erkänd hos Gud och människor.

Renaste Jungfru, som av Guds Helige korats till moder, bed för oss syndare, att vi ståndaktigt må motstå alla okyska begär och genom kroppens och själens renhet alltid vara värdiga Guds välbehag. *Sv.* Amen.

2. Maria, Herrens tjänarinna.

Genom de härliga gåvor och företräden, som Gud förlänat dig, är du, heliga Jungfru, lik ett palmträd, som höjer sig över alla träd. Likväl var du i dina egna ögon ringa och kallade dig i själva det ögonblick, då du upphöjdes till din höga värdighet, Herrens tjänarinna. Din öd-

Korta betraktelser. 431

mjukhet, Maria, är lika djup, som din värdighet är stor.
F. Gud motstår de högmodiga och stolta.
Sv. Han giver de ödmjuka sin nåd.

Ödmjuka Jungfru, måtte ditt höga föredöme ingiva oss avsky för högfärd och kärlek till ödmjukhet, så att vi erkänna, att varje god gåva kommer från ovan, och städse av all vår själ säga: Icke åt oss, o Herre, icke åt oss giv äran, utan åt ditt heliga namn. *Sv.* Amen.

3. Maria, andaktens utmärkta käril.

O Maria, redan från barndomen ägnade du dig åt Herrens heliga tjänst. Att betrakta hans lag, att i ditt hjärta upptaga och gömma hans ord var ditt ivrigaste bemödande. Att i bön upplyfta din själ till Gud var din ljuvaste vederkvickelse, din sällhet och din enda åtrå att fullgöra Herrens vilja. Du var städse förenad med Gud, och din rena själ var ett altare, från vilket lovprisningens och tacksägelsens offer, likt doftande rökelse, oavlåtligt uppsteg till den Högstes tron.

F. Högt prisar min själ Herren,
Sv. Och min ande jublar i Gud, min Frälsare.

Gudaktiga Jungfru, andaktens utmärkta käril, utverka åt oss nåden att efter ditt föredöme alltmer lära känna och älska Gud såsom vårt högsta goda, att hålla oss till honom och genom intet i världen låta skilja oss från hans kärlek. *Sv.* Amen.

4. Maria, Guds moder.

Bland alla kvinnor på jorden blev du, Maria, av härskarornas Herre utvald till den höga värdigheten att bliva moder till hans enfödde Son. Med alla århundradens kristna, med hela Guds Kyrka bekänna vi med glädje, att du är Guds moder, moder till vår Herre Jesus Kristus, som

har skapat världsalltet och genom sin död på korset förvärvat oss evig återlösning.
F. Moder, se din son!
Sv. Son, se din moder.

Heliga Maria, Guds moder, upptag oss till dina barn och vänd dina barmhärtiga ögon till oss, för vilka din gudomlige Son utgjutit sitt heliga blod. Utverka hos honom upprättelse åt de fallna, förlåtelse för de botfärdiga, ståndaktighet för de rättfärdiga; visa dig som moder för oss alla. *Sv.* Amen.

5. *Maria, martyrernas drottning.*

O Maria, huru törnbeströdda voro icke de vägar, på vilka Guds faderliga hand förde dig genom livet! Vem kan fatta din smärta, när du såg din älskade Son, blödande ur tusen sår, övergiven av Gud och människor, under outsägliga kval kämpa med döden! I sanning, stor som havet var din smärta.
F. Denne är satt till fall och till upprättelse för många.
Sv. Och även din själ skall genomborras av ett svärd.

Heliga Maria, smärtornas moder och martyrernas drottning, bed för oss som lida för våra synders skull, att vi lära oss att med tålamod och undergivenhet bära, vad Gud ådömer oss till straff för synden och till vår egen bättring. Hjälp de nödställda, trösta de bedrövade, bistå de klenmodiga och låt oss alla erfara din moderliga förböns makt. *Sv.* Amen.

6. *Maria, himmelens drottning.*

Efter ett liv fullt av prövningar och hemsökelser kommer slutet av din levnad, du ståndaktiga, beprövade Jungfru, och därmed slutet på alla dina lidanden. Ditt hjärtas längtan skall nu stillas och du skall återfinna din älskade Son

Bön till Maria under pingsttiden. 433

i de levandes land för att aldrig mer förlora honom. Ditt öga sluter sig i dödens sömn. Änglarnas ljusa skara kommer dig till mötes och för dig med jubel in i din Sons rike. Han kommer dig till mötes och kröner dig med ära och härlighet till himmelens drottning. Hell dig, Maria, Herren är med dig i all evighet.
F. Många döttrar hava samlat rikedomar.
Sv. Men du har överträffat dem alla.

Heliga Jungfru Maria, drottning över alla änglar och helgon, se huldrikt ned till oss som ännu vandra i tårarnas dal. Bed för oss till din gudomlige Son, att vi oskadda må gå genom jordelivets faror och frestelser och vid slutet av vår pilgrimsfärd upptagas i salighetens rike för att med dig evigt älska, lova och förhärliga Gud: Fadern och Sonen och den Helige Ande. Amen. — Hell dig, Maria. — Ära vare Fadern.

Pingsttiden.
Bön till Maria.

Var hälsad, Maria, du den Helige Andes upphöjda brud, apostlarnas drottning, du vår heliga Kyrkas moder. På pingstdagen skåda vi dig, omgiven av apostlarna, försänkt i bön. Med samma åtrå och längtan med vilken du en gång väntade på Gudabarnet, längtar du nu efter den Helige Andes ankomst. Din bön genomtränger himmelen, och Fadern och Sonen sända den Helige Ande. Han sänker sig ned och uppfyller med sin kraft, sitt ljus och sin kärlek dig och alla som i förening med dig längta efter honom. Du ser, huru pingstundret utbredes i den heliga staden. Män av olika tungomål, av alla folk under himmelen, uppfyllas med den Helige Ande och församlas till trons enhet. Stor var din glädje att se, huru din Son förhärligades i så många människor, vilka nu i Andens kraft voro ett hjärta och en själ. Kyrkan hade börjat att förnya jordens ansikte och välsigna världens alla folk, och du var som allas moder. Du är det ännu i dag. Bed för oss, att vi må framhärda i trons enhet, att Andens kraft må visa sig i oss, att Kyrkan må växa bland folken till din Sons förhärligande. O Maria, du Andens brud, utverka oss nåden att uppfyllas av honom, som är enhetens band, Faderns och Sonens kärlek ifrån evighet till evighet. *Sv.* Amen.

Antifonen 'Salve Regina'.

(Från trefaldighetssöndagen till advent.)

Salve Regina, Mater misericordiae, vita, dulcedo, et spes nostra, salve. Ad te clamamus exules filii Evae. Ad te suspiramus gementes et flentes in hac lacrymarum valle. Eja ergo, advocata nostra, illos tuos misericordes oculos ad nos converte. Et Jesum, benedictum fructum ventris tui, nobis post hoc exilium ostende. O clemens, o pia, o dulcis Virgo Maria.

V. Ora pro nobis, sancta Dei Genitrix.

R. Ut digni efficiamur promissionibus Christi.

Oremus. Omnipotens, sempiterne Deus, qui gloriosae virginis ma-

Hell dig, o drottning, barmhärtighetens moder; vårt liv, vår fröjd, vårt hopp, hell dig! Till dig ropa vi, Evas landsflyktiga barn; till dig sucka vi sörjande och gråtande i denna tårarnas dal. Vänd därför, du vår förespråkerska, vänd dina ömma blickar till oss, och efter denna landsflykt visa oss Jesus, din välsignade livsfrukt. O milda, o hulda, o ljuva Jungfru Maria!

F. Bed för oss, heliga Guds moder!

Sv. Att vi må värdiga varda Kristi löften.

Låtom oss bedja. Allsmäktige, evige Gud, du som genom den Helige

Marie himmelsfärd. Hyllningsbön. 435

tris Mariae corpus et animam, ut dignum Filii tui habitaculum effici mereretur, Spiritu Sancto cooperante, praeparasti: da, ut cujus commemoratione laetamur, ejus pia intercessione, ab instantibus malis, et a morte perpetua liberemur. Per eundem Christum Dominum nostrum. R. Amen.

Andes medverkan berett den ärorika Jungfrun och modern Marias kropp och själ till din Sons värdiga boning, giv att vi som med glädje fira hennes åminnelse, genom hennes fromma förbön må befrias från allt förestående ont och från den eviga döden. Genom samme Kristus, vår Herre. Sv. Amen.

Marie besökelses fest.
(2 juli.)

Kyrkobön. Vi bedja dig, o Herre, förläna dina tjänare den himmelska nådens gåva, på det att vi, för vilka den heliga Jungfruns födelse betyder frälsningens början, på hennes besökelses fest, må tillväxa i frid. Genom Kristus, vår Herre. Amen.

Marie himmelsfärd.
(15 augusti.)

Hyllning till Maria, himmelens drottning.

Hell dig, Maria, himmelens drottning. Vi hälsa dig med jubel denna dag, då vi fira minnet av din upptagning i den eviga glädjen. Hur förtärdes du icke av helig längtan, sedan din gudomlige Son lämnat jorden för att återvända till Fadern. Men en salig död i apostlarnas krets öppnade också för dig himmelens portar. Och din jordiska kropp, det heliga tempel varur Guds Son framgått, skulle icke se dödens förgängelse. Så upptogs du med kropp och själ i himmelens härlighet.

Marie himmelsfärd. Hyllningsbön.

Vilken sällhet kände icke ditt hjärta, då du under änglars och helgons jubel intågade i himmelen, då du återsåg din älskade Son i hans majestäts härlighet och av honom kröntes till himmelens drottning! Se, vi dina barn glädja oss över din härlighet. Vi prisa dig för den salighet, som du nu åtnjuter. Salig är du som har trott. Nu har täckelset fallit, du skådar den Oändlige i all hans skönhet och godhet och härlighet ansikte mot ansikte. Nu är allt lidande förvandlat till glädje, all jordens sorg till himmelsk fröjd. Du, den Högstes moder, kallade dig i din ödmjukhet Herrens tjänarinna. Nu hylla dig himmelens änglar som sin drottning, och alla jordens släkten prisa dig salig. Om du på jorden var full av nåd, är du i himmelen nu full av härlighet, ty himmelens gloria svarar mot nådens glans. Det förbliver evigt sant, att du är Kristi moder, moder till Guds Son. Om den himmelske Fadern från evighet säger om honom: Du är min Son, i dag har jag fött dig, så kan du säga om honom: Du är min Son, i tiden har jag fött dig. Som Herrens moder står du närmast hans tron, ett återsken av hans härlighet faller på dig, och i högre grad än alla himmelens furstar deltager du i hans salighet.

Se, vi åkalla dig och fly under ditt beskärm, heliga Guds moder, ty du är även vår moder. Det har ännu aldrig blivit hört, att någon som tagit sin tillflykt till dig, anropat din hjälp och åstundat din förbön, har blivit övergiven. Vänd därför dina barmhärtiga ögon till oss, Evas landsflyktiga barn, som ännu vandra i tårarnas dal. Utverka hos din gudomlige Son nåden, att vi alltmer må lösslita våra hjärtan från jorden, med dess förgängliga skatter och bedrägliga fröjder. Bed för oss, att vi må vända vår håg dit, där den sanna glädjen är, till det himmelska Jerusalem, på det att vår vandel redan nu

må vara i himmelen. Men framför allt utverka oss nåden att skiljas från detta liv, smyckade med nådens bröllopsdräkt, så att vi må inkomma i den himmelska bröllopssalen, där vi med dig och alla helgon i oändlig salighet skola skåda, älska och förhärliga den treenige Guden, vilken vare lov och ära i all evighet. *Sv.* Amen.
F. Bed för oss; heliga Guds moder,
Sv. Att vi må värdiga varda Kristi löften.
Låtom oss bedja. Vi bedja dig, o Herre, tillgiv oss, dina tjänare, våra synder, på det att vi som med våra gärningar icke kunna behaga dig, må frälsas genom förbön av henne som har fött din Son, vår Herre, vilken med dig lever och regerar från evighet till evighet. *Sv.* Amen.

Marie födelse.

(8 september.)

Ditt inträde i världen, heliga Jungfru, liknar morgonrodnaden som bebådar solens snara uppgång, ankomsten av rättfärdighetens Sol, Kristus, vår Gud. (Jag hälsar dig på din födelsedag, jag lyckönskar dig, såsom ett gott barn lyckönskar sin moder på hennes hedersdag.) Lovad vare Gud, som sände dig i världen. Välsignad vare den dag, då du föddes, som av den Allrahögste var utvald till att bliva Frälsarens moder.

Se, heliga Jungfru, med barnsligt förtroende kommer jag till dig (i dag, då vi med glädje fira din nåderika födelse). Jag hälsar dig som havets stjärna, jag hyllar dig som min härskarinna. Jag flyr till ditt moderliga beskydd, jag anförtror dig min kropp och min själ. Du blev född till människosläktets välsignelse. Genom en kvinna kom döden, genom en kvinna kommer livet; genom Eva kom fördärvet, genom dig, Maria, kommer välsignelse. Därför är du välsignad bland alla kvinnor, och välsignad är den dag, då du inträdde i denna värld. Utverka åt mig nåden att bliva återfödd till ett nytt, heligt liv, fullt av iver i Herrens tjänst. Genom din födelse har du bragt fröjd åt hela världen; låt även mig få del av denna himmelska fröjd, av denna andliga glädje, på det att jag må förakta världens fröjder, tjäna Herren med glatt hjärta och så vinna himmelens salighet. *Sv.* Amen.

F. Din födelse, jungfruliga Guds moder Maria, har bragt fröjd åt hela världen.

Sv. Ty av dig har utgått rättfärdighetens Sol, Kristus, vår Gud.

Låtom oss bedja. Vi bedja dig, o Herre, förläna oss, dina tjänare, den himmelska nådens gåva, på det att vi, för vilka den heliga Jungfruns moderskap blivit begynnelsen till frälsning, genom att fira hennes födelses fest må tillväxa i frid, genom Kristus, vår Herre. *Sv.* Amen.

Marie namns fest.

(Inom oktaven av Marie födelse.)

Kyrkobön. Vi bedja dig, allsmäktige Gud, giv att dina trogna, som glädja sig åt den heliga Jungfru Marias namn och beskydd, på hennes förbön måtte befrias från allt ont på jorden och förtjäna att bliva delaktiga av himmelens eviga fröjder. Genom Kristus, vår Herre. Amen.

Rosenkransfesten.

(Första söndagen i oktober.)

Rosenkransbönen förenar den muntliga med den inre eller betraktande bönen. Under det man läser nedanstående muntliga böner, betraktar man nämligen huvudhändelserna i Kristi och hans heliga moders liv, lidande och förhärligande för att i hjärtat uppväcka motsvarande fromma känslor och dygdeakter samt fatta goda föresatser. — Alltefter de hemligheter man betraktar, kallas rosenkransen den *glädjerika*, den *smärtorika* eller den *ärorika*. Såsom inledning läser man den apostoliska trosbekännelsen, Ära vare Fadern, Fader vår och tre gånger Hell dig, Maria. Vid 1:sta Hell dig, Maria, tillägges efter ordet 'Jesus': *som föröke i oss tron;* vid 2:dra: *som styrke i oss hoppet;* vid 3:dje: *som upptände i oss kärleken.* Inledningen avslutas med Ära vare Fadern. Så följer den egentliga rosenkransen. För var och en av de fem hemligheter, man ämnar betrakta, läses 1 gång Fader vår, 10 gånger Hell dig, Maria, och 1 gång Ära vare Fadern. Vid varje Hell dig, Maria, plägar man efter ordet Jesus inskjuta ett av nedanstående tillägg, som betecknar den hemlighet man betraktar. Rosenkransen kan även läsas utan dessa tillägg till Hell dig, Maria.

För att underlätta betraktelsen, anföras härnedan för varje hemlighet ställen ur den Heliga Skrift och för de bägge sista hemligheterna korta förklaringar.

Den glädjerika rosenkransens hemligheter.

1. Vilken du, o Jungfru, har undfått av den Helige Ande.
2. Vilken du, o Jungfru, har burit till Elisabet.
3. Vilken du, o Jungfru, har fött.
4. Vilken du, o Jungfru, har framburit i templet.
5. Vilken du, o Jungfru, har återfunnit i templet.

1. Marie bebådelse.

I sjätte månaden sändes ängeln Gabriel av Gud till en stad i Galileen, benämnd Nasaret, till en jungfru, som var trolovad med en man av Davids hus, vilken hette Josef; och jungfruns namn var

Maria. Och ängeln gick in till henne och sade: Hell dig, full av nåd; Herren är med dig; välsignad är du bland kvinnor. Se, du skall undfå i ditt liv och föda en son, och du skall giva honom namnet Jesus. Den Helige Ande skall komma över dig, och den Högstes kraft skall överskygga dig; därför skall ock det heliga, som skall födas av dig, kallas Guds Son.

Då sade Maria: Se, jag är Herrens tjänarinna; varde mig efter ditt ord! (Luk. 1:26—38.)

Och Ordet vart kött. (Joh. 1:14.)

2. Marie besök hos Elisabet.

I de dagarna stod Maria upp och begav sig skyndsamt till bergsbygden till en stad i Juda. Och hon gick in i Sakarias' hus och hälsade Elisabet. Och det hände, när Elisabet hörde Marias hälsning, att barnet spratt till i hennes liv, och Elisabet vart uppfylld med den Helige Ande. Och hon ropade med hög röst och sade: Välsignad är du ibland kvinnor, och välsignad är din livsfrukt. Och vadan händer mig detta, att min Herres moder kommer till mig? Salig är du, som har trott; ty det, som blivit sagt till dig av Herren, skall gå i fullbordan. Och Maria sade: Högt prisar min själ Herren, och min ande jublar i Gud, min Frälsare; ty han har sett till sin tjänarinnas ringhet. Se, hädanefter skola alla släkten prisa mig salig. Maria stannade hos Elisabet vid pass tre månader och återvände så till sitt hem. (Luk. 1:39—56.)

3. Jesu födelse.

Och hon födde sin son, den förstfödde, insvepte honom i lindor och lade honom i en krubba; ty för dem fanns icke plats i härbärget. Och det var i samma nejd herdar, som voro ute på fältet och om natten höllo vakt över sin hjord. Och se, en Herrens ängel stod bredvid dem, och Guds här-

Rosenkransen. 441

lighet kringsken dem, och de grepos av stor fruktan. Men ängeln sade till dem: Frukten icke; ty se, jag bådar eder stor glädje, som skall vederfaras hela folket: I dag, i Davids stad är eder född Frälsaren, som är Kristus, Herren. Och plötsligt visade sig omkring ängeln en mängd av den himmelska härskaran, som lovade Gud och sade: Ära vare Gud i höjden och på jorden frid åt människor, som hava hans välbehag. Och herdarna kommo brådskande och funno Maria och Josef och barnet, som låg i krubban. (Luk. 2:7—16.)

4. Jesu frambärande i templet.

Sedan Marias reningsdagar efter Mose lag voro fullbordade, förde de barnet till Jerusalem för att framställa det inför Herren och frambära offret, såsom det är sagt i Herrens lag: ett par turturduvor eller två unga duvor. Och då föräldrarna buro in barnet Jesus, tog Simeon det på sina armar, prisade Gud och sade: Herre, nu låter du din tjänare fara i frid efter ditt ord; ty mina ögon hava sett din frälsning, vilken du har berett inför alla folks åsyn: ett ljus till hedningarnas upplysning och till ditt folk Israels förhärligande. Och Simeon välsignade dem och sade till hans moder Maria: Se, denne är satt till fall och till upprättelse för många i Israel; och ett svärd skall gå igenom din egen själ. (Luk. 2:22—35.)

5. Den tolvårige Jesus i templet.

Och hans föräldrar gingo vart år vid påskhögtiden till Jerusalem. Och när Jesus hade blivit tolv år gammal, drogo de efter högtidens sedvänja upp till staden. Och då de efter dagarnas slut återvände, blev Jesus kvar i Jerusalem, och hans föräldrar märkte det icke. Och det hände, att de efter tre dagar funno honom i templet, sittande mitt ibland lärarna, hörande och frågande dem. Och alla som hörde honom, häpnade över hans förstånd och svar. När de sågo honom, förundrades de; och hans moder sade till honom: Son, varför har du gjort oss detta? Se, din fader och jag hava sökt dig med smärta. Då sade han till dem: Varför haven I sökt mig? Vissten I icke, att jag bör vara i det, som hör min Fader till? Och han drog ned med dem och kom till Nasaret; och han var dem underdånig. (Luk. 2:41—51.)

Den smärtorika rosenkransens hemligheter.

1. Som för oss har svettats blod.
2. Som för oss har blivit hudflängd.
3. Som för oss har blivit krönt med törnen.
4. Som för oss har burit korset.
5. Som för oss har blivit korsfäst.

1. Jesu dödsångest på Oljeberget.

Och han gick ut och begav sig efter sin sedvana till Oljeberget; även lärjungarna följde honom. Då han kommit till stället, sade han till dem: Bedjen, att I icke mån falla i frestelse. Och han skildes ifrån dem så mycket som ett stenkast, föll på knä, bad och sade: Fader, vill du, så tag denna kalk ifrån mig; ske dock icke min vilja, utan din. Då syntes för honom en ängel från himmelen, som styrkte honom. Och då han överfölls av dödsångest, bad han ännu enträgnare. Och hans svett vart såsom blodsdroppar, som föllo ned på jorden. Och han stod upp från bönen, kom till sina lärjungar och fann dem insomnade av sorg. Då sade han till dem: Varför soven I? Stån upp och bedjen, att I icke mån falla i frestelse. (Luk. 22:39—46.)

2. Jesu hudflängning.

Och Pilatus kallade tillhopa översteprästerna, rådsherrarna och folket och sade till dem: I haven fört till mig denne man, såsom den vilken uppviglar folket; och se, jag har förhört honom i eder närvaro men icke funnit hos honom något av de brott, för vilka I anklagen honom, ej heller Herodes. Därför vill jag tukta och frigiva honom. Han måste nämligen vid högtiden giva dem en fånge lös. Men hela hopen skrek på en gång och sade: Bort med denne, och giv oss Barabbas lös! Åter talade Pilatus till dem, emedan han ville giva Jesus lös. Men de ropade emot och sade: Korsfäst, korsfäst honom! (Luk. 23:13—21.)

Pilatus sade till dem: Vad ont har han då gjort? Men de skriade ännu mer: Korsfäst honom! Och Pilatus, som ville göra folket till viljes, frigav Barabbas och lät gissla Jesus. (Mark. 15:14, 15.)

3. Jesu törnekröning.

Därpå togo landshövdingens soldater Jesus in i rättens hus och församlade hela truppen omkring honom. Och de avklädde honom och kastade en scharlakansmantel över honom. Och de flätade en krona av törnen, satte den på hans huvud och gåvo honom ett rör i högra handen. Och de böjde knä inför honom, begabbade honom och sade: Hell dig, judarnas konung! Och de spottade på honom, togo röret och slogo honom på huvudet. (Matt. 27:27—30.)

Och Jesus gick ut, bärande törnekronan och purpurmanteln. Då sade Pilatus till dem: Se människan! När nu översteprästerna och tjänarna sågo honom, ropade de och sade: Korsfäst, korsfäst honom! Då överlämnade han Jesus åt dem till att korsfästas. (Joh. 19:5, 6, 16.)

4. Jesu korsbärande.

Då togo de Jesus och förde honom ut. Och han bar sitt kors och gick ut till det ställe, som kallas huvudskalleplatsen, men på hebreiska Golgata. (Joh. 19:16, 17.)

Och då de förde honom bort, grepo de en viss Simon från Cyrene, som kom från sin lantgård, och lade korset på honom, att han skulle bära det efter Jesus. Och efter Jesus följde en stor hop folk och kvinnor, vilka jämrade sig och gräto över honom. Då vände sig Jesus om till dem och sade: I Jerusalems döttrar, gråten icke över mig, utan gråten över eder själva och över edra barn! Ty gör man så med det gröna trädet, vad skall då icke ske med det torra? Och det fördes med honom även två andra, som voro missgärningsmän, till att avlivas. (Luk. 23:26—32.)

5. Jesu korsfästelse.

Och då de kommo till det ställe, som kallas huvudskalleplatsen, korsfäste de honom och missgärningsmännen, den ene på hans högra sida och den andre på hans vänstra. Då sade Jesus: Fader, förlåt dem; ty de veta icke, vad de göra. Och det var vid sjätte timmen, och det kom ett mörker över hela jorden ända till nionde timmen. (Luk. 23:33—44.)

Och vid Jesu kors stodo hans moder och hans moders syster Maria, Kleofas hustru, och Maria Magdalena. När nu Jesus såg sin moder och den lärjunge, som han älskade, stå där, sade han till sin moder: Kvinna, se, din son! Sedan sade han till lärjungen: Se, din moder! (Joh. 19:25—27.)

Och Jesus ropade med hög röst och sade: Fader, i dina händer befaller jag min ande. Och då han hade sagt detta, uppgav han anden. (Luk. 23:46.)

Den ärorika rosenkransens hemligheter.

1. Som har uppstått ifrån de döda.
2. Som har uppfarit till himmelen.
3. Som har sänt oss den Helige Ande.
4. Som har upptagit dig, o Jungfru, i himmelen.

5. Som har krönt dig, o Jungfru, i himmelen.

1. Jesu uppståndelse.

Vid sabbatens slut, i gryningen till första dagen i veckan, kommo Maria Magdalena och den andra Maria för att se på graven. Och se, det uppkom en stor jordbävning; ty en Herrens ängel steg ned från himmelen, närmade sig, bortvältrade stenen och satte sig på den. Och ängelns utseende var såsom ljungeld och hans klädnad såsom snö. Och väktarna skälvde av fruktan för honom och voro såsom döda. Men ängeln tilltalade kvinnorna och sade: Rädens icke, ty jag vet, att I söken Jesus, som blivit korsfäst. Han är icke här, ty han har uppstått, såsom han har sagt. Kommen och sen stället, där Herren varit lagd. Och gån skyndsamt och sägen hans lärjungar, att han är uppstånden; och se, han går före eder till Galileen; där skolen I se honom. (Matt. 28:1—7.)

2. Jesu himmelsfärd.

Och han förde dem ut till Betania och upplyfte sina händer och välsignade dem. Och det hände, under det han välsignade dem, att han skildes från dem och uppfor till himmelen. (Luk. 24:50, 51.)

Och då de blickade efter honom, under det han uppfor till himmelen, se, då stodo två män hos dem i vita kläder och sade: I män från Galileen, varför stån I och sen upp mot himmelen? Denne Jesus, som från eder har blivit upptagen i himmelen, skall återkomma på samma sätt, som I haven sett honom uppfara till himmelen. Sedan vände de tillbaka till Jerusalem från det berg, som kallas oljeberget, vilket ligger nära Jerusalem, en sabbatsväg därifrån. (Ap. G. 1:10—12.)

3. Den Helige Andes utgjutande.

När pingstdagen hade ingått, voro de alla endräktigt församlade. Då kom plötsligt ett dån ifrån himmelen, såsom av en framfarande väldig vind och uppfyllde hela huset, där de sutto. Och för dem syntes tungor såsom av eld, vilka fördelade sig och satte sig på var och en av dem. Och de uppfylldes av den Helige Ande och började tala på olika tungomål, alltettersom den Helige Ande förlänade dem att tala; och det fanns i Jerusalem bosatta judar, gudfruktiga män av alla folk under himmelen. Då nu detta ljud hördes, strömmade mängden tillsammans och blev utom sig av häpnad; ty var och en hörde dem tala på sitt eget språk. Och alla häpnade, förundrade sig och sade: Vi höra dem på våra egna tungomål tala om Guds storverk. (Ap. G. 2:1—11.)

4. Marie himmelsfärd.

Den heliga Jungfrun, som i livet hade delat alla Kristi öden, skulle även i döden vara lika med honom. Hennes kropp som hade varit den Helige Andes underbara tempel skulle icke se dödens förgängelse. Utan minsta skugga av synd hade hon alltid varit, därför skulle hon heller icke drabbas av syndens sista straff. Hon dog och lades i graven, men snart förenades hennes själ åter med kroppen, och hon upptogs i himmelen för att evigt få glädja sig i sin Sons oändliga härlighet. Upptagen är Maria i himmelen, däröver glädja sig änglarna, och i gemensam lovsång prisa de Guds Son. (Festmässans liturgi.)

5. Marie kröning i himmelen.

Om 'rättfärdighetens krona är förvarad för alla dem som älska Herrens tillkommelse' (2 Tim. 4:8), huru härlig måste då icke den krona ha varit, varmed Herren krönte den heliga Jungfrun vid hennes inträde i himmelen! Hon var full av nåd; hon var upphöjd till den högsta värdighet, till värdigheten av Guds moder. I denna dubbla egenskap kröntes hon av sin gudomlige Son med ära och härlighet såsom himmelens, såsom människornas och änglarnas drottning. Icke utan skäl tillämpa därför de heliga fäderna på Maria den syn, som aposteln Johannes såg i himmelen: en kvinna klädd med solen, och månen under hennes fötter, och på hennes huvud en krona av tolv stjärnor. (Upp. 2:10.)

Marie första tempelgång.
(21 november.)

Kyrkobön. O Gud, som har velat att den saliga, alltid rena Jungfru Maria, den helige Andes helgedom, i dag skulle framställas i templet, förläna oss på hennes förbön, vi bedja dig, att även vi en gång må förtjäna att bliva framställda i din härlighets tempel. Genom Kristus, vår Herre. Amen.

Slutbön.

Herre Jesus Kristus, du är vägen, sanningen och livet, förläna oss nådigt, att vi genom din heliga moders, den allrasaligaste Jungfru Marias, förbön måtte vandra på dina buds vägar och sålunda uppnå det eviga livet: Du som lever och regerar från evighet till evighet. Amen.

Maria-psalmer.

Att älska Maria.

Att älska Maria, min sällhet det är, * Att henne få tjäna mit hjärtas begär; * I sorg och i glädje för henne det slår, * Och i denna kärlek min lycka består.

Maria, jag böjer här knä vid din fot * Och ber dig att taga min kärlek emot. * Du heliga moder, ditt barn vill jag bli; * Jag vet, att du vill i all nöd stå mig bi.

Om nu jag ej älskar och tjänar dig rätt, * Så värdes mig lära det riktiga sätt; * Ja, lär mig att vara i allt det du vill; * I liv och i död vill jag höra dig till.

Välsignelse sig gjutit.

Välsignelse sig gjutit * Utöver Davids hus; * Ur knoppen blomman skjutit * I morgonrodnans ljus.

Gud kommer nu till jorden * Att krossa mörkrets makt * Och fylla löftesorden, * Som han i Eden sagt.

Han snart sitt folk förlossar * Ur all dess nöd förvisst: * En kvinna ormen krossar * Trots all hans onda list.

Den kvinna är Maria, * Hon föder Jesus Krist * Som jorden skall befria * Trots all vår synd och brist.

Så låt oss Herren lova * För hans barmhärtighet * Och för hans nådegåva * I tid och evighet.

Hell dig, Maria väna.

Hell dig, Maria väna, * Du morgonstjärna klar, * Vars glans, den starka, rena, * Oss solen bådat har. * Du är från evighet * Till Herrens moder korad. * Dig gläd, o kristenhet.

Stabat Mater.

Han själv till dig sig vände, * Din Skapare och Gud. * Han Gabriel dig sände * Med detta glädjebud: * 'Hell, Jungfru, ren och skär, * Guds välbehag dig hälsar, * Av nåd du uppfylld är.

Se, över dig skall flöda * Den Helge Andes makt, * Fast Jungfru, skall du föda, * Som förr profeten sagt. * Från fader Davids tron * Med rätt och nåd skall härska * Ditt barn som är Guds Son.'

'Kan sådan nåd jag finna, * Hur skall då detta ske? * Se, Herrens tjänarinna, * Beredd till korsets ve.' * Då blev Guds helga Ord * Med blodets band vår broder * Och bodde på vår jord.

Ja, du är utvald vorden, * O, Jungfru, moder kär, * Guds sanne Son på jorden * Du i ditt sköte bär. * Du Andens helga brud, * Du underbara moder, * O bed för oss till Gud.

Stabat Mater.

Modern stod med krossat hjärta * vid det kors, där gränslös smärta * Sonen led för syndig värld. * Gruvlig ångest henne brände, * och hon modershjärtat kände * genomborrat av ett svärd.

Huru sorgsen, hur bedrövad, * övergiven, tröst berövad, * var Guds moder i sin nöd! * Vem kan fatta vad hon lidit, * huru hennes hjärta svidit * under Sonens bittra död!

Kan du stå vid hennes sida * utan att med henne lida * under folkets spe och hån? * Kan du tårlös se den smärta, * vilken sargar moderns hjärta, * lidande med älskad Son?

För oss fallna mänskor plågad, * smärtans kalk, till brädden rågad, * hon nu Sonen tömma ser. * Och hon hör emellan ropen * av den grymma pöbelhopen, * huru han till Fadern ber.

15 — *Oremus.*

Jesu moder, kärleks källa, * då jag ser dig tårar fälla, * vill jag gråta ock med dig. * Dina kval må mig förtära! * Honom älska, honom ära, * o Maria, lär du mig.

Helga moder, lär mig känna * Jesu kval, att de må bränna * djupt sig in uti min själ. * Han i smärta har sig vridit, * han för mig har döden lidit. * Låt mig i hans kval få del.

Moder, låt med dig mig gråta, * ty att Gud mig må förlåta, * syndens straff din Son nu bär. * Låt vid korset mig få dröja. * Ödmjukt där jag knä vill böja * vid din sida, moder kär.

Helga Jungfru, ärorika, * skulle mina krafter svika, * hjälp du mig att härda ut. * Dina kval må mig förtära, * ödmjukt vill jag korset bära, * tåligt intill livets slut.

Låt mig känna Jesu smärta, * kärlek brinne i mitt hjärta * för hans kors och för hans blod. * Var mig när i varje fara, * mig från evig död bevara, * helga moder, huld och god.

Låt mig korset trofast bliva, * det allena kan mig giva * hjälp uti min sista nöd: * Så att fri från stoftet anden * svävar till de sälla landen, * där ej finnes någon död. Amen.

Marie rosenkrans

Av fagra rosor små * En krans jag binda må * I vit och röd och gyllne glans: * Guds moders rosenkrans.

De vita rosors snö * Är du, Maria mö, * Är lyckans skimmer i din barm * Av barnet på din arm.

De röda rosors blod * Är dina smärtors flod, * Din sorg och djupa hjärtenöd * Vid Jesu bittra död.

De gyllne rosors prakt * Förtäljer Sonens makt, * Hans seger över död och grav * Och kronan, han dig gav.

Med kransen för din fot * Min andakt tag emot. * Att jag som du av Herren må * Min segerkrona få.

Du drottning över Nordens land.

Du drottning över Nordens land, * Vi hälsa dig, Maria! * Välsigna med din milda hand * Ditt folk, som förr, Maria. * Då Norden korat Jesus Krist, * Din Son, till drott, Maria, * Du Nordens drottning blev förvisst * Till evig tid, Maria.

Din bild då prydde väg och torg * Allt landet runt, Maria. * I hem och tempel, by och borg * Din tron var rest, Maria. * I kraft av gamla löftens lag * Är riket ditt, Maria, * Kom med din Son och spiran tag * Som drottning än, Maria.

Då klingar högt från fjord till fjäll * Med vårstorms makt, Maria. * Var nordmän bo i slott och tjäll, * Din hyllningssång, Maria. * Den härs med djupa skogars sus * Från bygd till bygd, Maria, * Vid tusen forsars orgelbrus: * 'Hell drottning, hell Maria!'

Havets stjärna.

Havets stjärna klara, * *Hell Maria vän!* * Strålglans underbara, * *Hell Maria vän!* * *Vår tröst i storm och nöd,* * *Vårt hopp i natt och död.*
Havets böljor rasa; * Kring oss djupets fasa.
Medan stormen ryter, * Milt ditt ljus frambryter.
Hoppet återvänder, * Du oss räddning sänder.
Jungfru utan like, * Drottning i Guds rike.
Se med modersöga * Ned från himlen höga.
Trygghets fyr i hamnen, * Med Guds Son i famnen.

Salve Mater.

Salve mater misericórdiae, * Mater Dei et mater véniae, * Mater spéi et mater grátiae, * Mater plena sanctae laetítiae, * O Maria!

Salve decus humáni géneris, * Salve Virgo dígnior céteris, * Quae vírgines omnes transgrederis * Et áltius sedes in súperis, * O Maria!

Salve felix Virgo puérpera: * Nam qui sedet in Patris déxtera, * Caelum regens, terram et aéthera, * Intra tua se clausit víscera, * O Maria!

Esto mater nostrum solátium, * Nostrum esto tu, Virgo, gáudium; * Et nos tandem post hoc exsílium * Laetos junge choris caeléstium. * O Maria!

Hell dig, barmhärtigheten moder, Guds moder och mildhetens moder, du hoppets och nådens moder, den heliga glädjens ljuva moder, o Maria!

Hell dig, vårt släktes heder, Jungfru över alla Jungfrur. Hell dig i din renhets höga värdighet, På himlens konungsliga tron, o Maria!

Hell dig, Jungfru, Kristi moder, ty han som sitter på Faderns högra hand och härskar över himmel, jord och ljusets rymd, slöt ödmjukt in sig i ditt sköte, o Maria!

Var du, o moder, vår hjälp och tröst. Var du, o Jungfru, vårt hjärtas fröjd. Och sist, när vår landsflykt ändats, förena oss sälla med himmelens körer, o Maria!

Enskilda helgon.

Andra helgon. Änglar.

Jesus Kristus, vår Frälsare och ende medlare, har genom sin död och sin uppståndelse blivit all nåds källa. Såsom den sanna vinstocken är han den livgivande och enande kraften i de heligas samfund. Genom honom stå de troende på jorden i förbindelse med himmelens helgon. De katolska kristna tillbedja varken Jungfru Maria eller något annat helgon; de anropa dem om deras mäktiga förbön hos Gud. Det som är ädelt mänskligt, upphör icke utan förädlas och fullkomnas i Guds rike. Så förklaras katolikens beundran för och kärlek till de heliga män och kvinnor, som med hjältemodig offervilja följt Kristus efter; vördnad för deras bilder och reliker är blott en självfallen konsekvens.

3 december.

S:t Franciskus Xaverius.

† 1552. Kyrkans store banbrytare i Indien och Japan. Det katolska missionsarbetets skyddshelgon.

Kyrkobön. O Gud, du som genom den helige Franciskus' predikan och underverk velat föra Österns folk till din heliga Kyrka, förläna oss nådigt, att vi, som fira hans oförlikneliga gärning, även må följa hans lysande föredöme. Genom Kristus, vår Herre. Amen.

26 december.

S:t Stefanus.

Kyrkans förste martyr; jfr Apostlagärningarna kap. 6.

Helige Stefanus, du blev av den unga Kyrkan i Jerusalem utsedd till diakon, till tjänare i helgedomen, och av apostlarna genom handpåläggning och bön vigd till helig tjänst. Gud själv vittnar om dig, att du var full av tro och den Helige Ande, full av nåd och kraft. Du åter vittnade för Kristus med sådan framgång, att ingen kunde motstå den vishet och ande, som talade ur dig. Herren stadfäste ditt ord genom de stora under och tecken, som du gjorde bland folket. Men sanningen föder hat. Sanningens fiender släpade dig inför Stora rådet. Där vittnade du inför domstolen, att i Jesus från Nasaret Moses' förutsägelse gått i fullbordan. Dina domare se ditt ansikte lysa såsom en ängels ansikte, när du ser upp mot himmelen och får se Guds härlighet och Jesus, stående på Guds högra sida. De kunna icke vederlägga dig. De ropa med hög röst, hålla för sina öron, rusa mot dig och driva dig ut ur staden för att stena dig. Översköljd av blod faller du på knä och ropar: Herre Jesus, tag emot min ande. Och liksom Frälsaren bett på korset: Fader, förlåt dem, så var ditt sista ord en bön för dina bödlar: Herre, tillräkna dem icke denna synd.

Så levde, så dog du som Herrens trogne lärjunge. Du offrade med glädje ditt unga liv, du var den förste, som utgöt sitt blod för Kristus, den förste bland alla kristna blodsvittnen. Nu är du för alltid förenad med honom i salighet och härlighet. Så bed då för mig vid Guds tron, att även jag må vittna för Kristus; bed för mig, att jag såsom apostlarna må glädja mig, när jag befinnes värdig att lida smälek för Jesu namn; bed för mig, att jag bekänner Kristus och hans gudom icke allenast med munnen, utan även genom ett äkta kristligt liv.

F. Bed för oss, helige Stefanus.

Sv. Att vi må värdiga varda Kristi löften.

Kyrkobön. Förläna oss, o Herre, att efterfölja vad vi vörda, på det att vi må lära oss att älska

Enskilda helgon.

även våra fiender, då vi fira dens minne, som icke tvekade att för sina fiender bedja till vår Herre Jesus Kristus, din Son, vilken lever och regerar från evighet till evighet. Sv. Amen.

18 januari.

S:t Petri Cathedra.

Dagen firas till minne av att aposteln Petrus varit biskop i Rom.

Kyrkobön. O Gud, som givit din helige apostel Petrus himmelrikets nycklar och med dem den översteprästerliga fullmakten att lösa och binda, giv att vi, understödda av hans förbön, måtte befrias från våra synders bojor, du som lever och regerar från evighet till evighet. Amen.

19 januari.

S:t Knut, konung och martyr.

S:t Knut har slutfört Danmarks kristnande. † 1086, begraven i Odense.

Kyrkobön. O Gud, du, som till din Kyrkas förhärligande har värdigats utmärka den salige konung Knut med martyrpalmen och med härliga underverk, förläna nådeligen, att, såsom han var Kristi efterföljare uti dennes lidande, även vi måtte träda i Kristi fotspår, och så varda värdiga att ingå i den eviga saligheten. Genom samme Kristus, vår Herre. Amen.

S:t Henrik, biskop och martyr.

S:t Henrik var biskop av Uppsala och följde med S:t Erik på dennes korståg till Finland. Därefter biskop av Åbo. Martyr i Finland på 1150-talet.

Kyrkobön. Allsmäktige, evige Gud, som givit din helige martyr och biskop Henrik martyrdödens härliga segerkrona, giv, att även vi genom hans dygder och förbön må varda del-

Enskilda helgon.

aktiga av din nåd och härlighet. Genom Kristus, vår Herre. Amen.

21 januari.
S:ta Agnes, jungfru och martyr.
† i Rom omkring 250.

Kyrkobön. Allsmäktige, evige Gud, du som utväljer de svaga i världen för att komma de starka på skam, förläna oss nådigt, att vi, som fira minnet av din heliga jungfru och martyr Agnes, må röna hennes mäktiga beskydd. Genom Kristus, vår Herre. Amen.

25 januari.
S:t Pauli omvändelse.
Jfr: Apostlagärningarna kap. 9.

Kyrkobön. O Gud, som har upplyst världen genom din helige apostel Pauli predikan, förläna oss, vi bedja dig, att vi, som fira hans omvändelses högtidsdag, må följa hans exempel och sålunda komma till dig. Genom Kristus, vår Herre. Amen.

3 februari.
S:t Blasius, biskop och martyr.
† 316.

På hans festdag utdelas den s. k. Blasiusvälsignelsen såsom särskilt skydd mot halssjukdomar. Prästen säger vid välsignelsen:

Genom den helige biskopen och martyren Blasius' förbön bevare dig Herren för varje halssjukdom och allt annat ont. I Faderns och Sonens och den Helige Andes namn. Amen.

Kyrkobön. O Gud, du som varje år gläder oss genom din salige martyr och biskop Blasius' fest, förläna oss nådigt, att vi, som fira hans minne, även få glädja oss över hans beskydd. Genom Kristus, vår Herre. Amen.

S:t Ansgarius.

3 februari.

S:t Ansgarius, Nordens apostel.

† 865 som ärkebiskop av Hamburg-Bremen.

F. Låtom oss prisa Gud, den Treenige, som är all helighets ursprung och lön.
Sv. Honom vare tack och lov och tillbedjan i all evighet!
F. Allsmäktige Gud, du evighetens konung, vi tillbedja dig. Vi prisa dig med innerlig glädje på denna festdag, då vi fira minnet av din store biskop och bekännare, vår fader i tron, den helige Ansgarius. Du korade honom i nåd till de nordiska folkens apostel, din barmhärtiga Försyn ledde honom från hans barndoms hem till ett okänt land, och från klostrens stilla frid till apostoliska arbetens möda. Din var kallelsen, från dig utgick nåden, i vilkens kraft han bar Evangeliets ljus till fjärran kust och grundade Kristi Kyrka i Norden. Dig, vår Gud och Herre, tacka vi av hjärtat för all den välsignelse, du låtit komma Norden till del genom den store helige Ansgarius.
Sv. Dig vare tack och lov och tillbedjan i all evighet!
F. Folken, som vandrade i mörkret, sågo dagen gry.
Sv. Och ljuset lyste för dem, som bodde i dödsskuggans dal.

Helige Ansgarius, av himmelen utvald till att bära fram Guds namn inför Nordens folk, med tacksamhet minnas vi ditt heliga liv och din självförglömmande iver för Kyrkan i Norden. Med ödmjuk glädje lydde du Guds röst, som genom dina överordnade kallade dig till apostlaämbetet; med hänförelse följde du kallelsen till den härliga men svåra gärningen. Du unnade dig ingen vila, förrän du nått fram till det vilda, ogästvänliga land, som anförtrotts i

S:t Ansgarius.

dina händer, och fylld av nitälskan för själarnas frälsning begynte du din sändnings mödosamma arbete.

F. Helige Ansgarius, brinnande av iver att följa Guds sändning.

Sv. Bed, att vi må likna dig, som är vår fader i tron!

Helige Ansgarius, vilken glädje och tacksamhet fyllde icke din själ, då du efter många svåra umbäranden och faror äntligen kunde bära fram Kristi namn och glada budskap till själva hjärtat av den nordiska hedendomen, plantera Kristi kors på klippans höjd, synligt långt ut över land och sjö, och bygga den första kristna kyrkan i Norden. Du tröstade fångna trälar, gjorde gott mot alla och samlade en kristen menighet, som under långa tider förblev Gudsrikets yttersta bålverk i Norden. Helige Ansgarius, i anden skåda vi ditt minnesmärke i Norden och din livsgärnings symbol, och tacka Gud med jublande glädje, att vi äga den tro, du här predikat, att vi tillhöra den Kyrka, som sände dig till detta land.

F. Helige Ansgarius, omstrålad av apostolisk kraft och härlighet.

Sv. Bed, att vi må likna dig, som är vår fader i tron!

Helige Ansgarius, vi minnas med vördnad ditt heliga tålamod i motgångens dagar. Du såg törnen och tistlar växa fram, där du sått kärlek och tro; förföljelse och misshandel skördade du från deras sida, som skulle ha varit dina tacksamma lärjungar. Men även i landsflykten bad, led och verkade du oavbrutet för de folk och de länder, som anförtrotts åt dig. Och du upphörde icke att hoppas intill ditt livs afton. Då först förunnades dig att skåda en ljusare tids gryning; du kunde ännu utsända dina lärjungar till att skörda, vad du en gång sått i

S:t Ansgarius. 459

möda och motgång. Så var din livsgärning fullbordad, och du fick som den gode och trogne tjänaren ingå i din Herres glädje.
F. Helige Ansgarius, stark och ödmjuk i motgång och lidande.
Sv. Bed, att vi må likna dig, som är vår fader i tron.

Helige Ansgarius, Nordens apostel, vår förespråkare vid Guds tron, vi bedja dig på denna din minnesdag, att du värdes se ned till Nordens länder, som du älskat och alltjämt älskar med helig kärlek. Vi bedja dig, att du ville föra ditt verk till slutlig seger. Se ned till den lilla hjord, som är lycklig att hålla fast vid den tro, som du förkunnat. Välsigna vår Biskop i hans mödosamma arbete, välsigna våra präster, att deras skörd må bliva rik, bed för våra församlingar, att de må växa till i tro och antal! Bed för oss alla, att vi må visa oss som dina sanna lärjungar och som värdiga medlemmar av den heliga Kyrkan, vars trofasta sändebud och store biskop du var här på jorden, och vars stolthet och prydnad du är i himmelen, där du är vår förespråkare hos Jesus Kristus, som med Fadern och den Helige Ande lever och regerar, en Gud i all evighet. *Sv.* Amen.
F. Bed för oss, helige Ansgarius.
Sv. Att vi må värdiga varda Kristi löften.

Låtom oss bedja. O Gud, du som givit Nordens folk din tjänare, den helige Ansgarius, till Evangeliets förste förkunnare och apostel, förläna oss nådigt på hans förbön, att vi genom ståndaktighet i tro och kärlek må uppnå det eviga livets härlighet, genom Kristus, vår Herre. *Sv.* Amen.

Enskilda helgon.

15 februari.
S:t Sigfrid, biskop.

Anglosaxisk missionär.; Sveriges andre apostel. En vitt spridd kult knuten till hans namn.

Kyrkobön. O Gud, genom vars nåd den helige Sigfrid, din bekännare, blev utvald att predika ditt heliga Evangelium, förläna oss, vi bedja dig, på hans mäktiga förbön, att den lära han predikat måtte upplysa och hans förbön beskydda oss. Genom Kristus, vår Herre. Amen.

19 mars.
S:t Josef.

Jungfru Marias brudgum, Jesu fosterfader.

Bön om den helige Josefs beskydd.

Helige Josef, Jesu fosterfader och Marias kyske brudgum, jag utkorar dig i dag till min beskyddare och förespråkare vid Guds tron. Jag beder dig, bistå mig i alla mina företag och skydda mig mot alla faror till kropp och själ. Vid den faderliga omvårdnad du haft om Jesus och Maria, vid din heliga renhet beder jag dig, föreställ mig för din gudomlige fosterson, och för hans heliga moder, din jungfruliga brud. Utverka mig nåden att aldrig falla i synder mot hjärtats renhet. När du ser mig stadd i frestelse eller fara att synda, avlägsna från mig alla orena tankar och begär. Uppfyll mitt hjärta med helig gudsfruktan, med tanken på döden och evigheten, med hågkomsten av Jesus, den korsfäste, och av Maria, hans smärtorika moder.

Helige Josef, var du min trogne ledsagare på livets pilgrimsfärd och låt mig aldrig avvika från Guds vägar. Var mitt stöd i livets vedermödor, mitt skydd i alla faror, min tröstare i

S:t Josef.

lidanden och bekymmer. Skydda mig troget, till dess jag under din ledning uppnått de levandes land, där jag med dig och din heliga brud och alla himmelens helgon evigt skall glädja mig i Gud, min Frälsare. Amen.

Andakt till den helige Josef.

1. Den heliga Jungfruns brudgum.

Helige Josef, bland alla män av Davids kungliga släkt blev du av Gud korad till Marias jungfrulige brudgum. Du älskade henne för hennes egen och hennes gudomlige Sons skull och helgade åt henne näst efter Jesus alla dina krafter. Vi tacka dig för all den omvårdnad du ägnat vår Herres moder och alla de lidanden du utstått med och för henne.

F. Ängeln Gabriel sändes av Gud till Jungfru Maria i Nasaret.

Sv. Som var trolovad med en man av Davids hus, vilkens namn var Josef.

Helige Josef, såsom du älskade den heliga Jungfrun för hennes innerliga gemenskap med Jesus, så älskar du alla själar allt efter graden av deras förening med Jesus. Vi bedja dig, utverka åt oss hos din gudomlige fosterson nåden att avlägga all oordnad kärlek till världen och oss själva; giv, att vi uppriktigt älska honom, dagligen tillväxa i denna kärlek och sålunda komma till innerlig gemenskap med honom. *Sv.* Amen.

2. Jesu fosterfader; Kyrkans skyddshelgon.

Helige Josef, framför alla har Gud utvalt dig till fosterfader åt sin älskade Son Jesus Kristus. Du icke blott såg honom, vilken många profeter och konungar önskat se; du bar honom på dina armar, du gav honom föda och kläder, honom som uppehåller och uppfyller med väl-

signelse allt som andas. Du vårdade och beskyddade honom, som bär allt med sin arms makt. Världsalltets skapare, himmelens och jordens Konung, kallade dig fader och var dig underdånig. Ödmjukt tillbedja vi med dig Guds människoblivne Son, som så djupt förödmjukade sig; men på samma gång prisa vi dig salig, dig som av Gud blivit upphöjd till så stor värdighet.
F. Och Jesus var omkring trettio år gammal.
Sv. Och ansågs för Josefs son.

Helige Josef, för din stora värdighets skull har Kyrkan utmärkt dig, näst efter din heliga brud, framför alla helgon; i tider av nöd och förföljelse vände hon sig till dig såsom till sin store förespråkare vid Guds tron; i dessa sista tider har hon högtidligen valt dig till sin skyddsherre. Du, som älskade Jesus med en faders kärlek, tager även innerlig andel i hans Kyrkas öden. Hon är ju hans rike, hans hjord, hans brud, hans hemlighetsfulla lekamen. Antag dig därför med faderlig kärlek den heliga Kyrkan. Bed för henne vid din gudomlige fostersons tron, att han må försvara sitt arv, utbreda sitt rike, luttra och helga alla lemmar på sin hemlighetsfulla lekamen och föra dem till himmelens rike. Bed för Kyrkans överste herde, vår Helige fader N., för Kyrkans biskopar och präster, för alla Kyrkans barn, på det alla må leva efter evangeliets föreskrifter och alltmer varda värda Herrens löften. *Sv.* Amen.

3. Den heliga familjens huvud.

Helige Josef, den heliga familjens huvud, det hus, som du i Nasaret förestår, är ringa och lågt, men större än alla konungapalats på jorden, större än Jerusalems härliga tempel; ty himmelens och jordens Herre bor i ditt hem. Med djup vördnad inträda vi i anden i det heliga huset i Nasaret och se med beundran den lycka, frid och salighet, som råder därinne.

F. Han satte honom till herre över sitt hus.

Sv. Och till härskare över all sin egendom.

Helige Josef, beskydda våra familjer och församlingar. Måtte de likna den heliga familjen i Nasaret! Måtte den kärlek och frid, det ömsesidiga deltagande och den beredvilliga hjälpsamhet, som utmärkte densamma, härska i alla kristna familjer! Frambär, helige Josef, denna vår önskan inför Frälsaren, som efterlämnat oss sin frid såsom ett heligt arv och betecknat ömsesidig kärlek som kännemärke på sina trogna. *Sv.* Amen.

4. Arbetarnas föredöme.

Helige Josef, mönster av samvetsgrannhet och trohet i ditt kall, ringa inför världen, var du stor inför himmelen, ty du var rik på dygd och helighet. Vi beundra din rättfärdighet och renhet, din lydnad mot Gud, din kärlek till ett arbetsamt och tillbakadraget liv, ditt tålamod och din förnöjsamhet. Du visar oss, att man i ett mödosamt kall, vid yttre sysslor, kan vara Herrens trogne tjänare, att man kan verka för andra och likväl i allt troget hålla Herrens lag. Vi önska av hjärtat att häruti efterfölja dig. Var du vårt skyddshelgon och förläna oss din mäktiga hjälp.

F. Gån till Josef,

Sv. Och gören vad han säger eder.

Helige Josef, hjälp oss att välja vårt sanna kall och troget uppfylla vår kallelses plikter. Må vi i allt vara rättvisa som du och alltid rena till kropp och själ; må vi efter ditt föredöme göra allt av kärlek till Jesus och Maria och icke söka att behaga världen, utan Gud. Vi fatta i dag den fasta föresatsen att i medgång och motgång troget följa ditt föredöme. Bed för oss, att den som givit den goda viljan, må giva oss kraft att även sätta den i verket. *Sv.* Amen.

5. De döendes skyddshelgon.

Helige Josef, förebild för alla, som dö i Herren; din kärlek till Jesus och Maria belönades städse med innerlig genkärlek. Huru glänsande måste denna kärlek icke hava visat sig, när du på Guds kallelse skulle skiljas från detta liv. Din heliga brud står hjälpande vid din sida; Guds Son, den tillkommande domaren, intalar dig mod och tröst och tillsluter som trogen fosterson dina ögon. Vi försätta oss i anden till din dödsbädd och prisa dig salig, du som fick avsomna i Jesu och Marie armar.

F. Må vi en gång dö de rättfärdigas död.

Sv. Och må vår hädanfärd varda lik deras.

Helige Josef, du som hade lyckan att dö i Jesu och Marie armar, kom mig till hjälp, när döden skall sluta min jordiska levnadsbana, i det avgörande ögonblick, varpå min evighet beror. Bed för mig till din gudomlige fosterson, att jag icke må dö utan Kyrkans heliga sakrament. Utverka åt mig den största bland alla nådegåvor, att avsomna i Herrens frid att utandas min själ i Jesu och Marie armar. Jesus, Maria, Josef, åt eder skänker jag mitt hjärta och min själ; i edra händer anbefaller jag min ande i livet och i döden. *Sv.* Amen. Ära vare Fadern.

S:t Josef, Kyrkans skyddshelgon.

Tredje onsdagen efter påsk.

Helige Josef, mäktigast bland patriarker, hela Katolska kyrkans skyddshelgon, du som av henne alltid åkallats i trångmål och nöd, se från din härlighets upphöjda tron kärleksfullt ned på den katolska världen. Måtte ditt faderliga

S:t Josef. 465

hjärta röras vid anblicken av Kyrkan, Kristi heliga brud, och hans ståthållare på jorden, vilka med smärta måste se, hur mäktiga fiender söka riva ned Guds heliga verk. För de stora sorgers skull, som du känt på jorden, bistå huldrikt vår Helige fader i hans ansvarsfulla arbete, beskydda honom mot alla fiender och inlägg ditt förord hos den, som giver frid och kärlek, på det att den heliga Kyrkan, befriad från alla trångmål och alla irrläror, i fullkomlig frihet må kunna tjäna Gud, den högtlovade. Amen.

Bön till den helige Josef.

(Att läsas efter rosenkransandakten.)

(568.)

Till dig, helige Josef, fly vi i vår nöd. Sedan vi anropat din renaste brud om hjälp, bedja vi även förtröstansfullt om ditt beskydd. För den kärleks skull som förenade dig med Guds moder, den obefläckade Jungfrun,' och för den faderliga kärleks skull med vilken du omfamnade Jesusbarnet, bedja vi dig, se nådigt till den kostbara arvedel som Jesus Kristus har köpt med sitt dyrbara blod. Kom oss till hjälp med din mäktiga förbön, du den heliga familjens säkra skydd och trogna stöd. Vaka över oss, Jesu Kristi utvalda släkte och folk. Håll fjärran från oss, kärleksrike fader, all villfarelsens smitta och fördärv. Bistå oss, du vår starke beskyddare, i vår kamp mot mörkrets makter, och liksom du en gång har räddat Jesusbarnet ur den yttersta livsfara, så försvara nu Guds heliga Kyrka mot alla fienders angrepp och försåt. Tag oss i ditt hägn på det att vi efter ditt föredöme och med din hjälp må leva ett heligt liv, dö en salig död och uppnå den eviga saligheten i himmelen. Sv. Amen.

Litania till den helige Josef.

Herre, förbarma dig över oss.
Kristus, förbarma dig över oss.
Herre, förbarma dig över oss.
Kristus, hör oss.
Kristus, bönhör oss.
Gud Fader i himmelen,[1]
Gud Son, världens Frälsare,
Gud Helige Ande,
Heliga Trefaldighet, en ende Gud,
Heliga Maria,[2]
Helige Josef,
Du Davids frejdade ättling,
Du glänsande ljus bland patriarkerna,
Du Guds moders brudgum,
Du den renaste Jungfruns beskyddare,
Du Guds Sons fosterfader,
Du Kristi ivrige beskyddare,
Du den heliga familjens huvud,
Josef, du rättfärdige man,
Josef, strålande i kyskhetens glans,
Josef, mönster av klokhet,
Josef, du starke hjälte,
Josef, lydnadens mönster,
Josef, trohetens förebild,
Du tålamodets spegel,
Du armodets vän,
Du arbetarnas föredöme,
Du det husliga livets förebild,
Du jungfrurnas värn,
Du familjernas stöd,
Du de olyckligas tröstare,
Du de sjukas hopp,
Du de döendes skyddshelgon,
Du de onda andarnas skräck,
Du den heliga Kyrkans skyddsherre,
Guds lamm, som borttager världens synder: *Förskona oss, o Herre.*
Guds lamm: *Bönhör oss, o Herre.*
Guds lamm: *Förbarma dig över oss, o Herre.*
F. Han satte honom till herre över sitt hus.
Sv. Och till härskare över all sin egendom.

[1] *Förbarma dig över oss.* [2] *Bed för oss.*

Enskilda helgon.

Låtom oss bedja. O Gud, du har i din outgrundliga försyn huldrikt utkorat den helige Josef till din heliga moders brudgum, vi bedja dig om nåden, att vi förtjäna hava honom till förespråkare i himmelen, då vi på jorden ära honom som beskyddare, du som lever och regerar från evighet till evighet. Amen.

22 mars.

S:ta Katarina av Vadstena, jungfru.

Den heliga Birgittas dotter. † 1381.

Kyrkobön. O Gud, du som prytt din Kyrka med din heliga jungfru Katarinas ypperliga förtjänster och förhärligat densamma med hennes underbara gärningar, förläna oss, dina tjänare, att vi genom hennes föredöme må bättra vårt liv och genom hennes beskydd må bevaras för allt ont. Genom Kristus, vår Herre. Amen.

27 april.

S:t Petrus Canisius.

Präst i Jesu Sällskap, kyrkolärare under reformationstiden. † 1597.

Kyrkobön. O Gud, du som har utrustat den helige bekännaren och kyrkoläraren Petrus Canisius med kraft och lärdom att försvara den katolska tron: giv nådeligen, att genom hans föredöme och förmaningar de vilsegångna må återfinna vägen till frälsning och de troende framhärda i sanningens bekännelse. Genom Kristus, vår Herre. Amen.

Enskilda helgon.

4 maj.
S:ta Monika.
Den helige Augustinus' moder. † 387 i Ostia.
En moders bön för sina barn.

Heliga Monika, du var själv moder; du vet, att jag älskar mina barn och önskar dem allt gott till kropp och själ. Skulle något av mina barn gå vilse, så låt mig icke förtröttas i bönen, till dess jag från syndens väg återfört det till frälsningens stig. Du har genom din bön och din kärleksfulla hängivenhet förvandlat en syndig son till ett stort helgon. Han stod vid ditt sjukläger, dina slocknande ögon blickade med glädje på honom som dina tårar fött på nytt. För denna bönhörelses skull beder jag dig, utverka åt mig hos Gud en särskild nåd. Må han, den Allgode, när jag kommer att sluta mina ögon till den eviga vilan, låta barn stå vid mitt läger, om vilka jag kan hysa den fasta förtröstan, att de skola framhärda i Guds heliga tjänst och en gång följa efter mig till himmelens härlighet för att där vara min berömmelse och krona i all evighet. Amen.

F. Bed för oss, heliga Monika.
Sv. Att vi må värdiga varda Kristi löften.

Kyrkobön. O Gud, de sörjandes hugsvalare och alla deras räddare, vilka sätta sitt hopp till dig, du som barmhärtigt tog emot den heliga Monikas fromma tårar för hennes son Augustini omvändelse, giv oss på bägges förbön, att vi må begråta våra synder och av din barmhärtighet vinna förlåtelse, genom Kristus, vår Herre. Amen.

'Min kropp få Ni begrava var som helst — Ni skola ej göra er något bekymmer för den — blott en sak ber jag er om: ihågkommen mig vid Herrens altare, var Ni än äro.' *(S:ta Monika.)*

S:t Erik.

18 maj.

S:t Erik, konung och martyr. Sveriges skyddshelgon.

† 1160 i Uppsala.

1. Hell dig, helige Erik! Vi hälsa dig med förtroende som vårt skyddshelgon. Vi fira med glädje ditt minne, ty du är vår mäktige förespråkare vid Guds tron. Född till glans och ära var du Herrens ödmjuke och trogne tjänare; rättvisans höge väktare och värn, skipade du oväldigt lag och rätt och upprätthöll med stark arm de visa lagar du stiftat för att befordra dina undersåtars timliga och eviga välfärd. Bed för oss vid Guds tron, att rätt och frihet, ordning och trygghet må råda i det land, över vilket du fordom härskat. Bed för oss, att de, vilka äro kallade att styra riket, må göra det med vishet och kraft, till den Högstes ära och vårt bästa, ihågkommande att de en gång inför konungarnas Konung måste avlägga räkenskap för sin förvaltning. Bed för oss, att vi må ära överheten och lyda dess lagar, vetande att varje rättmätig överhet är av Gud, och att den, som motsätter sig överheten, motsätter sig Gud. Bed för oss, att de mäktiga i landet icke missbruka sin makt till de svagas förtryck; att de, som arbeta i sitt anletes svett, icke i bitterhet och hätskhet uppresa sig mot dem, som skaffa tillfälle till arbete och underhåll. Bed för oss, att välviljans och endräktens band måtte förena oss alla till fäderneslandets bästa och Guds förhärligande. *Sv.* Amen.

2. Hell dig, helige Erik, mönster av kristlig fullkomlighet! Du kan nu med aposteln tillropa oss från himmelens höjd: Varen mina efterföljare, såsom ock jag var Kristi efterföljare. Genom ditt äkta kristliga liv, genom att troget hålla Kristi lag och vår heliga moders, Katolska

kyrkans bud, var du ett lysande föredöme för ditt folk. Ivern för Herrens hus förtärde dig. Du reste tempel ur gruset, du grundade nya kyrkor. Väpnad med trons sköld drog du ut mot Herrens fiender och tände i hednavärldens natt Kristi strålande ljus, villig att offra liv och gods för att utbreda Herrens rike. I sanning, du levde av tron, och tron var verksam i dig. Bed för oss, dina skyddslingar, att vi såsom vår största skatt må bevara och försvara den tro, för vilken du levde och stred; bed för oss, att vi genom äkta katolskt liv må göra den aktad och älskad, så att vårt ljus lyser för människorna, och de, som hava god vilja, må prisa Fadern, som är i himmelen, och med glädje återvända till den ena, heliga, katolska och apostoliska Kyrkan. Sv. Amen.

3. Hell dig, helige Erik, Kristi ärorike martyr! Efter ett liv, helgat genom tro och kärlek, genom stränghet mot dig själv och godhet mot alla, efter ett liv, besjälat av helig nitälskan för den Högstes ära och själarnas frälsning, kom det ögonblick, då du skulle utbyta jordens spira mot himmelens krona. Det var den dag, på vilken den heliga Kyrkan firar Kristi himmelsfärd. Dina fiender nalkades. Du låg på knä i helgedomen för att med det Nya förbundets offer lägga ditt liv som offer på Herrens altare. Fienderna kommo, och du dog som martyr för din heliga tro.

Du kunde säga med psalmisten: Jag älskade rättfärdighet och hatade orättfärdighet. Du blev ett offer för orättvis förföljelse. Du föll i striden, men gick som segrare över till ett bättre land för att taga i besittning det rike, som Herren tillrett dig från världens grundläggning. Nu är du, helige konung och martyr, krönt med ära och härlighet; nu lever du hos härlighetens Konung ett liv av oändlig sällhet; nu härskar

Enskilda helgon. 471

du med Kristus och hans helgon i himmelen. Men även på jorden lever ditt minne i välsignelse. Vi älska ditt namn; vi hålla dina reliker i ära; vi vörda och åkalla dig som vårt lands skyddshelgon. Se nådigt till oss, dina barn, och upphör icke att bedja för vårt fädernesland och alla dess barn. Bed särskilt för oss, som här äro församlade, att vi efter ett heligt liv och en salig död må vinna det eviga livets krona. Sv. Amen.

F. Dyrbar är i Herrens ögon,
Sv. Hans heligas död.
F. Bed för oss, helige Erik.
Sv. Att vi må värdiga varda Kristi löften.

Låtom oss bedja. O Gud, du som förlänat den helige Erik, din konung och martyr, segerpalmen och det himmelska rikets härlighet, giv oss nådigt genom hans förtjänster och förbön, att vi må övervinna alla hinder och lyckligt uppnå härlighetens krona i himmelen. Genom Kristus, vår Herre. Sv. Amen.

12 juni.

S:t Eskil, biskop och martyr.

Anglosaxisk missionär. Södermanlands apostel och förste biskop. Martyr omkr. 1080. Begraven i Eskilstuna.

Kyrkobön. O Gud, efter vars vilja din helige biskop Eskil för trons utbredande har ljutit martyrdöden, förläna, vi bedja dig, att alla de, som åkalla hans förböns hjälp, må erfara dess hälsosamma verkan. Genom Kristus, vår Herre. Amen.

13 juni.

S:t Antonius av Padua, bekännare.

† 1231.

Kyrkobön. O Gud, låt din Kyrka glädjas på din helige bekännare Antonius' årliga högtid,

Enskilda helgon.

så att hon alltid måtte vara utrustad med andligt bistånd och bliva värdig att få njuta den eviga glädjen. Genom Kristus, vår Herre. Amen.

21 juni.

S:t Aloisius av Gonzaga, bekännare.

Ungdomens skyddshelgon, död i Rom 1591, 23 år gammal, till följd av sjukdom ådragen vid pestsjukas värd. — Kyrkan anbefaller alla, i synnerhet ungdomen, de s. k. sex aloisianska söndagarna: å sex på varandra följande söndagar mottager man den heliga kommunionen och anbefaller sig därvid i den helige Aloisius' förbön.

Bön om hjärtats renhet.

Helige Aloisius, du som utmärkte dig genom änglalik renhet, ehuru ovärdig, kommer jag till dig och anropar dig med förtroende om din mäktiga förbön. Synnerligast anbefaller jag dig mitt hjärtas och min själs renhet. På dig har uppfyllts Herrens ord: Saliga äro de renhjärtade, ty de skola se Gud. För din änglalika renhets skull beder jag dig, hjälp mig att bevara mitt hjärta rent från all synd. När du ser mig stadd i fara att falla, avlägsna ur min själ alla orena tankar och begär; uppväck i mitt hjärta känslan av helig fruktan för Gud, hågkomsten av döden, domen och evigheten, men framför allt tanken på Jesus Kristus, den korsfäste, vars heliga kropp måste lida de grymmaste kval för att försona orenhetens synder. Anbefall mig åt honom och hans jungfruliga Moder i frestelsens stund, på det att jag må kämpa den goda kampen och vinna livets krona. Amen.

24 juni.

S:t Johannes Döparen.

Helige Johannes, Herrens store förelöpare, hur underbart är icke ditt kall, ditt liv och din

S:t Johannes Döparen.

död! En himmelens furste förkunnar i Herrens helgedom din ankomst och giver dig ditt namn; han förutsäger, att du allt ifrån moderlivet skall uppfyllas med den Helige Ande och i Elias' kraft och ande gå före Herren för att bereda hans väg. Med under och tecken blev din födelse bebådad, med glädje och fruktan firad. Ehuru oskyldig och helig, gjorde du sträng bot och tillbragte ditt liv under bön och försakelse i öknens enslighet ända till den dag, då du skulle visa dig för Israel. När den tiden kommit, trädde du fram för folket och predikade med eldigt nit botens dop till syndernas förlåtelse. Du ropade med heligt allvar: Gören bot, ty himmelriket är nära! Varje dal skall fyllas, varje berg skall sänkas; det krokiga skall rätas, och det ojämna skall varda slät väg; och allt kött skall se Guds frälsning.

Det var du, store helige Johannes, som döpte Jesus från Nasaret. Du såg himmelen öppen: du såg den Helige Ande i en duvas gestalt komma ned över Guds Son och hörde den himmelske Faderns röst: Denne är min älskade Son, i vilken jag har mitt välbehag. Så uppenbarades för dig den heliga Treenigheten, kristendomens största hemlighet. Du vittnade om Jesus inför de skriftlärdes sändebud, du vittnade om honom inför hela folket; och han åter vittnade om dig. Han vittnade om ditt stränga, botfärdiga liv, om din höga värdighet: Du var en profet, ja mer än en profet, du var Herrens ängel, som skulle bereda hans väg. Du icke blott bebådade honom, som komma skulle, du såg honom, pekade på honom och sade: Se Guds lamm, som borttager världens synder.

Inför höga och låga förkunnade du Messias; höga och låga manade du att göra bot och bereda vägen för hans ankomst. Såsom fordom profeten trädde inför konung David och sade:

474 Apostlarna Petrus och Paulus.

Du är den mannen, du är brottslingen, så trädde du inför den vällustige tyrannen, och fängelse och en våldsam död blev din lön. Store helige Johannes, profet, apostel och martyr, bed för mig, att jag med ord och gärning må vittna om Kristus, såsom du gjort. Bed för mig, att jag genom ett oskyldigt och botfärdigt liv må vinna livets krona. Amen.
F. Bed för oss, helige Johannes Döparen,
Sv. Att vi må värdiga varda Kristi löften.

Kyrkobön. O Gud, som gjort denna dag till en högtid för oss genom den helige Johannes' födelse, giv ditt folk den andliga glädjens nåd och vänd alla dina trognas sinnen till den eviga salighetens väg. Genom Kristus, vår Herre. Amen.

29 juni.

De heliga apostlafurstarna Petrus och Paulus.

S:t Petrus korsfäst, S:t Paulus halshuggen under kejsar Nero den 29 juni, sannolikt år 67. Begravna i Rom i var sin världsberömda basilika.

F. Apostlarnas Mästare, vår Herre och Frälsare Jesus Kristus, vilja vi tillbedja,
Sv. Honom vare lov och pris i evighet!
1. *F.* Helige Petrus, dig prisa vi salig, ty du är klippan, på vilken Herren har byggt sin Kyrka,
Sv. Och helvetets portar skola icke överväldiga henne.
F. I ditt livs största ögonblick, helige Petrus, då du högtidligt hade bekänt din tro på Jesus, att han är Kristus, den levande Gudens Son, då prisade han själv, Herren och Mästaren, dig salig, gjorde dig till sin Kyrkas klippgrund och gav dig makt att binda och lösa med giltighet inför himmelens Gud. Detta är Herrens egna

Apostlarna Petrus och Paulus.

ord, därför tro vi fast, att du är klippan, på vilken Kristi Kyrka är byggd.

Sv. Och helvetets portar skola icke överväldiga henne.

F. Salig är du, helige Petrus, och värdig allt lov för den särskilda utkorelses skull, med vilken Frälsaren utmärkt dig alltifrån den stund, då han först kallade dig och bjöd dig att övergiva allt och kasta ut ditt nät efter människor. Du blev Mästarens vän, du kunde fråga honom om himmelrikets hemligheter; du såg hans härlighet på Tabor och hans dödsångest i örtagården. Sedan du avtvagit din förnekelses syndaskuld med ångerns bittra tårar, fick du försona din svaghet genom att tre gånger bedyra din kärlek till Herren, varefter du anförtroddes att vakta Herrens får och lamm, hela den hjord, som blivit återlöst med sin Herdes dyrbara blod.

Salige apostel, helige Petrus, bed för oss, att vår tro icke må försvagas utan bestå mot helvetets alla angrepp; bed för oss till vår själs Herde, Jesus Kristus, att han i sin nåd ville leda oss genom denna värld, så att vi utan fruktan kunna lämna den, då stunden är inne att vi skola mottaga våra gärningars lön.

F. Bed för oss, helige Petrus,

Sv. Att vi må värdiga varda Kristi löften.

Låtom oss bedja. Gud, du som genom att skänka din salige apostel Petrus himmelrikets nycklar har givit honom den översteprästerliga makten att binda och lösa, förunna oss, att vi genom hans förbön må bliva lösta från våra synders band. Genom Kristus, vår Herre.

Sv. Amen.

2. *F.* Helige apostel Paulus, du var Guds Sons utvalda redskap,

Sv. Till att förkunna hans namn för hednafolk och konungar och Israels barn.

F. I sanning stor har Herrens misskundsamhet varit mot dig, helige Paulus! Då du ännu förföljde Kyrkan, väntade han på dig vid Damaskus med sin förbarmande nåd. Han visade sig för dig, som icke kände honom, han överväldigade dig, som icke bett därom, med sin nåds allt övervinnande klarhet, och fyllde dig med himmelsk kraft, så att du, som förr varit Kyrkans förföljare, blev ett utvalt redskap,

Sv. Till att förkunna hans namn för hednafolk och konungar och Israels barn.

F. Helige Paulus! Guds nåd har icke förgäves blivit dig given. Med iver och trofasthet har du samverkat med nåden. Du sparade icke dig själv, utan från stad till stad, från land till land har du förkunnat Jesu lära under förföljelser och trångmål och faror från alla sidor. Du ville för alla vara allt, för att vinna alla för Kristus, och medan du överallt predikade Jesus Kristus, den korsfäste, bar du själv lidandets märken på din kropp.

Helige Paulus, bed för oss, att våra hjärtan må brinna liksom ditt av kärlek till Frälsaren, och att vi efter ditt exempel må kämpa den goda kampen, bevara tron och, efter att hava fullbordat vårt levnadslopp, uppnå rättfärdighetens krona.

F. Bed för oss, helige apostel Paulus,

Sv. Att vi må värdiga varda Kristi löften.

Låtom oss bedja. Gud, du som har undervisat hednafolken genom din helige apostel Paulus' predikan, giv att vi, som fira hans minne, även må erfara hans mäktiga förbön. Genom Kristus, vår Herre. *Sv.* Amen.

3. *F.* Heliga apostlafurstar Petrus och Paulus, som älskade varandra här i livet,

Sv. Och icke skildes från varandra i döden.

F. Edert minne är som ett heligt, levande band, vilket knyter alla rättrogna hjärtan med

Apostlarna Petrus och Paulus.

förtröstansfull glädje till den eviga staden, till Rom. I haven bragt Frälsarens milda namn till jordkretsens hårda betvingare. Genom eder har den stad, som förr var all villfarelses ursprung, blivit sanningens lärjunge och förkunnare; edert blod, som utgöts på korset och under svärdet, har helgat de höjder, varifrån våra själar stärkas och ledas, och edra gravar beskydda ingångarna till den stad, vars mest strålande smycken de hava blivit.

F. I som älskade varandra här i livet.

Sv. Haven ej heller blivit skilda från varandra i döden.

Låtom oss bedja. Allsmäktige Gud, vi prisa dig för den nåd, som du förunnar oss i din heliga Kyrka. Vi tacka dig framför allt därför, att du har givit oss en härlig och för alla synlig medelpunkt i den romerska Kyrkans primat. Vi tacka dig för den säkerhet och trygghet, i vilken vi kunna leva under din ställföreträdare, som talar till oss med samma myndighet som de heliga apostlarna Petrus och Paulus. Bevara den romerske biskopen och hela den romerska Kyrkan i orubblig trohet mot ditt heliga ord. Låt ditt Evangeliums ljus stråla ut från denna kristenhetens medelpunkt till alla dem, som ännu sitta i mörkret och dödens skugga. Bevara oss alla i den läras enhet och renhet, för vilken dina heliga apostlar Petrus och Paulus hava arbetat, stridit och lidit.

F. Bedjen för oss, heliga apostlafurstar Petrus och Paulus,

Sv. Att vi må värdiga varda Kristi löften.

Låtom oss bedja. Gud, du som har helgat den romerska Kyrkan genom den martyrdöd, som dina heliga apostlar Petrus och Paulus hava lidit, giv att din Kyrka i allt må följa deras lära, genom vilken hon först har mottagit tron. Genom Kristus, vår Herre. *Sv.* Amen.

Sveriges skyddshelgon.

9 juli.

Sveriges Skyddshelgons Fest.

Helige Ansgarius, helige Erik, heliga Birgitta och alla Sveriges skyddshelgon, som nu bedjen för oss vid den Högstes tron, I haven kämpat den goda kampen, bevarat tron och fullbordat loppet. I haven ingått i Herrens glädje och åtnjuten nu en salighet och härlighet, om vilken aposteln skriver: Vad intet öga sett och intet öra hört och vad i ingen människas hjärta har uppstigit, det har Gud berett dem, som älska honom. Vi glädja oss över eder sällhet, vi lyckönska eder till den härlighet, varmed Herren har krönt eder. I haven förkunnat Evangeliets glada budskap för våra fäder, I haven prytt detta land med edra dygders glans, I haven vittnat för Kristus genom edert heliga liv och eder heliga död. Arvingar till eder tro och eder kärlek komma vi med förtroende till eder och åkalla eder, att I vid den Högstes tron fällen förbön för oss och våra familjer, för våra släktingar och vänner, för våra församlingar och för hela vårt land. Utbedjen oss i synnerhet riklig nåd att aldrig avvika från det Evangelium, på vilket I trott, att fritt och öppet bekänna den tro, för vilken I levat och dött.

Genom eder tro haven I övervunnit världen och dess tredubbla lust; brinnande av kärlek till Kristus haven I följt honom efter, som är vägen, sanningen och livet; besjälade av helig längtan efter himmelens salighet haven I samlat skatter, som mal och rost icke förtära och tjuvar icke kunna stjäla. Bedjen för oss, att vi i tro och kärlek, i världs- och självförsakelse, i längtan och strävan efter himmelens skatter varda edra efterföljare, såsom I voren Kristi efterföljare. Höjen edra röster vid den Allgodes tron och nedkallen hans rika välsignelse

Sveriges skyddshelgon. 479

över detta land och dess inbyggare, över denna stad och dess invånare, på det att alla, som hava god vilja, må komma till sanningens och kärlekens rike, på det att vi alla en gång må komma dit, där I nu med Kristus och alla hans utvalda härsken i evig salighet. Amen.

Heliga Maria,*
Helige Johannes Döparen,
Heliga apostlafurstar Petrus och Paulus,
Helige Laurentius,
Helige Nikolaus,
Alla de gamla svenska templens skyddshelgon.
Helige Ansgarius, Nordens apostel,
Helige Rimbert,
Helige Uno,
Helige Sigfrid,
Helige Eskil,
Helige David,
Helige Staffan,
Alla Guds Kyrkas sändebud till Norden.
Helige Botvid,
Helige Erik,
Helige Henrik,
Helige Brynolf,
Alla Sveriges heliga bekännare och martyrer,
Heliga Helena,
Heliga Ingrid,
Heliga Birgitta,
Heliga Katarina,
Alla Sveriges heliga jungfrur och änkor,
Alla Sveriges heliga män och kvinnor,
Alla Guds helgon,
F. Bedjen för oss, Sveriges alla skyddshelgon.
Sv. Att vi må värdiga varda Kristi löften.
Låtom oss bedja. Värdes, o Herre, nådeligen se till vår svaghet med din mildhets ögon, och låt alla de straff, som vi genom våra synder

---
* *Bed (bedjen) för oss.*

rätteligen ha förtjänat, genom dina helgons, vårt fosterlands skyddspatroners förböner nådeligen avvändas från oss. Genom Kristus, vår Herre. Sv. Amen.

15 juli.
S:t David, biskop.

Anglosaxisk munk. Västmanlands apostel, den förste biskopen i Västerås. † 1082. Begraven i Munktorp vid Västerås.

Kyrkobön. O Herre, må din helige biskop David bedja för oss hos dig, på det att vi genom hans förbön må uppnå, vad vi av egen förtjänst icke kunna erhålla. Genom Kristus, vår Herre. Amen.

26 juli.
S:ta Anna.

Den heliga Jungfruns moder.

Kyrkobön. O Gud, du som värdigats förläna den heliga Anna nåden att föda till världen din enfödde Sons moder, förunna oss nådeligen att vi, som fira hennes högtid, må bliva hjälpta genom hennes förbön hos dig. Genom Kristus, vår Herre. Amen.

28 juli.
S:t Botvid, martyr.

S:t Botvid var av sörmländsk stormannasläkt; trons främjare i Södertörn. † omkr. 1120. Begraven i Botkyrka vid Stockholm.

Kyrkobön. Låt nådeligen, o Herre, våra hjärtan upplysas genom den sanna trons klarhet, och giv, att din helige martyr Botvids mäktiga förbön måtte bevara oss från alla hotande faror. Genom Kristus, vår Herre. Amen.

Enskilda helgon. **481**

29 juli.
S:t Olav, konung och martyr.

S:t Olav satte sig Norges kristnande som mål. Hans strävanden fullbordades med hans död vid Sticklestad den 29 juli 1030. Begraven i Nidarosdomen, fordom den katolska Nordens förnämsta vallfärdskyrka.

Kyrkobön. O Gud, du konungarnas krona och martyrernas seger, förläna oss nådigt, att vi genom din helige konung och martyr Olavs beskydd och förbön må vinna den överflödande nåd, som vi uti hans lidande prisa, och så uppnå den livets krona, som du utlovat dem som älska dig. Genom Kristus, vår Herre. Amen.

30 juli.
S:ta Elin av Skövde.

Martyr omkr. 1160.

Kyrkobön. Vi bedja dig, Gud, förläna oss på din heliga martyr Helenas förbön våra synders tillgift, och giv att vi, som fira hennes minne, genom hennes mäktiga bön i himmelen måtte undfå hjälp från ovan. Genom Kristus, vår Herre. Amen.

31 juli.
S:t Ignatius av Loyola.

Jesuitordens stiftare. † 1556 i Rom.

Kyrkobön. O Gud, du som till ditt namns större ära genom den helige Ignatius har stärkt din stridande Kyrka med nya hjälpkrafter, förläna oss att med hans bistånd och efter hans föredöme så kämpa härnere på jorden, att vi förtjäna att krönas med honom i himmelen. Genom Kristus, vår Herre. Amen.

16 — *Oremus.*

Enskilda helgon.

2 augusti.
S:t Alfons av Liguori.
Stiftare av redemptoristernas kongregation. † 1787.

Kyrkobön. O Gud, du har genom din helige bekännare och biskop Alfons Maria, som var uppfylld av brinnande iver för själarna, givit din Kyrka ny tillväxt, vi bedja dig, låt oss upplysta av hans hälsosamma förmaningar och styrkta genom hans föredöme nå fram till dig. Genom Kristus, vår Herre. Amen.

4 augusti.
S:t Dominikus.
Dominikanordens stiftare. † 1221.

Kyrkobön. O Gud, som värdigats upplysa din Kyrka genom din helige bekännare Dominikus' förtjänster och undervisning, förläna genom hans förbön att Kyrkan aldrig må sakna timlig hjälp och ständigt tillväxa i andlig kraft. Genom Kristus, vår Herre. Amen.

9 augusti.
S:t Johannes Vianney.
Kyrkoherde i Ars (Frankrike). † 1859. Själasörjarnas skyddshelgon.

Kyrkobön. Allsmäktige och barmhärtige Gud, du som givit den helige Johannes Maria en beundransvärd iver i själavårdsarbetet och en glödande kärlek till bönen och boten, förläna oss, vi bedja dig, hans förböns hjälp, på det att vi enligt hans föredöme må vinna våra bröders själar för Kristus och med dem uppnå den eviga härligheten. Genom samme Kristus, vår Herre. Amen.

Skyddsängelsfesten. 483

10 augusti.
S:t Laurentius, martyr.
S:t Lars.

Diakon i Rom. † 258. Såsom i hela Kyrkan så även i Sverige högt vördad under medeltiden. Med förkärlek utvald till kyrkornas titularhelgon, t. ex. domkyrkorna i Lund, Uppsala m. fl.

Kyrkobön. Vi bedja dig, allsmäktige Gud, giv oss nåden att kunna kväva våra lidelsers glöd, liksom du har förlänat den helige Laurentius kraft att övervinna sitt martyriums lågor. Genom Kristus, vår Herre. Amen.

16 september.
S:ta Eugenia, jungfru.

Abbedissa i klostret Hohenburg, Elsass. † omkr. 836. (S:ta Eugenia kyrka i Stockholm är Sveriges första katolska tempel [1837] efter reformationstiden.)

Kyrkobön. O Gud, som lärt den heliga jungfrun Eugenia att endast leva för dig, förläna oss på hennes förbön, att vi må förakta denna värld och vinna Kristus. Genom samme Kristus, vår Herre. Amen.

2 oktober.
Skyddsängelsfesten.

Firas i Sverige första söndagen i september.

Helige ängel, som Guds godhet givit mig till beskyddare på min jordiska pilgrimsfärd, jag tackar dig för all den trogna kärlek, som du hittills visat mig, och för alla de tjänster, du så troget gjort min själ under hela min levnad. Du älskar mig mer, än en vän på jorden kan älska sin vän; ty du älskar Gud och därför även den, han anförtrott åt din omsorg. Det är du, som så ofta varnat mig för det onda och uppmuntrat mig till det goda; det är du, som tröstat mig i sorg och lidande; det är du, som beskyddat mig i alla faror till kropp och själ. Tyvärr har jag icke alltid lyssnat till din röst, och icke alltid följt dina råd; till min blygsel måste jag tillstå, att jag icke sällan följt den onde fiendens lockelser. Förlåt mig, helige Guds ängel! Jag ångrar min trolöshet och lovar att i framtiden troget följa din ledning.

Psalmisten har sagt: Herren har givit sina änglar befallning om dig, att de skola bevara dig på alla dina vägar; de skola bära dig på händerna, att du icke stöter din fot mot någon sten. Besanna detta ord, min himmelske vän; var mig även i framtiden en trogen ledsagare genom livet. Vaka vid min sida, då jag sover; led mina steg, då jag är vaken. Upplys mig, då ljuset fördunklas och det blir mörkt i min själ; trösta mig, när mitt hjärta är oroligt och bedrövat, och min själ är lik ett land utan vatten. Beskydda mig mot den onde fiendens snaror och bevara mig från att falla för stundens frestelser. Särskilt beder jag dig, låt mig icke sjunka i ljumhetens dvala. När du ser, att jag vill bliva liknöjd för Herrens tjänst och min själs räddning, uppväck i mitt hjärta en helig fruktan och upptänd i min själ den förra kärleken.

Helige ängel, jag beder dig, visa mig den sista tjänsten när min sista stund kommer. Låt mig icke dö utan att hava bekänt min tro på den heliga katolska Kyrkan, låt mig icke dö utan fullkomlig ånger över mina synder och utan en innerlig kärlek till Gud. Bevara mig för en plötslig död. Gör, att jag i rätt tid får mottaga Kyrkans heliga sakrament. Bistå mig i själva dödsstunden. Mottag min själ och ledsaga den till himmelens boningar, där jag evigt skall tacka dig för all din kärlek och i

Litania till de heliga änglarna. 485

förening med dig lova och prisa den allgode Guden, som genom dig fört mig till sin saliggörande åskådning. *Sv.* Amen.

Litania till de heliga änglarna.

Herre, förbarma dig över oss.
Kristus, förbarma dig över oss.
Herre, förbarma dig över oss.
Kristus, hör oss.
Kristus, bönhör oss.
Gud Fader i himmelen: *Förbarma dig över oss.*
Gud Son, världens Frälsare,
Gud, Helige Ande,
Heliga Treenighet, en ende Gud,
Helige Mikael: *Bed för oss.*
Helige Gabriel,
Helige Rafael,
Heliga änglar och ärkeänglar,
Heliga kerubim och serafim,
Alla himmelens furstar,
Alla de saliga andarnas körer,
Heliga änglar, I som alltid skåden Guds ansikte,
I som alltjämt sjungen Herrens lov,
I som utfören alla Herrens befallningar,
I som inför Gud frambären våra böner,
I som genom eder förbön kommen oss till hjälp,
Heliga änglar, utsända till deras tjänst, som skola varda saliga,
I som glädjens över vår bot och omvändelse,
I som för världen förkunnat Kristi födelse,
I som tjänat Herren i öknen,
I som tröstat Herren i örtagården,
I som förkunnat Kristi uppståndelse,
I som på den yttersta dagen skolen skilja de rättfärdiga från de ogudaktiga,
I som skolen föra oss inför Guds tron,
Var oss nådig: *Förskona oss, o Herre.*

Litania till de heliga änglarna.

Var oss nådig: *Bönhör oss, o Herre.*

Från all synd och all frestelse till synd: *Fräls oss, o Herre.*

Från den onde fiendens fördolda angrepp,
Från okyska tankar och begär,
Från pest, hungersnöd och krig,
Från otro och all villfarelse i tron,
Från en plötslig död,
Från den eviga pinan,
Genom dina heliga änglars förbön,
Vi arme syndare: *Vi bedja dig, bönhör oss.*

Att du ville förskona oss,
Att du ville regera och styra din heliga Kyrka,
Att du ville beskydda vår Helige fader, påven N., din ståthållare på jorden, och Kyrkans alla stånd,
Att du ville förläna alla kristliga furstar fred och sann endräkt,
Att du ville förunna alla avlidna troende den eviga vilan,
Guds lamm, som borttager världens synder: *Förskona oss, o Herre.*

Guds lamm... *Bönhör oss, o Herre.*

Guds lamm... *Förbarma dig över oss, o Herre.*

F. Loven Herren alla hans krafter.

Sv. Loven honom alla hans änglar.

Låtom oss bedja. O Gud, som i din underbara försyn värdigas utsända dina heliga änglar till vårt beskydd, giv oss på vår ödmjuka bön, att vi genom deras hjälp alltid må bevaras från allt ont, och en gång tillsammans med dem evinnerligen få njuta den eviga glädjen. Genom Kristus, vår Herre. Amen.

Enskilda helgon. 487

3 oktober.
S:ta Teresia av Lisieux, jungfru.
Född 1873, † 1897. Det katolska missionsarbetets skyddshelgon.

Kyrkobön. Herre, du som sagt: Om I icke omvänden eder och bliven såsom barn, skolen I icke ingå i himmelriket, förläna oss, vi bedja dig, att så följa din jungfru Teresias väg i hjärtats ödmjukhet och enfald, att vi må bliva delaktiga av den eviga lönen. Du som lever och regerar från evighet till evighet. Amen.

4 oktober.
S:t Franciskus av Assisi.
'Det serafiska helgonet'. Franciskanordens stiftare.
† 1226 i Assisi.

Kyrkobön. O Gud, du som genom den helige Franciskus' förtjänster alltjämt skänker din Kyrka tillväxt i helighet, förunna oss att efter hans föredöme ringakta allt jordiskt och städse med glädje få del i de himmelska gåvorna. Genom Kristus, vår Herre. Amen.

Franciskus' stigmatisation firas den 17 sept.

Antifon. Fjärran vare det från mig att berömma mig av något annat än av vår Herres Jesu Kristi kors, genom vilken världen är korsfäst för mig och jag för världen.

F. Herre, du har tecknat din tjänare Franciskus.

Sv. Med återlösningens heliga märken.

Kyrkobön. Herre Jesus Kristus, när världen höll på att kallna, ville du för att i våra hjärtan tända din kärleks eld, på den helige Franciskus' kropp förnya märkena efter dina sår; förläna oss nådigt genom hans förtjänster och förbön, att vi städse må taga korset på oss och bära botens värdiga frukter, du som lever och regerar från evighet till evighet. Amen.

S:ta Birgitta.

7 oktober.

S:ta Birgitta, Sveriges skyddshelgon.

Född på Finsta gård i Uppland 1303 eller 1304, död 23 juli 1373 i Rom.

Hymn.

(av Nikolaus Hermanni, biskop av Linköping, † 1391.)

Rosa rorans bonitatem,
Stella stillans claritatem,
Birgitta, vas gratiae!
Rora caeli pietatem,
Stilla vitae puritatem
In vallem miseriae.

Ros, som idel godhet andas,
stjärna, i vars strålar blandas
nådens under utan tal!
Gjut din helgd, i ljuvlig enhet
med ditt milda hjärtas renhet,
ner till oss i sorgens dal.

Christus ductor, dulcis doctor,
Te dilexit, te direxit
In aetate tenera.
Tuque mitis, virens vitis
Profecisti et crevisti,
Florens supra sidera.

Kristus, herden, gode herden,
för dig beder och dig leder
i din ålders späda vår.
Ranka gröna, milda sköna,
hur de skina, hjärtblad dina,
där bland stjärnorna du står!

Mentem mundans, fidem fundans
Amor cinxit et te vinxit
In sancto proposito.
Tota decens, tota recens.

Kärlek renar tron och enar
håg och sinne, att där inne,
födas heliga beslut. —
Ödmjukt hjärta, nyfött hjärta

S:ta Birgitta. **489**

Christum amas, Christum clamas	Kristusbruden ende Guden
Toto vitae stadio.	ägnar helt till livets slut.

Böner till den heliga Birgitta.

Heliga Birgitta, Sveriges stora dotter, jungfru, maka, moder och änka strålar du i alla dygders glans. Du som levde i familjens sköte och i världens vimmel, vid ett fördärvat hov och i klosterlig ensamhet, i rikedomens överflöd och i armodets betryck, du är oss alla en lysande förebild. Ifrån barndomen fann du din glädje i umgänget med Gud, i bön och betraktelse; du besjälades av levande tro och brann av helig kärlek till Gud. Du älskade Kristus, den korsfäste; han var din själs brudgum, föremålet för all din kärlek. Därför förtärdes du av iver för hans ära och hans rike. Du vilade icke, förrän du återfört hans ståthållare på jorden från fångenskapen till Petri stol i kristenhetens huvudstad. Du sökte att i människohjärtat upptända kärlek till den gudomliga Mästaren och iver för hans heliga Kyrka. Vad du själv icke kunde göra, sökte du uppnå genom den orden, som du på Herrens tillskyndan grundat; genom den har du spritt välsignelse över vårt land, ja, över hela Kyrkan; genom den fortlever och verkar du alltjämt för Guds rike. Bed vid Guds tron, att din stora stiftelse åter må uppstå i sin forna glans och bära riklig frukt i Guds Kyrka.

Heliga Birgitta, du har förhärligat Gud, och Gud förhärligade dig i livet och efter döden. I livet lät han dig skåda in i framtiden och uppenbarade för dig himmelens hemligheter; under ditt liv och efter din död vittnade han om din helighet genom under och tecken. Med rätta ärar dig därför även hans Kyrka. Hon prisar dig som stjärnan, som vänligt lyser vandraren på livets mörka stig; hon liknar dig vid en ros, som med sin skönhet gläder ögat och med sin doft fröjdar hjärtat; hon jämför dig med ett härligt träd i Guds trädgård, vilket bär dyrbara frukter. Med rätta sjunger hon om dig: Kristus älskade du, om Kristus vittnade du; konungens brud, brann du av nit för konungens rike.

Heliga Birgitta, vår mäktiga förespråkerska vid Guds tron, vi glädjas över och med dig, vi lyckönska dig till den härlighet, som du nu åtnjuter hos Kristus. Se huldrikt ned till oss från himmelens höjd. Vi bebo samma land, som sett dig födas och för vilket du hyst så innerlig kärlek; vi bekänna samma tro, för vilken du levat och kämpat; vi hysa samma hopp, som upprätthöll dig i livets stormar och motgångar. Bed Kristus för oss, att samma kärlek, som lågade i ditt hjärta, må brinna i våra själar; bed honom att din iver för hans rike och för odödliga själars räddning må tändas i våra hjärtan.

Heliga Birgitta, du är vårt lands stora skyddshelgon. Nu står du inför den Allgodes tron. Du har icke glömt din forna kärlek. Bed för det land, som du så innerligen älskat, bed för det folk, för vilket du så troget arbetat. Bed, att alla, som hava god vilja, må lämna sina villomeningar och inrotade fördomar mot Kristi Kyrka; bed, att sanningens ljus må lysa för dem; bed, att de få andlig kraft att utan hänsyn till människors gunst eller illvilja följa sin övertygelse och återvända till sina fäders tro, på det att Kristi ord må besannas: Alla må vara ett i mig. Amen.

S:ta Birgitta.

Åkallan.

Hell dig, Birgitta, lysande stjärna på Kyrkans himmel; hell dig, Nordens stora sierska, för vilken Herren uppenbarat himmelska hemligheter. Låt ditt ljus som fordom lysa över detta land; nedkalla Guds välsignelse över dess inbyggare, på det att vi alla i trons enhet må tillbedja den ende sanne Guden och den, som han sänt, Jesus Kristus. Bed för oss, att vi rätt må besinna Evangeliets sanningar och göra oss förtrogna med trons hemligheter.

Hell dig, Birgitta, Kristi utkorade brud! Utverka åt oss riklig nåd hos din himmelske brudgum, att vi troget må efterlikna dig och dina dygder, såsom du har efterliknat Kristus; bed för oss, att vi i allt må tillväxa i honom, som är vårt huvud, Kristus. I Kyrkans trädgård liknar du en ros, strålande av skönhet och doftande av godhet. Utverka åt oss hos den Allrahögste själens skönhet och hjärtats godhet, att vi, enligt apostelns ord, må vara Kristi vällukt inför Gud, både bland dem som skola varda frälsta och bland dem som skola gå förlorade.

Hell dig, Birgitta, vårt lands stora skyddshelgon! Fulla av förtröstan anbefalla vi åt din mäktiga förbön vårt fosterland, den andliga och världsliga överheten, våra anhöriga, släktingar, vänner och välgörare, oss själva, vår timliga och eviga välfärd. Upphör icke, goda moder, att bedja för oss. Framför allt bed för oss om en salig dödsstund, på det att vi efter att ha lämnat vårt jordiska fädernesland må upptagas i de eviga hyddorna för att med dig och alla helgon i salig fröjd evigt lova och förhärliga den treenige Guden. Amen.

Litania till den heliga Birgitta.

Herre, förbarma dig över oss.
Kristus, förbarma dig över oss.

S:ta Birgitta.

Herre, förbarma dig över oss.
Kristus, hör oss.
Kristus, bönhör oss.
Gud Fader i himmelen: *Förbarma dig över oss.*
Gud son, världens Frälsare,
Gud, Helige Ande,
Heliga Trefaldighet, en ende Gud,
Heliga Maria: *Bed för oss.*
Heliga Birgitta, den himmelske Faderns älskade dotter,
Heliga Birgitta, Frälsarens utkorade brud,
Heliga Birgitta, den Helige Andes lysande tempel,
Heliga Birgitta, strålande ljus i Kristi Kyrka,
Heliga Birgitta, furstinna efter Guds hjärta,
Heliga Birgitta, Guds trogna tjänarinna under världslivets frestelser och faror,
Heliga Birgitta, gudaktighetens läromästarinna,
Heliga Birgitta, brinnande av kärlek till den korsfäste Frälsaren,
Heliga Birgitta, mönster av ödmjukhet och försakelse,
Heliga Birgitta, med Kristus frivilligt fattig,
Heliga Birgitta, föredöme för kristlig lydnad.
Heliga Birgitta, mönster av tålamod och undergivenhet,
Heliga Birgitta, brinnande av hänförelse för Guds förhärligande,
Heliga Birgitta, besjälad av iver för själarnas räddning,
Heliga Birgitta, lysande föredöme av kristlig fullkomlighet,
Heliga Birgitta, benådad med Guds härligaste gåvor,
Heliga Birgitta, uppfylld av profetians ande,
Heliga Birgitta, benådad med himmelska uppenbarelser,
Heliga Birgitta, utrustad med makten att göra underverk,

S:ta Birgitta. 493

Heliga Birgitta, av himmelen förhärligad genom under och tecken,
Heliga Birgitta, stora ordensstiftarinna,
Heliga Birgitta, mäktiga förespråkerska vid Guds tron,
Heliga Birgitta, milda beskyddarinna av alla dem, som taga sin tillflykt till dig,
Heliga Birgitta, vårt lands och folks mäktiga skyddshelgon,
Guds lamm, som borttager världens synder: *Förskona oss, o Herre.*
Guds lamm... *Bönhör oss, o Herre.*
Guds lamm... *Förbarma dig över oss, o Herre.*
F. Bed för oss, heliga Birgitta.
Sv. Att vi må värdiga varda Kristi löften.

Låtom oss bedja. Herre, vår Gud, du som genom din enfödde Son uppenbarat himmelska hemligheter för den heliga Birgitta, giv oss, dina tjänare, på hennes fromma förbön, att vi en gång få glädja oss åt uppenbarelsen av din eviga härlighet. Genom samme Kristus, vår Herre. *Sv.* Amen.

17 oktober.

S:ta Margareta Maria Alacoque, jungfru.

Mottog de stora Jesu hjärta-uppenbarelserna. † 1690.

Kyrkobön: Herre Jesus Kristus, du som på underbart sätt för den heliga jungfrun Margareta Maria har uppenbarat ditt hjärtas outgrundliga rikedomar, låt oss erfara hennes heliga livs välsignelse; lär oss följa hennes exempel, så att även vi i allt och över allting älska dig och sålunda i ditt hjärta finna varaktig vila för våra själar. Du som lever och regerar från evighet till evighet. Amen.

494 S:ta Elisabet.

5 november.

Uppsaladomens och de övriga svenska templens relikfest.

Bön. O Gud, som genom dina helgons reliker verkar under, hör de förböner, som dina förklarade tjänare frambära, vilkas gravar och kvarlevor i Sveriges tempel och helgedomar ha hållits i helgd. Förläna oss nådigt, vi bedja dig, att den tro, för vilken dessa dina helgon här i landet ha levat och dött, åter må väckas till liv i allas hjärtan, på det att vi alla må glädja oss i det saliga hoppet på de dödas uppståndelse och en gång vinna odödlighetens segerpris. Genom Kristus, vår Herre. Amen.

19 november.

S:ta Elisabet av Thyringen.

Välgörenhetsföreningarnas skyddshelgon.

† 1231 i Marburg (Tyskland). En lysande förebild för all kristlig verksamhet i barmhärtighetens tjänst.

1. Elisabet, furstinna mild, * Barmhärtighetens höga bild, * Om än du härskarkronan bar, * Ditt hjärta alltid ödmjukt var.
2. Du aktat ringa världens prakt * Och skänkt dig helt åt nådens makt * För att som Jesu Kristi brud * I verksam kärlek tjäna Gud.
3. Han smyckat har din panna ren * Med helig kärleks ädelsten. O hjälp med dina rosors glöd * Att lindra livets bittra nöd.

Bön. Heliga Elisabet, du har genom ditt lysande föredöme visat världen, vad kärlek, tro och ödmjukhet förmå i en kristlig själ. Upplyst av övernaturligt ljus visade du dig som Evangeliets sanna dotter och såg i din nästa vår Herre Jesus Kristus själv, föremålet

S:ta Elisabet.

för all din kärlek. Därför kände du ingen större glädje än att umgås med fattiga, att tjäna dem, att torka deras tårar, att upprätta deras själar och bevisa dem din kärlekstjänst i allt det elände, åt vilket det mänskliga släktet är hemfallet.

Milda heliga Elisabet, du som så högt älskas av Gud, värdes vara våra själars himmelska vän, och hjälp oss att komma till innerlig vänskap med den gudomlige Frälsaren, som du så högt älskat. Vänd till oss från himmelens höjd dessa kärleksfulla blickar, med vilka du här på jorden botat människornas sjukdomar. Välsigna oss från den salighetens tron, som du innehar i himmelen, och beskydda oss på vår farliga pilgrimsfärd. Utverka åt oss genom din förbön förlåtelse för våra synder och hjälp oss på det att vi må komma in i Guds rike för att där städse med dig få njuta av den eviga glädjen och saligheten. Amen.

Litania till den heliga Elisabet.

Herre, förbarma dig över oss.
Kristus, förbarma dig över oss.
Herre, förbarma dig över oss.
Kristus, hör oss.
Kristus, bönhör oss,
Gud Fader i himmelen: *Förbarma dig över oss.*
Gud Son, världens Frälsare,
Gud, helige Ande,
Heliga Trefaldighet, en ende Gud,
Heliga Maria, barmhärtighetens Moder: *Bed för oss.*
Heliga Elisabet, furstinna efter Guds hjärta,
Heliga Elisabet, Guds trogna tjänarinna under
 hovlivets faror,
Heliga Elisabet, gudaktighetens mönster,

S:ta Elisabet.

Heliga Elisabet, lysande föredöme av kristen fullkomlighet,
Heliga Elisabet, uppfylld av innerlig kärlek till Kristi lidande bröder och systrar,
Heliga Elisabet, de fattigas kärleksfulla moder,
Heliga Elisabet, de föräldralösas värn,
Heliga Elisabet, de sjukas hjälp,
Heliga Elisabet, de nödlidandes beskyddarinna,
Heliga Elisabet, de bedrövades tröst,
Heliga Elisabet, mönster av ödmjukhet och förakt för världens ära,
Heliga Elisabet, prövad i fattigdomen,
Heliga Elisabet, förebild av hjärtats renhet,
Heliga Elisabet, mönster av kristlig lydnad,
Heliga Elisabet, lysande föredöme av undergivenhet i kors och lidanden,
Heliga Elisabet, den korsfästes trogna brud,
Heliga Elisabet, mäktiga förespråkerska vid Guds tron,
Heliga Elisabet, milda beskyddarinna för alla dem som taga sin tillflykt till dig,
(Heliga Elisabet, skyddshelgon för vår förening),

Guds lamm, som borttager världens synder: *Förskona oss, o Herre.*

Guds lamm... *Bönhör oss, o Herre.*

Guds lamm... *Förbarma dig över oss, o Herre.*

F. Bed för oss, heliga Elisabet.

Sv. Att vi må värdiga varda Kristi löften.

Låtom oss bedja. Upplys, barmhärtige Gud, dina troendes hjärtan och förläna oss på den heliga Elisabets ärorika förbön, att vi må förakta världens fröjder och alltid få glädja oss åt himmelens hugsvalelse. Genom Kristus, vår Herre. *Sv.* Amen.

Enskilda helgon. **497**

23 november.

S:t Klemens, påve och martyr.

† i Rom. Under den katolska medeltiden allmänt vördad i Sverige.

Låtom oss bedja. O Gud, som årligen gläder oss genom den helige martyren och biskopen Klemens' högtidsdag; förläna oss nådeligen, att vi, som fira minnet av hans ärorika martyrdöd, även må efterlikna den styrka, han visade i lidandet. Genom Kristus, vår Herre. Amen.

S:t Staffan.

Benediktinmunk från Corvey. Hälsinglands apostel, martyr.

Bön. Allsmäktige, evige Gud, du som utrustat din helige biskop och martyr Staffan med outtröttlig iver och underbar kraft till att utströ Evangeliets säd över höga nordens vida marker, giv, att vi i hans efterföljelse må vara outtröttliga i din tjänst och trogna intill döden. Genom Kristus, vår Herre. Amen.

Till den helige namnspatronen.

(Att läsas i synnerhet på namnsdagen.)

Helige skyddspatron, vars namn jag bär, åt dig har Gud anförtrott omsorgen om min eviga välfärd, då han i det heliga dopet upptog mig bland sina barn. Utverka mig därför genom din mäktiga förbön vid Guds tron, att de gudomliga dygderna, tro, hopp och kärlek, vilka i dopet liksom ett heligt frö blivit nedlagda i mitt hjärta, alltmer må blomstra och bära frukt för det eviga livet. Hjälp mig genom din förbön att ivrigt vinnlägga mig om de dygder, som prytt dig, på det att jag genom en ren, gudaktig vandel och genom att troget uppfylla mitt kalls plikter må varda Gud välbehaglig. Avvänd från mig alla faror till kropp och själ; beskydda mig under loppet av mitt jordiska liv, bistå mig i synnerhet i min dödsstund, på det att Herren, den rättfärdige domaren, må giva mig rättfärdighetens krona, och jag med dig evigt må få glädja mig i hans himmelska rike. Amen.

Praktisk helighet.

Att taga emot en välförtjänt tillrättavisning;
att medgiva, att du misstagit dig;
att i allt noga hålla dig till sanningen;
att glömma och förlåta;
att stå upp på morgonen på bestämd tid;
att inrätta ditt liv efter bestämda grundsatser;
att hålla styr på dina nerver i stället för att vara slav under dem;
att förskona din omgivning från att lida under ditt dåliga lynne;
att ursäkta och försvara din fiende, när han lider orätt;
att vara hövlig och hänsynsfull mot alla;
att utföra varje arbete så samvetsgrant och väl som möjligt;
att tiga i rätt tid;
att göra motstånd mot varje frestelse från första ögonblicket;
att hälsa ditt husfolk med ett vänligt leende, när du kommer och går;
att vara mot andra som du önskar, att andra skola vara mot dig.

1 november.

Allhelgonadagen.
Andakt till alla helgon.

F. Jag såg en stor skara, som ingen kunde räkna, av alla folk och stammar och nationer och tungomål stående inför tronen och inför Lammet, klädda i vita kläder, med palmer i sina händer. Och de ropade med hög röst och sade: Frälsning är genom vår Gud, som sitter på tronen, och genom Lammet. Och alla änglar stodo omkring tronen och nedföllo på sina ansikten och tillbådo Gud och sade:
Sv. Amen! Lov och härlighet och vishet och tack, ära och makt och styrka vare vår Gud i all evighet. Amen.
F. Loven Herren, I hans helgon.
Sv. Loven honom efter all hans storhet.
F. Underbart, Herre, är ditt namn;
Sv. Du som krönt dina helgon med ära och härlighet.
F. Kommen, låtom oss tillbedja konungarnas Konung.

Sv. Ty han är sina helgons krona.
F. Saliga ären I, Guds helgon, i himmelens härlighet.
Sv. Därför bedja vi, tänken på oss i vår nöd och bedjen för oss hos Herren, vår Gud.
Låtom oss bedja. Allsmäktige, evige Gud, som genom en gemensam fest låter oss ära alla dina helgons förtjänster, vi bedja dig, skänk oss på så talrika förespråkares förbön den barmhärtighetens rikedom som vi efterlängta. Genom Kristus, vår Herre. *Sv.* Amen.

Till helgonens drottning.

F. Alla släkten skola prisa dig salig, Maria.
Sv. Ty den Mäktige har gjort stora ting med dig.
F. Välsignad är du ibland kvinnor.
Sv. Och välsignad är din livsfrukt, Jesus.
F. Bed för oss, alla heligas drottning.
Sv. Att vi må värdiga varda Kristi löften.
Låtom oss bedja. O Gud, du som smyckat din enfödde Sons moder med naturens och nådens största gåvor och i ditt rike upphöjt henne över alla änglar och helgon, förläna oss nådigt, att vi, som ära henne på jorden, genom hennes förbön må vinna himmelens salighet. Genom samme Kristus, vår Herre. *Sv.* Amen.

Till de heliga änglarna.

F. I dina änglars åsyn vill jag lovsjunga dig, min Gud:
Sv. Och lova ditt heliga namn.
F. Gud har befallt sina änglar om dig:
Sv. Att de skola bevara dig på alla dina vägar.
F. Bedjen för oss, alla Guds änglar:
Sv. Att vi må värdiga varda Kristi löften.

Allhelgonadagen.

Låtom oss bedja. O Gud, du som i dina änglars antal och härlighet uppenbarar din storhet och utsänder dem till vår tjänst och vårt beskärm, förläna oss nådigt, att vi efter deras föredöme så må tjäna dig på jorden, att vi med dem evigt få lovprisa dig i himmelen. Genom Kristus, vår Herre. *Sv.* Amen.

Till de heliga apostlarna.

F. Deras röst har utgått över hela jorden.
Sv. Och deras ord intill världens ände.
F. Upphöjda äro dina vänner, o Gud.
Sv. Högt befäst är deras herravälde.
F. Bedjen för oss, I heliga apostlar:
Sv. Att vi må värdiga varda Kristi löften.
Låtom oss bedja. Herre Jesus Kristus, du som gjort dina apostlar till Kyrkans pelare och genom dem förkunnat oss Evangeliets glada budskap, förläna oss genom deras förbön, att vi med troende sinne omfatta deras lära och med villigt hjärta leva efter Evangeliets lag, på det att vi må kunna bestå för dig, när du kommer med dina heliga apostlar att döma jordens alla folk. Du som lever och regerar från evighet till evighet. *Sv.* Amen.

Till de heliga martyrerna.

F. Det är de, som ha kommit ur stort betryck och tvagit sina kläder i Lammets blod.
Sv. Därför stå de inför Guds tron och tjäna honom i hans tempel dag och natt.
F. De heliga glädja sig över sin härlighet.
Sv. De fröjda sig i salig vila.
F. Bedjen för oss, Guds heliga martyrer:
Sv. Att vi må värdiga varda Kristi löften.
Låtom oss bedja. Herre Jesus Kristus, som genom din bittra pina och död förvärvat alla martyrer riklig nåd att för ditt namns bekännelse utgjuta sitt blod, förläna oss genom

deras fromma förböner, att vi utan fruktan för världen och dess förföljelser ståndaktigt bekänna vår tro inför människorna, på det att även du må bekänna oss inför din Fader, som är i himmelen. Du som lever och regerar från evighet till evighet. Sv. Amen.

Till de heliga bekännarna.

F. Deras liv blev hållet för en dårskap och deras död för ärelös.

Sv. Se, nu räknas de bland Guds barn, och deras arvedel är bland de heliga.

F. De ropade till Herren, då de voro i betryck.

Sv. Och han frälste dem ur deras nöd.

F. Bedjen för oss, heliga bekännare:

Sv. Att vi må värdiga varda Kristi löften.

Låtom oss bedja. Herre Jesus Kristus, genom din lära och försyn blevo dina heliga bekännare saktmodiga och ödmjuka av hjärtat, vunno här i tiden ro för sina själar och efter döden den eviga saligheten; giv oss nåden att troget efterfölja deras ödmjuka vandel, på det att även vi må uppnå den eviga fridens boningar. Du som lever och regerar från evighet till evighet. *Sv.* Amen.

Till de heliga jungfrurna.

F. Det är de som blivit kallade,

Sv. De följa Lammet, varthelst det går.

F. De ha blivit utvalda bland människorna till förstlingar åt Gud och Lammet.

Sv. I deras mun har svek icke blivit funnet ty de äro utan fläck.

F. Bedjen för oss, I heliga jungfrur:

Sv. Att vi må värdiga varda Kristi löften.

Låtom oss bedja. Herre Jesus Kristus, du som älskar rena själar och i ditt rike smyckar dem med en särskild strålekrans, giv att vi bemöda oss att genom kroppens och själens renhet efterlikna de heliga jungfrurnas renhet, på det att vi med dem och alla dina helgon en gång må skåda dig ansikte mot ansikte i din härlighets rike. Du som lever och regerar från evighet till evighet. Sv. Amen.

F. Bedjen för oss, alla Guds helgon,
Sv. Att vi må värdiga varda Kristi löften.

Låtom oss bedja. Allsmäktige, evige Gud, som genom en gemensam fest låter oss ära alla dina helgons förtjänster, vi bedja dig, skänk oss nådigt på så talrika förespråkares förbön den barmhärtighetens rikedom som vi längta efter. Genom Kristus, vår Herre. Sv. Amen.

Litania till alla helgon.

(408.)

Läses enligt liturgiens föreskrift på påskafton, pingstafton — i förkortad form —, på Markusdagen (25 april) och på gångdagarna (mellan bönsöndagen och Kristi himmelsfärdsdag).

Herre, förbarma dig över oss.
Kristus, förbarma dig över oss.
Herre, förbarma dig över oss.
Kristus, hör oss.
Kristus, bönhör oss.
Gud Fader i himmelen,[1]
Gud Son, världens frälsare,
Gud Helige Ande,
Heliga Trefaldighet, en ende Gud,
Heliga Maria,[2]
Heliga Guds moder,
Heliga Jungfru över alla jungfrur,
Helige Mikael,
Helige Gabriel,

---
[1] Förbarma dig över oss.
[2] Bed (bedjen) för oss.

504 Litania till alla helgon.

Helige Rafael,
Alla heliga änglar och ärkeänglar,
Alla de saliga andarnas heliga körer,
Helige Johannes Döparen,
Helige Josef,
Alla heliga patriarker och profeter,
Helige Petrus,
Helige Paulus,
Helige Andreas,
Helige Jakobus,
Helige Johannes,
Helige Tomas,
Helige Jakobus,
Helige Filippus,
Helige Bartolomeus,
Helige Matteus,
Helige Simon,
Helige Thaddeus,
Helige Mattias,
Helige Barnabas,
Helige Lukas,
Helige Markus,
Alla heliga apostlar och evangelister,
Alla Herrens heliga lärjungar,
Alla heliga oskyldiga barn,
Helige Stefanus,
Helige Laurentius,
Helige Vincentius,
Helige Fabianus och Sebastianus,
Helige Johannes och Paulus,
Helige Kosmas och Damianus,
Helige Gervasius och Protasius,
Alla heliga martyrer,
Helige Sylvester,
Helige Gregorius,
Helige Ambrosius,
Helige Augustinus,
Helige Hieronymus,
Helige Martinus,

Litania till alla helgon. 505

Helige Nikolaus,
Alla heliga biskopar och bekännare,
Alla heliga kyrkolärare,
Helige Antonius,
Helige Benediktus,
Helige Bernhardus,
Helige Dominikus,
Helige Franciskus,
Alla heliga präster och leviter,
Alla heliga munkar och eremiter,
Heliga Maria Magdalena,
Heliga Agata,
Heliga Lucia,
Heliga Agnes,
Heliga Cecilia,
Heliga Katarina,
Heliga Anastasia,
Alla heliga jungfrur och änkor,
Alla Guds helgon,
Var oss nådig: *Förskona oss, o Herre.*
Var oss nådig: *Bönhör oss, o Herre.*
Från allt ont,[1]
Från all synd,
Från din vrede,
Från en plötslig och oförutsedd död,
Från djävulens försåt,
Från vrede, hat och all ond vilja,
Från orenhetens ande,
Från ljungeld och oväder,
Från jordbävningens gissel,
Från pest, hungersnöd och krig,
Från den eviga döden,
Genom din heliga mandomsanammelses hemlighet,
Genom din ankomst,
Genom din födelse,
Genom ditt dop och ditt heliga fastande,

---
[1] Fräls oss, o Herre.

Litania till alla helgon.

Genom ditt kors och lidande,
Genom din död och begravning,
Genom din heliga uppståndelse,
Genom din underbara himmelsfärd,
Genom den Helige Andes, Hugsvalarens, ankomst,
På domedagen,
Vi arma syndare:[1]
Att du ville förskona oss,
Att du ville förlåta oss,
Att du ville föra oss till sann botfärdighet,
Att du ville regera och upprätthålla din heliga Kyrka,
Att du i din heliga religion ville bevara den apostoliske överherden och alla kyrkliga stånd,
Att du ville förödmjuka den heliga Kyrkans fiender,
Att du ville skänka de kristna konungarna och furstarna fred och sann endräkt,
Att du ville förläna hela det kristna folket fred och enighet,
Att du ville återkalla alla vilsegångna till Kyrkans enhet och föra alla otrogna till Evangeliets ljus,
Att du ville styrka och bevara oss själva i din heliga tjänst,
Att du ville upplyfta våra sinnen till himmelska begär,
Att du ville förläna alla våra välgörare evighetens ägodelar,
Att du ville bevara våra, våra bröders, släktingars och välgörares själar från den eviga fördömelsen,
Att du ville giva och bevara jordens frukter,
Att du ville förläna alla avlidna kristtrogna den eviga vilan,

---
[1] Vi bedja dig, bönhör oss.

Litania till alla helgon. 507

Att du ville bönhöra oss,
Guds Son,
Guds lamm, som borttager världens synder:
Förskona oss, o Herre.
Guds lamm...: *Bönhör oss, o Herre.*
Guds lamm...: *Förbarma dig över oss, o Herre.*
Kristus, hör oss.
Kristus, bönhör oss.
Herre, förbarma dig över oss.
Kristus, förbarma dig över oss.
Herre, förbarma dig över oss.
Fader vår...

Psalm 69. F. O Gud, kom mig till hjälp; Herre, skynda till min undsättning.
Sv. Må de känna sig slagna och komma på skam, som lägga snaror för min själ.
F. Må de vika tillbaka och blygas, som vilja mig ont.
Sv. Må de genast vända tillbaka i sin skam, som hånande glädja sig över min nöd.
F. Men alla de som söka dig, må jubla och fröjdas i dig; och de som älska din frälsning, skola alltid säga: Högtlovad vare Herren!
Sv. Men jag är eländig och fattig; o Gud, stå mig bi.
F. Min hjälp och min befriare är du; Herre, dröj icke.
F. Ära vare Fadern och Sonen och den Helige Ande,
Sv. Som det var i begynnelsen, så nu och alltid och i all evighet. Amen.
F. Gör dina tjänare saliga.
Sv. Som hoppas på dig, min Gud!
F. Var oss, o Herre, ett starkt torn.
Sv. I våra fienders åsyn.
F. Må icke fienden förmå något emot oss.
Sv. Och må ondskans son icke skada oss.

Litania till alla helgon.

F. Herre, handla icke med oss efter våra synder.
Sv. Och vedergäll oss icke efter våra missgärningar.
F. Låtom oss bedja för vår påve...
Sv. Herren bevare honom, bibehålle honom vid liv och göre honom lycklig på jorden och överlämne honom icke i hans fienders händer.
F. Låtom oss bedja för våra välgörare.
Sv. O Herre, värdes vedergälla för ditt namns skull alla våra välgörare med det eviga livet. Amen.
F. Låtom oss bedja för alla avlidna kristtrogna.
Sv. Herre, giv dem den eviga vilan, och låt det eviga ljuset lysa för dem.
F. Må de vila i frid.
Sv. Amen.
F. För våra frånvarande bröder.
Sv. O min Gud, gör dina tjänare saliga, som hoppas på dig.
F. Herre, sänd dem hjälp från din helgedom.
Sv. Och sänd dem skydd från Sion.
F. Herre, hör min bön.
Sv. Och låt mitt rop komma till dig.

Låtom oss bedja. Gud, vars egenskap det är att alltid förbarma dig och skona, mottag vår ödmjuka bön, på det att din rika barmhärtighet nådigt ville frälsa oss och alla dina tjänare som äro omslutna av syndens bojor.

Vi bedja dig, o Herre, hör vår ödmjuka bön och skona dem som inför dig bekänna sina synder, på det att du må skänka oss tillgift och frid.

O Gud, bevisa oss nådigt din outsägliga barmhärtighet, i det du befriar oss från våra synder och frälsar oss ifrån de straff som vi för dem förtjänat.

Litania till alla helgon.

O Gud, som förolämpas genom synd och försonas genom bot, se nådigt till ditt bönfallande folks suckar och avvänd din vredes gissel som vi för våra synder förtjäna.

Allsmäktige, evige Gud, förbarma dig över din tjänare, vår påve..., och led honom efter din barmhärtighet på den eviga salighetens väg, så att han med din hjälp må begära det som är dig behagligt, och med all kraft utföra detsamma.

O Gud, från vilken alla heliga önskningar, goda beslut och rättfärdiga gärningar härstamma, giv dina tjänare den frid världen icke kan giva, på det att våra hjärtan må vara dina bud hörsamma, och vi, befriade från fruktan för fiender, må under ditt beskydd uppleva lugna tider.

Upptänd, o Herre, den Helige Andes eld i våra njurar och hjärtan, så att vi tjäna dig med kysk kropp, och med rent hjärta behaga dig.

O Gud, alla troendes Skapare och Återlösare, skänk dina tjänare och tjänarinnors själar förlåtelse för alla synder, på det att de genom fromma förböner må uppnå den tillgift som de alltid hava önskat.

Vi bedja dig, Herre, förekom våra handlingar med din nåd och ledsaga dem med din hjälp, på det att all vår bön och gärning städse må börjas med dig och, börjad genom dig, även av dig fulländas.

Allsmäktige, evige Gud, du härskar över levande och döda och förbarmar dig över alla dem, vilka du på grund av deras tro och gärningar förutser skola tillhöra dig; vi bedja dig ödmjukt, att de, för vilka vi föresatt oss att frambära böner, och vilka ännu leva i denna värld, eller befriade från kroppen äro upptagna i den tillkommande världen, på alla dina helgons förbön, genom din stora barmhärtighet

Böner för själarna i skärselden.

må erhålla förlåtelse för alla sina synder. Genom vår Herre Jesus Kristus, din Son, vilken med dig lever och regerar i den Helige Andes enhet, Gud från evighet till evighet. *Sv.* Amen.
F. Må den allsmäktige och barmhärtige Herren bönhöra oss. *Sv.* Amen.
F. Må ock de hädangångna kristtrognas själar genom Guds barmhärtighet vila i frid. *Sv.* Amen.

Böner för själarna i skärselden

Requiem aeternam.

Requiem aeternam dona eis, Domine, et lux perpetua luceat eis. Requiescant in pace. Amen.
Herre, giv dem den eviga vilan och låt det eviga ljuset lysa för dem. Må de vila i frid. Amen.

Saliga äro de döda.

Saliga äro de döda, * Vilka i Herren somna, * Ty deras kamp är slut * Och lugnt de vila ut.
Saliga äro de döda, * Vilka i Herren somna, * De efter livets strid * Gått in i himlens frid.
Saliga äro de döda, * Vilka i Herren somna, * Med dem till himlens port * Skall följa vad de gjort.
Saliga äro de döda, * Vilka i Herren somna, * För vad de verkat här, * Dem lönen väntar där.

Bön.

O Gud, som giver förlåtelsens nåd och älskar människornas frälsning, vi anropa din barmhärtighet att du genom Jesu Kristi, din Sons, oändliga förtjänster ville låta dina tjänares och tjänarinnors själar, som lämnat denna värld, uppnå den eviga saligheten. Amen.

Bön till den lidande Kristus.

De profundis.

(517.)

De profundis clamavi ad te, Domine: Domine, exaudi vocem meam.

Ur djupet ropar jag till dig, o Herre, Herre, hör min röst.

Fiant aures tuae intendentes in vocem deprecationis meae.

Låt dina öron akta på mina böners ljud.

Si iniquitates observaveris, Domine: Domine, quis sustinebit?

Om du ville akta på missgärningar, Herre, o Herre, vem kan då bestå?

Quia apud te propitiatio est: et propter legem tuam sustinui te, Domine.

Men hos dig är försoning, och för din lags skull väntar jag på dig, o Herre.

Sustinuit anima mea in verbo ejus: speravit anima mea in Domino.

Min själ väntar på hans ord; min själ hoppas på Herren.

A custodia matutina usque ad noctem, speret Israel in Domino.

Från morgonväkten intill natten må Israel hoppas på Herren.

Quia apud Dominum misericordia, et copiosa apud eum redemptio.

Ty hos Herren är barmhärtighet och hos honom riklig återlösning.

Et ipse redimet Israel, ex omnibus iniquitatibus ejus.

Och han skall återlösa Israel från alla dess synder.

V. Requiem aeternam dona eis Domine.

F. Herre, giv dem den eviga vilan,

R. Et lux perpetua luceat eis.

Sv. Och låt det eviga ljuset lysa för dem.

V. Requiescant in pace.

F. Må de vila i frid.

R. Amen.

Sv. Amen.

Bön till den lidande Kristus.

O Jesus, vårt liv och vår uppståndelse, du som före din död lämnat oss din heliga lekamen och ditt heliga blod till själens föda, genom denna din oändliga kärlek bedja vi dig ödmjukt, förbarma dig över alla avlidna kristtrogna, i synnerhet över... För dem till det eviga livets källa och låt dem taga del i ditt himmelska gästabud. Amen.

F. Herre, giv dem den eviga vilan, *Sv.* Och låt det eviga ljuset lysa för dem.

(Upprepas efter varje bön.)

O Jesus, vår Frälsare, du som för vår skull i örtagården uthärdade så stor ångest, att din svett vart liksom blodsdroppar som föllo ned på jorden; genom detta ditt dyrbara blod bedja vi dig ödmjukt, förbarma dig över alla avlidna kristtrogna, i synnerhet över... Befria dem ur all nöd och torka alla deras tårar. Amen.

O Jesus, vår Återlösare, du som för våra synders skull lät fängsla och binda dig; genom dessa hårda band bedja vi dig ödmjukt, förbarma dig över alla avlidna kristtrogna, i synnerhet över... Lös dem från syndens band, varmed den mänskliga skröpligheten i detta liv insnärjt dem, på det att de i himmelen må älska och prisa dig. Amen.

O Jesus, vårt hjärtas glädje, du som lät spotta och slå dig i ansiktet; genom detta ditt oändliga tålamod bedja vi dig ödmjukt, förbarma dig över alla avlidna kristtrogna, i synnerhet över... Låt dem komma till din härlighets ljus och förläna dem snart glädjen att få skåda ditt heliga ansikte. Amen.

O Jesus, vår härlighets krona, du som till försoning för vår sinnlighet och vårt högmod på det grymmaste hudflängdes och kröntes med törnen; genom denna din djupa ödmjukhet bedja

Böner för själarna i skärselden.

vi dig, förbarma dig över alla avlidna kristtrogna, i synnerhet över... Skänk dem den eviga härlighetens krona, du som kröner oss med nåd och barmhärtighet. Amen.

O Jesus, vår tillkommande domare, du som genom den orättvisaste dom dömdes till en grym och skymflig död för att frälsa oss från den eviga döden; genom denna din outgrundliga barmhärtighet bedja vi dig ödmjukt, förbarma dig över alla avlidna kristtrogna, i synnerhet över..., och låt dem snart få höra de trösterika orden: Edra synder äro eder förlåtna. Amen.

O Jesus, vårt högsta och enda goda, du som tagit på dig våra synder och på korset gjort tillfyllest för dem; genom denna din stora kärlek bedja vi dig ödmjukt, förbarma dig över alla avlidna kristtrogna, i synnerhet över... Upplåt för dem den eviga härlighetens portar och mottag dem med de saliggörande orden: Kommen, I min Faders välsignade, och tagen i besittning det rike, som är eder tillrett ifrån världens grundläggning. Amen.

Bön för själarna i skärselden.

(518.)

Allsmäktige evige Gud, vi tillbedja dig, som är alla tings Skapare och allena Herren över liv och död. Du är icke de dödas, utan de levandes Gud, ty för dig leva alla som gått hädan, och för dina trogna är döden icke änden, utan begynnelsen till det eviga livet i dig, den oändlige Guden. Hör den ödmjuka bön som vi frambära för alla dem, vilka lida i reningsorten, väntande på din uppenbarelses fulla dag. Du har skapat dem för dig, se på deras brinnande längtan efter dig. Du är uppståndelsen och livet och alla betungades tröst, var även de avlidna själarnas vila och frid. Förlåt i din milda barmhärtighet, vad de syndat inför dig, den Helige. Befria dem och ledsaga dem genom dina änglar till fridens boning, att de med alla dina heliga må glädjas i dig. Må deras läppar som härnere sjungit ditt lov, snart få instämma i dina änglars jublande körer; må de händer som härnere övat goda gärningar och i bönen höjt sig till dig, därovan bära segerns oförgängliga palmer; må de som härnere gått fram till ditt heliga bord, därovan församlas vid Lammets himmelska gästabud. Herre, kom ihåg dina hädangångna trogna. Fullända Kristi, din Sons, verk i dem. Fräls deras själar och uppväck en gång deras kroppar i härlighet på den av dig förutbestämda dagen, då himmel och jord förgås och du återkommer till domen. — Var nådig, o Herre, även mot oss, som ännu leva i denna värld. Fräls våra odödliga själar, att vi må bestå inför ditt ansikte på vedergällningens dag. Styrk oss i tron på de dödas uppståndelse, i hoppet på det tillkommande livet och i kärleken till dig, den oändligt gode Guden. Amen.

F. Herre, giv dem den eviga vilan,
Sv. Och låt det eviga ljuset lysa för dem.
F. Må de vila i frid.
Sv. Amen.

Bön för alla avlidna.

Barmhärtige Gud, du som har ett faderligt välbehag i dina barns böner till dig, den gemensamme Fadern, hör min ödmjuka bön, som jag i din Sons namn uppsänder till dig för de lidande själarna i skärselden. Förbarma dig över dem, och låt din rättvisa försonas genom Jesu Kristi förtjänster, hans lidande och död. Låt det dyrbara blod, som han utgjutit på korset, tillfyllestgöra deras fel och utplåna de

Böner för själarna i skärselden. 515

fläckar, som ännu vidlåda deras själar. De äro ju dina barn; ty de dogo i din nåd och kärlek, om än icke fullt rena för att ingå i din härlighet. Låt dem därför bliva delaktiga av Jesu Kristi förtjänster. Lyssna till din Kyrkas, till alla troendes och även till min bön, ty vi önska ingenting högre än att se dem frälsta från deras kval.

Se också på deras brinnande längtan efter dig. De älska dig uppriktigt och önska innerligt att befrias ur sitt fängelse för att skåda och beundra dina fullkomligheter, prisa din godhet och lovsjunga din barmhärtighet. Stilla denna heliga längtan; sänd din helige ängel att för dem förkunna, att frälsningens timme är inne, att du för din enfödde Sons skull utplånat deras skuld och efterskänkt deras straff, att den lyckliga stund är kommen, då de med dina heliga änglar få instämma i lovsången: Helig, helig, helig är Herren Gud Sabaot! — Amen.

Böner för avlidna.

För en påve.

O Gud, du har i din outgrundliga försyn utkorat din tjänare N. till det apostoliska biskopsämbetets högsta värdighet, förläna nådeligen, att han som härnere varit stadd i din enfödde Sons ställe, i himmelen må räknas bland dina översteprästers ärekrönta kör, genom samme Kristus, vår Herre. Amen.

För en biskop.

O Gud, du har utkorat din tjänare N. till det apostoliska biskopsämbetets höga värdighet, förläna nådeligen, att han i himmelen må räknas bland dina biskopars ärekrönta kör, genom Kristus, vår Herre. Amen.

Böner för själarna i skärselden.

För en präst.

O Gud, du har utkorat din tjänare N. till det apostoliska prästadömets höga värdighet, förläna nådeligen, att han i himmelen må räknas bland dina prästers ärekrönta kör, genom Kristus, vår Herre. Amen.

För avlidna präster.

Allsmäktige, evige Gud, vars egenskap är att alltid förbarma dig och skona, hav misskund med dina avlidna tjänare, som du härnere utmärkt med prästadömets heliga värdighet. Förbarma dig efter din stora barmhärtighet över dem och öppna snart din helgedoms portar för dem. De ha i tiden arbetat för ditt eviga rike, förkunnat ditt ord och förvaltat dina hemligheter. Låt dem snart uppleva den efterlängtade dagen, då du skall bliva deras övermåttan stora lön. De ha härnere förmedlat din himmelska tröst och bevarat många på den rätta vägen, låt dem komma till dig och värdes kröna deras livsverk med din nåd och härlighet. Uppfyll deras längtan att få skåda dig ansikte mot ansikte.

Jesus Kristus, evige överstepräst, se nådigt på våra avlidna präster, som ännu vänta på din kärleksfulla uppenbarelse. Giv dem förlåtelse för alla deras fel och försummelser. Låt dem snart, vi bedja dig, deltaga i förklaringens härlighet i ditt eviga prästadöme, på det att de, som varit våra herdar på jorden, även må vara våra förespråkare i himmelen. Amen.

För avlidna föräldrar.

Allsmäktige, evige Gud, du har grundat den mänskliga familjen och vill att vår kärlek räcker över död och grav, hör nådigt våra böner,

Böner för själarna i skärselden. 517

som vi frambära för våra avlidna föräldrars själaro. Förbarma dig efter din stora barmhärtighet över dem och förläna dem förlåtelse för alla fel och försummelser, varigenom de i mänsklig svaghet gjort sig skyldiga till din gudomliga rättvisas straff. Belöna i evigheten, vad de gjort för oss på jorden. Vederkvick deras själar i de levandes land, och låt oss åter förenas med dem i det himmelska samfund, där du är dina trognas eviga glädje och sällhet.

Herre Jesus Kristus, världens Frälsare, för den stora kärleks skull, som du alltid bevisat din heliga moder, i synnerhet vid hennes ärorika himmelsfärd, förbarma dig över våra avlidna föräldrar; kalla dem snart till dig i himmelens härlighet och giv, att vi en gång få glädjas med dem i din Faders rike. Amen.

För avlidna vänner och släktingar.

Gode och barmhärtige Gud, du som genom den Helige Ande i de troendes hjärtan utgjutit kärlekens gåva, jag beder dig, förbarma dig över mina avlidna släktingars, vänners och välgörares själar. Se nådigt ned till dem, lindra deras kval och fräls dem ur deras fängelse. Kom icke längre ihåg deras synder och försummelser, utan tänk allenast på din barmhärtighet och din enfödde Sons förtjänster. På honom hava de trott, till honom hava de satt sin tillit. För hans skull, för hans bittra lidandes skull efterskänk dem de straff, de förtjänat, och fräls dem från deras bojor, på det att de i helig glädje må få skåda dig ansikte mot ansikte och med alla heliga och utvalda prisa dig i all evighet. Amen.

Litania för själarna i skärselden.

För alla avlidna som vila på kyrkogården.

O Gud, genom vilkens barmhärtighet de troendes själar vila i frid, förläna nådigt dina tjänare och tjänarinnor, som avlidit i den sanna tron och vilkas jordiska kvarlevor på vår kyrkogård förvänta uppståndelsens dag, förlåtelse för deras synder, vederkvickelsens rum, fridens boning och det eviga ljusets härlighet, genom Kristus, vår Herre. Amen.

Litania för själarna i skärselden.

Herre, förbarma dig över dem.
Kristus, förbarma dig över dem.
Herre, förbarma dig över dem.
Kristus, hör oss.
Kristus, bönhör oss.
Gud Fader i himmelen: *Förbarma dig över dem.*
Gud Son, världens Frälsare,
Gud Helige Ande,
Heliga Trefaldighet, en ende Gud,
Heliga Maria: *Bed för dem.*
Heliga Guds moder,
Heliga Jungfru över alla jungfrur,
Helige Mikael,
Alla heliga änglar och ärkeänglar,
Alla de saliga andarnas heliga körer,
Helige Johannes Döparen,
Alla heliga patriarker och profeter,
Helige Petrus,
Helige Paulus,
Helige Johannes,
Alla heliga apostlar och evangelister,
Alla Herrens heliga lärjungar,
Alla heliga oskyldiga barn,
Helige Stefanus,
Helige Laurentius,
Helige Vincentius,

Litania för själarna i skärselden. 519

Alla heliga martyrer,
Helige Gregorius,
Helige Ambrosius,
Helige Augustinus,
Helige Hieronymus,
Alla heliga biskopar och bekännare,
Alla heliga kyrkolärare,
Helige Benediktus,
Helige Dominikus,
Helige Franciskus,
Alla heliga präster och leviter,
Alla heliga munkar och eremiter,
Heliga Maria Magdalena,
Heliga Katarina,
Heliga Barbara,
Alla heliga jungfrur och änkor,
Alla Guds helgon,
Var dem nådig: *Förskona dem, o Herre.*
Från allt ont: *Fräls dem, o Herre.*
Från din vrede,
Från din rättvisa stränghet,
Från den smärtsamma längtan,
Från den hårda fångenskapen,
Från alla straff,
Genom din mandomsanammelse,
Genom din heliga födelse,
Genom ditt ljuva namn,
Genom ditt dop och ditt heliga fastande,
Genom din djupa ödmjukhet,
Genom din fullkomliga lydnad,
Genom din obefläckade renhet,
Genom din yttersta fattigdom,
Genom ditt tålamod och saktmod,
Genom din oändliga kärlek,
Genom dina bittra lidanden,
Genom din dödsångest,
Genom din tillfångatagning,
Genom din smärtsamma hudflängning,
Genom din skymfliga törnekröning,

Litania för själarna i skärselden.

Genom ditt mödosamma korsbärande,
Genom din grymma korsfästelse,
Genom din kvalfulla övergivenhet,
Genom din bittra död,
Genom dina heliga fem sår,
Genom din härliga uppståndelse,
Genom din underbara himmelsfärd,
Genom den Helige Andes sändning,
Genom din heliga moders och alla heligas förböner,
Vi arma syndare: *Vi bedja dig, bönhör oss.*
Att du ville förskona själarna i skärselden,
Att du ville efterskänka dem all skuld,
Att du ville befria dem från deras kval,
Att du ville göra dem delaktiga av hela kristenhetens goda gärningar,
Att du genom dina heliga änglar ville trösta dem och föra dem till det eviga ljuset,
Att du ville giva våra avlidna föräldrar, syskon, släktingar och välgörare den eviga saligheten,
Att du ville förbarma dig över de arma själar, vilka av ingen ihågkommas på jorden,
Att du ville förläna alla avlidna kristtrogna den eviga vilan,
Du härlighetens Konung, för vilken alla leva, Jesus, Guds Son,

Guds lamm, som borttager världens synder: *Förskona dem o Herre.*
Guds lamm...: *Fräls dem, o Herre.*
Guds lamm...: *Förbarma dig över dem, o Herre.*

F. Herre, hör min bön,
Sv. Och låt mitt rop komma till dig.

Låtom oss bedja. O Gud, alla troendes Skapare och Återlösare, förläna alla dina tjänares och tjänarinnors själar förlåtelse för alla deras synder, på det att de genom fromma förböner må vinna den tillgift, som de alltid åstundat.

du som lever och regerar från evighet till evighet. *Sv.* Amen.
F. Herre, giv dem den eviga vilan.
Sv. Och låt det eviga ljuset lysa för dem.
F. Må de vila i frid.
Sv. Amen.

Varjehanda böner.

Bön för hela kristenheten.

(Av S:t Petrus Canisius, kyrkolärare.)

Allsmäktige, evige Gud, Herre, himmelske Fader, vänd ditt ansikte i din gränslösa barmhärtighet till vår jämmer och nöd. Förbarma dig över hela kristenheten, för vilken din enfödde Son, Vår Herre och Frälsare Jesus Kristus, frivilligt överlämnat sig i syndarnas händer och utgjutit sitt dyrbara blod på korsets heliga träd. Avvänd nådigt från oss, himmelske Fader, genom samme vår Herre Jesus Kristus, välförtjänta straff, närvarande och tillkommande faror, uppror, krig, hungersnöd, farliga sjukdomar och andra olyckor.

Upplys och styrk i allt gott den andliga och världsliga överheten, att den må främja allt som länder dig till pris och ära, oss till timlig och evig välfärd och hela kristenheten till fred och välsignelse. Förunna oss, fridens Gud, sann enighet i tron, utan split och söndring. Omvänd våra hjärtan till sann bot och bättring. Upptänd i oss din kärleks heliga eld. Giv oss hunger och törst efter din rättfärdighet, att vi som lydiga barn må vara dig välbehagliga i livet och i döden.

Under fastan tillägges följande:

Se särskilt i nåd ned på de barn som under den stundande påskhögtiden för första gången skola mottaga din Sons heliga lekamen och blod. Upplys dem, att de med heligt allvar må förbereda sig på denna sin stora dag. Välsigna dem och bered du själv deras själar till en värdig boning för deras Frälsare. Förbarma dig även över din Kyrkas fullvuxna medlemmar, i synnerhet över dem som redan länge uraktlåtit ditt bud och hållit sig fjärran från dina sakrament. Bistå dem med din starka nåd och för dem tillbaka till det eviga livets källor. Låt oss alla efter värdig förberedelse förenas vid ditt heliga bord, på det att vi en gång bliva förenade i ditt rike vid ditt himmelska gästabud.

Vi bedja sammaledes, Herre vår Gud, efter din vilja, för våra vänner och fiender, för alla bedrövade, för friska och sjuka, för levande och döda. Dig, o Herre, anbefalla vi allt vårt görande och låtande, vår handel och vandel, livet och döden. Låt oss här på jorden rätt begagna din nåd och giv, himmelske Fader, att vi i det tillkommande livet med alla dina utvalda få lova, ära och prisa dig i den eviga glädjen och saligheten, genom Kristus, vår Herre. Amen.

För Kyrkan.

(531.)

Herre Jesus Kristus, se i nåd till din heliga Kyrka, vår moder. Hon är din brud. Du har älskat henne och utgivit dig själv för henne, på det att hon skulle vara härlig, icke hava fläck eller skrynkla, utan vara ostrafflig och helig. Värdes därför, o Herre, alltmer rena och helga henne. Bevara henne för alla förargelser och söndringar och försvara henne mot alla fiender. Upphöj din Kyrka bland fol-

För den kyrkliga överheten.

ken och utbred henne över hela jorden till ditt namns förhärligande och människosläktets frälsning. Förbarma dig över kristenheten som ju är den åker, i vilken du sått god säd. Men huru mycket ogräs har icke ovännen sått mitt ibland vetet! Huru många folk, huru många länder äro icke smittade av irrlärans och vantrons farsot! Vem kan utrota detta ogräs som alltmer söker förkväva den goda säden? Ingen annan än du, o Herre. Du ville, att det skulle vara en hjord och en herde. Du bad ännu aftonen före din död till din himmelske Fader: Helige Fader, jag beder dig, att alla må vara ett i oss, såsom du och jag äro ett. Sänd ut, o Herre, över hela kristenheten sanningens och kärlekens Ande, på det att de som äro skilda från din Kyrka, övergiva villfarelsens och söndringens ande och med glädje återvända till din ena, heliga, katolska och apostoliska Kyrka för att varda delaktiga av alla hernes nådegåvor. Amen.

Förböner för den kyrkliga överheten.

(532.)

För den Helige fadern i Rom.

Herre, Jesus Kristus, du har utkorat vår Helige fader till din synlige ställföreträdare på jorden. Genom hans mun vill du tala till oss och genom hans hand regera och styra jordens folk. Din sanning har du anförtrott åt honom, och dina nådeskatters förvaltning har du överlåtit till honom. Om vår Helige fader gälla dina ord: Du är klippan och på denna klippa skall jag bygga min Kyrka, och helvetets portar skola icke överväldiga henne. Åt dig skall jag giva himmelrikets nycklar: allt vad du binder på jorden, skall också vara bundet i himmelen, och allt vad du löser på jorden, skall också vara löst i himmelen. — Herre, du visste, hur krävande denna värdighet och hur stort detta ansvar är. Du känner den makt som du kallar 'helvetets portar', och du vet, att fienden mot din ställföreträdare uppbjuder allt vad i dess förmåga står. Därför bedja vi dig beskydda vår Helige fader. Välsigna honom, evige Gud, för din enfödde Sons skull, vilkens ställföreträdare han är på jorden. Välsigna honom, du gudomlige Frälsare, för din Kyrkas skull, vilken du har utvalt till din brud. Välsigna honom, du sanningens Ande, för hans ämbetes skull, vilket gör honom till din eviga vishets härold.

Helige, treenige Gud, bevara och beskydda vår Helige fader mot hans synliga och osynliga fiender och låt honom, efter att hava anfört den stridande Kyrkan på jorden, i den triumferande Kyrkan vinna det eviga livets krona, genom Kristus, vår Herre. Amen.

För biskopen.

Herre Jesus Kristus, du har genom dina apostlar velat utbreda ditt rike på jorden. Därför utsände du dem i hela världen, för att lära och döpa alla folk och leda dem på frälsningens väg. Vi tacka dig för trons nåd som vi genom dem erhållit, och bedja dig: Se i nåd till vår överherde som bland oss utövar detta apostlaämbete. Du har utvalt honom ur ditt folk och omgivit hans värdighet med ära, på det att han må hava omsorg för hela den hjord, över vilken den Helige Ande har satt honom. Hjälp honom att med kraft vakta och leda densamma till det eviga livet. Styrk vår biskop i hans ämbete och välsigna honom med din nåds fullhet. Förnya dag för dag i vår överherde den Helige Andes kraft, med vilken han blev utrustad, då han upptogs bland dina apostlars

För den kyrkliga överheten. 525

efterträdare. Förläna honom vishetens ljus och besjäla honom med ditt hjärtas herdasinne, på det att han genom sin gärning må uppbygga ditt rike i människors själar. Hör våra böner för vår biskop och låt honom efter fulländat arbete och slutad möda bliva med alla dina heliga delaktig i den eviga härligheten, genom Kristus, vår Herre. Amen.

För prästerna.

1.

Barmhärtige Gud, du vill att alla människor skola bliva saliga. Därför kom din enfödde Son i världen såsom den gode herden, för att rädda det som var förlorat, och instiftade Kyrkans prästadöme, vilket skall i alla tider fortsätta hans verk. Vi tacka dig, för att du har givit oss präster som genom dopet upptaga oss i ditt rike, lära och leda oss, rena våra samveten från synd och skuld, styrka våra själar med sanningens ord och livets bröd. De meddela oss dina sakrament och fira tillsammans med oss ditt heliga offer. Åt dem är försoningens ämbete anförtrott, och genom deras mun förmanar du oss. Styrk dem, o Herre, vi bedja dig, i deras kall och välsigna deras mödor och arbeten. Uppfyll dem med din Ande, på det att de må vara präster efter ditt hjärta, vilka värdigt förvalta dina sakrament och förkunna det eviga livets ord. Låt dem för ditt folk vara jordens salt som genomtränger allt och motverkar moraliskt fördärv, låt dem vara världens ljus som i själarna väcker liv, bringar glädje och leder alla till Gud. Själarnas gudomlige herde! Skörden är mycken och arbetarna äro få. Sänd arbetare i din vingård. Förbarma dig över skarorna av arma hungrande, av små, svaga och övergivna. Kom tillbaka till oss genom dina präster. Genomvandra du själv med dem ånyo världen lärande, förlåtande och tröstande. Förena så genom kärlekens heliga band Guds och människors hjärtan. Amen.

2.

'Bedjen skördens Herre att han sänder arbetare i sin vingård.' Jesus Kristus, vår Frälsare, vi följa denna din heliga förmaning och bedja dig innerligen: sänd arbetare i din vingård, sänd värdiga präster till din Kyrka. Värdes dana dem själv genom din allsmäktiga nåd att de, i brinnande kärlek till dig och i trogen hängivenhet för din heliga Kyrka, outtröttligt arbeta i din vingård. Skänk dem dagligen den Helige Andes gåvor på det att de för alla bliva allt, i liv och död. Varthelst de gå, må din välsignelse ledsaga dem, varhelst de äro, må din frid komma, vemhelst de välsigna, må av dig vara välsignad. Uppfyll ditt löfte: låt dem som undervisat många, en gång lysa såsom stjärnor i din härlighets rike. Amen.

För Kyrkan i Skandinavien.

(534.)

Allgode Jesus, vi nedfalla vid dina fötter och bedja dig ödmjukt vid dina heliga sår och det dyrbara blod du utgjutit för hela världens frälsning, vänd i all nåd din barmhärtighets ögon till Skandinaviens folk. Vilseledda för århundraden sedan äro de skilda från din Kyrka, berövade din lekamens och ditt blods tillbedjansvärda sakrament och andra nådemedel, vilka du instiftat till själarnas tröst i livet och i döden. Kom ihåg, världens Frälsare, att du även för dessa själar lidit en bitter död och utgjutit allt ditt blod. Led dem, du gode herde, tillbaka till din Kyrkas enhet, på det att de med oss

För konungen.

må vara en hjord som lyder under dig och din synlige ställföreträdare på jorden. Åt honom har du i den helige aposteln Petri person anförtrott dina får och dina lamm att vaktas. Hör, allgode Jesus, våra böner, vilka vi frambära inför dig med helig förtröstan på ditt hjärtas kärlek: ditt heliga namn vare ära, lov och pris i all evighet. Amen.

För konungen.
(536.)

Allsmäktige, evige Gud, himmelens och jordens Herre, från dig härstammar all jordisk makt, av dig är förordnad all överhet som finnes på jorden. Din apostel förmanar oss att hålla förböner för alla människor, i synnerhet för konungar och all överhet, på det att vi kunna föra ett lugnt och stilla leverne i all gudaktighet och ärbarhet. Se därför i nåd ned till vår konung, vilken du har satt till styresman för vårt fädernesland. Låt vishetens och styrkans, rättvisans och mildhetens ande uppfylla honom, på det att han må befrämja allt som länder till din ära och till vår timliga och eviga välfärd. Välsigna honom jämte hela hans hus och giv honom riklig nåd, att han efter en lång och lycklig regering må varda värdig att upptagas i ditt eviga rike, genom Kristus, vår Herre. Amen.

Böner för fäderneslandet.

1.

Allsmäktige, evige Gud, av vars nåd jordens härskare äga sin makt och folken sin styrka, vi bedja dig, låt korsets tecken alltid vägleda dem som samlas kring vårt lands flagga. Giv att under detta vår frihets och samhörighets ärorika banér riket städse må stå tryggat och låt oss en gång i korsets kraft uppnå målet i rättvisans och fridens eviga rike. Genom Kristus, vår Herre. Amen.

2.

Allsmäktige, evige Gud, du har skänkt oss ett älskat fosterland och har intill nuvarande stund städse beskyddat detsamma, förläna det även i framtiden din välsignelse. Upplys och styrk vår andliga och världsliga överhet, välsigna landets näringar och värna om rikets försvar. Håll din välsignande hand över landets alla hem, i synnerhet över barnen och den uppväxande ungdomen. Bistå alla som äro i trångmål och nöd. Låt oss utan avbrott njuta sann fred, som icke kan äga bestånd utan dig. Bevara fosterlandet fritt och starkt genom alla medborgares endräkt. Skydda vårt folk mot allt ont och värna det för varje fara. Hjälp oss att orubbligt hålla fast vid dina heliga bud för att så främja fosterlandets sanna lycka och välgång. Gode Herre och trofaste Gud, vi bedja dig därom genom Kristus, din Son, vår Frälsare som har älskat sitt jordiska fosterland och genom ord och exempel lärt oss de dygder som trygga både de enskilda folkens och hela mänsklighetens sanna väl. Amen.

F. Heliga Jungfru, Guds moder, Maria, dig ha våra fäder utkorat till vårt lands beskyddarinna och andliga moder,
Sv. Bed för oss.

F. Helige Erik, du har med ditt upphöjda föredöme och din nitälskan för allt gott tjänat vårt fosterland och fullbordat dess kristnande,
Sv. Bed för oss.

F. I alla heliga män och kvinnor, som framgått ur vårt folk eller tjänat Gud inom vårt fosterland,
Sv. Bedjen för oss.

För fosterlandet.

F. Alla Guds helgon,
Sv. Stån oss bi med eder förbön, på det att vi genom sant kristligt leverne och orubblig trohet alltid må vara redo att skydda och värna vårt fosterland och sålunda bliva värdiga att upptagas i vårt eviga hemland i himmelen. Amen.

3.

Allsmäktige, evige Gud, himmelens och jordens Skapare, vi tillbedja ditt upphöjda majestät och tacka dig för din faderliga omsorg om alla dina verk. Du har skapat jorden och danat den till hemvist för oss människor. Du har bildat vår natur så, att vi måste leva i samhällen med lagbunden ordning under en styrande myndighet. Enligt ditt skaparbud har människosläktet spritt sig över jorden och förgrenat sig i stammar och folk med olika tungomål, sedvänjor och bruk.

Vi tacka dig, Fader i himmelen, för det land som du givit oss att bebo och bebygga, att odla och värna. Vi tacka dig för urfjällets fasta grund och slätternas bördiga mark, för malmen i våra berg och för grödan på våra åkrar. Vi prisa dig för din huldhets särskilda gåva till oss, för våra sjöars vida vatten, våra skogars djupa rymd och våra somrars ljusa dag. Vi tacka dig synnerligast för den oförskyllda nåden, att du sänt till våra fäder de män som förkunnade Kristi evangelium och gjorde vårt folk till medborgare i Kristi rike. Väl ha vi i mångt och mycket brustit i lydnad mot din vilja och förött vår arvedel, men vi bedja dig ödmjukt, att du icke ville se till vår skuld, utan till din Sons, Jesu Kristi, frälsande nåd.

Välsigna vårt fosterland och alla dess invånare, skydda vår lagbundna ordning mot inre, våra gränser mot yttre fiender. Håll fjärran från oss krig, hungersnöd och härjande sjukdomar. Låt icke prövningarna bliva oss övermäktiga till skada för vår själ. Välsigna Konungen och hela hans hus. Giv honom och hans råd vishet till att fatta och fasthet till att genomföra de beslut som främja vårt lands och vårt folks välfärd. Beskydda försvarsmakten, välsigna alla rikets stånd: bonden bakom plogen och arbetaren vid maskinen, den lärdes forskning och den idoges företagsamhet. Välsigna våra familjer och alla våra hem. Beskydda det kommande och uppväxande släktet och åldringens sista steg mot evighetens port. Giv oss att vi, var och en för sig och vi alla i gemenskap med varandra, ärligt och troget, med beslutsamhet och uthållighet göra vår plikt på den plats i samhället, på vilken din heliga försyn har ställt oss. Ett dyrbart arv ha vi fått mottaga av våra fäder, må vi till våra efterkommande kunna lämna det fritt och oförminskat samt genom vår id och flit rätt förvaltat och förkovrat.

Herre, allsmäktige Gud, var du vårt värn och vårt försvar! Giv att vårt fosterland med jordens andra riken och länder må bidraga till att ditt rike utbredes, som är sanningens och nådens, rättvisans, kärlekens och fridens rike. Se på vårt lands förespråkare i himmelen, Vår dyra Fru, Jungfru Maria, den helige Erik, den heliga Birgitta och alla våra skyddshelgon, och bönhör oss genom vår Herre Jesus Kristus, din Son, som med dig lever och regerar i den Helige Andes enhet Gud från evighet till evighet. Amen.

Bön för föräldrarna.

Herre, himmelske Fader, du har befallt mig att hedra fader och moder, och din älskade

För barn. 531

Son har givit mig ett härligt föredöme i hemmet i Nasaret. Ingiv mig därför en uppriktig vördnad mot mina föräldrar. Gör mig lydig och kärleksfull mot dem. Vedergäll dem allt det goda som de gjort mig. Belöna dem frikostigt för all den omsorg och kärlek de visat mig. Bibehåll dem i god hälsa och giv dem ett långt liv. Förläna dem framgång i deras företag, beskydda dem mot allt ont och trösta dem i motgångar och lidanden. Bevara dem intill livets slut i din heliga nåd. Herre, välsigna mina föräldrar och låt mig städse vara deras glädje och tröst, på det att deras välsignelse må komma över mig och förbliva alltid över mig. Amen.

Föräldrars bön för sina barn.

Kärleksrike Frälsare, du sade fordom: Låten barnen komma till mig, ty dem hör himmelriket till. Du mottog dem kärleksfullt, lade händerna på dem och välsignade dem. Du föreställde dem för dina lärjungar såsom mönster av helig enfald, och varnade alla att giva dem förargelse. Se, jag kommer till dig, den gudomlige barnavännen, och anropar dig förtröstansfullt för mina barn. Välsigna dem och uppfyll dem med din nåds rikedom. Upplys deras förstånd, att de i den kristliga undervisningen rätt uppfatta ditt ord och gömma det i sitt hjärta. Håll fjärran från dem världens dåliga grundsatser. Bevara deras oskuld och skydda dem för all förförelse. Gör dem ödmjuka och lydiga, på det att de redan från ungdomen villigt bära ditt ok och en gång bliva vår ålderdoms tröst och stöd.

Gudomlige Frälsare, lär oss att med allvar och kärlek, med stränghet och tålamod uppfostra de barn som du har skänkt oss. Giv att vi föregå dem med gott föredöme på gudsfruktan och alla kristliga dygder. Giv att vi uppfostra dem i Herrens tukt och förmaning, på det att vi, när du en gång kommer att fordra dem ur våra händer, icke må ha förlorat något av dem, utan att vi kunna framställa dem inför dig såsom arvingar till den eviga saligheten. Amen.

Bön för ungdomen.

Herre Jesus Kristus, du allena är människornas och folkens lärare. Genom ditt gudomliga exempel har du lärt din heliga Kyrka att kalla de små till sig, för att vårda och skydda dem vid sitt hjärta med en moders kärlek. Utgjut, vi bedja dig, din himmelska välsignelse över våra skolor, så att ett fromt släkte må växa upp, vilket följer efter dig som är vägen, sanningen och livet, vilket står fast mot världens vilseledande läror, till din heliga bruds, Kyrkans ära, och till en prydnad för samhället och staten. Låt dem oskadda uppnå målet och en gång tillsammans med sina skyddsänglar få ärva ditt eviga rike. Du som lever och regerar från evighet till evighet. Amen.

För levande och avlidna välgörare.

(538.)

Gudomlige Frälsare, du vedergäller allt gott, till och med en dryck vatten som vi giva en törstande i ditt namn. Du har sagt: Saliga äro de barmhärtiga, ty dem skall vederfaras barmhärtighet. Uppfyll, jag beder dig innerligt, detta ditt löfte på alla dem, både levande och döda, som övat barmhärtighet mot mig. Giv mina levande välgörare din nåd och välsignelse, att de använda sina timliga ägodelar till din ära och sina själars fromma, och så av jordens gåvor göra sig vänner som en gång

I svåra tider. 533

upptaga dem i de eviga hyddorna. Visa mina avlidna välgörare din barmhärtighets rikedom och löna dem rikligt allt vad de gjort för mig. Vederkvick dem i deras plågor, om de ännu hava att lida i reningsorten, och dröj icke att befria dem. Jag beder dig därom vid den rika tillfyllestgörelse, som du på korsets stam framburit åt din himmelske Fader. Amen.

I oros- eller krigstider.

(539.)

Giv oss fred, o Herre, i våra dagar, ty det är ingen annan som kan strida för oss än du, vår Gud.
F. Varde frid i ditt fäste,
Sv. Och överflöd i dina torn.
Låtom oss bedja. O Gud, från vilken alla heliga önskningar, goda beslut och rättfärdiga gärningar härstamma, giv dina tjänare den frid, världen icke kan giva, på det att våra hjärtan må vara dina bud hörsamma, och vi, befriade från fruktan för fiender, må uppleva lugna tider, genom Kristus, vår Herre. Amen.

Bön om Guds hjälp.

(Ur Vishetens bok.)

Förbarma dig över oss, du som är Gud över allting, och se till oss. Låt ditt ljus lysa över oss, och låt fruktan för dig komma över alla folk. Lyft din hand mot de främmande folken, och låt dem få skåda din makt. Såsom du inför deras ögon har bevisat dig helig i oss, så bevisa dig nu också härlig i dem inför våra ögon. Låt dem få lära känna att ingen Gud finnes förutom dig, o Herre. Gör nya tecken och utför underverk, förhärliga din hand och visa din makt med din arm. Röj undan motståndaren och tillintetgör fienden. Påskynda tiden och tänk på att änden snart må komma, för att man må lovsjunga dina underverk. Låt ditt straff drabba dem som förtrycka ditt folk, och förödmjuka fiendernas furstar, dessa som säga: 'Ingen finnes förutom oss'. Förbarma dig, Herre, över det folk, över vilket ditt namn är åkallat. Hav misskund med din heliga stad, med den helgedom, där din härlighet bor. Avlägg ett vittnesbörd för dem som du skapade i begynnelsen. Låt dem som förbida dig få skåda din hjälp. Hör, o Herre, dina tjänares bön efter din nåd mot ditt folk. Led oss på rättfärdighetens väg, och låt alla som bo på jorden, förnimma, att du är Herren, att du är den evige Guden, som styr och regerar världsalltet. Amen.

Fredsbön.

(Påven Benedikt XV.)

I den oro och nöd som ett krig framkallat, vilket hotar folk och nationer i deras bestånd, taga vi, o Jesus, vår tillflykt till ditt heliga hjärta såsom till vår säkraste fristad. Till dig, barmhärtighetens Gud, bedja vi innerligen, avvänd detta förskräckliga gissel. Till dig, fridens konung, ropa vi i enträgen bön: giv snart den efterlängtade freden. Från ditt gudomliga hjärta lät du över hela världen utstråla den heliga kärleken, på det att all tvedräkt måtte försvinna och endast kärlek råda bland människor. Medan du vistades på jorden, klappade ditt hjärta fullt av ömt medlidande för all mänsklig nöd. Måtte ditt hjärta även i denna stund som med sitt ödesdigra hat och förskräckliga blodsutgjutelse så svårt tynger på oss, förbarma sig över oss.

Förbarma dig över så många mödrar som leva i oro och ångest för sina söners öde. Förbarma dig över så många familjer som äro berövade sitt huvud. Förbarma dig över de olyck-

Den enskilda kallelsen. 535

liga länder som drabbats av ett så tungt öde. Ingiv furstar och folk fridens tankar. Gör slut på den strid som söndrar nationerna. Giv att människorna åter må mötas i kärlek. Kom ihåg, att du med ditt blods pris gjort dem till bröder. Fordom lyssnade du full av kärlek till apostelns rop: 'Fräls oss, o Herre, ty vi förgås', och bjöd du lugn åt havets upprörda vågor, låt dig då även i dag försonas. Hör nådigt vår förtröstansfulla bön och återgiv den av stormen upprörda världen lugn och frid.

Och du, heliga Jungfru, såsom du fordom gjort i tider av den största nöd, hjälp oss även nu. Beskydda och rädda oss. Amen.

Den enskilda kallelsen.

(Kardinal Newman.)

Gud är och var alltid i sig själv fullkomlig, men det var så hans vilja att till sitt eget förhärligande frambringa en värld. Han är allsmäktig och skulle kunnat själv göra allting, men det var hans vilja att i verkligheten utföra sina planer förmedels de av honom skapade varelserna. Vår uppgift är att förhärliga Gud och fullgöra hans heliga rådslut. Jag har skapats för att vara och göra det som är bestämt just för mig; jag har en given plats i Guds världshushållning, vilken icke tillkommer någon annan. Jag må vara rik eller fattig, ringaktad eller högaktad av människorna, Gud känner mig och ropar mig vid namn.

Han har skapat mig till att för honom utföra en alldeles särskild tjänst. Han har åt mig anförtrott ett arbete som han ej givit åt någon annan. Jag har min mission — kanske skall jag här på jorden ej inse detta, men i ett kommande liv skall det uppenbaras för mig. På något sätt behöver Gud mig för utförandet av sina planer, alldeles så som envar ärkeängel har sin bestämda plats i Guds världsplan; men jag får inte utebli, när Gud ropar på mig, ty då kallar han på en annan, ty Gud kan också av stenarna 'uppväcka barn åt Abraham'. Jag har alltså min del i Guds rike, jag är en ring i kedjan, en tråd i bandet som sammanhåller människorna. Gud har icke skapat mig för intet. Jag vill utföra hans verk, så gott jag det kan; jag vill vara en fridens ängel, en sanningens apostel på den plats som han anvisar åt mig, och på intet annat vill jag akta än att jag iakttager hans bud och uppfyller mitt kalls plikter.

Därför vill jag helt överlämna mig åt honom, vad som än må bliva av mig, och varthän än mina vägar må föra mig; aldrig skall jag gå förlorad, aldrig skall jag stötas bort av Gud. Är jag sjuk, skall min ohälsa tjäna Gud; är jag i nöd, så skall min nöd föra mig närmare Gud. Sjukdom, bedrövelse och elände kunna vara nödvändiga medel till ett stort mål som ligger långt utanför vår synkrets. Gud gör ingenting förgäves; må han förlänga eller förkorta mitt liv: han vet vad som är bäst. Han må taga från mig mina vänner och sända mig bort i främmande land, han må räcka mig sorgens bägare och andens nedslagenhet, eller dölja min framtid för mig; han allena vet städse vad som är bäst för mig.

O Adonai, du som leder Israel och även förde Josef efter dina hemlighetsfulla planer, o Emmanuel, o outgrundliga vishet, åt dig överlämnar jag mig helt, åt dig anförtror jag mig med kropp och själ. Du är visare än jag. Du älskar mig mera än jag själv kan älska mig. Utför dina avsikter med mig, vilka dessa än må vara. Handla med mig och genom mig så som det behagar dig. Jag är född till att tjäna dig, för att tillhöra dig och endast dig och att vara ditt verktyg. Jag vill vara det helt och med villigt sinne och i blind lydnad. Jag be-

Vid förlovningen. 537

gär icke att se, jag önskar icke att veta, jag ber blott att bliva nyttjad av dig enligt din oändliga barmhärtighet.

Vid valet av stånd.

Allsmäktige, evige Gud, du som i din världsplan anvisat människorna var sin plats och berett dem därtill riklig nåd, sänd ifrån dina heliga boningar vishetens och rådets Ande, att jag får veta det kall, för vilket du i din heliga försyn bestämt mig. Ty vilken dödlig kan veta vad som länder honom till välfärd, om du icke giver honom vishet och sänder honom rådets Ande, på det att denne öppnar hans ögon och lär honom vad som länder till din ära och till hans egen fromma. Se, Herre, jag står inför ditt ansikte och spörjer med Saulus: Herre, vad vill du, att jag skall göra? Jag är beredd att välja det yrke, den befattning, det stånd, vartill du i din försyn har kallat mig. Vill du, att jag uteslutande skall helga mig åt din tjänst? Mitt hjärta är redo. Vill du, att jag förbliver ogift för att endast tänka på det som tillhör dig, och huru jag skall behaga dig? Mitt hjärta är redo, o Gud. Vill du, att jag inträder i det äkta ståndet? Mitt hjärta är redo. Låt mig blott veta din heliga vilja. Tala, Herre, din tjänare hör. Mitt hjärta är redo att göra din vilja. Giv mig blott din nåd och din kärlek, och jag är rik nog och begär intet annat. Amen.

Vid förlovningen.

O Jesus, min Gud och Frälsare, jag har bett om ditt ljus, jag har prövat mitt hjärta och är nu besluten att inträda i det äkta ståndet. Jag bedyrar inför ditt ansikte, att jag icke vill göra det av livets högfärd eller någon annan förvänd bevekelsegrund. Jag vill inträda i det äkta ståndet, emedan jag tror, att det är din heliga vilja. Jag hoppas att i detta stånd undgå många faror för min odödliga själ, säkrare finna vad jag behöver för min timliga välfärd och genom en god uppfostran av de barn som du må skänka mig troget kunna tjäna dig. Välsigna därför mitt beslut.

O Jesus, jag beder dig, bevara mig för all ond begärelse, på det att jag i ärbarhet och renhet tillbringar min förlovningstid och så med heder kan framträda inför ditt heliga altare för att rikligen få sakramentets nådegåvor för mitt nya stånd. Välsigna mitt framtida äktenskap och giv mig och min utkorade riklig nåd att så tjäna dig i glädje och endräkt, i gudsfruktan och kristlig kärlek, att vi efter en lycklig förening på jorden må återförenas i din himmelska bröllopssal för att lova, prisa och förhärliga dig i fulkomlig kärlek. Amen.

Före vigseln.

Jag tackar dig, min Herre och min Gud, att du i din godhet och vishet har upphöjt äktenskapet bland kristna till ett sakrament. Du vill i detta sakrament giva mig all den nåd, varav jag är i behov för att leva heligt i det äkta ståndet och troget uppfylla alla dess plikter. Av egna krafter förmår jag det icke. Ty äktenskapet medför många och svåra plikter, prövningar och frestelser, sorger och bekymmer. Huru lätt kunde jag icke för dess många förströelser och yttre sysselsättningar glömma dig och min själs frälsning! Jag kan icke nog tacka din vishet och godhet som för äkta makar och deras många och kära uppgifter gav dem nåden av ett särskilt sakrament. Lov och pris och tack vare dig för denna din nåd! Jag vill beflita mig, o Herre, att omsorgsfullt bevara

Äkta makars bön. 539

denna nåd och troget medverka med densamma. Skulle jag någonsin genom synd förverka densamma, så vill jag beslutsamt återvända till dig för att så åter uppliva nåden i min själ. Aldrig skall jag förgäta dig, o Gud, och din heliga lag och de höga och heliga syften, för vilkas skull du instiftat äktenskapet. Intet lidande, intet offer skall avskräcka mig från att häruti efterkomma din vilja och följa din anordning. Må världens barn tänka och handla, såsom världen lär dem. Jag är och vill förbliva ditt barn. Jag vill tänka och handla, lida och strida, leva och dö efter Jesu Kristi, min Frälsares, grundsatser, ty jag vill och måste rädda min odödliga själ. Därför skall ingen och ingenting avhålla mig från ett fromt liv enligt din heliga lag. Se, Herre, detta är mitt hjärtas beslut. Utgjut över mig i rikt mått den nåd som du knutit vid giftermålets heliga sakrament, på det att jag troget intill döden kan hålla de löften som jag inför dig kommer att avlägga vid altaret.

Herre Jesus Kristus, du ville genom din närvaro vid bröllopet i Kana hedra, helga och genom ditt första under förhärliga äktenskapet. Kom, jag beder dig innerligt, med din nåd och välsignelse även till mitt bröllop. Helga och välsigna mitt förbund; verka i mig och den som mitt hjärta utkorat, det nådens under, att vi, förenade i helig kärlek, må härnere helga varandra och en gång komma till den eviga saligheten. Amen.

Efter vigseln.

(Att ofta läsas av äkta makar, i synnerhet på årsdagen av bröllopet.)

Allsmäktige, evige Gud, du som till människosläktets fortplantning och till mannens och kvinnans ömsesidiga hjälp och tröst instiftat och välsignat äktenskapet, se huldrikt till mig och min make (maka) och förläna oss nåden att så leva i det äkta ståndet, att ingendera av oss varder utesluten ur ditt rike. Giv att vi leva med varandra i frid och fördragsamhet, i kärlek och sämja, i tukt och ära, rättfärdigt i förväntan på det saliga hoppet och vår Herres Jesu Kristi tillkommelse. Giv att vi med allvar och kärlek, med stränghet och mildhet uppfostra de barn som du må giva oss, till himmelrikets arvingar. Välsigna vår kropp och själ, våra arbeten och företag, vårt hus och hem. På din välsignelse beror ju allt, om du, o Herre, icke bygger huset, arbeta byggnadsmännen förgäves. Avvänd även nådigt från oss allt som kan skada oss. Fräls oss från allt ont, framför allt från det största onda, synden. Skulle du skicka oss kors och lidanden, motgångar och bekymmer, så giv oss även tålamod och styrka, tröst och vederkvickelse, att vi kunna bära dem med undergivenhet.

O Herre, se nådigt ned från himmelens höjd till våra hjärtans förbund. Du sände fordom till Tobias och Sara din helige ängel Rafael för att beskydda och välsigna dem. Sänd huldrikt din helige ängel även till oss, att han må leda och beskydda oss på vår jordiska pilgrimsfärd, bevara oss från allt ont och styrk oss i allt gott.

Den allsmäktige Guden som genom sin kraft förenat och med sin välsignelse helgat våra första föräldrar, må helga och välsigna våra hjärtan och hålla dem för alltid förenade i obrottslig kärlek. Välsigne oss den allsmäktige Guden, Fadern och Sonen och den Helige Ande. Amen.

I sjukdom. 541

Böner för sjuka.

Undergivenhet för Guds heliga vilja.

Fader, om det är möjligt, låt denna kalk gå ifrån mig, ske dock icke min vilja, utan din. Ty vad begär jag i himmelen, eller vad söker jag på jorden annat än dig, o Gud, mitt hjärtas Gud och min andel evinnerligen. Såsom Herren vill, så skall det ske. Jag skall anamma frälsningens kalk och åkalla Herrens namn. Mitt hjärta är redo, o Gud, mitt hjärta är redo; ske din vilja såsom i himmelen så ock på jorden. Se jag mottager denna sjukdom, varmed du har hemsökt mig, såsom kommande från din faderliga hand. Må den lända till ditt namns ära och min själs välfärd. Av kärlek till dig, o min Gud, vill jag gärna lida. Här i livet må du vara sträng mot mig, skona mig blott i evigheten. Jag har syndat, ofta och mycket har jag syndat, och mina synder ha redan länge ropat till himmelen om hämnd. Huru kunde jag då klaga, nu då din hand ligger tungt på mig?

Men straffa mig icke, o Herre, i din förtörnelse och tukta mig icke i din vrede. Du vet, huru svag jag är, ja, jag är blott stoft och aska. Handla därför icke med mig efter mina synder och straffa mig icke efter mina missgärningar, utan förbarma dig över mig efter din barmhärtighets rikedom. Låt din rättfärdighet mildras genom din barmhärtighet; sänd ut din sanning, att jag i ditt ljus må finna frid. Styrk min själ med kraft ifrån ovan, att jag med tålamod må bära sjukdomens obehag och smärtor, och skulle den vara min sista, att jag villigt må mottaga döden ur din hand.

Vill du, o Gud, att jag skall dö, låt mig dö i din frid; vill du, att jag skall leva längre, låt mig blott leva för din skull. Åt dig överlämnar jag mig helt och hållet; i dina händer anbefaller jag min kropp och min själ, min hälsa och min sjukdom, mitt liv och min död. Ske i allt din heliga vilja! Amen.

Bön om tillfrisknande.

Min Herre och Gud, se i nåd ned från ditt majestäts tron till mig, dina händers verk. Se på det elände, i vilket jag befinner mig. Du har sagt: om en moder skulle förgäta sitt barn, så skall dock jag icke förgäta dig, ty jag har skrivit dig i mina händer. Läs denna skrift, o Herre, och förbarma dig över mig. Jag bönfaller om din barmhärtighet; vederkvick mig. Jag ropar till dig; gör mig helbrägda. Jag suckar till dig; återgiv mig liv och hälsa. Skona mig, ty få äro mina dagar och fulla av sorg. Förlåt, att jag dristar tala till dig, himmelens och jordens Herre. Nöden nödgar mig, eländet tvingar mig, smärtorna driva mig därtill. Jag är sjuk och ropar till dig, den allsmäktige läkaren: bota mig, gör mig frisk. Du är mitt hopp, skynda till min hjälp. Du är min styrka, varför är jag sorgsen? Säg blott ett ord, och din tjänare skall vara helbrägda, och jag skall frambära dig lovprisningens och tacksägelsens offer. Amen.

Barmhärtige Frälsare, kom ihåg, huru många sjuka du hjälpt, medan du vandrade på jorden. Du gick omkring och gjorde väl och botade alla slags sjukdomar. Blinda, döva, lama, febersjuka, spetälska, alla som med förtröstan vände sig till dig, återfingo på ditt ord sina sinnen och sina lemmars bruk, alla återfingo sin hälsa. Se, även jag kommer med förtroende till dig och ropar: Jesus, Davids son, förbarma dig över mig. Var mig såsom ditt heliga namn säger, en räddare, en frälsare i mitt elände. Du kan hjälpa mig, ty du är allsmäk-

I sjukdom. 543

tig; du vill hjälpa mig, om hälsa och liv lända till min själs bästa, ty du är oändligt god. Förbarma dig därför över mig. Tag ifrån mig kroppens smärtor och själens ångest; välsigna läkarens bemödanden och hans läkemedel; återgiv mig min hälsa, på det att jag må tacka och lova dig i din kyrka och med ny iver tjäna dig i alla mina återstående livsdagar. Amen.

Bön till Guds moder.

Barmhärtighetens moder, heliga Jungfru Maria; du kallas av Kyrkan de kristnas hjälp, de bedrövades tröstarinna, de sjukas räddning; ty alla nödställda som anropa din förbön, finna hos dig tröst och hjälp. Vänd dina barmhärtiga ögon även till mig. Minns att din döende Son anbefallt mig åt dig, för att du skulle vara min moder och jag ditt barn. Visa mig därför i min sjukdom ditt moderliga hjärta och antag dig ditt barn efter din gudomlige Sons nådiga vilja. Kom ihåg, att det aldrig blivit hört, att någon som tagit sin tillflykt till dig, har blivit övergiven. O milda, o hulda, o ljuva Jungfru Maria! Amen.

Dygdeakter att ofta uppväckas under sjukdom.

Undergivenhet.

Herre, jag mottager denna sjukdom från din hand och underkastar mig fullkomligt din heliga vilja, vare sig min sjukdom för till liv eller till död. Ske icke min vilja, utan din; ja, ske din vilja, såsom i himmelen så ock på jorden.

Herre, jag underkastar mig sjukdomens alla smärtor och obehag. Mina synder hava förtjänat oändligt mer. Du är rättvis, o Gud, och dina domar äro rättfärdiga. Tukta mig i detta liv, skona mig blott i evigheten.

Herre, jag uppoffrar dig allt, vad jag nu lider och framdeles kommer att lida. Jag förenar allt med min Frälsares lidanden, att det genom hans bittra pina och död må helgas och varda förtjänstfullt.

Tillbedjan.

Jag tillbeder dig, min Gud och mitt allt, som mitt första ursprung och mitt sista mål. Jag önskar att giva dig all den dyrkan, jag är mäktig. Därför underkastar jag dig mitt förstånd, min vilja, min själs alla krafter.

Lovprisning.

Herre, jag lovar dig i sjukdomens dagar lika väl som i hälsans; allt som är i mig, prisar ditt heliga namn. Jag förenar min röst med Kyrkans i himmelen och på jorden för att prisa dig i tid och evighet. Helig, helig, helig är du, härskarornas Herre.

Tacksägelse.

Av hjärtat tackar jag dig, o Herre, för all din barmhärtighet och all den välsignelse, du slösat på mig genom Jesus Kristus, din Son. I synnerhet tackar jag dig för att du från evighet har tänkt på mig och älskat mig, och för att du har återlöst mig genom din Sons dyrbara blod. Låt detta blod icke förgäves vara utgjutet för mig!

Tro.

O Herre, jag tror på alla de himmelska sanningar som du uppenbarat, och vilka din heliga Kyrka tror och lär. Du är den eviga sanningen som icke kan misstaga sig och icke bedraga oss; och du har lovat att sända din Kyrka san-

I sjukdom.

ningens Ande för att leda henne in i all sanning. Jag tror på dig, den allsmäktige Fadern, himmelens och jordens Skapare, vedergällaren av det goda och det onda. Jag tror på din enfödde Son, vår Herre Jesus Kristus, som genom sin död på korset återlöst mig. Jag tror på den Helige Ande, sanningens och hugsvalelsens Ande, som genom de heliga sakramenten har helgat mig. Jag tror på den heliga katolska Kyrkan, syndernas förlåtelse, köttets uppståndelse och ett evigt liv. I denna tro vill jag leva och dö. Herre, styrk min tro.

Hopp.

O min Gud, till dig sätter jag allt mitt hopp och all min förtröstan; ty du är oändligt god och barmhärtig och trofast i dina löften. Genom Jesus Kristus, min Frälsare, genom hans bittra pina och död, hoppas jag av din barmhärtighet nåd och förlossning från alla mina synder. På dig, o Herre, har jag hoppats; till dig sätter jag all min förtröstan; låt mig icke komma på skam. Gode Jesus, mottag mig i dina armar i denna min sjukdom. Göm mig i dina sår och två min själ i ditt heliga blod.

Kärlek.

Jag älskar dig, o min Gud, av all min själ och av alla mina krafter, mer än mig själv, mer än allt som är dyrbart för mitt hjärta, mer än allt som är i himmelen och på jorden; ty du är oändligt god och fullkomlig och värd att älskas över allting. Åtminstone önskar jag att så kunna älska dig. Kom och tag i besittning hela min själ och lär mig att alltmera älska dig.

Jag åstundar att skiljas hädan och att vara med Kristus. När skall ditt rike komma, Herre?

18 — *Oremus.*

När skall du oinskränkt härska över alla hjärtan? När skall det icke mer finnas någon synd? Av kärlek till dig, o Herre, älskar jag min nästa såsom mig själv. Alla människor äro ju dina barn och skapade för himmelens rike. Jag önskar dem alla allt gott och din rikaste välsignelse. Av hjärtat förlåter jag alla som förolämpat eller skadat mig; själv beder jag alla om förlåtelse, vilka jag på något sätt förolämpat.

Ånger.

Förbarma dig över mig, o Gud, efter din stora barmhärtighet och efter din misskundsamhets rikedom utplåna mina missgärningar. Att jag aldrig hade förolämpat dig; att jag aldrig hade syndat! Jag ångrar och avskyr alla mina synder, emedan de misshaga dig, min högste Herre, min bäste Fader, det högsta, fullkomligaste goda, som jag älskar över allting. Jag önskar uppriktigt att jag aldrig hade syndat; jag vill hellre dö än synda och förlora din nåd och kärlek. Herre, var mig nådig, Herre, var mig barmhärtig, Herre, förlåt mig mina synder.

Jag avsäger mig nu och för alltid djävulen och alla hans gärningar; jag avskyr alla hans ingivelser och lockelser. Tillstäd icke, o Herre, att denne dödsfiende till min själ får makt över mig, varken nu eller i min dödsstund. Sänd ut dina heliga änglar att försvara mig mot mörkrets makter.

Anbefallning i Guds beskydd.

Jag anbefaller min själ åt Gud, min Herre, som skapat den, åt Jesus Kristus, min Frälsare, som återlöst den med sitt blod, åt den Helige Ande, som helgat den i dopets heliga

I sjukdom. 547

sakrament. I dina händer, o Herre, anbefaller jag min ande. Heliga Maria, bed för mig; heliga Maria, barmhärtighetens moder, försvara mig mot fienden; heliga Maria, Guds moder, bed för mig nu och i min dödsstund. Amen.

Kyrkobönen: 'För en sjuk'.

(552.)

Låt ditt ansikte lysa, o Herre, över din tjänare (tjänarinna) och hjälp honom (henne) för din barmhärtighets skull. Låt honom (henne) icke komma på skam, ty se, vi ropa till dig.
F. Mitt hjärta hoppas på Herren, och jag skall få hjälp,
Sv. Och mitt hjärta skall åter leva upp, och jag skall prisa honom av hela min själ.
Kyrkobön. Allsmäktige, evige Gud, du som är evigt liv för dem som tro på dig, hör vår bön för din sjuke tjänare (tjänarinna), för vilken vi anropa din barmhärtighet om hjälp, på det att han (hon) efter sitt vederfående må frambära dig sin tacksägelse i din kyrka, genom Kristus, vår Herre: *Sv.* Amen.

Kristligt testamente.

I den allraheligaste Treenighetens, Faderns och Sonens och den Helige Andes namn. Amen.
Jag N. N. lämnar min själ i min Skapares händer och min kropp åt jorden, varav den är tagen. Jag lämnar beredvilligt allt som jag äger på jorden, förmögenhet och samhällsställning, sysselsättningar och nöjen, vänner och släkt; ty jag begär endast att äga dig, min Gud och mitt allt. Jag mottager redan nu med full undergivenhet döden från din hand såsom straff och gottgörelse för mina synder. Jag

ångrar dem alla av hjärtats grund, allramest därför att jag förolämpat dig, min Gud och Herre, som jag älskar mer än allt annat i himmelen och på jorden. Jag lovar att med din nåd bättra mitt liv och uppbjuda all min kraft för att icke återfalla i mina gamla synder. Av hjärtat förlåter jag alla som förolämpat mig; även beder jag alla om förlåtelse, vilka jag själv förolämpat eller gjort orätt. Jag tror fast och orubbligt allt vad du, min Gud, den eviga, ofelbara sanningen, har uppenbarat och genom din heliga katolska Kyrka framställer för mig att tro; ty jag vet, att hon är sanningens pelare och grundval. Jag betygar inför himmel och jord, att jag vill leva och dö i denna heliga tro. Till dig, o Herre, sätter jag allt mitt hopp. Om jag än vandrar mitt igenom dödsskuggan, fruktar jag intet ont; ty du är med mig, du är min sköld och min fasta borg. På dig förtröstar jag; av din oändliga barmhärtighet hoppas jag få förlåtelse för alla mina synder och det eviga livet. Treenige Gud, du är det högsta, det oändligt fullkomliga väsen och är all kärlek värd, och jag älskar dig av allt mitt hjärta, av all min själ, av alla mina krafter. Av kärlek till dig mottager jag allt av din hand. I livet och i döden överlämnar jag mig fullkomligt åt din gudomliga försyn och din heliga vilja. För dig, o Herre, vill jag leva och dö; dig vill jag tillhöra i livet och i döden. Jag uttalar denna min sista vilja inför hela den himmelska härskaran. Jag beder dig, himmelska moder Maria, din brudgum, den helige Josef, dig, min helige skyddsängel, och eder, mina heliga skyddshelgon, att bevittna och bestyrka densamma. Utverken mig genom eder mäktiga förbön vid Guds tron nåden, att denna min sista vilja orubbad må äga bestånd intill mitt sista andedrag. Amen.

Tröstens ord.

(Ur Davids psalmer.)
(554.)

Herren är mitt ljus och min frälsning, för vem skulle jag frukta? Herren är mitt livs värn, för vem skulle jag rädas?

Ett har jag begärt av Herren, därefter traktar jag: att jag må få bo i Herrens hus i alla mina livsdagar, för att skåda Herrens ljuvlighet och betrakta hans tempel.

Ty han döljer mig i sin hydda på olyckans dag, han beskärmar mig i sitt tjäll, han för mig upp på en klippa.

Hör, o Herre, jag höjer min röst och ropar; var mig nådig och svara mig. Förskjut mig icke, övergiv mig icke, du min frälsnings Gud!

Ja, jag tror förvisso, att jag skall få se Herrens goda i de levandes land.

Förbida Herren, var frimodig och oförfärad i ditt hjärta, ja, förbida Herren!

Till dig, o Herre, tager jag min tillflykt; låt mig aldrig komma på skam, befria mig genom din rättfärdighet.

Böj ditt öra till mig, rädda mig snart, var mig en fast klippa, en borg till min frälsning!

I dina händer befaller jag min ande, du förlossar mig, Herre, du trofaste Gud.

Var mig nådig, o Herre, ty jag är i nöd, av sorg är mitt öga förmörkat, ja min själ såväl som min kropp. Ty mitt liv har försvunnit i bedrövelse och mina år i suckan, min kraft är bruten, och benen i min kropp äro maktlösa.

Men jag förtröstar på dig, Herre; jag säger: Du är min Gud. Min tid står i dina händer, rädda mig! Låt ditt ansikte lysa över din tjänare; fräls mig genom din nåd!

Var mig nådig, o Gud, var mig nådig; ty till dig tager min själ sin tillflykt.

Ja, under dina vingars skugga vill jag taga min tillflykt, till dess det onda är förbi.

Jag ropar till Gud, den högste, han skall sända sin nåd och sin trofasthet.

Herrens ängel slår sitt läger omkring dem som frukta honom, och han befriar dem.

Smaken och sen, att Herren är god. Säll är den som tager sin tillflykt till honom.

Herrens ögon äro vända till de rättfärdiga, och hans öron till deras rop.

Herren är nära dem som ha ett förkrossat hjärta, och frälsar dem som ha en bedrövad ande.

Den rättfärdige måste lida mycket, men Herren räddar honom ur allt; sina tjänares själar förlossar Herren.

Vem har jag i himmelen utom dig! Och när jag har dig, då frågar jag efter intet på jorden.

Om än min kropp och min själ försmäkta, så är dock du mitt hjärtas Gud och min andel evinnerligen.

Böner vid de heliga sakramentens anammande på sjukbädden.

Har en kristen under hälsans dagar allvarligt bemödat sig att troget tjäna Gud och fört ett ordnat böneliv (daglig bön, den heliga mässan och regelbundet mottagande av sakramenten), kommer han i tider av sjukdom och i dödens stund att med lätthet foga sig i Guds heliga vilja. Sjukdomen betraktar han som en nådens tid, då han kan förvärva sig rikliga förtjänster för himlen, och med fast förtröstan på Guds oändliga barmhärtighet anträder själen resan till evigheten.

Att villigt mottaga döden i lydnad och kärlek till Gud är det inför Gud behagligaste och mest förtjänstfulla verket i hela vårt jordiska liv. Öva i hälsans dagar ivrigt de dygder som under sjuk-

Vid de heliga sakramenten. 551

dom och på dödsbädden äro de nödvändigaste: tro, hopp, kärlek till Gud och nästan, fullkomlig ånger (ånger på grund av kärlek till Gud), tålig undergivenhet för Guds vilja under kors och lidanden. Betrakta under sjukdomstiden i djup vördnad framför allt Jesu Kristi bittra lidande och död. Öva i livet många barmhärtighetsverk, och om det är dig möjligt, giv också under sjukdomens tid allmosor. Barmhärtighetens gärningar göra det lättare för oss att dö. Om du kan, tänk i ditt testamente på de fattiga och på fromma stiftelser.

Kommer en sjukdom över dig, vilken anses kunna leda till döden, tillkalla då utan dröjsmål prästen, bikta, kommunicera och mottag den heliga smörjelsens sakrament, om prästen anser det vara påkallat. I synnerhet är det viktigt, att du mottager botens sakrament, innan dina själskrafter bli nedsatta av sjukdomen. Du skall ej förlita dig på att dina anhöriga eller din omgivning göra dig uppmärksam på sjukdomens allvarliga karaktär. Ofta är man av den meningen, att Kyrkans sakrament uppröra den sjuke och därigenom förvärra sjukdomen, och så dröjer man med sakramenten till sista ögonblicket. I själva verket bidrager mottagandet av sakramenten mycket till att lugna den sjuke och inverkar så fördelaktigt på sjukdomstillståndet. Om på grund av sjukdomens art eller dödsfaran en fullständig syndabekännelse ej är möjlig, så bli även de utan skuld obiktade synderna förlåtna. Inträder en förbättring i hälsotillståndet, måste de bekännas i nästa bikt.

Innan prästen kommer med det Allraheligaste, betäcker man ett bord i den sjukes närhet med en ren vit duk och ställer därpå: 1. ett krucifix, 2. ett eller två brinnande vaxljus, 3. ett kärl med vigvatten, 4. ett litet glas med vanligt vatten, 5. ett fat med litet salt eller med rivet bröd och något bomull (6 små kulor). — Mottager en sjuk endast den heliga kommunionen, så ställas endast de fyra första föremålen på bordet.

När prästen med Altarets heliga sakrament inträder, skola de närvarande med knäböjning visa Frälsaren sin hyllning och mottaga hans välsignelse.

Förberedelsebön.

Jag tackar dig, min Herre och min Gud, att du genom sjukdomen påminner mig om nödvändigheten att beställa om mitt hus. Jag tackar dig, att du givit mig tid och tillfälle att förbereda mig på den stora resan till evighetens land. Till vår tröst har du genom din Son instiftat heliga sakrament för de sjuka. Lov och tack vare dig för din kärleksfulla försyn! Jag står nu i begrepp att mottaga dina nådemedel. Kanske är det sista gången i mitt liv som du erbjuder mig din barmhärtighets rikedomar. Bistå mig därför med din mäktiga nåd, att jag så anammar botens, altarets och den heliga smörjelsens sakrament, att jag blir delaktig av alla deras nådegåvor och således är redo att lugnt och villigt svara på din röst, när du kallar mig från detta förgängliga liv. Amen.

Rannsaka nu ditt samvete och uppväck ånger och föresats. — *Korta dygdeakter* före och efter den heliga Kommunionen se under *Kommunionböner* sid. 163 och 169.

Före anammandet av den heliga smörjelsen.

Gudomlige Frälsare, din apostel har på den Helige Andes ingivelse skrivit: Är någon bland eder sjuk, han kalle till sig Kyrkans präster, och de skola bedja över honom och smörja honom med olja i Herrens namn, och trons bön skall lända den sjuke till räddning, och Her-

Vid dödsbädden.

ren skall upprätta honom, och om han är i synder, skola de varda honom förlåtna. Jag tackar dig, att du i din kärleksfulla försyn har instiftat detta nådemedel för dina sjuka troende. Jag önskar innerligt att varda delaktig av dess nådegåvor. Jag tror, att detta heliga sakrament skall återgiva mig kroppens hälsa, om det länder till mitt sanna bästa. Jag tror, att det skall skaffa mig lättnad i min sjukdom och styrka i frestelser. Jag tror, att det skall utplåna de synder som jag har glömt och icke mer kan bikta, jämte de timliga straff, åt vilka jag hemfallit.

Min Gud, hur ofta har jag icke gjort mina sinnen och mina lemmar till verktyg för orättfärdighet och synd! Genom det heliga dopet har min kropp blivit ditt levande tempel. Men huru ofta har jag icke vanhelgat detta tempel! Jag beder dig, o Herre, om förbarmande och förlåtelse. Se, jag ångrar alla mina synder av hela mitt hjärta, allramest emedan jag förolämpat dig, mitt högsta goda. Jag önskar uppriktigt att icke ha begått dem. Jag vill för ingenting i världen åter synda. Utplåna mina synder och alla syndastraff genom det heliga sakrament som jag nu kommer att anamma. Två mig mer och mer från mina synder och rena mig från all orättfärdighet, genom Kristus, vår Herre. Amen.

Vid dödsbädden.

Vid dödens annalkande kalla om möjligt, även om den sjuke redan anammat alla sakrament, en präst, för att han må bistå den döende i den sista striden, ännu en gång giva honom avlösningen och förrätta de kyrkliga bönerna Är det ej möjligt att kalla prästen, så är det det bästa verk av andlig barmhärtighet att med den dödende uppväcka tro, hopp, kärlek, undergivenhet för Guds vilja och i synnerhet fullkomlig ånger. Vid uppfyllandet av denna kärleksplikt iakttag följande:

1) Bed sakta och mycket långsamt. Gör en paus efter varje sats, ty eljest kan den sjuke icke följa med.

2) Avbryt då och då bönen för att lindra den döendes lidanden, t. ex. genom att avtorka hans svett, giva honom några droppar vatten eller åtminstone fukta hans läppar.

3) Bestänk honom stundom med vigvatten för att skydda honom mot den onde fienden och räck honom den Korsfästes bild att kyssa.

4) Ligger den sjuke medvetslös eller nästan utan sans, upphör icke att från tid till annan förestava honom korta böner, t. ex. några ord av *Fader vår* eller namnet *Jesus;* ty ofta äro de sjuka ännu vid sans, förnimma och förstå allt, utan att kunna giva ett tecken, medan de svårt frestas och äro i stort behov av andlig hjälp.

Bön att läsas för en döende.

Herre Jesus Kristus, jag beder dig vid din dödsångest och din bön på Oljeberget, offra för denne din sjuke tjänare (för denna din sjuka tjänarinna) åt din himmelske Fader den blodiga ångestsvett som du av fruktan för din bittra död utgjutit. Förlåt honom (henne) nådigt alla synder och fräls honom (henne) från all ångest för död och dom, du som lever och regerar från evighet till evighet. Amen.

Herre, förbarma dig. Kristus, förbarma dig. Herre, förbarma dig.

Herre Jesus Kristus, du som för världens frälsning ville dö på korsets heliga träd, jag beder dig, offra för denne din sjuke tjänare (din sjuka tjänarinna) åt din himmelske Fader all den bitterhet du utstod på korset, i synner-

Vid dödsbädden. 555

het när din heliga själ skildes från din kropp. Förlåt honom (henne) nådigt alla synder och fräls honom (henne) från all ångest för död och dom, du som lever och regerar från evighet till evighet. Amen.

Herre Jesus Kristus, du som sagt genom profeten: Med evig kärlek har jag älskat dig och full av förbarmande dragit dig till mig, jag beder dig vid den kärlek som drog dig från himmelen till jorden och från jorden upp till korset, offra för din sjuke tjänares (din sjuka tjänarinnas) själ åt din himmelske Fader alla dina mångfaldiga lidanden. Förlåt honom (henne) alla synder, och fräls honom (henne) från all ångest för död och dom, du som lever och regerar från evighet till evighet. Amen.

Bönesuckar att förestavas den döende.

Jesus, jag tror på dig, ty du är den eviga sanningen. — Jesus, jag hoppas på dig, ty du är den oändliga godheten. — Jesus, jag älskar dig, ty du är min Gud och mitt allt.
O min Gud, jag ångrar alla mina synder. — För Jesu Kristi skull förlåt mig mina synder. — Jesus, var mig nådig; — Jesus, var mig barmhärtig; — Jesus, förlåt mig mina synder. — Jesus, för dig lever jag; — Jesus, för dig dör jag; — Jesus, dig vill jag tillhöra i livet och i döden. — Min Jesus, barmhärtighet! — Jag sätter all min förtröstan på din bittra pina och död. — På dig, o Herre, har jag hoppats, i evighet skall jag icke komma på skam.
Då man räcker krucifixet för att kyssas av den döende. O Jesus, — min Gud och Herre. — jag älskar dig över allting. — Dölj mig i dina heliga sår. — Låt mig aldrig skiljas ifrån dig.
O Jesus, — världens ljus, — upplys min tro;

Vid dödsbädden.

— tänd i mig din kärleks eld; — låt mig skåda dig i det eviga ljuset.
Fader, i dina händer anbefaller jag min ande.
Herre Jesus Kristus, mottag min ande.
Heliga Maria, Guds moder, bed för mig. Heliga Maria, nådens moder, barmhärtighetens moder, beskydda mig för den onde fienden; anbefall mig åt din Son; för mig fram till din Son. — Helige skyddsängel, bistå mig i min sista strid. Mina heliga skyddshelgon, bedjen för mig. I alla Guds änglar och helgon, bedjen för mig. — Jesus, Maria och Josef, åt eder anbefaller jag min kropp och min själ. Jesus, Maria och Josef, bistån mig nu i min sista strid. Jesus, Maria och Josef, låten min själ skiljas hädan i frid. — Herre Jesus Kristus, mottag min själ; kom och för mig in i ditt rike. — På dig, o Herre, har jag trott; dig älskar jag av allt mitt hjärta; på dig har jag hoppats; i evighet skall jag icke komma på skam. Amen.

Den liturgiska bönen som förrättas genast efter den sjukes död.

Skynden till hjälp, I Guds helgon; kommen honom till mötes, I Herrens änglar; mottagen hans själ och fören den fram för den Högstes ansikte. Kristus som kallat dig, mottage dig, och änglarna före dig i Abrahams sköte. Må änglarna ledsaga dig till paradiset, må martyrerna och alla Guds helgon mottaga dig vid din ankomst och föra dig in i den heliga staden Jerusalem, och må du med Lasarus, den fordom fattige, åtnjuta den eviga vilan.

Herre, förbarma dig över honom (henne).
Kristus, förbarma dig över honom (henne).
Herre, förbarma dig över honom (henne).
Fader vår.
F. Herre, giv honom (henne) den eviga vilan,

Vid dödsbädden. 557

Sv. Och låt det eviga ljuset lysa för honom (henne).
F. Från helvetets port,
Sv. Fräls, o Herre, hans (hennes) själ.
F. Låt den vila i frid. *Sv.* Amen.
F. Herre, hör min bön.
Sv. Och låt mitt rop komma till dig.
Låtom oss bedja. Vi anbefalla dig, o Herre, din tjänare (tjänarinna) N:s själ, på det att han (hon), död för världen, må leva för dig. Förlåt honom (henne) nådigt genom din förbarmande kärleks rikedom, vad han (hon) av mänsklig svaghet har syndat under sitt jordiska liv. Amen.
Må hans (hennes) och alla avlidna troendes själar genom Guds barmhärtighet vila i frid. Amen.

Som hjorten till en källa längtar.

Som hjorten till en källa längtar / Och ilar dit i hastigt lopp, / Till dig, o Herre, själen trängtar. / Till dig, till dig står allt vårt hopp.

Igenom denna världens vimmel / På ofta brant och törnig stig / Vi vandra upp till ljusets himmel, / Vår lösen är: till dig, till dig!

Beskydda oss i alla faror, / Slit sönder frestelsernas garn. / Tillintetgör det ondas snaror / Och rädda, Fader, dina barn.

Som förr ditt folk du förde, led oss, / Ty utan dig vi vilse gå. / Till dig vi ropa, Herre, hör oss, / Giv nådigt att vi målet nå.

Tillägg.

Den athanasianska trosbekännelsen.

Den athanasianska trosbekännelsen hör till den kristna arvlärans mest ärevördiga texter. Under de århundraden, då boktryckarkonsten ännu icke var upptäckt och bönböcker och katekeser i nuvarande mening icke funnos, har den varit av stort värde för den kyrkliga folkundervisningen. För den behövdes i första rummet en teologiskt riktig, icke alltför kort, lättfattlig framställning av kristendomens två viktigaste läror: treenigheten och mandomsanammelsen. Det sätt på vilket Athanasianum löser denna svåra uppgift, behåller sitt värde för alla tider. Det var föreskrift att den efter predikan lästes för folket, den reciterades även som växelbön — därav namnet 'psalmus athanasianus'. Sedan på 900-talet ingår den i den liturgiska morgonbönen för söndagen, där har den ännu i dag sin plats. Vad den säger om den katolska trons absoluta nödvändighet är blott ett annat uttryck för läran om den allenasaliggörande Kyrkan. Vem som har författat trosbekännelsen, har ännu icke med säkerhet kunnat fastställas, länge tillskrevs den den helige Athanasius († 373).

Vilken som vill salig varda, han måste framför allt hålla fast vid den katolska tron.

Den som icke hel och ren bevarar densamma, han skall utan tvivel evigt gå förlorad.

Detta är den katolska tron, att vi dyrka enheten i trefaldigheten och trefaldigheten i enheten,

i det vi varken sammanblanda personerna eller åtskilja det gudomliga väsendet,

Athanasianum.

ty en annan är Faderns person, en annan Sonens, en annan den Helige Andes,
men Faderns och Sonens och den Helige Andes gudom är en enda, jämlik i härlighet, jämlik i evigt majestät.
Sådan som Fadern är, sådan är Sonen, sådan är ock den Helige Ande.
Oskapad är Fadern, oskapad Sonen, oskapad den Helige Ande.
Omätlig är Fadern, omätlig Sonen, omätlig den Helige Ande.
Evig är Fadern, evig Sonen, evig den Helige Ande.
Dock likväl äro icke tre eviga, utan en evig, såsom ock icke tre äro oskapade eller tre äro omätliga utan en är oskapad och en är omätlig.
Sammalunda är Fadern allsmäktig, Sonen allsmäktig, den Helige Ande allsmäktig,
och likväl icke tre allsmäktiga utan en allsmäktig.
Så är ock Fadern Gud, Sonen Gud, den Helige Ande Gud,
och likväl icke tre Gudar utan en ende Gud.
Alltså är Fadern Herre, Sonen Herre, den Helige Ande Herre,
och likväl icke tre Herrar utan en Herre.
Ty såsom vi genom den kristna sanningen förpliktas till att bekänna var person för sig som Gud och Herre, så förbjudas vi genom den katolska religionen att nämna tre Gudar eller tre Herrar.
Fadern är av ingen varken gjord, skapad eller född.
Sonen är av Fadern allena, icke gjord, icke skapad utan född.
Den Helige Ande är av Fadern och Sonen, icke gjord eller skapad eller född utan utgående.

Så är alltså en Fader, icke tre Fäder; en Son, icke tre Söner; en Helig Ande, icke tre Heliga Andar.

Och i denna trefald är ingenting först eller sist, ingenting störst eller minst, utan de tre personerna äro med varandra i sin evighet och i sin natur fullkomligt lika,

så att alldeles — såsom ovan sagt är — enheten i trefalden och trefalden i enheten skall dyrkad varda.

Den som vill bliva salig, han måste alltså tro sålunda om Treenigheten.

Men det är också av nöden till evig salighet, att man stadeligen tror på vår Herres Jesu Kristi mandomsanammelse.

Så är nu det den rätta tron, att vi tro och bekänna, att vår Herre Jesus Kristus, Guds Son, är både Gud och människa.

Gud är han av Faderns väsen, född före alla tidsåldrar, och människa är han av moderns väsen, född i tiden,

fullkommen Gud, fullkommen människa, bestående av förnuftig själ och mänsklig kropp,

jämlik Fadern i sin gudom, mindre än Fadern i sin mandom.

Vilken fastän han är Gud och människa, likväl icke är två utan en Kristus.

En är han icke till följd av gudomens förvandling till mandom, utan till följd av mandomens upptagelse i Gud,

fullkomligen en, icke genom väsendets sammanblandning utan i personens enhet.

Ty såsom den förnuftiga själen och kroppen äro en människa, så är ock Gud och människa en Kristus.

Han blev pinad för vår salighet, nedsteg till dödsriket, uppstod på tredje dagen igen ifrån de döda,

uppfor till himmelen, sitter vid Guds, den

Lovsånger. 561

allsmäktige Faderns, högra sida, därifrån han skall igenkomma till att döma de levande och de döda.

Vid hans tillkommelse måste alla människor uppstå var med sin kropp, och de skola avlägga räkenskap för sin gärningar.

Och de som gott hava gjort, skola ingå i det eviga livet, men de som ont hava gjort, i den eviga elden.

Detta är den katolska tron, den henne icke fast och stadigt tror, han skall icke kunna varda salig.

Två lovsånger av S:t Franciskus av Assisi.

Den första författades av Franciskus såsom tacksägelse för stigmatisationen på berget La Verna år 1224, två år före helgonets död. Tanken på den Korsfäste må ha givit anledning till orden i lovsången: Du är ödmjukheten. — Den andra, 'Sången om Broder Sol', författad vid ungefär samma tid, är det vackraste och frommaste som av en kristen har sagts och sjungits om Guds härlighet i den oss omgivande naturen. — Den som blott vill dyrka Gud i naturens tempel, må komma ihåg att Franciskus med sin kärlek till Gud i naturen förenade både en glödande hängivenhet för sin korsfäste Frälsare och en helig längtan efter att få tillbedja honom i hans kyrkor, han skriver i Testamentet: 'Herren skänkte mig en slik tro på sina kyrkor att jag knäföll inför honom och i mitt hjärtas enfald sade sålunda: Dig tillbedja vi, Herre Jesus Kristus, här och i alla kyrkor som finnas i världen, och dig lovprisa vi, ty genom ditt heliga kors har du återlöst världen.'

Guds lov och pris.

Herre, du är den Helige, den ende Guden, vilken gör underverk.

Du är stark, du är stor, du är den Allrahögste, den allsmäktige Konungen är du, helige Fader, himmelens och jordens Härskare.
Du är den Trefaldige och den Ene, Gud Herren, summan av allt gott.
Du är det goda, ja, allt vårt goda, det högsta goda. Ty du är den levande och sanne Herren Gud.
Du är den fullkomliga kärleken.
Du är trygghet och ro.
Du är glädje och lust.
Du är vishet. Du är ödmjukhet. Du är långmodighet.
Du är rättfärdighet och måttfullhet. Hela vår rikedom är du.
Du är skönhet.
Du är mildhet.
Du är vår borg, vår väktare och vårt försvar.
Du är vår starkhet.
Du är hugsvalelsen, vår tro, vårt hopp och vår kärlek.
Du är våra själars överjordiska sötma.
Du är det eviga livet, store underfulle Herre, allsmäktige Gud, du människornas barmhärtige Frälsare.

Sången om Broder Sol.

Allrahögste, allsmäktige och gode Herre, din vare tacksägelsen och äran och härligheten och din välsignelsen. Dig allena, o Allrahögste, tillkomma de, och ibland människornas barn är ingen värdig att nämna dig.
Lovad vare du, Herre, och lovade vare dina skapade verk, allramest nådige herr broder Solen. Se, varje ny dag upptänder du honom åt oss, och han är skön och strålande med väldig glans, av dig, Allrahögste, en sinnebild.
Lovad vare du, Herre, för syster Måne och stjärnorna. Till att lysa på himmelens valv har

Lovsånger. 563

du satt dem, och du har gjort dem vackra och kosteliga och klara.

Lovad vare du, Herre, för broder Vinden och för luften och molnet och aftondaggen, ja, för all väderlek, genom vilken du håller din skapelse vid makt.

Lovad vare du, Herre, för syster Vatten. Se, mäkta nyttig är hon och ödmjuk och kostelig och kysk.

Lovad vare du, Herre, för broder Elden, genom vilken du upplyser åt oss den mörka natten. Grann är han och glad och stark och tapper.

Lovad vare du, Herre, för syster Jorden, vår moder, vilken uppehåller oss och giver oss näring och framalstrar allehanda frukter och färgrika blomster och gräset.

Lovad vare du, Herre, för dem som förlåta av kärlek till dig sin nästa, för dem som äro bedrövade och sjuka. Saliga äro de, vilka framhärda i friden, ty av dig, Allrahögste, skall åt dem förlänas härlighetens krona.

Lovad vare du, Herre, för vår syster den lekamliga Döden, vilken ingen levande mäktar att undfly. Ve dem som dö uti dödssynd! Saliga de, vilka leva inneslutna i din heliga vilja, ty den andra döden skall icke skada dem.

Loven och prisen min Herre och tacken honom av allt hjärta och tjänen honom i stor ödmjukhet. Amen.

Gud — människans Skapare.

Ps. 138, 1—18.

Herre, du utrannsakar mig och känner mig.

Evad jag sitter eller uppstår, vet du det; du förstår mina tankar fjärran ifrån.

Evad jag går eller ligger, utforskar du det, och med alla mina vägar är du förtrogen.

Ty förrän ett ord är på min tunga, se, så känner du, Herre, det till fullo.

Du omsluter mig på alla sidor, och håller mig i din hand.

En sådan kunskap är mig alltför underbar; den är mig för hög, jag kan icke fatta den.

Vart skall jag gå för din Ande, och vart skall jag fly för ditt ansikte?

Fore jag upp till himmelen, så är du där, och bäddade jag åt mig i dödsriket, se, då är du ock där.

Toge jag morgonrodnadens vingar, gjorde jag mig en boning ytterst i havet,

så skulle också där din hand leda mig, och din högra hand fatta mig.

Och om jag sade: Mörker må betäcka mig, och ljuset bliva natt omkring mig,

så skulle själva mörkret icke vara mörkt för dig, natten skulle lysa såsom dagen, ja, mörkret skulle vara såsom ljuset.

Ty du har skapat mig mitt hjärta, du sammanvävde mig i min moders liv.

Jag tackar dig för att jag är danad så övermåttan underbart; ja, underbara äro dina verk, min själ vet det väl.

Benen i min kropp voro icke förborgade för dig, när jag bereddes i det fördolda, när jag bildades i jordens djup.

Dina ögon sågo mig, när jag ännu icke var formad; alla mina dagar blevo uppskrivna i din bok, de voro bestämda, förrän någon av dem hade kommit.

Huru outgrundliga äro icke för mig dina tankar, o Gud, huru stor deras mångfald!

Bön.

(S:t Tomas av Aquino.)

Min Herre och min Gud, giv att jag icke felar i lycka genom självförhävelse, i motgång genom modlöshet, — att jag icke gläder mig eller sörjer över något annat än det som leder mig närmare till dig eller för mig bort från dig, liksom att jag ej längtar efter att behaga eller fruktar att misshaga någon utom dig. Värdelöst må allt förgängligt vara mig, o Herre, men dyrbart och värdefullt allt gott som är evigt. Motbjudande vare mig varje glädje som är utan dig, och efter intet vill jag längta som strider mot dig. Giv mig, o Herre, att jag vänder all min håg till dig, att jag städse känner ånger över mina fel med föresatsen att bättra mig. Min Herre och min Gud, gör mig lydig utan motsägelse, fattig utan lågt sinnelag, kysk utan fläck på själens renhet, tålmodig utan klagan, ödmjuk utan tillgjordhet, glad utan lättsinne, allvarlig utan stelhet, påpasslig och rörlig utan ytlighet, gudfruktig utan rädsla, sann utan tvetydighet, ivrig i goda gärningar utan skryt. Lär mig att i stillhet arbeta på nästans bättring, att uppbygga honom genom ord och exempel utan hyckleri. Giv mig, o Herre, ett vaksamt hjärta som icke genom någon syndig tanke ledes bort från dig, — ett ädelt hjärta som icke drages ned genom någon ovärdig böjelse, — ett rättframt hjärta som icke vilseledes genom någon oriktig avsikt, — ett fast hjärta som icke brister i någon prövning. — ett fritt hjärta som icke besegras genom lidelsens stormar. Amen.

Gammalsvenska böner.

För Kyrkan.

Du gode och barmhärtige Herre som både tröstar syndarna i deras kval och uppfyller de rättfärdigas boningar med fröjd, upphöj med din mäktiga hand din heliga Kyrka, så att hon måtte bliva en rättfärdighetens port för de troende och i orubblig tro så innerligt knytas vid dig, hennes hörnsten, att hon alltid i din uppståndelses härlighet må kunna jubla i dig, o Jesus. Amen.

För våra ovänner.

O Herre, Jesu Kriste, den levande Gudens Son, då du hängde på korset för alla syndares skuld och återlösning, bad du för dem som korsfäste dig, till din välsignade Fader sägande: 'O Fader, förlåt dem deras brott, ty de veta ej vad de göra.' Så beder jag dig för detta ditt allraheligaste ords och din mildaste böns skull, att du ville förlåta alla mina ovänner och alla dem som ha gjort något mot mig, deras synd. Giv du dem allt det du vet vara gagneligt och nödvändigt för deras lekamens och själs hälsa. Amen.

Till Guds moder.
(Av S:ta Birgitta.)

Signad vare du, min jungfru, sankta Maria, Guds moder. Du är den bästa varelse Gud har skapat, ty ingen älskade som du sin Skapare.

Till Sankta Birgitta.

O heliga Birgitta, nådens käril, du är rosen som duggar godheten, stjärnan som droppar klarheten, giv att himmelens mildhet och livets renhet må få droppa ned till oss i jämmerns dal. Amen.

Till Sankt Erik.

O min käraste Herre, sankte Erik, som älskade Gud av allt hjärta och var mild mot ditt rikes allmoge, jag ovärdige syndare beder dig, hjälp mig i all min lekamens och min själs behov och i min dödstimma, att jag förutan ände får vila med dig i himmelriket. Amen.

Kristi lekamens procession. 567

O Herre Gud, Jesu Kriste, den levande Gudens Son, anamma och uppfyll dessa böner i den översvinneliga kärlek, i vilken du tålde alla din heliga lekamens sår. Misskunda dig över mig syndare och jämväl över alla kristna levande och döda. Amen.

Kristi lekamens procession.

Första evang. *(Joh. 6: 1—15)* sid. 33*.
P. För ljungeld och oväder
Sv. Bevara oss, Herre Jesus Kristus.
P. Låt din barmhärtighet råda över oss,
Sv. Såsom vi hava hoppats på dig.
P. Herre, hör min bön,
Sv. Och låt mitt rop komma till dig.
Låtom oss bedja. Allsmäktige Gud, vi bedja dig, genom förbönen av den heliga Jungfrun Maria, dina heliga änglar, patriarker, profeter, apostlar, martyrer, bekännare, jungfrur, änkor och alla helgon, förläna oss städse ditt beskydd, giv oss hälsosam väderlek, sänd oss ovärdiga ditt bistånd från himmelen och tygla med din mäktiga hand naturens krafter, att de icke åsamka oss skada och olycka.

O Gud, du som också genom ljungeld och åskväder tvingar dina skapade varelser till att erkänna ditt majestät, stilla efter din barmhärtighet ovädrets makt, på det att vi som hyst frukan för din vrede, må känna din mildhet. Genom Kristus, vår Herre. Amen.

Andra evang. *(Joh. 10: 11—16)* sid. 44*.
P. För pest, hungersnöd och krig
Sv. Bevara oss, Herre Jesus Kristus.
Låtom oss bedja. Skona, o Herre, skona ditt folk och låt inga trångmål, krig, sjukdomar, oväder och andra faror skada oss som du har återlöst genom din Sons, vår Herres Jesu Kristi, dyrbara lekamen och blod. Genom samme Kristus, vår Herre. Amen.

Tredje evang. *(Luk. 14: 16—24)* sid. 56*.
P. För en plötslig, oförutsedd död och den eviga fördömelsen
Sv. Bevara oss, Herre Jesus Kristus.

Låtom oss bedja. Allsmäktige Gud, vi anropa ödmjukt din mildhet, att du ville skydda och rikligen välsigna markens gröda. Håll fjärran oväder och översvämningar, skänk oss god och tjänlig väderlek, låt inga onda makter skada oss. Bevara oss i din frid och hjälp mot alla fienders försåt, oss som du genom din Sons dyrbara lekamen och blod har återlöst från den eviga döden. Genom samme Kristus, vår Herre. Amen.

Fjärde evang. *(Joh. 1: 1—14)* sid. 8*.
P. För allt ont
Sv. Bevara oss, Herre Jesus Kristus.

Låtom oss bedja. O Gud, som genom din heliga lekamens dyrbara offergåva har borttagit hela världens synder, vi bedja dig, vänd nådeligen ditt folk till dig, på det att det måtte befrias från alla faror till kropp och själ. Förläna skydd mot synliga och osynliga fiender. Skänk oss solsken, riklig skörd och lugna tider, giv oss din välsignelse och nåd i alla skiften: du som lever och regerar från evighet till evighet. Amen.

Kyrkoböner om den Helige Ande.

På grund av deras höga syftemål höra dessa böner till mässbokens dyrbarheter, men så länge vi på vårt språk endast äga Söndagsmissale, äro de icke tillgängliga på svenska.

Ur pingstvigilien.

Allsmäktige Gud, du låter oss fira högtiden till ära av den Helige Ande, din gåva till oss, vi bedja dig, låt oss genom honom upptändas med himmelsk längtan och törsta efter livets källa. Amen.

Kyrkoböner. **569**

Allsmäktige Gud, vi bedja dig, låt din härlighets glans överstråla oss, och må genom den Helige Andes inverkan ljus från ditt ljus befästa deras hjärtan som i din nåd blivit pånyttfödda. Amen.

Ur pingstoktaven.

O Gud, som genom den Helige Andes upplysning undervisat de troendes hjärtan, giv att vi i samme Ande må förstå vad rätt är och alltid glädjas åt hans hugsvalelse. Amen.

O Herre, måtte den Helige Andes ankomst rena vårt hjärta från synd, och må det, vederkvickt med hans gudomliga dagg, i helighet mogna för dig. Amen.

O Gud, du som åt dina apostlar gav den Helige Ande, hörsamma dit folks fromma bön, förläna också din frid åt dem som du givit tron. Amen.

Vi bedja dig, o Herre, att den Helige Ande som ju själv förlåter alla synder, med sina gudomliga gåvor ville vederkvicka våra själar. Amen.

Allsmäktige och barmhärtige Gud, vi bedja dig, värdigas giva att den Helige Ande kommer till oss och omskapar oss till ett tempel, där han i härlighet bor. Amen.

Giv, barmhärtige Gud, vi bedja dig, att din Kyrka, som står församlad i den Helige Ande, ej må förvirras genom fientliga angrepp. Amen.

Vi bedja dig, o Herre, ingjut nådeligen i vårt sinne den Helige Ande; hans vishet har danat oss, hans försyn må leda oss. Amen.

Vi bönfalla dig, o Herre, att den Helige Ande må upptända oss med den eld som vår Herre Jesus Kristus sände till jorden och ville se flamma upp till en väldig brand. Amen.

Tillägg.

Ur 'Olika kyrkoböner'.

Om Andens nåd.

Vi bönfalla dig, allsmäktige Gud, belöna våra innerliga rop till dig med. den Helige Ande. Må hans nåd åstadkomma att vi gå fria från all frestelse och ernå förlåtelse för våra synder. Amen.

Om ångerns tårar.

O Herre och Gud, ingjut nådeligen den Helige Ande i våra hjärtan. Må han sätta oss i stånd att med ångerns tårar avtvå syndens fläckar, så att genom din mildhet vår längtan efter fullkomlig syndaförlåtelse uppfylles. Amen.

Mot onda tankar.

Allsmäktige och mildaste Gud, se nådigt till vår bön och befria vårt hjärta från all frestelse genom onda tankar, så att vi bliva en värdig boning för den Helige Ande. Amen.

Om kärlekens gåva.

Den Helige Andes nåd må upplysa våra hjärtan och i översvinneligt mått vederkvicka oss med den fullkomliga kärlekens sötma; därom bedja vi dig, o Herre. Amen.

För tillgivna vänner.

O Gud, du har genom den Helige Andes nåd ingjutit kärlekens gåvor i dina troendes hjärtan, giv dina tjänare och tjänarinnor, för vilka vi bönfalla din mildhet, själens och kroppens hälsa, på det att de av all sin kraft må älska dig och i fullkomlig kärlek utföra det som är dig välbehagligt. Amen.

Om nåd för fiender.

Fridens Gud, du älskar kärleken och slår vakt om den, giv åt alla våra fiender frid, sann kärlek och fullkomlig syndaförlåtelse, befria oss med mäktig hand från deras försåt. Amen.

Kyrkoböner. 571

Om enhet.

Ingjut hos oss din kärleks Ande, på det att vi, som mättas med samma himmelska bröd, genom din mildhet må befinnas i hjärtanas enhet. Amen.

För alla kyrkliga stånd.

Allsmäktige, evige Gud, genom din Ande helgas och regeras hela Kyrkans kropp, hör på den bön som vi förrätta för alla kyrkliga stånd, på det att alla i kraft av din nåd, envar enligt sin gåva och uppgift, troget må tjäna dig. Amen.

Ur 'Förberedelse till mässan'.

O mildaste Gud, vänd din faderliga kärleks öra till våra böner och upplys vårt hjärta genom den Helige Andes nåd, på det att vi värdigt må fira dina heliga hemligheter och förtjäna att med ständig kärlek älska dig.

O Gud, för dig är varje hjärta uppenbart och varje viljas mening klar, och intet hemligt är förborgat för dig; rena genom den Helige Andes ankomst vårt hjärtas tankar, på det att vi må fullkomligt älska dig och förtjäna att värdigt prisa dig.

Bränn, o Herre, med den Helige Andes eld våra njurar och hjärtan, så att vi tjäna dig med kysk kropp och behaga dig genom ett rent hjärta.

Vi bedja dig, o Herre, må Hugsvalaren, som utgår av dig, upplysa vårt sinne och, såsom din Son lovat, leda in i all sanning.

O Herre, vi bedja dig, låt den Helige Andes kraft bistå oss; må den nådigt både rena våra hjärtan och skydda oss i alla motgångar. Amen.

Den betraktande bönen.

Mycken välsignelse för det kristna livet erhålles genom den s. k. betraktande bönen. Den kan övas på följande sätt:

Tänk på att Gud är allestädes närvarande. Tillbed honom. Rikta sedan dina tankar på en troslära eller ett ord ur Skriften, en händelse ur Kristi eller helgonens liv. Fördjupa dig i dessa tankar och försök att därur samla frukter för din själ, i det du uppväcker tro, hopp och kärlek och dväljes i inre lovprisning, tacksägelse och avbön, allt i enlighet med Andens ingivelse och din själs behov. Fatta goda föresatser för det praktiska livet och bed om kraft att kunna utföra desamma. Överväg därvidlag dina egna svårigheter och sättet att kunna övervinna dem.

En annan, enkel och givande form är denna: Läs långsamt Fader vår, Kristi själ helge mig, Hell dig Maria, Guds tio bud, Herrens överstesprästerliga bön eller en liknande text. Begrunda varje ord, gör efter varje mening ett uppehåll för att särskilt överväga det som mest tilltalar dig och berikar din själ. Så kommer du att förrätta dessa böner med större andakt och drager mera nytta av dem för ditt liv. — Betrakta dina livserfarenheter, dina svårigheter, dina planer i trons ljus. — Dröj en stund vid de tankar som du själv funnit under bönen eller den andliga läsningen.

För en kristens betraktelse finnes intet mera upphöjt föremål än Jesus Kristus sådan han är framställd i evangelierna.

Den högre arten av inre andakt och bön, om vilken ofta läses i helgonens liv, är icke bunden vid en bestämd metod. Den är den Helige Andes fria gåva som han giver, när han vill och huru han vill. Dock stå hans ingivelser alltid i överensstämmelse med Kyrkans läror, och därför är även ödmjuk lydnad mot en andlig ledare ett säkert skydd mot möjliga villfarelser. Andens verk visar sig däri att han renar själen från synd och ofullkomlighet, leder den på korsets törnbeströdda väg till fullkomlig undergivenhet under Guds vilja och giver åt hjärtat den frid som övergår all kunskap. Själens övernaturliga grundkrafter: tro, hopp och kärlek bli då mer och mer levande, och människans liv blir till en ständig bön i lovprisning, tillbedjan och kärlek. Denna den kontemplativa mystiska bönen som sedan den första pingstdagen är en levande makt i Kyrkan, är ett oavbrutet Andens underverk och på grund av sin förvånansvärda rikedom och mångfald ett av de förnämsta bevisen på att Katolska kyrkan alltid var och alltjämt är: Una Sancta — Kristi heliga brud. Den kontemplativa bönens eviga källa och lysande sol är det människoblivna Ordet. Hans verk i själen fullbordas genom den Helige Ande. Anden bor i den återlösta människans själ såsom i ett tempel och är själv — gåvan över alla gåvor — personligen frälsningens fulländning. 'Vad vi rätteligen böra bedja om, det veta vi icke, men Anden kommer vår svaghet till hjälp och manar gott för oss med outsägliga suckar.' Rom 8: 26.

Ungdomsböner.

Om storsinthet.

Eviga Ord, Guds enfödde Son, lär mig sann storsinthet, lär mig att tjäna dig på ett dig värdigt sätt, så att jag giver utan att räkna, kämpar utan att akta på sår, arbetar utan att söka vila, offrar mig utan att vänta annan lön än medvetandet att ha uppfyllt din allraheligaste vilja.

Bön till Kristus.

Min Herre och ledare, Jesus Kristus, du har sagt: Varen redo! Detta ord har jag valt mig till lösen. Hjälp mig att alltid vara trogen detta lösensord. Alltid redo, det vill jag vara för att uppfylla min plikt. Jag vill vara sannfärdig i ord, ädel i min gärning, trogen Kyrkan och fosterlandet, alltid beredd till att förlåta och hjälpa, tålmodig och uthållig i motgångar, ren och kysk till kropp och själ. Visa mig den rätta vägen, led mig den branta stigen upp till himmelen. Dig vill jag följa. Jag vill göra mitt bästa för att leva som en katolsk kristen. Hjälp mig därtill med din nåd. Amen.

Ungdomens litania till Kristus Konungen.

Kristus, världens Frälsare, Sv. vi bedja dig, bönhör oss.

Kristus, folkens Konung,
Stärk ditt rike, välsigna din Kyrka,
Välsigna den Helige fadern,
Välsigna vår biskop och våra präster,
Skydda konungen och fäderneslandet,
Befria våra förföljda bröder på jordens rund,
Bannlys tvedräkt, hat och våldsdåd,
Upprätta alla utstötta, vilsegångna och fångna,
Låt fred och frihet härska i alla land,
Välsigna våra föräldrar,
Giv att vi må vara dem till heder och glädje,
Välsigna våra ungdomsföreningar,
Gör oss eniga genom din kärlek,
Uppfyll oss med trofasthet och självtukt,
Välsigna oss till kropp och själ,
Hjälp oss att bevara hjärtats renhet,
Lär oss att alltid hålla oss till sanningen,
Låt oss klart inse våra plikter,
Härda vår vilja till trogen pliktuppfyllelse,
Giv oss en klar insikt i vårt kall,
Luttra vårt sinne genom betraktandet av ditt heliga liv,
Styrk oss till din efterföljd,
Gör oss ödmjuka och starka,
Gör oss redo till din tjänst,
Gör oss uthålliga och målmedvetna,
Hjälp oss att omfatta vad som inför dig är stort och högt,

Ungdomsböner. 575

Låt din glädje leva i våra hjärtan,
Låt oss genom nåden vara förenade med dig,
Låt intet skilja oss från din kärlek,
Kristus, vår krafts ursprung,
Kristus, vår väg,
Kristus, vårt mål,
Kristus, vårt liv,
Kristus, vår salighet,
Kristus, vår Konung,
F. Värdigt är Lammet som blivit offrat att mottaga makt och gudom,
Sv. och visdom och styrka och ära.
F. Honom tillkommer härligheten och herradömet,
Sv. i evigheters evighet.
F. Gud, giv åt Konungen din domaremakt,
Sv. och din rättfärdighet åt Konungasonen.
F. Han skall härska från hav till hav
Sv. och från floden ända till jordens yttersta gräns.
F. Alla jordens konungar skola tillbedja honom,
Sv. alla folk skola tjäna honom.
F. Hans makt är evig makt, som icke skall fråntagas honom,
Sv. och hans rike skall icke sönderfalla.
F. Han skall kallas: konungarnas Konung och härskarnas Herre.
Sv. Komme hans rike. Amen.

Invigningsbön till Guds moder.

Heliga Maria, renaste Jungfru, den himmelske Faderns dotter, det eviga Ordets moder, den Helige Andes utkorade brud, vi hälsa dig med himmelens änglar: Hell dig, Maria! Du är alla heligas drottning, de kristnas moder, alla rättfärdigas förebild och syndarnas tillflykt. Vi välja dig i dag till vår moder och beskyddarinna. Åt dig överlämna vi oss. Värdes upptaga oss som dina barn. Beskydda vår ungdom, värna om vår renhet, bevara vår livskraft obruten att vi må kunna uppfylla vårt kall i Guds rike. Övergiv oss icke på det att vi aldrig må övergiva din Son, vår Herre och Frälsare, Jesus Kristus. Hjälp oss att kämpa under hans banér med stark förtröstan, glada i hoppet, ända till våra dagars slut. Amen.

S:t Georgs sång.

På fanans duk en segerbild: * En man, en orm i envig vild, * Sankt Georgs kamp med draken. * I ring en ungdomsfylking står, * Från man till man den lösen går: * Var redo, ärlig, vaken.'

Vår kristna tro är stadd i nöd. * En våldets dag, så blodigt röd, * Ur havet ses uppstiga. * 'Sankt Georg, Kristi stridsman god, * Till kamp du gick, du gav ditt blod. * Åt Gud vår kraft vi viga.'

Res dig i sadeln, höj ditt svärd, * Drag ut på korstågs riddarfärd, * Med dig vi livet våga! * Mot våld och svek till heligt krig * En samlad trupp, på ljusets stig * Sankt Georgs svenner tåga.

Högre kall.

För en äkta katolsk familj finns ingen större ära och lycka än om ett av dess barn känner sig kallat att viga sitt liv helt åt Gud: om en dotter vill bli ordenssyster, om en son har blivit kallad till prästadömet. Givetvis hava föräldrarna både rätt och plikt att förvissa sig om barnets verkliga kallelse; men skulle de av missriktad kärlek eller av enbart egoistiska, jordiska skäl söka motarbeta ett högre kall, så försynda de sig både mot barnets lycka och mot Kyrkan, ja mot Gud själv.

'Den som kan fatta det, han fatte det.'
(Matt. 19: 12.)

Särskilda sakramentala handlingar.

1. Dopet.

Dopet är det första och nödvändigaste sakrament. Det utplånar alla synder, först och främst arvsynden och meddelar för första gången den heliggörande nåden, utan en varder återfödd av vatten och den Helige Ande, kan han icke ingå i Guds rike' (Joh. 3: 3). Det är föräldrarnas heliga plikt att utan längre uppskov låta döpa sina barn. Varje människa kan giltigt döpa, dock får utom i nödfall blott en av församlingens präster döpa. Dopet måste enligt Kyrkans lag förrättas i kyrkan. Den, som döpes, skall hava en fadder (katolsk), högst två av olika kön. De kunna vid dopet företrädas genom befullmäktigade ombud. Faddrarna skola vara goda katoliker, ty de måste, om det är av nöden, se till, att barnet undervisas och väl uppfostras i den katolska religionen. Faddrarna bliva liksom dopbarnets andliga föräldrar.

Den nu gällande dopritualen är ett sammandrag av tre ursprungligen även i tiden från varandra skilda handlingar:

1. Upptagningen i katekumenatet, d. v. s. den fastställda kursen för undervisningen i den kristna tron.

2. Upptagningen i den avdelning som avsåg den närmaste förberedelsen till dopet.

3. Dopet.

Dopritualets böner och ceremonier härstamma från de första kristna århundradena. De hava ett rikt symboliskt innehåll, de skola förtydliga det som genom dopet sker i själen, och hava därför till grundtanke: befrielse från syndens mörker och djävulens välde och upptagande i nådens rike, Guds heliga Kyrka.

Några delar av dopritualen.

1.

Prästen. Vad begär du av Guds Kyrka?
Gudfadern. Tron.
Pr. Vartill gagnar dig tron?
G. Till det eviga livet.
Pr. Om du vill ingå i livet, så håll budorden: Du skall älska Herren din Gud av allt ditt hjärta, av all din själ och av all din håg, och din nästa såsom dig själv.

De nu följande bönerna med sina upprepade välsignelser, korstecken och handpåläggningar, åsyfta:
1. Brytandet av den makt som den onde fienden har fått över människan genom hennes synd.
2. Upplysningens nåd att rätt och innerligt kunna fatta uppenbarelsens, den kristna trons innebörd. Härpå syftar även saltet som gives barnet att smaka. Saltet uppfattades i den fornkristna tiden, då dessa ceremonier utformades som den andliga vishetens symbol.

Denna första del avslutas med bönen:

Jag beder din eviga, omutliga godhet, allsmäktige Fader, helige Herre, evige Gud, du ljusets och sanningens källa, för denna din tjänare (denna din tjänarinna) N. N., att du måtte värdigas upplysa honom (henne) till den fulla förståelsen av din uppenbarelse. Rena och helga honom (henne), giv honom (henne) den sanna visheten, så att han (hon) måtte bliva värdig dopets nådegåvor och framhärda i fast hopp, rätt insikt och helig lära. Genom Kristus, vår Herre. Amen.

Dopet. 579

2.

Prästen lägger stolan på dopbarnet och säger:

N., träd in i Guds tempel, att du må hava del i Kristus till det eviga livet.

Inkommen i kyrkan läser prästen på vägen till dopfunten med faddrarna å barnets vägnar den *apostoliska trosbekännelsen* (sid. 8) och *Fader vår*. Nu upprepas i högtidligaste form under åberopande av Kristi domaremakt välsignelsen mot den onde fiendens inflytande.

Därpå vidrör prästen dopbarnet, i enlighet med vad Kristus gjorde vid den dövstummes helbrägdagörelse (Mark. 7: 34), för att i andlig bemärkelse väcka dess tal- och hörselförmåga, i det han uttalar ordet: 'Effeta': upplåt dig!

Nu följer i sin korta, kärva, ålderdomliga form

Doplöftet.

Pr. N., avsäger du dig djävulen?
G. Jag avsäger mig.
Pr. Och alla hans gärningar?
G. Jag avsäger mig.
Pr. Och all hans ståt?
G. Jag avsäger mig.

Den andra delen av dopritualen avslutas med att prästen med invigd olja tecknar ett kors på barnets bröst och skuldra. (För att möjliggöra detta böra barnets kläder med lätthet kunna öppnas vid halsen.) Hos greker och romare spelade smörjelsen med olja en roll vid förberedelsen till tävlingar och strider. Kyrkan har övertagit detta bruk såsom en symbol för ökad kraft i den andliga kampen.

3.

Prästen utbyter den violetta stolan mot en vit sådan, då nu den egentliga dophandlingen skall börja, och frågar:

Pr. N., tror du på Gud, den allsmäktige Fadern, himmelens och jordens Skapare?
G. Jag tror.
Pr. Tror du på Jesus Kristus, hans enfödde Son, vår Herre, som blivit född och har lidit för oss?
G. Jag tror.
Pr. Tror du på den Helige Ande, den heliga katolska Kyrkan, de heligas samfund, syndernas förlåtelse, köttets uppståndelse och ett evigt liv?
G. Jag tror.
Pr. N., vill du bliva döpt?
G. Jag vill.

Under dopet skola faddrarna eller deras ombud hålla eller åtminstone vidröra barnet. Prästen häller tre gånger i korsform vatten på barnets huvud, i det han säger:

S. N., ego te baptizo **Pr. N., jag döper dig**
in nomine Patris † et i Faderns † och Sonens
Filii † et Spiritus † † och den Helige † An-
Sancti. **des namn.**

Prästen tecknar med krisma ett kors på det nu kristnade barnets hjässa, därmed än mer helgande barnets själ och kropp och i förväg antydande bekräftelsens sakrament. Han säger därvid:

Den allsmäktige Guden, vår Herres Jesu Kristi Fader, som har låtit dig pånyttfödas av vatten och den Helige Ande och skänkt dig fullkomlig syndaförlåtelse, styrke dig med frälsningens krisma i vår Herres Jesu Kristi namn till det eviga livet. Amen.

Kykotagning. 581

Därefter räcker prästen barnet den vita dopklädnaden, den nyförvärvade nådens sinnebild, i det han säger:

N., mottag denna vita klädnad. Frambär den obefläckad inför vår Herres Jesu Kristi domstol, att du må äga det eviga livet. G. Amen.

Sedan räcker han gudfadern ett brinnande vaxljus, i det han säger:

Mottag detta brinnande ljus och bevara ditt dop ostraffligt. Håll Guds bud, på det att du, när Herren kommer, kan möta honom med alla hans helgon i det himmelska riket, så att du må äga det eviga livet och leva i all evighet. G. Amen.

Slutligen säger prästen:

N., gå i frid, och Herren vare med dig. G. Amen.

2. Kyrkotagning.

När en gift kvinna enligt from och lovvärd sed efter barnsbörd kommer till kyrkan för att frambära sin tacksägelse till Gud och anhålla om prästens välsignelse, knäböjer hon vid kyrkans ingång med ett brinnande vaxljus i handen. Prästen, iförd rochette och vit stola, bestänker henne med vigvatten och läser över henne följande böner:

F. Vår hjälp är i Herrens namn,
Sv. Som har skapat himmel och jord.
F. Hon skall undfå välsignelse av Herren och barmhärtighet av Gud, sin räddare.

Psalm 23 sid. 317.

Därefter räcker prästen stolan åt kvinnan och leder henne in i kyrkan, i det han säger:

Träd in i Guds tempel och tillbed Jungfru Marias Son som välsignat dig med barn.

Kvinnan knäböjer vid altaret och tackar Gud för de välgärningar hon undfått. Prästen säger:

Herre, förbarma dig över oss. Kristus, förbarma dig över oss. Herre, förbarma dig över oss. — Fader vår.

F. Och inled oss icke i frestelse,
Sv. Utan fräls oss ifrån ondo.
F. Fräls, Herre, din tjänarinna,
Sv. Som hoppas på dig, o min Gud.
F. Sänd henne hjälp från din helgedom, Herre,
Sv. Och beskydda henne från Sion.
F. Må fienden icke förmå något mot henne,
Sv. Och orättfärdighetens son fördriste sig icke att skada henne.
F. Herre, hör min bön,
Sv. Och låt mitt rop komma till dig.
F. Herren vare med eder,
Sv. Och med din Ande.

Låtom oss bedja. Allsmäktige, evige Gud, du som genom Jungfru Marias moderskap vänt i glädje de troendes smärtor vid barnsbörden, se barmhärtigt till denna din tjänarinna som med glädje kommer till ditt tempel för att frambära dig sin tacksägelse, och förläna henne genom densamma Jungfru Marias förböner, att hon jämte sitt barn efter detta liv må vara värdig att uppnå den eviga salighetens fröjder, genom samme Kristus, vår Herre. *Sv.* Amen.

Slutligen bestänker prästen henne i korsform med vigvatten, i det han säger:

Den allsmäktige Gudens, Faderns och Sonens och den Helige Andes frid och välsignelse komme över dig och förblive över dig för alltid. Amen.

3. Bekräftelsens heliga sakrament.
(585.)

För att värdigt förbereda sig till detta heliga sakrament och varda delaktig av den Helige An-

Bekräftelsen. 583

des nådegåvor, skall konfirmanden icke blott rena sitt samvete från synd, utan även, efter apostlarnas och de första lärjungarnas föredöme, framhärda i bön och uppväcka i sitt hjärta en livlig längtan efter den Helige Andes ankomst. Såsom förberedelseböner som under en längre tid förut dagligen skola förrättas kunna tjäna några av de böner som stå under Pingsthögtiden. Som tacksägelse förrätte man bönen sid. 333.

Före bekräftelsens meddelande läses eller sjunges den gamla kyrkohymnen: *Veni Creator, Kom Helge Ande*, sid. 322, och biskopen eller en präst håller ett kort tal. Så vänder sig biskopen till konfirmanderna som kommit fram till altaret, vanligtvis med vaxljus i handen.

Bisk. Kära konfirmander. I som i dopet upptagits i Kristi Kyrka och blivit Guds barn, skolen nu i bekräftelsens heliga sakrament styrkas med den Helige Ande och hans stora nådegåvor samt med korsets tecken märkas till Kristi stridsmän på jorden. I skolen tillhöra den stora hären som under Kristi korsbanér i Kristi namn och Kristi kraft strider mot det onda och för det goda i världen. Bekräftelsen är dopets fulländning. Därför kräver jag av eder, innan jag lägger min hand på eder hjässa och tecknar eder panna med korsets tecken till helig seger i livets kamp och strid, ett förnyande av edra doplöften. Det som faddrarna vid edert dop bekände och lovade i edert ställe, det skolen I nu själva lova och bekänna av egen fri vilja och med egen personlig insikt. — Jag tillfrågar eder då:

Doplöftens förnyande:

Avsägen I eder Guds vedersakare, den onde fienden, djävulen och hela hans anhang?
Konfirmanderna: Ja, vi avsäga oss.

584 Bekräftelsen.

B. Avsägen I eder alla hans gärningar, samt även hans anda som är högmodets, upprorets, otrons och orenhetens anda?

K. Ja, vi avsäga oss.

B. Avsägen I eder allt hans prål och bländverk och all den livets flärd och högfärd, varmed han drager själarna in i evigt fördärv?

K. Ja, vi avsäga oss.

B. Tron I på Gud, den allsmäktige Fadern, himmelens och jordens Skapare?

K. Ja, vi tro.

B. Tron I på Jesus Kristus, Guds ende Son, vår Herre, som för vår skull blivit född och har lidit för oss?

K. Ja, vi tro.

B. Tron I på den Helige Ande, den heliga katolska Kyrkan, de heligas samfund, syndernas förlåtelse, köttets uppståndelse och ett evigt liv?

K. Ja, vi tro.

B. Tron I allt vad den heliga katolska Kyrkan lär oss att tro?

K. Ja, vi tro allt; ty Jesus Kristus har byggt sin Kyrka / på hälleberget Petrus / så att helvetets portar aldrig skola överväldiga henne. Han har givit henne den Helige Ande / som skall leda henne in i all sanning. Han har lovat att förbliva hos henne / alla dagar intill världens ände.

B. Viljen I leva och dö i den katolska Kyrkan, aldrig avvika från hennes lära och troget hålla hennes bud?

K. Ja, detta lova vi inför Gud och denna församling.

B. Så avläggen tydligt och klart den apostoliska trosbekännelsen.

K. Jag tror på Gud. Sid. 8.

B. Låtom oss anropa den Helige Ande.

K. Gud Helige Ande, / du har helgat oss i

Bekräftelsen. 585

dopets sakrament. / Kom nu till oss med dina nådegåvor / i bekräftelsens sakrament. / Behåll oss städse i din nåd. / Lär oss all sanning och bevara oss däri. / Styrk och bibehåll oss i den sanna tron. / Upplys oss med ditt gudomliga ljus / och upptänd i oss din kärleks heliga eld. / Giv att vi ständigt må tillväxa i himmelsk vishet / och oupphörligt framskrida från dygd till dygd / på den enda rätta vägen som för till dig, / till dess vi uppnå det eviga ljusets klarhet, / där vi ansikte mot ansikte få skåda dig / med Fadern och Sonen, / och i förening med alla Guds utvalda / må lova och prisa dig, / från evighet till evighet. Amen.

V. Spiritus Sanctus superveniat in vos, et virtus Altissimi custodiat vos a peccatis.
R. Amen.

B. Den Helige Ande komme över eder, och den Allrahögstes kraft bevare eder från synd.
Sv. Amen.

V. Adjutorium nostrum in nomine Domini,
R. Qui fecit coelum et terram.

B. Vår hjälp är i Herrens namn,
Sv. Som har skapat himmel och jord.

V. Domine, exaudi orationem meam,
R. Et clamor meus ad te veniat.

B. Herre, hör min bön,
Sv. Och låt mitt rop komma till dig.

V. Dominus vobiscum,
R. Et cum spiritu tuo.

B. Herren vare med eder,
Sv. Och med din ande.

Därefter utsträcker biskopen sina händer över alla konfirmander gemensamt under följande bön:

Oremus. Omnipotens sempiterne Deus, qui regenerare dignatus es hos famulos tuos ex aqua et Spiritu Sancto,

Låtom oss bedja. Allsmäktige, evige Gud, du som har värdigats återföda dessa dina tjänare av vatten och den

quique dedisti eis remissionem omnium peccatorum: emitte in eos septiformem Spiritum tuum Sanctum Paraclitum de coelis.
R. Amen.

Spiritum Sapientiae et Intellectus.
R. Amen.

Spiritum Consilii et Fortitudinis.
R. Amen.

Spiritum Scientiae et Pietatis.
R. Amen.

Adimple eos Spiritu Timoris tui, et consigna eos signo Cru † cis Christi in vitam propitiationis aeternam. Per eundem Dominum nostrum... *R.* Amen.

Helige Ande och givit dem förlåtelse för alla synder: sänd ut över dem från himmelen din sjufaldige Helige Ande, tröstaren.
Sv. Amen.

B. Vishetens och förståndets Ande.
Sv. Amen.

B. Rådets och starkhetens Ande.
Sv. Amen.

B. Kunskapens och gudaktighetens Ande.
Sv. Amen.

Uppfyll dem med din fruktans Ande och bekräfta dem med Kristi kors † tecken till försoningens eviga liv. Genom samme vår Herre... *Sv.* Amen.

Konfirmanderna knäböja nu vid kommunionbänken. Alla konfirmander må se till, att biskopen obehindrat kan lägga handen på deras huvud och samtidigt teckna korset på pannan. De kvinnliga konfirmanderna böra i stället för hatt bära slöja. Medan gudfadern eller gudmodern lägger högra handen på konfirmandens högra skuldra, lägger biskopen handen på var och en i sänder och smörjer hans panna i korsform med krisma (olivolja, blandad med balsam), i det han säger, nämnande konfirmanden med det nya namnet, som bör uppskrivas och vid altarringen framlämnas till den biträdande prästen:

N., signo te signo cru † cis et confirmo

N., jag tecknar dig med korsets tecken och

Bekräftelsen. 587

te chrismate salutis. In nomine Pa † tris et Fi † lii et Spiritus † Sancti. R. Amen.

bekräftar dig med frälsningens krisma i Faderns och Sonens och den Helige Andes namn. Sv. Amen.

Därefter giver biskopen den konfirmerade dubbslaget i det han säger:

Pax tecum. Frid vare med dig.

De konfirmerades pannor torkas med vadd som sedan uppbrännes. Medan biskopen tvättar händerna, sjunges:

Confirma hoc, Deus, quod operatus es in nobis, a templo sancto tuo, quod est in Jerusalem. V. Gloria Patri et Filio et Spiritui Sancto: sicut erat in principio et nunc et semper et in saecula saeculorum. R. Amen.

Bekräfta, o Gud, vad du har verkat i oss, från ditt heliga tempel som är i Jerusalem. Ära vare Fadern och Sonen och den Helige Ande, som det var i begynnelsen, så nu och alltid och i all evighet. Sv. Amen.

Antifonen upprepas, varefter biskopen säger:

V. Ostende nobis, Domine, misericordiam tuam,
R. Et salutare tuum da nobis.
V. Domine, exaudi orationem meam,
R. Et clamor meus ad te veniat.
V. Dominus vobiscum,
R. Et cum spiritu tuo.

B. Visa oss, Herre, din barmhärtighet,
Sv. Och giv oss din frälsning.
B. Herre, hör min bön,
Sv. Och låt mitt rop komma till dig.
B. Herren vare med eder,
Sv. Och med din ande.

Oremus. Deus qui apostolis tuis Sanctum dedisti Spiritum, et per eos eorumque successores caeteris fidelibus tradendum esse voluisti, respice propitius ad humilitatis nostrae famulatum et praesta, ut eorum corda, quorum frontes sacro christmate delinivimus, et signo sanctae Crucis signavimus, idem Spiritus Sanctus in eis superveniens, templum gloriae suae indignanter inhabitando perficiat. Qui cum Patre et eodem Spiritu Sancto vivis et regnas, Deus, in saecula saeculorum. *R.* Amen.

Låtom oss bedja. O Gud, du som gav dina apostlar den Helige Ande och ville, att han genom dem och deras efterföljare skulle givas åt de övriga troende, se nådigt till vår ödmjuka tjänst och giv att deras hjärtan, vilkas panna vi smort med heligt krisma och tecknat med det heliga korsets tecken, må av samme Helige Ande, som kommit över dem, genom hans nådiga inneboende fulländas till hans äras tempel: du som lever och regerar... *Sv.* Amen.

Sedan säger biskopen:

Ecce sic benedicetur omnis homo, qui timet Dominum.

Se, så varder välsignad var människa som fruktar Herren.

Därpå vänder sig biskopen mot de konfirmerade och säger:

Bene † dicat vos Dominus ex Sion, ut videatis bona Jerusalem omnibus diebus vitae vestrae, et habeatis vitam aeternam. *R.* Amen.

Herren välsigne eder från Sion, att I mån se Jerusalems rikedom i alla edra livsdagar och äga det eviga livet. *Sv.* Amen.

4. Upptagningen i Kyrkan.

Kom Helge Ande. (Sid. 322.)

Trosbekännelsens avläggande och upptagningen i Kyrkan skall äga rum i närvaro av minst tvenne vittnen. Den som skall upptagas i Kyrkan, uppläser trosbekännelsen med tydlig röst, stående framför altarringen och med ett brinnande vaxljus i vänstra handen. Upptagas flera på en gång, läses trosbekännelsen antingen av alla på en gång eller ock av en bland dem ända till orden: Detta utfäster, lovar och svär jag N. N., vilka ord läsas av var för sig. Vid dessa ord lägger den som upptages, högra handens tre första fingrar på evangelieboken.

Trosbekännelsen.

Med tacksamhet mot den allsmäktige Guden som har bevisat sin nåd emot mig, ber jag N. N. ödmjukt, efter mycken prövning och bön, att bliva upptagen i Kristi sanna Kyrka.

Jag tror fullt och fast och bekänner alla och var och en av de artiklar, vilka innehållas i den trosbekännelse som den heliga katolska Kyrkan begagnar, nämligen:

Jag tror på en Gud, den allsmäktige Fadern, himmelens och jordens, alla synliga och osynliga tings Skapare. Och på en Herre Jesus Kristus, Guds enfödde Son, som före alla tidsåldrar är född av Fadern, Gud av Gud, ljus av ljus, sann Gud av sann Gud; född, icke gjord, av samma väsen med Fadern; genom vilken allting är gjort; som för oss människor och för vår frälsnings skull nedsteg från himmelen. Och han antog kött genom den Helige Ande av Jungfru Maria och vart människa. Han blev ock korsfäst för oss, under Pontius Pilatus, pinad och begraven, och uppstod på tredje dagen enligt Skrifterna samt uppfor till himmelen, sitter vid Faderns högra sida och skall återkomma med härlighet att döma levande och döda, och på hans rike skall icke vara någon ände. Jag tror ock på den Helige Ande, Herren och livgivaren, som utgår av Fadern och Sonen, som tillika med Fadern och Sonen tillbedes och förhärligas, som har talat genom profeterna. Och på den ena, heliga, katolska och apostoliska Kyrkan. Jag bekänner ett dop till syndernas förlåtelse och förväntar de dödas uppståndelse och den tillkommande evighetens liv. Amen.

Jag gillar och antager de apostoliska och kyrkliga traditionerna och Kyrkans övriga hävdvunna bruk och författningar, i synnerhet de allmänna kyrkomötenas bestämmelser. Likaledes antager jag den Heliga skrift såsom Guds skrivna ord efter den mening som den heliga modern, Kyrkan, vilken tillkommer att döma över den Heliga skrifts sanna mening och tolkning, vidhållit och vidhåller.

Jag bekänner desslikes, att i det Nya förbundet finnas sju sanna sakrament i ordets säregna betydelse, instiftade av vår Herre Jesus Kristus och nödvändiga, om än icke alla för envar, till människosläktets rättfärdiggörelse: dopet, bekräftelsen, Altarets heliga sakrament, boten, den heliga smörjelsen, prästvigningen och äktenskapet. Likaledes bekänner jag, att i den heliga mässan enligt Kristi anordning och vilja frambäres åt Gud det Nya förbundets offer för levande och döda, att vår Herres Jesu Kristi lekamen och blod tillika med hans själ och gudom sannerligen, verkligen och väsentligen är närvarande i Altarets heliga sakrament, samt att det sker en förvandling av hela brödets väsen till hans lekamen och av hela vinets väsen till hans blod. Jag bekänner ock, att man under endera gestalten mottager Kristus hel och odelad.

Upptagningen i Kyrkan. 591

Jag tror fast, att en reningsort finnes, och att de själar som därstädes förvaras hjälpas genom de troendes förböner, i synnerhet genom det heliga mässoffret.

Sammaledes tror jag, att det är lovligt och gagneligt att ära och åkalla de heliga i himmelen, i synnerhet den allrasaligaste Jungfrun, Guds moder Maria; att de för oss frambära förböner till Gud, samt att man bör hålla deras bilder och reliker i ära.

Ävenledes bekänner jag, att Kristus har efterlämnat sin Kyrka makten att meddela avlat, samt att dess bruk är högst gagneligt för alla troende.

Jag erkänner, att den heliga, katolska och apostoliska Kyrkan som ledes av Kristi ställföreträdare i Rom, är det enda av Guds Son för hela människosläktets undervisning och frälsning grundade samfundet, att allt vad den ålägger mig, är dyrbar vägledning till salighet.

Jag antager och bekänner, på grund av Skriftens och traditionens uppenbara lära, den romerske biskopens, påvens, företräde och andliga fullmakter, i synnerhet hans ofelbara läromyndighet, och jag lovar honom trogen undergivenhet.

Alla villfarelser som Kyrkan förkastar förkastar även jag.

Denna sanna och katolska tro, utan vilken ingen som är medveten om dess innebörd kan varda salig, och vilken jag nu frivilligt bekänner och uppriktigt antager, vill jag med Guds hjälp intill mitt sista andedrag ren och oförfalskad bevara och ståndaktigt bekänna.

Detta utfäster, lovar och svär jag N. N., så sant mig Gud hjälpe och detta hans heliga Evangelium. Amen.

Upptagningen i Kyrkan.

Därefter läses på knä växelvis av prästen och den eller dem som skola upptagas, vittnena och övriga närvarande:

Psalmen Miserere sid 240
eller
De profundis sid. 511.

Efter psalmen reser sig prästen och säger:

Kyrie eleison. — Herre, förbarma dig över oss.
Christe eleison. — Kristus, förbarma dig över oss.
Kyrie eleison. — Herre, förbarma dig över oss.
Pater noster (secreto). — Fader vår.
V. Et ne nos inducas in tentationem, — F. Och inled oss icke i frestelse,
R. Sed libera nos a malo. — Sv. Utan fräls oss ifrån ondo.
V. Salvum fac servum tuum (ancillam tuam), Domine, — F. Fräls, o Herre, din tjänare (din tjänarinna),
R. Deus meus, sperantem in te. — Sv. Som hoppas på dig, o min Gud.
V. Nihil proficiat inimicus in eo (ea), — F. Må fienden icke förmå något mot honom (henne),
R. Et filius iniquitatis non apponat nocere ei. — Sv. Och orättfärdighetens son fördriste sig icke att skada honom (henne).
V. Esto ei, Domine, turris fortitudinis, — F. Var honom (henne), o Herre, ett starkt torn,
R. A facie inimici. — Sv. I fiendens åsyn.
V. Domine, exaudi orationem meam. — F. Herre, hör min bön.

Upptagningen i Kyrkan.

R. Et clamor meus ad te veniat.
Sv. Och låt mitt rop komma till dig.
V. Dominus vobiscum,
F. Herren vare med eder,
R. Et cum spiritu tuo.
Sv. Och med din ande.
Oremus. Deus, cui proprium est misereri semper et parcere, suscipe deprecationem nostram, ut hunc famulum tuum (famulam tuam), quem (quam) excommunicationis sententia constringit, miseratio tuae pietatis clementer absolvat. Per Christum Dominum nostrum. R. Amen.
Låtom oss bedja. O Gud, vilkens egenskap är att alltid förbarma dig och skona, mottag vår ödmjuka bön, på det att din milda barmhärtighet nådigt må avlösa denna din tjänare (tjänarinna), vilken exkommunikationens band omsluter. Genom Kristus, vår Herre. Sv. Amen.

Prästen sätter sig nu, betäcker huvudet och säger, vänd till den som skall upptagas:

Dominus noster Jesus Christus te absolvat, et ego, auctoritate ipsius et sanctissimi Domini nostri Papae mihi commissa, absolvo te a vinculo excommunicationis, in quam (forsan) incurristi per haeresim professam, admitto te in gremium sanctae matris Ecclesiae et in sacramentorum ejus participationem, et restituo te communioni et unitati fidelium et sanctis sacramentis Ecclesiae in
Vår Herre Jesus Kristus löse dig, och jag, i kraft av den makt som jag fått av honom och vår Helige fader, påven, löser dig från exkommunikationens band, åt vilken du (kanske) är hemfallen genom den irrlära du bekänt, upptager dig i den heliga modern, Kyrkans, sköte och till delaktighet i hennes nådemedel, samt återställer dig till de troendes gemenskap och enhet och till Kyrkans

nomine Patris † heliga sakrament, i
et Filii et Spiri-Faderns † och Sotus
Sancti. Amen. nens och den Helige
Andes namn
Amen.

Därefter ålägger prästen den som blivit upptagen i
Kyrkan någon hälsosam bot.
Till slut läses omväxlande med prästen stående:

Lovsången Te Deum (sid. 337).
eller
Magnificat (sid. 119).

5. Äktenskapets sakrament.

Katolikers äktenskap är inför Gud, Kyrkan och
samvetet giltigt endast då det avslutas inför ortens
katolske kyrkoherde eller inför en annan av honom
eller stiftets biskop befullmäktigad präst, samt
inför åtminstone tvenne vittnen. Detsamma gäller
för blandade äktenskap. Dessa kunna icke ingås
utan dispens och utan att samtliga barnens uppfostran
i katolska religionen är betryggad. Äktenskapet
är oupplösligt; endast endera makens död
kan upplösa dess band.

Brudparet inställer sig i kyrkan vid altarringen,
mannen vid kvinnans högra sida, och vittnena
ställa sig bakom dem. Ceremonierna börja med en
lämplig sång eller med den gamla kyrkohymnen:
Kom Helge Ande, sid. 322.

Prästen begynner handlingen med ett kort tal
om äktenskapets helighet och plikter på följande
eller liknande sätt:

Kristliga brudpar! Ni har kommit till Herrens
helgedom, Ni står inför Guds altare för
att anamma äktenskapets heliga sakrament.
Detta sakrament är, såsom aposteln säger, en
stor hemlighet i Kristus och i Kyrkan. Ty det
kristna äktenskapet är en sinnebild och en levande
liknelse av Kristi förening med sin brud,

Äktenskapet. 595

den heliga Kyrkan. Såsom nämligen Kristus fullständigt förenade sig med sin Kyrka, så att han är hennes huvud och hon hans kropp, så är den äktenskapliga föreningen mellan man och kvinna så innerlig, att de icke mera äro två, utan ett. Såsom vidare Kristi förening med sin Kyrka icke mer upphör, så är även äktenskapets heliga band under hela livstiden oupplösligt. Såsom slutligen Kristi förening med Kyrkan är källan till all nåd och helighet som tillkommer Kyrkan, så är äktenskapets sakrament för kristna makar en källa till mångfaldig nåd, varigenom deras förbund helgas, och de själva erhålla andlig hjälp att troget uppfylla sitt stånds svåra plikter.

Det är detta heliga sakrament, det är dessa stora nådegåvor, som I nu kommen att undfå. Vinnläggen eder om att troget bevara den nåd som I mottagen, och att ivrigt medverka med densamma. Akten eder särskilt för att vanhelga äktenskapets helighet. Undviken omsorgsfullt allt tillfälle till synd; motstån all frestelse från början; undflyn synden även i tankar och begär. I veten ju vad Frälsaren sagt: Den som med begär ser på en kvinna, han har redan begått äktenskapsbrott.

Huru lycklig än eder levnadsväg må gestalta sig, kristliga brudpar, skall den icke alltid förbliva utan kors och lidanden. Kristi lärjungar måste ju också vara korsbärare. Ty lärjungen är icke förmer än mästaren. Förhäven eder därför icke i medgång och fällen ej heller modet, när olyckan inställer sig i edert hem. Delen glädje och sorg med varandra; delad glädje är dubbel glädje, delad sorg halv sorg. Man kan bära varje, om än så stor sorg. Därtill styrker Guds nåd, som Ni nu skall undfå genom det heliga sakramentet.

Glömmen framför allt icke, att varje människa har sina fel, brister och svagheter, och att Ni därför måste ha fördrag med varandra. Varen icke ömtåliga; tagen icke illa upp ett oöverlagt ord, en åtbörd, ett handlingssätt som kan synas mindre vänligt och kärleksfullt. Dömen icke förhastat och talen icke i uppbrusningens hetta. Varen uppriktiga, öppenhjärtiga och förtroendefulla mot varandra. Så skall förvisso frid bo i edert hem, och med friden Guds välsignelse.

Om Gud skänker eder barn, haven städse för ögonen, att I en gång skolen avlägga räkenskap för dem. Sörjen för deras timliga väl, men ännu mer för deras eviga välfärd. Uppfostren dem i levande tro och i Herrens fruktan; lären dem hålla Guds bud, ännu mer genom edert eget goda föredöme än genom ord och förmaningar. Förenen kärlek med allvar, tålamod med stränghet, bön med vaksam omsorg, och barnens uppfostran skall lyckas och bära god frukt.

Varen själva äkta kristliga makar, genomträngda av levande tro, ivriga i bön och de heliga sakramentens anammande, i bevistande av gudstjänsten och i Guds ords åhörande; uppfyllen troget edert kalls plikter och varen fulla av aktning för och kärlek till varandra; söken enligt de heligas föredöme att helga och fullkomna varandra till Guds ära, till glädje för Kyrkan och till eder egen välfärd: och Ni skall i evighet välsigna denna stund, i vilken Ni inför Guds ansikte förenar eder genom äktenskapets heliga sakrament. Amen.

En annan kort förmaning.

Älskade brudpar! Äktenskapet är heligt, och heliga äro dess plikter. Gud själv instiftade äktenskapet och välsignade det första äkta paret. Genom sin enfödde Son Jesus Kristus, i

Äktenskapet. 597

vilken han ville förnya allting, återställde han äktenskapet till dess ursprungliga renhet och oupplöslighet. Kristus gjorde ännu mer. Han upphöjde den äktenskapliga förbindelsen mellan kristna till värdigheten av ett heligt sakrament. Detta sakrament är, såsom aposteln säger, en stor hemlighet med avseende på Kristus och Kyrkan. Aposteln vill härmed säga, att det kristna äktenskapet är en bild, en levande liknelse av Kristi förening med sin brud, den heliga Kyrkan. Kristi förening med Kyrkan är en övernaturlig, en nåderik förening; således är även det kristna äktenskapet ett övernaturligt, nådefullt förbund, ett sakrament. För den skull förmanar aposteln, att mannen skall älska sin hustru, såsom Kristus har älskat Kyrkan, och att hustrun skall vara sin man undergiven, såsom Kyrkan är undergiven Kristus.

Anammen nu det heliga sakramentet med stor vördnad och innerlig andakt. Förenen edra böner med dem som jag nu å Kyrkans vägnar frambär för eder. Bedjen vår gudomlige Frälsare, att han som med sin närvaro hedrade och helgade bröllopet i Kana, själv måtte välsigna edert äkta förbund. Amen.

Ringarna välsignas.

V. Adjutorium nostrum in nomine Domini.
F. Vår hjälp är i Herrens namn,

R. Qui fecit coelum et terram.
Sv. Som skapat himmel och jord.

V. Domine, exaudi orationem meam.
F. Herre, hör min bön,

R. Et clamor meus ad te veniat.
Sv. Och låt mitt rop komma till dig.

V. Dominus vobiscum.
F. Herren vare med eder,

R. Et cum spiritu tuo.
Sv. Och med din ande.

Oremus. Benedic †, Domine, annulos hos, quos in tuo nomine benedicimus †, ut qui eos gestaverint, fidelitatem integram sibi invicem tenentes, in pace et voluntate tua permaneant atque in caritate mutua vivant. Per Christum Dominum nostrum. R. Amen.

Låtom oss bedja. Välsigna, Herre, dessa ringar som vi i ditt namn välsigna, på det att de som komma att bära dem, må bevara varandra fullkomlig trohet, framhärda i frid och i din vilja och leva i inbördes kärlek, genom Kristus, vår Herre. Amen.

Ringarna bestänkas med vigvatten.

Nu ställer prästen till brudgummen följande fråga (brudparet har rest sig):

N. N., tager du denna här närvarande N. N. till din lagliga och äkta hustru, samt lovar inför Gud och hans heliga Kyrka att vara henne, enligt Guds och Kyrkans lag, en trogen make i lust och nöd, så länge Gud behagar att låta eder bägge leva?

Brudgummen svarar: Ja.

Därefter tillfrågas bruden:

N. N., tager du denne här närvarande N. N. till din laglige och äkta man, samt lovar inför Gud och hans heliga Kyrka att vara honom, enligt Guds och Kyrkans lag, en trogen maka i lust och nöd, så länge Gud behagar att låta eder bägge leva?

Bruden svarar: Ja.

Sedan fattar brudgummen brudens högra hand och säger, under det de hålla händerna förenade, upprepande prästens ord:

N. N. — jag tager dig till min lagliga och äkta hustru — till att vara dig en trogen make — i lust och nöd. — Amen.

Äktenskapet.

På samma sätt säger bruden:

N. N. — jag tager dig till min laglige och äkta man — till att vara dig en trogen maka — i lust och nöd. — Amen.

Nu knäböja de nygifta och fatta åter varandras händer. Prästen lägger stolan över deras händer och säger:

Et ego matrimonium per vos contractum confirmo et ratifico in nomine Patris † et Filii et Spiritus Sancti. Amen.

Och jag bekräftar och godkänner det äktenskap som I haven ingått, i Faderns † och Sonens och den Helige Andes namn. Amen.

V. Confirma hoc, Deus, quod operatus es in nobis,

R. A templo sancto tuo, quod est in Jerusalem.

V. Kyrie eleison.

R. Christe eleison.

V. Kyrie eleison.

Pater noster (secreto).

V. Et ne nos inducas in tentationem,

R. Sed libera nos a malo.

V. Salvos fac servos tuos.

R. Deus meus, sperantes in te.

F. Bekräfta, Herre, vad du har verkat i oss,

Sv. Från ditt heliga tempel som är i Jerusalem.

F. Herre, förbarma dig över oss.

Sv. Kristus, förbarma dig över oss.

F. Herre, förbarma dig över oss.

Fader vår (i tysthet).

F. Och inled oss icke i frestelse,

Sv. Utan fräls oss ifrån ondo.

F. Gör dina tjänare saliga,

Sv. Som hoppas på dig, o min Gud.

Äktenskapet.

V. Mitte eis, Domine, auxilium de Sancto,
R. Et de Sion tuere eos.
V. Esto eis, Domine, turris fortitudinis,
R. A facie inimici.
V. Domine, exaudi orationem meam,
R. Et clamor meus ad te veniat.
V. Dominus vobiscum,
R. Et cum spiritu tuo.
Oremus. Respice, quaesumus Domine, super hos famulos tuos: et institutis tuis, quibus propagationem humani generis ordinasti, benignus assiste; ut qui te auctore junguntur, te auxiliante serventur. Per Christum Dominum nostrum. *R.* Amen.

F. Herre, sänd dem hjälp från din helgedom,
Sv. Och beskydda dem från Sion.
F. Var för dem ett starkt torn, o Herre,
Sv. I fiendens åsyn.
F. Herre, hör min bön,
Sv. Och låt mitt rop komma till dig.
F. Herren vare med eder,
Sv. Och med din ande.
Låtom oss bedja. Vi bedja dig, o Herre, se nådigt till dessa dina tjänare och bistå med din huldhet din instiftelse, varigenom du har ordnat människosläktets utbredning, på det att de som efter din anordning förenas genom din hjälp må lyckligt bevaras, genom Kristus, vår Herre, Amen.

Därefter giva de nygifta varandra ringarna, och brudgummen säger:

Min hustru — jag giver dig denna ring — såsom en sinnebild — för vår äktenskapliga trohet. — I Faderns — och Sonens — och den Helige Andes namn. Amen.

Till slut läser prästen över de nygifta som fortfarande ligga på knä psalmen 127 med följande böner:*

---

* Denna välsignelse utelämnas, om kvinnan förut varit gift.

Äktenskapet.

Beati omnes, qui timent Dominum, qui ambulant in viis ejus.

Labores manuum tuarum quia manducabis, beatus es, et bene tibi erit.

Uxor tua sicut vitis abundans in lateribus domus tuae.

Filii tui sicut novellae olivarum in circuitu mensae tuae.

Ecce sic benedicetur homo, qui timet Dominum.

Benedicat tibi Dominus ex Sion, et videas bona Jerusalem omnibus diebus vitae tuae.

Et videas filios filiorum tuorum, pacem super Israel.

Gloria Patri.
Kyrie eleison.
Christe eleison.
Kyrie eleison.
Pater noster (secreto).

V. Et ne nos inducas in tentationem,
R. Sed libera nos a malo.
V. Salvum fac ser-

Sälla äro alla de som frukta Herren, de som vandra på hans vägar.

Av dina händers arbete skall du få äta frukten. Säll är du och det skall gå dig väl.

Såsom ett fruktsamt vinträd skall din hustru vara därinne i ditt hus;

såsom olivtelningar dina söner omkring ditt bord.

Se, så varder den människa välsignad som fruktar Herren.

Herren välsigne dig från Sion, och må du få se Jerusalems rikedom i alla dina livsdagar;

och må du få se barn av dina barn. Frid vare över Guds folk!

Ära vare Fadern.
Herre, förbarma dig över oss.
Kristus, förbarma dig över oss.
Herre, förbarma dig över oss.
Fader vår.
F. Och inled oss icke i frestelse,
Sv. Utan fräls oss ifrån ondo.
F. Gör din tjänare

vum tuum et ancillam tuam,
R. Deus meus, sperantes in te.
V. Mitte eis, Domine, auxilium de Sancto,
R. Et de Sion tuere eos.
V. Domine, exaudi orationem meam,
R. Et clamor meus ad te veniat.
V. Dominus vobiscum,
R. Et cum spiritu tuo.

Oremus. Deus Abraham, Deus Isaac, Deus Jacob, benedic † hos famulos tuos, et semina semen vitae aeternae in mentibus eorum, ut quod bonum cognoverunt, hoc gratia tua facere cupiant. Per Christum Dominum nostrum. R. Amen.

Oremus. Benedic †, Domine, et respice de coelis super hanc conjunctionem, ut sicut misisti sanctum Angelum tuum Raphaelem pacificum ad Tobiam et Saram, filiam Raguelis, ita digneris mittere benedictionem tuam super hos servos

och din tjänarinna saliga,
Sv. Som hoppas på dig, o min Gud.
F. Sänd dem, o Herre, hjälp från din helgedom,
Sv. Och beskydda dem från Sion.
F. Herre, hör min bön,
Sv. Och låt mitt rop komma till dig.
F. Herren vare med eder,
Sv. Och med din ande.

Låtom oss bedja. Abrahams Gud, Isaks Gud, Jakobs Gud, välsigna dessa dina tjänare och så i deras hjärtan det eviga livets frö, på det att de med din nåd villigt utföra, vad de lärt sig känna såsom gott. Genom Kristus, vår Herre. Amen.

Låtom oss bedja. Välsigna †, Herre, och se nådigt från himmelen ned till detta förbund. Såsom du sände fredsstiftaren, din helige ängel Rafael till Tobias och Sara, Raguels dotter, så värdes sända din välsignelse över dessa dina tjänare, så

Äktenskapet. 603

tuos, ut in tua benedictione permaneant, in tua voluntate persistant et in tuo amore vivant. Per Christum Dominum nostrum. *R.* Amen.

Oremus. Omnipotens, sempiterne Deus, qui primos parentes nostros, Adam et Evam, tua virtute creasti et in societate sancta copulasti: ipse famulorum tuorum corda et corpora sanctifica et benedic †, atque in societate et amore verae dilectionis conjunge. Per Christum Dominum nostrum. *R.* Amen.

Impleat vos Christus benedictione spirituali ut habeatis vitam aeternam et vivatis in saecula saeculorum. *R.* Amen.

Et benedictio Dei omnipotentis, Patris † et Filii et Spiritus Sancti descendat super vos et maneat semper. *R.* Amen.

att din välsignelse förbliver över dem, och de framhärda i din vilja och leva i din kärlek. Genom Kristus, vår Herre. Amen.

Låtom oss bedja. Allsmäktige, evige Gud, du som genom din makt skapade våra första föräldrar, Adam och Eva, och förenade dem i heligt förbund, helga och välsigna † du själv dina tjänare andligen och lekamligen och förena dem till ett kärleksfullt samliv i sann hängivenhet. Genom Kristus, vår Herre. Amen.

Kristus uppfylle eder med andlig välsignelse, på det att I mån äga det eviga livet och bevara det i all evighet. Amen.

Och den allsmäktige Gudens välsignelse, Faderns † och Sonens och den Helige Andes komme över eder och förblive alltid över eder. Amen.

Därefter bestänker prästen de nygifta med vigvatten.

För glädjen sorgen vike.

För glädjen sorgen vike, * Stor fröjd oss Gud berett, * Ett under utan like * Högtheligt här har skett: * Guds Ord, som kött är vordet * Och som har skapat allt, * Vi se på altarbordet * I bröds och vins gestalt.

Han som sitt blod har gjutit * För oss på korsets stam, * Har sonat vad vi brutit, * Guds Son, vårt påskalamm. * Då minnet firat bliver * Utav hans offerdöd, * Sig själv åt oss han giver * Uti gestalt av bröd.

Med jubel vi dig lova, * O Herre Jesus god, * För denna helga gåva * Utav ditt kött och blod. * Den skall oss styrka giva * I lidande och nöd, * Den skall vår frälsning bliva * Ifrån all synd och död.

Till Jesu hjärtas ära.

Till Jesu hjärtas ära * Min lovsång klinga må * Att själens jubel bära * Så vitt som toner nå. * Högtlovat och välsignat * För din barmhärtighet, * Du heligaste hjärta, i tid och evighet!

O hjärta, som bereder * Försoning världen all, * Vad i ditt namn jag beder, * Det allt mig givas skall. * Högtlovat ...

I all min sorg och smärta * Jag vänder mig till dig. * Bered uti ditt hjärta, * O Jesus, rum för mig! * Högtlovat ...

Om prövning du mig sänder, * Ej vackla skall mitt hopp. * Jag lyfter mina händer * Till dig, o Herre opp. * Högtlovad ...

Då mina ögon brista * och döden är mig när, * Jag ropar i det sista: * O Jesus, din jag är. Högtlovad ...

Epistlar och Evangelier för sön- och helgdagar.

1:a söndagen i advent.

EPIST. *(Rom. 13: 11—14).* Bröder, I veten, att stunden nu är inne för eder att vakna upp ur sömnen. Ty frälsningen är oss nu närmare, än då vi kommo till tro. Natten är framskriden, och dagen är nära. Låtom oss därför avlägga mörkrets gärningar och ikläda oss ljusets vapenrustning. Låtom oss föra en hövisk vandel såsom om dagen, icke med vilt leverne och dryckenskap, icke i otukt och lösaktighet, icke i kiv och avund. Ikläden eder fastmer Herren Jesus Kristus.

EVANG. *(Luk. 21: 25—33).* I den tiden sade Jesus till sina lärjungar: Tecken skola ske i sol och måne och stjärnor, och på jorden skall ångest komma över folken, och de skola stå rådlösa vid havets och vågornas dån, och människorna skola förgås av förskräckelse och ängslan för det, som skall övergå hela världen; ty himmelens krafter skola komma i uppror. Då skola de få se Människosonen komma i skyn med stor makt och härlighet. Men när detta begynner ske, så sen upp och lyften edra huvuden; ty då nalkas eder förlossning. — Och han framställde för dem en liknelse: Sen på fikonträdet och på alla andra träd. När I sen, att de börja knoppas, då veten I, att sommaren redan är nära. Likaså, när I sen detta ske kunnen I ock veta, att Guds rike är nära. Sanner-

Epistlar och evangelier.

ligen säger jag eder: Detta släkte skall icke förgås, förrän allt detta sker. Himmel och jord skola förgås, men mina ord skola aldrig förgås.

2:a söndagen i advent.

EPIST. *(Rom. 15:4—13).* Bröder, allt som fordom skrivits, det är skrivet oss till undervisning, för att vi genom ståndaktighet och genom den tröst, som skrifterna giva, skola bevara vårt hopp. Och ståndaktighetens och tröstens Gud give eder att vara eniga till sinnes med varandra i Jesu Kristi efterföljelse, så att I endräktigt och med en mun förhärligen Gud, vår Herres Jesu Kristi Fader. Därför må den ene av eder vänligt upptaga den andre, såsom Kristus, Gud till ära, har upptagit eder. Vad jag vill säga, är detta: För de omskurna har Kristus blivit en tjänare, till ett vittnesbörd om Guds sannfärdighet, för att bekräfta de löften, som hade givits åt fäderna; hedningarna åter hava fått prisa Gud för hans barmhärtighets skull. Så är ock skrivet: Fördenskull skall jag prisa dig bland hednafolken och lovsjunga ditt namn. Och åter heter det: Fröjden eder, I hednafolk, med hans eget folk; så ock: Loven Herren alla släkten, prisen honom alla folk. Så säger ock Esaias: Telningen från Jesse rot skall komma, ja, han som skall stå upp för att råda över hednafolken; på honom skola hednafolken hoppas. Men hoppets Gud uppfylle eder med all glädje och frid i tron, så att I haven ett överflöd av hopp i den Helige Andes kraft.

EVANG. *(Matt. 11:2—10).* I den tiden, när Johannes i sitt fängelse fick höra om Kristi gärningar, sände han bud med två av sina lärjungar och lät fråga honom: Är du den, som skall komma, eller skola vi förbida någon annan? Då svarade Jesus och sade till dem: Gån

Epistlar och evangelier.

och omtalen för Johannes, vad I haven hört och sett: blinda se, halta gå, spetälska renas, döva höra, döda uppstå, och för de fattiga förkunnas glädjens budskap. Och salig är den, som icke tager anstöt av mig. När dessa sedan gingo bort, begynte Jesus tala till folket om Johannes: Varför gingen I ut i öknen? Var det för att se ett rö, som drives hit och dit av vinden? Eller varför gingen I ut? Var det för att se en människa, klädd i fina kläder? Dem finnen I ju i konungapalatsen. Varför gingen I då ut? Var det för att se en profet? Ja, jag säger eder: Ännu mer än en profet är han. Han är den, om vilken det står skrivet: Se, jag sänder ut min ängel framför dig, och han skall bereda vägen för dig.

3:e söndagen i advent.

EPIST. *(Fil. 4: 4—7).* Bröder, fröjden eder i Herren alltid; åter säger jag: fröjden eder. Låten edert saktmod bliva kunnigt för alla människor. Herren är nära. Gören eder intet bekymmer, utan bären fram alla edra önskningar inför Gud i innerlig bön med tacksägelse. Och må Guds frid, som övergår allt förstånd, bevara edra hjärtan och edra tankar i Kristus Jesus, vår Herre.

EVANG. *(Joh. 1: 19—28).* I den tiden sände judarne från Jerusalem präster och leviter till Johannes för att fråga honom: Vem är du? Han svarade öppet och förnekade icke; han sade öppet: Jag är icke Kristus. Åter frågade de honom: Vem är du då? Är du Elias? Han svarade: Det är jag icke. — Är du profeten? Han svarade: Nej. Då sade de till honom: Vem är du då, att vi må kunna giva dem svar, som hava sänt oss. Vad säger du om dig själv? Han svarade: Jag är en ropandes röst i öknen: Bereden Herrens väg, såsom profeten Esaias har sagt. De utsända hörde till fariséerna. Och de frågade honom och sade till honom: Varför döper du då, om du icke är Kristus, ej heller Elias, ej heller profeten? Johannes svarade dem och sade: Jag döper i vatten; men mitt ibland eder står en, som I icke kännen: han som kommer efter mig, vilken har varit före mig, vilkens skorem jag icke är värdig att upplösa. Detta skedde i Betania, på andra sidan Jordan, där Johannes döpte.

4:e söndagen i advent.

EPIST. *(1 Kor. 4: 1—5).* Bröder, så må nu alla människor anse oss såsom Kristi tjänare och förvaltare av Guds hemligheter. Av en förvaltare kräver man, att han må befinnas vara trogen. För mig betyder det likväl föga, att I, eller eljest någon mänsklig domstol, sätten eder till doms över mig. Ja, jag vill icke ens sätta mig till doms över mig själv. Ty väl vet jag intet med mig, men därigenom är jag icke rättfärdigad; det är Herren, som är min domare. Dömen därför icke förrän tid är, icke förrän Herren kommer, han som skall draga fram i ljuset, vad som är fördolt i mörker, och uppenbara alla hjärtans rådslag. Och då skall var och en undfå av Gud den berömmelse, som honom tillkommer.

EVANG. *(Luk. 3: 1—6).* I femtonde året av kejsar Tiberius' regering, när Pontius Pilatus var landshövding i Judeen, och Herodes var lydfurste i Galileen och hans broder Filippus lydfurste i Itureen och Trakonitislandet, och Lysanias lydfurste i Abilene, på den tid, då Annas var överstepräst jämte Kaifas — då kom Guds befallning till Johannes, Sakarias' son, i öknen; och han gick åstad och predikade i hela

Epistlar och evangelier. 5*

trakten omkring Jordan botens dop till syndernas förlåtelse, såsom det står skrivet i profeten Esaias utsagors bok: Hör den ropandes röst i öknen: Bereden vägen för Herren, gören stigarna jämna för honom. Alla dalar skola fyllas, och alla berg och höjder sänkas; vad krokigt är skall rätas, och vad oländigt är skall bliva slät väg; och allt kött skall se Guds frälsning.

Julafton.

EPIST. *(Rom. 1: 1—6).* Paulus, Jesu Kristi tjänare, kallad till apostel, avskild för Guds evangelium, som han förut genom sina profeter utlovade i de heliga skrifterna om sin Son — som efter köttet föddes honom av Davids ätt och enligt helgelsens Ande genom sin uppståndelse från de döda med kraft bevisades vara Guds Son — om Jesus Kristus, vår Herre. Genom honom hava vi fått nåd och apostlaämbetet för att för hans namns skull upprätta trons lydnad bland alla folk — och bland dem ären även I kallade av Jesus Kristus, vår Herre.

EVANG. *(Matt. 1: 18—21).* Med Jesu Kristi födelse gick det så till. När hans moder Maria var trolovad med Josef, befanns hon, förrän de kommo tillsammans, vara havande av den Helige Ande. Men Josef, hennes trolovade man, var rättfärdig och ville icke blottställa henne, därför beslöt han att hemligen skilja sig från henne. Men när han övervägde detta, se, då syntes för honom i drömmen en Herrens ängel och sade: Josef, Davids son, räds icke att taga Maria, din trolovade hustru, till dig; ty det, som hon undfått, är av den Helige Ande. Och hon skall föda en son, och du skall giva honom namnet Jesus, ty han skall frälsa sitt folk ifrån dess synder.

20 — *Oremus.*

Epistlar och evangelier.

Juldagen.

Första julmässan.

EPIST. *(Tit. 2: 11—15).* Högtälskade! Guds, vår Frälsares nåd har uppenbarats för alla människor; den lär oss att avsäga oss all ogudaktighet och alla världsliga begärelser och att leva i tukt och rättfärdighet och gudaktighet i denna värld, medan vi vänta på fullbordandet av vårt saliga hopp, nämligen på vår mäktige Guds och Frälsares Jesu Kristi återkomst i härlighet; han har utgivit sig själv för oss till att förlossa oss från all orättfärdighet och till att rena oss och så dana åt sig ett folk, som är honom välbehagligt och beflitar sig om goda gärningar. Så skall du tala och förmana i Kristus, Jesus, vår Herre.

EVANG. *(Luk. 2: 1—14).* I den tiden utgick ett påbud från kejsar Augustus, att hela världen skulle skattskrivas. Denna första skattskrivning skedde genom Cyrinus, som var ståthållare i Syrien. Och de begåvo sig alla åstad, var och en till sin stad, för att låta skattskriva sig. Så begav sig ock Josef från Galileen, från staden Nasaret upp till Judeen, till Davids stad, som heter Betlehem, emedan han var av Davids hus och släkt, för att låta skattskriva sig jämte Maria, sin trolovade hustru, som var havande. Och det hände, medan de voro där, att dagarna voro inne, då hon skulle föda. Och hon födde sin son, den förstfödde, insvepte honom i lindor och lade honom i en krubba; ty för dem fanns icke plats i härbärget. Och i samma nejd voro herdar ute på fältet och höllo vakt om natten över sin hjord. Och se, en Herrens ängel stod bredvid dem, och Guds härlighet kringstrålade dem, och de blevo mycket förskräckta. Men ängeln sade till dem: Frukten icke; ty se,

Epistlar och evangelier. 7*

jag bådar eder stor glädje, som skall vederfaras allt folket; ty i dag, i Davids stad, är eder född Frälsaren, som är Kristus, Herren. Och detta skall för eder vara tecknet: I skolen finna ett barn, insvept i lindor och liggande i en krubba. Då visade sig plötsligt omkring ängeln en mängd av den himmelska härskaran, vilken lovade Gud och sade: Ära vare Gud i höjden och på jorden frid åt människor, som hava hans välbehag.

Andra julmässan.

EPIST. *(Tit. 3: 4—7).* Högtälskade! För oss har nu uppenbarats Guds, vår Frälsares, godhet och kärlek till människorna; han har frälst oss, icke på grund av rättfärdighetens gärningar, som vi hava gjort, utan efter sin barmhärtighet, genom pånyttfödelsens och förnyelsens bad i den Helige Ande, som han rikligen utgjutit över oss genom Jesus Kristus, vår Frälsare, för att vi, rättfärdiggjorda genom hans nåd, skola, såsom vårt hopp är, få evigt liv till arvedel: i Kristus Jesus, vår Herre.

EVANG. *(Luk. 2: 15—20).* I den tiden sade herdarna till varandra: Låtom oss gå till Betlehem och se, vad som har skett och Herren har kungjort för oss. — Och de skyndade dit och funno Maria och Josef och barnet, som låg i krubban. Men när de hade sett det, omtalade de, vad som blivit sagt till dem om detta barn. Och alla, som hörde det, förundrade sig över vad herdarna berättade för dem. Men Maria gömde alla dessa ord och begrundade dem i sitt hjärta. Och herdarna vände tillbaka och prisade och lovade Gud för allt, vad de hade hört och sett, alldeles såsom det hade blivit sagt till dem.

Epistlar och evangelier.

Tredje julmässan.

EPIST. *(Hebr. 1:1—12).* Sedan Gud fordom många gånger och på många sätt hade talat till fäderna genom profeterna, har han slutligen i dessa dagar talat till oss genom sin Son, som han har insatt till arvinge av allt, genom vilken han ock har skapat världen. Och eftersom denne är hans härlighets återsken och hans väsens avbild och genom sin makts ord bär allt, har han renat världen från synd och sitter nu på Majestätets högra sida i höjden. Och han har blivit så mycket större än änglarna, som det namn han har ärvt är förmer än deras. Ty till vilken av änglarna har han någonsin sagt: Du är min Son, i dag har jag fött dig, eller: Jag skall vara hans Fader, och han skall vara min Son. Likaså säger han, då han låter den förstfödde åter inträda i världen: Och alla Guds änglar skola tillbedja honom. Och om änglarna säger han: Han gör sina änglar till vindar och sina tjänare till eldslågor; men till Sonen: Din tron, o Gud, står alltid och evinnerligen, och rättvisans spira är ditt rikes spira. Du har älskat rättfärdighet och hatat orättfärdighet; därför, o Gud, har din Gud smort dig med glädjens olja framför dina medbröder. Så ock: Du, Herre, lade i begynnelsen jordens grund, och himlarna äro dina händers verk; de skola förgås, men du förbliver. De skola alla nötas såsom en klädnad, såsom en dräkt skall du förändra dem, och de skola förändras. Men du är densamme, och dina år skola icke hava någon ände.

EVANG. *(Joh. 1:1—14).* I begynnelsen var Ordet, och Ordet var hos Gud, och Ordet var Gud. Detta var i begynnelsen hos Gud. Genom det har allt blivit till, och utan det har intet blivit till, som är till. I det var livet, och livet

Epistlar och evangelier.

var människornas ljus. Och ljuset lyser i mörkret, och mörkret har icke fattat det. En man uppträdde, sänd av Gud; hans namn var Johannes. Han kom såsom ett vittne för att vittna om ljuset, på det att alla skulle komma till tro genom honom. Icke var han ljuset, men han skulle vittna om ljuset. Det sanna ljuset, det som lyser för varje människa, kom nu i världen. I världen var han, och genom honom hade världen blivit till, men världen ville icke veta av honom. Han kom till sitt eget, och hans egna togo icke emot honom. Men åt alla dem, som togo emot honom, gav han makt att bliva Guds barn, åt dem som tro på hans namn, vilka äro födda icke av blod, ej heller av köttslig vilja, ej heller av någon mans vilja, utan av Gud. *(Här knäböjes.)* Och Ordet vart kött och bodde ibland oss; och vi sågo hans härlighet, en härlighet såsom den av Fadern Enfödde har, full av nåd och sanning.

Annandag jul.

EPIST. *(Apg. 6: 8—10; 7: 54—59).* I dessa dagar gjorde Stefanus, som var full av nåd och kraft, stora under och tecken bland folket. Då uppstodo några, vilka tillhörde den synagoga, som kallas de frigivnas och cyreneernas och alexandrinernas, samt några av dem, som voro från Cilicien och Asien, och disputerade med Stefanus. Dock förmådde de icke stå emot den vishet och den ande, som här talade. När de hörde detta, blevo de mycket förbittrade i sina hjärtan och beto sina tänder samman mot honom. Men han skådade, full av den Helige Ande, upp mot himmelen och fick se Guds härlighet och såg Jesus stå på Guds högra sida. Och han sade: Jag ser himmelen öppen och Människosonen stå på Guds högra sida. Då skriade de med hög röst och höllo för sina öron och stormade alla på en gång emot honom och förde honom ut ur staden och stenade honom. Och vittnena lade av sina mantlar vid en ung mans fötter, som hette Saulus. Så stenade de Stefanus, under det han åkallade och sade: Herre Jesus, tag emot min ande. Och han föll ned på sina knän och ropade med hög röst: Herre, tillräkna dem icke denna synd. Och när han hade sagt detta, avsomnade han i Herren.

EVANG. *(Matt. 23: 34—39).* I den tiden sade Jesus till de skriftlärde och fariséerna: Se, jag sänder till eder profeter och vise och skriftlärde. Somliga av dem kommen I att dräpa och korsfästa, och somliga av dem kommen I att gissla i edra synagogor och förfölja ifrån den ena staden till den andra. Och så skall över eder komma allt rättfärdigt blod, som är utgjutet på jorden, ända ifrån den rättfärdige Abels blod intill Sakarias', Barakias' sons, blod, hans som I dräpten mellan templet och altaret. Sannerligen säger jag eder: Allt detta skall komma över detta släkte. Jerusalem, Jerusalem, du som dräper profeterna och stenar dem, som äro sända till dig, huru ofta har jag icke velat församla dina barn, liksom hönan församlar kycklingarna under sina vingar. Men I haven icke velat. Se, edert hus skall komma att stå övergivet och öde. Ty jag säger eder: Härefter skolen I icke få se mig förrän den tid kommer, då I sägen: Välsignad vare han, som kommer i Herrens namn.

Söndagen efter jul.

EPIST. *(Gal. 4: 1—7).* Bröder, så länge arvingen är barn, finnes ingen skillnad mellan honom och en träl, fastän han är herre över alla ägodelarna; ty han står under förmyndare

Epistlar och evangelier. 11*

och förvaltare ända till den tid, fadern har bestämt; sammalunda höllos ock vi, när vi voro barn, i träldom under världens barnaläror. Men när tiden var fullbordad, sände Gud sin Son, född av kvinna och ställd under lagen, för att han skulle friköpa dem, som stodo under lagen, så att vi skulle få söners rätt. Och eftersom I nu ären söner, har han sänt i edra hjärtan sin Sons Ande, som ropar: Abba Fader. Så är du nu icke mera träl, utan son; och såsom son även arvinge genom Gud.

EVANG. *(Luk. 2: 33—40).* I den tiden förundrade sig Josef och Maria, Jesu moder, över det som sades om honom. Och Simeon välsignade dem och sade till Maria, hans moder: Se, denne är satt till fall eller upprättelse för många i Israel och till ett tecken, som skall bliva motsagt. Och även genom din själ skall gå ett svärd. Så skola många hjärtans tankar bliva uppenbara. Där fanns ock en profetissa, Anna, Fanuels dotter, av Asers stam. Hon var kommen till hög ålder; i sju år hade hon levat med sin man från den tid, då hon var jungfru, och hon var nu änka, åttiofyra år gammal. Och hon lämnade aldrig templet, utan tjänade där Gud med fastor och böner natt och dag. Hon kom också i samma stund tillstädes och prisade Gud och talade om honom till alla dem, som väntade på Israels förlossning. Och när de hade fullgjort allt, som var stadgat i Herrens lag, vände de tillbaka till sin stad, Nasaret i Galileen. Men barnet växte upp och han vart stark, uppfylld av vishet; och Guds nåd var i honom.

Nyårsdagen.

EPIST. *(Tit. 2:11—15).* Högtälskade! Guds, vår Frälsares, nåd har uppenbarats för alla människor; den lär oss att avsäga oss all ogud-

12* Epistlar och evangelier.

aktighet och alla världsliga begärelser och att leva i tukt och rättfärdighet och gudaktighet i denna värld, medan vi vänta på fullbordandet av vårt saliga hopp, nämligen på vår mäktige Guds och Frälsares Jesu Kristi återkomst i härlighet; han har utgivit sig själv för oss till att förlossa oss från all orättfärdighet och till att rena oss och så dana åt sig ett folk, som är honom välbehagligt och beflitar sig om goda gärningar. Så skall du tala och förmana i Kristus Jesus, vår Herre.

EVANG. *(Luk. 2: 21).* I den tiden, när åtta dagar voro förflutna och barnet skulle omskäras, gavs honom namnet Jesus, det namn, som hade givits honom av ängeln, förrän han blev undfången i moderlivet.

Jesu namns fest.

EPIST. *(Apg. 4: 8—12).* I den tiden uppfylldes Petrus av den Helige Ande och sade till dem: I folkets rådsherrar och äldste, eftersom vi i dag underkastas rannsakning för en god gärning mot en sjuk man och tillfrågas, varigenom denne har blivit botad, så mån I veta, I alla och hela Israels folk, att det är i Jesu Kristi, nasaréens, namn, hans, som I haven korsfäst, men som Gud har uppväckt från de döda — att det är i detta namn, som denne man står helbrägda inför eder. Han är den sten, som av eder, byggningsmännen, förkastades och är vorden till hörnstenen; och i ingen annan är frälsning: ty det är intet annat namn under himmelen givet åt människorna, i vilket vi skola frälsas.

EVANG. som ovan.

Texterna f. Trettond:s vigilie och oktav sid. 100*.

Epistlar och evangelier. 13*

Trettondagen.

EPIST. *(Esaias 60: 1—6).* Stå upp, Jerusalem, var ljus; ty ditt ljus kommer, och Herrens härlighet går upp över dig. Se mörker övertäcker jorden och töcken lägrar sig över folken, men över dig uppgår Herren, och hans härlighet uppenbaras över dig. Och folken skola vandra i ditt ljus och konungarna i glansen, som går upp över dig. Lyft upp dina ögon och se dig omkring: alla församlas hos dig; dina söner komma fjärran ifrån, och dina döttrar bida där vid deras sida. Vid den synen skall du stråla av fröjd, och ditt hjärta skall bäva och vidga sig; ty havets rikedomar skola föras till dig, och folkens skatter skola falla dig till. Skaror av kameler skola övertäcka dig, dromedarer från Madian och Efa; från Saba skola de alla komma, guld och rökelse skola de frambära och förkunna Herrens lov.

EVANG. *(Matt. 2: 1—12).* När Jesus var född i Betlehem i Judeen, i konung Herodes' dagar, se, då kommo vise män från Österlandet till Jerusalem och sade: Var är den nyfödde judakonungen? Vi hava sett hans stjärna i östern och hava kommit för att tillbedja honom. Då konung Herodes hörde detta, blev han förskräckt och hela Jerusalem med honom. Och han församlade alla överstepräster och de skriftlärde bland folket och frågade dem, var Kristus skulle födas. De svarade honom: I Betlehem i Judeen; ty så är skrivet genom profeten: Och du, Betlehem i Judalandet, är ingalunda den ringaste bland Juda furstestäder; ty av dig skall utgå den furste, som skall regera mitt folk Israel. Då kallade Herodes hemligen till sig de vise männen och utfrågade dem noga om tiden, då stjärnan visat sig för dem. Sedan lät han dem fara till Betlehem och sade: Gån och frågen noga efter barnet; och när I haven funnit det, så underrätten mig därom, att även jag må komma och tillbedja det. När de hade hört konungen, drogo de bort. Och se, stjärnan, som de hade sett i östern, gick framför dem, till dess den stannade över det ställe, där barnet var. Men när de sågo stjärnan, uppfylldes de av en övermåttan stor glädje. Och de gingo in i huset, funno barnet med Maria, dess moder, *(här knäböjes),* föllo ned och tillbådo det. Och de togo fram sina skatter och framburo sina gåvor: guld, rökelse och myrra. Och sedan de i sömnen hade blivit tillsagda att icke återvända till Herodes, drogo de på en annan väg tillbaka till sitt land.

1:a söndagen efter trettondagen.

EPIST. *(Rom. 12:1—5).* Bröder, jag besvär eder vid Guds barmhärtighet att frambära edra kroppar till ett levande, heligt och Gud välbehagligt offer — detta vare eder andliga gudstjänst. Och skicken eder icke efter denna värld, utan förvandlen eder genom sinnets förnyelse, så att I kunnen pröva, vad som är Guds vilja, vad som är gott och välbehagligt och fullkomligt. Ty i kraft av den nåd, som har blivit mig given, tillsäger jag var och en av eder att icke hava högre tankar om sig än tillbörligt är, utan tänka blygsamt, i överensstämmelse med det mått av tro, som Gud har tilldelat var och en. Ty såsom vi i en och samma kropp hava många lemmar, men alla lemmarna icke hava samma förrättning, så utgöra ock vi, fastän många, en enda kropp i Kristus, men var för sig äro vi lemmar, varandra till tjänst i Kristus Jesus, vår Herre.

EVANG. *(Luk. 2:42—52).* När Jesus hade blivit tolv år gammal, gingo hans föräldrar vid

Epistlar och evangelier. 15*

påskhögtiden efter sedvänja upp till Jerusalem. Då de nu efter högtidsdagarnas slut vände hem igen, stannade gossen Jesus kvar i Jerusalem, utan att hans föräldrar visste därom. De menade, att han var med i ressällskapet, och gjorde så en dagsresa och sökte efter honom bland fränder och vänner. När de då icke funno honom, vände de tillbaka till Jerusalem och sökte efter honom. Och det hände, att de efter tre dagar funno honom i templet, där han satt mitt ibland lärarna, hörde på dem och frågade dem; och alla, som hörde honom, häpnade över hans förstånd och hans svar. När de nu fingo se honom, förundrade de sig högeligen; och hans moder sade till honom: Son, varför har du gjort oss detta? Se, din fader och jag hava sökt dig med stor ängslan. Då sade han till dem: Varför haven I sökt mig? Vissten I icke, att jag bör vara i det, som tillhör min Fader? Men de förstodo icke, vad han menade med dessa ord. Så följde han med dem och kom till Nasaret; och han var dem underdånig. Och hans moder gömde allt detta i sitt hjärta. Och Jesus växte till i vishet och ålder och nåd inför Gud och människor.

Den heliga Familjens fest.

EPIST. *(Kol. 3: 12—17).* Bröder, ikläden eder såsom Guds utvalda, hans heliga och älskade, hjärtlig barmhärtighet, godhet, ödmjukhet, saktmod, tålamod. Och haven fördrag med varandra och förlåten varandra, om någon har något att förebrå en annan. Såsom Herren har förlåtit eder, så skolen ock I förlåta. Men över allt detta skolen I ikläda eder kärleken, ty den är fullkomlighetens sammanhållande band. Och låten Kristi frid regera i edra hjärtan; ty till att äga den, ären I ock kallade såsom lemmar i en och samma kropp. Och varen tacksamma. Låten Kristi ord rikligen bo ibland eder, undervisen och förmanen varandra i all vishet, med psalmer och lovsånger och andliga visor, och sjungen med tacksägelse till Guds ära i edra hjärtan. Och allt vad helst I företagen eder i ord eller gärning, gören det allt i Herrens Jesu Kristi namn och tacken Gud, Fadern, genom Jesus Kristus, vår Herre.

EVANG. se evangeliet sid 14*.

Anm. *De söndagar efter trettondagen, som på grund av tidigt infallande påsktermin icke kunna firas före söndagen Septuagesima, firas i stället före domssöndagen.*

2:a söndagen efter trettondagen.

EPIST. *(Rom. 12: 6—16).* Bröder, vi hava olika gåvor alltefter den nåd, som blivit oss given. Har alltså någon ordets gåva, så bruke han den i överensstämmelse med tron; har någon tjänandets gåva, så erbjude han sina tjänster; har någon en lärares gåva, så meddele han sin lärdom; har någon själasörjarens gåva, så vårde han sig om själarna. Den som delar ut gåvor, han göre det med gott hjärta; den som är satt till föreståndare, han vare det med nit; den som övar barmhärtighet, han göre det med glädje. Eder kärlek vare utan skrymtan; avskyn det onda, hållen fast vid det goda. Älsken varandra av hjärtat i broderlig kärlek; söken förekomma varandra i inbördes aktning. Varen icke tröga, där det gäller nit; varen brinnande i anden, tjänen Herren. Varen glada i hoppet, tåliga i bedrövelsen, uthålliga i bönen. Sörjen för de heligas behov. Varen angelägna om att bevisa gästvänlighet. Välsignen dem som förfölja

Epistlar och evangelier. 17*

eder; välsignen, och förbannen icke. Glädjens med dem som äro glada, gråten med dem som gråta. Varen ens till sinnes med varandra. Haven icke edert sinne vänt till vad högt är, utan hållen eder till det, som är ringa.

EVANG. *(Joh. 2: 1—11).* I den tiden hölls ett bröllop i Kana i Galileen, och Jesu moder var där. Också Jesus och hans lärjungar blevo inbjudna till bröllopet. Och vinet begynte taga slut. Då sade Jesu moder till honom: De hava intet vin. Jesus svarade henne: Låt mig vara, kvinna; min stund är ännu icke kommen. Hans moder sade då till tjänarna: Vadhelst han säger till eder, det skolen I göra. Nu stodo där sex stenkrukor, sådana som judarna hade för sina tvagningar, de rymde två eller tre mått var. Jesus sade till dem: Fyllen krukorna med vatten. Och de fyllde dem ända till brädden. Sedan sade han till dem: Ösen nu upp och bären till övertjänaren. Och de gjorde så. Och övertjänaren smakade på vattnet, som nu hade blivit vin; och han visste icke, varifrån det hade kommit, vilket däremot tjänarna visste, de som hade öst upp vattnet. Då kallade övertjänaren på brudgummen och sade till honom: Man brukar eljest alltid först sätta fram det goda vinet och sedan, när gästerna hava druckit rikligen, det som är sämre. Du har gömt det goda vinet ända tills nu. Detta var det första under, som Jesus gjorde. Han gjorde det i Kana i Galileen och uppenbarade så sin härlighet; och hans lärjungar trodde på honom.

3:e söndagen efter trettondagen.

EPIST. *(Rom. 12: 16—21).* Bröder, hållen icke eder själva för kloka. Vedergällen ingen med ont för ont. Vinnläggen eder om vad gott är, icke blott inför Gud utan även inför alla människor. Hållen frid med alla människor om möjligt är och så mycket som på eder beror. Utkräven icke själva eder rätt, mina älskade, utan lämnen rum för vredesdomen; ty det är skrivet: Min är hämnden, jag skall vedergälla det, säger Herren. Men om din ovän är hungrig, så giv honom att äta, om han är törstig, så giv honom att dricka; ty om du så gör, samlar du glödande kol på hans huvud. Låt dig icke övervinnas av det onda, utan övervinn det onda med det goda.

EVANG. *(Matt. 8: 1—13).* I den tiden, då Jesus hade stigit ned från berget, följde honom folket i stor mängd. Och se, där kom en spetälsk man och föll ned för honom och sade: Herre, om du vill, så kan du göra mig ren. Då utsträckte Jesus sin hand, rörde vid honom och sade: Jag vill; bliv ren. Och strax blev han ren från sin spetälska. Och Jesus sade till honom: Se till, att du icke säger detta för någon; utan gå och visa dig för prästen och frambär det offer, som Moses har föreskrivit, till ett vittnesbörd för dem. — När Jesus därefter kom in i Kapernaum, trädde en hövitsman fram till honom, bad honom och sade: Herre, min tjänare ligger hemma förlamad och plågas svårt. Och Jesus sade till honom: Jag skall komma och bota honom. Men hövitsmannen svarade och sade: Herre, jag är icke värdig, att du går in under mitt tak, utan säg blott ett ord, så blir min tjänare helbrägda. Ty jag är ju själv en man, som står under andras befäl, och jag återigen har krigsfolk under mig; och om jag säger till en av dem: Gå, så går han, eller till en annan: Kom, så kommer han; och om jag säger till min tjänare: Gör det, då gör han så. När Jesus hörde detta, förundrade han sig och sade till dem som följde honom: Sannerligen säger jag eder: så stor tro har jag icke funnit i Israel.

Och jag säger eder: Många skola komma från öster och väster och sitta till bords med Abraham, Isak och Jakob i himmelriket. Men rikets barn skola bliva utkastade i mörkret utanför; där skall vara gråt och tandagnisslan. — Och Jesus sade till hövitsmannen: Gå, och såsom du har trott, så må det ske dig. Och i samma stund blev hans tjänare helbrägda.

4:e söndagen efter trettondagen.

EPIST. *(Rom. 13: 8—10).* Bröder, bliven ingen något skyldiga, utom i kärlek till varandra; ty den som älskar sin nästa, han har uppfyllt lagen. Ty detta: Du skall icke begå äktenskapsbrott, Du skall icke dräpa, Du skall icke stjäla, Du skall icke bära falskt vittnesbörd, Du skall icke hava begärelse, och vilket annat bud som helst, allt sammanfattas i det ordet: Du skall älska din nästa såsom dig själv. Kärleken gör intet ont mot nästan; alltså är kärleken lagens uppfyllelse.

EVANG. *(Matt. 8: 23—27).* I den tiden steg Jesus i en båt, och hans lärjungar följde honom. Och se, då uppstod en häftig storm på sjön, så att vågorna slogo över båten; men själv låg han och sov. Då gingo hans lärjungar fram till honom, väckte honom och sade: Herre, fräls oss; vi förgås. Men Jesus sade till dem: I klentrogna, varför rädens I? Därpå stod han upp, näpste vindarna och vattnet, och det blev alldeles stilla och lugnt. Och människorna förundrade sig och sade: Vem är då denne, att vindarna och vattnet lyda honom?

5:e söndagen efter trettondagen.

EPIST. se epist. sid 15*.

EVANG. *(Matt. 13: 24—30).* I den tiden framställde Jesus för folket denna liknelse: Himmelriket liknar en man, som sådde god säd i sin åker. Men då folket sov, kom hans ovän och sådde ogräs mitt ibland vetet och gick sin väg. När nu säden sköt upp och satte frukt, så visade sig ock ogräset. Då trädde husbondens tjänare fram och sade till honom: Herre, har du icke sått god säd i din åker? Varifrån har den då fått ogräs? Han svarade dem: Det har en ovän gjort. Tjänarna sade till honom: Vill du, att vi gå och samla det tillhopa? Men han svarade: Nej, ty då I hopsamlen ogräset, kunden I samtidigt upprycka vetet. Låten båda slagen växa tillsammans intill skörden, och i skördens tid skall jag säga till skördemännen: Samlen först ogräset och binden det i knippor till att uppbrännas; men samlen sedan in vetet i min lada.

6:e söndagen efter trettondagen.

EPIST. *(1 Tess. 1: 2—10).* Bröder, vi tacka Gud alltid för eder alla och tänka oavlåtligen på eder i våra böner; ty vi komma ihåg eder tros verk och eder möda och kärlek och ståndaktighet i hoppet på vår Herre Jesus Kristus, inför vår Gud och Fader. Vi veta ju, kära bröder, I Guds älskade, huru det var, när I bleven utvalda: vårt evangelium kom till eder icke med ord allenast, utan i kraft och den Helige Ande och överströmmande trosvisshet. I veten ock, på vad sätt vi uppträdde bland eder till edert bästa. Och I bleven våra och Herrens efterföljare och mottogen ordet mitt under stort betryck med glädje i den Helige Ande. Så bleven I ett föredöme för alla troende i Macedonien och Akaja; ty från eder har Herrens ord gått ut och fått genljud icke blott i Macedonien och Akaja, utan överallt har eder tro på

Epistlar och evangelier. 21*

Gud blivit känd, så att vi icke behöva tala därom. Ty de förkunna själva om oss, vilken god början vi hade hos eder, och huru I från avgudarna haven omvänt eder till Gud för att tjäna den levande och sanne Guden och för att från himmelen förbida hans Son, vilken han har uppväckt från de döda, Jesus, som frälst oss från den tillkommande vreden.

EVANG. *(Matt. 13: 31—35).* I den tiden framställde Jesus för folket denna liknelse: Himmelriket är likt ett senapskorn, som en man tog och nedlade i sin åker. Det är minst bland alla frön, men när det har växt upp, är det större än alla kryddväxter, ja, det bliver till ett träd, så att himmelens fåglar komma och bo i dess grenar. — En annan liknelse framställde han för dem: Himmelriket liknar en surdeg, vilken en kvinna tog och blandade i tre mått mjöl, till dess alltsammans blev genomsyrat. Allt detta talade Jesus i liknelser till folket, och utan liknelser talade han icke till dem, för att det skulle uppfyllas, som var sagt genom profeten, som säger: Jag skall öppna min mun i liknelser, jag skall uppenbara det, som har varit dolt från världens grundläggning.

Söndagen Septuagesima.

EPIST. *(1 Kor. 9: 24—27; 10: 1—5).* Bröder, veten I icke, att de som löpa på tävlingsbanan, allesammans löpa, men endast en får priset? Löpen så, att I vinnen priset. Och var och en, som brottas i en tävlingskamp, är avhållsam i allt: dessa för att få en förgänglig segerkrans, men vi en oförgänglig. Jag för min del löper även, dock icke mot något ovisst mål; jag fäktar även, dock icke som om jag utdelade mina slag i luften, utan jag späker min kropp och tvingar den till lydnad, på det att jag icke, efter att hava predikat för andra, själv skall bliva förkastad. Ty jag vill icke, bröder, lämna eder i okunnighet om att våra fäder voro alla under molnskyn och gingo alla genom havet; alla döptes de till Moses i molnskyn och i havet; alla åto de samma andliga mat, och alla drucko de samma andliga dryck; de drucko nämligen ur en andlig klippa, som åtföljde dem; och klippan var Kristus. Men till de flesta av dem hade Gud icke behag.

EVANG. *(Matt. 20: 1—16).* I den tiden framställde Jesus för sina lärjungar denna liknelse: Himmelriket är likt en husbonde, som bittida om morgonen gick ut för att leja arbetare för sin vingård. Och när han hade kommit överens med arbetarna om en denar för dagen, sände han dem till sin vingård. När han sedan gick ut vid tredje timmen, såg han andra stå sysslolösa på torget; och han sade till dem: Gån ock I till min vingård, och jag skall giva eder vad skäligt är. Och de gingo. Åter gick han ut vid sjätte och vid nionde timmen och gjorde sammalunda. Också vid elfte timmen gick han ut, fann andra stå där och sade till dem: Varför stån I här hela dagen sysslolösa? De svarade honom: Emedan ingen har lejt oss. Då sade han till dem: Gån ock I till min vingård. När det så hade blivit afton, sade vingårdens herre till sin förvaltare: Kalla fram arbetarna och giv dem lönen, men börja med de sista och gå så tillbaka till de första. Då nu de kommo fram, som hade börjat vid elfte timmen, fingo de var och en sin denar. När sedan de första kommo, trodde de, att de skulle få mera, men också de fingo alla endast en denar. När de fingo den, knotade de mot husbonden och sade: Dessa sista hava arbetat en enda timme, och du har ställt dem lika med oss, som hava burit dagens tunga och hetta. Men han svarade

Epistlar och evangelier. 23*

en av dem och sade: Vän, jag gör dig ingen orätt; har du icke kommit överens med mig om en denar? Tag vad dig tillkommer och gå. Men jag vill giva även denne siste lika mycket som dig. Eller får jag icke göra vad jag vill med det, som är mitt? Är ditt öga ont, emedan jag är god? Så skola de sista vara de första och de första de sista; ty många äro kallade, men få utvalda.

Söndagen Sexagesima.

EPIST. *(2 Kor. 11: 19—33; 12: 1—9).* Bröder, I haven ju gärna fördrag med dårar, I som själva ären så kloka. I fördragen ju, om man trälbinder eder, om man utsuger eder, om man fängslar eder, om man förhäver sig över eder, om man slår eder i ansiktet. Till min skam måste jag nog tillstå: vi för vår del hava varit för svaga till sådant. Men eljest, varav någon annan vågar berömma sig, därav kan ock jag (för att tala enfaldigt) berömma mig. De äro hebréer, så ock jag. De äro israeliter, så ock jag. De äro Abrahams säd, så ock jag. Äro de Kristi tjänare, så är jag (för att tala mindre vist) det ännu mer. Jag har haft mer arbete, oftare varit i fängelse, fått hugg och slag till överflöd, varit i dödsnöd många gånger. Av judarna har jag fem gånger fått fyrtio slag så när som på ett. Tre gånger har jag blivit piskad med spön, en gång har jag blivit stenad, tre gånger har jag lidit skeppsbrott, ett helt dygn har jag drivit omkring på öppna havet. Jag har ofta måst vara ute på resor; jag har utstått faror på floder, faror bland rövare, faror genom landsmän, faror genom hedningar, faror i städer, faror i öknar, faror på havet, faror bland falska bröder — allt under arbete och möda, under mångfaldiga vakor, under hunger och törst, ofta under svält, och ofta i köld och nakenhet. Till allt annat kommer den dagliga rastlösheten, omsorgen om alla församlingarna. Vem är svag, utan att också jag bliver svag? Vem kommer på fall, utan att jag upptändes av nitälskan? — Om jag nu måste berömma mig, så vill jag berömma mig av min svaghet. Vår Herres Jesu Kristi Gud och Fader, som är högtlovad i evighet, vet, att jag icke ljuger. I Damaskus lät konung Aretas ståthållare sätta ut vakt vid damaskenernas stad för att gripa mig; och jag måste i en korg släppas ned genom en öppning i muren och kom så undan hans händer. Om jag måste berömma mig (men jag borde det visst icke), så kommer jag nu till syner och uppenbarelser från Herren. Jag vet om en man, som är i Kristus, att han för fjorton år sedan blev uppryckt ända till tredje himmelen, (om med kroppen, vet jag icke, eller utan kroppen, vet jag icke, Gud vet det). Ja, jag vet om denne man, att han (om med kroppen eller utan kroppen vet jag icke, Gud vet det) blev uppryckt till paradiset och fick höra hemlighetsfulla ord, sådana som det icke är lovligt för en människa att uttala. Av detta vill jag berömma mig; men av mig själv skall jag icke berömma mig, om icke av mina svagheter. Visserligen vore jag icke en dåre, om jag ville berömma mig själv, ty det vore sanning, som jag då skulle tala; men likväl avhåller jag mig därifrån, för att ingen skall hava högre tankar om mig än skäligt är, efter vad han ser hos mig eller hör av mig. Och för att jag icke skall förhäva mig på grund av uppenbarelsernas storhet, gavs mig en tagg i köttet, en satans ängel, som skall slå mig i ansiktet. Att denne måtte vika ifrån mig, därom har jag tre gånger bett till Herren. Men Herren har sagt till mig: Min nåd är dig nog, ty

Epistlar och evangelier.

kraften fullkomnas i svaghet. Därför vill jag hellre med glädje berömma mig av min svaghet, på det att Kristi kraft må bo i mig.

EVANG. *(Luk. 8: 4—15).* I den tiden, när mycket folk strömmade samman och från städerna skyndade till Jesus, sade han i en liknelse: En såningsman gick ut för att så sin säd; och då han sådde, föll somt vid vägen och nedtrampades, och himmelens fåglar åto upp det. Och somt föll på stengrund och vissnade, så snart det hade spirat upp; ty det hade icke någon fuktighet. Och somt föll bland törnen, och törnena växte upp tillsammans därmed och förkvävde det. Och somt föll i god jord, spirade upp och bar hundrafaldig frukt. Då han hade sagt detta, ropade han: Den som har öron till att höra, han höre. Då frågade hans lärjungar honom, vad denna liknelse betydde. Och han sade till dem: Eder är givet att förstå Guds rikes hemlighet, men åt de andra givas liknelser, på det att de med seende ögon icke må se och med hörande öron icke förstå. Men liknelsens betydelse är denna: Säden är Guds ord. De vid vägen, äro de som höra; sedan kommer djävulen och borttager ordet ur deras hjärta, på det att de icke må tro och varda saliga. De på stengrunden äro de, som med glädje mottaga ordet, när de höra det; men de hava ingen rot; de tro till en tid och avfalla i frestelsens stund. Och det som föll bland törnen, det är de som, sedan de hava hört, gå bort och låta ordet förkvävas av bekymmer och rikedomar och livets njutningar och så icke bära någon frukt. Men det som föll i den goda jorden, det är de som höra ordet och behålla det i ett gott, ja, mycket gott hjärta och bära frukt i tålamod.

Söndagen Quinquagesima.

EPIST. *(1 Kor. 13: 1—13).* Bröder, om jag talade både människors och änglars tungomål, men icke hade kärlek, så vore jag blott en ljudande malm eller en klingande cymbal. Och om jag hade profetians gåva och visste alla hemligheter och ägde all kunskap, och om jag hade all tro, så att jag kunde förflytta berg, men icke hade kärlek, så vore jag intet. Och om jag gåve bort allt vad jag ägde till bröd åt de fattiga, ja, om jag offrade min kropp till att brännas upp, men icke hade kärlek, så vore detta mig till intet gagn. Kärleken är tålig och mild. Kärleken avundas icke, skickar sig icke ohöviskt, uppblåses icke. Den förhäver sig icke, den söker icke sitt, den förtörnas icke, den minnes icke det onda. Den gläder sig icke över orättfärdigheten, men har sin glädje i sanningen. Den fördrager allting, den tror allting, den hoppas allting, den uthärdar allting. Kärleken upphör aldrig, om än profetians gåva försvinner, och tungomålstalandet tager slut, och kunskapen varder om intet. Ty vår kunskap är ett styckverk, och vårt profeterande är ett styckverk; men när det kommer, som är fullkomligt, då skall allt det försvinna, som är styckverk. När jag var barn, talade jag som ett barn, kände som ett barn, tänkte som ett barn; men sedan jag blev man, har jag lagt bort vad barnsligt är. Nu se vi på ett dunkelt sätt, som i en spegel, men då skola vi skåda ansikte mot ansikte. Nu är min kunskap ett styckverk, men då skall jag tillfullo känna och förstå, såsom jag ock själv är känd och förstådd. Men nu förbliva tro, hopp, kärlek, dessa tre, men störst ibland dem är kärleken.

EVANG. *(Luk. 18: 31—43).* I den tiden tog Jesus de tolv till sig och sade till dem: Se, vi

Epistlar och evangelier. 27*

gå upp till Jerusalem, och allt skall fullbordas, som genom profeterna är skrivet om Människosonen. Ty han skall överlämnas åt hedningarna och bliva begabbad, gisslad och bespottad. Och efter att hava gisslat honom, skola de döda honom, men på tredje dagen skall han uppstå igen. Men de förstodo intet därav, och detta tal var dem fördolt, och de fattade icke det som sades. — Och det hände sig, då han närmade sig Jeriko, att en blind satt vid vägen och tiggde. När denne hörde folk gå förbi, frågade han, vad det var. De svarade honom, att Jesus från Nasaret kom förbi. Då ropade han och sade: Jesus, Davids Son, förbarma dig över mig! Och de som gingo framför, tillsade honom strängt, att han skulle tiga; men han ropade blott ännu högre: Davids Son, förbarma dig över mig! Då stannade Jesus och befallde, att han skulle föras till honom. Och då han hade kommit fram, frågade Jesus honom och sade: Vad vill du, att jag skall göra dig? Han svarade: Herre, att jag kan se. Jesus sade till honom: Var seende! Din tro har hjälpt dig. Och strax kunde han se, och han följde honom, prisande Gud. Och allt folket, som såg detta, lovade Gud.

Askonsdagen.

EPIST. *(Joel 2: 12—19).* Så talar Herren: Omvänden eder till mig av hela edert hjärta, med fasta och gråt och klagan. Sönderriven edra hjärtan och icke edra kläder, och vänden om till Herren, eder Gud; ty han är nådig och barmhärtig, långmodig och stor i mildhet och höjd över all ondska. Vem vet, måhända förbarmar han sig och förlåter och lämnar kvar efter sig välsignelse, så att I kunnen frambära åt Herren, eder Gud, spisoffer och drickoffer.

Stöten i basun på Sion, pålysen en helig fasta, utlysen en sammankomst; församlen folket, helgen menigheten, kallen tillhopa de gamla, församlen barnen, jämväl dem som ännu dia vid bröstet; brudgummen må komma ur sin kammare och bruden ur sitt gemak. Mellan förhallen och altaret må prästerna, Herrens tjänare, hålla klagogråt och säga: Skona, o Herre, skona ditt folk, och låt icke din arvedel bliva till smälek, så att hednafolken härska över den. Varför skulle man få säga bland folken: Var är nu deras Gud? Herren nitälskar för sitt land och skonar sitt folk. Herren svarar och säger till sitt folk: Se, jag vill sända eder säd och vin och olja, så att I fån mätta eder därav, och jag skall icke mera låta eder bliva till smälek bland hednafolken. Detta säger Herren, den Allsmäktige.

EVANG. *(Matt. 6:16—21).* I den tiden sade Jesus till sina lärjungar: När I fasten, så sen icke bedrövade ut såsom skrymtarna; ty de vanställa sina ansikten på det att människorna skola se, att de fasta. Sannerligen säger jag eder: De hava fått sin lön. Men du, när du fastar, smörj ditt huvud och två ditt ansikte, för att icke människorna, utan din Fader i det fördolda må se, att du fastar; och din Fader, som ser i det fördolda, skall vedergälla dig. Samlen eder icke skatter på jorden, där rost och mal förstöra, och tjuvar bryta sig in och stjäla; utan samlen eder skatter i himmelen, där varken rost eller mal förstöra, och tjuvar icke bryta sig in och stjäla. Ty där din skatt är, där är ock ditt hjärta.

1:a söndagen i fastan.

EPIST. *(2 Kor. 6:1—10).* Bröder, vi förmana eder, att icke så mottaga Guds nåd, att

Epistlar och evangelier.

den bliver utan frukt. Han säger ju: Jag bönhör dig i behaglig tid, och jag hjälper dig på frälsningens dag. Se, nu är den välbehagliga tiden; ja, nu är frälsningens dag. Härvid vilja vi icke i något stycke vara någon till anstöt, på det att vårt ämbete icke må bliva klandrat. Fastmer vilja vi i allting bevisa oss såsom Guds tjänare, i mycken ståndaktighet, under bedrövelse och nöd och ångest, under hugg och slag, under fångenskap och upprorslarm, under mödor, vakor och svält, i renhet, i kunskap, i tålamod och godhet, i den Helige Ande, i oskrymtad kärlek, med sanning i vårt tal, med kraft från Gud, med rättfärdighetens vapen till höger och till vänster, under ära och smälek, under ont rykte och gott rykte, om vi anses för uppviglare eller för ärliga människor, om vi förbliva okända eller äro kända; såsom döende, men se, vi leva, såsom tuktade, men likväl icke till döds, såsom bedrövade, men dock alltid glada, såsom fattiga, medan vi dock göra många rika, såsom utblottade på allt, men likväl ägande allt.

EVANG. *(Matt. 4: 1—11).* I den tiden fördes Jesus av Anden ut i öknen för att frestas av djävulen. Och när han hade fastat i fyrtio dagar och fyrtio nätter, blev han omsider hungrig. Då gick frestaren fram till honom och sade: Är du Guds Son, så säg, att dessa stenar skola bliva bröd. Men han svarade och sade: Det står skrivet: Människan lever icke av bröd allena, utan av vart och ett ord, som utgår från Guds mun. Därefter tog djävulen honom med sig till den heliga staden, ställde honom på templets tinnar och sade till honom: Är du Guds Son, så störta dig ned; ty det står skrivet: Han har givit sina änglar befallning om dig, och de skola bära dig på händerna, att du icke må stöta din fot mot någon sten. Jesus sade till honom: Men det står också skrivet: Du skall icke fresta Herren, din Gud. Åter tog djävulen honom med sig upp på ett mycket högt berg och visade honom alla världens riken och deras härlighet och sade till honom: Allt detta skall jag giva dig, om du faller ned och tillbeder mig. Då sade Jesus till honom: Vik hädan, satan; ty det står skrivet: Herren, din Gud, skall du tillbedja, och honom allena skall du tjäna. Då lämnade djävulen honom, och se, änglar kommo och tjänade honom.

2:a söndagen i fastan.

EPIST. *(1 Tess. 4: 1—7).* Bröder, vi bedja och förmana eder i Herren Jesus att allt mer förkovra eder i en sådan vandel, som I haven fått lära av oss, att I skolen föra, Gud till behag. I veten ju, vilka bud vi hava givit eder genom Herren Jesus. Ty detta är Guds vilja, eder helgelse, att I avhållen eder från otukt, och att var och en av eder vet att hava sin egen maka i helgelse och ära, icke i begärelses lusta såsom hedningarna — vilka icke känna Gud — och att ingen kränker sin broder eller gör honom något förfång; ty Herren är en hämnare över allt detta, såsom vi redan förut hava sagt och betygat för eder. Ty Gud har icke kallat oss till orenhet utan till att leva i helgelse i Kristus Jesus, vår Herre.

EVANG. *(Matt. 17: 1—9).* I den tiden tog Jesus Petrus och Jakobus och dennes broder Johannes med sig och förde dem avsides upp på ett högt berg. Och han blev förklarad inför dem, och hans ansikte strålade såsom solen, och hans kläder blevo vita som snö. Och se, för dem visade sig Moses och Elias, talande med honom. Då tog Petrus till orda och sade till Jesus: Herre, här är oss gott att vara. Vill

Epistlar och evangelier. 31*

du, så låtom oss här göra tre hyddor, en åt dig, en åt Moses och en åt Elias. Medan han ännu talade, se, då överskyggade dem en ljus sky. Och en röst ur skyn sade: Denne är min älskade Son, i vilken jag har mitt välbehag; honom skolen I höra! Och när lärjungarna hörde detta, föllo de på sina ansikten och blevo mycket förskräckta. Men Jesus gick fram, rörde vid dem och sade: Stån upp och rädens icke. När de upplyfte sina ögon, sågo de ingen utom Jesus allena. Då de sedan stego ned från berget, bjöd Jesus dem och sade: Omtalen icke för någon denna syn, förrän Människosonen har uppstått ifrån de döda.

3:e söndagen i fastan.

EPIST. *(Ef. 5: 1—9).* Bröder, bliven alltså Guds efterföljare, såsom hans älskade barn, och vandren i kärlek, såsom Kristus älskade oss och utgav sig själv för oss till en gåva, till ett kostbart och välbehagligt offer inför Gud. Men otukt och orenhet, av vad slag det vara må, och girighet skolen I, såsom det anstår heliga, icke ens låta nämnas bland eder, ej heller ohöviskt väsende och dåraktigt tal och gyckel; sådant är otillbörligt. Låten fastmer tacksägelse höras. Ty det bören I veta och förstå, att ingen otuktig eller oren eller girig (ty en sådan är en avgudadyrkare) har arvedel i Kristi och Guds rike. Låten ingen bedraga eder med tomma ord; ty för sådana synder kommer Guds vrede över de ohörsamma. Haven alltså ingen del i sådant. I voren ju förut mörker, men nu ären I ljus i Herren, vandren då såsom ljusets barn. Ty ljusets frukt består i allt vad godhet och rättfärdighet och sanning är.

EVANG. *(Luk. 11: 14—28).* I den tiden utdrev Jesus en ond ande, och den var stum. Och när han hade utdrivit den onde anden, talade den stumme, och folket förundrade sig. Men några av dem sade: Han utdriver onda andar med Beelsebub, de onda andarnas furste. Andra frestade honom och begärde av honom ett tecken från himmelen. Men han, som såg deras tankar, sade till dem: Vart rike, som är söndrat mot sig självt, skall förödas, och hus skall falla på hus. Är även satan söndrad mot sig själv, huru skall då hans rike hava bestånd? I sägen ju, att jag utdriver onda andar med Beelsebub. Men om jag utdriver de onda andarna med Beelsebub, med vem driva då edra egna söner ut dem? Dessa skola vara edra domare. Men om jag utdriver de onda andarna med Guds finger, så har ju i sanning Guds rike kommit till eder. När en stark man, väl väpnad, bevakar sin gård, så är all hans egendom fredad. Men om en starkare angriper honom och övervinner honom, så tager denne ifrån honom de vapen, som han förtröstade på, och skiftar bytet efter honom. Den som icke är med mig, han är emot mig; och den som icke samlar med mig, han förskingrar. När den orene anden har farit ut från människan, vandrar han genom ökentrakter och söker vila; och då han icke finner någon, säger han: Jag skall vända tillbaka till mitt hus, varifrån jag utgick. Och när han kommer, finner han det fejat och prytt. Då går han och tager med sig sju andra andar, som äro värre än han själv, och de gå in och bo där; och för den människan bliver det sista värre än det första. Och det hände sig, då han sade detta, att en kvinna i folkhopen upphävde sin röst och sade till honom: Saligt är det modersköte, som har burit dig, och det bröst, som du har diat. Men han sade: Ja, saliga äro de som höra Guds ord och gömma det.

Epistlar och evangelier. 33*

4:e söndagen i fastan.

EPIST. *(Gal. 4: 22—31).* Bröder, det är skrivet, att Abraham fick två söner, en med tjänstekvinnan och en med sin friborna hustru. Men tjänstekvinnans son är född efter köttet, då däremot den friborna hustruns son är född i kraft av löftet. Dessa ord hava en djupare mening; ty de båda kvinnorna beteckna de två förbunden. Agar, det från berget Sinai, som föder till träldom — berget Sinai kallas nämligen i Arabien för Agar — och motsvarar det nuvarande Jerusalem; tv detta lever med sina barn i träldom. Men det Jerusalem, som är där ovan, det är fritt, och det är vår moder. Så är ju skrivet: Jubla, du ofruktsamma, du som icke föder; brist ut i jubelrop, du som icke bliver moder. Ty den ensamma skall hava många barn, flera än den, som har man. Men vi, mina bröder, äro löftets barn, i likhet med Isak. Men liksom fordom den son, som var född efter köttet, förföljde den som var född efter anden, så är det ock nu. Dock, vad säger skriften? Driv ut tjänstekvinnan och hennes son; ty tjänstekvinnans son skall förvisso icke ärva med den friborna hustruns son. Alltså, mina bröder, vi äro icke barn av tjänstekvinnan, utan av den friborna i kraft av den frihet, varmed Kristus har befriat oss.

EVANG. *(Joh. 6: 1—15).* I den tiden for Jesus över Galileiska havet, som även kallas Tiberias sjö. Och mycket folk följde honom, emedan de sågo de under, som han gjorde med de sjuka. Då gick Jesus upp på berget och satte sig där med sina lärjungar. Och påsken, judarnas högtid, var nära. Då nu Jesus upplyfte sina ögon och såg, att en mycket stor folkmängd hade kommit till honom, sade han till Filippus: Varifrån skola vi köpa bröd, att dessa få äta? Men han sade detta för att pröva honom; ty själv visste han, vad han skulle göra. Filippus svarade honom: Bröd för två hundra denarer vore icke nog för dem, så att var och en kunde få ett litet stycke. Då sade en av hans lärjungar, Andreas, Simon Petri broder, till honom: Här är en gosse, som har fem kornbröd och två fiskar; men vad förslår detta åt så många? Då sade Jesus: Låten folket lägra sig. Det var nämligen mycket gräs på det stället. Då lägrade sig männen till ett antal av omkring fem tusen. Jesus tog nu bröden, tackade och delade ut åt dem, som lägrat sig, likaledes ock av fiskarna så mycket de ville. Och då de blivit mättade, sade han till sina lärjungar: Samlen de överblivna styckena, att de icke förfaras. Och de samlade dem och fyllde tolv korgar med stycken, som hade blivit över av de fem kornbröden, efter dem som hade ätit. Då nu dessa människor hade sett det under, som Jesus hade gjort, sade de: Denne är i sanning den profet, som skall komma i världen. Men då Jesus märkte, att de ämnade komma och taga honom med våld för att göra honom till konung, drog han sig åter undan till berget, han allena.

Passionssöndagen.

EPIST. *(Hebr. 9: 11—15).* Bröder, Kristus har kommit såsom överstepräst för det tillkommande goda; och genom det större och fullkomligare tabernakel, som icke är gjort med händer, det är, som icke tillhör denna skapelse, gick han, icke med bockars och kalvars blod, utan med sitt eget blod, en gång för alla in i det allraheligaste och vann en evig förlossning. Ty om redan blod av bockar och tjurar och aska av en ko, stänkt på dem som

Epistlar och evangelier. 35*

hava blivit förorenade, helgar till utvärtes renhet, huru mycket mer skall icke Kristi blod — då han nu genom den Helige Ande har framburit sig själv såsom ett felfritt offer åt Gud — rena våra samveten från döda gärningar till att tjäna den levande Guden! Så är han medlare för det Nya förbundet. Därigenom att han led döden till förlossning ifrån överträdelserna under det Gamla förbundet, skulle de, som voro kallade, få det utlovade eviga arvet i Kristus Jesus, vår Herre.

EVANG. *(Joh. 8: 46—59).* I den tiden sade Jesus till judarna: Vem av eder kan överbevisa mig om någon synd? Om jag talar sanning till eder, varför tron I mig icke? Den som är av Gud, hör Guds ord. Därför hören I det icke, emedan I icke ären av Gud. Då svarade judarna och sade till honom: Säga vi icke med rätt, att du är en samarit och är besatt av en ond ande? Jesus svarade: Jag är icke besatt av en ond ande, utan jag ärar min Fader, och I vanären mig. Men jag söker icke min ära; en finnes dock, som söker den och som dömer. Sannerligen, sannerligen säger jag eder: Om någon håller mitt ord, skall han icke se döden i evighet. Då sade judarna: Nu förstå vi, att du är besatt av en ond ande. Abraham har dött och likaledes profeterna; och du säger: Om någon håller mitt ord, skall han icke smaka döden i evighet! Är väl du förmer än vår fader Abraham, som har dött? Även profeterna hava dött. Till vem gör du dig själv? Jesus svarade: Om jag ärar mig själv, så är min ära ingenting; det är min Fader, som ärar mig, han, som I sägen vara eder Gud. Dock, I kännen honom icke; men jag känner honom; och om jag sade, att jag icke kände honom, så vore jag en lögnare liksom I; men jag känner honom och håller hans ord. Abraham, eder fader, fröjdade sig, att han skulle få se min dag; han fick se den och gladde sig. Då sade judarna till honom: Du är ännu icke femtio år gammal och har sett Abraham? Jesus sade till dem: Sannerligen, sannerligen säger jag eder: Förrän Abraham blev till, är jag. Då togo de upp stenar för att kasta på honom. Men Jesus gömde sig undan och gick ut ur templet.

Palmsöndagen.

EVANG. vid palmvigningen: *(Matt. 21: 1—9).* I den tiden nalkades Jesus Jerusalem, och när han hade kommit till Betfage vid Oljeberget, sände han två lärjungar och sade till dem: Gån in i byn, som ligger mitt framför eder, och strax skolen I finna en åsninna stå där bunden och en fåle bredvid henne; lösen dem och fören dem till mig. Och om någon säger något åt eder, så skolen I svara: Herren behöver dem; då skall han genast släppa dem. Men allt detta skedde, för att det skulle uppfyllas, som är sagt genom profeten, som säger: Sägen till Sions dotter: Se, din Konung kommer till dig saktmodig, sittande på en åsna, på en arbetsåsninnas fåle. Och lärjungarna gingo bort och gjorde, såsom Jesus hade befallt dem. Och de förde åsninnan och fålen till honom, lade sina kläder på dem och läto honom sätta sig däruppå. Men en stor mängd folk bredde sina kläder på vägen, och andra skuro kvistar från träden och strödde dem på vägen. Och folkskarorna, de som gingo förut och de som följde efter, ropade och sade: Hosianna, Davids son! Välsignad vare han, som kommer i Herrens namn.

I högmässan.

EPIST. *(Fil. 2: 5—11).* Bröder, varen så till sinnes, som Kristus Jesus var. Han, som var

Epistlar och evangelier. 37*

till i Guds gestalt, valde att icke med makt fasthålla Guds härlighet utan han utblottade sig själv, i det han antog en tjänares gestalt, blev lik oss människor, och befanns till sin natur vara en människa. Han ödmjukade sig själv, blev lydig intill döden, ja, intill korsets död. Därför har ock Gud upphöjt honom över allting och givit honom det namn, som är över alla namn, för att i Jesu namn allas knän skola böja sig *(här knäböjes),* deras som äro i himmelen, på jorden och under jorden, och alla tungor bekänna, att Herren Jesus Kristus är i Gud Faderns härlighet.

Passionshistorien enligt Matteus (kap. 26 och 27).

Skärtorsdagen.

EPIST. *(1 Kor. 11:20—32).* Bröder, när I kommen tillsammans, så är det ju icke mer att hålla Herrens nattvard. Ty vid måltiden tager var och en i förväg själv den mat, han medfört, och den ene hungrar, den andre åter är överlastad. Haven I icke edra hem för att äta och dricka? Eller förakten I Guds Kyrka och viljen komma dem att blygas, som icke hava något? Vad skall jag säga eder? Skall jag prisa eder? Häri prisar jag eder icke. Ty jag har mottagit av Herren, vad jag också har meddelat eder, att Herren Jesus i den natt, då han blev förrådd, tog brödet, tackade, bröt det och sade: Tagen och äten; detta är min lekamen, som skall utgivas för eder; gören detta till min åminnelse. Sammalunda tog han även kalken efter måltiden och sade: Denna kalk är det Nya förbundet i mitt blod; gören detta, så ofta I dricken därav, till min åminnelse. Ty så ofta I äten detta bröd och dricken denna kalk, förkunnen I Herrens död, till dess han kommer.

Epistlar och evangelier.

Var och en således, som ovärdigt äter detta bröd eller dricker Herrens kalk, han försyndar sig på Herrens lekamen och blod. Men människan pröve sig själv; och äte så av detta bröd och dricke av denna kalk. Ty den som ovärdigt äter och dricker, han äter och dricker själv domen över sig, emedan han icke urskiljer Herrens lekamen. Därför äro bland eder många svaga och sjuka, och många hava avsomnat. Ty om vi ginge till doms med oss själva, så bleve vi icke dömda. Men då vi nu bliva dömda, så är detta en Herrens tuktan för att vi icke skola bliva fördömda tillika med världen.

EVANG. *(Joh. 13: 1—15).* Före påskhögtiden, då Jesus visste, att stunden för honom var kommen att gå bort från denna värld till Fadern, bevisade han de sina i denna världen, dem han alltid hade älskat, sin kärlek intill det yttersta. Då aftonmåltiden var slutad, och djävulen redan hade ingivit Judas Iskariot, Simons son, i hjärtat att förråda honom, och ehuru han visste, att Fadern hade givit allt i hans händer, och att han hade utgått från Gud och gick till Gud, stod han upp från måltiden och lade av sig överklädnaden och tog en linneduk och band den om sig. Sedan slog han vatten i ett fat och begynte två lärjungarnas fötter och torkade dem med linneduken, som han hade bundit om sig. Så kom han till Simon Petrus; och Petrus sade till honom: Herre, skall du två mina fötter? Jesus svarade och sade till honom: Vad jag gör, förstår du icke nu; men du skall förstå det sedan. Petrus sade till honom: Aldrig någonsin skall du två mina fötter. Jesus svarade honom: Om jag icke tvår dig, så har du ingen del i mig. Simon Petrus sade till honom: Herre, icke blott mina fötter, utan även händerna och huvudet. Jesus sade till honom:

Epistlar och evangelier. 39*

Den som är tvagen, behöver sedan icke mer än två fötterna, så är han helt och hållet ren. Och I ären rena; dock icke alla. Ty han visste, vem som skulle förråda honom; därför sade han: I ären icke alla rena. Sedan han nu hade tvagit deras fötter och tagit på sig sina kläder, satte han sig igen till bords och sade till dem: Förstån I, vad jag har gjort? I kallen mig Mästare och Herre, och I sägen rätt; ty jag är det. Har nu jag, Herren och Mästaren, tvagit edra fötter, så bören ock I två varandras fötter. Ty jag har givit eder ett föredöme, för att även I skolen göra, såsom jag har gjort.

Långfredagen.

Passionshistorien enligt Johannes (kap. 18 och 19).

Påskdagen.

EPIST. *(1 Kor. 5: 7—8).* Bröder, rensen bort den gamla surdegen, på det att I mån vara en ny deg, såsom osyrade. Ty vårt påskalamm, Kristus, är slaktat. Låtom oss då hålla festmåltid, icke med gammal surdeg, ej heller med elakhetens och ondskans surdeg, utan med renhetens och sanningens osyrade bröd.

EVANG. *(Mark. 16: 1—7).* I den tiden köpte Maria Magdalena, Maria, Jakobi moder, och Salome välluktande kryddor för att gå och smörja Jesus. Och på första dagen i veckan kommo de till graven mycket tidigt på morgonen, då solen just hade gått upp. Och de sade till varandra: Vem skall bortvältra stenen för oss från ingången till graven? Men när de sågo upp, varseblevo de, att stenen var bortvältrad; den var nämligen mycket stor. Och de gingo in i graven och sågo en ung man sitta på högra sidan, klädd i en vit klädnad; och de häpnade.

Men han sade till dem: Rädens icke. I söken Jesus från Nasaret, den korsfäste; han är uppstånden, han är icke här. Se stället, där de hade lagt honom. Men gån och sägen till hans lärjungar och till Petrus, att han går före eder till Galileen; där skolen I få se honom, såsom han har sagt eder.

Annandag påsk.

EPIST. *(Apg. 10: 37—43).* I den tiden stod Petrus mitt ibland folket och sade: I kännen det ord, som har utgått över hela Judeen, börjande med Galileen, efter den döpelse, som Johannes predikade, om Jesus från Nasaret, huru Gud har smort honom med den Helige Ande och med kraft; och han vandrade omkring, gjorde gott och botade alla, som voro överväldigade av djävulen; ty Gud var med honom. Och vi äro vittnen till allt, vad han gjort, i judarnas land och i Jerusalem; honom hava de upphängt på trä och dödat. Denne har Gud uppväckt på tredje dagen och låtit honom varda uppenbar, icke för hela folket, utan för de av Gud förutbestämda vittnena, för oss, som åto och drucko med honom, sedan han uppstått från de döda. Och han har befallt oss att predika för folket och betyga, att det är han, som av Gud blivit utsedd till domare över levande och döda. Honom giva alla profeter det vittnesbörd, att alla, som tro på honom, skola få syndernas förlåtelse genom hans namn.

EVANG. *(Luk. 24: 13—35).* I den tiden gingo samma dag två av Jesu lärjungar till en by vid namn Emmaus, som låg sextio stadiers väg från Jerusalem. Och de talade med varandra om allt det, som hade tilldragit sig. Och det hände, under det de talades vid och sporde varandra, att Jesus själv nalkades och gick med

Epistlar och evangelier. 41*

dem. Men deras ögon voro som beslöjade, så att de icke igenkände honom. Och han sade till dem: Vad är detta för tal, som I haven eder emellan, där I gån och ären bedrövade? Då svarade den ene, som hette Kleofas, och sade till honom: Är du den ende främling i Jerusalem, som icke vet, vad som där har skett i dessa dagar? Och han sade till dem: Vad då? Och de sade: Det som har skett med Jesus från Nasaret, som var en profet, mäktig i gärning och ord inför Gud och hela folket, och huru våra överstepräster och rådsherrar hava utlämnat honom att dömas till döden, och korsfäst honom. Men vi hoppades, att han var den som skulle frälsa Israel; men med allt detta är det i dag tredje dagen, sedan detta skett. Och så hava även några kvinnor av de våra förskräckt oss; ty de begåvo sig i daggryningen till graven, och då de icke funno hans kropp, kommo de och sade sig hava sett en syn av änglar, vilka sagt, att han lever. Och några av de våra gingo till graven och funno det vara så, som kvinnorna hade sagt, men honom själv funno de icke. Då sade han till dem: O, I oförståndiga och senhjärtade till att tro på allt, vad profeterna hava talat! Måste icke Kristus lida detta och så ingå i sin härlighet? Och han begynte med Moses och alla profeterna och uttydde för dem det som i alla skrifter rörde honom. Och de nalkades byn, dit de gingo; och han låtsades, som om han ville gå vidare. Men de nödgade honom och sade: Bliv kvar hos oss; ty det lider mot aftonen, och dagen nalkas sitt slut. Och han gick in med dem. Och det begav sig, då han satt till bords med dem, att han tog brödet, välsignade, bröt och räckte det åt dem. Då öppnades deras ögon, och de igenkände honom; men han försvann ur deras åsyn. Och de sade sinsemellan: Var icke vårt hjärta brinnande i oss, medan han talade med oss på vägen och uttydde för oss skrifterna? Och i samma stund stodo de upp och gingo tillbaka till Jerusalem; och de funno de elva församlade, och dem som voro med dem, och dessa sade: Herren är sannerligen uppstånden och har visat sig för Simon. Då förtäljde även de, vad som skett på vägen, och huru de igenkänt honom på brödets brytande.

Vita söndagen.

EPIST. *(1 Joh. 5: 4—10).* Högtälskade! Allt som är fött av Gud, övervinner världen, och detta är segern, som övervinner världen; vår tro. Vem är det, som övervinner världen, om icke den som tror, att Jesus är Guds Son? Det är han, som har kommit medels vatten och blod: Jesus Kristus, icke i vattnet allena, utan i vattnet och blodet. Och Anden är den som vittnar, att Kristus är sanningen. Ty tre äro de, som vittna i himmelen: Fadern och Ordet och den Helige Ande; och dessa tre äro ett. Och tre äro de, som vittna på jorden: Anden och vattnet och blodet; och dessa tre äro ett. Antaga vi människornas vittnesbörd, så är Guds vittnesbörd större; ty detta är nämligen Guds vittnesbörd, som är större, att han har vittnat om sin Son. Den som tror på Guds Son, han har Guds vittnesbörd i sig.

EVANG. *(Joh. 20: 19—31).* I den tiden, sent på aftonen, då lärjungarna voro församlade och hade stängt dörrarna av rädsla för judarna, kom Jesus, stod mitt ibland dem och sade till dem: Frid vare eder. Och när han hade sagt detta, visade han dem sina händer och sin sida. Då blevo lärjungarna glada, emedan de sågo Herren. Jesus sade åter till dem: Frid vare eder. Såsom Fadern har sänt mig, så sänder

Epistlar och evangelier. 43*

ock jag eder. Och när han hade sagt detta, andades han på dem och sade till dem: Mottagen den Helige Ande. Vilka I förlåten synderna, dem äro de förlåtna; och vilka I behållen dem, dem äro de behållna. Men Tomas, en av de tolv, kallad Didymus, var icke med dem, när Jesus kom. Då sade de andra lärjungarna till honom: Vi hava sett Herren. Men han sade till dem: Om jag icke ser märket efter spikarna i hans händer, och sticker mitt finger i spikarnas ställe, och sticker min hand i hans sida, så tror jag icke. — Och åtta dagar därefter voro hans lärjungar åter inne och Tomas med dem. Då kom Jesus, när dörrarna voro stängda, stod mitt ibland dem och sade: Frid vare eder. Därpå sade han till Tomas: Räck hit ditt finger och se mina händer, och räck hit din hand och stick den i min sida och tvivla icke utan var troende. Tomas svarade och sade till honom: Min Herre och min Gud! Jesus sade till honom: Emedan du har sett mig, Tomas, har du trott. Saliga äro de, som icke hava sett och dock trott. — Även många andra tecken gjorde Jesus i sina lärjungars åsyn, som icke äro uppskrivna i denna bok. Men detta är skrivet, på det att I skolen tro, att Jesus är Kristus, Guds Son, och att I genom tron skolen hava livet i hans namn.

2:a söndagen efter påsk.

EPIST. *(1 Petr. 2: 21—25).* Bröder, Kristus har lidit för oss och efterlämnat åt eder ett föredöme, för att I skolen efterfölja honom och vandra i hans fotspår: han, som icke gjort någon synd och i vilkens mun icke fanns något svek; när han smädades, smädade han icke igen; och när han led, hotade han icke, utan han överlämnade sig åt den, som dömde honom orättfärdigt. Han bar själv våra synder i sin kropp upp på korsets trä, för att vi skulle dö bort från synderna och leva för rättfärdigheten, och genom hans sår haven I blivit helade. Ty I gingen vilse såsom får, men nu haven I vänt om till edra själars herde och biskop.

EVANG. *(Joh. 10: 11—16).* I den tiden sade Jesus till fariséerna: Jag är den gode herden. En god herde giver sitt liv för sina får. Men den lejde, som icke är herde och som fåren icke tillhöra, när han ser ulven komma, övergiver han fåren och flyr; och ulven rövar bort och förskingrar fåren. Den lejde flyr, emedan han är lejd och icke frågar efter fåren. Jag är den gode herden, jag känner de mina, och de mina känna mig, såsom Fadern känner mig och jag känner Fadern; och jag giver mitt liv för mina får. Jag har ock andra får, som icke äro av detta fårahus: också dem måste jag draga till mig, och de skola höra min röst: och det skall vara ett fårahus och en herde.

3:e söndagen efter påsk.

EPIST. *(1 Petr. 2: 11—19).* Älskade, jag förmanar eder såsom främlingar och pilgrimer att taga eder tillvara för de köttsliga begärelser, som ligga i strid med själen; och föra en god vandel bland hedningarna, på det att dessa, om de i någon sak förtala eder såsom illgärningsmän, för edra goda gärningars skull må giva akt på eder och prisa Gud på besökelsens dag. Varen därför varje mänsklig ordning underdånig för Guds skull, vare sig det är konungen såsom den överste härskaren, eller det är ståthållarna, som ju äro sända av honom för att straffa dem, som göra vad ont är, och för att prisa dem, som göra vad gott är. Ty så är

Epistlar och evangelier. 45*

Guds vilja att I med goda gärningar skolen nedtysta oförståndiga och fåkunniga människor. I ären ju fria, men icke såsom sådana, vilka göra friheten till ondskans täckmantel, utan såsom Guds tjänare. Hedren alla, älsken bröderna, frukten Gud, ären konungen. I tjänare, underordnen eder edra herrar med all fruktan, icke allenast de goda och milda, utan också de nyckfulla. Ty detta är Guds nåd, i Jesus Kristus vår Herre.

EVANG. *(Joh. 16: 16—22).* I den tiden sade Jesus till sina lärjungar: En liten tid, och I skolen icke mer se mig; och åter en liten tid, och I skolen få se mig; ty jag går till Fadern. Då sade några av hans lärjungar sinsemellan: Vad är detta, som han säger till oss: 'En liten tid, och I skolen icke se mig, och åter en liten tid, och I skolen få se mig', och: 'Jag går till Fadern'? De sade alltså: Vad är detta, som han säger: 'En liten tid'? Vi förstå icke, vad han talar. Då märkte Jesus, att de ville fråga honom, och han sade till dem: I talen med varandra om detta, som jag sade: En liten tid, och I skolen icke mer se mig, och åter en liten tid, och I skolen få se mig. Sannerligen, sannerligen säger jag eder: I skolen gråta och jämra eder, men världen skall glädjas; I skolen varda bedrövade, men eder bedrövelse skall vändas i glädje. När en kvinna föder barn, har hon bedrövelse, ty hennes stund är kommen; men när hon har fött barnet, kommer hon icke mer ihåg sin vedermöda, ty hon gläder sig över, att en människa är född till världen. Så haven ock I nu bedrövelse; men jag skall se eder åter, och då skola edra hjärtan glädjas, och ingen skall taga eder glädje ifrån eder.

4:e söndagen efter påsk.

EPIST. *(Jak. 1: 17—21).* Älskade, varje god gåva och varje fullkomlig skänk är ovanifrån och kommer ned från ljusets Fader, i vilken ingen förändring finnes och ingen växling av ljus och mörker. Ty efter sin egen fria vilja har han fött oss genom sanningens ord, för att vi skulle vara förstlingar bland hans skapade varelser. Det veten I, mina älskade bröder. Men varje människa vare snar till att höra och sen till att tala och sen till vrede. Ty en mans vrede verkar icke det, som är rättfärdigt inför Gud. Läggen därför bort all orenhet och ondskans myckenhet och mottagen med saktmod det ord, som är utsått i eder och som kan frälsa edra själar.

EVANG. *(Joh. 16: 5—14).* I den tiden sade Jesus till sina lärjungar: Jag går till honom, som har sänt mig, och ingen av eder frågar mig: Vart går du? Men edra hjärtan äro uppfyllda av bedrövelse, därför att jag har sagt eder detta. Dock säger jag eder sanningen: Det är nyttigt för eder, att jag går bort; ty om jag icke ginge bort, skulle Hugsvalaren icke komma till eder; men då jag nu går bort, skall jag sända honom till eder. Och när han kommer, skall han låta världen få veta sanningen om synd, rättfärdighet och dom: om synd, ty de hava icke trott på mig; om rättfärdighet, ty jag går till Fadern och I sen mig icke mera; och om dom, ty denna världens furste är redan dömd. Jag har ännu mycket att säga eder, men nu kunnen I icke bära det. Men när han kommer, sanningens Ande, skall han lära eder all sanning; ty han skall icke tala av sig själv, utan vad han hör, det skall han tala; och han skall förkunna för eder vad komma skall. Han skall förhärliga mig:

Epistlar och evangelier. 47*

ty han skall taga av mitt och förkunna det för eder.

5:e söndagen efter påsk.

EPIST. *(Jak. 1: 22—27).* Älskade, varen ordets görare och icke endast dess hörare, eljest bedragen I eder själva. Ty om någon är ordets hörare och icke dess görare, så liknar han en man, som betraktar sitt ansikte i en spegel; när han betraktar sig och gått sin väg, då glömmer han genast, hurudan han var. Men den, som skådar in i frihetens fullkomliga lag och förbliver därvid, och icke är en glömsk hörare, utan en gärningens görare, han varder salig i sin gärning. Om någon menar sig dyrka Gud men icke tyglar sin tunga, utan bedrager sitt hjärta, så är hans gudsdyrkan fåfäng. En ren och obesmittad gudsdyrkan inför Gud och Fadern är detta: att besöka föräldralösa och änkor i deras betryck och hålla sig obesmittad av världen.

EVANG. *(Joh. 16: 23—30).* I den tiden sade Jesus till sina lärjungar: Sannerligen, sannerligen säger jag eder: Om I bedjen Fadern om något i mitt namn, skall han giva eder det. Hittills haven I icke bett om något i mitt namn. Bedjen och I skolen få, på det eder glädje må vara fullkomlig. Detta har jag talat till eder i liknelser. Den tid kommer, då jag icke mer skall tala till eder i liknelser, utan öppet förkunna för eder om Fadern. På den dagen skolen I bedja i mitt namn; och jag säger eder icke, att jag skall bedja Fadern för eder, ty Fadern själv älskar eder, eftersom I haven älskat mig och trott, att jag har utgått från Gud. Jag har utgått från Fadern och har kommit i världen; åter lämnar jag världen och går till Fadern. Då sade hans lärjungar till honom: Se, nu talar du öppet och säger ingen liknelse. Nu veta vi, att du vet allt och att ingen först behöver fråga dig; därför tro vi, att du är utgången från Gud.

Kristi himmelsfärdsdag.

EPIST. *(Apg. 1: 1—11).* I min första berättelse, o Teofilus, har jag talat om allt, vad Jesus gjorde och lärde ifrån begynnelsen ända till den dagen, då han blev upptagen, sedan han genom den Helige Ande givit sina uppdrag åt de apostlar, vilka han utvalt. Efter sitt lidande hade han givit dem många säkra bevis på att han levde; ty under fyrtio dagar visade han sig för dem och talade om Guds rike. Medan han nu åt med dem, tillsade han dem att icke lämna Jerusalem, utan förbida Faderns löfte, om vilket I, sade han, haven hört av min mun. Ty Johannes döpte med vatten, men I skolen döpas med den Helige Ande icke många dagar härefter. De, som voro församlade, frågade honom då och sade: Herre, skall du i denna tid återupprätta Israels rike? Han svarade dem: Det tillkommer icke eder att veta tider eller stunder, som Fadern i sin makt har fastställt. Men I skolen undfå den Helige Andes kraft från ovan och varda mina vittnen i Jerusalem och hela Judeen och Samarien och ända till jordens gränser. Och då han hade sagt detta, upptogs han inför deras ögon, och en sky tog honom bort ur deras åsyn. Och då de sågo efter honom, under det han uppfor till himmelen, se, då stodo hos dem två män i vita kläder, och dessa sade: I män från Galileen, varför stån I och sen upp mot himmelen? Denne Jesus, som har blivit upptagen från eder till himmelen, han skall återkomma på samma sätt, som I haven sett honom fara upp till himmelen.

Epistlar och evangelier. 49*

EVANG. *(Mark. 16:14—20).* I den tiden uppenbarade sig Jesus för de elva, medan de sutto till bords; och han förebrådde dem deras otro och deras hjärtas hårdhet, eftersom de icke hade trott dem, som sett honom vara uppstånden. Och han sade till dem: Gån ut i hela världen och prediken Evangeliet för hela skapelsen. Den som tror och bliver döpt, han skall bliva frälst, men den som icke tror, han skall bliva fördömd. Och dessa tecken skola åtfölja dem som tro: de skola i mitt namn utdriva onda andar; de skola tala nya tungomål; ormar skola de taga med händerna; och om de dricka något dödande gift, skall det icke skada dem; de skola lägga händerna på sjuka, och dessa skola bliva helbrägda. Då nu Herren Jesus hade talat med dem, blev han upptagen i himmelen och sitter på Guds högra sida. Men de gingo ut och predikade allestädes, och Herren verkade med dem och stadfäste ordet genom under och tecken, som åtföljde det.

6:e söndagen efter påsk.

EPIST. *(1 Petr. 4:7—11).* Älskade, varen kloka och vaksamma i bön. Men framför allt bevaren ständigt eder kärlek till varandra; ty kärleken överskyler en myckenhet av synder. Varen gästvänliga mot varandra utan knot. Tjänen varandra, var och en med den gåva han fått, såsom goda förvaltare av Guds mångfaldiga nåd. Om någon talar, så vare hans tal i enlighet med Guds ord; om någon har en tjänst, så sköte han den efter måttet av den kraft, som Gud förlänar, på det att Gud må förhärligas i allting genom Jesus Kristus, vår Herre.

EVANG. *(Joh. 15:26—27; 16:1—4).* I den tiden sade Jesus till sina lärjungar: När Hug-

Epistlar och evangelier.

svalaren kommer, vilken jag skall sända eder från Fadern, sanningens Ande, som utgår från Fadern, skall han vittna om mig. Även I skolen vittna, ty I haven varit med mig från begynnelsen. Detta har jag talat till eder, för att I icke skolen taga anstöt. Man skall utstöta eder ur synagogorna; ja, den tid kommer, då var och en, som dräper eder, skall mena sig göra Gud en tjänst. Och så skola de handla mot eder, därför att de icke känna Fadern, ej heller mig. Detta har jag talat till eder, för att I, när tiden är inne, skolen komma ihåg, att jag har sagt eder det.

Pingstdagen.

EPIST. *(Apg. 2: 1—11).* När pingstdagen hade ingått, voro alla lärjungarna endräktigt församlade. Då kom plötsligt från himmelen ett dån såsom av en våldsamt framfarande storm, och det uppfyllde hela huset, där de sutto. Och tungor såsom av eld visade sig för dem, och de fördelade sig och stannade över var och en av dem; och de uppfylldes alla av den Helige Ande och började tala på olika tungomål, allt eftersom den Helige Ande ingav dem att tala. Och i Jerusalem bodde judar, gudfruktiga män av alla folk under himmelen. Då nu dånet hördes, strömmade mängden tillsammans; och det blev stor förvirring, ty var och en hörde dem tala på sitt eget språk. Och alla häpnade, förundrade sig och sade: Se, äro icke alla dessa, som tala, galiléer? Hur höra vi då, var och en vårt eget modersmål? Parter, meder, elamiter och de, som bo i Mesopotamien, Judeen, Kappadocien, Pontus och Asien, i Frygien och Pamfylien, i Egypten och i de trakter av Libyen, som gränsa till Cyrene, och främlingar från Rom,

Epistlar och evangelier. 51*

judar och proselyter, kreter och araber: alla höra vi dem på våra egna tungomål tala om Guds väldiga gärningar.

EVANG. *(Joh. 14: 23—31).* I den tiden sade Jesus till sina lärjungar: Om någon älskar mig, så håller han mitt ord; och min Fader skall älska honom, och vi skola komma till honom och taga vår boning hos honom. Den, som icke älskar mig, han håller icke mina ord: och dock är det ord, som I hören, icke mitt, utan Faderns, som har sänt mig. Detta har jag talat till eder, medan jag ännu är kvar hos eder. Men Hugsvalaren, den Helige Ande, vilken Fadern skall sända i mitt namn, han skall lära eder allt och påminna eder om allt, vad jag har sagt eder. Frid efterlämnar jag åt eder; min frid giver jag eder; icke giver jag den, såsom världen giver. Edert hjärta vare icke oroligt, ej heller försagt. I haven hört, att jag har sagt eder: Jag går bort, men jag kommer åter till eder. Om I älsken mig, så skullen I glädja eder, att jag går till Fadern; ty Fadern är större än jag. Och nu har jag sagt eder det, förrän det sker, på det att I skolen tro, när det har skett. Härefter skall jag icke tala mycket med eder; ty denna världens furste kommer, men i mig har han ingen del; dock sker detta, för att världen skall förstå, att jag älskar Fadern och gör, såsom Fadern har bjudit mig.

Annandag pingst.

EPIST. *(Apg. 10: 42—48).* I den tiden upplät Petrus sin mun och sade: I män och bröder, Herren har befallt oss att predika för folket och betyga, att han är den, som av Gud blivit satt till domare över levande och döda. Honom giva alla profeter det vittnesbörd, att alla som tro på honom, skola få syndernas förlåtelse genom hans namn. Medan Petrus ännu talade dessa ord, kom den Helige Ande över alla, som hörde hans tal. Och alla de troende judar, vilka hade kommit med Petrus, häpnade över att den Helige Andes nåd utgöts jämväl över hedningarna: ty de hörde dem tala tungomål och lovprisa Gud. Då tog Petrus till orda och sade: Icke vill väl någon förvägra dessa att döpas med vatten, då de hava undfått den Helige Ande, såsom ock vi? Och han befallde, att de skulle döpas i Herrens Jesu Kristi namn.

EVANG. *(Joh. 3:16—21)*. I den tiden sade Jesus till Nikodemus: Så älskade Gud världen, att han utgav sin enfödde Son, på det att var och en, som tror på honom, icke skall förgås, utan hava evigt liv. Ty icke sände Gud sin Son i världen för att döma världen, utan för att världen skulle frälsas genom honom. Den som tror på honom, han bliver icke dömd; men den som icke tror, han är redan dömd, emedan han icke tror på Guds enfödde Sons namn. Och detta är domen, att när ljuset hade kommit i världen, människorna dock älskade mörkret mer än ljuset; ty deras gärningar voro onda. Var och en som gör, vad ont är, han hatar ljuset och kommer icke till ljuset, på det att hans gärningar icke må röjas; men den som gör sanning, han kommer till ljuset, för att det skall bliva uppenbart, att hans gärningar äro gjorda i Gud.

Trefaldighetsfesten.

EPIST. *(Rom. 11:33—36)*. O vilket djup av rikedom, vishet och vetande finnes icke hos Gud! Huru obegripliga äro icke hans domar, och huru outrannsakliga hans vägar! Ty vem har känt Herrens sinne eller vem har varit hans rådgivare? Eller vem har först givit ho-

Epistlar och evangelier. 53*

nom något, så att han skulle återgälda det? Ty av honom och genom honom och i honom är allting. Honom vare ära i evighet! Amen.
EVANG. *(Matt. 28: 18—20).* I den tiden sade Jesus till sina lärjungar: Mig är given all makt i himmelen och på jorden. Gån därför ut och lären alla folk och döpen dem i Faderns och Sonens och den Helige Andes namn, och lären dem hålla allt, vad jag befallt eder. Och se, jag är med eder alla dagar intill världens ände.

1:a söndagen efter pingst.

EPIST. *(1 Joh. 4: 8—21).* Älskade! Gud är kärlek. Därigenom är Guds kärlek till oss uppenbarad, att Gud har sänt sin enfödde Son i världen, på det att vi skulle leva genom honom. Däruti består kärleken, icke att vi hava älskat Gud, utan att han har älskat oss och sänt sin Son till försoning för våra synder. Högtälskade, om Gud så har älskat oss, så böra även vi älska varandra. Ingen har någonsin sett Gud. Om vi älska varandra, så förbliver Gud i oss, och hans kärlek är fullkomnad i oss. Därpå känna vi att vi förbliva i honom och han i oss, att han har givit oss sin Ande. Och vi hava sett och vittna, att Fadern har sänt sin Son såsom Frälsare för världen. Var och en, som bekänner att Jesus är Guds Son, i honom förbliver Gud och han i Gud. Och vi, vi hava lärt känna och trott på den kärlek, som Gud har till oss. Gud är kärlek; och den, som förbliver i kärleken, han förbliver i Gud och Gud i honom. Däruti är Guds kärlek fullkomnad hos oss, att vi hava tillförsikt på domens dag; ty sådan han är, sådana äro ock vi i denna världen. Fruktan är icke i kärleken, utan den fullkomliga kärleken utdriver fruktan; ty fruktan innebär straff, och den som fruktar, är icke fullkomlig i kärleken. Låtom oss därför älska Gud; ty han har först älskat oss. Om någon säger: jag älskar Gud, och hatar sin broder, är han en lögnare; ty om någon icke älskar sin broder, som han ser, huru kan han älska Gud, som han icke ser? Och detta är det bud, som vi hava av Gud, att den, som älskar Gud, han skall ock älska sin broder.

EVANG. *(Luk. 6: 36—42).* I den tiden sade Jesus till sina lärjungar: Varen barmhärtiga, såsom eder Fader är barmhärtig. Dömen icke, så skolen I icke bliva dömda; fördömen icke, så skolen I icke bliva fördömda. Förlåten, och eder skall bliva förlåtet. Given, och eder skall bliva givet. Ett gott mått, väl packat, skakat och överflödande, skall man giva eder: ty med det mått, varmed I mäten, skall det mätas åt eder. Han framställde även för dem denna liknelse: Kan väl en blind leda en blind? Falla de icke då båda i gropen? Lärjungen är icke förmer än sin mästare; men envar är fullkomlig, när han är såsom sin mästare. Varför ser du grandet i din broders öga, men bliver icke varse bjälken i ditt eget? Hur kan du säga till din broder: Broder, låt mig taga ut grandet i ditt öga, du som icke ser bjälken i ditt eget? Du skrymtare, tag först ut bjälken ur ditt eget öga; därefter må du se till, att du kan taga ut grandet ur din broders öga.

Kristi lekamens fest.

EPIST. *(1 Kor. 11: 23—29).* Bröder! Jag har mottagit av Herren, vad jag också har meddelat eder, att Herren Jesus i den natt, då han blev förrådd, tog brödet, tackade, bröt det och sade: Tagen och äten; detta är min lekamen, som skall utgivas för eder; gören detta till min åminnelse. Sammalunda tog han även kalken

Epistlar och evangelier.

efter måltiden och sade: Denna kalk är det Nya förbundet i mitt blod; gören detta, så ofta I dricken därav, till min åminnelse. Ty så ofta I äten detta bröd och dricken denna kalk, förkunnen I Herrens död, till dess han kommer. Var och en således, som ovärdigt äter detta bröd eller dricker Herrens kalk, han försyndar sig på Herrens lekamen och blod. Men människan pröve sig själv; och äte så av detta bröd och dricke av denna kalk. Ty den som ovärdigt äter och dricker, han äter och dricker själv domen över sig, emedan han icke urskiljer Herrens lekamen.

EVANG. *(Joh. 6: 56—59).* I den tiden sade Jesus till judarnas skara: Mitt kött är sannskyldig föda och mitt blod är sannskyldig dryck. Den som äter mitt kött och dricker mitt blod, han förbliver i mig och jag i honom. Såsom den levande Fadern har sänt mig, och jag lever genom Fadern, så skall ock den, som äter mig, leva genom mig. Detta är det bröd, som har kommit ned från himmelen: icke såsom edra fäder åto manna och sedan dogo; den, som äter detta bröd, han skall leva till evig tid.

2:a söndagen efter pingst.

EPIST. *(1 Joh. 3: 13—18).* Mina älskade: Förundren eder icke, bröder, om världen hatar eder. Vi veta, att vi hava övergått från döden till livet, emedan vi älska bröderna. Den, som icke älskar, förbliver i döden. Var och en, som hatar sin broder, han är en mandråpare; och I veten, att ingen mandråpare har det eviga livet förblivande i sig. Därav att han gav sitt liv för oss, hava vi lärt känna kärleken; så böra även vi giva vårt liv för bröderna. Om någon har denna världens goda och tillsluter sitt hjärta för sin broder, som han ser lida nöd, huru kan då Guds kärlek förbliva i honom? Mina kära barn, låtom oss älska, icke med ord eller med tungan, utan i gärning och i sanning.

EVANG. *(Luk. 14: 16—24).* I den tiden framställde Jesus för fariséerna följande liknelse: En man tillredde ett stort gästabud och bjöd många. Och när gästabudet skulle hållas, sände han ut sin tjänare och lät säga till dem, som voro bjudna: Kommen, ty allt är nu redo. Men de började allesammans att ursäkta sig. Den första sade till honom: Jag har köpt en lantgård och måste gå ut och bese den. Jag beder dig, tag emot min ursäkt. En annan sade: Jag har köpt fem par oxar, och jag skall nu gå och pröva dem. Jag ber dig taga emot min ursäkt. Åter en annan sade: Jag har tagit mig hustru, och därför kan jag icke komma. Och tjänaren kom tillbaka och berättade detta för sin herre. Då blev husbonden vred och sade till sin tjänare: Gå strax ut på stadens gator och gränder och för hit in de fattiga, vanföra, halta och blinda. Sedan sade tjänaren: Herre, vad du befallde, har blivit gjort, men här är ännu rum. Då sade husbonden till tjänaren: Gå ut på vägar och stigar och nödga dem att komma in, på det att mitt hus må bliva fullt. Men jag säger eder, att ingen av de män, som voro bjudna, skall smaka min måltid.

Jesu hjärta-festen.

EPIST. *(Ef. 3: 8—19).* Bröder, åt mig, den ringaste bland alla heliga, blev den nåden given att för hednafolken förkunna evangeliet om Kristi outrannsakliga rikedom och att upplysa alla om hur det rådslut blev utfört, som från evighet varit fördolt i Gud, alla tings Skapare. Nu skall genom Kyrkan Guds mångfaldiga vis-

Epistlar och evangelier. 57*

het kungöras för furstligheterna och väldigheterna i himmelen. Sådant var hans från evighet fattade rådslut, vilket han har verkställt i Kristus Jesus, vår Herre. I honom kunna vi med tillförsikt frimodigt träda fram genom tron på honom. Därför beder jag eder att icke fälla modet på grund av mina lidanden för eder; de lända ju eder till ära. Fördenskull böjer jag mina knän för vår Herres Jesu Kristi Fader, från vilken allt vad fader heter i himmelen och på jorden har sitt namn, att han ville efter sin härlighets rikedom förläna eder, att I genom hans Ande växen till i kraft till eder invärtes människa; att Kristus genom tron må bo i edra hjärtan. Då bliven I fast rotade och grundade i kärleken och kunnen med alla heliga till fullo fatta, vad bredden och längden, höjden och djupet är, och så lära känna Kristi kärlek, som övergår all kunskap. Så skolen I bliva helt uppfyllda av all Guds fullhet.

EVANG. *(Joh. 19: 31—37).* I den tiden var tillredelsedag, och emedan judarna icke ville, att de korsfästa skulle hänga kvar på korset under sabbaten — det var nämligen den Stora sabbatsdagen — bådo judarna Pilatus, att deras ben skulle sönderslås och kropparna nedtagas. Då kommo krigsmännen och sönderslogo den förstes ben och den andres, som var korsfäst med honom. Men när de kommo till Jesus och sågo, att han var död, sönderslogo de icke hans ben, utan en av krigsmännen öppnade hans sida med ett spjut, och strax flöt blod och vatten därur. Och den som har sett detta, har vittnat därom; och hans vittnesbörd är sant: och han vet, att han säger sanning, på det att även I skolen tro. Ty detta skedde på det att Skriften skulle uppfyllas: I skolen icke sönderslå ett ben på honom. Och åter säger ett annat ställe i Skriften: De skola se vem de hava genomborrat.

3:e söndagen efter pingst.

EPIST. *(1 Petr. 5: 6—11).* Älskade, ödmjuken eder under Guds mäktiga hand, på det att han må upphöja eder i besökelsens tid. Och kasten alla edra bekymmer på honom; ty han har omsorg om eder. Varen nyktra och vaken; ty eder vedersakare, djävulen, går omkring som ett rytande lejon och söker, vem han kan uppsluka. Stån honom emot, starka i tron, och veten, att samma lidanden vederfaras edra bröder i världen. Men all nåds Gud, som har kallat oss till sin eviga härlighet i Kristus Jesus, han skall efter ett kort lidande fullända, styrka och stadfästa eder. Honom tillhör härligheten och herraväldet i all evighet. Amen.

EVANG. *(Luk. 15: 1—10).* I den tiden kommo publikaner och syndare till Jesus för att höra honom. Och fariséerna och de skriftlärde knotade och sade: Denne mottager syndare och äter med dem. Då framställde han för dem denna liknelse och sade: Om ibland eder finnes en man, som har hundra får, och han förlorar ett av dem, lämnar han icke då de nittionio i öknen och går och söker efter det förlorade, till dess han finner det? Och när han har funnit det, lägger han det med glädje på sina skuldror. Och när han kommer hem, kallar han tillhopa sina vänner och grannar och säger till dem: Glädjens med mig; ty jag har funnit mitt får, som var förlorat. Jag säger eder: Likaså bliver det större glädje i himmelen över en enda syndare, som gör bot, än över nittionio rättfärdiga, som ingen bot behöva. Eller om en kvinna har tio silverpenningar och hon tappar bort en av dem, tänder hon då icke ljus, sopar

Epistlar och evangelier.

huset och söker noga, till dess hon finner den? Och när hon har funnit den, kallar hon tillhopa sina vänner och grannar och säger: Glädjens med mig, ty jag har funnit den penning, som jag hade tappat bort. Likaså, säger jag eder, skall det bliva glädje bland Guds änglar över en enda syndare, som gör bot.

4:e söndagen efter pingst.

EPIST. *(Rom. 8:18—23).* Bröder, jag håller före, att denna tidens lidanden intet betyda i jämförelse med den tillkommande härlighet, som skall uppenbaras på oss. Ty skapelsen trängtar och bidar efter Guds barns uppenbarelse. Skapelsen har ju blivit underkastad förgängelse, icke av eget val, utan för hans skull, som lade den därunder, dock så att en förhoppning skulle finnas, att även skapelsen en gång skall befrias från sin träldom under förgängelsen och komma till den frihet, som tillhör Guds barns härlighet. Vi veta ju, att hela skapelsen suckar och våndas ännu i denna stund; och icke den allenast, utan också vi själva, som hava fått Andens förstlingsgåva, sucka inom oss och bida efter barnaskapet, vår kropps förlossning.

EVANG. *(Luk. 5:1—11).* I den tiden stod Jesus vid sjön Genesaret, och folket trängde sig på honom för att höra Guds ord. Då fick han se två båtar ligga vid sjöstranden; men de som fiskade hade gått i land och höllo på att skölja sina nät. Då steg han i en av båtarna, den som tillhörde Simon, och bad honom lägga ut något litet från land; och han satte sig ned och undervisade folket från båten. Och när han hade slutat att tala, sade han till Simon: Lägg ut på djupet och kasten där ut edra nät till fångst. Då svarade Simon och sade till honom:

Mästare, vi hava arbetat hela natten och intet fått; men på ditt ord skall jag kasta ut nätet. Och då de hade gjort så, fingo de en stor hop fiskar, så att deras nät gick sönder. Då vinkade de åt sina kamrater i den andra båten, att de skulle komma och hjälpa dem. Och de kommo och fyllde båda båtarna, så att de voro nära att sjunka. Då Simon Petrus såg detta, föll han ned för Jesu knän och sade: Gå bort ifrån mig, Herre, ty jag är en syndig människa. Ty för detta fiskafänges skull hade han och alla som voro med honom uppfyllts av häpnad. Likaså ock Jakobus och Johannes, Sebedei söner, som arbetade tillsammans med Simon. Men Jesus sade till Simon: Frukta icke; hädanefter skall du fånga människor. Och de förde båtarna i land, övergåvo allt och följde honom.

5:e söndagen efter pingst.

EPIST. *(1 Petr. 3: 8—15).* Älskade, varen alla endräktiga, medlidsamma, kärleksfulla mot bröderna, barmhärtiga, blygsamma, ödmjuka. Vedergällen icke ont med ont, icke smädelse med smädelse, utan tvärtom, välsignen, emedan I ären kallade att få välsignelse till arvedel. Ty den, som vill älska livet och se goda dagar, han avhålle sin tunga från det som är ont och göre vad gott är; han söke friden och trakte därefter. Ty Herrens ögon äro vända till de rättfärdiga och hans öron till deras bön; men Herrens ansikte är emot dem, som göra det onda. Och vem är den, som kan skada eder, om I nitälsken för det goda? Men om I än skullen få lida för rättfärdighetens skull, ären I dock saliga. Hysen icke fruktan för dem och låten eder icke förskräckas; hållen blott Herren Kristus helig i edra hjärtan.

EVANG. *(Matt. 5: 20—24).* I den tiden sade

Epistlar och evangelier. 61*

Jesus till sina lärjungar: Om eder rättfärdighet icke övergår de skriftlärdes och fariséernas, så skolen I icke komma in i himmelriket. I haven hört, att det blev sagt till de gamla: Du skall icke dräpa; och den som dräper, han är hemfallen åt Domstolens dom: Men jag säger eder: Var och en som vredgas på sin broder, han är hemfallen åt Domstolens dom; och den, som okvädar sin broder, han är hemfallen åt Stora rådets dom; och den, som förbannar sin broder, han är hemfallen åt helvetets eld. När du därför frambär din gåva till altaret och där kommer ihåg, att din broder har något emot dig, så lägg ner din gåva framför altaret, och gå först bort och försona dig med din broder, och kom sedan och offra din gåva.

6:e söndagen efter pingst.

EPIST. *(Rom. 6: 3—11)*. Bröder, vi alla, som blivit döpta till Kristus Jesus, hava blivit döpta till hans död. Och vi hava genom detta dop till döden blivit begravna med honom för att, såsom Kristus genom Faderns härlighet uppstod från de döda, även vi skola vandra i ett nytt liv. Ty om vi hava vuxit samman med honom genom en lika död, så skola vi ock vara sammanvuxna med honom genom en lika uppståndelse. Vi veta ju, att vår gamla människa blivit korsfäst med honom, på det att syndens kropp må göras om intet, så att vi icke längre tjäna synden. Ty den som är död, han är frikallad från synden. Hava vi nu dött med Kristus, så tro vi, att vi ock skola få leva med Kristus, eftersom vi veta, att Kristus, sedan han uppstått från de döda, icke mer dör; döden har icke längre någon makt över honom. Ty då han dog från synden, dog han en gång för

Epistlar och evangelier.

alla; men då han lever, lever han för Gud. Så mån ock I hålla före, att I ären döda från synden, men leven för Gud i Kristus Jesus, vår Herre.

EVANG. *(Mark. 8: 1—9).* I den tiden, då åter en stor folkskara var hos Jesus och de icke hade något att äta, kallade han sina lärjungar till sig och sade till dem: Jag ömkar mig över folket; ty se, det är redan tre dagar, som de hava dröjt kvar hos mig, och de hava intet att äta. Om jag nu låter dem gå hem fastande, skola de försmäkta på vägen; ty somliga av dem hava kommit långväga ifrån. Då svarade hans lärjungar honom: Varifrån skall man här i öknen få bröd till att mätta dem med? Han frågade dem: Huru många bröd haven I? De svarade: Sju. Då tillsade han folket att lägra sig på marken. Och han tog de sju bröden, tackade, bröt dem och gav dem åt sina lärjungar att lägga fram; och de lade fram dem åt folket. De hade ock några små fiskar; han välsignade även dem och bjöd, att de skulle framläggas. Och de åto och blevo mätta; och av överblivna stycken samlade man upp sju korgar. Och de som hade ätit, voro omkring fyra tusen. Sedan lät han dem skiljas åt.

7:e söndagen efter pingst.

EPIST. *(Rom. 6: 19—23).* Bröder, jag talar efter människosätt för eder köttsliga svaghets skull: Liksom I förr haven ställt edra lemmar i orenhetens och orättfärdighetens tjänst till att bedriva orättfärdighet, så ställen nu edra lemmar i rättfärdighetens tjänst till helgelse. Medan I voren syndens trälar, voren I fria från rättfärdighetens tjänst. Vilken frukt haven I då skördat av de gärningar, varöver I nu blygens? Änden på sådant är ju döden. Men nu,

Epistlar och evangelier. 63*

då I ären frigjorda från synden och haven blivit Guds tjänare, skörden I som frukt eder helgelse och till slut det eviga livet. Ty syndens lön är döden, men Guds nådegåva är evigt liv i Kristus Jesus, vår Herre.

EVANG. *(Matt. 7: 15—21).* I den tiden sade Jesus till sina lärjungar: Akten eder för falska profeter, som komma till eder i fårakläder, men invärtes äro glupande ulvar. Av deras frukt skolen I känna dem. Hämtar man väl vindruvor från törnen eller fikon från tistlar? Så bär vart och ett gott träd god frukt, men ett dåligt träd bär dålig frukt. Ett gott träd kan icke bära dålig frukt, och ett dåligt träd kan icke bära god frukt. Vart träd, som icke bär god frukt, skall avhuggas och kastas i elden. Alltså skolen I känna dem av deras frukt. Icke kommer var och en in i himmelriket, som säger till mig: Herre, Herre; utan den, som gör min himmelske Faders vilja, han skall komma in i himmelriket.

8:e söndagen efter pingst.

EPIST. *(Rom. 8: 12—17).* Bröder, vi hava icke någon förpliktelse mot köttet, så att vi skulle leva efter köttet. Ty om I leven efter köttet, så skolen I dö, men om I genom anden döden köttets gärningar, så skolen I leva. Ty alla som drivas av Guds Ande, de äro Guds barn. I haven ju icke fått träldomens ande för att åter hysa fruktan, utan I haven fått barnaskapets ande, i vilken vi ropa: Abba, Fader! Ty Anden själv giver vår ande vittnesbörd, att vi äro Guds barn: men äro vi barn, så äro vi ock arvingar, nämligen Guds arvingar och Kristi medarvingar.

EVANG. *(Luk. 16: 1—9).* I den tiden framställde Jesus för sina lärjungar följande lik-

Epistlar och evangelier.

nelse: En rik man hade en förvaltare; och denne blev hos honom angiven för förskingring av hans ägodelar. Då kallade han honom till sig och sade till honom: Vad är det jag hör om dig? Gör räkenskap för din förvaltning; ty du kan icke längre få vara förvaltare. Då sade förvaltaren till sig själv: Vad skall jag göra, då min herre nu tager ifrån mig förvaltningen? Gräva orkar jag icke, att tigga blyges jag. Jag vet vad jag skall göra, för att man må upptaga mig i sina hus, när jag blivit avsatt från förvaltningen. Han kallade nu till sig sin herres gäldenärer, var och en särskilt. Och han frågade den förste: Huru mycket är du skyldig min herre? Han svarade: Hundra fat olja. Då sade han till honom: Tag här ditt skuldebrev, sätt dig strax ned och skriv femtio. Sedan frågade han en annan: Och du, hur mycket är du skyldig? Denne svarade: Hundra tunnor vete. Då sade han till honom: Tag här ditt skuldebrev och skriv åttio. Och husbonden berömde den orättfärdige förvaltaren, för att han hade handlat klokt. Ty denna världens barn äro i sitt släkte klokare än ljusets barn. Och jag säger eder: Gören eder vänner medelst orättfärdighetens mammon, för att de, när det tager slut med eder, må upptaga eder i de eviga hyddorna.

9:e söndagen efter pingst.

EPIST. *(1 Kor. 10: 6—13).* Bröder, låtom oss icke hava begärelse till det onda, såsom de (israeliterna i öknen) hade begärelse därtill. Bliven icke heller avgudadyrkare, såsom somliga av dem blevo, såsom det är skrivet: Folket satte sig ned till att äta och dricka, och därpå stodo de upp till att leka. Låtom oss icke heller bedriva otukt, såsom somliga av dem

Epistlar och evangelier.

gjorde, varför ock tjugutre tusen omkommo på en enda dag. Låtom oss icke heller fresta Kristus, såsom somliga av dem frestade honom och blevo dödade av ormarna. Knoten icke heller, såsom somliga av dem knotade och blevo dödade av fördärvaren. Allt detta vederfors dem till varnagel och blev upptecknat till lärdom för oss, som fått uppleva de sista tiderna. Därför må den, som tycker sig stå, se till, att han icke faller. Hittills hava inga övermänskliga frestelser mött er; Gud är trofast, han skall icke tillstädja, att I bliven frestade över eder förmåga, utan giva frestelsen ett sådant förlopp, att I kunnen härda ut i den.

EVANG. *(Luk. 19: 41—47).* I den tiden, då Jesus närmade sig Jerusalem och fick se staden, grät han över den och sade: O, att även du i dag hade insett, vad din frid tillhör! Men nu är det fördolt för dina ögon. Ty den tid skall komma över dig, då dina fiender skola omgiva dig med en belägringsvall och innesluta dig och tränga dig på alla sidor. Och de skola slå ned dig till jorden tillika med dina barn, som äro i dig, och de skola icke lämna kvar i dig sten på sten, därför att du icke aktade på den tid, då du var sökt. — Och han gick in i templet och begynte utdriva dem, som sålde och köpte därinne. Och han sade till dem: Det är skrivet: Mitt hus är ett bönehus; men I haven gjort det till en rövarkula. Och han undervisade var dag i templet.

10:e söndagen efter pingst.

EPIST. *(1 Kor. 12: 2—11).* Bröder, I veten, att I, medan I voren hedningar, läten eder i blindo släpas bort till de stumma avgudarna. Därför vill jag nu förklara för eder, att ingen, som talar i Guds Ande, säger: Förbannad vare

Jesus; och ingen kan säga: Jesus är Herren, annat än genom den Helige Ande. Nådegåvorna äro mångahanda, men Anden är densamme; tjänsterna äro mångahanda, men Herren är densamme; kraftverkningarna äro mångahanda, men det är samme Gud, som verkar allt i alla. Men Andens uppenbarelse gives var och en till allas nytta. Åt den ene gives genom Anden vishetens ord, åt en annan kunskapens ord genom samme Ande; åt en annan gives tro genom samme Ande, åt en annan helbrägdagörelsens gåva genom samme Ande; åt en annan gåva att utföra kraftgärningar, åt en annan att skilja mellan andar, åt en annan att tala olika slag av tungomål, åt en annan att uttyda tungomålen. Men allt detta verkar en och samme Ande, som tilldelar var och en, såsom han vill.

EVANG. *(Luk. 18: 9—14).* I den tiden sade Jesus till några, som menade sig själva vara rättfärdiga, medan de föraktade andra, denna liknelse: Två män gingo upp i templet för att bedja; den ene var en farisé och den andre en publikan. Fariséen trädde fram och bad så för sig själv: Jag tackar dig, Gud, att jag icke är såsom andra människor, rövare, orättrådiga, äktenskapsbrytare, ej heller såsom denne publikan. Jag fastar två gånger i veckan; jag giver tionde av allt jag äger. Men publikanen stod långt borta och ville icke ens lyfta sina ögon upp mot himmelen, utan slog sig för sitt bröst och sade: Gud vare mig syndare nådig. Jag säger eder: Denne gick hem rättfärdiggjord, den andre icke; ty var och en som upphöjer sig, han skall bliva förödmjukad; men den som ödmjukar sig, han skall bliva upphöjd.

Epistlar och evangelier. 67*

11:e söndagen efter pingst.

EPIST. *(1 Kor. 15: 1—10).* Bröder, jag vill påminna eder om det Evangelium, som jag förkunnade för eder, vilket I även togen emot, och i vilket I ännu stån kvar. Genom detta skolen I även frälsas, om I fasthållen vid det, sådant jag predikade det för eder, om nu icke så är, att I förgäves haven kommit till tro. Ty jag har i främsta rummet meddelat eder, vad jag själv hade undfått, att Kristus har dött för våra synder, enligt skrifterna, att han blivit begraven och på tredje dagen har uppstått, enligt Skrifterna, att han visat sig för Petrus och sedan för de elva. Därefter visade han sig för mer än fem hundra bröder på en gång, av vilka många leva ännu i dag, medan andra äro avsomnade. Sedan visade han sig för Jakobus, därpå för alla apostlarna; allra sist visade han sig även för mig, som är att likna vid ett ofullgånget foster; ty jag är den ringaste bland apostlarna, ja, icke ens värd att kallas apostel, emedan jag har förföljt Guds Kyrka. Men genom Guds nåd är jag vad jag är, och hans nåd har icke varit overksam i mig.

EVANG. *(Mark. 7: 31—37).* I den tiden lämnade Jesus Tyrus' område och tog vägen över Sidon och kom genom Dekapolis' område till Galileiska sjön. Och man förde till honom en dövstum och bad honom lägga handen på denne. Då tog han honom avsides ifrån folket, satte sina fingrar i hans öron, spottade och rörde vid hans tunga, såg upp mot himmelen, suckade och sade till honom: Effeta, det är: upplåt dig. Och strax öppnades hans öron, och hans tungas band löstes, och han talade redigt. Och Jesus förbjöd dem att omtala detta för någon; men ju mer han förbjöd dem, desto mer förkunnade de det, och desto mer häpnade folket och sade: Allt har han väl beställt: de döva låter han höra och de stumma tala.

12:e söndagen efter pingst.

EPIST. *(2 Kor. 3: 4—9).* Bröder, en sådan tillförsikt hava vi genom Kristus till Gud, icke som om vi av egen kraft kunde tänka ut något, såsom komme det av oss själva, utan vår duglighet kommer från Gud; han gjorde oss dock dugliga till att vara det Nya förbundets tjänare, icke ett bokstavens förbund, utan ett Andens; ty bokstaven dödar, men Anden gör levande. Om nu redan dödens ämbete, som med bokstäver var inristat i sten, framträdde i sådan härlighet, att Israels barn icke kunde se på Moses' ansikte för hans ansiktes härlighets skull. vilken dock var försvinnande: huru mycket större härlighet skall då icke Andens ämbete hava! Ty om redan fördömelsens ämbete var härligt, så måste rättfärdighetens ämbete ännu mycket mer överflöda av härlighet.

EVANG. *(Luk. 10: 23—37).* I den tiden sade Jesus till sina lärjungar: Saliga äro de ögon, som se, vad I sen. Ty jag säger eder: Många profeter och konungar ville se, vad I sen, men fingo icke se det, och höra, vad I hören, men fingo icke höra det. — Och se, en lagklok stod upp, frestade honom och sade: Mästare, vad skall jag göra för att få äga det eviga livet? Då sade han till honom: Vad är skrivet i lagen? Huru läser du? Han svarade och sade: Du skall älska Herren, din Gud, av allt ditt hjärta, av all din själ, av all din kraft och av allt ditt förstånd och din nästa såsom dig själv. Han sade till honom: Rätt svarade du. Gör detta, och du skall leva. Men han ville rättfärdiga sig själv och sade till Jesus: Vilken är då min nästa? Då svarade Jesus och sade: En man begav sig

Epistlar och evangelier. 69*

från Jerusalem ned till Jeriko och råkade ut för rövare, som togo ifrån honom hans kläder och misshandlade honom. Sedan gingo de sin väg och läto honom ligga där halvdöd. Då hände sig, att en präst färdades samma väg, och han såg honom, men gick förbi. Likaså kom ock en levit till stället, såg honom och gick förbi. Men en samarit, som färdades samma väg, kom också dit, där han låg. Och när denne fick se honom, rördes han av medlidande. Och han gick fram till honom, göt olja och vin i hans sår och förband dem. Sedan lyfte han upp honom på sitt lastdjur, förde honom till härbärget och skötte honom. Följande dag tog han fram två silverpenningar, gav dem åt värden och sade: Sköt honom, och vad du mer kostar på honom, skall jag betala dig, när jag kommer tillbaka. Vilken av dessa tre synes dig nu hava varit den mannens nästa, som hade fallit i rövarhänder? Han svarade: Den som bevisade honom barmhärtighet. Då sade Jesus till honom: Gå du och gör sammalunda.

13:e söndagen efter pingst.

EPIST. *(Gal. 3: 16—22).* Bröder, löftena gåvos åt Abraham och hans efterkommande. Men det heter icke 'dina efterkommande', såsom vore det fråga om många, utan 'din efterkommande', såsom vore det blott en, vilken är Kristus. Jag menar nu: Ett förbund, som Gud givit gällande kraft, göres icke ogiltigt genom en lag, som utgavs först fyra hundra trettio år senare. så att löftet därmed skulle gjorts om intet. Ty om arvet kommit till genom lagen, hade det icke tillkommit genom löftet; men Gud har skänkt det åt Abraham genom löftet. Vartill då lagen? För överträdelsernas skull blev den given, till dess den efterkommande, åt vilken löftet givits, skulle komma. Den utgavs genom änglar och överlämnades i en medlares hand. Men en medlare kan icke finnas allenast för en enda; men Gud är en. Är då lagen emot Guds löften? Ingalunda. Ty om en lag hade blivit given, som kunde göra levande, så vore rättfärdigheten verkligen av lagen. Men Skriften har inneslutit allt under synd, på det att löftet skulle givas åt de troende på grund av deras tro på Jesus Kristus.

EVANG. *(Luk. 17: 11—19).* I den tiden, då Jesus gick till Jerusalem, tog han vägen mellan Samarien och Galileen. Och då han kom till en by, mötte honom tio spetälska män. De stannade på avstånd, ropade och sade: Jesus, Mästare, förbarma dig över oss. När han fick se dem, sade han till dem: Gån och visen eder för prästerna. Och medan de voro på väg dit, blevo de rena. Och en av dem vände tillbaka, när han såg, att han hade blivit botad, och prisade Gud med hög röst; och han föll ned på sitt ansikte för Jesu fötter och tackade honom. Och denne var en samarit. Då talade Jesus och sade: Blevo icke tio rena? Var äro de nio? Fanns då ibland dem ingen, som vände tillbaka för att prisa Gud, utom denne främling? Och han sade till honom: Stå upp och gå; din tro har gjort dig helbrägda.

14:e söndagen efter pingst.

EPIST. *(Gal. 5: 16—24).* Bröder, vandren i anden, så fullborden I icke köttets begärelse; ty köttet har begärelse mot anden och anden mot köttet; de två ligga i strid med varandra för att hindra eder att göra vad I viljen. Men om I drivens av anden, så stån I icke under lagen. Men köttets gärningar äro uppenbara;

Epistlar och evangelier. 71*

de äro otukt, orenhet, okyskhet, vällust, avgudadyrkan, trolldom, fiendskap, trätlystnad, avund, vrede, kiv, tvedräkt, partisöndring, missunnsamhet, mord, dryckenskap, frässeri och annat sådant. Om allt detta säger jag eder, såsom jag redan förut sagt: De som göra sådant, skola icke ärva Guds rike. Andens frukt åter är kärlek, glädje, frid, tålamod, mildhet, godhet, långmodighet, saktmod, trofasthet, hovsamhet, återhållsamhet, kyskhet. Emot sådant är icke lagen. Men de som tillhöra Kristus, hava korsfäst sitt kött med dess lustar och begärelser.

EVANG. *(Matt. 6: 24—33).* I den tiden sade Jesus till sina lärjungar: Ingen kan tjäna två herrar; ty antingen kommer han att hata den ene och älska den andre, eller skall han hålla sig till den ene och förakta den andre. I kunnen icke tjäna både Gud och mammon, därför säger jag eder: Sörjen icke ängsligt för edert liv, vad I skolen äta, eller för eder kropp, vad I skolen kläda eder med. Är icke livet mer än maten, och kroppen mer än kläderna? Sen på himmelens fåglar! De så icke, de skörda icke, de samla icke i lador, och eder himmelske Fader föder dem. Ären I icke mycket mer än de? Vilken av eder kan genom all sin omsorg lägga en enda aln till sin livslängd? Och varför bekymren I eder för kläder? Betrakten liljorna på marken, huru de växa! De arbeta icke och spinna icke; och likväl säger jag eder, att icke ens Salomo i all sin härlighet var klädd som en av dem. Kläder nu Gud så gräset på marken, vilket i dag står och i morgon kastas i ugnen, hur mycket mer då eder, I klentrogna? Så gören eder icke bekymmer och frågen icke: Vad skola vi äta, eller vad skola vi dricka, eller vad skola vi kläda oss med? För allt sådant bekymra sig hedningarna. Eder himmelske Fa-

Epistlar och evangelier.

der vet, att I behöven allt detta. Söken därför först efter Guds rike och hans rättfärdighet, så skall också allt detta andra tillfalla eder.

15:e söndagen efter pingst.

EPIST. *(Gal. 5: 25—26; 6: 1—10).* Bröder, om vi leva i anden, så vilja vi ock vandra i anden och icke jaga efter fåfänglig ära, så att vi utmana varandra och avundas varandra. Bröder, om en människa i överilning begår en synd, så skolen I, som ären av anden, tillrättavisa honom i saktmodighetens ande. Och du må giva akt på dig själv, att icke även du råkar i frestelse. Bären varandras bördor, så uppfyllen I Kristi lag. Ty om någon tycker sig något vara, fast han intet är, så bedrager han sig själv. Må var och en pröva sina egna gärningar, då skall han behålla sin berömmelse för sig själv och icke göra den gällande inför andra; ty var och en har sin egen börda att bära. Den som får undervisning i läran, han dele allt gott med den som undervisar honom. Faren icke vilse. Gud låter icke gäcka sig; ty vad människan sår, det skall hon ock skörda. Den som sår i sitt kött, han skall ock av köttet skörda förgängelse; men den som sår i anden, han skall av anden skörda evigt liv. Låtom oss icke förtröttas att göra det goda; ty om vi icke förtröttas, skola vi i sinom tid få inbärga vår skörd. Må vi alltså, medan det ännu är tid, göra väl mot alla, men framför allt mot våra medbröder i tron.

EVANG. *(Luk. 7: 11—16).* I den tiden kom Jesus till en stad, som heter Nain, och med honom gingo hans lärjungar och en stor folkskara. Då han nalkades stadsporten, se, då bars där ut en död, och han var sin moders ende son, och hon var änka; och mycket folk

Epistlar och evangelier. 73*

från staden gick med henne. När nu Herren fick se henne, rördes han av medlidande och sade till henne: Gråt icke! Sedan gick han fram och rörde vid båren, och de som buro stannade. Och han sade: Yngling, jag säger dig, stå upp. Då satte sig den döde upp och begynte tala. Och han gav honom åt hans moder. Och alla grepos av räddhåga, prisade Gud och sade: En stor profet har uppstått ibland oss, och Gud har besökt sitt folk.

16:e söndagen efter pingst.

EPIST. *(Ef. 3: 13—21)*. Bröder, jag beder eder att icke fälla modet på grund av mina lidanden för eder; de lända ju eder till ära. Fördenskull böjer jag mina knän för vår Herres Jesu Kristi Fader, från vilken allt vad fader heter i himmelen och på jorden har sitt namn, att han ville efter sin härlighets rikedom förläna eder, att I genom hans Ande växen till i kraft till eder invärtes människa; att Kristus genom tron må bo i edra hjärtan. Då bliven I fast rotade och grundade i kärleken och kunnen med alla heliga till fullo fatta, vad bredden och längden, höjden och djupet är och så lära känna Kristi kärlek, som övergår all kunskap. Ty så skolen I bliva helt uppfyllda av all Guds fullhet. Men honom, som förmår göra mer, ja, långt mer än allt, vad vi kunna bedja om eller uttänka, genom den kraft, som ock verkar i oss, honom vare ära i Kyrkan och i Kristus Jesus alla släkten igenom från evighet till evighet. Amen.

EVANG. *(Luk. 14: 1—11)*. I den tiden gick Jesus på en sabbat in i en av de förnämsta fariséernas hus för att intaga en måltid: och de gåvo noga akt på honom. Och se, där kom en vattusiktig man fram till honom. Då frågade

Jesus de lagkloka och fariséerna och sade: Är det lovligt att bota sjuka på sabbaten? Men de tego. Då tog han mannen vid handen och gjorde honom helbrägda och lät honom gå. Sedan sade han till dem: Om någon av eder har en åsna eller oxe, som faller i en brunn, skulle han icke genast draga upp den även på sabbatsdagen? Och de förmådde icke svara honom härpå. Och då han märkte, huru gästerna utvalde åt sig de främsta platserna, framställde han för dem en liknelse. Han sade till dem: När du av någon blivit bjuden till bröllop, så tag icke den främsta platsen vid bordet. Ty kanhända finnes bland gästerna någon, som är mer ansedd än du, och då kommer till äventyrs den, som har bjudit både dig och honom, och säger till dig: Giv plats åt denne; och så måste du med skam intaga den sista platsen. Nej, när du blivit bjuden, så gå och tag den sista platsen vid bordet. Ty när den kommer, som har bjudit dig, kan det hända, att han säger till dig: Min vän, stig högre upp. Då vederfares dig heder inför alla de andra bordsgästerna. Ty var och en som upphöjer sig, han skall bliva förnedrad, och den som förnedrar sig, han skall bliva upphöjd.

17:e söndagen efter pingst.

EPIST. *(Ef. 4: 1—6).* Bröder, så förmanar jag nu eder, jag som är en fånge i Herren, att föra en vandel värdig den kallelse, I haven undfått, med all ödmjukhet och allt saktmod, med tålamod, så att I haven fördrag med varandra i kärlek. Och vinnläggen eder om att bevara andens enhet genom fridens band; *en* kropp och *en* ande, liksom också endast *ett* hopp, till vilket I blivit kallade; *en* Herre, *en* tro, *ett* dop, *en* Gud, som är allas Fader, som

Epistlar och evangelier. 75*

är över alla, genom allt och i oss alla. Han vare prisad från evighet till evighet. Amen.

EVANG. *(Matt. 22: 34—46).* I den tiden kommo fariséerna till Jesus, och en av dem, en lagklok, frågade honom för att fresta honom: Mästare, vilket är det yppersta budet i lagen? Jesus svarade honom: Du skall älska Herren din Gud av allt ditt hjärta, av all din själ och av allt ditt förstånd. Detta är det yppersta och första budet. Det andra är detta likt: Du skall älska din nästa såsom dig själv. På dessa två bud hänger hela lagen och profeterna. Men då nu fariséerna voro församlade, frågade Jesus dem och sade: Vad synes eder om Kristus? Vems son är han? De svarade honom: Davids. Då sade han till dem: Huru kan då David genom Andens ingivelse kalla honom Herre, när han säger: Herren sade till min Herre: Sätt dig på min högra sida, till dess jag lägger dina fiender dig till en fotapall? Om nu David kallar honom Herre, huru kan han då vara hans son? Och ingen förmådde svara honom ett ord. Och från den dagen dristade sig ej heller någon att vidare utfråga honom.

18:e söndagen efter pingst.

EPIST. *(1 Kor. 1: 4—8).* Bröder, jag tackar min Gud alltid för eder skull, för den Guds nåd, som blivit eder given i Kristus Jesus. Ty genom honom haven I blivit rikligen begåvade i allt vad tal och kunskap heter, och därigenom har vittnesbördet om Kristus blivit befäst hos eder. Så fattas eder heller ingenting i någon nådegåva, medan I vänten på vår Herres Jesu Kristi uppenbarelse. Han skall ock göra eder ståndaktiga intill änden, så att I ären oförvitliga på vår Herres Jesu Kristi dag.

EVANG. *(Matt. 9: 1—8).* I den tiden steg Jesus i en båt, for över och kom till sin egen stad. Och se, de förde till honom en lam man, som låg på en säng. När Jesus såg deras tro, sade han till den lame: Var vid gott mod, min son; dina synder äro dig förlåtna. Då sade några av de skriftlärde vid sig själva: Denne hädar Gud. Men Jesus såg deras tankar och sade: Varför tänken I ont i edra hjärtan? Vilket är lättare, att säga: Dina synder äro dig förlåtna, eller att säga: Stå upp och gå? Men för att I skolen veta, att Människosonen har makt att på jorden förlåta synder, så stå upp, — sade han till den lame — och tag din säng och gå hem. Då stod han upp och gick hem. När folkskarorna sågo detta, grepos de av fruktan och prisade Gud, som hade givit sådan makt åt människor.

19:e söndagen efter pingst.

EPIST. *(Ef. 4: 23—28).* Bröder, förnyen anden i edert sinne och ikläden eder den nya människan, som är skapad efter Gud i sann rättfärdighet och helighet. Läggen därför bort lögnen och talen sanning med varandra, eftersom vi äro varandras lemmar. Om I vredgens, så synden icke; låten icke solen gå ned över eder vrede. Given icke djävulen rum. Den som har stulit, stjäle icke mer, utan skaffe sig genom sina händers arbete ärlig förtjänst, så att han kan dela med sig därav åt den, som lider brist.

EVANG. *(Matt. 22: 1—14).* I den tiden framställde Jesus för översteprästerna och fariséerna följande liknelse: Med himmelriket är det såsom när en konung gjorde bröllop åt sin son. Han sände ut sina tjänare för att kalla de inbjudna till bröllopet, men de ville icke

Epistlar och evangelier. 77*

komma. Åter sände han ut andra tjänare och sade: Sägen till de inbjudna: Se, jag har tillrett min måltid; mina oxar och min gödboskap äro slaktade, och allt är redo; kommen till bröllopet! Men de aktade icke därpå utan gingo bort, den ene till sin lantgård, den andre till sin köpenskap. Och de övriga grepo hans tjänare, misshandlade och dräpte dem. När konungen hörde detta, blev han vred, sände ut sitt krigsfolk, förgjorde dråparna och brände upp deras stad. Sedan sade han till sina tjänare: Bröllopsmåltiden är tillredd, men de bjudna voro icke värdiga. Gån därför ut till vägskälen och bjuden till bröllopet alla som I träffen på! Och hans tjänare gingo ut på vägarna och samlade alla, som de träffade på, både onda och goda, och bröllopssalen blev full av gäster. Men när konungen kom in för att se på gästerna, fick han där se en man, som icke var klädd i bröllopsdräkt. Då sade han till honom: Min vän, huru har du kommit hit, då du icke har bröllopskläder? Och han teg. Då sade konungen till tjänarna: Binden honom till händer och fötter och kasten honom ut i mörkret utanför. Där skall vara gråt och tandagnisslan. Ty många äro kallade, men få utvalda.

20:e söndagen efter pingst.

EPIST. (Ef. 5: 15—21). Bröder, sen till, att I vandren med försiktighet, icke såsom ovisa människor utan såsom visa; och använden väl edra dagar, ty tiden är ond. Varen alltså icke oförståndiga, utan lären eder förstå, vad som är Guds vilja. Överlasten eder icke med vin, ty därav kommer ett oskickligt leverne, men låten eder uppfyllas av den Helige Ande; uppstämmen med varandra psalmer och lovsånger och andliga visor, och sjungen och jublen för Herren i edra hjärtan, och tacken alltid Gud och Fadern för allt i vår Herres Jesu Kristi namn. Underordnen eder varandra i Kristi fruktan.

EVANG. *(Joh. 4: 46—53).* I den tiden fanns i Kapernaum en kunglig ämbetsman, vilkens son låg sjuk. När han hörde, att Jesus kommit från Judeen till Galileen, begav han sig till honom och bad, att han skulle komma ned och göra hans son helbrägda; ty denne låg för döden. Då sade Jesus till honom: Om I icke sen tecken och under, så tron I icke. Ämbetsmannen sade till honom: Herre, kom ned, förrän min son dör. Jesus svarade honom: Gå, din son lever. Mannen trodde ordet, som Jesus hade talat, och gick. Och medan han ännu var på väg hem, mötte hans tjänare honom och berättade, att hans son levde. Då frågade han dem, vid vilken timme det hade blivit bättre med honom. De svarade: I går vid sjunde timmen lämnade febern honom. Då förstod fadern, att det var just den timme, då Jesus hade sagt honom: Din son lever. Och han trodde, han och hela hans hus.

21:a söndagen efter pingst.

EPIST. *(Ef. 6: 10—17).* Bröder, varen starka i Herren och i hans väldiga kraft. Ikläden eder Guds vapenrustning, så att I kunnen hålla stånd mot djävulens listiga angrepp. Ty vår kamp är icke mot kött och blod, utan mot furstar och väldigheter, mot världshärskarna i detta mörker, mot ondskans andemakter i himlarymderna. Tagen alltså på eder Guds vapenrustning, så att I kunnen motstå på den onda dagen och i allt vara fullt kampberedda. Stån omgjordade kring edra länder med sanningen och iklädda rättfärdighetens pansar,

Epistlar och evangelier. 79*

och haven edra fötter skodda med beredvillighet till fridens Evangelium. Framför allt fatten trons sköld, med vilken I kunnen utsläcka den ondes alla glödande pilar; och tagen frälsningens hjälm och andens svärd, som är Guds ord. EVANG. *(Matt. 28: 23—35).* I den tiden framställde Jesus för sina lärjungar följande liknelse: Med himmelriket är det, såsom när en konung ville hålla räkenskap med sina tjänare. Och när han begynte hålla räkenskap, förde man fram till honom en man, som var skyldig honom tio tusen pund. Men då denne icke kunde betala, befallde hans herre, att han skulle säljas, så ock hans hustru och barn och allt vad han ägde, för att skulden måtte bliva betald. Då föll tjänaren ned för hans fötter och sade: Hav tålamod med mig, så skall jag betala dig allt. Och herren förbarmade sig över tjänaren, gav honom fri och efterskänkte hans skuld. Men när samme tjänare kom ut, mötte han en av sina medtjänare, som var skyldig honom hundra silverpenningar. Och han tog fast denne, grep honom vid strupen och sade: Betala, vad du är skyldig. Då föll hans medtjänare ned, bad honom och sade: Hav tålamod med mig, så skall jag betala dig allt. Men han ville icke, utan gick bort och lät kasta honom i fängelset, till dess han betalade skulden. Då nu hans medtjänare sågo det som skedde, blevo de mycket bedrövade; och de gingo och berättade för sin herre allt, som hade hänt. Då kallade hans herre honom till sig och sade till honom: Du onde tjänare, allt vad du var skyldig, efterskänkte jag dig, emedan du bad mig därom. Borde då icke även du hava förbarmat dig över din medtjänare, såsom jag förbarmade mig över dig? Och hans herre blev vred och överlämnade honom åt fångknektarna, till dess han betalade hela skulden. Så skall ock min himmelske Fader göra med eder, om I icke av hjärtat förlåten var och en sin broder.

22:a söndagen efter pingst.

EPIST. *(Fil. 1: 6—11).* Bröder, jag är fast förvissad i Herren Jesus, att han som i eder har begynt det goda verket, skall fullborda det intill Jesu Kristi dag. Det är rätt och tillbörligt, att jag tänker så om eder alla; eftersom jag, både när jag ligger i bojor och när jag försvarar och befäster Evangeliet, har eder alla i mitt hjärta såsom med mig delaktiga i nåden. Ty Gud är mitt vittne, huru jag längtar efter eder alla med Jesu Kristi kärlek. Och därom beder jag, att eder kärlek må allt mer och mer överflöda av kunskap och förstånd i allt, så att I kunnen döma om vad rättast är, och framstå rena och oförvitliga på Kristi dag, och bliva rika på rättfärdighetens frukt genom Jesus Kristus, Gud till ära och pris.

EVANG. *(Matt. 22: 15—21).* I den tiden gingo fariséerna bort och rådslogo om, huru de skulle kunna fånga Jesus genom något av hans ord. Och de sände till honom sina lärjungar tillika med herodianerna och läto dem säga: Mästare, vi veta, att du är sannfärdig och lär om Guds väg, vad sant är, utan att fråga efter någon, ty du ser icke till personen. Säg oss därför: Vad synes dig? Är det lovligt att giva kejsaren skatt eller icke? Men Jesus, som märkte deras ondska, sade: Varför fresten I mig, I hycklare? Låten mig se skattepenningen. Och de räckte honom en denar. Då frågade Jesus dem: Vems bild och överskrift är detta? De svarade honom: Kejsarens. Då sade han till dem: Given då kejsaren, vad kejsaren tillkommer, och Gud, vad Gud tillkommer.

Epistlar och evangelier. 81*

23:e söndagen efter pingst.

EPIST. *(Fil. 3:17—21; 4:1—3).* Bröder, varen mina efterföljare och sen på dem som vandra efter vårt föredöme. Ty många vandra, såsom jag redan ofta sagt eder och nu upprepar under tårar, såsom fiender till Kristi kors; deras ände är förtappelse, deras gud är buken, de söka sin ära i det, som är deras skam, och de trakta efter det jordiska. Men vår hemort är i himmelen, varifrån vi ock vänta Frälsaren, vår Herre Jesus Kristus. Han skall förvandla vår förnedrings kropp och göra den lik sin härlighets kropp genom den kraft, varmed han kan underlägga sig allting. Därför, mina älskade och efterlängtade bröder, min glädje och min krona, stån fasta i Herren, mina älskade! Evodia beder jag och Syntyke besvär jag att vara ens till sinnes i Herren. Ja, även dig, min trofaste medarbetare, beder jag: var dessa kvinnor till hjälp; ty med mig hava de arbetat i Evangeliets tjänst, de såväl som Klemens och mina övriga medarbetare, vilkas namn äro skrivna i livets bok.

EVANG. *(Matt. 9:18—26).* I den tiden, medan Jesus talade till folket, kom en synagogföreståndare fram, föll ned för honom och sade: Herre, min dotter har nyss dött; men kom och lägg din hand på henne, så bliver hon åter levande. Då stod Jesus upp och följde honom med sina lärjungar. Och se, en kvinna, som i tolv år hade lidit av blodgång, närmade sig honom bakifrån och rörde vid hans mantelfåll; ty hon sade vid sig själv: Om jag blott får röra vid hans mantel, så bliver jag helbrägda. Då vände Jesus sig om, och när han fick se henne, sade han: Var vid gott mod, min dotter: din tro har hjälpt dig. Och kvinnan blev helbrägda från den stunden. När Jesus sedan kom in i

Epistlar och evangelier.

föreståndarens hus och såg flöjtblåsarna och folket, som höjde klagolåt, sade han: Gån bort härifrån; ty flickan är icke död, hon sover. Då hånlogo de åt honom. Men när folket var utvisat, gick han in och tog flickan vid handen. Och hon stod upp. Och ryktet härom gick ut över hela det landet.

Anm. *Om söndagarna efter pingst något år äro flera än 24, inskjutas här de som återstå av söndagarna efter trettondagen.*

Sista söndagen efter pingst.

EPIST. *(Kor. 1: 9—14).* Bröder, vi upphöra icke att bedja för eder och bönfalla om, att I mån bliva uppfyllda av kunskap om Guds vilja i all andlig vishet och insikt. Då skolen I vandra Gud värdigt, i allt honom till behag, och genom kunskapen om Gud bära frukt och växa till i allt gott verk. Och genom hans härliga makt skolen I på allt sätt uppfyllas av kraft att visa tålamod och ståndaktighet i allt; och I skolen med glädje tacka Gud Fadern, som gjort oss värdiga att bliva delaktiga av de heligas arvedel i ljuset. Ty han har frälst oss från mörkrets välde och försatt oss i sin älskade Sons rike; genom honom och hans blod hava vi blivit återlösta och fått syndernas förlåtelse.

EVANG. *(Matt. 24: 15—35).* I den tiden sade Jesus till sina lärjungar: När I fån se förödelsens styggelse, som är förutsagd av profeten Daniel, råda på det heliga rummet (den som läser detta, han give akt därpå), då må de som äro i Judeen, fly upp till bergen; och den som är på taket, stige icke ned för att hämta något ur sitt hus; och den som är ute på marken, vände icke tillbaka för att hämta sin mantel. Och ve dem som äro havande eller giva di i de

Epistlar och evangelier. 83*

dagarna. Men bedjen, att eder flykt icke må ske om vintern eller på sabbaten. Ty då skall vara en stor vedermöda, sådan som icke har varit från världens begynnelse intill nu, icke heller någonsin skall varda. Och om de dagarna icke förkortades, så skulle intet kött bliva frälst; men för de utvaldas skull skola de dagarna förkortas. Om någon då säger till eder: Se, här är Kristus eller där, så tron det icke. Ty falska Kristus och falska profeter skola uppstå, och de skola göra stora tecken och under för att om möjligt förvilla jämväl de utvalda. Se, jag har förutsagt eder det. Därför, om man säger till eder: Se, han är i öknen, så gån icke ditut; eller: Se, han är inne i huset, så tron det icke. Ty såsom ljungelden, när den går ut från öster, synes ända till väster, så skall även Människosonens ankomst vara. Där åteln är, där samla sig ock örnarna. Men strax efter de dagarnas vedermöda skall solen förmörkas och månen icke mer giva sitt sken, och stjärnorna skola falla ifrån himmelen, och himmelens krafter skola bäva. Då skall Människosonens tecken visa sig på himmelen, och alla jordens släkter skola jämra sig; och de skola få se Människosonen komma på himmelens skyar med stor makt och härlighet. Och han skall sända ut sina änglar med starkt basunljud, och de skola församla hans utvalda från de fyra väderstrecken, från himmelens ena ände till den andra. Men av fikonträdet skolen I lära en liknelse. När dess kvistar begynna att få sav och löven spricka ut, då veten I, att sommaren är nära. Likaså, när I sen allt detta, då kunnen I ock veta, att hans ankomst är nära. Sannerligen säger jag eder: Detta släkte skall icke förgås, förrän allt detta har skett. Himmel och jord skola förgås, men mina ord skola aldrig förgås.

Maria Immaculata festen

(8 december).

EPIST. *(Ordspr. 8: 22—35).* Herren skapade mig såsom sitt förstlingsverk, i urminnes tid, innan han gjorde något annat. Från evighet är jag insatt, från begynnelsen, före jordens urtidsdagar. Innan djupen voro till, blev jag född, innan källor ännu funnos, fyllda med vatten. Förrän bergens grund var lagd, förrän höjderna funnos, blev jag född, när han ännu icke hade skapat land och mark, ej ens det första av jordkretsens stoft. När han beredde himmelen, var jag tillstädes, när han spände ett valv över djupet, när han fäste skyarna i höjden, när djupets källor bröto fram med makt, när han satte för havet dess gräns, så att vattnet icke skulle överträda hans befallning, när han fastställde jordens grundvalar, då stod jag såsom ett älskat barn hos honom, då hade jag dag efter dag min lust och min lek inför hans ansikte beständigt; jag hade min lek på hans jordkrets och min lust bland människors barn. Så hören mig nu, I barn, ty saliga äro de som hålla mina vägar. Hören tuktan, så att I bliven visa, ja, låten henne icke fara. Säll är den människa som hör mig, som vakar vid mina dörrar dag efter dag och håller vakt vid dörrposterna i mina portar. Ty den som finner mig, han finner livet och undfår all nåd från Herren.

EVANG. *(Luk. 1: 26—28).* I den tiden sändes ängeln Gabriel av Gud till en stad i Galileen, benämnd Nasaret, till en jungfru, som var trolovad med en man av Davids hus, vilken hette Josef; och jungfruns namn var Maria. Och ängeln gick in till henne och sade: Hell dig, full av nåd; Herren är med dig; välsignad är du ibland kvinnor.

Epistlar och evangelier.

Kyndelsmässodagen

(2 februari).

EPIST. *(Mal. 3: 1—4),* Så talar Herren Gud: Se, jag skall sända min ängel, och han skall bereda vägen inför mig. Och med hast skall han komma till sitt tempel, den Herre, som I åstunden, och förbundets ängel, som I begären. Se, han kommer, säger härskarornas Herre. Men vem kan uttänka dagen för hans tillkommelse, och vem kan bestå vid hans åsyn? Ty han är såsom en guldsmeds eld och en valkares lut. Han skall sätta sig ned och smälta silvret och rena det; han skall rena Levi söner och luttra dem såsom guld och silver; och sedan skola de frambära åt Herren offergåvor i rättfärdighet. Och Juda och Jerusalems offer skall behaga Herren såsom i forna dagar och förgångna år, säger Herren, den Allsmäktige.

EVANG. *(Luk. 2: 22—32).* I den tiden, sedan Marias reningsdagar efter Mose lag voro fullbordade, förde de Jesus till Jerusalem för att framställa honom inför Herren — såsom det står skrivet i Herrens lag: Allt mankön, som öppnar moderlivet, skall räknas såsom helgat åt Herren — och för att frambära offret, såsom det är sagt i Herrens lag: ett par turturduvor eller två unga duvor. Och se, det var en man i Jerusalem vid namn Simeon; och denne man var rättfärdig och gudfruktig och väntade på Israels tröst, och den Helige Ande var över honom. Och av den Helige Ande hade han fått en uppenbarelse, att han icke skulle se döden, förrän han hade sett Herrens Smorde. Han kom nu genom Andens tillskyndelse till templet. Och då föräldrarna buro in barnet Jesus för att fullgöra för honom, vad lagen bjöd, tog han honom på sina armar, prisade Gud och sade: Herre, nu låter du din tjänare fara hädan i frid efter ditt ord; ty mina ögon hava sett din frälsning, vilken du har berett inför alla folks åsyn: ett ljus till hedningarnas upplysning och till ditt folk Israels förhärligande.

S:t Ansgars fest
(3 februari).

EPIST. *(Syr. 44: 16—27; 45: 3—20).* Se, en stor präst, som i sina dagar behagade Gud och befanns vara rättfärdig; i vredens tid blev han till försoning. Det fanns icke hans like, någon som så höll den Högstes lag. Därför lovade Herren med ed, att han skulle bliva stamfader till hans folk. Alla folks välsignelse gav han honom, och sitt förbund stadfäste han över hans huvud. Han erkände honom genom sin välsignelse, han bevarade sin barmhärtighet mot honom, och han fann nåd inför Herrens ögon. Herren förhärligade honom i konungars åsyn och skänkte honom ärans krona. Han upprättade ett evigt förbund med honom och gav honom ett stort prästadöme och saliggjorde honom med ära, att han skulle vara hans präst och lova hans namn och frambära åt honom ett värdigt och välbehagligt rökelseoffer.

EVANG. *(Matt. 25: 14—23).* I den tiden framställde Jesus för sina lärjungar denna liknelse: En man, som ville fara till ett främmande land, kallade sina tjänare och överlämnade åt dem sina ägodelar. Och han gav åt en fem pund, åt en annan två och åt en tredje ett, åt var och en efter hans särskilda duglighet; och strax därefter reste han bort. Den som hade fått de fem punden, gick nu bort och förvaltade dem så, att han vann ytterligare fem. Likaså vann ock den, som hade fått de två punden, ytterligare två. Men den som hade

Epistlar och evangelier.

fått ett pund gick bort, grävde ned det i jorden och gömde sin herres penningar. Efter en lång tid kom dessa tjänares herre hem och höll räkenskap med dem. Då trädde den fram, som hade fått fem pund, bar fram fem andra pund och sade: Herre, fem pund har du överlämnat åt mig; se, fem andra har jag vunnit därtill. Då sade hans herre till honom: Väl, du gode och trogne tjänare, emedan du har varit trogen i ringa ting, skall jag sätta dig över mycket; gå in i din herres glädje. Då framträdde ock den som hade fått två pund och sade: Herre, två pund har du överlämnat åt mig; se, två andra pund har jag vunnit därtill. Då sade hans herre till honom: Väl, du gode och trogne tjänare, emedan du har varit trogen i ringa ting, skall jag sätta dig över mycket: gå in i din herres glädje.

Marie bebådelse

(25 mars).

EPIST. *(Es. 7:10—15).* I den tiden talade Herren till Akas och sade: Begär ett tecken av Herren din Gud, vare sig nedifrån djupet eller uppifrån höjden. Men Akas svarade: Jag begär intet, jag vill icke fresta Herren. Då sade han (profeten): Så hören då, I av Davids hus! Är det eder icke nog, att I pröven människors tålamod, viljen I ock pröva Guds? Så skall då Herren själv giva eder ett tecken: se, en jungfru skall undfå och föda en son, och man skall giva honom namnet Emmanuel. Gräddmjölk och honung skola bliva hans föda, till dess han förstår att förkasta det onda och välja det goda.

EVANG. *(Luk. 1:26—38).* I den tiden sändes ängeln Gabriel av Gud till en stad i Galileen, benämnd Nasaret, till en jungfru, som var trolovad med en man av Davids hus vid namn Josef; och jungfruns namn var Maria. Och ängeln kom in till henne och sade: Hell dig, full av nåd; Herren är med dig; välsignad är du ibland kvinnor. Då hon hörde detta, blev hon bestört över hans tal och tänkte på vad denna hälsning kunde innebära. Men ängeln sade till henne: Frukta icke, Maria; ty du har funnit nåd inför Gud. Se, du skall undfå i ditt sköte och föda en son, och du skall giva honom namnet Jesus. Han skall vara stor och kallas den Högstes Son; och Herren Gud skall giva honom hans fader Davids tron, och han skall härska över Jakobs hus till evig tid, och på hans rike skall ingen ände vara. Då sade Maria till ängeln: Huru skall detta ske, då jag icke vet av någon man? Och ängeln svarade och sade till henne: Den Helige Ande skall komma över dig, och den Högstes kraft skall överskygga dig; därför skall ock det heliga, som skall födas av dig, kallas Guds Son. Och se, din fränka Elisabet, även hon har undfått och skall föda en son på sin ålderdom, och detta är sjätte månaden för henne, som kallas ofruktsam; ty för Gud är ingenting omöjligt. Då sade Maria: Se, jag är Herrens tjänarinna; varde mig efter ditt ord.

S:t Josefs skyddsfest

(3:e onsd. e. påsk).

EPIST. *(1 Mos. 49: 22—26).* Liksom ett ungt fruktträd är Josef, ett ungt fruktträd vid källan; dess grenar nå upp över muren. Se, bågskyttar oroa honom, de skjuta på honom och ansätta honom; dock slappnar ej hans båge och hans händer och armar förbliva spänstiga genom dens händer, som är den Starke i Jakob. Sålunda blev herden till Israels klippa.

Epistlar och evangelier. 89*

Din faders Gud skall hjälpa dig, och den Allsmäktige skall välsigna dig med välsignelser från himmelen därovan, välsignelser från djupet, som utbreder sig därnere, välsignelser från bröst och sköte. Din faders välsignelser nå högt, högre än mina förfäders välsignelser, intill dess de eviga höjdernas åtrå kommer. De skola komma över Josefs huvud, över dens hjässa, som är utvald bland sina bröder.

EVANG. *(Luk. 3: 21—23).* I den tiden hände det, när allt folket lät döpa sig och även Jesus blev döpt, att himmelen öppnades, medan han bad, och den Helige Ande sänkte sig ned över honom i lekamlig skepnad såsom en duva, och en röst hördes ifrån himmelen: Du är min älskade Son; i dig har jag mitt välbehag. Och när Jesus begynte sitt verk, var han omkring trettio år gammal och, såsom man menade, Josefs son.

S:t Eriks fest
(18 maj).

EPIST. *(Vish. 5: 1—5).* De rättfärdiga skola med stor frimodighet stå inför dem som förtryckt dem och berövat dem frukten av deras arbeten. När dessa då se dem, skola de gripas av förfäran och bävan och förundra sig över de rättfärdigas plötsliga och oväntade frälsning. Och ångerfulla, suckande i själsångest, skola de säga till varandra: Dessa äro de som vi en gång förhånade och hade till åtlöje. Vi dårar höllo deras liv för vanvett och deras slut för ärelöst. Men se, nu räknas de bland Guds barn och hava fått sin lott bland de heliga.

EVANG. *(Joh. 15: 5—11).* I den tiden sade Jesus till sina lärjungar: Jag är vinträdet. I ären grenarna. Om någon förbliver i mig och jag i honom, så bär han mycken frukt; ty mig förutan kunnen I intet göra. Om någon icke förbliver i mig, så kastas han bort såsom en avbruten gren och förtorkas, och man tager den och kastar den i elden, och den brännes upp. Om I förbliven i mig och mina ord förbliva i eder, så mån I bedja om vad helst I viljen, och det skall vederfaras eder. Därigenom bliver min Fader förhärligad, att I bären mycken frukt och bliven mina lärjungar. Såsom Fadern har älskat mig, så har ock jag älskat eder. Förbliven i min kärlek. Om I hållen mina bud, så skolen I förbliva i min kärlek, såsom ock jag har hållit min Faders bud och förbliver i hans kärlek. Detta har jag talat till' eder, på det att min glädje må vara i eder och eder glädje må bliva fullkomlig.

Apostlarna Petrus och Paulus
(29 juni).

EPIST. *(Apg. 12:1—11).* I de dagarna lät konung Herodes gripa och misshandla några av dem, som hörde till Kyrkan; och han lät avrätta Jakobus, Johannes' broder, med svärd. Då han såg, att detta behagade judarna, fortsatte han och lät fasttaga även Petrus. Detta skedde under det osyrade brödets högtid. Och sedan han hade gripit honom, satte han honom i fängelse och uppdrog åt fyra vaktavdelningar, vardera på fyra man, att bevaka honom; ty han ämnade efter påskhögtiden föra honom fram för folket. Så förvarades nu Petrus i fängelset; men Kyrkan bad oavbrutet för honom till Gud. Natten före den dag, då Herodes tänkte draga honom inför rätta, låg Petrus och sov mellan två krigsmän, fängslad med två kedjor; och väktare utanför dörren bevakade fängelset. Och se, en Herrens ängel stod bred-

Epistlar och evangelier. 91*

vid honom, och ett ljussken upplyste rummet; han stötte Petrus i sidan, väckte honom och sade: Stig genast upp. Och kedjorna föllo från hans händer. Och ängeln fortsatte: Omgjorda dig och tag på dig dina sandaler. Och han gjorde så. Och vidare sade han: Kasta om dig din mantel och följ mig. Och Petrus gick ut och följde honom; men han förstod icke, att det var verklighet, det som skedde genom ängeln, utan trodde, att han såg en drömsyn. De gingo genom den första och den andra vakten och kommo till järnporten, som ledde ut till staden, och den öppnade sig för dem av sig själv. Och de trädde ut och gingo ett kvarter fram; men plötsligt försvann ängeln ifrån honom. Då kom Petrus till sig igen och sade: Nu vet jag förvisso, att Herren har sänt sin ängel och räddat mig ur Herodes' hand samt från alla judafolkets onda planer.

EVANG. *(Matt. 16: 13—19).* I den tiden kom Jesus till trakten omkring Cesarea Filippi, och han frågade sina lärjungar och sade: Vem säger folket Människosonen vara? De svarade: Somliga säga Johannes Döparen, andra Elias, andra Jeremias eller en annan av profeterna. Jesus frågade dem: Men I, vem sägen I mig vara? Simon Petrus svarade och sade: Du är Kristus, den levande Gudens Son. Då svarade Jesus och sade till honom: Salig är du, Simon, Jonas' son; ty kött och blod har icke uppenbarat detta för dig, utan min Fader, som är i himmelen. Och jag säger dig: Du är Petrus, och på denna klippa skall jag bygga min Kyrka, och helvetets portar skola icke övervåldiga henne. Och åt dig skall jag giva himmelrikets nycklar. Allt, vad du binder på jorden, det skall ock vara bundet i himmelen; och allt, vad du löser på jorden, det skall ock vara löst i himmelen.

Marie himmelsfärd
(15 augusti).

EPIST. *(Syr. 24: 11—13; 15—20.)* Överallt sökte jag efter ett viloställe; i Herrens arvedel vill jag bo. Då bjöd mig alla tings Skapare och talade till mig, och den som skapat mig, vilade i mitt tält och sade till mig: I Jakob vare din bostad och i Israel ditt arv; slå rot hos mina utvalda. Så fick jag fäste på Sion och fann en viloplats i den heliga staden och härskade i Jerusalem. Jag slog rot hos ett ärat folk, i min Guds andel, som är hans arvedel, och min vistelseort är i de heligas församling. Jag växte i höjden som en ceder på Libanon och som en cypress på Sions berg. Jag växte upp som ett palmträd i Kades och som en rosenbuske i Jeriko. Som ett härligt olivträd på fältet och som en platan längs vägarna vid vatten växte jag upp. Jag doftade som kanel och välluktande balsam, jag utsände en livlig vällukt som utsökt myrra.

EVANG. *(Luk. 10: 38—42).* I den tiden kom Jesus in i en by; och en kvinna, vid namn Marta, tog emot honom i sitt hus. Och hon hade en syster, som hette Maria; denna satte sig ned vid Herrens fötter och hörde hans ord. Men Marta var upptagen av mångahanda bestyr, och hon gick fram och sade: Herre, bryr du dig icke om, att min syster har lämnat alla bestyr åt mig allena? Så säg henne då, att hon hjälper mig. Men Herren svarade och sade till henne: Marta, Marta, du bekymrar och oroar dig för mångahanda ting. Blott ett är nödvändigt. Maria har utvalt den bästa delen, och den skall icke tagas ifrån henne.

Epistlar och evangelier.

Skyddsängelsfesten

(1:a söndagen i september).

EPIST. *(2 Mos. 23: 20—23).* Så talar Herren Gud: Se, jag skall sända min ängel framför dig, som skall beskydda dig och föra dig till den plats, som jag berett åt dig. Giv akt på honom och lyssna till hans röst och tro icke, att du får ringakta honom, ty han skall ej hava fördrag med dina överträdelser, och mitt namn är i honom. Men om du hör hans röst och gör allt det jag säger dig, skall jag vara fiende till dina fiender och slå dem, som slå dig, och min ängel skall gå framför dig.

EVANG. *(Matt. 18: 1—10).* I den tiden trädde lärjungarna fram till Jesus och sade: Vilken är väl störst i himmelriket? Och Jesus kallade till sig ett barn, ställde det mitt ibland dem och sade: Sannerligen säger jag eder: Utan att I omvänden eder och bliven såsom barn, skolen I icke komma in i himmelriket. Den som nu ödmjukar sig, så att han bliver såsom detta barn, han är den störste i himmelriket. Och den som tager emot ett enda sådant barn i mitt namn, han tager emot mig. Men den som giver förargelse åt en av dessa små, som tro på mig, honom vore det bättre, att en kvarnsten hängdes om hans hals och han sänktes ned i havets djup. Ve världen för förargelsernas skull! Ty visserligen måste förargelser komma; dock ve den människa, genom vilken förargelse kommer. Men om din hand eller fot är dig till förargelse, så hugg den av och kasta den ifrån dig; det är bättre för dig att ingå i livet lytt eller halt än att hava båda händerna eller båda fötterna och kastas i den eviga elden. Och om ditt öga är dig till förargelse, så riv det ut och kasta det ifrån dig: det är bättre att ingå i livet enögd, än att hava båda ögonen i behåll och kastas i helvetets eld. Sen till, att I icke förakten någon av dessa små; ty jag säger eder, att deras änglar i himmelen alltid skåda min Faders ansikte, som är i himmelen.

Marie födelse
(8 september).

EPIST. se epist. sid. 84*.

EVANG. *(Matt. 1: 1—16).* Detta är Jesu Kristi, Davids sons, Abrahams sons, släkttavla. Abraham var fader till Isak, Isak till Jakob, Jakob till Judas och hans bröder; Judas var fader till Fares och Sara med Tamar, Fares till Esrom, Esrom till Aram, Aram till Aminadab, Aminadab till Naasson, Naasson till Salmon; Salmon var fader till Boes med Rakab, Boes till Obed med Rut. Obed till Jesse; Jesse var fader till David, konungen; David var fader till Salomo med Urias hustru, Salomo till Roboam, Roboam till Abia, Abia till Asa, Asa till Josafat, Josafat till Joram, Joram till Osias, Osias till Joatam, Joatam till Akas, Akas till Esekias, Esekias till Manasse, Manasse till Amos, Amos till Josias, Josias till Jekonias och hans bröder vid tiden för överflyttningen till Babylon. Efter överflyttningen till Babylon blev Jekonias fader till Salatiel; Salatiel var fader till Sorobabel, Sorobabel till Abiud, Abiud till Eliakim, Eliakim till Asor, Asor till Sadok, Sadok till Akim, Akim till Eliud, Eliud till Eleasar, Eleasar till Matan, Matan till Jakob; Jakob var fader till Josef, Marias man, och av henne föddes Jesus, som kallas Kristus.

Marie sju smärtor
(15 september).

EPIST. *(Judit 13: 22—25).* Herren Gud har välsignat dig med sin kraft; ty genom dig har

Epistlar och evangelier.

han tillintetgjort våra fiender. Välsignad är du, dotter, av Herren, den högste Guden, över alla kvinnor på jorden. Välsignad vare Herren, som skapat himmel och jord; ty i dag har han upphöjt ditt namn, så att ditt lov aldrig viker från människors mun, som minnas Herrens kraft till evig tid. Du har icke skonat ditt liv för dem, för ditt folks betryck och nöd; ty du har avvärjt dess undergång inför vår Guds åsyn.

EVANG. *(Joh. 19: 25—27).* I den tiden stodo vid Jesu kors hans moder och hans moders syster, Maria, Kleofas' hustru, och Maria Magdalena. Då nu Jesus såg sin moder och den lärjunge, som han älskade, stå där, sade han till sin moder: Kvinna, se din son! Sedan sade han till lärjungen: Se din moder! Och från den stunden tog lärjungen henne hem till sig.

Rosenkransfesten

(1:a söndagen i oktober).

EPIST. *(Ordspr. 8: 22—24, 32—35).* Herren skapade mig såsom sitt förstlingsverk, i urminnes tid, innan han gjorde något annat. Från evighet är jag insatt, från begynnelsen, före jordens urtidsdagar. Innan djupen voro till, blev jag född. Så hören mig nu, I barn, ty saliga äro de som hålla mina vägar. Hören tuktan, så att I bliven visa, ja, låten henne icke fara. Säll är den människa som hör mig, som vakar vid mina dörrar dag efter dag och håller vakt vid dörrposterna i mina portar. Ty den som finner mig, han finner livet och undfår all nåd från Herren.

EVANG. se evang. sid 87*.

S:ta Birgittas fest
(7 oktober).

EPIST. *(Ordspr. 31: 10—31).* En idog kvinna — vem finner en sådan? Hennes värde övergår pärlors från fjärran land. På henne förlitar sig hennes mans hjärta, och bärgning kommer icke att fattas honom. Hon gör honom gott och intet ont i alla sina livsdagar. Omsorg har hon om ull och lin och låter sina händer arbeta med lust. Hon är som en köpmans skepp, hon hämtar sitt bröd fjärran ifrån. Medan det ännu är natt, står hon upp och giver sitt husfolk mat och sina tjänarinnor föda. Hon ser på en åker och köper den; av sina händers förvärv planterar hon en vingård. Hon omgjordar sina länder med kraft och gör sina armar starka. Hon förmärker och ser, att hennes hushållning går väl; hennes lampa släckes icke om natten. Hon lägger sin hand vid stora ting, och hennes fingrar fatta om sländan. Hon öppnar sin hand för den behövande och utsträcker sina händer mot den fattige. Av köld och snö har hon intet att frukta för sitt hus, ty allt hennes husfolk är klätt i dubbla kläder. Täcken gör hon åt sig, hon har kläder av finaste linne och purpur. Hennes man är ansedd i stadens portar, när han sitter bland landets äldste. Hon väver fint linne och säljer det, bälten avyttrar hon till Kanaans köpmän. Kraft och skönhet äro hennes klädnad; hon skall le på sin sista dag. Hon upplåter sin mun med vishet, och mildhetens lag är på hennes tunga. Hon vakar över vandeln i sitt hus och äter icke sitt bröd i lättja. Hennes söner stå upp och prisa henne salig, hennes man reser sig och förkunnar hennes lov. Många kvinnor hava samlat skatter, men du övergår dem alla. Behag är bedrägligt och skönhet förgänglig, men prisas skall en kvinna, som fruktar Herren. Given henne av hennes händers förvärv; hennes verk skola prisa henne inför allas ögon.

EVANG. *(Matt. 11: 25—30).* I den tiden tog Jesus till orda och sade: Jag prisar dig, Fader, himmelens och jordens Herre, att du har dolt detta för de visa och kloka och uppenbarat det för de enfaldiga. Ja, Fader; ty så har varit välbehagligt för dig. Allt är mig överlåtet av min Fader; och ingen känner Sonen utom Fadern, icke heller känner någon Fadern utom Sonen och den, för vilken Sonen vill uppenbara det. Kommen till mig I alla, som ären bekymrade och betryckta, och jag skall vederkvicka eder. Tagen mitt ok på eder och lären av mig, ty jag är saktmodig och ödmjuk av hjärtat; och I skolen finna ro för edra själar. Ty mitt ok är ljuvt, och min börda är lätt.

Kristkonungens fest

(Sista söndagen i oktober).

EPIST. *(Kol. 1: 12—20).* Bröder, vi tacka Gud Fadern, som gjort oss värdiga att bliva delaktiga i de heligas arvedel i ljuset. Ty han har frälst oss från mörkrets välde och försatt oss i sin älskade Sons rike, i vilken vi hava återlösningen genom hans blod, syndernas förlåtelse. Han är den osynlige Gudens avbild, den förstfödde före all skapelse. Ty i honom skapades allt i himmelen och på jorden, det synliga och det osynliga, såväl troner och herradömen som furstligheter och väldigheter, allt är skapat genom honom och i honom; och han är till före allt annat, och allt äger bestånd i honom. Han är huvudet för Kyrkans kropp, han är begynnelsen, den förstfödde ifrån de döda, på det att han i allt skulle äga företrädet; ty det behagade Gud att låta all fullhet taga sin boning i honom och att genom honom försona allt med sig, både det som är på jorden och det som är i himmelen, i det han stiftade frid genom blodet från hans kors; i Kristus Jesus, vår Herre.

EVANG. *(Joh. 18: 33—37).* I den tiden sade Pilatus till Jesus: Är du judarnas konung? Jesus svarade: Säger du detta av dig själv, eller hava andra sagt dig detta om mig? Pilatus svarade: Är väl jag en jude? Ditt folk och översteprästerna hava överlämnat dig åt mig. Vad har du gjort? Jesus svarade: Mitt rike är icke av denna världen. Vore mitt rike av denna världen, så hade väl mina tjänare kämpat för att jag icke skulle blivit överlämnad åt judarna; men nu är mitt rike icke av denna världen. Då sade Pilatus till honom: Så är du dock en konung? Jesus svarade: Ja, jag är en konung. Därtill är jag född och därtill har jag kommit i världen, att jag skall vittna för sanningen. Var och en som är av sanningen, hör min röst.

Allhelgonadagen

(1 november).

EPIST. *(Upp. 7: 2—12).* I de dagarna såg jag, Johannes, en annan ängel träda fram ifrån öster med den levande Gudens insegel; och han ropade med hög röst till de fyra änglar, som hade fått sig givet att skada jorden och havet, och han sade: Gören icke jorden eller havet eller träden någon skada, förrän vi hava tecknat vår Guds tjänare med insegel på deras pannor. Och jag hörde antalet av de tecknade: ett hundra fyrtiofyra tusen tecknade av alla Israels barns stammar: av Juda stam tolv tusen tecknade, av Rubens stam tolv tusen, av Gads stam tolv tusen, av Asers stam tolv tusen, av Neftalis stam tolv tusen, av Manasses stam

Epistlar och evangelier. 99*

tolv tusen, av Simeons stam tolv tusen, av Levi stam tolv tusen, av Isaskars stam tolv tusen, av Sebulons stam tolv tusen, av Josefs stam tolv tusen, av Benjamins stam tolv tusen tecknade. Därefter såg jag en stor skara, som ingen kunde räkna, av alla folk och stammar och släkten och tungomål, stående inför tronen och inför Lammet, klädda i vita, fotsida kläder, med palmer i sina händer. Och de ropade med hög röst och sade: Frälsningen tillhör vår Gud, som sitter på tronen, och Lammet. Och alla änglar, som stodo omkring tronen och omkring de äldste och de fyra levande väsendena, föllo ned på sina ansikten inför tronen, tillbådo Gud och sade: Amen! Lov, härlighet, vishet och tacksägelse, ära, makt och styrka tillkomma vår Gud från evighet till evighet. Amen.

EVANG. *(Matt. 5:1—12).* I den tiden, då Jesus såg folkskarorna, gick han upp på berget, och när han hade satt sig ned, trädde hans lärjungar fram till honom. Och han upplät sin mun, lärde dem och sade: Saliga äro de i anden fattiga, ty dem hörer himmelriket till. Saliga äro de saktmodiga, ty de skola besitta jorden. Saliga äro de sörjande, ty de skola bliva tröstade. Saliga äro de som hungra och törsta efter rättfärdighet, ty de skola bliva mättade. Saliga äro de barmhärtiga, ty dem skall vederfaras barmhärtighet. Saliga äro de renhjärtade, ty de skola se Gud. Saliga äro de fridsamma, ty de skola kallas Guds barn. Saliga äro de som lida förföljelse för rättfärdighetens skull, ty dem hörer himmelriket till. Saliga ären I, när människor för min skull smäda och förfölja eder och ljugande säga allt ont om eder. Glädjens och fröjden eder. ty eder lön är stor i himmelen.

Epistlar och evangelier.

Trettondagens vigilie.

EPIST. *(Gal. 1: 4—7)* sid. 10*.

EVANG. *(Matt. 2:19—23.)* I den tiden när konung Herodes var död, se, då visade sig i drömmen en Herrens ängel för Josef i Egypten och sade: Stå upp och tag barnet och dess moder med dig, och begiv dig till Israels land, ty de som traktade efter barnets liv äro nu döda. Då stod han upp och tog barnet och dess moder med sig, och kom så till Israels land. Men när han hörde att Arkelaus regerade över Judeen, efter sin fader Herodes, fruktade han att begiva sig dit, och på grund av en uppenbarelse i drömmen drog han bort till Galileens bygder. Och när han hade kommit dit, bosatte han sig i en stad som hette Nasaret, för att det skulle fullbordas som var sagt genom profeterna: Han skall kallas en nasaré.

Trettondagens oktav.

EPIST. *(Esaias 60 :1—6)* sid. 13*.

EVANG. *(Joh. 1:29—34.)* I den tiden såg Johannes döparen Jesus nalkas. Då sade han: Se Guds lamm som borttager världens synder. Om denne var det som jag sade: Efter mig kommer en man som är före mig, ty han var förr än jag. Och jag kände honom icke, men för att han skall bliva uppenbar för Israel, därför är jag kommen och döper med vatten. Och Johannes vittnade och sade: Jag såg Anden såsom en duva sänka sig ned från himmelen, och han förblev över honom. Och jag kände honom icke, men den som sände mig till att döpa med vatten, han sade till mig: Den över vilken du får se Anden sänka sig ned och förbliva, han är den som döper med den Helige Ande. Och jag har sett det, och jag har vittnat att denne är Guds Son.

INNEHÅLLSFÖRTECKNING.

I. Allmänna böner.

Dagliga böner	7	Veckoandakter	107
Mässböner	26	Biktböner	121
Böner efter m:n	106	Kommunionböner	144

II. Årliga andakter.

Herrens fester.

Advent	178	Böneveckan	312
Jul	189	Kristi himmelsfärd	317
Nyårsafton	198	Pingst	322
Nyårsdagen	204	Trefaldighet	337
Jesu namn	206	Skaparen, Guds försyn	351
Trettondagen	213		
Den h. familjen	216	Kristi lekamen	355
Böneoktaven	218	Sakramentsandakter	362
Kristi efterföljd	221	K. sakramentsböner	372
Fastetiden	240	Jesu hjärta	379
Stilla veckan	281	Kristkonungen	397
Påsk	300	Kyrkoinvigningen	404

Helgonens fester.

Maria, andakter	407	Andra helgon	453
sånger	448	Änglar	483

Själarna i skärselden 510

III. Varjehanda böner 521

Tillägg 558

IV. Särskilda sakramentala handlingar 577

V. Epistlar och evangelier 1*

ALFABETISKT SAKREGISTER.

Sid.

Advent 178, litania 186
Aftonböner 19
Aftonsång, korta tilläggsböner 14, 22, 107, 108,
    118, 171, 219, 239, 354, 368, 518, 527
Alla helgon 499, litania 503
Alla själar 110, 510, litania 518
Allmänna bönen 521
Alma redemptoris...................................... 409
Ande, Helige 109, 322, 568
Andlig förnyelse 137
Angelus 11, 425
Ansgarius 457
Arbete, helgat 112, 463
Askonsdagen 242
Athanasianska trosbekännelsen 558
Ave regina 417
Ave verum 114
Avlatsbön efter kommunionen 177
Bekräftelsen 582
   tacksägelse för 332
Betraktande, bönen 571
Biktböner 121
Birgitta 488, 566
Biskopen 115, 524
Bordsböner 18
Botböner 116, 136, 240, 243, 511
Bönen, ord om 3, 4, 321, 371, 571
Böneoktav 218
Böneveckan 312
Böner, mera allmänt hållna att användas hela året
  om 105, 108, 116, 193, 204, 211, 222, 227,
                       354, 371, 377, 564
De profundis 511
Dies irae sv... 140

Alfabetiskt sakregister III

Sid.

Dopet 577
  tacksägelse för 332
Dygderna, de tre gudomliga 9
  kardinaldygderna 10
Död, bön om en god 113, 464
Döende, bön för 22, 554
Epistlar och evangelier 1*
Erik 469, 566
Fader vår, betraktelse 312
Familjen 391, 462
Familjen, den heliga 216
Fiender 566, 570
Fred 236, 533, 534
Frestelse 138
Fullkomligheten 221
Fäderneslandet 527
Förklaringar, viktigare 9, 10, 11, 26—58, 176,
  178, 186, 218, 221, 240, 316, 321, 438, 453,
    498, 535, 550, 553, 558, 561, 571, 576
Försynen 108, litanian 352
Förtröstan på Frälsaren 211
Gammalsvenska böner 175, 565
Gåvor, Andens sju 330
Hednamissionen 402
Helgon, enskilda 453
Heliggörande nåden, betraktelse 349
Hell dig, o drottning 13
Herren är min herde 171
Herrens ängel 11, 425
Jeremias klagovisor 283
Jesu hjärta
  personlig invigning 117
  korta böneord 118
  andakter 379
  litania 394
  bön på första fredagen 401
Jesu hjärta-mässan 94
Jesu namn 206

Alfabetiskt sakregister

Sid.

Josef 112, 460
Jul 189
Kommunionböner 144
Kommunion, den andliga 11
Konungen 527
Korsvägsandakter 249, 257
Kristi efterföljelse 139, 222
Kristi himmelsfärd 317
Kristi lekamen, andakter 355
   procession 567
Kristi själ 67
Kristkonungen 399, 574
Kyrkan 107, 522, 526, 565
Kyrkoinvigning 404
Kyrkotagning 581
Litanior
   Advent 186
   Alla helgon 503
   Altarets h. sakrament 368
   Birgitta 491
   Elisabet 495
   Guds försyn 352
   Helige Ande 334
   Jesu heliga namn 208
   Jesu hjärta 394
   Josef 466
   Jul 196
   Kristi lidande 276
   Kristkonungen 547
   Lauretanska 406
   Lovprisnings-l. 346
   Påsk 310
   Själarna i skärselden 518
   Smärtorika modern 420
   Sveriges skyddshelgon 479
   Änglarna 485
Lovprisningar 356
Lovprisnings-litania 346

Alfabetiskt sakregister V

Sid.

Långfredagen 291
Magnifikat 119
Majandakter 426
Maria, andakter i kyrkoårets följd 410
   antifoner Alma red 409
     Ave regina 417
     Regina coeli 425
     Salve regina 434
   litania 406
   sånger 448
Meningen, den goda 10
Miserere 240
Morgonböner 13
Mässan
   Jesu hjärtamässan 94
   Liturgisk m. p. sv 59
   Mässandakt 68
     »   för hemmet 75
   Mässans liturgiska text 26
   Prästadömets mässa 96
   Själamässan 84
   Sångmässan 92
   Österländska mässböner 99
   Böner efter stilla m. 106
Nyårsafton 198
Nyårsdagen 204
Palmsöndagen 281
Passionsböner 116, 245
Pingst, Helige Ande 109, 322, 568
Pingstnovenan 321
Prefationer 89, 95, 98, 188, 397
Prästadömets mässa 96
Prästerna 115, 525
Påminn dig 120
Påsk 300
Påskens lovsång 307
Påven 114, 523
Regina coeli 425

VI Alfabetiskt sakregister

Sid.

Rosa rorans	488
Rosenkransen	438
Sakramental välsignelse	356
Sakramentsandakter	362
Saligheterna, de åtta	229
Salve regina	434
Samvetet	137
Samvetsrannsakning	123, 142
Sjuka	541— 555
Själamässan	84
Skaparen	6, 351, 354, 562
Skriftläsning, böner vid	12
Skyddshelgon, Sveriges	478
Skyddsängeln	14, 111, 483
Skärtorsdagen	285
Smörjelsen, sista	552
Solsången	562
Sorgegudstjänster, svensk bön vid	513
Stilla veckan	280
Stånd, kallelse	576, 535
Ståndaktighet	135, 137

Sånger

Av fagra rosor små	450
Att älska Maria	448
Dagens stjärna sänker sig	24
Du drottning över Nordens land	451
Elisabet, furstinna mild	494
För glädjen sorgen vike	604
Gud prise varje tunga	92
Havets stjärna klara	451
Helga gåva	387
Helig, helig tusenfalt	361
Heliga sånger må jublande skalla	378
Hell dig, Maria väna	448
Jesus Krist, vårt påskalamm	301
Jesus Kristus, dig vi prisa	92
Kom, Helge Ande	323
Lov och ära och pris	282

Alfabetiskt sakregister VII

Sid.

Modern stod med krossat hjärta 449
Morgonstjärna underbar 93
O du Guds lamm 93
O Gud, dig vill jag städse lova 336
O Gud, jag ödmjukt beder dig.................. 15
O Gud, min Gud, jag älskar dig 365
O helga kors...................................... 269
O Jesu, livets källa är du 93
Påskdagens morgon sänder 300
Rosa rorans bonitatem........................... 488
Saliga äro de döda............................... 510
Salve Mater 452
S:t Georgs sång................................... 576
Sjung: helig, helig, helig....................... 92
Som hjorten till en källa längtar 557
Stilla natt 188
Store Gud.. 203
Tag mot, o Gud, de gåvor 92
Till Jesu hjärtas ära.............................. 604
Veni Creator Spiritus 322
Veni Sancte Spiritus.............................. 324
Vi dyrka dig....................................... 361
Vid sista nattvardsbordet 93
Vredens dag (Dies irae) 140
Vår Gud och Konung............................ 398
Välsignelse sig gjutit............................. 448

Sångmässan 92
Tacksägelse 6, 101, 343, 345, 561, 562
 växelböner ... 119, 133, 202, 203, 336, 337, 346
Tantum ergo....................................... 355
Te Deum 337
Testamente, kristligt............................. 547
Till ditt beskydd 21
Trefaldighet, andakter 340
 korta böner 107
 lovprisningslitania 346
 Te Deum 337
Trettondagen...................................... 213

VIII Alfabetiskt sakregister

Sid.

Tröstens ord	549
Ungdomen, bön för	532
Ungdomsböner	573
Upptagning i Kyrkan	589
Veni Creator	322
Veni Sancte Spiritus	324
Vigsel	539, 594
Välgörare	532
Ånger och föresats	11, 128
Återförenande, de kristnas	218
Änglarna	111, 485
Österländska mässböner	99
Översteprästerliga bönen	287

www.ingramcontent.com/pod-product-compliance
Lightning Source LLC
Chambersburg PA
CBHW070246010526
44107CB00029B/1287